2025 版四川省公开招聘教师考试辅导教材

教育公共基础笔试

中公教育四川教师招聘考试研究院 ◎ 编著

西南财经大学出版社
Southwestern University of Finance & Economics Press

中国·成都

图书在版编目（CIP）数据

教育公共基础笔试／中公教育四川教师招聘考试
研究院编著 . -- 成都：西南财经大学出版社，2024.10
（2025版四川省公开招聘教师考试辅导教材）. -- ISBN
978-7-5504-6289-2

Ⅰ .G40

中国国家版本馆 CIP 数据核字第 2024XD2779 号

2025版四川省公开招聘教师考试辅导教材·教育公共基础笔试

2025Ban Sichuan Sheng Gongkai Zhaopin Jiaoshi Kaoshi Fudao Jiaocai · Jiaoyu Gonggong Jichu Bishi

中公教育四川教师招聘考试研究院　编著

责任编辑:乔　雷
责任校对:余　尧
封面设计:千秋智业图书设计中心
责任印制:朱曼丽

出版发行	西南财经大学出版社（四川省成都市光华村街55号）
网　　址	http://cbs.swufe.edu.cn
电子邮件	bookcj@swufe.edu.cn
邮政编码	610074
电　　话	028-87353785
印　　刷	河北品睿印刷有限公司
成品尺寸	210 mm × 285 mm
印　　张	39
字　　数	1091千字
版　　次	2024年10月第1版
印　　次	2024年10月第1次印刷
书　　号	ISBN 978-7-5504-6289-2
定　　价	78.00元

前　　言

当你拿起这本书，就代表着你马上就要开始教师招聘考试备考的征程。相对于教师资格考试，教师招聘考试难度更大、竞争更激烈。

不同地区教师招聘的考题各具特色，但也有一定的共性。比如，教师招聘考试重在测查考生对教育基础理论的理解和运用以及对教师职业道德的认识和把握。试题以基础性和理解性题目为主，同时有一定比例的高难度题目，以考查考生知识的广度和对教师职业的理解程度。考试命题趋势呈现发展性，侧重于对教育新思想、新方法和新政策的考查。

教师招聘考试是选拔性考试，竞争非常激烈。一些岗位可谓百里挑一，甚至千里挑一。欲顺利通过考试，在保证低难度和中等难度题目得分率的同时，考生还必须拿下一定数量的高难度题目。

如何让备考事半功倍？选好合适的学习材料至关重要。编者认为，合适的学习材料必须具备两个条件：一是内容准确、权威，讲解透彻易懂；二是内容编排合理，提供良好的学习体验。

作为适合广大考生备考教招考试的辅导材料，本书的优势体现在以下三个方面：

1. 权威出处 + 透彻讲解，助力提升理论素养

（1）立足考情，参阅权威教科书，确保知识点全面、准确。编者以四川省中小学教师招聘考试大纲为依据，参阅数十个版本高等师范院校师范专业教科书，深度分析历年考试考点的分布规律，编撰了本书。

（2）与时俱进，把握命题新思想，深挖命题趋势新变化。本书编者及时关注权威教科书的更新改版以及国家新政策的出台情况，力求紧跟时代步伐，及时吸收新的考点和新的政策。

（3）授人以渔，注重理解性学习，确保提升核心职业能力。本书不只致力于教会考生做对某一道题目，更能帮助考生弄懂一个知识点，会做一类题目；本书不是知识的简单堆砌，不倡导死记硬背、机械备考，而是力求帮助考生将知识内化于心，为以后外化于行做准备。

2. 实例 + 小结，助力摸清命题规律

（1）新增大量实例，助力考生深入理解考点。本书在讲解高频考点或易错易混知识点时，加入具体实例，并用楷体呈现；利用"理论 + 实例"模式，做到对核心考点的讲解详尽透彻，帮助考生快速理解理论知识，把握真题的命题风格。

（2）考点后设"考点小结"，助力考生摸清考试规律。本书总结了重要考点的常考题型、命题角度，整理了易错易混知识以及部分考点的识记技巧，帮助考生迅速了解考点的考查形式，有针对性地复习，提高复习效率。

3. 配套在线课程、配套真题模拟卷

本书配有图书精讲课程，书课同步讲解，更有学到考前的直播课。跟着科学的课程安排，学习效果事半功倍。扫描封二课程领取码，即可获取。

建议考生将本书与《四川省公开招聘教师考试辅导教材·教育公共基础笔试·历年真题详解》和《四川省公开招聘教师考试辅导教材·教育公共基础笔试·全真模拟预测试卷》配套使用。通过本书学习考点，通过历年真题和模拟预测试卷巩固和强化考点。

本书所用历年考题均源于网络或根据考生回忆整理。期待广大考生为我们提出更多建议，帮助我们完善图书，以更好的质量服务更多考生。

目 录

||| 第一部分 教育学基础 |||

第二部分　教育心理学

第三部分　教育法学

⫻ 第四部分　教师职业道德 ⫻

四川省教师招聘考试教育公共基础笔试考情综述

一、整体考情

当前，四川省公开招聘教师考试笔试由各区县人力资源和社会保障局负责组织实施，面试由招聘单位主管部门负责组织实施。一般每年组织两次，上半年、下半年各举行一次。上半年一般在4~7月，下半年一般在11或12月。

各地笔试科目略有不同。教育公共基础是必考科目，泸州、绵阳、德阳、雅安还考查职业能力测验，宜宾、广安、阿坝州还考查学科专业知识。考生应关注考试公告，谨防考情发生变化。

教育公共基础由省教育厅统一命题，题型、题量和分值近三年相对稳定。满分为100分，考试时间为120分钟。具体情况如下表所示。

题型	题量	分值
判断	24题	每题1分，共24分
单选	45题	每题1分，共45分
多选	10题	每题1.5分，共15分
案例分析题	8题	每题2分，共16分
总计	87题	100分

二、考查内容

经过对近十年真题的细致分析，结合本书的知识体系，将重要考查内容汇总如下，帮助考生有重点、有针对性地高效备考。

部分	重点章	主要考查内容
教育学基础	教学 课程 学生与教师 教育与教育学 学校德育 教育的基本规律 班级管理与班主任工作	①考查教学理论与人物、流派的对应，结合情境考查教学方法和原则，不同类型的教学目标、评价、组织形式等； ②考查课程的类型、文本表现形式、课程目标取向，课程理论流派与人物、观点的对应，新课程改革倡导的教师观、教学观、评价观； ③考查教师职业角色、劳动特点、专业发展的阶段和途径，师生关系的类型； ④理解教育的本质和社会属性，教育家与观点、名言、著作、流派的对应； ⑤考查德育内容、过程、实施途径，结合情境考查德育原则、方法； ⑥考查社会对教育发展的影响及教育的社会功能，人的身心发展的一般规律，影响人身心发展的因素； ⑦考查班集体的发展阶段、班级管理的内容，结合情境考查对班级突发事件的处理，班主任领导方式及工作内容

（续表）

部分	重点章	主要考查内容
教育心理学	学习与学习理论	①理解学习的定义，不同流派的学习理论、代表人物、主要观点、经典实验； ②考查认知发展阶段理论，气质类型、认知风格及其对应的教学要求； ③结合情境判断迁移的类型，迁移理论与人物、观点的对应，理解影响迁移的因素； ④结合情境判断学习策略的类型； ⑤学习动机的类型和理论，归因理论的理解和运用； ⑥心理健康的含义和判断标准，学校心理健康教育的目标、内容、途径，结合情境考查心理防御机制，结合案例考查学生常见的心理障碍及辅导方法； ⑦知识类型和知识学习类型，技能形成理论，影响问题解决的因素，道德发展阶段理论
	心理发展与教育	
	学习迁移	
	学习策略	
	学习动机与归因	
	学生心理健康教育	
	分类学习理论	
教育法学	教育法律法规及教育时政热点	①直接考查或结合案例考查教育法律法规及近年发布的教育文件的内容； ②结合校园中常见的侵权现象考查学生权利，考查教师权利和义务的内容； ③结合具体法条考查教育法律规范的类型，教育法律规范的构成要素； ④考查教育法律关系的类型、产生、变更和消灭，结合案例判断教育法律关系的主客体
	学生和教师的权利及其维护	
	教育法律规范	
	教育法律关系	
教师职业道德	教师职业道德规范	①结合情境考查《中小学教师职业道德规范》《新时代中小学教师职业行为十项准则》； ②考查教师职业道德的含义、地位等
	教师职业道德概述	

三、命题特点

1. 只考客观题，零碎知识重识记，核心知识重理解

四川省教育公共基础考试自 2018 年上半年起只考查四种题型，分别是判断题、单项选择题、多项选择题和案例分析题。其中，案例分析题也以不定项选择题的形式考查。

从题目类型来看，识记类试题和理解类试题都有且占比差异不大；从考查内容来看，各部分知识占比相对固定，大体情况是：教育学基础占 30%~45%，教育心理学占 30%~40%，教育法学占 18%~24%，教师职业道德占 3%~6%。其中，教育心理学部分更多以理解类试题出现，如学习迁移、学习策略、技能形成等内容，专业性较强，多结合具体教学情境考查考生对概念的理解。

真题样例 1（2024 上·单选）学生掌握知识的模式分为接受式和探究式。下列关于接受式学习的一系列步骤排序，顺序正确的是（　　）。

①理解教材　　　　　　　　　　②运用知识

③感知教材　　　　　　　　　　④检查知识、技能和技巧

⑤引起学习动机　　　　　　　　⑥巩固知识

A.③⑤④①⑥②　　　　　　　　B.⑤①③②⑥④

C.③①⑤②④⑥　　　　　　　　D.⑤③①⑥②④

【中公解读】本题是典型的识记类试题，考查考生对接受式教学过程基本阶段及顺序的记忆。接受式

教学过程的基本阶段依次为：引起学习动机，感知教材，理解教材，巩固知识，运用知识，检查知识、技能和技巧。故本题答案为 D。识记类试题也并非要靠死记硬背，结合自身经验和逻辑梳理，记忆考点并不难。

真题样例 2 （2023下·判断）小陈一坐汽车就会晕车，并伴随着强烈的呕吐，后来他一听说要坐汽车就开始呕吐。小陈的这种反应属于操作性条件反射。（　　　）

【中公解读】本题是典型的理解类试题，要求考生理解并能区分经典性条件反射和操作性条件反射。要想做对这道题，考生必须理解两者的核心区别，即经典性条件反射是先呈现刺激再做出反应，而操作性条件反射是先做出反应再呈现强化刺激。题干中，先出现刺激（汽车）再出现反应（呕吐），这属于经典性条件反射。故本题答案为 ×。

备考建议

①虽然不需要作答主观题，但对于包含多个要点的考点，考生仍然应该高度重视，注意识记。

②本书采用"理论＋实例"的编写方式，引入大量实例，帮助考生加深理解。考生备考时，可以结合实例和相关真题，在理解的基础上记忆。

③合理规划时间。备考的重点应当在本书的前两部分。教育法学部分虽然占比也不低，但法的基础理论部分专业性太强，法条部分又内容繁杂，整体备考难度较大。故建议考生将这部分内容，尤其是熟悉法条的过程放在平时，利用好零碎时间。

2. 关注教育时政，尤其关注"减负"和"提素"

从近三年的真题考查情况来看，新近的教育政策和文件、国家领导人关于教育问题的重要论述成为考试的必考内容。从题目类型来看，绝大多数是识记类，考查考生对教育时事政策的关注。从考查内容来看，对教育文件的考查多与"减负""提素"等内容相关，如《关于全面加强新时代大中小学劳动教育的意见》《大中小学劳动教育指导纲要（试行）》《关于进一步减轻义务教育阶段学生作业负担和校外培训负担的意见》《中小学德育工作指南》《全面加强和改进新时代学生心理健康工作专项行动计划（2023—2025年）》等。对领导人讲话的考查没有明显的侧重，考生可以重点关注教育强国建设、师德师风建设等相关表述。

真题样例 1 （2024上·多选）按照教育部印发的《大中小学劳动教育指导纲要（试行）》，劳动教育的内容主要包括（　　　）。

A. 日常生活劳动教育　　　　　　　　B. 科学性劳动教育

C. 服务性劳动教育　　　　　　　　　D. 体力性劳动教育

E. 生产劳动教育

【中公解读】本题考查教育文件的内容。《大中小学劳动教育指导纲要（试行）》发布于 2020 年，文件对劳动教育的性质、基本理念、总体目标、主要内容等作出了具体规定。其中，劳动教育的内容主要包括日常生活劳动、生产劳动和服务性劳动中的知识、技能与价值观。故本题答案为 ACE。在素质教育倡导全面发展的背景下，近年来国家出台了许多围绕"五育"实施的政策文件，考生需要重点关注。

真题样例 2 （2023下·判断）当前，我国教育已由规模扩张阶段转向高质量发展阶段。（　　　）

【中公解读】本题考查国家领导人关于教育问题的重要论述。2023 年 5 月 29 日，习近平总书记在二十届中央政治局第五次集体学习时指出，我国已建成世界上规模最大的教育体系，教育现代化发展总体水平跨入世界中上国家行列。当前，我国教育已由规模扩张阶段转向高质量发展阶段。故本题答案为 √。表述准确是正确作答此类试题的关键。

备考建议

①本书第三部分第八章为考生整理了可能考查的教育政策和文件以及习近平总书记关于教育问题的重要论述。此类试题灵活性较低，考生备考时要注意识记条目内容，领会核心精神。

②除了教材中所列的相关内容，考生平时应注重积累，关注教育时政。同时，考生应注意此类试题命题范围极广，而考查题量一般不会超过3道题。考生应结合自己的备考情况合理安排时间。

3.教育法学难度大，法理基础占比近半

不同于大多数省份只考查法条的内容，四川省教育公共基础考试还十分注重对法的基础理论的考查。这部分内容专业性强、抽象程度高，对非专业考生来说，有一定难度。但从以往的真题来看，试题难度并不高，主要是结合法条或教育情境考查对相关概念的简单理解。法理基础部分在整个教育法学部分的考查比重将近一半，从备考实效和经济性来看，认真备考法理基础或许更能帮助考生在考试中有效提分。

真题样例1（2023下·单选）"学校及其他教育机构的设立、变更和终止，应当按照国家有关规定办理审核、批准、注册或者备案手续。"此规定属于教育法律规范结构中的（　　）。

A.假定条件　　　　　　　　　　　B.行为模式

C.过程要求　　　　　　　　　　　D.法律后果

【中公解读】本题考查的是法律规范的构成要素，是对法的基础理论的考查。考生需要知道三个要素分别是假定条件、行为模式和法律后果，并理解三个概念的含义。这三个概念看似生疏，但并不难理解。假定条件是指适用该规范的条件和情况。行为模式是指法律规范要求的作为和不作为。法律后果是指法律规范对人们具有法律意义的行为的态度。题干中的法条规定了设立学校应当做什么，是对行为模式的规定。故本题答案为B。

真题样例2（2024上·单选）根据《中华人民共和国义务教育法》的规定，农村义务教育经费负担的原则是（　　）。

A.以县级人民政府为主，省、自治区、直辖市人民政府负责统筹落实

B.以地方各级人民政府负担为主，以国务院的转移支付为辅

C.由各级人民政府根据国务院的规定分项目、按比例分担

D.由省、自治区、直辖市和县级人民政府共同负担

【中公解读】本题考查《中华人民共和国义务教育法》的法条原文。根据《中华人民共和国义务教育法》（2018年修正）第四十四条的规定，农村义务教育所需经费，由各级人民政府根据国务院的规定分项目、按比例分担。故本题答案为C。法条内容都有准确的、固定的表述。考生可以通过多看、多练熟悉法条内容，做题时注意选项表述是否准确。

备考建议

①克服畏难情绪，结合真题反复看、认真看。

②法的基础理论部分重在理解；法条部分重点关注高频考查的条目，结合重复和理解，达到熟悉内容的程度。

③平时多关注教育相关的社会热点问题，领会法的精神。

4. 案例分析题综合性强、主观性强、开放性强

从近几年的考查情况来看，案例分析题一般包含 4 个案例，每个案例后设 2 道不定项选择题。材料一般比较长，字数为 500~800 字，内容多是教育情境或课堂教学实录。最后一道案例分析题一般是法律问题，内容多涉及学生伤害事故引发的责任纠纷，也涉及侵犯学生权益的案件。

案例分析题考查的内容综合性很强，每一个选项都可能是一个单独的考点；法律问题还经常涉及刑法、民法典、诉讼法等相关内容，对考生的知识储备和综合能力要求较高。除此之外，试题的主观性较强，需要考生准确理解选项涉及的考点并综合分析案例中的情况。加之考查的形式是不定项选择，很大程度上提升了作答难度。

真题样例（2024 上·案例分析）上课伊始，秦老师告诉学生："今天，我给大家请来了一位神奇的老师。"接着打开多媒体：屏幕上出现了一片绿茵茵的草地，一头牛被绳子拴在木桩上低头吃草。画外音响起：这头牛能吃多大范围的草？

学生思考后回答："牛吃草的范围就是以木桩为圆心，以拴牛的绳子长为半径的圆的面积。"随即屏幕上出现了牛吃草的范围；绿色的草地上闪现出一个以牛绳为半径，以木桩为圆心的黄色的圆。秦老师要求学生找出求这个圆的面积的方法。学生们议论纷纷，但谁都说不出正确的方法。

秦老师要求大家继续观看：屏幕上出现了一个圆——这个圆被分为绿、黄两种颜色的两个半圆——两个半圆各被平均分为 4 份，然后交叉拼在一起。秦老师让学生仔细观察，说出像什么图形。有的学生说："像长方形，但又不像，因为它的边是弧形。"学生继续观察：屏幕上再次出现一个等大的圆，它的两个半圆各被平均分为 16 份。

重复上述过程。学生比较后，得出结论：这个图形更接近长方形。

此时，秦老师引导学生想象："照此分下去，拼下去，最后能得到什么图形？"学生思考后说："可以把一个圆拼成一个长方形。"秦老师用多媒体演示上述过程，验证了学生的想法。

在此基础上，秦老师又引导学生思考圆的半径、周长与长方形的长和宽的关系。经过观察和思考，一部分学生找出了它们之间的关系，还有一部分学生没有找出来并持不同意见。争论一阵后，同学们一致同意再次请教"多媒体老师"。秦老师用红色标识圆的半径，用蓝色标识周长，然后用多媒体再次演示拼接过程。这次展示，使学生们直观地看出了圆的半径就是拼得的长方形的宽，圆的周长的一半就是长方形的长。据此，秦老师让学生推导出圆的面积计算公式：$S = \pi r^2$，圆满完成了教学任务。

1. 对秦老师的教学，下列评价正确的有（　　　）。

A. 将教学的预设与生成有机结合，促进了学生对知识的掌握

B. 利用了实物直观，生动演示了圆的面积转化为长方形面积的过程

C. 引导学生认识圆与长方形的关系的教学方法，符合学生经验型抽象思维的特点

D. 运用多媒体导课，吸引了学生的无意注意，为便捷、高效传递教学信息打下了基础

E. 利用学生已有的知识"长方形的面积"学习新知识"圆的面积"，促进了新旧知识的联系和转化

2. 根据上述案例，可以得到的启示有（　　　）。

A. 让学生明确学习目标能激发学生的学习动机

B. 小组合作探究在概念掌握学习中有独特作用

C. 高效的课堂教学离不开现代教学媒体的支持

D. 优化材料的呈现方式有助于学生问题解决能力的培养

E. 引导学生归纳推理有助于学生的认识从感性发展到理性

【**中公解读**】本题材料呈现了一段相对完整的课堂教学过程，是案例分析题经常出现的材料类型。材料后设 2 道题，从选项的内容可以看出，题目的综合性极强。以第 1 题为例，A 项涉及课程实施的过程；B 项涉及知识直观的方法；C 项涉及思维类型；D 项涉及教学媒体的功能；E 项涉及知识学习。案例中，秦老师通过多媒体展示圆面积转化为长方形面积的过程，属于模象直观，不是实物直观。B 项错误。其余四项均正确。故本题答案为 ACDE。

除了综合性，案例分析题还表现出很强的主观性和开放性。以第 2 题为例，教育启示与个人的理解有很大关系。阅读同一则材料，不同的人可能收获不同的启示。这正是此类试题的难点所在。考生需要借助专业知识，找到启示中的漏洞。本题的 B 项提到了小组合作和概念学习，而案例中，秦老师没有对学生进行分组，不涉及小组合作学习；学习圆面积与正方形面积的关系属于命题学习，不是概念学习。虽然 B 项本身的表述没有错，但不是从案例中可以得出的启示。其余四项均正确。故本题答案为 ACDE。

备考建议

①考前多做真题和模拟练习，找到适合自己的作答节奏。案例分析题在整张试卷的最后，材料长、难度大，考生要结合自己的情况合理分配考试时间，不要因为纠结个别选项浪费太多时间。

②备考时注重对考点的深度理解；把握相关考点之间的联系和区别。

③结合真题，重点关注刑法、民法典中与未成年人权益相关的内容。

第一部分

教育学基础

PART 1

| 考情简报 |

一、内容简介

本部分较为全面地阐述了教育与教育学的概念及历史、教育的功能、教育目的、课程、教学、学校德育等教育学的基本问题，较好地呈现了教育理论与教育实践的内在关系。

二、考情分析

教育学基础是笔试的重点考查部分，考题分值略有浮动，占总分值的 30%~45%。第一部分近几年各题型题量及分值如下表所示。

题型 年份	判断	单选	多选	案例分析
2024 上	6题（6分）	16题（16分）	3题（4.5分）	3题（6分）
2023 下	6题（6分）	17题（17分）	4题（6分）	4题（8分）
2023 上	9题（9分）	15题（15分）	2题（3分）	4题（8分）
2022 下	8题（8分）	21题（21分）	4题（6分）	4题（8分）
2022 上	7题（7分）	12题（12分）	4题（6分）	4题（8分）
2021 下	7题（7分）	21题（21分）	4题（6分）	4题（8分）
2021 上	6题（6分）	18题（18分）	6题（9分）	3题（6分）

三、备考重难点

1. 理解不同社会的教育的特征，对各教育家及其教育思想、教育著作正确匹配。

2. 教学、课程、学生与教师、德育、班级管理等内容理解运用类题目考查相对较多，需要在识记的基础上进行理解记忆。

3. 重点理解记忆易混淆概念之间的联系与区别，如教育目的与教育方针、课程开发与编写教材、地方课程与校本课程。

第一章　教育与教育学

| 知识结构 |

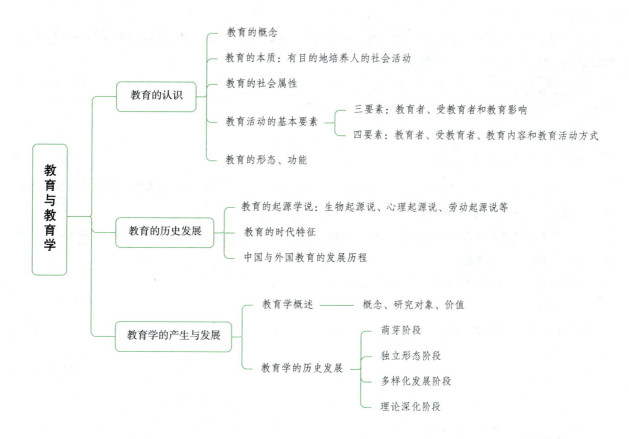

第一节　教育的认识

一、教育的概念、本质、社会属性

考点1 "教育"一词的由来

在我国，一般认为"教育"一词最早见于《孟子·尽心上》中的"得天下英才而教育之，三乐也"。东汉的许慎在《说文解字》中最早解释"教""育"的词义："教，上所施，下所效也；育，养子使作善也。"

在西方，"教育"一词源于拉丁文"educare"，本义为"导出"或"引出"，意思是采用一定的手段，把某种本来就隐藏于人身上的东西引导出来，从潜质变为现实。

考点2 教育的概念 ★★★

1. 从社会的角度定义

（1）广义的教育泛指一切能增进人们的知识和技能、发展人们的智力和体力、影响人们的思想品德的活动，包括社会教育、学校教育和家庭教育。

（2）狭义的教育主要指学校教育，是指教育者根据一定的社会要求，有目的、有计划、有组织地对受教育者的身心施加影响，促使他们朝着期望的方向变化发展的活动。

（3）更狭义的教育有时指思想教育活动。

2. 从社会和个体两方面定义

教育是指在一定社会背景下发生的促使个体的社会化和社会的个性化的实践活动。

个体的社会化：根据一定社会的要求，将个体培养成为符合社会发展需要的具有一定态度、情感、知识、技能的人。

社会的个性化：把社会的各种观念、制度和行为模式内化到需要、兴趣、素质各不相同的个体身上，促使他们形成独特的个性心理结构。

`典型例题`（2023上·判断）幼儿一开始不懂吃饭夹菜的规矩，经父母多次教育后，逐渐学会遵守餐桌礼仪。这是个体社会化的过程。（　　）

【答案】√。

考点3　教育的本质 ★★

教育是一种有目的地培养人的社会活动，这是教育区别于其他事物现象的根本特征，是教育的本质属性。教育的质的规定性表现在以下三个方面。

（1）教育是人类特有的一种有意识的社会活动，动物界没有教育。社会性和意识性是人的教育活动和动物的"教育活动"的本质区别。

（2）教育是人类有意识地传递社会经验的活动。

（3）教育是以培养人为直接目标的社会实践活动。

`典型例题`（2024上·判断）有研究表明，成年猎豹会有技巧地教育幼崽学习如何捕猎。可见，动物界也存在教育。（　　）

【答案】×。

小 结

> 1.【常考题型】单选、多选、判断
>
> 2.【命题角度】
>
> （1）直接考查教育的本质属性、人类教育活动与动物"教育活动"的本质区别。
>
> （2）判断某种现象是否属于教育。

考点4　教育的社会属性

1. 永恒性

教育是人类社会特有的现象。只要人类社会存在，教育就存在。教育与人类社会共始终。

2. 历史性

在不同的社会或同一社会的不同历史阶段，教育的性质、目的、内容等各不相同，每个时期的教育都有自己的特点。例如，西汉初期实行"罢黜百家，独尊儒术"的文教政策，体现了教育的历史性。

3. 社会性

教育的社会性是教育的根本属性。教育是人类社会特有的一种社会现象，是培养人的社会活动。教育是整个社会生活的一部分，教育过程是一种社会过程，而非生物过程。教育社会性最主要的表现形式是社会制约性。

4. 相对独立性

教育的相对独立性是指教育具有自身规律，对社会的经济、政治、文化等方面具有能动作用。教育的相对独立性主要表现在以下两点。

（1）教育具有自身的历史继承性。每个时代的教育都与以往的教育有着传承与接续的关系，后一时期的教育是对前一时期的教育的继承与发展。例如，《三字经》等古代优秀著作，我们现在仍在学习；"长善救失"这一教学原则未因时代变迁而被丢弃。

（2）教育与生产力和政治经济制度的发展具有不平衡性。教育与生产力和政治经济制度的发展并非完全同步，可能"超前"或"落后"于生产力、政治经济制度的发展。例如，信息社会的"教育先行"要求教育面向未来，在适应现有生产力和政治经济发展水平的基础上，适当超前于社会生产力和政治经济的发展。

小 结

1.【常考题型】单选、多选

2.【命题角度】

（1）给出含义或实例，要求辨别其属于教育的哪一社会属性。

（2）考查教育的社会属性包含哪些方面。作答多选题时需根据选项灵活选择。

3.【易错易混】

社会属性	特点	举例
历史性	不同时期，教育不同	原始社会时期的教育内容主要是生产劳动和生活方式，现当代的教育内容则主要是"五育并举"
继承性	不同时期，教育相同	古代学生学"四书五经"，现代学生也学《论语》《孟子》等儒家经典

二、教育活动的基本要素 ★★★

教育者、受教育者（学习者）和教育影响（教育媒介、教育中介系统）是教育的基本要素。其中，教育者和受教育者是最基本、最活跃的要素，二者共同构成了教育活动的主体。

考点1 教育者

教育者是指能够在一定社会背景下促进个体社会化和社会个性化活动的人。

广义的教育者是指对受教育者的知识、技能、思想、品德、态度等方面起到教育影响的人，既包括教育管理人员、专职和兼职教师，也包括家长、参与教育活动的其他人员，以及学生自己。

狭义的教育者是指专门从事学校教育活动的人，即教师。

考点2 受教育者（学习者）

受教育者是指在各种教育活动中从事学习、以学为职责的人。广义的受教育者指所有为提高自身素质而处于学习状态的人；狭义的受教育者指教师"教"的对象，即学生。受教育者既是教育的对象，又是学习和发展的主体。

考点3　教育影响（教育媒介、教育中介系统）

教育影响是指教育活动中教育者作用于学习者的全部信息。它既包括信息的内容，也包括信息选择、传递和反馈的形式，是内容与形式的统一。

从内容上说，教育影响主要是教育内容、教育材料或教科书。

从形式上说，教育影响主要是教育手段、教育方法和教育组织形式。

另外，还有关于教育的四要素说。四要素说认为，教育的基本要素包括教育者、受教育者、教育内容和教育活动方式。其中，教育内容主要是指根据教育目的和学生发展的特点选编的、最有教育价值的科学文化基础知识，一般体现为课程、教科书、教学参考资料。教育者自身拥有的知识、经验、言谈举止、思想品质、工作作风，以及师生与生生探讨和交流所涉及的各种经验、见闻与事物也是影响受教育者学习的重要内容。教育活动方式是指教育者引导受教育者学习教育内容所选用的交互活动方式。

`典型例题` （2020下·单选）下列选项中不属于教育要素中教育内容的是（　　）。

A. 教科书、教学参考资料

B. 教育的方式、方法、工具、手段和模式

C. 教育者的知识、经验、言谈举止、思想品质

D. 师生探讨和生生探讨时涉及的各种经验、见闻

【答案】B。

三、教育的形态

考点1　非制度化教育与制度化教育

根据教育系统自身形式化的程度（规范程度），教育形态可划分为非制度化教育与制度化教育。

非制度化教育是指没有形成相对独立的教育形式的教育。

制度化教育是指由专门的教育人员、机构及其运行制度构成的教育形态。制度化教育是人类教育的高级形态，它的出现是人类教育文明的一大进步。

考点2　家庭教育、学校教育与社会教育

根据教育活动赖以运行的场所或空间标准，教育形态可划分为家庭教育、学校教育与社会教育。

家庭教育是指在家庭内由父母或其他年长者对新生一代和其他家庭成员所进行的有目的、有意识的教育。它的内容覆盖道德品质、身体素质、生活技能、文化修养、行为习惯等方面。家庭教育具有先导性、感染性、权威性、针对性、终身性、个别性等特点。

社会教育是指旨在有意识地培养人、有益于人的身心发展的各种社会活动。现代社会教育具有开放性、群众性、多样性、补偿性、融合性等特点。

学校教育是一种制度化的教育，在各种教育形态中占据主导地位。学校教育具有职能的专门性、组织的严密性、作用的全面性、内容的系统性、手段的有效性、形式的稳定性等特点。

考点3　农业社会的教育、工业社会的教育与信息社会的教育

根据教育系统赖以运行的时间标准以及建立于其上的产业技术和社会形态，教育形态可划分为农业社会的教育、工业社会的教育与信息社会的教育。

考点4　实体教育与虚拟教育

根据教育活动的存在形式，教育形态可划分为实体教育与虚拟教育。

实体教育是在实在、现实、具体的环境中，承担教育者角色的人对需要受教育的人的身心施加适当影响的教育形态，如在学校教育中，教师与学生面对面地交流。

虚拟教育是以当下的电子技术、信息技术和网络空间为媒介展开的教育形态，其教学过程发生在一系列虚拟化的教育环境中，如网课、虚拟教室、虚拟实验室、虚拟图书馆等。

典型例题　1.（2024上·单选）从教育现象在时空中的存在形态看，网课属于（　　）。

A. 非正规教育　　　　　B. 实体教育　　　　　C. 虚拟教育　　　　　D. 终身教育

【答案】C。

2.（2023下·判断）家庭教育是指父母对未成年人实施的生活技能和行为习惯方面的培育和影响。

（　　）

【答案】×。

3.（2022下·判断）刘老师在教《济南的冬天》的时候，使用影像、歌曲、图片等资源来营造良好的教学氛围，这是虚拟教育。

（　　）

【答案】×。

四、教育的功能 ★★

考点1　个体功能和社会功能（依据作用对象划分）

1. 个体功能（本体功能、固有功能）

教育的个体功能是指教育对个体发展的影响和作用。它由教育活动的内部结构特征决定，发生于教育活动内部，主要包括促进个体社会化、促进个体个性化、个体谋生功能与个体享用功能。

（1）个体社会化功能体现在促进个体思想意识和行为的社会化、培养个体的职业意识和角色。

（2）个体个性化功能体现在促进人的主体性的发展、促进个性特征的发展、促进人的个体价值的实现。

（3）个体谋生功能指向外部要求，个体将教育作为生存手段和工具。个体通过教育获得一定的职业知识和技能，为谋生创造条件。

（4）个体享用功能指个体不为外在目的而受教育，教育成为一种需要，个体通过教育获得精神享受、自由和幸福。

2. 社会功能（派生功能、工具功能）

教育的社会功能是指教育对社会的稳定、运行和发展的影响和作用，包括社会变迁功能和社会流动功能。

（1）社会变迁功能指教育通过开发人的潜能、提高人的素质、影响人的社会实践，从而推动社会的发展和变革，主要表现为教育的经济功能、政治功能、文化功能、科技功能和人口功能。

（2）社会流动功能指社会成员通过教育的培养、筛选和提高，在不同的社会区域、层次、岗位、科层之间转换、调整和变动。按流向可分为横向流动功能和纵向流动功能。横向流动功能只改变环境，不提升社会阶层地位，纵向流动功能可以提高社会地位及作用。例如，"朝为田舍郎，暮登天子堂""寒门出贵子"体现了社会纵向流动功能。

典型例题　1.（2022上·单选）从教育的社会功能来看，一个人通过自学，从一名初级会计晋升为中级会计。这体现了（　　）。

A. 社会变迁功能中的经济功能　　　　　B. 社会变迁功能中的政治功能

C. 社会流动功能中的横向流动功能　　　　　D. 社会流动功能中的纵向流动功能

【答案】D。

2.（2020上·判断）我国古代读书人深信"寒窗苦读"才能"金榜题名"，这体现了教育的横向流动功能。
（　　）

【答案】×。

考点2　正向功能和负向功能（依据作用方向划分）

1. 正向功能

教育的正向功能是指教育有助于社会进步和个体发展的积极影响和作用。例如，教师开展学习竞赛活动，学生热情高涨，成绩明显提高。

2. 负向功能

教育的负向功能是指教育阻碍社会进步和个体发展的消极影响和作用。例如，标准化教学可能束缚学生的想象力和创造力，扼杀学生的创新精神。

对任何社会、任何时候的教育来说，正向和负向的功能都是存在的，只不过比重不同。

典型例题 （2016上·单选）片面追求升学率易造成教育的荒废。这是教育的（　　）。
A. 正向个体功能　　　B. 负向个体功能　　　C. 正向社会功能　　　D. 负向社会功能

【答案】D。

考点3　显性功能和隐性功能（依据作用的呈现形式划分）

1. 显性功能

教育的显性功能是指依照教育目的、任务，教育在实际运行中出现的与之相吻合的结果。显性功能的重要标志是计划性。例如，教师按照教学目标讲完课后，学生学会了相关的知识。

2. 隐性功能

教育的隐性功能是指伴随显性教育功能出现的非预期且具有较大隐蔽性的功能。隐性功能的标志是非计划性、非预期性。例如，教育复制了现有的社会关系、再现了社会的不平等体现了教育的隐性功能。

显性功能与隐性功能的区分是相对的，当隐性功能被有意识地开发、利用，就可以转变成显性功能。

考点4　保守功能和超越功能（依据性质划分）

1. 保守功能（自我保存功能）

保守功能是指教育具有自身的结构，具有内在的稳定性和自身的逻辑性，不随社会的变化而变化，形成了教育自我保存的功能性和承继性，表现出教育重复、封闭、保守的一面。例如，教育重复地将上一代从祖先那里继承下来的知识传给下一代体现了教育的保守功能。

2. 超越功能（自我更新功能）

超越功能是指通过教育的自我更新和变革，促进和引领人类社会的发展。例如，教育受到外部压力，不断更新自己的内容和结构体现了教育的超越功能。

小　结

1.【常考题型】单选、多选、判断

2.【命题角度】

（1）给出分类维度，要求选出对应的教育功能的分类。

（2）给出例子，要求选出其对应的教育功能。

（3）考查对各种教育功能内涵、特点的理解。

3.【易错易混】显性功能不一定为正向功能，隐性功能不一定为负向功能。

第二节　教育的历史发展

一、教育起源的学说 ★★★

考点1　神话起源说

代表人物：宗教人士，朱熹。

主要观点：教育是人格化的神（上帝或天）创造的。

评价：这是人类关于教育起源的最古老的观点。这种观点是错误的、非科学的。

考点2　生物起源说

代表人物：利托尔诺（法国）、沛西·能（英国）。

主要观点：教育是一种生物现象，而非人类特有现象，教育起源于动物界的生存本能。

评价：生物起源说是第一个正式提出的教育起源学说，标志着在教育起源问题上开始从神话解释转向科学解释；它把教育的起源归于动物的本能行为，抹杀了人与动物的区别，否认了教育的社会性、目的性。

考点3　心理起源说

代表人物：孟禄（美国）。

主要观点：教育起源于儿童对成人的无意识模仿；教育只存在于人类社会，动物界没有教育。

评价：心理起源说是对生物起源说的批判；将人类有目的、有意识的教育活动混同于无意识的模仿，同样导致了教育起源问题的生物学化，否认了教育的社会性和意识性。

考点4　劳动起源说（社会起源说）

代表人物：米丁斯基、凯洛夫等马克思主义者。

主要观点：生产劳动是人类最基本的实践活动；教育起源于生产劳动过程中经验的传递；生产劳动过程中的口耳相传和简单模仿是最原始和最基本的教育形式；生产劳动的变革是推动人类变革最深厚的动力。

评价：劳动起源说是在马克思历史唯物主义指导下形成的教育起源学说；提供了理解教育起源和教育性质的一把"金钥匙"。

考点5　需要起源说（生活起源说）

代表人物：杨贤江。

主要观点："自有人生，便有教育""教育的发生就植根于当时当地的人民实际生活的需要；它是帮助人适应社会生活的一种手段"

评价：需要起源说用历史的和发展的观点分析教育的起源问题，揭示了教育起源的社会原因。

考点6　交往起源说

代表人物：叶澜。

主要观点：教育起源于人类的交往活动而不是生产劳动；自然的交往不是教育，当交往双方相对特殊化，并形成一种以传递经验、影响人的身心发展为直接目的的活动时，交往才转化为教育。

评价：交往起源说强调了对教育起源的研究不能只从历史唯物主义原理出发进行演绎推理，满足于认识一般的水平，而要力求通过特殊来验证、丰富一般。

典型例题（2019上·单选）下列教育起源论和倡导者匹配正确的是（　　）。

A. 教育的模仿说——斯宾塞

B. 教育的本能起源说——孟禄

C. 教育的需要起源说——杨贤江

D. 教育的劳动起源说——沛西·能

【答案】C。

— **小 结** —————————————————————————————

1.【常考题型】单选、多选

2.【命题角度】

（1）考查各种教育起源学说的地位、代表人物、观点的对应。例如，第一个正式提出的教育起源学说是什么？答案：生物起源说。

（2）考查对各种教育起源学说观点的理解和评价。

3.【识记技巧】

（1）"本能生利息"——生物起源说。"本能"：生物本能；"利息"：利托尔诺、沛西·能。

（2）"心理仿梦露"——心理起源说。"心理"：心理起源说；"仿"：无意识模仿；"梦露"：孟禄。

（3）"米凯爱劳动"——劳动起源说。"米凯"：米丁斯基和凯洛夫；"劳动"：劳动起源说。

（4）"叶澜爱交往，贤江有需要"——交往起源说和需要起源说。

二、教育的时代特征

考点1　原始社会教育的特征

（1）教育具有非独立性。

（2）教育具有自发性、全民性（普及性）、广泛性、无等级性和无阶级性。

（3）教育具有原始性。

考点2　古代社会（奴隶社会和封建社会）教育的特征　★★

（1）出现了专门的教育机构和专职的教育人员。奴隶社会出现了专门从事知识传授活动的知识分子和专门进行教育活动的场所——学校。学校的出现意味着人类正规教育制度的诞生。

（2）具有鲜明的阶级性与严格的等级性、宗教性。奴隶社会的教育具有鲜明的阶级性；封建社会的教育具有阶级性、等级性和宗教性。

（3）教育内容丰富，教育与生产劳动分离。

（4）教育方法崇尚呆读死记与体罚。

（5）形成官私并行的教育体制，二者相互补充、相互影响。

（6）教学组织形式主要是个别施教或集体个别施教。

考点3　近代教育的特征

（1）国家加强了对教育的重视和干预，公立教育崛起。

（2）初等义务教育的普遍实施。德国是世界上最早提出普及义务教育的国家。

（3）教育的世俗化。教育逐渐从宗教教育中分离出来。

（4）教育的法制化。重视教育立法，依法治教。

考点4 20世纪以后教育的新特点 ★★

1. 教育的终身化

20世纪60年代，法国的保罗·朗格朗最早系统论述了终身教育。终身教育是当代国际社会中影响最大、传播最广、最具生命力的一种教育思潮。它是适应科学知识的加速增长和人的持续发展要求而逐渐形成的一种教育思想和教育制度。

2. 教育的全民化

全民教育是指教育必须面向所有人，人人都有接受教育的权利，且必须接受一定程度的教育。

3. 教育的民主化

教育民主化首先指教育机会均等，即教育要为所有的社会成员提供平等的教育权利，包括入学机会的均等、教育过程中享有教育资源的机会均等和教育结果的均等；其次指师生关系的民主化；再次指教育方式、教育内容等的民主化，为学生提供更多自由选择的机会；最后指追求教育的自由化，包括教育自主权的扩大、根据社会要求设置课程、编写教材的灵活性等。

4. 教育的多元化

教育的多元化是对教育的单一性和统一性的否定，它是社会生活多元化和人的个性化要求在教育上的反映。它具体表现为培养目标、办学形式、管理模式、教学内容、评价标准等的多元化。

5. 教育的现代化

教育现代化指教育将社会现代化的理念和要求逐渐现实化的过程。教育现代化包括教育观念、教育内容、教育体制机制、教育手段方法、教育管理和教师素质等方面的现代化。

6. 教育信息化

教育信息化就是在教育领域全面深入地运用现代信息技术来提升教育现代化水平的过程，其技术特点是数字化、网络化、智能化和多媒体化，基本特征是开放、共享、交互、协作。

知识拓展

有学者按文明时代的历史发展顺序，将教育发展分为原始教育、古代教育和现代教育。现代教育的特点如下。

（1）培养全面发展的个人正由理想走向实践。

（2）教育与生产劳动相结合成为现代教育规律之一（具有生产性）。

（3）教育民主化向纵深发展。

（4）人文教育与科学教育携手并进。

（5）教育普及制度化，教育形式多样化。

（6）终身教育成为现代教育中一个富有生命力和感召力的教育思潮。

（7）实现教育现代化是各国教育的共同追求。

小 结

1.【常考题型】单选、多选

2.【命题角度】

（1）直接考查或结合例子考查不同时期教育的基本特征。

（2）考查对各时期教育特征的理解。

3.【易错易混】

教育特点	内涵	举例
阶级性	统治阶级能受教育，被统治阶级无权受教育	西周时期"学在官府"，奴隶不能接受教育
等级性	统治阶级内部的品级不同，所受教育也不同	唐朝时中央官学设"六学二馆"，贵族与官僚子弟按出身门第入学

三、中国教育的发展历程

考点1　中国古代教育的发展

1. 原始社会

原始社会时期已出现学校的萌芽——成均和庠。成均是实施乐教之地，庠是敬老养老的地方，兼为教育的场所。

2. 夏朝

夏朝出现了我国最早的学校，教育机构分为序和校。序最初是教射的场所，后来发展成为奴隶主贵族教育子弟的场所；校最初是养马驯马的场所，后来成为军事训练、习武的学校。

3. 商朝

商代根据不同年龄提出不同的教育要求，划分了教育的阶段，教育机构包括大学、小学、瞽宗、庠、序。其中，瞽宗为商代大学特有的名称，是奴隶主贵族子弟学习礼乐的学校。

4. 西周时期

西周的教育特点是学在官府、官师合一，教育内容为六艺教育，包括礼、乐、射、御、书、数，其中礼、乐是六艺教育的中心。

5. 春秋、战国时期

春秋、战国时期是我国教育史、文化史上的一个重要里程碑，促成了百家争鸣的社会盛况。

稷下学宫是战国时期齐国的著名学府。它是由官家举办和私家主持的学校，是一所集讲学、著述、育才活动为一体并兼有咨议作用的高等学府。其特点是学术自由、尊师重道、待遇优厚、不治而议论。

6. 汉朝

汉朝的教育机构包括太学、鸿都门学、官邸学、郡国学、书馆和经馆。其中，太学是西汉最高教育机构，以经学教育为基本内容。鸿都门学由东汉灵帝设立，是世界上最早研究文学艺术的专门学校。

7. 魏晋南北朝时期

西晋时设立国子学，与太学并列。南朝设立四馆，是我国最早的分专业的综合学校。

8. 隋唐时期

隋唐的教育机构为六学二馆：国子学、太学、四门学、书学、律学、算学、崇文馆、弘文馆。六学中的前三学为大学性质，后三学为专科性质。六学二馆体现了我国古代教育的等级性。

隋朝创立科举考试制度。隋炀帝时，进士科的创立，标志着科举考试制度的正式确立。

9. 宋元时期

宋元时期的教育机构包括国子学、太学、辟雍、小学。其中，国子学也称国子监，它既是宋朝的最高教育管理机构，又是最高学府。

　　教育内容为"四书""五经"。"四书"包括《大学》《中庸》《论语》《孟子》；"五经"包括《诗》《书》《礼》《易》《春秋》。"四书"被作为教学的基本教材以及科举考试的依据。

10. 明清时期

　　明清时期的教育内容依旧为"四书""五经"；明朝时期八股文被规定为科举考试的固定格式；清朝科举制度走向衰落，于1905年被正式废除。

考点 2　中国近代教育的发展

1. 洋务运动时期

（1）指导思想是"中学为体，西学为用"。这是洋务派关于中西文化关系的核心命题。

（2）教育内容为西文和西艺。西文：西方语言文字。西艺：近代西方科技。

（3）创办京师同文馆。它是中国最早的新式学堂、中国近代教育史的开端、近代第一所官方学校。

（4）创办福州船政学堂。它是清政府为发展海军创办的第一所培养造船和航海人才的学校。

2. 维新变法时期

（1）创办京师大学堂。它是中国近代最早的国立大学和当时全国最高教育行政机关。

（2）废八股，改科举。

3. 清末新政时期

（1）清末学制的建立。

（2）废科举，兴学堂。

（3）改革教育行政体制，厘定教育宗旨。

（4）留学教育兴起。

小　结

1.【常考题型】单选、多选

2.【命题角度】考查历史发展时期、教育机构、教育内容、标志性历史事件的对应。

四、外国教育的发展历程

考点 1　外国古代教育的发展

表 1-1-1　外国古代教育的发展

地域	典型的学校或教育		教育特点
古埃及	宫廷学校	法老教育皇子皇孙和贵族子弟的场所	以僧为师 以（书）吏为师
	僧侣学校（寺庙学校）	进行的是较高深的科学教育，重在学术知识的传授和研讨	
	职官学校	用以训练本部门需要的官吏，其教学内容包括普通文化课程及专门职业教育	
	文士学校	教育目的是培养熟练运用文字从事书写及计算工作的人	

（续表）

地域	典型的学校或教育		教育特点
古印度	婆罗门教教育	以维持种族压迫和培养宗教意识为核心任务，以《吠陀》为主要内容，以背诵经典和钻研经义为主要活动	宗教权威至高无上，教育控制在婆罗门教和佛教手中
	佛教教育	比较关心大众，广设庙宇，使教育面向更多的群众，形成了寺院学府的特色	
古希腊	雅典教育	崇文教育，教育目的是培养政治家和商人；在西方最早形成德育、智育、体育、美育和谐发展的教育	不同社会阶层的人受教育的方式不同
	斯巴达教育	尚武教育，教育目的是培养军人和武士；强调军事体育训练（五项竞技——赛跑、跳跃、角力、投标枪、掷铁饼）和政治道德灌输	
中世纪的欧洲国家	教会教育	教育目的是培养教士和僧侣 教育内容是七艺，包括三科（文法、修辞、辩证法，也被称为三艺）和四学（算术、几何、天文、音乐）	脱离生产劳动，为封建地主阶级的统治服务
	骑士教育	教育目的是培养封建骑士 教育内容是骑士七技，即骑马、击剑、打猎、投枪、游泳、下棋、吟诗	

考点 2　外国近现代教育的发展

1.14 世纪—17 世纪：文艺复兴和宗教改革时期的教育

文艺复兴时期和宗教改革时期的教育分为人文主义教育、新教教育和天主教教育。人文主义是文艺复兴的核心思想，人文主义教育的特点如下：

（1）赞扬人的价值和尊严，宣扬人的思想解放和个性自由，提倡学术，尊崇理性；

（2）古典文学、数学和自然科学开始成为重要课程；

（3）具有人文主义、古典主义、世俗性、宗教性、贵族性等特征。

2.19 世纪末 20 世纪初：新教育运动和进步教育运动

欧洲新教育运动的特点：①初期以建立不同于传统学校的新学校作为新教育的"实验室"；②注重精英教育而非大众教育，强调自由教育，理论基础多元化。

美国进步教育运动的特点：①关注普通民众的教育问题，强调教育和社会生活的联系；②强调儿童的个性发展，重视从做中学和学校的民主化问题。

小　结

1.【常考题型】单选、多选
2.【命题角度】考查各个国家或地区与其学校类型（教育场所）、教育内容、教育特点的对应。

第三节　教育学的产生与发展

一、教育学概述

考点1　教育学及其研究对象

教育学以培养人的教育活动为研究对象，是一门研究教育现象、问题，揭示教育本质、教育规律，探讨教育价值、教育艺术的学科。其中，教育问题是推动教育学发展的内在动力。

教育学对教育活动现象及其问题的关注与研究和对教育本质的揭示，主要表现在以下几个方面。

（1）注重揭示教育的规律。教育规律是指不以人的意志为转移的教育内部诸因素之间、教育与其他事物之间具有本质性的联系，以及教育发展变化过程的规律性。《学记》中的"建国君民，教学为先""道而弗牵，强而弗抑，开而弗达"都是教育规律性的反映。

（2）注重探讨教育的价值。教育不只是一种有规律的活动系统，也是一种有价值追求的活动系统。教育活动开始前应认真探讨教育的价值问题，制定合理善良的教育目的或要求。

（3）重视探讨教育的艺术。培养人的教育活动没有固定不变的方式方法，而是倡导循循善诱、因势利导、启发探究、自由创造的活动。在这一意义上，可以说教育是一种艺术。

考点2　教育学的价值

教育学的价值包括以下三点：①反思日常教育经验；②科学解释教育问题；③沟通教育理论与实践。

典型例题（2021下·单选）"道而弗牵，强而弗抑，开而弗达"属于教育学研究对象中的（　　）。
A. 教育的艺术　　　　B. 教育的规律　　　　C. 教育的价值　　　　D. 教育的现状
【答案】B。

小　结

1.【常考题型】单选、多选、判断

2.【命题角度】大多直接考查教育学的研究对象、根本任务、内在动力分别是什么。有时给出例子，要求判断其是否属于教育学的研究对象或属于教育学研究对象中的哪一种。

二、教育学的历史发展

（一）教育学的萌芽阶段（前教育学阶段）

在教育学的萌芽阶段，教育学还没有成为一门独立的学科，教育理论主要散见于哲学和其他学科的著述之中，专门论述教育理论的知识体系尚未单独建立起来。

中国教育学的萌芽最早见于春秋战国时期的孔子、孟子、墨子、荀子等诸子百家的论著。

西方教育学的渊源可以追溯到古希腊时期，有代表性的教育家包括苏格拉底、柏拉图、亚里士多德和昆体良。其中，苏格拉底、柏拉图和亚里士多德被誉为古希腊"三杰"。

考点1　孔子 ★★★

孔子是中国古代最伟大的教育家和思想家，儒家学派的创始人。他的教育思想主要体现在《论语》一书中。

1. 人性论

孔子将人性分为上、中、下三等，一等是"生而知之者"，属于上智；二等是"学而知之者"与"困而学之"者，属于中人；三等是"困而不学"者，属于下愚。"中人"有条件接受教育，与他们可以谈论高深学问，上智和下愚是不可改变的。孔子将人性划分出等级，并断言有不可改变的上智和下愚是不科学的。

2. 教育作用

（1）社会作用："庶、富、教"

孔子认为，人口、财富、教育是立国的三大要素。孔子是中国历史上最早论述教育与经济发展关系的教育家。

（2）个体作用："性相近也，习相远也"

孔子在中国历史上首次提出"性相近也，习相远也"。"性"指先天素质，"习"指后天习染，包括教育与社会环境的影响。

3. 教育对象："有教无类"

孔子认为，人人都可以接受教育，没有贫富、地域等区别。这使不少处于社会下层的人士也能有受教育的机会。

4. 教育目的：培养德才兼备的君子

孔子提出"学而优则仕"，即学习之后还有余力就去做官。他主张教育目的是培养德才兼备的君子，为社会发展培养政治家。这为封建官僚的政治体制准备了条件。

5. 道德教育："礼"与"仁"

"礼"与"仁"是道德教育的主要内容，孔子主张以"礼"为道德规范，以"仁"（仁者爱人）为最高道德准则，提倡立志、克己、力行、中庸、内省、改过。

著名论断①："君子去仁，恶乎成名？"

著名论断②："君子无终食之间违仁，造次必于是，颠沛必于是。"

6. 教学原则和方法

（1）学、思、行并重

著名论断①："学而不思则罔，思而不学则殆。"

著名论断②："君子耻其言而过其行。"

（2）启发诱导

孔子是世界上第一个提出启发式教学的人。

著名论断："不愤不启，不悱不发。举一隅不以三隅反，则不复也。"

（3）因材施教

孔子是我国历史上首倡因材施教的教育家。

著名论断："求也退，故进之；由也兼人，故退之。"

（4）实事求是

著名论断："知之为知之，不知为不知，是知也。"

7. 教学内容："文、行、忠、信"

孔子以文献、品行、忠诚、信实教育学生。其中，"文"包括《诗》《书》《礼》《乐》《易》《春秋》等基本科目。品行、忠诚、信实均属于道德教育。在他的整个教育中，道德教育居于首要地位。

孔子教育内容的特点：偏重社会人事，而不是崇拜神灵；偏重文事，有关军事知识技能的教学居于次要地位；轻视科技与生产劳动。

著名论断①："子以四教：文、行、忠、信。"

著名论断②："志于道，据于德，依于仁，游于艺。"

典型例题 （2023上·判断）"不愤不启，不悱不发"的教学思想产生于教育学发展的萌芽阶段。

（　　）

【答案】√。

考点2 孟子

1. 人性论与教育作用

孟子提出"性善论"，他认为人性本善，"仁义礼智，非由外铄我也，我固有之也"。

教育的作用是扩充"善性"，即扩充原有的"仁义礼智"四端，将其转化为现实的道德品质。他提出，"学问之道无它，求其放心而已矣"。

2. 教育目的："明人伦"

孟子第一次明确概括出中国古代学校的教育目的是"明人伦"。"人伦"即父子有亲、君臣有义、夫妇有别、长幼有序、朋友有信的"五伦"，这是处理好五种社会关系的准则。

3. 理想人格："大丈夫"

孟子提出"大丈夫"的理想人格，即"富贵不能淫，贫贱不能移，威武不能屈"。

4. 道德教育原则与方法

孟子提出持志养气、反求诸己、动心忍性、存心养性四种道德教育原则与方法。

5. 教学原则与方法

（1）深造自得：在学习中应独立思考，有自己的独立见解。"尽信《书》，则不如无《书》。"

（2）盈科而进：学习和教育过程要循序渐进，不能揠苗助长。

（3）教亦多术：对不同的学生采取不同的教法。

（4）专心致志：学习必须专心致志，不能三心二意。

考点3 荀子

1. 人性论与教育作用

荀子提出"性恶论"，主张"人之性恶，其善者伪也"。"性"是人的先天素质、自然状态，人的本能中不存在道德和理智；"伪"是人为，泛指一切通过人为的努力而使人发生的变化。

教育的作用是"化性起伪"，即通过教育和学习来改变自己的本性，使人具有适应社会生活的道德智能。

2. 教育目的：以"大儒"为理想目标

荀子要求教育培养推行礼法的"贤能之士"，或者说具有儒家学者身份且长于治国理政的各级官僚。他将儒者分为俗儒、雅儒、大儒。大儒是最理想的一类，教育应以培养大儒为目标。

3. 教育内容：儒家经典

荀子重视《诗》《书》《礼》《乐》《春秋》等儒家经籍的传授。其中，《礼》是荀子教育理论的核心和重点。

4. 学习过程：闻—见—知—行

"不闻不若闻之，闻之不若见之，见之不若知之，知之不若行之。学至于行之而止矣。"荀子认为完整的学习过程是由感性认识到理性认识，再到行动的过程，即闻—见—知—行。

5. 关于教师：最强调尊师

在先秦诸子中，荀子是最强调尊师的。他将教师作为治国之本，提出："国将兴，必贵师而重傅，贵师而重傅，则法度存。"

考点 4　墨子

1. 人性论与教育作用

墨子提出"人性素丝说"，认为人性不是先天所成，而是如同待染的素丝，"染于苍则苍，染于黄则黄"，有什么样的教育和环境，就有什么样的人。

墨子认为教育是有功于天下的事业，主张通过"上说下教""有力者疾以助人，有财者勉以分人，有道者劝以教人"，建设一个民众平等互助的"兼爱"社会。

2. 教育目的：培养"兼士"或"贤士"

为实现"兼相爱、交相利"的社会理想，墨子主张培养"博乎道术""辩乎言谈""厚乎德行"的"兼士"或"贤士"。

3. 教育内容

出于培养"兼士"或"贤士"的需要，墨子及其弟子确定了一套有特色的教育内容，即政治和道德教育、科学和技术教育、文史教育和培养思维能力的教育。同时，墨子还注重实用技术的传习。

4. 教育方法

墨子在中国历史上首先明确提出"量力"这一教育方法。他提出"深其深，浅其浅，益其益，尊其尊"，意思是要用深一点的知识去教育程度较深的人，用浅一点知识去教育程度较浅的人，用使其增长的办法对待人的长处，用尊重的态度去对待别人的自尊之处。

考点 5　道家

道家的代表人物包括老子、庄子等。道家主张"绝圣弃智"（弃绝智慧聪明，返归于人的天真纯朴）和"愚民"，认为"绝学无忧"（弃绝了学问和学业就会没有忧患与烦恼）；主张教育遵循自然原则，一切任其自然，便是好的教育；反对儒家的礼教，主张培养"上士"或"隐君子"；提倡怀疑的学习方法，讲究辩证法。

考点 6　《学记》　★★★

《学记》是人类历史上最早出现的专门论述教育问题的著作，大约成文于战国末期，被称为"教育学的雏形"。《学记》中的主要教育思想见表 1–1–2。

表 1–1–2　《学记》中的主要教育思想

类别	主张	著名论断
教育的社会作用	化民成俗、建国君民 （教育与政治的关系）	君子如欲化民成俗，其必由学乎 是故古之王者，建国君民，教学为先
教育的个体功能	使人明理晓道 （教育与人的关系）	玉不琢，不成器；人不学，不知道
教学原则和方法	循序渐进	不陵节而施之谓孙 学不躐等
	及时施教	当其可之谓时

（续表）

类别	主张	著名论断
教学原则和方法	预防性原则	禁于未发之谓豫
	学习观摩	相观而善之谓摩
	启发诱导	道而弗牵，强而弗抑，开而弗达
	藏息相辅	时教必有正业，退息必有居学 藏焉修焉，息焉游焉
	长善救失	教也者，长善而救其失者也
	教学相长	是故学然后知不足，教然后知困。知不足，然后能自反也；知困，然后能自强也。故曰：教学相长也
	德智并重	一年视离经辨志，三年视敬业乐群，五年视博习亲师，七年视论学取友，谓之小成；九年知类通达，强立而不反，谓之大成
教师的社会价值	师严道尊	师严然后道尊，道尊然后民知敬学

　　典型例题 （2020下·判断）《学记》中提道："一年视离经辨志，三年视敬业乐群，五年视博习亲师，七年视论学取友，谓之小成；九年知类通达，强立而不反，谓之大成。"这体现了古代教育德智并重、循序渐进的特点。　　　　　　　　　　　　　　　　　　　　　　　　　　　　（　　）

　　【答案】√。

小　结

1.【常考题型】单选、多选

2.【命题角度】

（1）考查某一教育家提出的人性论、教育目的、教育方法、教育内容等的对应。

（2）考查某一教育家的著名论断体现的教育思想。

（3）考查《学记》的历史地位、《学记》原文体现的教育思想。

3.【易错易混】注意区分各教育家的著名论断和《学记》原文内容。

4.【识记技巧】孔子、孟子、荀子、墨子思想对比见下表。

人物	孔子	孟子	荀子	墨子
人性论	性三品（上智、中人、下愚）	性善论	性恶论	人性素丝说
教育作用	社会作用：庶、富、教 个体作用：性相近也，习相远也	扩充"善性"	"化性起伪"	"兼爱""非攻"
教育目的	培养德才兼备的君子	明人伦	培养"大儒"	培养"兼士"或"贤士"
教育内容	文、行、忠、信 （文献、品德、忠诚、信实）	道德教育	儒家经典	政治道德、科学技术、文史知识、思维能力

（续表）

教育方法	学、思、行结合，启发诱导，因材施教，实事求是	深造自得、盈科而进、教亦多术、专心致志	闻—见—知—行	主动、创造、实践、量力

考点7 苏格拉底

古希腊的苏格拉底是著名的哲学家和教育家，以其雄辩和青年与智者之间的问答法而著名，被誉为西方的孔子。

1. 教育目的与任务

苏格拉底认为教育的目的是培养治国人才，教育的首要任务是培养道德。

2. 教学方法

苏格拉底的教学方法被称为苏格拉底法或产婆术。这是西方最早的启发式教学思想。苏格拉底法由讥讽、助产术、归纳和定义四个步骤组成。

苏格拉底法实际上是师生平等的辩论方法，体现了对话教学的思想，它不是给予学生现成的答案，而是让学生通过自己的探索、理解得到结论。

考点8 柏拉图

1. 政治观

古希腊的柏拉图在头脑中构建了一个"理想国"，将理想城邦的公民分为生产者（农工商）、辅助者（军人）和统治者（哲学家）三个等级。在"理想国"中，爱智慧、掌握真理、深明事理的哲学家居于统治地位。智慧、勇敢、节制、正义是理想国中的四种美德。

2. 认识论

柏拉图认为，人在出生以前已经获得了一切事物的知识，当灵魂依附于肉体（降生）后，这些已有的知识就被遗忘了。人只有通过接触感性事物，才能重新"回忆"起已被遗忘的知识。他提出了"认识就是回忆""一切研究、一切学习只不过是回忆罢了"的观点。

3. 教育观

柏拉图的教育思想集中体现在他的著作《理想国》之中，主要包括以下几点。

（1）国家应重视教育，理想国应对儿童实行公养公育。

（2）教育的最高目标是培养哲学王，教育的最终目的是促使"灵魂转向"。

（3）提倡女子应当和男子受同样的教育，从事同样的职业。

（4）重视早期教育。柏拉图是西方教育史上第一个提出完整的学前教育思想并建立了完整的教育体系的人，他规定了不同阶级的人的不同教育内容。

（5）是"寓学习于游戏"的最早提倡者；第一次提出以考试作为选拔人才的手段之一。

（6）将算术、几何学、天文学、音乐（"四艺"）列入教学科目。

典型例题 （2017下·单选）认为教育的最高目标是培养治理国家的哲学家，提出此观点的人是（   ）。

A. 苏格拉底　　　　B. 柏拉图　　　　C. 亚里士多德　　　　D. 昆体良

【答案】B。

考点 9　亚里士多德

古希腊的亚里士多德是百科全书式的哲学家，他的教育观点集中体现在其著作《政治学》中。他秉承了柏拉图的理性说，认为追求理性就是追求美德，是教育的最高目的。

1. 灵魂论与教育

亚里士多德将人的灵魂分为营养灵魂、感觉灵魂和理性灵魂三个部分，这三个部分分别对应植物的灵魂、动物的灵魂和人的生命。灵魂论为教育必须包括体育、德育和智育提供了人性论上的依据。

2. 教育遵循自然

亚里士多德在教育史上首次提出了教育遵循自然的观点，注意到儿童心理发展的自然特点，并主张按照儿童心理发展的规律对儿童进行分阶段教育。亚里士多德在教育史上第一个提出了儿童成长过程的年龄分期。

3. 和谐教育思想

亚里士多德全面系统地论述了人的身心和谐发展的问题，主张体育、德育、智育的和谐教育。

4. 文雅教育

亚里士多德最早提出了文雅教育（自由教育）。

5. 师生关系

亚里士多德提出了"吾爱吾师，吾更爱真理"的观点，体现了不唯师的精神。

考点 10　昆体良

古罗马的昆体良是西方教育史上第一个专门论述教育问题的教育家。他的《雄辩术原理》（又译《论演说家的教育》《论演说家的培养》）是西方第一本教育专著，也是世界上第一部研究教学教法的著作，被誉为欧洲古代教育理论发展的最高成就。

昆体良的教育思想包括以下几点。

（1）主张对儿童进行早期训练，根据儿童的年龄特点因材施教和量力而行，要劳逸结合和给学生奖励、反对体罚等。

（2）将学习过程概括为"模仿—理论—练习"三个阶段。

（3）对班级授课进行了一些阐述，这是班级授课制思想的萌芽。

小 结

1.【常考题型】单选、多选、判断

2.【命题角度】考查外国教育家的主要观点、名言、著作及主要贡献的对应。

3.【易错易混】

（1）关于启发式教学

著作与论断	《学记》："道而弗牵，强而弗抑，开而弗达""君子之教，喻也"
	《论语》："不愤不启，不悱不发，举一隅而不以三隅反，则不复也"
人物	孔子：世界最早提出启发式教学的人
	苏格拉底：西方最早提出启发式教学的人

（2）《论演说家的教育》与《学记》

《论演说家的教育》	《学记》
①西方最早的教育专著 ②世界上第一部研究教学教法的著作 ③"欧洲古代教育理论发展的最高成就"	①世界上最早的教育专著 ②"教育学的雏形"

（二）教育学的独立形态阶段

考点1　独立形态的教育学创立的标志

（1）从对象方面而言，教育问题成为一个专门的研究领域。

（2）从概念和范畴方面而言，形成了专门的反映教育本质和规律的教育概念与范畴及体系。

（3）从方法而言，有了科学的研究方法。

（4）从结果而言，产生了一些重要的教育学家，出现了一些专门的系统的教育学著作。

（5）从组织机构而言，已经出现了一些专门的教育研究机构。

考点2　培根

英国哲学家培根被称为近代实验科学的鼻祖。他提出的归纳法为教育学的发展奠定了方法论基础。他在1623年出版的《论科学的价值和发展》中，首次提出把教育学作为一门独立的学科，使其与其他学科并列。

考点3　夸美纽斯　★★★

捷克教育家夸美纽斯（见图1-1-1）被称为教育学之父、近代教育学之父。

图1-1-1　夸美纽斯

1. 主要著作

（1）《大教学论》：教育学开始形成一门独立学科的标志，该书被认为是第一本近代教育学著作，1632年出版。

（2）《世界图解》：世界上第一部依据直观原则编写的、对儿童进行启蒙教育的课本；欧洲第一部儿童看图识字课本；指导家长进行学龄前儿童教育的指南。

（3）《母育学校》：西方教育史上第一本学前教育学著作和家庭教育专著。

2. 教育目的

教育的宗教目的是使人为来世生活做好准备。

教育的现实目的是使人认识和研究世界上的一切事物，培养和发展他们的各种能力、德行和信仰，以便享受现世的幸福，为永生做好准备。

3. "泛智"教育

夸美纽斯提出"泛智"教育思想，要求"把一切事物教给一切人""一切男女青年都应该进学校"。他从"泛智"教育出发，提出了普及教育的思想。

4. 教育制度

（1）建立全国统一学制，并为各级学校规定了广泛的百科全书式的教学内容。

（2）重视早期教育，首次将学前教育纳入学制。

（3）在《大教学论》中，首次从理论上系统论述了班级授课制。

5. 教学原则

（1）根本指导原则：教育适应自然

教育适应自然的原则是贯穿夸美纽斯整个教育体系的一条根本性的指导原则。这一原则包含两层含义：①教育活动应遵循自然界存在的普遍秩序；②教育应依据人的自然本性和儿童的年龄特征，每件事情的安排都应适应学生的能力。

（2）主要教学原则

夸美纽斯提出并论证了直观性原则、激发学生求知欲原则、巩固性原则、量力性原则、系统性原则和循序渐进性原则。他第一次从理论上对直观性原则做了论证，认为这是教师的一条"金科玉律"；他在教育史上首次提出量力性原则。

6. 道德教育

夸美纽斯将"谨慎、节制、刚毅、正义"作为道德教育的基本内容，把这四种品德称为"基本德行"，同时，夸美纽斯在德育内容中纳入了劳动教育。

典型例题（2023下·单选）下列教育家与其教育思想匹配错误的是（　　）。

A. 墨子——科技教育　　　　　　　B. 赫尔巴特——泛智教育

C. 蔡元培——思想自由，兼容并包　　D. 斯宾塞——教育为完满生活做准备

【答案】B。

考点 4 洛克

洛克（见图1-1-2）是英国著名哲学家、教育家，著有《教育漫话》。

1. 教育目的

洛克倡导教育的目的是培养绅士，主张绅士教育应在家庭实施。

2. 教育作用

洛克主张教育万能，提出了白板说，认为人的心灵如同白板，观念和知识都来自后天。他提出，"我敢说日常所见的人中，他们之所以或好或坏，或有用或无用，十分之九都是他们的教育所决定的。人类之所以千差万别，便是由于教育之故"。

图1-1-2　洛克

3. 教育内容

洛克第一次把教育的三大部分德、智、体做了明确区分。

考点 5 卢梭

卢梭（见图1-1-3）是法国启蒙主义思想家和教育家，著有小说体教育著作《爱弥儿》。在西方近代教育史上，卢梭被认为"最先发现了儿童"。

1. 教育遵循自然本性

主张教育要遵循儿童的自然本性，根据不同年龄阶段儿童的身心特征和个体差异进行教育。卢梭认为："出自造物主之手的东西都是好的，一到人的手里就全都变坏了。"

图1-1-3　卢梭

2. 教育的目的

培养"自然人"，即能适应资本主义生产关系需要的身心和谐发展的人。

3. 教育原则和方法

"模仿自然"，反对体罚；德育上实行自然后果法。

典型例题 （2017上·单选）卢梭在《爱弥儿》中所秉持的教育思想属于（　　）。

A. 实用主义　　　　　B. 自然主义　　　　　C. 现实主义　　　　　D. 后现代主义

【答案】B。

考点6　康德

德国哲学家康德最早将教育学作为一门课程在大学里讲授，其教育思想集中体现在《康德论教育》中。康德认为，教育的根本任务在于充分发展人的自然禀赋，使人人都成为自身，成为本来的自我并自我完善。"人是唯一需要教育的动物""人只有通过教育才能成为一个人"。

考点7　裴斯泰洛齐

裴斯泰洛齐（见图1-1-4）是瑞士教育家，其代表作为《林哈德与葛笃德》。

1. 教育目的

裴斯泰洛齐认为，教育目的应该是"促进人的一切天赋能力或力量的全面、和谐发展"。通过教育使人成为有道德、有智慧、有劳动能力与身体健康的人。

2. 教育心理学化

裴斯泰洛齐是西方教育史上第一个明确提出"教育心理学化"口号和诉求的教育家。

3. 要素教育

初等学校的各种教育都应从最简单的要素开始。德育的基本要素是儿童对母亲的爱；智育的基本要素是数目、形状和语言；体育的基本要素为关节活动。

图1-1-4　裴斯泰洛齐

4. 教育与生产劳动相结合

裴斯泰洛齐是第一个将教育与生产劳动相结合思想付诸实践的教育家。

考点8　赫尔巴特 ★★★

赫尔巴特（见图1-1-5）是近代德国著名的心理学家和教育学家，是康德在哥尼斯堡大学哲学教席的继承者；在世界教育史上他被认为是现代教育学之父或科学教育学的奠基人。赫尔巴特对19世纪以后的教育实践和教育思想产生了很大影响，被看作是传统教育理论的代表。夸美纽斯和赫尔巴特的对比见图1-1-6。

1806年，他的《普通教育学》的出版标志着教育学作为一门规范、独立的学科正式诞生，同时，这本书也被认为是第一本现代教育学著作。

图1-1-5　赫尔巴特

1. 教育学的两个基础

赫尔巴特首次试图把教育学建立在伦理学和心理学的基础之上。他把道德教育理论建立在伦理学的基础上，把教学理论建立在心理学的基础上，奠定了科学教育学的基础。

伦理学即实践哲学，主要体现为五种道德观念，即内心自由、完善、仁慈、正义和公平。

心理学是研究观念的科学，赫尔巴特发展了两个重要的概念，即"意识阈"和"统觉"。其中，"统觉"就是新观念与旧观念的同化和吸收的过程。

图1-1-6　夸美纽斯与赫尔巴特的对比

2.教育目的

赫尔巴特认为教育要达到的目的分为两种，即"可能的目的"和"必要的目的"。

（1）"可能的目的"：与儿童未来从事的职业有关的目的。

（2）"必要的目的"：教育的最高目的是道德和性格的完善，具体来说就是要养成内心自由、完善、仁慈、正义和公平这五种道德观念。

3.教育性教学原则

在西方教学史上，赫尔巴特第一次提出了"教育性教学"的概念。"教育性教学"指没有任何无教学的教育，也没有任何无教育的教学。教学和教育（道德教育）是相互联系的同一过程的两个方面；教学和教育的关系是手段和目的的关系；决定教学具有教育性的主要因素在于强化教学工作中的教育目的性；对于教育性教学来说，一切都取决于其引起的智力活动。

4.教学四阶段论

赫尔巴特认为儿童的兴趣是广泛的和多方面的，兴趣活动在过程上可以划分为四个阶段，即注意、期望、要求、行动。相应地，他把教学过程划分为四个阶段，即明了（清楚）、联合（联想）、系统、方法。具体内容见表1-1-3。

表1-1-3　赫尔巴特的教学四阶段论

学生兴趣活动的阶段	教学过程阶段	教学要求
注意	明了（清楚）	运用直观教学使学生获得清晰表象，做好学习新知识的准备
期望	联合（联想）	产生新旧观念的联合，但未出现最终的结果，教师应与学生无拘束地谈话
要求	系统	使用综合的教学方法，使新旧观念的联合系统化，从而获得新概念
行动	方法	学生自己活动，通过练习巩固新习得的知识

后来，赫尔巴特的学生席勒将其发展为五阶段，即分析、综合、联想、系统、方法。席勒的学生赖因做了更符合教学实际的改进，将其演变为预备、提示、联合、总结、应用。

5.传统三中心论

赫尔巴特强调系统知识的传授、课堂教学的作用以及教材的重要性，强调教师的权威作用和中心地位，形成了传统教育"课堂中心""教材中心""教师中心"的特点。

6.儿童管理与训育

赫尔巴特认为教育过程应该遵循一定的顺序，包括管理、教学和训育三个阶段。

典型例题 （2020下·多选）下列人物与其主张配对正确的有（　　　　）。

A.孟子——染丝说

B.孔子——有教无类

C.夸美纽斯——泛智论

D.乌申斯基——统觉团

E.裴斯泰洛齐——教育教学的心理学化

【答案】BCE。

考点9　斯宾塞

斯宾塞是19世纪英国著名哲学家和教育家，科学教育的倡导者。其主要作品是《教育论》，全书由《什么知识最有价值？》《智育》《德育》《体育》四篇论文组成。斯宾塞认为教育的目的在于为完满的生活做准备；认为科学知识最有价值，主张制定注重科学的课程体系。

小 结

1.【常考题型】单选、多选、判断

2.【命题角度】考查各教育家的著作、历史地位、观点、教育思想等的对应、对比。例如，首次系统论述班级授课制的是谁？答案：夸美纽斯。

（三）教育学的多样化发展阶段

考点1 现代教育学流派与思潮

1. 实验教育学

代表人物：德国教育学家梅伊曼和拉伊。梅伊曼于1901年首先提出"实验教育学"这个术语。

代表著作：梅伊曼的《实验教育学纲要》和拉伊的《实验教育学》。

主要观点：①反对以赫尔巴特为代表的思辨教育学；②提倡将实验心理学的研究成果与方法用于教育研究；③将教育实验分为形成假设、设计并实施实验、将结论应用于实践以检验实验结果三个阶段；④认为教育实验不同于心理实验，它是在学校与教学环境中进行的；⑤主张用实验、统计等方法探索儿童心理发展的特点及智力发展水平，并以此作为改革学制、课程和方法的依据。

2. 文化教育学（精神科学教育学）

代表人物：德国教育家狄尔泰、斯普朗格、利特等。

主要观点：①人类历史是一种文化的历史。②教育过程是一种历史文化过程。③教育的研究要用精神科学或文化科学的方法，即理解和解释的方法进行。④教育的目的是促使社会历史的客观文化向个体的主观文化转变，并培养完整的人格。培养完整的人格的主要途径是"陶冶"和"唤醒"，强调构建和谐的师生对话关系。

`典型例题` （2023上·单选）认为教育的研究既不能采用赫尔巴特纯粹的概念思辨来进行，也不能依靠数据统计来进行，而应采用理解与解释的方法进行，这一教育学派别是（　　）。

A. 文化教育学　　　　　　　　　　B. 批判教育学

C. 实用主义教育学　　　　　　　　D. 马克思主义教育学

【答案】A。

3. 实用主义教育学 ★★★

代表人物：美国教育家杜威（见图1-1-7）和克伯屈。

代表著作：杜威的《民主主义与教育》《经验与教育》和克伯屈的《设计教学法》。

主要观点：①教育即生活；②教育即学生个体经验持续不断的增长；③学校是一个雏形的社会；④课程应以学生的经验为中心，而不是以学科知识体系为中心；⑤师生关系应以儿童为中心，而不是以教师为中心；⑥教学重视学生自己的独立发现、表现和体验，尊重学生的差异性。

以下主要介绍杜威的教育思想。

图1-1-7　杜威

杜威是实用主义哲学的创始人，是实用主义教育学的代表人物之一。他的理论是现代教育理论的代表。

杜威的代表作包括《民主主义与教育》（又译《民本主义与教育》）、《我的教育信条》等。其中，《民主主义与教育》最集中、最系统地表述了杜威的教育理论，与柏拉图的《理想国》、卢梭的《爱弥儿》并称为西方教育史的三大里程碑。

（1）教育的本质

①教育即生活。杜威提出，"教育是生活的过程，而不是将来生活的准备"。基于此，杜威还提出"学校即社会"，这是对"教育即生活"的进一步引申。

②教育即生长。教育的目的是促进儿童本能的生长。教育应适合儿童的心理发展水平和兴趣、需要的要求。

③教育即经验的改组或改造。杜威将教育视为从已知经验到未知经验的连续过程，这种过程不是教给儿童既有的科学知识，而是发挥儿童的主体精神，让他们"从做中学"，在活动中不断增加经验。

（2）教育的目的

杜威从"教育即生活"中引出了他的"教育无目的论"。他反对外在的、固定的、终极的教育目的。他认为，"教育的过程，在它自身以外没有目的，它就是它自己的目的；教育的过程是一个不断改组、不断改造和不断转化的过程"。

（3）课程理论

①批判传统教材。杜威批判传统教材不适合儿童的现有能力，超出儿童已有的经验范围，与学生的需要和目的脱离。他提出教材应与社会生活相联系。

②从做中学。在经验论的基础上，杜威提出以活动性、经验性的主动作业取代传统的书本式教材的统治地位。

③教材心理学化。杜威主张将间接经验转化为直接经验，并对直接经验加以组织、抽象和概括。

（4）教学阶段论

杜威提出的教学方法是思维五步说或五步探究教学法，具体包括创设疑难情境、确定疑难所在、提出解决问题的种种假设、推断哪个假设能解决这个困难、验证这个假设五个步骤。

（5）新三中心论

杜威批判赫尔巴特的教育学思想，提出了"儿童中心（学生中心）""活动中心""经验中心"的新三中心论。

典型例题 （2021下·单选）下列教育家与著作不匹配的是（   ）。

A. 赞科夫——《教育与发展》   B. 卢梭——《爱弥儿》

C. 杜威——《教育论》   D. 拉伊——《实验教育学》

【答案】C。

4. 批判教育学

代表人物：美国的鲍尔斯、金蒂斯、阿普尔、吉鲁，法国的布厄迪尔，巴西的弗莱雷。

主要观点：①当代资本主义的学校教育不是一种民主的建制和解放的力量，而是维护社会不公平和不公正的工具；②教育受社会的政治、经济和文化的制约，学校教育的功能就是再生产出占主导地位的社会政治意识形态、文化关系和经济结构；③大众已经将这种不平等和不公平看作自然的事实，而不是某些利益集团故意制造的结果；④批判教育学的目的就是帮助分析教育背后的利益关系，达到意识的启蒙和解放，从而寻找克服不公正的策略；⑤教育现象不是中立和客观的，教育理论研究不能采用唯科学主义的态度和方法，而要采用实践批评的态度和方法。

典型例题 （2018上·单选）下列不属于批判教育学观点的是（   ）。

A. 当代资本主义的学校教育是维护社会不公平和不公正的工具

B. 教育是在一定文化背景下进行的，因此教育过程就是一种历史文化过程

C. 教育现象不是中立和客观的，教育理论研究不能采用唯科学主义的态度和方法

D. 学校教育的功能是再生产出占主导地位的社会政治意识形态、文化关系和经济结构

【答案】B。

5. 马克思主义教育学

（1）基本观点

①教育是一种社会历史现象，在阶级社会中具有鲜明的阶级性，不存在脱离社会影响的教育。

②教育起源于生产劳动，劳动方式和性质的变化必然引起教育形式和内容的改变。

③现代教育的根本目的是促进学生个体的全面发展。

④现代教育与现代大生产劳动的结合不仅是发展社会生产力的重要方法，而且是培养全面发展的人的唯一方法。

⑤在教育与社会的政治、经济、文化的关系上，教育一方面受它们的制约，另一方面又具有相对独立性，并反作用于它们，对于促进工业社会政治、经济与文化的发展具有巨大的作用。

⑥马克思主义唯物辩证法和历史唯物主义是教育科学研究的方法论基础。

（2）马克思主义教育学的发展（见表 1-1-4）

表 1-1-4　马克思主义教育学的发展

国别	人物	代表作	影响或思想
苏联	克鲁普斯卡娅	《国民教育与民主主义》	克鲁普斯卡娅是最早以马克思主义为基础，探讨教育问题的教育家
	凯洛夫	《教育学》	凯洛夫的《教育学》被公认为世界上第一部马克思主义的教育学著作，对我国教育产生了重大影响
	马卡连柯	《教育诗》《论共产主义教育》《父母必读》等	马卡连柯在流浪儿童和少年违法者的改造方面做出了杰出贡献，其核心教育思想是集体主义教育。他还提出了平行教育原则，即通过教育集体去教育个人，又通过对个人的教育影响集体
中国	杨贤江	《新教育大纲》	《新教育大纲》是我国第一本以马克思主义为指导的教育学著作

考点 2　其他欧美教育思潮

除了上文提到的教育学派，改造主义教育、永恒主义教育、要素主义教育、存在主义教育、结构主义教育等，也为教育学的逻辑体系和框架构建滋补了重要的理论营养（见表 1-1-5）。

表 1-1-5　其他欧美教育思潮

教育思潮	代表人物	主要观点
改造主义	康茨、拉格、布拉梅尔德	主张教育应该以"改造社会"为目标；教育要重视培养"社会一致"的精神；强调行为科学对整个教育工作的指导意义；教学上应该以社会问题为中心；教师应该进行民主的、劝说的教育
永恒主义	赫钦斯、艾德勒、阿兰、利文斯通	认为教育的性质永恒不变；教育的目的"是要引出我们人类天性中共同的要素"；古典学科应该成为学习课程的核心；提倡通过教学进行学习

（续表）

教育思潮	代表人物	主要观点
要素主义	巴格莱、坎德尔等	理论主张与进步教育相对立，主张把人类文化的"共同要素"作为学校教育的核心；教学过程必须是一个训练智慧的过程；强调学生在学习上必须努力和专心；强调教师在教育和教学中的核心地位
存在主义	海德格尔、雅斯贝斯、萨特等	教育的本质和目的在于使学生实现"自我生成"；强调品格教育的重要性；提倡学生"自由选择"道德标准，认为道德教育的基础应该是让学生自由选择道德标准，并承受自己选择的后果，而不是去接受永恒的道德原则；主张个别教育的方法；认为师生之间应该建立信任的关系
结构主义	布鲁纳	强调教育和教学应重视学生的智能发展；注重教授各门学科的基本结构；主张学科基础的早期学习；提倡"发现教学法"；认为教师是结构教学中的主要辅助者

典型例题 （2018下·单选）认为道德教育的目的不是让学生接受道德原则，而是让学生自由选择道德标准，并承担自己选择的后果。这种观点属于现代西方教育思想中的（　　　）。

A. 存在主义　　　　　B. 改造主义　　　　　C. 永恒主义　　　　　D. 要素主义

【答案】A。

考点3　中国近现代教育思想

1. 蔡元培

蔡元培是中国近代著名的资产阶级革命家、民主主义教育家。毛泽东评价蔡元培为学界泰斗，人世楷模。

（1）"五育并举"

1912年，蔡元培发表《对于教育方针的意见》，提出了军国民教育、实利主义教育、公民道德教育、世界观教育和美感教育"五育并举"的教育方针。其中，公民道德教育处于核心地位。蔡元培首先将"美育"作为教育方针提出，并提出"以美育代宗教"。

（2）改革北京大学

①抱定宗旨，改变校风。

②提出"思想自由，兼容并包"的办学原则。

③教授治校，民主管理。

④学科与教学体制改革。

（3）教育独立思想

蔡元培认为，教育独立的基本要求大致可归为教育经费独立、教育行政独立、教育学术和内容独立、教育脱离宗教而独立。

2. 黄炎培

黄炎培是我国近代职业教育的创始人，被誉为我国职业教育之父。关于职业教育的观点如下：

（1）作用："谋个性之发展""为个人谋生之准备""为个人服务社会之准备""为国家及世界增进生产力之准备"。

（2）目的："使无业者有业，使有业者乐业"。

（3）办学方针：社会化、科学化。

（4）教学原则："手脑并用""做学合一""理论与实际并行""知识与技能并重"。

（5）基本要求："敬业乐群"。

3. 晏阳初

晏阳初是著名的平民教育家、世界平民运动与乡村改造运动的倡导者。他被称为国际平民教育之父、中国平民教育家、乡村建设者。

（1）四大教育

中国农村问题可以用"愚""穷""弱""私"四个字来代表。为解决四大问题，他提出四大教育，即文艺教育、生计教育、卫生教育和公民教育。其中，公民教育最为根本。

（2）三大方式

为推行四大教育，必须采用三大方式，即学校式教育、家庭式教育和社会式教育。

（3）"化农民"与"农民化"

"化农民"与"农民化"是晏阳初进行乡村试验建设的目标和途径，他提出"农民科学化，科学简单化"的平民教育目标，为了实现平民教育的目标，我们欲"化农民"，必先"农民化"。

4. 梁漱溟

梁漱溟是近代中国著名的乡村建设与乡村教育理论的创立者。

梁漱溟认为中国的问题是极严重的文化失调；乡村建设与乡村教育是一个问题的两个方面：乡村建设应以乡村教育为方法，乡村教育需以乡村建设为目标。

5. 陶行知

陶行知是我国杰出的人民教育家和坚定的民主战士。毛泽东称颂他为伟大的人民教育家，周恩来称赞他为一个无保留追随党的党外布尔什维克，宋庆龄赞誉他为万世师表。"生活教育"是陶行知的教育思想的核心。

（1）教育实践

① 1927 年，在南京创办晓庄学校；② 1932 年，在上海创办山海工学团；③ 1939 年，在重庆创办育才学校。

（2）小先生制

陶行知认为，儿童是中国实现普及教育的重要力量，他提出了"即知即传"的小先生制。"小先生"的职责不只在教人识字学文化，更在"教自己的学生做小先生"。小先生制是为解决普及教育中师资奇缺、经费匮乏、谋生与教育难以兼顾、女子教育困难等提出来的，是"穷国普及教育最重要的钥匙"。

（3）生活教育理论

第一，生活即教育。生活即教育是陶行知生活教育理论的核心。

第二，社会即学校。它是"生活即教育"在学校与社会关系问题上的具体化。

第三，教学做合一。教学做合一是陶行知生活教育理论的教学论，即教师的责任不在教，而在教学，在教学生学，教师教的法子必须根据学生学的法子，主张改"教授法"为"教学法"。后来，他把"做"融入其中，形成了教学做合一的思想。

6. 陈鹤琴

陈鹤琴是我国近代学前儿童教育理论和实践的开创者，著名的儿童教育家。他创立了中国第一所实验幼稚园——鼓楼幼稚园，被称为"中国的福禄培尔"。"活教育"是陈鹤琴教育思想的核心。

（1）"活教育"的目的："做人，做中国人，做现代中国人"。

（2）"活教育"的课程论

①"大自然、大社会都是活教材"。

②"五指活动"。陈鹤琴提出能体现儿童生活整体性和连贯性的"五指活动"形式，即儿童健康活动、儿童社会活动、儿童科学活动、儿童艺术活动、儿童文学活动。

（3）"活教育"的教学论

①基本原则："做中教，做中学，做中求进步"。

②教学步骤：实验观察、阅读和思考、创作和发表、批评和研讨。

小　结

1.【常考题型】单选、多选、判断

2.【命题角度】

（1）现代教育流派与思潮的观点、代表人物的对应。例如，德国教育家梅伊曼和拉伊创立的教育学说是什么？答案：实验教育学。

（2）教育家的著作、称号或成就、教育思想、主要观点的对应及对比关系。例如，杜威的"教育即生活"与陶行知的"生活即教育"本质相同。答案：×。

3.【易错易混】赫尔巴特和杜威教育思想的对比分析

人物	"三中心论"	教学阶段或方法	教育学派
赫尔巴特	课堂中心、教材中心、教师中心	教学四阶段论	传统教育学派
杜威	儿童中心（学生中心）、活动中心、经验中心	五步教学法	现代教育学派、实用主义教育学

（四）教育学的理论深化阶段

考点1　现代教学理论的三大流派 ★★

1. 赞科夫（也译为赞可夫）与发展性教学理论

苏联教育家赞科夫提出了发展性教学理论，著有《教学与发展》《和教师的谈话》。他的理论核心是"以最好的教学效果使学生达到最理想的发展水平"。赞科夫提出了发展性教学理论的五条教学原则：以高难度进行教学原则、以高速度进行教学原则、理论知识起主导作用的原则、使学生理解学习过程的原则、使所有学生包括"差生"都得到一般发展的原则。其中，高难度原则在实验教学体系中起决定性作用。

2. 布鲁纳与结构主义教育思想

美国教育家布鲁纳是结构主义教育思想的主要代表人物，著有《教育过程》。他的主要观点有以下几个：①强调学科结构，提出了结构主义教学理论。他认为"无论我们选教什么学科，务必使学生理解该学科的基本结构""任何学科的基本原理都可以用某种形式，教给任何年龄的任何儿童"。为此，他主张采用螺旋式课程。②倡导发现教学法，提出"发现是教育儿童的主要手段"。③主张培养学生的直觉思维、科学兴趣和创造力。

典型例题　（2023下·判断）任何学科的基本结构都可以用某种形式教给任何年龄的任何儿童，这是结构主义课程理论的主张。　　　　　　　　　　　　　　　　　　　（　　）

【答案】√。

3. 瓦根舍因与范例教学理论

德国教育家瓦根舍因著有《范例教学原理》，创立了范例教学理论。他提出了选择教学内容的三个原则（基本性、基础性和范例性），提出了范例教学的基本过程：阐明"个"—阐明"类"—范例性地掌握规律与范畴—范例性地获得世界经验与生活经验。

考点2 其他教育理论

1. 苏霍姆林斯基与全面和谐发展的教育思想

苏联教育家苏霍姆林斯基著有《给教师的一百条建议》（也称《给教师的建议》）、《把整个心灵献给孩子》、《和青年校长的谈话》和《帕夫雷什中学》等。他的著作被称为活的教育学、学校生活的百科全书，他也被称为教育思想泰斗。

苏霍姆林斯基提出全面和谐发展的教育思想。全面和谐发展教育是指将德育、智育、体育、美育、劳动教育五个部分有机结合起来，使之成为相互渗透的统一整体。他认为"全面"与"和谐"是儿童个性发展不可缺少的两个方面，这对世界教育产生了很大的影响。

2. 布卢姆与掌握学习理论

美国教育家布卢姆提出了掌握学习理论，著有《教育目标分类学》等著作。他把教学目标分为认知、情感和动作技能三大领域，认为教学应该以掌握学习为指导思想，以教育目标为导向，以教育评价为调控手段。

3. 巴班斯基与教学过程最优化理论

苏联教育家巴班斯基著有《教学过程最优化》，提出了教学过程最优化理论。教学过程的最优化是指在一定的教学条件下寻求合理的教学方案，使教师和学生花最少的时间和精力获得最好的教学效果，使学生获得最好的发展。

4. 保罗·朗格朗与终身教育理论

法国成人教育家保罗·朗格朗于1970年出版的《终身教育引论》被视为终身教育理论的代表作。

小 结

1.【常考题型】单选、多选

2.【命题角度】考查教育家与著作、观点的对应。例如，范例教学是由哪位教育家提出的？答案：瓦根舍因。

第二章　教育的基本规律

| 知识结构 |

第一节　教育与社会发展

一、教育与社会关系的相关理论

考点1　教育独立论

（1）主要代表人物：中国的蔡元培。

（2）主要观点：教育经费独立、教育行政独立、教育学术和内容独立、教育脱离宗教而独立。

考点2　教育万能论

（1）主要代表人物：法国的爱尔维修。

（2）主要观点：教育对人的成长起决定作用，否认遗传因素对人的成长应有的作用。例如，"人受了什么样的教育，就会成为什么样的人""教育包括自然环境和社会环境等一切生活条件的总和"。

考点3　人力资本理论

（1）代表人物：美国的舒尔茨。

（2）主要观点：①人力资本的积累是社会经济增长的源泉。教育是一种投资活动，能够提高生产效率，促进生产的经济效益。舒尔茨提出了人力资本收益测算法，强调教育及教育投资对国民经济增长的贡献率，将教育作为促进经济增长、发展社会经济的重要支撑点（舒尔茨认为，教育对国民经济增长的贡献是33%）。这一理论说明了教育对经济发展的促进作用。②教育是使个体收入的社会分配趋于平等的因素。

考点4　筛选假设理论（文凭理论）

（1）代表人物：美国的迈克尔·斯宾塞、罗伯特·索洛。

（2）主要观点：教育只是一种筛选装置，作用在于帮助雇主识别不同能力的求职者并将他们安置到不同职业岗位上。

考点5　劳动力市场理论

（1）代表人物：美国的皮奥雷、多林格。

（2）主要观点：劳动力市场由"主要劳动力市场"和"次要劳动力市场"组成。教育只是决定一个人在哪个劳动力市场工作的重要因素之一。

小　结

1.【常考题型】单选、多选

2.【命题角度】主要考查各理论的代表人物、观点，其中人力资本理论考查次数较多。

二、社会对教育发展的影响（教育的社会制约性）

考点1　生产力对教育的影响　★★★

1.影响教育发展的规模和速度

生产力的发展水平直接影响一个国家在教育经费方面的支付能力，而教育经费的支付能力直接影响校舍建设、仪器设备、教材建设、师资待遇和教师培养等多方面的教育条件，从而成为影响教育事业发展规模和速度的主要因素。

2.影响教育目的和教育结构

社会生产力水平、方式决定了劳动力的规格，进而决定了教育培养的人的规格（即影响教育目的）。生产力的不断发展引起社会对各级各类人才的需求结构的变革，进而引起各级各类教育的比例关系以及其中的专业设置的比例关系的变化（即影响教育结构）。

3.影响课程设置及内容选择

生产力的发展水平促进着科学技术的发展与更新，也必然影响学校课程的设置与教学内容的选择。

4.影响教学方法、手段和组织形式

学校的物资设备、教学实验仪器、学校组织管理所使用的某些工具和技术，都是一定的生产工具和科学技术在教育领域的应用，它反映了生产力的发展水平。教学组织形式的演变也与生产力发展有关。例如，在古代社会，个别教学是主要的教学组织形式，到了近代社会，班级授课制成为基本的教学组织形式。

`典型例题` （2020下·单选）下列关于生产力的发展对教育制约的说法，错误的是（　　）。

A.生产力的发展制约教育的性质与领导权

B.生产力的发展制约教育事业发展的规模和速度

C.生产力的发展制约人才培养的规格和教育结构

D.生产力的发展制约教学内容、教学方法和教学组织形式的发展和改革

【答案】A。

考点2 政治制度对教育的影响 ★★★

1.决定教育的社会性质

一定社会的教育具有什么性质是由这个社会的政治制度直接决定的。一般来说，有什么样的社会关系和政治制度就有什么样的教育。例如，欧洲中世纪教育的神学性是由宗教僧侣对教育的垄断决定的，近代资本主义教育的阶级性是由资本主义物质生活方式决定的。

2.影响教育宗旨和目的

统治阶级利用其拥有的立法权，颁布一系列教育法律、政策和规章，借此将教育部门执行教育宗旨和目的合法化；利用其拥有的组织人事权控制教育部门人员的教育行为，使之符合教育宗旨和目的的要求；利用经济手段控制教育发展的方向。

3.影响教育的领导权和受教育权

统治阶级依靠其掌握的政治经济权力掌握了教育领导权。谁有接受学校教育的权利、谁没有接受学校教育的权利、谁有接受什么样的学校教育的权利、学校教育以什么内容和方法来培养人等，都是由一定政治制度决定的。

4.影响教育管理体制

教育管理体制直接受制于社会关系和政治制度。例如，法国、日本高度中央集权的政治制度决定了学校管理体制的集中统一；美国地方分权的政治制度决定了美国的教育分权制，各州有权根据各州实际颁布各种教育法规。

知识拓展

很多学者将政治制度、经济制度合起来表述为政治经济制度，认为政治经济制度决定或制约着教育的领导权、受教育权和教育目的的性质。

典型例题 1.（2024上·单选）2007年春，国务院宣布免除全国农村义务教育学杂费，同年秋，进一步免收教科书费；2008年秋季学期起，全面免除城市义务教育学杂费。这主要体现了（　　）对教育发展的影响。

A.人口 　　　　B.文化 　　　　C.政治 　　　　D.生产力

【答案】C。

2.（2023上·单选）某中学认真贯彻《关于全面加强新时代大中小学劳动教育的意见》，积极开展劳动竞赛活动，组织学生参加收拾课桌、整理床铺、包饺子等比赛。这体现了以下哪一因素对教育的影响？（　　）

A.政治因素 　　　　　　　　B.经济因素

C.文化因素 　　　　　　　　D.人口因素

【答案】A。

考点3 文化对教育的影响

1.文化观念影响教育观念

（1）文化观念影响人们对教育的态度和行为。例如，同样处在工业化历史进程中，日本、德国等具有大工业意识的国家十分重视人口素质的提高对社会高质量发展的重要作用；英国等传统和保守的国家认为政治制度对社会发展有重大作用。

（2）文化观念影响教育思想的产生和发展。任何教育家的教育思想都是在一定社会文化背景中孕育的，是其世界观和价值观的反映。例如，中国近代教育史上黄炎培的职业教育思想、陶行知的平民教育思想，都是他们所处时代社会需要的集中反映。

2. 文化类型影响教育目标

任何社会的教育目标都是社会统治阶级利益的集中体现，是统治阶级主观意志的产物。例如，中国古代社会的主流文化是以儒学为核心的伦理型文化，这种文化反映在人才培养上，强调教育目的是"在明明德，在亲民，在止于至善"；古希腊文化崇尚知识和理性，因而当时的教育目的是培养哲学家和哲学王。

3. 文化传统影响教育内容和教育方法

（1）文化传统影响教育内容的选择范围、选择倾向等方面。例如，欧洲中世纪占统治地位的文化是宗教文化，因此中世纪大学的教学内容以神学知识为主；到了文艺复兴时期，古希腊、古罗马的文学艺术被重新发现，学校的教学内容则以世俗性知识为主。

（2）文化传统影响教育方法。不同文化影响人们对知识的认识，影响人们的思考方式，这在教育上表现为影响教师对知识的传授方式以及对教育方法的选择和应用。

考点4　科学技术对教育的影响

1. 改变教育者的观念

科学技术的发展水平决定了教育者的知识水平和知识结构，既影响教育者对教育内容、教育方法的选择和运用，又影响其对教育规律的认识和对教育过程中教育机制的设定。

2. 影响受教育者的数量和教育质量

一方面，科学技术的发展正日益揭示出教育对象的身心发展规律，并使教育活动遵循这种规律；另一方面，科学技术的发展及其在教育上的广泛应用，使教育对象得以扩大。

3. 影响教育的内容、方法和手段

科学技术可以渗透到教育活动的所有环节中去，为教育资料的更新和发展提供思想基础和技术条件。学校类型规模的扩大、教育设施的兴建、教育内容的记载与表达方式、教育用具与器材的制造等都离不开科学技术的作用。

考点5　人口对教育的影响

1. 人口数量对教育的影响

（1）人口数量影响教育事业发展的规模和速度。一定数量的人口是构成教育事业及其活动的前提和基础，尤其是学龄人口数量直接影响教育事业发展的规模和速度。

（2）人口数量增长速度影响教育发展战略目标的实现和战略重点的选择。

2. 人口质量影响教育质量

人口质量是指人口的身体素质、文化修养和道德水平。人口质量对教育质量的影响如下：①直接影响，即入学者已有的水平对教育质量的影响；②间接影响，即年长一代的人口质量影响新生一代的人口质量，从而影响以新生一代为教育对象的学校的教育质量。

3. 人口结构影响教育结构

（1）人口年龄结构影响教育发展。一般来说，有什么样的人口年龄结构，就会有什么样的教育结构与之相适应。

（2）人口就业结构影响教育发展。例如，当大多数劳动者集中在第一产业和第二产业就业，教育的发展水平必然十分有限，教育的类型结构也相对单一。如果产业结构和技术结构中的科技含量加大，劳动人口流向第三产业，就会促进教育发展水平提升、教育环境不断改善以及教育类型和结构的多样化。

三、教育的社会功能

考点1　教育的经济功能 ★★★

1. 促进经济增长

教育是以培养人为己任的社会活动，它通过提高劳动力的熟练程度，进而提高劳动生产率，促进经济的增长和发展。

2. 推动科技发展

（1）教育是实现科学知识再生产的重要途径，可以高效地扩大科学知识的再生产，使原来少数人掌握的科学知识在较短时间内被更多的人掌握，从而提高劳动生产率，促进生产力的发展。

（2）教育可以生产新的科学知识和生产力。学校特别是高等学校不仅是传授知识的教育机构，也是从事科学研究的重要基地，承担生产新科学知识和生产力的重要使命。

3. 提高劳动者素质

（1）教育可以使潜在的生产力转化为现实的生产力。

（2）教育可以提高劳动力的质量和素质，使之获得一定劳动部门认可的技能和技巧，成为发达的和专门的劳动力。

（3）教育可以改变劳动力的形态，把一个简单的劳动力转变为一个复杂的劳动力，把一个体力劳动者培养成一个脑力劳动者。

> **典型例题**（2021下·单选）一般而言，劳动者的劳动生产率与其知识技能以及生产技能成正相关关系，越高的知识技能，越会促使劳动生产率提高。这一说法体现了教育的（　　）。
>
> A. 文化功能　　　　　B. 经济功能　　　　　C. 科技功能　　　　　D. 人口功能
>
> 【答案】B。

考点2　教育的政治功能 ★★★

1. 维系社会政治稳定

教育维系社会稳定主要通过为社会培养政治人才和具有一定政治素质的社会公民、宣传统治阶级思想、制造社会舆论等方面实现。例如，《学记》中的"古之王者，建国君民，教学为先"，"君子如欲化民成俗，其必由学乎"，体现了教育的政治功能。

2. 提高社会政治文明水平

一般来说，教育是通过传播思想、制造舆论来影响社会政治生活的。在现代社会，教育弘扬着社会政治、思想、道德及文化领域中的正面因素，抑制与抵御腐朽、落后等消极因素，进而提高社会政治文明水平。

3. 促进社会政治变革

教育促进社会政治变革主要体现在三个方面：①教育的普及是社会政治变革的重要标志，是推进社会政治变革的重要力量；②教育通过传播先进思想和弘扬优良道德来促进社会政治变革；③教育推动政治民主化。因此教育水平的提高是实现社会政治民主化的重要前提和基础。

4. 培养社会政治人才

教育通过人才的培养，服务于社会的政治，维护统治阶级的利益，这是教育发挥政治功能的最基本途径（主要途径）。教育为政治经济制度培养需要的人才表现在两个方面：一是培养政治人才以补充社会的管理阶层，执行统治阶级的意志，为统治阶级服务；二是对广大人民进行政治和意识形态教育，促使他们的政治社会化，并成为社会需要的合格公民。

考点3　教育的文化功能　★★★

1. 文化传承（文化保存）

教育是实现文化传承的重要机制，学校教育是文化传承最基本、最重要的途径。教育具有传递和保存文化的作用，教育者将人类积累起来的文化传递给受教育者，使他们迅捷、经济、高效地获得人类创造的精神文化财富的精华。与此同时，教育将人类的精神文化财富内化为个体的精神财富，教育也就有了文化保存的功能。

2. 文化选择

文化是教育的基本材料，但并不是所有文化都能够成为教育内容。教育必须对文化进行一定的选择、加工、整理，使其成为教育内容。教育的选择功能表现为"吸取"和"排斥"的持续过程。教育对文化的选择意味着价值的取舍和认知意向的改变，并且是为了文化自身的发展与进步。

3. 文化交流（融合）

教育通过传播文化，使不同国家和民族的文化相互交流、融合，促进文化的优化和发展。教育从两个方面促进文化的传播、交流：①通过交流活动，如互派留学生、学者的学术交流等；②教育过程本身通过对不同文化的学习，对文化进行选择、变革和创造，形成新的文化。

4. 文化创新

教育对文化的更新和创造作用主要体现在两个方面：①教育通过培养具有创新精神和创造能力的人来发挥文化的更新和创造功能；②教育直接生产新的文化。

典型例题　1.（2024上·单选）约翰在中国留学期间学习了中国山水画的绘画技法，回到美国后，用该技法描绘家乡风景。这体现了教育的（　　）功能。

A. 文化传承　　　　　　　　　　　B. 文化选择

C. 文化交流　　　　　　　　　　　D. 文化创新

【答案】C。

2.（2022下·单选）某学校在延时服务中，把当地的一些非物质文化传承人引进学校，给学生示范"粽子""香囊"等的制作，学生也掌握了要领。这主要体现了教育对文化的（　　）。

A. 选择功能　　　　　　　　　　　B. 保存功能

C. 融合功能　　　　　　　　　　　D. 创造功能

【答案】B。

考点4　教育的科技功能

1. 再生产科学技术知识

学校教育是科学知识再生产的最主要途径。教育对于科学知识的影响体现在两个方面：①对科学知识的继承与积累；②对科学的扩大再生产，即把前人创造的科学知识传授给年轻一代，使他们能够生产出新的科学成果。

2. 推进科学的体制化

科学的体制化是指出现职业的科学家及专门的科研机构去开展科学研究。只有在教育高度发达的情况下，才会出现科学的体制化。

3. 具有科学研究功能

教育者在传播科学知识的同时，也从事着直接的科研工作，这在高校里尤为突出。

4. 推进科学技术研究

科学技术成果在教育上的应用能够丰富科学技术的活动，扩大科学技术成果的应用范围。

考点5　教育的人口功能

1. 调控人口数量

研究表明，全体国民受教育程度的高低与人口出生率的高低成反比，即人口的平均文化程度越高，人口出生率就越低，反之亦然。

2. 提高人口素质

教育作为促进人德智体美全面发展的实践活动，最直接的效果就是提高人口质量。

3. 促使人口结构趋于合理

人口结构的合理化是指人口结构有利于社会生产和人口的自然平衡。教育可使人口的性别结构和城乡结构趋于合理；可以改善人口的行业结构和职业结构。

4. 有助于人口流动和迁移

教育对人口流动和迁移的影响主要表现为以下两点：①受过较好教育的人口更容易远距离流动和迁移；②教育本身就具有人口流动和迁移功能。

考点6　教育的生态功能

教育的生态功能就是教育对保护自然环境、促进可持续发展和建设生态文明所起的积极作用。具体表现在以下几个方面：①通过环境教育提高人们保护自然环境的责任意识，并养成绿色的生活习惯；②通过发展创造科学技术，提高人们解决环境问题的能力，有效地解决生态问题；③形成可持续发展的理念和生态文明的理念。

典型例题　（2021下·单选）党的十九大提出"加快生态文明体制改革，建设美丽新中国"。教育在促进生态文明改革中扮演重要角色。以下不属于教育的生态功能的是（　　　）。

A. 通过教育改变人们的生育观念，改善人口结构

B. 教育帮助人们形成可持续发展的理念和生态文明的理念

C. 教育发展科学技术，提高人们解决环境问题的能力

D. 教育增强人们保护自然环境的意识

【答案】A。

小　结

1.【常考题型】单选、多选、判断

2.【命题角度】

（1）直接考查或结合例子考查生产力、政治制度、文化、人口等对教育的制约。例如，决定教育事业发展速度和规模的是什么因素？答案：生产力。

（2）直接考查或结合例子考查教育的功能。例如，"取其精华、去其糟粕"体现了教育的哪种文化功能？答案：选择功能。

第二节　教育与人的发展

一、人的发展的内容及特点

考点1　人的发展的内容

人的发展是整体性的发展，大体上可以分为生理发展、心理发展、社会性发展三个方面。

总体来看，人的发展十分复杂，是一个生活与生长的过程，是一个"给定"与"自我选择""自我构建"相互作用、相互转化的过程。它体现为个体内部的生理、心理、社会文化与外显行为方式连续又比较稳定的发展变化。

考点2　人的发展的特点

1. 未完成性

儿童发展的未成熟性、未完成性，蕴含着人的发展的不确定性、可选择性、开放性和可塑性，潜藏着巨大的生命活力和发展的可能性。

2. 能动性

人的发展是在与社会的相互作用下进行的，是一个具有社会性的能动发展过程。人在发展过程中表现出的能动、自主、自觉、自决和自我塑造等能动性，是人的生长发展与自然界发展变化及动物生长发展最重要的不同。

二、人的身心发展的一般规律　★★★

考点1　顺序性

1. 具体表现

人的身心发展的顺序性表现为个体的身心发展是一个由低级到高级、由简单到复杂、由量变到质变的连续不断的发展过程。这种顺序既不可逾越，也不可逆。例如，在生理方面，身体由头部、躯干向四肢发展，由中心向边缘发展；在心理方面，心理机能由具体形象思维到抽象逻辑思维发展，由机械记忆到意义记忆发展。

2. 教育要求

顺序性决定了教育活动必须循序渐进地进行。"揠苗助长""陵节而施"等有违人的身心发展的顺序性。

考点2　阶段性

1. 具体表现

人的身心发展的阶段性是指人在不同的年龄阶段表现出身心发展不同的总体特征及主要矛盾，面临着不同的发展任务。例如，童年期学生的思维特点是具有较强的具体性和形象性，抽象思维能力还比较弱；少年期学生的抽象思维已经有了很大的发展。

2. 教育要求

阶段性要求教育必须根据每个阶段身心发展的不同特征，教授不同的教育内容，采用不同的方法，施以符合该年龄阶段的教育，不能搞"一刀切""一锅煮"。同时，还要注意各阶段间的衔接和过渡。

考点 3 不平衡性（不均衡性）

1.具体表现

人的身心发展的不平衡性指人的发展并不总是匀速直线前进的，具体体现在以下两个方面：①身心发展的同一方面，在不同的年龄阶段发展速度不均衡。例如，人的身高有两个增长高峰，一个是出生后的第一年，另一个是青春发育期，这两个阶段身高增长速度远远高于其他阶段。②身心发展的不同方面，发展速度、起始时间、达到的成熟水平是不同的。例如，神经系统的发展是先快后慢，生殖系统的发展是先慢后快。

2.教育要求

不平衡性要求教育教学要抓住身心发展的敏感期（关键期、最佳期）。敏感期是指身体或心理的某一方面机能和能力最适宜形成的时期。在这一特定的时期，人的发展对某些刺激非常敏感，受到适当的刺激，身心比较容易得到发展。过了敏感期，个体尽管还可以获得这些发展，但相对比较困难。一般认为有四个领域的研究可以证明关键期的存在：恒河猴的社会性发展、鸟类的印刻、人类语言的习得以及动物的视觉剥夺。

典型例题 1.（2023 下·单选）个体发展遵循着一定的规律，一般而言，婴幼儿期存在一个加速发展期，而到了童年期发展速度则会减缓。这体现了发展的（　　　）。

A. 顺序性　　　　　　B. 不平衡性　　　　C.个体差异性　　　　D.连续性

【答案】B。

2.（2022 上·多选）各种心理能力的发展都存在着关键期。下列研究对这一观点提供支持的有（　　　）。

A.恒河猴的社会性发展　　　　　　　B.人类语言的习得

C.动物的视觉剥夺　　　　　　　　　D.劳伦兹的印刻研究

E.卡特尔的特质研究

【答案】ABCD。

考点 4 互补性

1.具体表现

一方面，互补性是指机体某一方面的机能受损甚至缺失后，可通过其他方面的超常发挥得到部分补偿。例如，盲人的视力有缺陷，但通常其触觉或者味觉、嗅觉方面会优于常人。

另一方面，互补性也存在于心理机能与生理机能之间。人的精神力量、意志、情绪状态对整个机体能起到调节作用，帮助人战胜疾病和残缺，使身心依然得到发展。

2.教育要求

互补性要求教育应结合学生实际，扬长避短，长善救失，重视发现学生的自身优势，促进学生的个性化发展。

考点 5 个别差异性

1.具体表现

（1）从个体的角度看，个别差异性表现在以下几个方面。

①不同个体的同一方面发展的速度和水平各不相同。例如，有人"聪明早慧"，有人"大器晚成"。

②不同个体的不同方面的发展存在差异。例如，有的学生数学能力强，但绘画能力差，有的学生则相反。

③不同个体具有不同的个性心理倾向。例如，同龄的儿童具有不同的兴趣、爱好和性格，"人心不同，各如其面"。

（2）从群体的角度看，个别差异主要表现为男女性别的差异。它不仅是自然性上的差异，还包括由性别带来的生理机能和社会地位、角色、交往群体的差异。

2. 教育要求

个别差异性要求教育必须因材施教，坚持"一把钥匙开一把锁"。

典型例题 （2024上·单选）有的人自以为是，有的人心直口快，有的人优柔寡断，有的人谨小慎微。这说明人的发展具有（   ）。

A. 顺序性   B. 阶段性   C. 不平衡性   D. 个别差异性

【答案】D。

考点6　整体性

1. 具体表现

个体的生理、心理和社会性等方面的发展是密切联系在一起的，并在个体的发展过程中相互作用，使个体的发展表现出明显的整体性。

2. 教育要求

整体性要求教学要促进学生的一般发展，注意做到认知因素与非认知因素、意识与潜意识、科学与艺术的统一。

典型例题 （2023上·单选）意大利教育家蒙台梭利提出，个体的语言敏感期是0~6岁，秩序敏感期是2~4岁，细微事物敏感期是1.5~4岁。这表明人的身心发展具有（   ）。

A. 顺序性   B. 不平衡性   C. 个别差异性   D. 稳定性和可变性

【答案】B。

小 结

1.【常考题型】单选、多选、判断

2.【命题角度】直接考查或结合例子考查人的身心发展规律与对应的具体表现、教育要求。例如，有的学生好动，有的学生好静，体现了人的身心发展的哪一规律？答案：个别差异性。

三、关于影响人的身心发展因素的主要观点

（一）单因素论与多因素论

考点1　单因素论

单因素论认为人的发展被某一种因素决定，常见的单因素论包括遗传决定论和环境决定论。

1. 遗传决定论

遗传决定论认为人的机体构造、形态、神经系统机制、能力和性格的发展以及差异的形成都是由遗传决定的。遗传决定论的代表观点有柏拉图的人分三等论、基督教的原罪说、以孟子为代表的性善论、高尔顿的血统论、霍尔提出的"一两的遗传胜过一吨的教育"以及格塞尔的成熟势力说。

2. 环境决定论

环境决定论强调人的机体构造、形态、神经系统机制、能力和性格的发展以及差异的形成都是由环

境决定的。持这个观点的人，把人看作环境和教育的消极产物。环境决定论的代表人物是华生、洛克等。"染于苍则苍，染于黄则黄""近朱者赤，近墨者黑"等都体现了环境决定论。

考点 2　多因素论

多因素论与单因素论相对，是从两个或多个侧面提出了遗传、环境和教育等因素在人的发展中的不同作用的观点。多因素论的代表理论有辐合论、三因素论和多因素交互作用论。

辐合论又称二因素论，认为先天遗传和后天环境两种因素对儿童发展都有重要影响，而且两者的作用各不相同，不能相互替代。例如，德国施泰伦（施特恩）提出的"儿童心理发展是受环境和遗传两种因素的'合并原则'共同影响"以及美国伍德沃斯（吴伟士）提出的"儿童的心理发展等于遗传与环境的乘积"。

（二）内发论与外铄论 ★★★

考点 1　内发论

1. 基本观点

内发论者认为个体的心理发展完全是由个体内部所固有的自然因素预先决定的，心理发展的实质是这种自然因素按其内在的目的或方向而展现的。外部条件只能影响其内在的固有发展节律，而不能改变节律。内发论的代表观点有自然成熟论、预成论、遗传决定论等。

2. 代表人物及其观点

（1）孟子：主张性善论，提出"仁义礼智，非由外铄我也，我固有之也，弗思耳矣"。

（2）高尔顿：优生学的创始人，遗传决定论的"鼻祖"。他认为个体的发展及其个性品质早在基因中就决定了，发展只是这些内在因素的自然展开，环境只起引发作用。

（3）威尔逊：把"基因复制"看作决定人的一切行为的本质力量。

（4）格塞尔：通过同卵双生子爬梯实验，强调成熟机制对人的发展的决定作用。

图 1-2-1　霍尔的观点（内发论）

（5）霍尔：认为个体心理发展是人类进化过程的简单重复，个体心理发展由种系发展决定（复演说）。他的典型论断为"一两的遗传，胜过一吨的教育"（见图 1-2-1）。

（6）弗洛伊德：人的性本能是最基本的自然本能，是推动人发展的最根本的动因。

考点 2　外铄论

1. 基本观点

外铄论者认为人的发展主要依靠外在的力量，诸如环境的刺激和要求、他人的影响和学校的教育等，外在力量的影响决定个体身心发展的水平和形式。外铄论（见图 1-2-2）的典型观点有环境决定论等。

2. 代表人物及其观点

（1）荀子：主张性恶论，提出"人之性恶，其善者伪也"，认为教育的作用是"化性起伪"，即通过教育使人性由恶转为善。

（2）洛克：提出白板说，认为人的心灵犹如一块白板，它本身没有内容，可以任人涂抹。

图 1-2-2　外铄论（华生的观点）

（3）华生：认为环境与教育是心理发展的唯一条件，提出"给我一打健康的婴儿，不管他们祖先的状况如何，我可以任意把他们培养成从领袖到小偷等各种类型的人"（见图1-2-2）。

（4）斯金纳：认为人的行为乃至复杂的人格都可以通过外在的强化或惩罚手段来加以塑造、改变、控制或矫正。

典型例题（2020下·单选）子曰："与善人居，如入芝兰之室，久而不闻其香，即与之化矣；与不善人居，如入鲍鱼之肆，久而不闻其臭，亦与之化矣。"以上说法体现了（　　）。

A. 遗传决定论　　　　　　　　　　　　B. 环境决定论

C. 教育决定论　　　　　　　　　　　　D. 交互作用论

【答案】B。

小　结

1.【常考题型】单选、多选、判断

2.【命题角度】主要考查不同观点与代表人物及其主张的对应。例如，洛克的"白板说"是哪种理论的典型代表？答案：外铄论。

3.【识记技巧】

（1）内发论：孟子把四耳佛带到屋内（"四耳"：高尔顿、霍尔、威尔逊、格塞尔；"佛"：弗洛伊德；"屋内"：内发论）

（2）外铄论：外出寻找落花生在哪（"外"：外铄论；"寻"：荀子；"落"：洛克；"花生"：华生；"哪"：斯金纳）

四、影响人的身心发展的因素　★★★

考点1　遗传素质——生理前提

遗传素质是指从上代继承下来的生理解剖上的特点。例如，机体的结构、形态、感官和神经系统等的特点。遗传素质在个体身心发展中的作用主要表现在以下几个方面。

（1）遗传素质是人的发展的生理前提，为人的身心发展提供了可能。例如，一个生而失聪的人，由于无法发展其听觉，很难成为一个音乐家。

（2）遗传素质的成熟程度制约着人的发展过程及年龄特征。遗传素质有一个发展成熟的过程，只有当人的发展达到一定的成熟程度，才会出现某种行为。遗传素质的成熟程度为一定年龄阶段身心发展的特点和程度提供了可能和限制，俗语"三翻、六坐、八爬叉，十个月会喊大大"正是体现了这一点。

（3）遗传素质的差异对人的发展有一定的影响。遗传素质的差异制约着教育培养人的重点和方向。

（4）遗传素质具有可塑性。随着环境、教育和实践活动的作用或训练，个体的遗传素质会逐渐地发生变化。

（5）遗传素质在个体身心发展中不起决定作用。一方面，遗传素质为个体身心发展提供的是可能性而非现实性，这种可能性必须在一定的环境和教育的影响下才能变为现实；另一方面，遗传素质随着环境和人类实践活动的改变而改变，即使有良好的遗传素质，如果没有处于良好环境或没有得到良好的教育，或者个人主观不努力，也难以有较好的发展。例如，王安石的《伤仲永》中的方仲永"泯然众人矣"；"印度狼孩"虽然拥有人类的遗传素质，却不能被培养为正常人都说明了这一点。

考点 2 环境——现实基础

环境是指个体生活于其中、赖以生存并影响个体发展的一切外部条件的总和，主要包括自然环境和社会环境。环境对人的影响是广泛的、潜移默化的。但环境对人的影响也是自发的、零星的、无计划的、无目的的、不系统的，有时甚至是相互矛盾的。环境影响的这种特点，既可以使人向好的方向发展，也可以使人向不好的方向发展。环境对个体身心发展的作用表现在以下几个方面。

（1）环境为人的发展提供了现实条件和可能性。环境，尤其是社会环境，为人的发展提供了外在的客观基础和特定条件。人总是在一定环境的影响下发展，获得一定的生活知识和经验，形成各种思想意识和行为习惯。

（2）环境从总体上制约着人的发展状态，体现在以下几点：①社会生产力的发展水平决定着人的发展程度和范围；②社会关系影响着人的发展的方向和性质；③社会意识形态影响着人的发展内容。

（3）环境的给定性与主体的选择性同时存在。环境的给定性指由自然与社会、历史遗传与他人为儿童创设的生存环境对于儿童来说是客观的、给定的。主体的选择性是指由于人们的知识、经验和心理倾向不同，对客观环境的反应也就不同，环境对人的影响具有个体差异性。例如，有的人"染于苍则苍，染于黄则黄"，有的人则"出淤泥而不染"。

（4）环境在个体身心发展中不起决定性作用。那种忽视个体的主观能动性，把个体看作环境的消极的适应者，夸大环境对个体身心发展的作用，特别是环境决定论的思想是错误的。

`典型例题`（2022下·单选）王安石笔下的方仲永，很小就能读书写诗，后来其父带着他"走穴"赚钱，长大后却"泯然众人"。方仲永的成长体现了哪一因素对个体发展的影响？（　　）

A.遗传　　　　　　　　B.环境　　　　　　　　C.个体成熟　　　　　　　　D.自我意识

【答案】B。

考点 3 个体主观能动性——决定性因素

主观能动性是指人的主观意识和活动对于客观世界的积极作用，包括能动地认识客观世界和能动地改造客观世界，并统一于人们的社会实践活动中。从活动水平角度来看，个体主观能动性包括生理活动、心理活动和社会实践活动三个层次。主观能动性对个体身心发展的作用表现在以下两个方面。

（1）个体在与环境相互作用中表现出来的个体主观能动性，是其身心发展的根本动力，是促进个体发展从潜在的可能状态转向现实状态的决定性因素。

（2）主观能动性的强弱直接关系学习的效果和质量。在同样的环境和教育条件下，每个学生发展的特点和成就，主要取决于他自身的态度，取决于他在学习、劳动和科研活动中所付出的精力。

`典型例题` 1.（2024上·判断）"出淤泥而不染"说明环境因素是影响人身心发展的主要因素。（　　）

【答案】×。

2.（2021下·判断）推动个体发展的根本动力是有目的、有计划、有组织的学校教育。（　　）

【答案】×。

考点 4 教育（学校教育）——主导因素

教育，尤其是学校教育，在人的身心发展中起主导作用。

1.学校教育在个体身心发展中起主导作用的原因（学校教育的特殊性）

（1）学校教育具有明确的目的性、计划性、组织性和系统性。

（2）学校教育由专业教师来施教。

（3）学校教育能有效地控制和协调影响学生发展的各种因素。

（4）学校教育给人的影响比较全面、系统和深刻。

2.学校教育在个体身心发展中的主导作用的表现（学校教育的独特价值）

（1）学校教育引导个体发展的方向，为个体发展做出社会要求的规范。

（2）学校教育能加速个体发展，促进个体又好又快发展。

（3）学校教育能开发个体特殊才能、发展个性。

（4）学校教育唤醒生命的自觉意识，为个体生命发展奠基。

3.学校教育在影响人的发展上的主导作用是有条件的

（1）受教育者的主观能动性。人的主观能动性是人的一种内在需要和动力，是一种积极的学习动机，当受教育者具备了积极的求教动机，环境和教育才能发挥相应的作用。

（2）教育的自身状况。包括教育的物质条件、教师的素质、管理水平及相应的精神条件等。

（3）家庭环境的效应。包括适当的家庭经济条件、父母的文化水平以及良好的家庭氛围、家庭教育与学校教育的配合与协调程度等。

（4）社会发展状况。包括生产力发展水平、政治经济制度的进步程度、整体的社会环境、文化传统等。

4.学校教育主要通过传承文化知识来培养人

文化知识是滋养人的生长的最重要的社会因素与资源。语言符号及其负载的文化知识之所以对人的发展至关重要，主要是因为文化知识蕴含着有利于人的发展的多方面价值，如知识的认识价值、能力价值、陶冶价值和实践价值。

（1）认识价值

认识价值主要指知识包含着许多概念、范畴、命题、原理、因果关系与逻辑结果。所谓"秀才不出门，能知天下事"主要是指借助学习知识来认识、了解天下事。

（2）能力价值

能力价值主要指知识是心理操作和行为操作的认识结晶。学生学习知识的过程，要经历知识的展开过程和知识的发现过程，对知识进行心理操作和行为操作。

（3）陶冶价值

陶冶价值主要指学生经历过科学精神和人文精神的陶冶，体验到以史为据的事实尺度和以人为本的价值尺度。学生感悟到人何以生存，为何生存，才能真正形成人的智慧，成为具有理想、促进自身和社会发展的人。

（4）实践价值

实践价值主要是指知识对社会实践的指导价值，对社会实践的有用性或时效性。学生通过学习获取知识，认识事物特性，也就获得了通过社会实践改造事物的可能性。

`典型例题` 1.（2024上·单选）与"孟母三迁"内涵一致的选项是（　　）。

A.龙生龙，凤生凤，老鼠生儿会打洞

B.师傅领进门，修行在个人

C.一龙生九子，九子各不同

D.染于苍则苍，染于黄则黄

【答案】D。

2.（2023下·单选）下列有关人的身心发展，说法正确的是（　　）。

A. 在生理方面，身体的发展是从四肢向头部、从身体的边缘向中心部分进行的

B. 遗传是人身心发展的物质基础和自然条件，决定了人的智力并影响着人的个性特征

C. 环境对人身心发展的影响具有一定的自发性和偶然性

D. 人的身心发展水平取决于学校教育的水平

【答案】C。

小 结

1.【常考题型】单选、多选、判断

2.【命题角度】直接考查或结合例子考查遗传、环境、教育和主观能动性对人身心发展的作用以及发挥作用的条件。例如"近墨者黑"夸大了什么对人身心发展的影响？答案：环境。

3.【易错易混】影响人身心发展的因素

影响因素		作用	常考俗语、典故
外部因素	环境	现实条件、可能性	①性相近，习相远。②蓬生麻中，不扶自直；白沙在涅，与之俱黑。③近朱者赤，近墨者黑。④染于苍则苍，染于黄则黄。⑤昔孟母，择邻处（孟母三迁）。⑥橘生淮南则为橘，生于淮北则为枳
	学校教育	主导作用	①严师出高徒。②生而同声，长而异俗，教使之然也
内部因素	遗传	生理前提、可能性	①虎父无犬子。②种瓜得瓜，种豆得豆。③龙生龙，凤生凤，老鼠生儿会打洞
	主观能动性	决定作用、内部动力	①同流而不合污。②出淤泥而不染

第三章　教育目的

| 知识结构 |

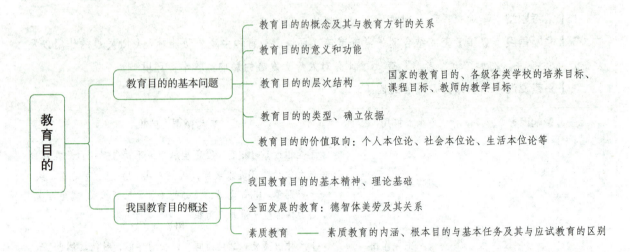

第一节　教育目的的基本问题

一、教育目的的概念

考点1　教育目的的定义

教育目的是指教育所预期实现的结果，主要回答教育要培养什么样的人这一根本问题。

广义的教育目的泛指所有团体或者个人对教育培养什么样人的期待。

狭义的教育目的是指国家对把受教育者培养成为什么样的人才的总的要求，是国家为培养人才而确定的质量规格和标准。本章主要介绍狭义的教育目的。

考点2　教育目的与教育方针的关系 ★★

教育方针是国家为了发展教育事业，在一定阶段，根据社会和个人两方面发展需求和可能而制定的具有战略意义的总政策或总的指导思想，它包括教育性质和地位、教育目的和实现教育目的的基本途径等。

2018年，习近平总书记在全国教育大会上发表重要讲话，明确提出，教育工作要"全面贯彻党的教育方针"，强调"把党的教育方针全面贯彻到学校工作各方面"。新时期党的教育方针中有关全面发展的内涵从原来的"德智体美"四个领域扩展为"德智体美劳"五个领域，赋予党的教育方针以时代的新内容、新要求。党的二十大报告指出，全面贯彻党的教育方针，落实立德树人根本任务，培养德智体美劳全面发展的社会主义建设者和接班人。坚持以人民为中心发展教育，加快建设高质量教育体系，发展素质教育，促进教育公平。

1. 二者联系

教育目的是教育方针的核心和基本内容，教育目的的确立及其内容必须符合教育方针的规定。教育方针是教育目的的政策性表达。

2. 二者区别

（1）教育目的是理论术语，是学术概念；教育方针是工作术语，是政治性概念。

（2）教育目的是教育工作者和学生通过教育活动追求的终极目标，教育方针是教育事业发展的指导思想，教育目的要通过贯彻教育方针来实现。

（3）教育目的着重对人才培养的质量规格做出规定，是针对人的发展而言的，一般只包含"为谁培养人""培养什么样的人"的问题；教育方针除此之外，还包括"怎样培养人"的问题，反映的是国家对教育事业整体的要求和希望，在"办什么样的教育""怎样办教育"方面的要求较为明确。

典型例题 1.（2023下·多选）下列对于教育目的的描述正确的是（   ）。

A. 一切教育活动都是围绕教育目的组织的

B. 教育目的即国家对培养人才的质量和规格的总要求

C. 教育目的由学校提出，不同学校的教育目的可以有所不同

D. 教育目的的内容主要包括"培养为什么社会服务的人"和"培养什么素质的人"

E. 教育目的反映了特定时期社会政治、经济要求，是特定时期国家教育发展总的指导思想和发展方向

【答案】ABD。

2.（2022下·单选）下列不属于教育根本问题的是（   ）。

A. 为谁培养人　　　　B. 如何评价人　　　　C. 怎么培养人　　　　D. 培养什么样的人

【答案】B。

小 结

1.【常考题型】单选、多选、判断

2.【命题角度】

（1）直接考查教育目的和教育方针的含义、地位。例如，具有一定政策规定性、反映一个国家教育的根本性质、总的指导思想和教育工作的总方向的是什么？答案：教育方针。

（2）考查教育目的或教育方针包含的问题。例如，教育目的和教育方针既有联系又有区别，教育目的主要包含的问题是什么？答案：为谁培养人、培养什么样的人。

二、教育目的的意义和功能

考点1　教育目的的意义

教育目的是整个教育工作的方向，是教育活动的出发点和归宿。

教育目的贯穿于教育活动的整个过程，在教育活动中居于主导地位，是衡量教育质量的唯一标准。它是全部教育活动的主题和灵魂，是教育的最高理想。

考点2　教育目的的功能 ★★

1. 导向功能（定向功能）

教育目的不仅为受教育者指明了发展方向，预定了发展结果，也为教育工作者指明了工作方向和奋斗目标。例如，明确规定教育"为谁（哪个社会、哪个阶层）培养人"体现了教育的导向功能。

2. 激励功能

教育目的包含了对学生成长的期望和要求，不仅激励着教育者通过一定的方式，把教育目的和培养目标转化为学生的学习目的，也激励着学习者自觉地、积极地参与教育活动。

3. 评价功能

教育目的是衡量和评价教育实施效果的根本依据和标准。评价学校的办学方向、办学水平和办学效益，检查教育教学工作的质量，评价教师的教学质量和工作效果，检查学生的学习质量和发展程度等，都必须以教育目的为根本标准和依据。

4. 调控功能

教育目的对整个教育活动具有调控功能。一切教育活动过程都是实现教育目的的过程，教育过程在教育目的的调节控制下进行，教育目的在教育过程中实现。

此外，还有学者认为教育目的具有选择功能，即教育目的为教育内容的选择确定了基本范围，也为选择相应的教育途径、方法和形式提供了依据。例如，我国古代培养"君子"的目的决定了以"四书""五经"作为基本教育内容。

典型例题 1.（2023下·单选）在实际教育活动过程中，教育计划的实施、教育内容的选择、教育手段和教育技术的运用等，都要根据教育目的进行调整。这主要体现出教育目的具有（   ）。

A. 导向功能   B. 调控功能   C. 评价功能   D. 激励功能

【答案】B。

2.（2023上·单选）教育目的可以对教育活动的方向和质量做出判断，衡量教育活动的得与失。这体现了教育目的的（   ）功能。

A. 调控   B. 评价   C. 指导   D. 定向

【答案】B。

小 结

> 1.【常考题型】单选、多选
>
> 2.【命题角度】
>
> （1）给出例子要求其判断体现了教育目的的何种功能。
>
> （2）直接考查教育目的具有哪些功能。

三、教育目的的层次结构

教育目的的层次结构从抽象到具体依次为：国家的教育目的、各级各类学校的培养目标、课程目标、教师的教学目标。

1. 国家的教育目的

国家的教育目的是由国家提出来的，是国家对培养人的总的要求，规定着各级各类教育培养人的总的质量规格和标准要求。一般体现在国家的教育文件和教育法令中。

2. 各级各类学校的培养目标

各级各类学校的培养目标是教育目的在各级各类学校的具体化，是对各级各类学校人才培养的特殊要求。它是由特定的社会领域和特定的社会层次的需要决定的。例如，我国的小学、中学、中职、大专和大学都有各自不同的培养目标。

教育目的和培养目标之间是普遍与特殊的关系，培养目标是教育目的的具体化。

3. 课程目标

课程目标是指受教育者在学习完某一课程门类或科目后，在身心各方面能达到的发展水平。例如，小学一、二年级语文科目的课程目标是认识常用汉字 1 600 个左右，其中 800 个左右会写。

课程目标是各级各类学校培养目标的具体化。

4. 教师的教学目标

教师的教学目标是对在完成某一教学时段（如一节课、一个单元）工作后，希望受教育者达到的要求或预期产生的变化的明确的、具体的表述。例如，教师确定《种子的结构》一课的教学目标之一是通过对蚕豆和玉米种子的解剖、观察，了解种子内胚的构成。

教学目标是课程目标在每个教学时段的分解和具体化。

典型例题（2021 下·单选）"能在 10 分钟内正确完成 3 道四则混合运算题"，这一表述属于（   ）。

A. 培养目标   B. 教育目标   C. 教学目标   D. 课程目标

【答案】C。

小 结

1.【常考题型】单选、多选、判断

2.【命题角度】

（1）直接考查教育目的的层次结构的分类、定义、特点及相互关系。例如，各级各类学校要完成各自的任务，培养社会需要的人才，需要制定各自的什么？答案：培养目标。

（2）给出例子，要求判断其属于教育目的的哪一层次结构。

四、教育目的的类型

考点 1　价值性教育目的和功用性教育目的（按作用特点划分）

价值性教育目的是指教育在人的价值倾向性发展上想要达到的目的，内含对人的价值观、社会观、世界观等方面发展的指向和要求（强调心有所属）。

功用性教育目的是指教育在发展人从事或作用于各种事物的活动性能方面的预期结果（强调身有所为）。

考点 2　终极性教育目的和发展性教育目的（按要求特点划分）

终极性教育目的（也称理想的教育目的），表示教育及其活动在人的培养上最终要实现的结果，内含对人发展的理想性要求。例如，培养"有理想、有道德、有文化、有纪律的四有新人"；培养"创造型人才"或"研究型人才"。

发展性教育目的（也称现实的教育目的），表示教育及其活动在发展的不同阶段要实现的各种结果，表明不同时期、不同阶段培养人才的衔接性要求。例如，我国的小学、中学、大学的培养目标不同，但具有衔接关系。

考点 3　正式决策的教育目的和非正式决策的教育目的（按重视程度划分）

正式决策的教育目的是指被社会一定权力机构确定并要求所属各级各类教育都必须遵循的教育目的，它一般由国家（或一定地区）作为主体提出，常常体现在国家或地区重要的教育文本或有关的法令之中。

非正式决策的教育目的是指蕴含在教育思想、教育理论中的教育目的，借助一定的理论主张和社会根基而存在。

考点4　内在教育目的和外在教育目的（按体现范围划分）

内在教育目的是指具体教育过程（或某门课程建设）要实现的直接目的。例如，语文教师在教案中写道："通过《落花生》的学习，学生对朴实无华、甘于奉献的落花生精神有所体悟。"

外在教育目的是领域位次较高的教育目的，是一个国家（或一定地区）对所属各级各类教育培养人的普遍的原则要求。

考点5　应然的教育目的和实然的教育目的（按存在方式划分）

应然的教育目的是指教育目的的制定主体以成文的、合乎规范的形式规定并表述的教育目的。例如，国家的教育目的是应然的教育目的。

实然的教育目的是指教育过程的当事人在理论层面进行理解、贯彻、执行的教育目的。

典型例题（2020下·单选）某老师的教案中写道："通过对《落花生》的学习，让学生对朴实无华、甘于奉献的'落花生'精神有所体悟。"这种教学目标所体现的教育目的属于（　　）。

①价值性的教育目的　　　　　　　　　②功能性的教育目的

③内在教育目的　　　　　　　　　　　④外在教育目的

A.①③　　　　　　B.①④　　　　　　C.②③　　　　　　D.②④

【答案】A。

小　结

1.【常考题型】单选、多选

2.【命题角度】

（1）直接考查分类维度与教育目的的对应、不同类型的教育目的的含义。例如，根据存在方式，教育目的可分为哪两类？答案：应然的教育目的和实然的教育目的。

（2）给出例子，要求判断其属于何种教育目的。

五、教育目的的确立依据

考点1　教育目的确立的客观依据

1.社会政治、经济和文化因素

（1）社会生产力和科学技术发展水平是确定一定历史时期教育目的的物质基础。

（2）一定的社会经济和政治制度影响教育目的的确立。

（3）社会历史发展的进程影响教育目的的确立。

（4）不同国家的文化背景使教育培养的人各具特色。

2.受教育者的身心发展特点和需要

教育目的的确立要反映人的发展特性、规律与需求，考虑受教育者的生理和心理特征，遵循人的发展的可能与限定。例如，在教育目的上逐步注重儿童的全面发展，把发展个性置于重要地位。

考点2　教育目的确立的主观依据

教育目的确立的主观依据是制定者的教育理想和价值取向。制定者在考虑教育目的时，往往受其主观的哲学观念、人性假设和理想人格等价值观和价值取向的影响。教育价值观、教育价值取向是教育思想的核心，是教育工作者的出发点和落脚点。

典型例题　1.（2019上·判断）教育目的是对教育活动所要培养的人的个体素质的总的预期与设想。从不同的哲学观点出发就有不同的教育目的。所以，教育目的是人的主观意志的产物。　　（　　）

【答案】×。

2.（2022下·单选）进入信息化时代后，很多单位把会使用电脑作为招聘的基本要求，这主要体现了教育目的（　　）。

A. 受社会交往范围的制约　　　　　　　B. 受社会文化传统的制约

C. 受社会政治制度的制约　　　　　　　D. 受社会生产力发展水平的制约

【答案】D。

小　结

1.【常考题型】单选、多选、判断

2.【命题角度】

（1）直接考查教育目的确立的客观依据、主观依据、真正决定教育目的的性质和方向的因素（政治经济制度和生产力水平）等。

（2）给出例子，要求辨别其属于教育目的确立的哪一依据。

六、教育目的的价值取向（教育目的的理论）★★★

考点1　个人本位论

代表人物：孟子、卢梭、福禄贝尔、裴斯泰洛齐、马斯洛、萨特、奈勒等。

主要观点：主张教育目的应以个人需要为根本或出发点，强调以个人自身完善和发展的需要为主来制定教育目的和建构教育活动，主张个人价值高于社会价值，教育的职能是使潜能得到发展。

考点2　社会本位论

代表人物：荀子、涂尔干、柏拉图、凯兴斯泰纳、那托尔普（又译诺笃尔普、纳托普）、孔德等。

主要观点：主张教育目的应以社会需要为根本或出发点，强调以社会发展的需要为主来制定教育目的和建构教育活动。

考点3　其他教育目的的理论

1. 宗教本位论（神学本位论）

代表人物：奥古斯丁、托马斯·阿奎那等。

主要观点：主张使人在宗教的影响下，以皈依上帝为其生活理想，把人培养成虔诚的宗教人士。

2. 生活本位论

代表人物：斯宾塞和杜威。

（1）斯宾塞提出了教育准备生活说，主张教育应当教导一个人怎样生活，使他获得生活所需的各种科学知识，为完满的生活做好准备。由此，斯宾塞认为科学知识最有价值。

（2）杜威提出了教育适应生活说，主张教育就是儿童现在生活的过程，而不是将来生活的预备。杜威强调教育目的的过程性、动态性。

3. 教育无目的论

代表人物：杜威。

主要观点：教育的过程，在它自身以外没有目的，它就是它自己的目的。杜威不否认教育外在目的的存在，而是反对将外在的目的作为教育过程的内在目的。

典型例题 1.（2024上·单选）福禄贝尔主张，儿童应在社会生活中自我表现、自我发展，教师对儿童的教育不应加以束缚、压制，应顺应其本性，满足其本能的需要。这种观点反映的教育目的的价值取向是（　　）。

A. 文化本位论　　　B. 个人本位论　　　C. 生活本位论　　　D. 社会本位论

【答案】B。

2.（2019上·单选）"教育要为社会服务，服从社会需要，培养社会所需要的公民"，主张此观点的代表人物有（　　）。

A. 马斯洛、夸美纽斯
B. 涂尔干、福禄贝尔
C. 柏拉图、孔德
D. 萨特、利托尔诺

【答案】C。

3.（2023上·判断）社会本位论认为，教育只有在有助于个人发展时才有价值。（　　）

【答案】×。

小 结

1.【常考题型】单选、多选、判断

2.【命题角度】考查教育目的理论的代表人物与观点的对应，以及对其观点的评价。例如，柏拉图认为，国家是放大了的个人，教育应该按照国家的需求来塑造个人。这一观点属于什么？答案：社会本位论。

第二节　我国教育目的概述

一、中华人民共和国成立后的教育目的、教育方针的不同表述（见表1-3-1）

表1-3-1　中华人民共和国成立后的教育目的、教育方针

1957	《关于正确处理人民内部矛盾的问题》	我们的教育方针，应该使受教育者在德育、智育、体育几方面都得到发展，成为有社会主义觉悟的有文化的劳动者。 这是新中国成立后颁布的第一个教育方针
1982	《中华人民共和国宪法》	国家培养青年、少年、儿童在品德、智力、体质等方面全面发展。 这是我国当代历史上第一个以法律形式确定的教育目的
1985	《中共中央关于教育体制改革的决定》	所有这些人才，都应该有理想、有道德、有文化、有纪律，热爱社会主义祖国和社会主义事业，具有为国家富强和人民富裕而艰苦奋斗的献身精神，都应该不断追求新知，具有实事求是、独立思考、勇于创造的科学精神。 这一表述简称"四有、两爱、两精神"

（续表）

1986	《中华人民共和国义务教育法》	义务教育必须贯彻国家的教育方针，努力提高教育质量，使儿童、少年在品德、智力、体质等方面全面发展，为提高全民族素质，培养有理想、有道德、有文化、有纪律的社会主义的建设人才奠定基础。 这一表述首次把提高全民族素质纳入教育目的
1995	《中华人民共和国教育法》	教育必须为社会主义现代化建设服务，必须与生产劳动相结合，培养德、智、体等方面全面发展的社会主义事业的建设者和接班人
1999	《中共中央 国务院关于深化教育改革，全面推进素质教育的决定》	以提高国民素质为根本宗旨，以培养学生的创新精神和实践能力为重点，造就"有理想、有道德、有文化、有纪律"的、德智体美等全面发展的社会主义事业建设者和接班人
2001	《国务院关于基础教育改革与发展的决定》	坚持教育必须为社会主义现代化建设服务，为人民服务，必须与生产劳动和社会实践相结合，培养德智体美全面发展的社会主义事业建设者和接班人
2010	《国家中长期教育改革和发展规划纲要（2010—2020年）》	全面贯彻党的教育方针，坚持教育为社会主义现代化建设服务，为人民服务，与生产劳动和社会实践相结合，培养德智体美全面发展的社会主义建设者和接班人
2017	党的十九大报告	要全面贯彻党的教育方针，落实立德树人根本任务，发展素质教育，推进教育公平，培养德智体美全面发展的社会主义建设者和接班人
2018	全国教育大会	坚持中国特色社会主义发展道路，培养德智体美劳全面发展的社会主义建设者和接班人，加快推进教育现代化、建设教育强国、办好人民满意的教育。在培养人的素质上，把"劳"与"德智体美"提到同等重要的位置
2021	《中华人民共和国教育法》（2021年修正）	教育必须为社会主义现代化建设服务、为人民服务，必须与生产劳动和社会实践相结合，培养德智体美劳全面发展的社会主义建设者和接班人

典型例题 （2021下·多选）"培养德智体美劳全面发展的社会主义建设者和接班人"，体现了我国对人才培养的（　　）要求。

A. 社会性质　　　　　　　　　　　B. 发展需求

C. 素质结构　　　　　　　　　　　D. 社会角色

E. 实现路径

【答案】ABCD。解析："社会主义建设者和接班人"体现了我国培养人才的社会性质和社会的发展需求，及社会角色的要求；"德智体美劳全面发展"体现了个人的发展需求及对人才培养的素质结构的要求。

小 结

1.【常考题型】单选、判断

2.【命题角度】考查不同文件或会议对教育目的、教育方针的表述及其历史地位。

二、我国教育目的的基本精神（精神实质）

（1）坚持人才培育的社会主义性质。社会主义是我国教育性质的根本所在。坚持社会主义方向，是我国教育目的的根本特点。这一基本精神明确了我国教育的社会主义方向。

（2）坚持受教育者德、智、体、美、劳等方面全面发展。这一基本精神明确了我国人才培养的素质要求。

（3）以提高全民素质为宗旨。这一基本精神明确了我国社会发展赋予教育的根本宗旨，也是我国当代教育的重要使命。

（4）为经济建设和社会全面发展进步培养各级各类人才。这一基本精神明确了我国教育的基本使命。培养坚持社会主义方向的各级各类人才是我国教育目的的基本要求。

（5）坚持教育与生产劳动和社会实践相结合。这一基本精神明确了培养社会主义建设者和接班人的途径和方法。

这一精神实质体现了我国教育目的的基本特征：①以马克思主义关于人的全面发展学说为指导思想；②具有鲜明的政治方向；③坚持全面发展与个性发展的统一。

小　结

1.【常考题型】单选、多选

2.【命题角度】考查我国教育目的基本精神的全部内容或某一方面。例如，教育目的性质的根本所在、我国教育目的的根本特点。

三、我国教育目的的理论基础

马克思主义关于人的全面发展学说是我国教育目的的理论基础。人的全面发展指人的自由而全面的发展。自由发展是指人的自觉、自愿、自主的发展；全面发展是指人的发展的完整性、多方面性，包括人的智力、体力和社会关系。实现人的全面发展的根本途径是教育同生产劳动相结合。

典型例题　（2023下·判断）全面发展就是各个方面的均衡发展，它与个性发展是矛盾的、对立的。

（　　）

【答案】×。

小　结

1.【常考题型】单选、多选

2.【命题角度】直接考查我国教育目的的理论基础是什么。

四、全面发展的教育的组成部分及其关系 ★★★

考点1　全面发展的教育的组成部分

德育是通过师生交往活动，有目的、有计划、有组织地对学生施加政治意识、思想观念和道德品质等方面的影响，使学生通过内化形成社会所需要的品德的教育活动。立德是育人的首要任务。

智育是通过师生交往活动，有计划、有组织并系统地向学生传递科学文化知识和技能，发展学生的智能，提升学生的核心素养，培养学生的创新精神和实践能力的活动。

体育是授予学生健身知识、技能，发展学生体力，增强学生体质的教育。学校体育的基本组织形式是体育课，根本任务是增强学生体质。学校体育具有健体功能、教育功能、娱乐功能。

美育是培养学生正确的审美观，发展他们感受美、鉴赏美、创造美的能力，培养他们的高尚情操与文明素质的教育。形成创造美的能力是美育最高层次的任务。美育的内容包括艺术美、社会美、科学美和自然美。美育的途径包括以下几种：①通过课堂教学（美育的主要途径）和课外文化艺术活动进行美育。②通过审美感知活动，为鉴赏美和创造美奠定基础。一是作为审美主体的学生同现实的审美客体（如自然现象和社会现象）直接接触；二是欣赏文学艺术作品，通过文艺作品的中介，间接感知现实的审美客体。③通过审美鉴赏活动，发展审美判断力。④通过审美创造活动，发展创造美的能力。

劳动技术教育包括劳动教育和技术教育两个方面。劳动教育是发挥劳动的育人功能，对学生进行热爱劳动、热爱劳动人民的教育活动。

劳动教育的总体目标：树立正确的劳动观念；具有必备的劳动能力；培育积极的劳动精神；养成良好的劳动习惯和品质。

劳动教育的基本原则：把握育人导向、遵循教育规律、体现时代特征、强化综合实施、坚持因地制宜。

劳动教育的基本理念：强化劳动观念，弘扬劳动精神；强调身心参与，注重手脑并用；继承优良传统，彰显时代特征；发挥主体作用，激发创新创造。

劳动教育的主要内容：日常生活劳动、生产劳动和服务性劳动中的知识、技能与价值观。

劳动教育的实施途径：独立开设劳动教育必修课；在学科专业中有机渗透劳动教育；在课外、校外活动中安排劳动实践；在校园文化建设中强化劳动文化。

`典型例题`　1.（2024上·多选）按照教育部印发的《大中小学劳动教育指导纲要（试行）》，劳动教育的内容主要包括（　　）。

A. 日常生活劳动教育　　　　　　　　　B. 科学性劳动教育

C. 服务性劳动教育　　　　　　　　　　D. 体力性劳动教育

E. 生产劳动教育

【答案】ACE。

2.（2023下·单选）根据《关于全面加强新时代大中小学劳动教育的意见》，以下不属于劳动教育基本原则的是（　　）。

A. 把握育人导向　　　　　　　　　　　B. 强化资源共享

C. 体现时代特征　　　　　　　　　　　D. 坚持因地制宜

【答案】B。

3.（2022上·单选）下列对美育的认识错误的是（　　）。

A. 通过审美鉴赏活动，发展审美判断力

B. 课外文艺活动是学校美育的主要途径

C. 通过审美创造活动，发展创造美的能力

D. 欣赏大自然的美可以增强学生的审美感知能力

【答案】B。

考点2　全面发展的教育之间的关系

1."五育"各有其相对独立性

"五育"中的每一组成部分都有其相对独立性，有其特定的任务、内容和功能，对其他各育起着影响、促进的作用，各育不能相互代替。

2."五育"之间具有内在联系

"五育"相互依存、相互渗透、相互促进。体育是各育实施的物质前提，是人的一切活动的基础；智育是各育实施的认识基础和智力支持；德育是各育实施的方向统帅、动力源泉及思想基础，我国全面发展

教育的基本内容始终强调把德育放在最优先位置；美育协调各育发展；劳动技术教育是各育的实践基础。

在教育实践中，"五育"往往也不是各自孤立实施的，而是在其他各育的配合下统一展开的。此外，"五育"虽有其不同的任务，但各育对人的全面发展都具有综合性的作用。

3."五育"在全面发展教育中的地位存在不平衡性，要全面发展，但不是平均发展

全面发展的教育提倡"五育"并举，但这并非意味着各育在地位上是完全平均的。全面发展不能理解为学生样样都好的平均发展。

小 结

1.【常考题型】单选、多选
2.【命题角度】直接考查全面发展的教育的组成部分，以及各育的地位和关系。

五、教育目的实现的策略

考点1　要以素质发展为核心

素质教育是以人的素质发展为核心的教育，在实践中要把握以下几点。

第一，素质教育要关注人良好素质的形成，同时也不能忽略对人不良素质的克服与纠正，从而使人的素质富有健康文明的内涵。

第二，素质教育不能仅停留在应有素质的形成上，更应重视素质的巩固和提升，使人的素质不断得到充实和丰富。

第三，要注重把实然素质（素质的现有状态）和应然素质（素质的应有状态）结合起来。

考点2　要确立和体现全面发展的教育观

（1）树立全面发展的教育观。
（2）正确理解和把握全面发展。
（3）正确认识和处理各育之间的关系。
（4）要防止教育目的的实践性缺失。

典型例题（2018下·单选）关于我国教育目的实现的策略，下列说法不正确的是（　　）。

A. 要以素质发展为核心　　　　　B. 要正确理解和把握全面发展
C. 要正确认识和处理各育关系　　D. 要以德智为主，体美为辅
【答案】D。

六、素质教育 ★★★

考点1　素质教育的内涵

（1）素质教育要以提高国民素质为目的。
（2）素质教育要面向全体学生，这是素质教育最本质的规定、最基本的要求。
（3）素质教育要促进学生全面地、生动活泼地、可持续地发展。
（4）素质教育要促进学生个性发展。
（5）素质教育要着力提高学生的社会责任感、创新精神和实践能力。培养具有创新精神和实践能力的新一代人才，是素质教育的时代特征。重视创新能力的培养，是素质教育的核心内容，是现代教育与传统教育的根本区别。

典型例题（2024上·单选）素质教育的核心是（　　）。

A.学习成绩的提升
B.各科知识的掌握
C.创新能力的培养
D.考试能力的提高

【答案】C。

考点2　素质教育的根本目的与基本任务

素质教育的根本目的是全面地提高学生的素质。它可分为做人和成才两个层次。做人是素质教育的起码要求，是成才的基础；成才是做人的升华。

素质教育有三大任务，即提高学生的身体素质、培养学生的心理素质、形成学生的社会素质。这三大任务是交互作用、共同提高的。

考点3　素质教育与应试教育

素质教育与应试教育的本质区别是能否培养学生的创新精神和实践能力，二者的主要区别见表1-3-2。

表1-3-2　素质教育与应试教育的区别

类别	素质教育	应试教育
教育对象	面向所有学生	主要面向少数学生，忽视大多数学生
教育目的	智育、德育、体育、美育和劳动技术教育等全面进行	偏重知识传授，轻视德育、体育、美育和劳动技术教育等
教学内容	弱化学科体系，重视综合性内容，教学内容结合学生经验、联系实际	过于偏重学科体系，忽视综合性及应用性内容，教学内容脱离学生生活实际、脱离实践
教学方法	启发式、探究式教学，使学生生动、活泼、主动地学习，减轻学生课业负担	以死记硬背和机械重复训练为主，使学生课业负担过重
学生评价	发展性评价，评价方法多样化，评价主体多元化	筛选性评价，以考试成绩作为评价学生的主要标准甚至唯一标准
教育着眼点	注重发展性，终身教育	局限于学校教育

考点4　素质教育的实施

1.全面推进素质教育的政策措施

（1）切实转变观念，树立正确的人才观和教育质量观。

（2）拓宽"路面"，加快教育发展，以发展促改革。

（3）构建"立交桥"，建立相互沟通、相互衔接的教育体制和教育结构体系。

（4）加快招生考试和评价制度改革，完善督导评估。

（5）加快课程改革和教学改革。

（6）建立全面推进素质教育的高质量的教师队伍。

（7）加快社会用人制度的改革。

2. 实施素质教育容易出现的误区（见表 1-3-3）

表 1-3-3   实施素质教育容易出现的误区

认识误区	正确观点
对素质教育要面向全体学生的误解： 素质教育就是不要"尖子生"	素质教育坚持面向全体学生，意味着素质教育要使每个学生都得到与其潜能相一致的发展
对素质教育要促进学生全面发展的误解： 素质教育就是要学生什么都学、什么都学好	素质教育强调为学生的全面发展奠定基础，同时又要发展学生的个性，因此素质教育对学生的要求是合格加特长，鼓励学生在某一方面形成优势，学有所长
对素质教育形式的误解： 素质教育就是多开展课外活动，多上文体课	素质教育的主渠道是教学，主阵地是课堂
对素质教育要促进学生生动活泼和主动发展的误解： 素质教育就是不要学生刻苦学习，"减负"就是不给或少给学生留课后作业	学生真正的负担是他们不情愿完成的学习任务。素质教育要求学生刻苦学习，真正体会到努力与成功的关系，形成日后所需的克服困难的勇气、信心和毅力
将素质教育与考试对立： 素质教育就是不要考试，特别是不要百分制考试	考试作为评价的手段，是衡量学生发展的尺度之一，也是激励学生发展的手段之一，不应废止考试，而应改革考试制度
将素质教育与升学率对立： 素质教育会降低升学率	素质教育强调激发学生的兴趣、爱好，培养他们自主学习和终身学习的能力，强调科学地学习，这有助于激发学生的求知欲和学习动机，有助于提高升学率

典型例题 （2022 上·判断）从"应试教育"转向"素质教育"，说明当代教学从重视知识传授转为重视能力培养。   （   ）

【答案】√。

小 结

1.【常考题型】单选、多选

2.【命题角度】

（1）直接考查素质教育的内涵等。例如，素质教育最本质的规定是什么？答案：全体性。

（2）考查素质教育与应试教育的区别、素质教育的误区。例如，实施素质教育的误区包括哪些？需根据选项灵活作答。

（3）呈现有关素质教育的情境，要求依据素质教育的相关内容回答问题。

第四章 教育制度

| 知识结构 |

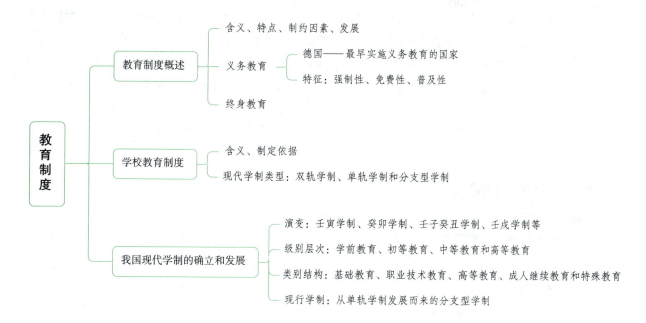

第一节 教育制度概述

一、教育制度

考点1 教育制度的含义

教育制度是指一个国家各级各类教育机构与组织的体系及其管理规则。

广义的教育制度指国民教育制度，狭义的教育制度指学校教育制度。

考点2 教育制度的特点

（1）客观性。教育机构的设置、层次类型的分化、各级各类教育机构的制度化等都受客观生产力发展水平制约。

（2）规范性。入学条件和各级各类学校的培养目标日益标准化。

（3）历史性。教育制度是随着社会的发展变化而变化的，在不同的社会历史时期和不同的文化背景下，会有不同的教育制度。教育制度随时代的变革而不断变革。

（4）强制性。教育制度作为教育系统活动的规范是面向整个教育系统的。它对于受教育者的个体行为具有一定强制作用，要求受教育者个体无条件适应和遵守。

考点3　制约教育制度的因素

（1）经济因素。经济的发展为教育制度提供了一定的物质基础和相应的客观需要。

（2）政治因素。政治制度对教育制度的影响是直接的。统治阶级的要求体现在教育观念与教育制度上，而且必须借助教育制度加以保障和实现。

（3）文化因素。不同的文化类型会影响教育的类型，影响教育制度。

（4）人的身心发展规律。确定入学年龄、学业年限、各级各类学校的分段和教育教学内容、方法、组织形式及考评方式，都要考虑人的身心发展规律。

（5）原有的教育制度以及国外教育制度。教育制度具有继承性，不能脱离本国教育制度发展的历史发展沿革。对国外教育制度的积极学习和借鉴也是重要的影响因素。

典型例题（2017下·单选）法国的教育制度是集权制，美国和英国的教育制度是分权制。同样是实施分权制，美国和英国的分权制又不同，他们都有自己的传统和特色。这主要体现了（　　）对教育制度的影响。

A. 经济　　　　　　B. 政治　　　　　　C. 文化　　　　　　D 自然

【答案】C。

考点4　教育制度的发展

1. 前制度化教育

前制度化教育始于人类早期教育，终于定型的形式化教育，即实体化教育。基督教教会学校，中国古代的私塾、乡学、书院等属于前制度化教育。

2. 制度化教育

制度化教育主要指正规教育，即具有层次结构的、按年龄分级的教育制度，即形成系统的各级各类学校。

严格意义上的学校教育系统在19世纪下半期已经基本形成，最早产生于欧洲。学校教育系统的形成即意味着制度化教育的形成。中国近代制度化教育兴起的标志是清朝末年的"废科举，兴学校"，以及颁布了全国统一的教育宗旨和现代学制。

3. 非制度化教育思潮

非制度化教育推崇的理想是"教育不应再限于学校的围墙之内"。一般认为，库姆斯等人的"非正规教育"概念、伊里奇的"非学校化"主张都是非制度化教育的代表。

考点5　义务教育　★★★

1. 义务教育的含义

义务教育是指依据法律规定，适龄儿童和少年都必须接受的，国家、社会、学校、家庭必须予以保证的国民教育。义务教育是基础教育的核心部分。在我国，基础教育包括学前教育、初等教育、中等教育（初中和高中），基础教育包括义务教育。

2. 义务教育的确立和发展

德国是世界上最早实施义务教育的国家。我国于1986年通过的《中华人民共和国义务教育法》规定，国家实行九年制义务教育。这标志着我国已确立了义务教育制度。

3. 义务教育的特征

义务教育具有强制性、免费性、普及性等特征。其中，强制性是义务教育最本质的特征。

（1）强制性，又叫义务性。它包含适龄儿童必须接受教育和国家必须予以保障两层含义。

（2）免费性，又叫公益性。义务教育是国家、社会、学校和家庭必须予以保证的教育，国家对接受义务教育的学生"不收学费、杂费"。

（3）普及性，又叫统一性。全体适龄儿童、少年，除依照法律规定办理缓学或免学手续的以外，都必须入学接受教育，并且必须完成规定年限的义务教育。

考点6　终身教育

1.终身教育的含义与特征

终身教育是指人们在一生中都应当和需要受到各种教育培养。它被联合国教科文组织认为是"知识社会的根本原理"。

终身教育具有终身性、全民性、广泛性、灵活性、实用性等特征。终身性是其最大的特征。

2.终身教育思想的产生和发展

（1）20世纪60年代，法国成人教育家保罗·朗格朗发表《论终身教育》报告书，标志着终身教育的概念化和体系化。"终身教育"这一术语由保罗·朗格朗于1965年正式提出。

（2）1996年，国际21世纪教育委员会提交给联合国教科文组织的报告《教育——财富蕴藏其中》成为终身教育理论体系最终形成的标志。这一报告提出了"教育应使受教育者学会求知、学会做事、学会共处（学会共同生活）和学会生存"，被称为学习的"四大支柱"。

（3）2003年，联合国教科文组织提出了"终身学习的五大支柱"，即学会求知、学会做事、学会共处、学会发展、学会改变。

小 结

1.【常考题型】单选、多选、判断

2.【命题角度】

（1）直接考查教育制度的定义、广义及狭义的教育制度、影响教育制度的因素。

（2）考查教育制度在形式上的发展及不同形式的教育制度的特点。例如，"教育不应再局限于学校的围墙之内"体现了哪种教育形式的特点？答案：非制度化教育。

（3）通过名言、谚语等考查终身教育。例如，"活到老，学到老"体现了现代教育制度的什么趋势？答案：终身教育体系的建构。

（4）考查终身教育的含义及其产生和发展过程中的代表人物、作品等。例如，"终身教育"的正式提出者是谁？答案：保罗·朗格朗。

二、学校教育制度

考点1　学校教育制度的含义

对学校教育制度的理解，有狭义与广义之分。

狭义的学校教育制度简称学制，是一个国家各级各类学校的总体系，具体规定各级各类学校的性质、任务、目的、要求、入学条件、修业年限及它们之间的相互关系。它是国民教育制度的核心。

广义的学校教育制度是指现代国家有关学校教育种种制度的总和。它既包含一个国家实施何种层级与类别的学校制度，也包含各级各类学校的运行与管理制度。从广义的角度理解，学校制度分为学校层级与类别制度、学校办学制度、学校入学与修业年限制度、学校管理制度等。

典型例题（2022下·单选）下列不属于广义的学校教育制度内涵的是（　　）。

A.办学体制　　　　　　B.学校层级与类别　　　　C.入学与修业年限　　　　D.学校目的与功能

【答案】D。

考点2　制定学校教育制度的依据

（1）生产力发展水平和科学技术发展状况。

（2）社会政治经济制度。

（3）学生的身心发展特点。

（4）人口发展状况。

（5）本国学制的历史发展和国外学制的影响。

考点3　现代学校教育制度的类型 ★★

1.双轨学制（双轨制）

双轨学制主要存在于19世纪的欧洲国家，如英国、法国、德国等。

特点：把学校分为两个轨道，一轨是为资产阶级子女设立的，自上而下，其结构是大学（后来也包括其他高等学校）、中学（包括中学预备班），具有较强的学术性；另一轨是为劳动人民子女设立的，自下而上，其结构是小学（后来是小学和初中）及其后的职业学校（早期是与小学相连的初等职业教育，后发展为与初中相连的中等职业教育），是为培养劳动者服务的。这两轨互不相通、互不衔接，最初甚至不相对应。

评价：双轨学制有利于提高办学效益，其最大的弊端是严重危害了教育机会均等，不利于教育的普及。

2.单轨学制（单轨制）

单轨学制是19世纪末20世纪初在美国形成的一种学制。

特点：单轨学制是自下而上的，其结构是从小学、中学到大学，各级各类学校相互衔接。所有的学生在同样的学校系统中学习。

评价：单轨学制有利于普及教育，但教育水平参差不齐，教育效益低下，发展失衡，同级学校之间的教学质量相差较大。

3.分支型学制（分支制、中间型学制）

分支型学制是20世纪上半叶由苏联建立的一种学制，这是一种介于双轨学制和单轨学制之间的学制。

特点：分支型学制在基础教育阶段是共同的，学生在接受了共同的基础教育后再行分流，一部分继续接受普通教育，一部分接受职业教育后就业。

评价：分支型学制既有利于教育的普及，又保持了较高的学术性。但由于课时多、课程复杂，教学计划、课程标准和教科书必须统一而使教学方式不够灵活。

小 结

1.【常考题型】单选、多选、判断

2.【命题角度】直接考查不同类型的学制的特点、代表国家、优缺点等。例如，哪种学制的最大弊端是危害了教育机会均等？答案：双轨制。

3.【识记技巧】学制类型及特点：双轨不通不普及；单轨普及效率低；分支普及学术高，不够灵活是难题。

第二节 我国现代学制的确立和发展

一、我国学校教育制度的演变 ★★★

考点1 壬寅学制

1902年，清政府正式颁布了《钦定学堂章程》，称壬寅学制。这是我国正式颁布的第一个学制，该学制虽正式颁布但没有实施。其将蒙学堂和寻常小学堂规划为义务教育性质。

考点2 癸卯学制

1904年，清政府颁布了《奏定学堂章程》，称癸卯学制。该学制以日本学制为蓝本，是我国实施的第一个现代学制。它的颁布标志着封建传统学制的结束，新学制的开端。其突出特点是教育年限长。

癸卯学制明文规定教育宗旨是"忠君、尊孔、尚公、尚武、尚实"，明显体现了"中学为体，西学为用"的思想。该学制首次将实业教育纳入学制系统并实施，确立了我国的师范教育制度，另外还规定男女不得同校，轻视女子教育，体现了半殖民地半封建社会的特点。

考点3 壬子癸丑学制

1912—1913年，南京临时政府制定并颁布了一系列学制改革方案，即壬子癸丑学制。这是我国教育史上第一个具有资本主义性质的学制。

该学制倡导男女平等，允许初等小学男女同校，废除了小学与师范学校的读经课程，充实了自然科学的内容，并将学堂改为学校。

考点4 壬戌学制

1922年，当时的全国教育会联合会以美国学制为蓝本，提出了改革学制方案，由北洋政府于11月颁布了壬戌学制（又称新学制或六三三学制）。壬戌学制是中国近代史上实施时间最长、影响最大的学制。

"六三三"即小学六年、初中三年、高中三年。该学制明确以学龄儿童和青少年身心发展规律作为划分学校教育阶段的依据，这在我国现代学制史上是第一次。

考点5 中华人民共和国成立后学制的沿革

（1）1951年，颁布《中央人民政府政务院关于改革学制的决定》，标志着我国学制发展到了一个新阶段。这个学制包括从幼儿教育到高等教育的完整体系。

（2）1958年，颁布《关于教育工作的指示》，提出了学制改革的"两条腿走路"的办学方针和"三个结合""六个并举"的具体办学原则。

（3）1985年，颁布《中共中央关于教育体制改革的决定》，主要改革与学制相关的教育体制。

（4）1993年，颁布《中国教育改革和发展纲要》，确定了20世纪末教育发展的总目标——基本普及九年义务教育，基本扫除青壮年文盲；全面贯彻党的教育方针，全面提高教育质量；建设好一批重点学校和一批重点学科。简称"两基""两全""两重"。

（5）1995年，《中华人民共和国教育法》以法律的形式巩固了学制的改革成果，并列专章规定了我国的基本教育制度。

二、我国现行学校教育制度的形态

（1）从级别层次上来看，我国当前学校教育制度包括学前教育（幼儿教育）、初等教育、中等教育和高等教育四个层次。学前教育主要是指幼儿教育，即对 3~6 岁儿童进行的教育，是学校教育制度和终身教育的起始阶段。

（2）从类别结构上来看，我国当前学校教育制度可划分为基础教育、职业技术教育、高等教育、成人继续教育和特殊教育五个大类。

（3）从学制类型上来看，我国现行学制是从单轨学制发展而来的分支型学制。

典型例题（2019上·判断）小学教育是学校教育制度的起始阶段。   （   ）

【答案】×。

小 结

1.【常考题型】单选、多选

2.【命题角度】

（1）直接考查壬寅学制、癸卯学制、壬子癸丑学制、壬戌学制的地位、特点和具体内容。

（2）直接考查我国现行学校教育制度的形态。

3.【识记技巧】

（1）口诀

人（壬）颁布，提义务；鬼（癸）实施，实业入；壬子癸丑最小资，男女同校学知识；壬戌美国为蓝本，身心规律为标准。

（2）含义

壬寅学制是我国最早颁布的学制，是我国最早提出义务教育的学制；

癸卯学制是我国第一个正式实施的学制，且首次将实业教育纳入学制系统；

壬子癸丑学制是中国第一个具有资本主义性质的学制，第一次规定男女同校；

壬戌学制以美国学制为蓝本，首次明确以身心发展规律作为划分教育阶段的依据。

第五章 学生与教师

| 知识结构 |

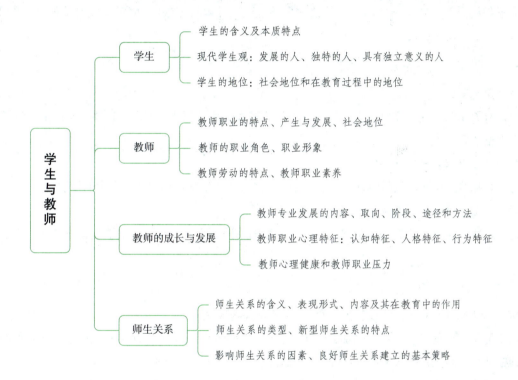

学生与教师
- 学生
  - 学生的含义及本质特点
  - 现代学生观：发展的人、独特的人、具有独立意义的人
  - 学生的地位：社会地位和在教育过程中的地位
- 教师
  - 教师职业的特点、产生与发展、社会地位
  - 教师的职业角色、职业形象
  - 教师劳动的特点、教师职业素养
- 教师的成长与发展
  - 教师专业发展的内容、取向、阶段、途径和方法
  - 教师职业心理特征：认知特征、人格特征、行为特征
  - 教师心理健康和教师职业压力
- 师生关系
  - 师生关系的含义、表现形式、内容及其在教育中的作用
  - 师生关系的类型、新型师生关系的特点
  - 影响师生关系的因素、良好师生关系建立的基本策略

第一节 学 生

一、学生的含义及本质特点

学生是指在教师的指导下从事学习的人，主要指在校儿童和青少年。

学生的本质特点如下。

（1）学生作为人的本质属性，包括学生是有自主性的人，学生是完整的人，学生是有差异的人。

（2）学生作为学习者的特有属性，包括学生是发展中的人，学生是以学习为主要任务的人。

典型例题 （2016上·判断）学生是以学习为主要任务的发展中的完整的人。　　（　　）

【答案】√。

二、现代学生观（新型学生观） ★★★

考点1 学生是发展的人

1.学生的身心发展是有规律的

学生身心发展的一般规律包括顺序性、阶段性、不平衡性、互补性、个别差异性等，教师必须依据学生的身心发展规律和特点开展教育活动。

2. 学生具有巨大的发展潜能

教师应坚信每个学生都是可以积极成长的，是可以获得成功的，要对教育好每一位学生充满信心。

3. 学生是处于发展过程中的人

作为发展的人，学生的不完善是正常的。教师应理解学生身上存在的不足，允许学生犯错误，并帮助学生解决问题、改正错误，从而不断促进学生的进步和发展。

4. 学生的发展是全面的发展

教师不仅要重视"知识与技能"的传授，更要看到"过程与方法""情感态度与价值观"的重要性，把学生培养成全面发展的人。

考点 2　学生是独特的人

1. 学生是完整的人

学生是有着丰富个性的完整的人。学习过程是伴随着交往、创造、追求、选择、意志努力等的综合过程，有学生整个内心世界的全面参与。

2. 每个学生都有自身的独特性

独特性意味着差异性。教师要尊重学生的差异，使每个学生都得到完全、自由的发展。

3. 学生与成人之间存在着巨大的差异

学生的观察、思考、选择和体验都和成人有明显的不同。所以，教师应把学生看成孩子，而不是一个成人。

考点 3　学生是具有独立意义的人

1. 每个学生都是独立的、不以教师的意志为转移的客观存在

教师不能把自己的意志和知识强加给学生，否则会挫伤学生的学习主动性和积极性，扼杀他们的学习兴趣，禁锢他们的思想，引起他们自觉或不自觉地抵制或抗拒。

2. 学生是学习的主体

学生只有通过自己读书，自己感受事物，自己观察、分析、思考，才能明白事理，才能掌握事物发展变化的规律。

3. 学生是责权主体

学生是责任主体，学校和教师要引导学生学会对学习、对生活、对自己、对他人负责，学会承担责任；学生是权利主体，学校和教师要保护学生的合法权利。

> 典型例题 （2023上·单选）多元智能理论认为，每个学生都拥有相对于他人或相对于自己的智能强项。该观点说明每个学生都具有（　　）。
> A. 生成性　　　　　B. 独特性　　　　　C. 自主性　　　　　D. 整体性
> 【答案】B。

小　结

> **1.【常考题型】** 单选、多选、案例分析
>
> **2.【命题角度】**
>
> （1）结合例子或名言，要求判断其体现了哪一种现代学生观。
>
> （2）要求根据案例中的情境并结合实际，分析教师应树立怎样的学生观。

三、学生的地位

考点 1　学生的社会地位

学生的社会地位是指学生作为社会成员应具有的主体地位。

1989 年，联合国大会通过了《儿童权利公约》，其核心精神在于确立青少年儿童的社会权利和主体地位。这一精神的基本原则包括儿童利益最佳原则、尊重儿童尊严原则、尊重儿童观点与意见原则、无歧视原则。

考点 2　学生在教育过程中的地位

现代教育理论认为，在教育过程中，学生既是教育的对象，又是学习、发展的主体。学生与教师在教育过程中处于平等地位，教师是平等中的首席。这种观点强调学生的主体地位，并不否定教师的主导作用。

学生作为教育的对象，具有以下特点。

（1）可塑性。学生的品德、人格等各方面尚未定型，具有很大的发展潜力，极容易受外部环境因素的影响。"染于苍则苍，染于黄则黄"表明学生具有可塑性。

（2）依赖性。学生大多是未成年人，还不具备完全独立生活的能力。

（3）向师性。入学后，学生会自然地把教师当作他亲近、信赖、尊敬甚至崇拜的对象，并把教师作为获取知识的智囊、解决问题的顾问、行为举止的楷模。

学生作为学习、发展的主体，具有主观能动性，主要表现在以下三个方面。

（1）自觉性，也称主动性。这是学生主观能动性的最基本表现。它表现为学生根据一定的目标或要求，或在某种情境的激发下，自行采取相应态度或行为。

（2）独立性，也称自主性。这是自觉性进一步发展的表现。它表现为学生不仅具有自觉性，而且能自行确定或选择符合自身需要、特点和条件的目标及行动方式，并能在实现目标的行动中自我监督和调控。

（3）创造性。这是学生主观能动性的最高表现。它表现为学生不仅具有自觉性和独立性，而且有超越意识，如超越书本、超越教师、超越自己和群体等。

小　结

1.【常考题型】单选、多选

2.【命题角度】

（1）直接考查《儿童权利公约》确定的保护儿童的基本原则。

（2）考查现代教育理论中学生在教育过程中的地位。

（3）给出例子，要求判断其体现了学生的哪种特点。例如，"学生各方面还不成熟，极易受外部环境的影响"说明学生具有什么特点？答案：可塑性。

第二节　教　师

一、教师和教师职业

考点1　教师的含义

从广义上来讲，凡是把知识、技能和技巧传授给别人的，都可称为教师；从狭义上讲，教师专指学校的专职教师。教师是学校教育工作的主要实施者，其根本任务是教书育人。

考点2　教师职业的基本特征

1.教师职业是一种专业性职业

我国1993年公布的《教师法》对教师的概念作了全面、科学的界定：教师是履行教育教学职责的专业人员，承担教书育人，培养社会主义事业建设者和接班人、提高民族素质的使命。这是第一次从法律角度确认教师的专业地位。

2.教师职业是以教书育人为职责的创造性职业

教师是学校教育工作的主要实施者。教师最重要的职责就是履行教育教学工作，根本任务是教书育人。这也是教师最本质的特征。从教书育人的实质来看，教师职业是一种比其他职业更具创造性的认识和实践活动。

3.教师职业是需要持续专业化的职业

由于人类知识激增对课程内容的持久冲击以及信息化社会对学生广泛而深入的影响，作为以知识传播、生产为主要任务的教师，必须不断学习、及时更新自己的知识结构，必须善于研究、积累自己的教育智慧，才能适应学生发展的时代要求。培养研究型教师是现代师范教育的一个重要任务，培养教师的终身学习能力和研究能力是现代教师成长的重要条件。

考点3　教师职业的特点　★★

1.价值性

教师是学校教育教学活动的设计者和实施者。开展好的教育活动，既需要教师具有丰富的知识和扎实的教学能力，又离不开与时俱进的教育价值和观念的引导。教育教学活动的创造性需要每位教师对"什么是好的教育""什么是好的教学"等基本问题进行深入思考。

2.伦理性

教育是人影响人的活动，教师对教育的爱、对学生的爱是教育不可或缺的基础。夏丏尊的"爱对于教育，犹如池塘之于水，没有水，便不能成为池塘；没有爱，便不能称其为教育"体现了伦理性。

3.复杂性

学生的成长受诸多因素共同作用。诸多不断变化的因素交织在一起共同构成了教育的环境，使教师的工作变得复杂。

4.教育性

立德树人是教育的根本任务。教师在教育教学活动中，要将教育性原则贯穿始终，使学生不仅获得知识的增长、能力的提升，还在思想、情感、意志、品德以及世界观等方面获得发展。

5. 创造性

由于教育教学活动的复杂性和不确定性，教师要培养实践反思能力，创造性地解决问题。

典型例题 （2023下·单选）"教师的爱是滴滴甘露，即使枯萎了的心灵也能苏醒；教师的爱是融融春风，即使冰冻了的感情也会消融。"这体现了教师职业的（　　）。

A. 创造性　　　　　　B. 伦理性　　　　　　C. 复杂性　　　　　　D. 教育性

【答案】B。

考点4　教师职业的产生与发展

1. 非职业化阶段

在人类社会初期，教师不是一项独立的职业，一般是"长者为师""能者为师"。例如，中国奴隶社会时期的"官师一体"；西方社会的教师大多由僧侣担任。

2. 职业化阶段

随着社会的发展，私学兴起，由此出现了独立的教师职业。例如，中国春秋战国时期的"诸子百家"，古希腊的"智者"。但这时教师职业基本上不具备专门化水平。

3. 专门化阶段

教师职业的专门化发展以专门培养教师的教育机构的出现为标志。

世界上最早的独立师范教育机构诞生于法国。1681年，法国的拉萨尔创立了世界上第一所师资训练学校，这是世界上师范教育的开始。

中国最早的师范教育产生于清朝末年。1897年，盛宣怀在上海开办"南洋公学"，分为上院、中院、师范院和外院。其中，师范院就是中国最早的师范教育机构。

4. 专业化阶段

随着社会的进一步发展，教师职业开始走上专业化的发展道路，教师专业化的观念逐渐成为社会的共识。教师逐步向专业化方向发展已经成为许多重视教育的国家追求的目标。

小　结

> **1.【常考题型】**单选、多选
>
> **2.【命题角度】**
>
> （1）直接考查或结合例子考查教师职业的特点。
>
> （2）直接考查教师职业产生与发展的各个阶段及其典型特点、标志性事件。例如，春秋战国时期私学出现，这属于教师职业发展的哪一阶段？答案：职业化阶段。

二、教师职业的社会地位

1. 政治地位

教师的政治地位是指教师参政议政的程度以及在社会政治体系中所处的位置，包括教师参政的深度、广度、幅度，专业权限，政治待遇，法律保障等。

教师政治地位的提高是提高教师职业社会地位的前提。

2. 经济地位

教师的经济地位是指教师的经济待遇在社会职业体系中所处的相对高度，包括社会物质财富的分配、占有和享用的状况，以及待遇、生活水平、行业吸引力等。

教师的经济地位是教师社会地位最直接和最基础的指标，是教师社会地位的最直观表现。

3. 专业地位

教师职业的专业地位是教师职业社会地位的内在标准。专业指社会分工、职业分工过程中逐步形成的一类特殊的职业。教师的工作应该视为专业性职业。

4. 法律地位

教师职业的法律地位是指法律赋予教师职业的权利、责任，包括教育的权利、专业发展权和参与管理权等。以法律手段确立、保障教师的权利，是提高教师社会地位的必要措施。

5. 职业声望

职业声望是社会公众对某一职业的意义、价值及声誉的综合评价，是教师社会地位的综合体现。

三、教师的职业角色 ★★

考点1 形成阶段

1. 角色认知阶段

教师对教师这一角色行为规范的认识和了解，知道哪些行为是合适的，哪些行为是不合适的。

2. 角色认同阶段

教师亲身体验、接受教师角色承担的社会职责，并用来控制和衡量自己的行为。

3. 角色信念阶段

教师将社会对自己的角色期望转化为自己的心理需要。在此阶段中，教师坚信自己对教师职业的认识是正确的，并将其作为规范自己行为的指南，形成了教师职业特有的自尊心和荣誉感。

典型例题 （2022下·单选）李老师说："我是一个普通的小学老师，但我并不妄自菲薄，教师待遇虽然不高，但在精神上是富有的，因为我们拥有学生。"李老师职业角色的形成处于（   ）。

A. 认知阶段   B. 认同阶段

C. 信念阶段   D. 行为阶段

【答案】C。

考点2 职业角色

教师职业的最大特点是职业角色的多样化。教师主要有以下几种职业角色。

1. 传道者

"道之所存，师之所存也。"教师具有传递社会传统道德和正统价值观念的使命，肩负培育学生心灵和塑造学生精神的责任。

2. 授业、解惑者（知识的传授者、人类文化的传递者）

教师要引导学生在短时期内掌握人类长期积累的基本知识与技能，要注重启发他们的智慧，解除他们人生与学习中的各种困惑。

3. 示范者（学生的榜样）

学生具有向师性的特点，教师的言行、为人处世的态度会潜移默化地影响学生。正如夸美纽斯所说，"教师的职责是用自己做榜样教育学生"。

4. 教学活动的设计者、组织者和管理者

教学活动是一种集体活动，要全面实现教学的整体功能，就必须精心设计、周密组织、科学管理。

5.**"家长的代理人"与"朋友、知己"（学生的朋友）**

教师是儿童继父母之后遇到的又一个社会权威，家长的代理人。低年级的学生倾向于把教师看作父母的化身，对教师的态度类似于对父母的态度；高年级的学生希望得到教师在学习、生活、人生等多方面的指导，希望教师成为分担自己的快乐与痛苦、幸福与忧愁的朋友。

6.**学习者和研究者**

教师要通过学习持续不断地更新和充实自己，树立终身学习观念，同时要主动从教育教学实践中发现问题、思考问题、研究问题，不断反思教育实践，成为教育教学的研究者。

7.**学校的管理者**

教师有权参与学校整个管理过程，处理校内外的各种关系。

8.**学生心灵的培育者和学生心理的保健医生（"心理医生"、心理调节者）**

教师是学生心灵的培育者。教师要调整学生的不良情绪和心态，培养学生良好的学习心理品质。教师是学生心理的保健医生，扮演着"心理医生"的角色。学校教育既要使学生拥有健康的体魄，又要培养学生美好的心灵。

有人认为，教师作为教授活动的主体，是社会的代言人、文化知识的传播者和学生的领路人。

`典型例题` （2023下·多选）简老师是一名实习老师，实习马上结束了，下列学生建议与老师角色匹配正确的有（   ）。

A. 尊重我们——研究者角色

B. 多给我们一些微笑——朋友角色

C. 尽你所能地指导我们——传道者

D. 让我们在学校也能有家的感觉——示范者

E. 帮助我们解答在学习、生活中遇到的问题——管理者

【答案】BC。

小 结

1.【常考题型】单选、多选

2.【命题角度】

（1）给出例子，要求判断其体现了教师的哪一职业角色。例如，"道之所存，师之所存也"体现了教师职业的什么角色？答案：传道者。

（2）直接考查教师职业角色的具体内容。

（3）考查教师职业角色的最大特点。答案：职业角色的多样化。

四、教师的职业形象

考点1 道德形象

教师的道德形象被视为教师最基本的形象。例如，"为人师表""学高为师，身正为范"，乐于奉献、坚持公正等。

考点2 文化形象

教师的文化形象是教师形象的核心。"才高八斗""学富五车"都是教师的典型文化特征。

考点3　人格形象

教师的人格形象是教师在教育教学活动中的心理特征的整体体现，是学生亲近或疏远教师的首要因素。理想的教师人格包括善于理解学生、富有耐心与幽默感、性格开朗、情绪乐观、意志力强等。

典型例题 （2023上·单选）有学生说："陈老师真牛啊！他好像什么都懂！"这是教师职业形象中的（　　　）。

A. 道德形象　　　　　　B. 人格形象　　　　　　C. 文化形象　　　　　　D. 社会形象

【答案】C。

五、教师劳动的特点 ★★★

考点1　教师劳动的复杂性和创造性

1. 教师劳动的复杂性

（1）教师劳动的目的是复杂的。教师要培养全面发展的人，不仅要传授给学生知识和技能，还要注重他们良好思想品德的养成，同时还要发展其体力、智力、情感、意志等方面。

（2）教师劳动的对象是复杂的。学生在兴趣、能力、性格等方面存在个性差异，教师既要面向全体学生，又要尊重个性差异。

（3）教师劳动的任务是复杂的。教师承担着教学、班级管理、教学研究等多项繁重的任务。

（4）影响劳动对象发展的因素是广泛而复杂的。对学生产生影响的因素是多方面的，如社会和家庭的影响、同伴群体的影响、网络和电视等大众媒体的影响等。

（5）教师劳动的方式是复杂的。教师不仅要将自己的教学工作做好，还要主动与家长沟通和合作，将学校、家长、社会三方协调一致形成教育合力。

2. 教师劳动的创造性

（1）因材施教。教师必须灵活地针对每个学生的特点，采用不同的教育教学方法，使每个学生都得到充分的发展。

（2）不断更新教育内容、方法和手段。"教学有法，教无定法"充分体现这一特点。

（3）教育机智。教育机智是教师在教育教学过程中的一种特殊定向能力，是指教师能根据学生新的特别是意外的情况，迅速而正确地进行判断，随机应变地采取及时、恰当而有效的教育措施解决问题的能力。教育机智可以概括为因材施教、因势利导、随机应变、掌握分寸、对症下药等。

考点2　教师劳动的长期性和间接性

1. 教师劳动的长期性

长期性指人才培养的周期比较长，教育的影响具有迟效性。"十年树木，百年树人"说明人才培养是长期的系统工程。

2. 教师劳动的间接性

教师劳动的间接性是指教师的劳动不直接创造物质财富，教师劳动的价值是以学生为中介实现的。

考点3　教师劳动的主体性和示范性

1. 教师劳动的主体性

教师劳动的主体性是指教师自身可以成为活生生的教育因素和具有影响力的榜样。主体性表现在以下两个方面：①教育教学过程就是教师直接用自身的知识、智慧、品德影响学生的过程；②教师劳动工具的主体化，即教材、教具必须为教师自己所掌握，成为教师自己的东西，才能向学生传授。

2.教师劳动的示范性

教师劳动的示范性是指教师的言行举止都会成为学生仿效的对象，教师的人品、才能、治学态度等都会影响学生的发展。教师劳动的示范性是由学生的可塑性、向师性和模仿心理特征决定的。"以身立教，为人师表""学高为师，德高为范"等体现了教师劳动的示范性。

考点4　教师劳动的连续性和广延性

1.教师劳动的连续性

教师劳动的连续性是指教师的劳动没有严格的交接班时间界限，这是由教师劳动对象的相对稳定性决定的。

2.教师劳动的广延性

教师劳动的广延性是指教师的劳动没有严格的劳动场所界限，这是由影响学生发展因素的多样性决定的。

考点5　教师劳动方式的个体性和劳动成果的群体性

1.教师劳动方式的个体性

从劳动手段角度来看，教师的劳动主要是以个体劳动的形式进行的。教育教学活动主要是通过一个个教师的个体劳动来完成的。

2.教师劳动成果的群体性

教师劳动成果的群体性是指教师的劳动成果是集体劳动和多方面影响的结果。教师的个体劳动最终都要融于教师的集体劳动之中，教育工作需要教师的群体劳动。

小 结

1.【常考题型】单选、多选、判断

2.【命题角度】

（1）直接考查或结合例子考查教师劳动的特点。例如，"教学有法而教无定法"反映了教师劳动的什么特点？答案：创造性。

（2）简述教师劳动的某一特点的具体表现。例如，简述教师劳动的复杂性或创造性的主要表现。

六、教师劳动的价值及其特点

教师劳动的价值是指教师的劳动对社会和个人产生的直接和间接的积极作用。教师劳动的价值由社会价值和个人价值组成。其具有以下特点：

（1）模糊性。学生的成长与进步是由多种因素作用的结果，很难准确地指出学生的变化是由哪方面的因素引起的，这使教师的劳动很难得到明确的评价。

（2）滞后性。教师的劳动价值要在学生进入社会并为社会做出贡献之后才能最终得到体现。这时，教师及其劳动往往已被人淡忘。

（3）隐蔽性。教师劳动创造的价值作为一种潜在的价值因素寓于学生身上，只有借助学生外显的行为表现，或对社会做出的贡献才能得到证明，缺乏自明性。

典型例题（2020下·多选）有人说，学生的高考成绩有幼儿园、小学、初中老师的功劳。这体现了教师劳动价值的（　　）。

A.模糊性　　　　B.明确性　　　　C.滞后性　　　　D.附属性

E.隐蔽性

【答案】ACE。

七、教师职业素养 ★★

考点 1 道德素养

1. 忠于人民的教育事业

忠于人民的教育事业是教师最基本的职业道德，是教师对待自己从事的教育事业的基本态度。

2. 热爱学生

热爱学生是教师职业道德的核心，也是教师对待自己的劳动对象的基本态度。

3. 团结协作

团结协作是教师对待其所属的劳动集体的基本态度。只有团结一致的教师集体，才能保证教育的一致性和完整性，才能使教师集体给学生集体以良好的道德影响。

4. 以身作则

以身作则是在教育过程中教师对待自己的基本态度。教师从事的是培养人的工作，教师劳动最有影响力的手段是"言传身教"。

考点 2 知识素养（教师合理的知识结构）

辛涛、申继亮、林崇德将教师专业知识结构分为以下几个：①本体性知识，即精深的专业知识；②条件性知识，即必备的教育科学知识，主要是教育学、心理学知识，包括学生身心发展的知识、教与学的知识以及学生成绩评价的知识；③实践性知识，即课堂情境知识；④文化知识，即广博的文化基础知识。

考点 3 能力素养（现代教师应具备的能力）

（1）语言表达能力。语言是教师向学生传递教育信息的重要工具。教师要具有较强的语言表达能力。

（2）组织管理能力，主要包括确定合理目标和计划的能力和引导学生的能力。

（3）组织教育和教学的能力，主要包括以下几点：①善于制订教育教学工作计划，编写教案，组织教材；②善于组织课堂教学；③善于组织学校、家庭及社会各方面的教育力量，使各方面相互配合。

（4）自我调控和自我反思能力，主要表现为对自身的教育教学表现进行自我监督、自我反馈、自我反思、自我改进的能力及根据新情况、新问题调整自己的预定计划，适应变化的能力。

考点 4 健康的心理素质

教师健康的心理素质包括高尚的师德、愉悦的情感、良好的人际关系、健康的人格、昂扬振奋的精神及坚韧不拔的毅力等。

典型例题 （2019下·单选）教师"只有深入才能浅出，只有居高才能临下"。这反映了教师需要有（　　）。

A. 基础的专业知识 　　　　　　　　B. 扎实的学科知识

C. 高超的实战演练 　　　　　　　　D. 较强的语言表达能力

【答案】B。

小 结

1.【常考题型】单选、多选

2.【命题角度】

（1）直接考查教师职业素养的内容。

（2）给出例子，要求判断其体现了何种教师职业素养。

八、教师权威

教师权威代表了教师与学生之间的影响与被影响，支配与服从之间的关系，具体表现为教师对学生的控制和管理，学生对教师的依赖和服从。

（1）制度性权威包括传统权威和法定权威。传统权威指社会的文化传统赋予的权威；法定权威指社会制度和法律法规等因素赋予的权威。

（2）个人权威包括知识权威和感召权威。知识权威由教师个人的学识、专长等构成。感召权威包括教师本人的人格魅力、爱心、同情心等。"亲其师，信其道"表明只有通过教师的人格魅力、师爱、知识等建立起良好的师生关系，树立起教师的个人权威，教师才能较好地实施教书育人的工作。

典型例题（2021下·单选）"亲其师，信其道"所体现的教师权威来自（　　）。

A. 文化传统　　　　B. 学识专长　　　　C. 人格魅力　　　　D. 法律赋予

【答案】C。

第三节　教师的成长与发展

一、教师专业发展概述

教师专业发展（教师专业成长）包括教师群体的专业发展和教师个体的专业发展。其中，教师个体的专业发展是指教师由一名新手教师发展成为专家型教师或教育家型教师的过程。

考点1　教师专业发展的内容

1. 专业理想的建立

教师的专业理想是指教师在对教育工作感受和理解的基础上形成的关于教育本质、目的、价值和生活等的理想和信念。具体来说，包括教师作为教育专业人员所具备的教育理念、乐业敬业及努力奉献的精神。它是教师在教育教学工作中的世界观和方法论，是教师专业行为的理性支点和专业自我的精神内核。

2. 专业知识的深化和拓展

教师的专业知识是教师职业区别于其他职业的理论体系与经验系统。教师专业知识的深化和拓展包括三个方面：①知识的量的拓展，教师要不断地更新知识，补充知识，扩大自己的知识范围；②知识的质的深化，从知识的理解、掌握到知识的批判，再到知识的创新；③知识结构的优化。

3. 专业能力的提高

教师的专业能力即教师的教育教学能力，是教师在教育教学活动中形成的顺利完成某项任务的能力和本领。教师的专业能力是教师综合素质最突出的外在表现，也是评价教师专业性的核心因素。

4. 专业自我的形成

专业自我的形成是指教师在职业生活中创造并体现符合自己志趣、能力与个性的独特的教育教学生活方式及自身在职业生活中形成的知识、观念、价值体系与教学风格的总和。教师的专业自我具体包括对自我形象的正确认识，积极的自我体验，正确的职业动机，对职业状况的满意，对理想的职业生涯的清晰认识，对未来工作情景有较高的期望，具有个体的教育哲学与教学模式。

典型例题（2017下·单选）教师作为教育专业人员必须具备现代教育理念、乐业敬业及努力奉献的风范和精神。这是指教师的（　　）。

A. 专业理想　　　　B. 专业知识　　　　C. 专业能力　　　　D. 专业自我

【答案】A。

考点2　教师专业发展的取向

1. 理智取向

理智取向主张教师通过正规的培训，向专家学习先进的"学科知识"和"教育知识"，以提高教育理性认识水平和教学技能。

2. 实践—反思取向

实践—反思取向主张教师通过实践反思，发现教育教学意义，获得实践智慧。其主要方法有写日志、传记、构想、文献分析、教育叙事、教师访谈、参与性观察等。

3. 文化生态取向

文化生态取向认为教师专业发展不仅仅依靠个人努力，在更大程度上依赖于"教学文化"或"教师文化"为其工作提供意义支持和身份认同。其主要方式是通过学习团队建设进行协同教学、合作教研，实现共同发展。

典型例题 （2018上·判断）教师专业发展的实践—反思取向强调教学文化、教师文化以及教师所处教研组、年级组对教师专业发展的作用。　　　　　　　　　　　　　　　　　（　　）

【答案】×。

小　结

1.【常考题型】单选、多选、判断

2.【命题角度】

（1）结合关键词或直接考查教师专业发展的内容以及某一内容的地位。

（2）结合例子或关键词考查教师专业发展的取向。

二、教师专业发展的阶段

考点1　教师关注阶段论　★★★

福勒和布朗根据教师的需要和不同时期关注的焦点问题，把教师的成长划分为关注生存、关注情境和关注学生三个阶段。

1. 关注生存阶段

新教师一般处于关注生存阶段（见图1-5-1），他们非常关注自己的生存适应性，注重自己在学生、同事及学校领导心目中的地位，最担心的问题是"学生喜欢我吗？""同事们如何看我？""领导是否觉得我干得不错？"等。出于这种生存忧虑，教师会把大量的时间用于处理人际关系或管理学生。

2. 关注情境阶段

当教师感到自己完全能够适应时，其便把关注的焦点投向了学生成绩的提高，这时教师就进入了关注情境阶段（见图1-5-2）。在此阶段，教师关心的是如何教好每一堂课的内容，总是关心诸如班级的大小、时间的压力和备课材料是否充分等与教学情境有关的问题。传统教学评价也集中关注这一阶段，一般来说，老教师比新教师更关注此阶段。

3. 关注学生阶段

在关注学生阶段（见图1-5-3），教师能考虑学生的个别差异，认识到不同发展水平的学生有不同的需要，某些教学材料和方式不一定适合所有学生。能否自觉关注学生是衡量一个教师是否成熟的重要标志之一。

图 1-5-1　关注生存阶段　　　　图 1-5-2　关注情境阶段　　　　图 1-5-3　关注学生阶段

考点 2　自我更新阶段论 ★★

叶澜等人结合我国的情况，提出了以教师专业的自我更新为取向的五个发展阶段（见表 1-5-1）。

表 1-5-1　自我更新阶段论

阶段名称	主要特征
"非关注"阶段（正式教师教育之前）	无意识中以非教师职业定向的形式形成了较稳固的教育信念，具备了一些"直觉式"的"前科学"知识，以及与教师专业能力密切相关的一般能力
"虚拟关注"阶段（师范学习阶段，包括实习期）	开始思考对合格教师的要求，在虚拟的教学环境中获得某些经验，对教育理论及教师技能进行学习和训练，有了对自我专业发展反思的萌芽
"生存关注"阶段（新任教师阶段）	在"现实的冲击"下，产生了强烈的自我专业发展的忧患意识，特别关注专业活动中的"生存"技能，将专业发展集中在专业态度和动机方面
"任务关注"阶段	随着教学基本"生存"知识、技能的掌握，自信心日益增强，由关注自我的生存转移到更多地关注教学，由关注"我能行吗？"转移到关注"我怎样才能行？"
"自我更新关注"阶段	完全掌握了教学机制和课堂管理策略，更加关注课堂内部的活动及其实效，关注学生是否真的在学习，关注教学内容是否真的适合学生，关注学生的差异。不再受外部评价或职业升迁的牵制，自觉依照教师发展的一般路线和自己目前的发展条件，有意识地自我规划，以谋求最大程度的自我发展

典型例题　1.（2023下·单选）入职刚满一年的数学老师兼班主任王老师非常有责任心，她常常自嘲是个"高级保姆"，班里的大事小事都要亲力亲为，每一项活动都安排得井井有条，学生只需要按她的要求去执行。虽然王老师与班上同学之间没有任何矛盾，但是班级氛围死气沉沉，长此以往，班上的数学成绩也越来越差，这让王老师很苦恼。她常常反思："我还能成为好老师吗？"根据叶澜对教师专业发展阶段的划分，王老师目前正处在（　　）。

A. 非关注阶段　　　　B. 虚拟关注阶段　　　　C. 生存关注阶段　　　　D. 任务关注阶段

【答案】C。

2.（2023上·单选）李老师每次上课之前都会思考采用哪种教学方法孩子们更容易接受。根据自我更新取向的教师专业发展阶段理论，李老师的专业发展处于（　　）。

A. 虚拟关注阶段　　　　B. 生存关注阶段　　　　C. 任务关注阶段　　　　D. 自我更新关注阶段

【答案】D。

考点3　教师职业生涯周期论

1. 准备期

准备期是指教师从事教育工作以前接受教育和学习的阶段，是接受教育和学习及毕业实习的阶段，包括在基本教育阶段的学习和专业阶段的学习。准备期主要集中在师范教育期，以走上教师岗位为结束。

准备期教师的素质特点：①以学习书本知识为主，缺乏实际经验；②知识和经验具有表面化的特点；③形成了教师所需要的一部分独特的优势素质。

2. 适应期

适应期是教师走上工作岗位，从没有实践体验到初步适应教学工作，具备最基本的教育能力和其他素质的阶段。适应期的教师通常被称作新手教师，而适应期结束时则可以称为合格教师。职业适应期结束的标志是教师能够适应和胜任教育教学工作，能够基本上完成教育教学任务，得到学生的认可。

适应期教师的素质特点：①在知识上，开始形成实际的、具体的、直接的知识和经验；②在能力上，教育教学的实践能力开始初步形成；③在素质上，教学水平还处于较低的层次，不够全面和平衡。

3. 发展期

发展期是教师能力的建立时期，也是教师工作充满活力和挑战的时期。教师也开始注重对教学实践的理论总结，同时形成自己的教学风格。

发展期教师的素质特点：①在素质的水平上，向着熟练化、深广化发展，专业水平提高；②在素质的项目上，向全面化和整体化方向发展；③在素质的倾向性上，由注重教向注重学转变。

4. 创造期

创造期是教师已经比较愉快地胜任教学，开始由固定的、常规的、自动化的工作进入探索和创新的时期，是形成自己的独到见解和教学风格的时期。

创造期教师的素质特点：①在素质上，发展创新性素质。如教师的问题意识、反思意识、创新意识、创造性思维能力的形成。②在活动上，具有探索性。教师在这个阶段开始就某些问题进行专门的探讨。③在成果上，注意理论总结，形成自己的教学风格、教学模式和教育思想。

`典型例题`（2022上·单选）"教师能够基本上完成教育教学任务，得到学生的认可。"这是教师职业（　　）结束的标志。

A. 准备期　　　　　　　B. 适应期　　　　　　　C. 发展期　　　　　　　D. 创造期

【答案】B。

考点4　专家型教师与新手型教师的差异

1. 课时计划的差异

（1）课时计划的内容：专家型教师只突出课的主要步骤和教学内容，不涉及细节。新手型教师把大量的时间用在课时计划的一些细节上。

（2）课时计划的修改：专家型教师的课时计划修改与预演可以自然地在一天的某个时候发生。新手型教师则要在上课之前针对课时计划做演练。

（3）课时计划的实施：专家型教师在实施课时计划时有很大的灵活性，教学的细节是由课堂教学活动决定的。新手型教师不会随着课堂情境的变化来修正他们的计划。

（4）课时计划的预见性：专家型教师表现出一定的预见性，能够预测计划的执行情况。新手型教师则不能。

2.课堂教学过程的差异

（1）课堂规则的制定与执行：专家型教师制定的课堂规则明确，执行力强。新手型教师制定的课堂规则较为含糊，不能坚持执行下去。

（2）维持学生注意：专家型教师有一套完善的维持学生注意的方法。新手型教师缺乏这些经验。

（3）教材的呈现：专家型教师在教学时注重回顾先前知识，并能根据教学内容选择适当的教学方法。新手型教师则不能。

（4）教学策略的运用：专家型教师具有丰富的教学策略，并能灵活运用。新手型教师缺乏教学策略甚至不会运用教学策略。

（5）课堂练习：专家型教师将练习看作检查学生学习的手段。新手型教师仅把练习当作必经的步骤。

（6）家庭作业的检查：专家型教师具有一套检查学生家庭作业的规范化、自动化的常规程序。新手型教师缺乏相应的检查学生家庭作业的规范。

3.课后评价的差异

专家型教师更多谈论学生对新材料的理解情况和他们认为课堂中值得注意的活动，很少谈论课堂管理问题和自己的教学是否成功。新手型教师的课后评价要比专家型教师更多地关注课堂中的细节。

4.其他差异

（1）在师生关系方面，专家型教师能热情平等地对待学生，师生关系融洽，具有强烈的成就体验。

（2）在人格魅力方面，专家型教师具有鲜明的情绪稳定性、理智感和较强的自信心，能更好地控制和调节情绪，理智地处理面临的教育教学问题，并在课后进行评估和反思。

（3）在职业道德方面，专家型教师对职业的情感投入程度高，职业义务感和责任感强。

小　结

1.【常考题型】单选、多选

2.【命题角度】

（1）结合例子或关键词考查福勒和布朗、叶澜等人提出的教师发展阶段理论。

（2）结合教育情境判断教师处于专业发展的哪一阶段并阐述原因。

（3）区分专家型教师和新手型教师在教学活动中表现出的特点。

三、教师专业发展的途径和方法 ★★

考点1　教师个体专业发展的途径

1.师范教育（职前教育）

师范教育是教师个体专业发展的起点和基础，它建立在教师的专业特性之上，为培养教师专业人才服务。

2.入职培训

入职培训的目的是向新教师提供系统而持续的帮助，使之尽快转变角色、适应环境。入职培训可通过安排有经验的导师进行现场指导或采用集中培训的方式进行。

3.在职培训（在职教育）

在职培训是为了适应教育改革与发展的需要，为在职教师提供继续教育，主要采取"理论学习、尝试实践、反省探究"三结合的方式，培养教师研究教育对象、教育问题的意识和能力。教师在职培训可通过业余进修或校本培训（如集体观摩、相互评课、相互研讨）进行。

4.自我教育

教师的自我教育就是专业化的自我建构，它是教师专业化发展最直接、最普遍的途径。教师自我教育的方式主要有经常性的、系统的自我反思，主动收集教改信息，研究教育教学中的各种关键事件，自学现代教育教学理论，积极感受教学的成功与失败等。

此外，教师专业发展学校、同伴互助也是教师个体专业发展的途径。

典型例题（2022下·单选）参加工作不久的张老师以自己在教育教学中需要迫切解决的具体问题为主题进行微课题研究。张老师专业发展的途径是（　　）。

A.入职辅导　　　　　　B.在职培训　　　　　　C.同伴互助　　　　　　D.自我教育

【答案】D。

考点2　教师专业发展的方法

1.观摩和分析优秀教师的教学活动

一般来说，为培养、提高新教师和教学经验欠缺的年轻教师的教学能力，应进行组织化观摩，这种观摩既可以是现场观摩，也可以是观看优秀教师的教学录像。

2.开展微格教学

微格教学是训练新教师、提高其教学水平的一条重要途径。（关于微格教学的详细讲述见第一部分第七章第五节教学模式）

3.进行专门训练

教师的成长与发展也可以通过专门的教学能力训练来实现。教学能力训练的关键程序：①每天进行回顾；②有意义地呈现新材料；③有效地指导课堂作业；④布置家庭作业；⑤每周、每月都进行回顾。

4.反思教学经验

教学反思被认为是教师专业发展和自我成长的核心因素，是教师自我主动成长的基础。

美国教育心理学家波斯纳提出了教师成长公式：经验＋反思＝成长。

教师反思具有自省性、主动性、自我调控性、自我批判性的特征。

布鲁巴奇等人提出四种教学反思的方法：①反思日记。在一天的教学工作结束后，教师写下自己的经验，并与指导教师共同分析。②详细描述。教师相互观摩彼此的教学，详细描述看到的情景，并对此进行讨论分析。③交流讨论。来自不同学校的教师聚集在一起，首先提出课堂上出现的问题，然后共同讨论解决办法，最后所有教师共享得到的方案。④行动研究。为弄清楚课堂上遇到的问题的实质，探索用以改进教学的行动方案，教师以及研究者进行调查和实验研究。

知识拓展

教育行动研究

教育行动研究是教育工作者或学校的一线教师针对自己在教育领域、学科教学和班级管理的过程中遇到的种种问题，在专业教育研究者的指导下，对问题进行科学的定位、诊断、制订解决的计划及具体的实施步骤，来解决实际问题，从而提高研究者自身的教育水平，改善教学质量的研究方法。

教师教育行动研究的过程包括确定问题、分析问题、拟订方案、实践尝试、反馈评价、归纳总结等环节。

教师教育研究的意义：①教师的教育研究有利于解决教育教学实际问题；②教师的教育研究可以使课程、教学与教师真正融为一体；③教师的教育研究是教育科学发展的需要；④教师的教育研究可以促进教师持续的专业成长与发展。

典型例题（2020上·单选）以下关于中小学教师做研究的说法，错误的是（　　）。

A. 可以促进教师的专业化发展　　　　B. 有利于解决教育教学的实际问题

C. 宜走科学化、规范化、程序化之路　　D. 可以使课程、教学与教师融为一体

【答案】C。

小 结

1.【常考题型】单选、多选

2.【命题角度】

（1）结合例子或关键词考查教师个体专业发展的途径及教师专业发展的方法。

（2）结合例子或直接考查波斯纳、布鲁巴奇关于教学反思的观点。

四、教师评价策略

考点1　奖惩性教师评价

奖惩性教师评价，也称规范性教师评价或终结性教师评价，是依据一个评价标准对教师当前或前一段时期的教学工作做出的评判。这种评价以奖励和惩处为最终目的，即根据对教师工作的评价结果，做出解聘、晋级、增加奖金等决定。它着眼于教师个人的工作表现，特别是教师被评价之前的工作表现，注重评价的筛选功能。

奖惩性教师评价具有调动教师工作积极性的属性。只要奖惩运用得当，就可以发挥很大的激励效应。然而，一旦应用失当，就可能引发人们心理上的不满和怨恨，以及行为上的消极对抗，从而丧失奖惩的激励功能。因此，学校领导者要慎用奖惩性评价，注意奖惩的时效性，注意把握奖惩的度。

考点2　发展性教师评价

发展性教师评价是一种形成性教师评价，以促进教师专业发展为目的，着眼于教师未来发展和内在潜力的挖掘，注重评价的激励功能。这种评价不是面向教师的过去，而是着眼于教师未来的发展，它不以奖惩为目的，而以发展为目的，其最终目标是充分调动教师的积极性，为教师日后的工作提供规范，指明努力的方向，从而提高教师的教学水平和满足教师的发展需求。

发展性教师评价非常重视领导与教师、教师与教师、教师与学生、校内与校外间的沟通，鼓励全体师生、学生家长及校外有关人员积极参与教师评价工作，要求评价过程务必是一个双向过程。另外，发展性教师评价最终要达到教师个体与学校整体、少数教师与全体教师、现实状况与未来发展的双向发展目标。

五、教师的职业心理特征 ★★

考点1　教师的认知特征

教师的认知特征包括其知识结构和教学能力。（教师的知识结构在本章第二节教师中已详细讲述，这里主要阐述教师的教学能力）

教师的教学能力主要分为教学认知能力、教学操作能力和教学监控能力。

1. 教学认知能力（基础）

教学认知能力是指教师对所教学科的定理、法则、概念等的概括化程度，以及对所教学生的心理特点和自己所使用的教学策略的理解程度。分析掌握课程标准的能力、分析处理教材的能力、教学设计能力和

对学生的学习准备性与人格特点的判断能力都属于教学认知能力。

2. 教学操作能力（教学能力的集中体现）

教学操作能力是指教师在教学中使用策略的水平，其水平高低主要取决于他们是如何引导学生掌握知识、积极思考、运用多种策略解决问题的。

3. 教学监控能力（关键）

教学监控能力是指教师在教学的过程中为了保证教学达到预期目的，将教学活动本身作为意识对象，不断对其进行积极主动的计划、检查、评价、反馈、控制和调节的能力。这种能力主要分为三个方面：一是教师对自己的教学活动的事先计划和安排；二是教师对自己实际教学活动进行有意识的监督、评价和反馈；三是教师对自己的教学活动进行调节、校正和有意识的自我控制。

考点 2　教师的人格特征

教师的人格特征是指教师的个性、情绪、健康以及处理人际关系的品质等。它是影响教学的重要因素，包含教师的职业信念、教师的职业性格等多方面内容。

1. 教师的职业信念

教师的职业信念是指教师对成为一个成熟的教育教学专业工作者的向往和追求。有关教师职业信念的心理研究主要集中在以下两个方面。

（1）教学效能感

教学效能感一般指教师对自己影响学生行为和学习结果的能力的一种主观判断。这种判断会影响教师对学生的期待和指导，从而影响教师的工作效率。

教师的教学效能感包括个人教学效能感和一般教学效能感两方面。前者指教师认为自己能够有效地影响学生，相信自己具有教好学生的能力。后者指教师对教与学的关系，教育在学生身心发展中的作用等问题的一般看法和判断。

（2）教学归因

教学归因是指教师对学生学习结果的原因的解释和推测，这种解释和推测获得的观念必然影响其自身的教学行为。例如，倾向于将原因归于外部因素的教师，更多地将学生的学习结果归结于学生的能力、教学条件等因素，因而在面对挫折时倾向于采取职业逃避策略，做出听之任之或者怨天尤人的消极反应；倾向于将原因归于自身因素的教师更愿意对学生的学业成败承担责任，因而能比较主动地调节自己的教学行为，积极地影响学生的学习活动。

`典型例题`（2024上·判断）年轻教师从教一段时间后，逐渐产生了"教育也并非万能""单凭学校教育未必能改善学生的不良行为"等想法。这说明教师的个人教育效能感下降了。　　　（　　）

【答案】×。

2. 教师的职业性格

研究认为，优秀教师性格品质的基本内核是"促进"，即对别人的行为有所帮助。优秀教师应该提高学生的学习能力，增强他们的自尊心和自信心，缓和他们的焦虑感，提高他们的果断性，以及形成并巩固他们待人处世的积极态度等。

考点 3　教师的行为特征

1. 教师的教学行为

教师的教学行为可以从以下六个方面来衡量：教师行为的明确性、教学方法的多样性、任务取向、学生参与性、启发性和及时评估教学效果的能力。教师在教学中做到这六点，必然会收到良好的教学效果。

2.教师的期望行为

（1）教师期望效应的内涵

教师期望效应又称皮格马利翁效应、罗森塔尔效应，是指教师的期望或明或暗地被传送给学生，学生会按照教师期望的方向塑造自己的行为。

教师期望效应表明，教师的期望对学生的行为有预言效应，教师对学生思想的认可与学生学业成绩具有正相关趋势，教师的批评与不赞成与学生的学业成绩具有负相关趋势。

（2）教师期望效应的分类

自我应验效应：即原先错误的期望引起把这个错误的期望变成现实的行为。例如，某学生的父亲是文学家，教师便认为他也具有文学潜力，即便他天赋平平，教师的信心和鼓励也会促使他成为优秀的作家。

维持性期望效应：即教师认为学生将维持以前的发展模式，如果教师认可这种模式，则很难注意和发展学生的潜力。例如，教师对差生和优等生的不同期望使他很难关注差生的进步，甚至对其进步持怀疑态度。

小 结

1.【常考题型】单选、判断、案例分析

2.【命题角度】

（1）直接考查教师的教学能力包括哪些方面，或要求判断题干中的例子体现了教师的哪种教学能力。

（2）结合例子或关键词考查教学效能感的含义和类型。

（3）结合例子、关键词、教育情境等考查教师期望效应的别称、内涵及其分类。

六、教师的职业心理健康

考点1　教师心理健康

1.教师心理健康的含义和标准

教师心理健康是指教师在教育教学过程中有意识地完善人格，发挥心理潜能，维护和增强心理各方面的技能和社会适应能力，预防各种心理疾病，从而使个人的心理机能发挥到最佳状态。

教师心理健康的标准：①能积极地悦纳自我；②有良好的教育认知水平；③热爱教师职业，积极地爱学生；④具有稳定而积极的教育心境；⑤能控制各种情绪与情感；⑥和谐的教育人际关系；⑦能适应和改造教育环境。

2.影响教师心理健康的主要因素

（1）主观因素

教师的心理健康受其自我期望、感受力、人格特征、心理素质、能力素质等自身因素制约。其中，自我期望值高是教师职业压力最主要的来源之一。

（2）客观因素

①社会因素。例如，社会对教师的要求和期望不断提高，社会文化及传统观念的不良影响，社会提供给教师的资源有限，教育改革力度不断加大的压力等。

②学校因素。学校的环境条件、气氛及管理等对教师的心理健康都有重要的影响。例如，学校组织中人际关系复杂，教学工作量繁重，教学节奏紧张等。

③家庭因素。例如，家庭牵累较多，缺少闲暇消遣时间；教师子女的升学与就业压力大，为子女的前途操心较多等。

考点 2　教师职业压力

1.教师职业压力的含义

教师的职业压力主要是由工作引起的压力，是教师对来自教学情境的刺激产生的消极情绪反应。

2.教师职业压力的分类

按照性质的不同，教师职业压力可以分为以下五种：①中心压力，指较小的压力及日常的麻烦；②外围的压力，指教师经历的重大生活事件或压力情节；③预期性压力，指教师预先考虑到的令人不愉快的事件；④情境压力，指教师现在的心境；⑤回顾压力，指教师对自己过去的压力事件及相关经历进行的评价。

3.教师职业压力的应对策略

（1）直接行动法

直接行动法包括积极地处理压力源的所有策略，具体包括以下四种：①找出并监视职业压力的来源，减少过多、过重的职业压力；②调整个人的期望水平，制定合适的工作目标；③改变易增加压力的行为方式，处理好工作与休闲的关系；④扩展应对资源，善于寻求和利用社会支持。

（2）缓解方法

缓解方法即努力减轻由职业压力引起的消极情绪体验，包括以下三种：①积极认知，理智、客观、积极地看待压力对自身的影响，形成面对压力的良好心态；②主动应对，提高抗压能力；③掌握调控方法，学会心理放松，缓解不良情绪。

考点 3　教师的职业倦怠 ★★

1.职业倦怠的含义

职业倦怠是指个体在长期的职业压力下，缺乏应对资源和应对能力而产生的身心耗竭状态。

2.职业倦怠的表现

玛勒斯等人认为职业倦怠主要表现在情绪耗竭、去个性化、个人成就感低三个方面。

①情绪耗竭，主要表现在生理耗竭和心理耗竭两个方面。前者具体表现有极度的慢性疲劳、力不从心、疲乏虚弱、睡眠障碍等；后者具体表现为丧失工作热情、情绪波动大、容易迁怒他人等。

②去个性化（人格解体、去人格化），即刻意在自身和工作对象间保持距离，对工作对象和环境采取冷漠和忽视的态度，教师以一种消极的、否定的态度和情感对待学生。例如，某教师对班级中学生的求助变得冷漠、麻木，不能热情回应学生的情感需求。

③个人成就感低，表现为消极地评价自己，贬低自己工作的意义和价值。

3.教师职业倦怠产生的原因

（1）社会因素

如教师的职业声望、社会变化和教育改革对教师职业的要求和期望过高，社会支持不足，社会地位与待遇不高，付出与回报不平衡等因素。

（2）职业因素

如职业自豪感的缺失、工作负荷过重、角色冲突以及工作对象的特殊性等因素。

（3）组织环境

如学校不良的人际氛围和人际关系、相对刻板的组织结构、不合理的管理和考评制度、不完善的评价体系等因素。

（4）个人因素

①人格特质。A型人格者总是试图掌握对周围环境的支配权，当觉得自己的努力没有获得成功或由于

外界干扰而不得不作出妥协让步时，会很生气并感受到压力而出现倦怠。

②控制点。外控型教师认为命运由外在事件控制，由于将事件和成就归因于强有力的他人或机遇，因而比内控型的人更多地体验到倦怠。

③归因方式。习惯把教育中的困难归因为自身原因的教师，容易产生职业倦怠。

④自尊。低自尊者更易感受到压力并产生职业倦怠。

此外，角色模糊、集体自尊、应付方式、自我效能感、社会比较方式、创造性等都属于影响教师职业倦怠的个人因素。

4. 教师职业倦怠的应对策略

（1）强化社会支持系统

①政府应该适当调控、引导舆论，给予教师更多人文关怀，提高教师的职业声望，形成良好的社会支持系统和公众信任氛围。

②学校领导应该协调好教师与学生之间、教师与教师之间的关系；关注教师的工作量问题，避免教师超负荷工作；创设良好的人文环境，增强教师队伍的团体精神。

③教师家人应与教师进行良好的沟通，营造美满幸福的家庭氛围。

（2）调整优化心理状态

①教师要有积极的态度。

②教师要有辩证的思维方式。在生活和教学中，教师要运用辩证的思维方法，多角度、多方面地看待问题。

③教师要控制并调整个体情绪和情感。

小　结

1.【常考题型】单选、判断、案例分析

2.【命题角度】

（1）结合例子或关键词考查教师职业倦怠的表现。

（2）要求结合材料分析教师职业倦怠的应对策略。

第四节　师生关系

一、师生关系的含义和关系体系

师生关系是指教师和学生为完成一定的教育教学任务，在教育教学活动中结成的相互关系，包括彼此所处的地位、作用和相互对待的态度等。师生关系是教育活动过程中最基本、最重要的人际关系。

二、师生关系的表现形式

考点 1　从对师生关系的意义及稳定性的角度分析

1. 以年轻一代成长为目标的社会关系

社会关系是教师作为成人社会的代表与学生作为未成年的社会成员在教育教学中结成的代际关系、政治关系、文化关系、道德关系和法律关系等，具有规范性、稳定性的特点。

2. 以直接促进学生发展为目标的教育关系

教育关系也称工作关系，是指教师和学生在教育教学活动中为促进学生的整体发展和自主发展而结成的教育与被教育、组织与被组织、引导与被引导等主体间关系。教育关系是学校师生关系中最基本的关系。

3. 以维持和发展教育关系为目标的心理关系

心理关系是指教师和学生为了维持和发展教育关系而构成的内在联系，具有情境性、弥散性等特点。

考点2 从系统管理学的角度分析

从系统管理学的角度看，师生关系体系包含师生之间的伦理关系、管理关系、心理关系、法律关系、人际关系等。其中，伦理关系居于最高层次，对其他关系形式具有指导、约束和规范的作用；人际关系是其他关系的基础。

──── 小 结 ────

> 1.【常考题型】单选、多选
> 2.【命题角度】
> （1）直接考查师生关系的主要表现形式有哪些。
> （2）考查师生教育关系、伦理关系、人际关系的地位。

三、师生关系的内容 ★★

1. 师生在教育内容的教学上是授受关系

（1）从教师与学生的社会角色规定的意义上看，教师是传授者，学生是接受者。

（2）学生在教学中主体性的实现，既是教育目的的实现，又是教育成功的条件。

（3）对学生的指导、引导的目的是促进学生的自主发展。

2. 师生在人格上是平等关系

（1）学生作为独立的社会个体，在人格上与教师是平等的。

（2）教师和学生是一种朋友式的友好帮助关系。

3. 师生在社会道德上是相互促进关系

（1）师生关系在本质上是一种人与人的关系。

（2）教学永远具有教育性。教师对学生不仅仅是知识和智力上的影响，更是思想和人格上的影响。

──── 小 结 ────

> 1.【常考题型】单选、判断
> 2.【命题角度】考查师生在教学内容、人格、社会道德方面分别是什么关系。

四、师生关系在教育中的作用（建立良好师生关系的意义）

1. 良好的师生关系是教育教学活动顺利进行的重要条件

良好的师生关系使学生产生安全感，并乐于接受教师的教育和影响，激发了学生学习的兴趣，使他们集中注意力，启发了他们的积极思维，同时也唤醒了教师的教学热情与责任感，激励教师专心致志地从事教育工作。

2. 师生关系是衡量教师与学生学校生活质量的重要指标

教师和学生在持续的交往中，体验着人生的价值和幸福，感受着人格的尊严，以及人与人之间的亲密关系，这影响着学生和教师的人生态度和行为选择，进而影响他们在学校的生活质量。

3. 师生关系是一种重要的课程资源和校园文化

师生关系是教育教学实践中形成的一种课程资源，具有重要的德育功能、心理功能和认知价值。良好的师生关系也是提高教学质量的宝贵的人文资源。师生关系是学校中最基本、最重要的人际关系，是一所学校的精神风貌、校风、学风的整体反映和最直观反映。

`典型例题` （2024上·多选）作为一种课程资源，师生关系具有（　　　）。

A. 德育功能　　　　　B. 体育功能　　　　　C. 劳育功能　　　　　D. 心理功能

E. 认知价值

【答案】ADE。

五、师生关系的类型（模式）　★★

教师的领导方式对师生关系有直接影响。心理学家勒温曾将教师的领导方式分为专断型（权威型、专制型、集权型）、放任型和民主型三种，后来李皮特和怀特在勒温的基础上，将专断型分为强硬专断型、仁慈专断型，即教师的领导方式可分为强硬专断型、仁慈专断型、放任型和民主型四种。这四种领导方式的具体内容见表1-5-2。

表1-5-2　不同类型的教师领导方式的特征及学生的典型反应

类型	特征（教师的心理特征及行为表现）	学生的典型反应
强硬专断型	①对学生时时严加监视 ②要求学生即刻无条件地接受一切命令——严厉的纪律 ③认为表扬可能宠坏学生，所以很少表扬 ④认为没有教师监督，学生就不可能自觉学习	①屈服，但一开始就不喜欢甚至厌恶这种教师 ②推卸责任是常见的事 ③学生易被激怒，不愿合作，而且可能会在背后伤人 ④教师一离开课堂，学生就明显松垮
仁慈专断型	①不认为自己是一个专断横行的人 ②表扬学生，关心学生 ③专断的症结在于自信 ④以"我"为班级一切工作的标准	①大部分学生喜欢他，但看穿他这套方法的学生可能会恨他 ②在各方面都依赖教师，缺乏创造性 ③屈从并缺乏个性 ④班级工作的量可能是多的，而且质也可能是好的
放任型 （放任自流型）	①在和学生打交道中几乎没有什么信心，或认为学生爱怎样就怎样 ②很难做出决定 ③没有明确的目标 ④既不鼓励学生，也不反对学生；既不参加学生的活动，也不提供帮助或方法	①不仅道德差，而且学习差 ②学生中有许多"推卸责任""寻找替罪羊""容易被激怒"的行为 ③没有合作 ④谁也不知道该做什么
民主型	①和集体共同制订计划和做出决定 ②在不损害集体利益的情况下，很乐意给个别学生以帮助、指导 ③尽可能鼓励集体的活动 ④给予客观的表扬与批评	①学生喜欢学习，喜欢同别人尤其是教师一起工作 ②学生工作的质和量都很高 ③学生相互鼓励，而且独自承担某些责任 ④无论教师在不在课堂，学生都有学习动机

民主型师生关系是理想的师生关系类型，有利于师生情感的交流和沟通，促进学生的全面发展，促进

学生良好个性的发展和创造性的培养。

[典型例题]（2024上·单选）教师的管理类型对学生的学习态度、个性发展等都有重要影响。下列说法错误的是（　　）。

A.放任型教师既不鼓励学生也不反对学生，学生缺乏行为目标

B.权威型教师充分信任学生，教师不在时，学生也能自觉学习

C.专断型教师对学生严加管理，学生心中有怨气但不敢不服从

D.民主型教师与班集体共同制订计划并做出决定，学生能够自觉遵守规定

【答案】B。

小 结

1.【常考题型】单选、多选

2.【命题角度】

（1）给出例子或关键词，要求判断其属于哪种教师领导方式。例如，忽视班级生活的种种冲突，无意组织班级工作的班主任属于什么类型？答案：放任型。

（2）考查教师领导方式的类型有哪些或不同的教师领导方式下学生的表现。

六、我国新型师生关系（良好师生关系）的特点

1.尊师爱生

学生应尊敬教师，教师应当热爱学生，这是建立良好师生关系的感情基础。

2.民主平等

教师要调动学生的积极性，把学生当作学习的主人，平等对待学生，尊重学生的人格。民主平等是现代师生关系的核心要求。

3.教学相长

"学然后知不足，教然后知困"，教与学、教师与学生是相互促进的。教学相长包括三层含义：①教师的教可以促进学生的学；②教师可以向学生学习；③学生可以超越教师。

4.心理相容

心理相容是群体成员在心理和行为上的彼此协调一致和相互理解。它在教学实施过程中表现为师生之间关系密切、感情融洽、平等合作的和谐人际关系。

也有学者提出，良好师生关系的标准有以下三点：①尊师爱生，相互配合；②民主平等，和谐融洽；③合作共享，共同成长。

小 结

1.【常考题型】单选、多选

2.【命题角度】直接考查我国新型师生关系（良好师生关系）的特点包括哪些内容。

七、良好师生关系的建立 ★★

考点1　影响师生关系的因素

（1）教师方面。教师方面的因素主要有以下几个：①教师对学生的态度；②教师的领导方式；③教师

的智慧；④教师的人格因素。教师的人格对建立新型的师生关系起着关键作用。

（2）学生方面。学生对教师的认识是影响师生关系的主要因素。许多调查表明：学生认为教师喜欢自己，就会主动亲近这位教师；学生认为教师瞧不起自己，就会主动疏远教师。

（3）环境方面。影响师生关系的环境因素主要是学校的人际关系环境和课堂的组织环境等。

人际关系环境包括学校领导与教师的关系、教师与教师的关系、教师与家长的关系等。

课堂的组织环境主要包括教室的布置、座位的排列、学生的人数等。例如，我国中小学课桌的排放多呈"秧田式"，教师讲台置于块状空间的正前方，这种格局阻隔了师生之间的交往及学生之间的交往，体现了以教师为中心，最能体现教师权威意识。有的地方尝试取消讲台，以拉近师生关系。目前许多国家都在探讨圆桌式、马蹄式、半圆式、蜂巢式等便于交往和交流的座位排列方式。

考点2　良好师生关系建立的基本策略

良好师生关系建立的基本策略如下：①了解和研究学生；②树立正确的学生观；③热爱、尊重学生，公平公正对待学生；④主动与学生沟通，善于与学生交往；⑤努力提高自我修养，健全自身人格。

___ 小 结 ___

1.【常考题型】单选、多选

2.【命题角度】结合教育情境考查或直接考查影响师生关系的因素、良好师生关系建立的基本策略。

第六章 课 程

| 知识结构 |

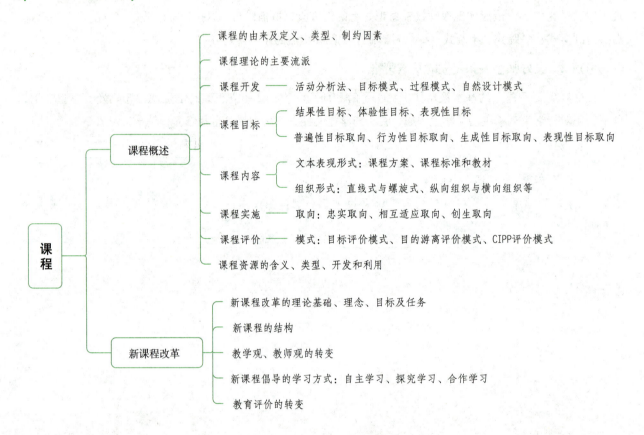

第一节 课程概述

一、课程的由来及定义

考点1 "课程"一词的由来

在我国，"课程"一词最早见于唐代孔颖达为《诗经·小雅》的注疏中："以教护课程（或维护课程），必君子监之，乃得依法制也。"这里的"课程"指礼仪活动的程式，与如今课程的含义相差较大。

南宋朱熹在《朱子全书·论学》中曾多次用到"课程"一词，如"宽着期限，紧着课程""小立课程，大作工夫"。这里的"课程"指功课及其进程，与现今"课程"的含义比较相近。

在西方，英国教育家斯宾塞在其著作《什么知识最有价值》中提出了"课程"（curriculum）一词，意思是"组织起来的教育内容"。该词源于拉丁语，原意为"跑道"。据此，西方常见的课程定义是"学习的进程"。

美国学者博比特于1918年出版的《课程》是教育史上第一本课程理论专著，标志着课程作为专门研究领域的诞生。

典型例题（2018下·判断）宋朝的朱熹在《朱子全书》中提及"宽着期限，紧着课程"，这里的"课程"是指功课及其进程。　　　　　　　　　　　　　　　　　　　　　（　　）

【答案】√。

考点2　课程的几种定义

（1）课程即教学科目。把课程等同于教学科目，是使用最普遍也是最常识化的课程定义，如我国古代的"六艺"——礼、乐、射、御、书、数就是六门课程。

（2）课程即预期的学习结果或目标。课程应该直接关注预期的学习结果或目标，要求课程应有一套有结构、有序列的学习目标，所有教学活动都是为达到这些目标而服务的。

（3）课程即学习经验（经验获得）。课程应当是学生在校通过各种活动获得的学习经验。这一定义由杜威提出。

（4）课程即文化再生产。这种观点认为课程是从某种社会文化里选择出来的材料。持此观点的为鲍尔斯和金蒂斯。

（5）课程即社会改造的过程。课程的重点应放在当代社会的主要问题、主要弊端、学生关心的社会现象，以及改造社会和规划社会活动等方面。

一般认为，广义的课程是指各级各类学校为实现培养目标而规定的学习科目及其进程的总和，包括学校教师所教授的各门学科和有目的、有计划的各种教育活动。狭义的课程特指某一门学科。

典型例题（2016下·单选）杜威认为教育的手段与目的是同一过程不可分割的部分。他把课程看作（　　　）。

A.知识的传授　　　　　B.经验的获得　　　　　C.文化再生产　　　　　D.社会改造

【答案】B。

小　结

1.【常考题型】单选、判断

2.【命题角度】

（1）直接考查我国和西方"课程"来源涉及的相关人物及其观点、著作等。

（2）直接考查课程的定义或典型课程定义的观点、代表人物。

二、课程的类型 ★★★

考点1　学科课程和活动课程（根据学科固有的属性划分）

1.学科课程

学科课程是以文化知识为基础，从不同的知识领域或学术领域选择一定的内容，根据知识的逻辑体系，将所选出的知识组织为学科的课程。学科课程是最古老、使用范围最广的课程类型。其主导价值在于传承人类文明，使学生掌握、传递和发展千百年来人类积累起来的知识文化遗产。例如，我国中小学开设的语文、数学、历史等课程都属于学科课程。

特点：①重视成人生活的分析及其对儿童为适应未来社会生活需要所准备的要求，有明确的目的和目标；②能够按照人类整理的科学文化知识的逻辑系统，结合学生身心发展的特点，预先选定课程及内容、编制好教材，便于师生分科而循序渐进地进行教学；③强调课程与教材的内在的伦理精神价值和智能训练价值，对学生发展有潜在的定向的质量要求。

优点：符合学生认知特点，便于他们在较短时间内掌握人类长期积累起来的科学文化基础知识和基本技能。

缺点：预先计划和确定好了的课程与教材，完全依据成人生活的需要，为遥远未来做准备，往往忽视儿童现实的兴趣与欲求，极易与学生的生活和经验脱节，导致强迫命令，使学生处于被动、消极的状态，造成死记硬背。

2.活动课程（经验课程）

活动课程也称经验课程，是从学生的兴趣和需要出发，以学生的主体性活动或经验为中心组织的课程。其主导价值在于使学生获得关于现实世界的直接经验和真切体验。

特点：①重视儿童的兴趣、需要、能力和阅历，以及儿童在学习中的自我指导作用与内在动力；②注重引导儿童从做中学，通过探究、交往、合作等活动使学生的经验得到改组与改造，智能与品德得到养成与提高；③强调解决问题的动态活动的过程，注重教学活动过程的灵活性、综合性、形成性，因人而异的弹性，以及把课程资源作为解决问题的工具，反对预先确定目标的观念。

优点：能够调动学生的积极性和自主性，发挥他们个人的潜力、个性和创造性，提高学生处理各种实际问题和适应社会生活的能力与品德修养，尤其是有利于低年级儿童的个性生动活泼主动地得到发展。

缺点：①不重视系统的科学文化知识的教学和严格而确定的目的与任务的达成；②过于重视灵活性，缺乏规范性，其教学过程不易理性地引导，存在较大难度；③对教师的要求过高，不易实施与落实，极易产生偏差，学生也往往学不到预期的系统的科学基础知识。

典型例题（2022上·多选）相对于学科课程，活动课程的特点有（　　　）。

A. 强调解决问题的动态活动过程　　　　B. 在价值取向上偏向于社会本位

C. 备课难度小，容易实施与落实　　　　D. 注重通过经验的获得与重构来学习

E. 尊重学生的主体性并以此作为教学的出发点与目标

【答案】ADE。解析：活动课程在价值取向上偏向于个人本位，对教师要求过高，不易实施与落实。

考点2　分科课程和综合课程（根据课程内容的组织形式划分）

1.分科课程

分科课程是一种单学科的课程组织模式，它强调不同课程之间的相对独立性和一门学科的逻辑体系完整性。其主导价值在于使学生获得逻辑严密和条理清晰的文化知识。

2.综合课程

综合课程（见图1-6-1）是指打破传统的学科课程的知识领域，组合两门或两门以上学科领域而构成的课程。

根据综合程度及其不同的发展轨迹，综合课程可分为以下四种。

（1）相关课程是把两门或两门以上学科知识综合在一门课程中，但不打破原来的学科界限。例如，把语文与历史，数学与物理、化学关联起来。

（2）融合课程是把相关学科内容融为一门学科，融合之后原来学科之间的界限不复存在。例如，动物学、植物学、微生物学、遗传学融合为生物学。

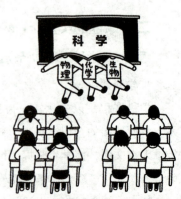

图1-6-1　综合课程

（3）广域课程是合并数门相邻学科内容而形成的综合性课程，其综合范围和综合程度高于融合课程，不仅横跨一个知识门类中的学科，而且横跨不同知识门类中的学科。例如，把地理、历史综合形成社会研究课程；把物理、化学、生物、生态、生理、实用技术综合成自然课程。

（4）核心课程是以某一社会或自然问题为核心，将几门学科综合起来的课程。例如，以冲突、暴力、民主、平等、公正等社会问题为核心，从心理学、社会学、政治学等角度进行分析的课程。

典型例题（2022下·单选）2022年版《义务教育课程方案》指出，三至七年级的艺术课程以音乐、美术为主，融入舞蹈、戏剧、影视相关内容。这表明艺术课程是一门（　　）。

A. 综合课程　　　　B. 分科课程　　　　C. 核心课程　　　　D. 经验课程

【答案】A。

考点3　必修课程和选修课程（根据对学生学习的要求划分）

1. 必修课程

必修课程是指国家、地方或学校规定，学生必须学习的公共课程，是为了保证所有学生的基础学力而开发的课程。必修课程的根本特性是强制性，其主导价值在于培养和发展学生的共性。

2. 选修课程

选修课程是为了适应学生的兴趣、爱好和人生发展规划而开设，允许学生在一定条件下自由选择的课程。

3. 必修课程与选修课程的关系

（1）从课程价值观上看，二者的关系是"公平发展"与"个性发展"之间的关系。

（2）从实现学校培养目标来看，二者具有等价性，不存在主次关系，选修课程不是必修课程的附庸和陪衬，它是具有相对独立性的一个课程领域。

（3）二者相互渗透、相互作用，既相对独立，又有内在统一性。

考点4　国家课程、地方课程和校本课程（根据课程设计、开发和管理主体划分）

1. 国家课程

国家课程是由中央教育行政机构自上而下负责编制、实施及评价的课程，其管理权属于中央级教育机关。国家课程是一级课程，其主导价值在于通过课程体现国家的教育意志，确保所有国民的共同基本素质。

2. 地方课程

地方课程是地方各级教育行政主管部门以国家课程标准为基础，在一定的教育思想和课程观念的指导下，根据地方经济特点和文化发展等实际情况而设计的课程。地方课程属于二级课程，其主导价值在于通过课程满足地方社会发展的现实需要。例如，某沿海城市在义务教育阶段的学校全面开设的海洋教育课程。

地方课程具有地域性、针对性、社会性、探究性等特征。

3. 校本课程

校本课程是以学校为课程编制主体，学校自主开发与实施的课程。校本课程属于三级课程，其主导价值在于通过课程展示学校的办学宗旨和特色。例如，某学校开发的介绍当地民俗、物产与人物的课程。

校本课程是对国家课程、地方课程的丰富和补充，其开发的目的是满足学生和社区的发展需要。校本课程可以是选修课程、活动课程或非正式课程，也可以是必修课程、正式课程。

典型例题（2019上·单选）某小学借助该地特有的醒狮、龙形拳等非遗项目，由该校体育教师集体开发了"醒狮表演"和"龙形拳"的课程，并定期在学校开展"我是小小传承人"的系列活动。该课程属于（　　）。

A. 校本课程　　　　B. 隐性课程　　　　C. 显性课程　　　　D. 地方课程

【答案】A。

考点 5 基础型课程、拓展型课程和研究型课程（根据课程任务划分）

1. 基础型课程

基础型课程注重培养学生的基础学力，即培养学生作为一个公民必需的以"三基"（读、写、算）为中心的基础教养，是中小学课程的主要组成部分。基础型课程是必修的、共同的课程。

2. 拓展型课程

拓展型课程注重拓展学生的知识与能力，开阔学生的知识视野，发展学生不同的特殊能力，并迁移到其他方面的学习。拓展型课程常常以选修课的形式出现。

3. 研究型课程

研究型课程注重培养学生的探究态度与能力。

考点 6 显性课程和隐性课程（根据课程的呈现方式或对学生的影响方式划分）

1. 显性课程

显性课程也称公开课程，是指学校情境中以直接的、明显的方式呈现的课程。其特征是计划性，这是区分显性课程与隐性课程的主要标志。

2. 隐性课程

（1）内涵

隐性课程也称潜在课程、自发课程等，是指学校情境中以间接的、内隐的方式呈现的课程。

（2）主要表现形式

观念性隐性课程，包括隐藏于显性课程之中的意识形态，学校的校风、学风，有关领导与教师的教育理念、价值观、知识观、教学风格、教学指导思想等。

物质性隐性课程，包括学校建筑、教室的布置、校园环境等。

制度性隐性课程，包括学校管理体制、学校组织机构、班级管理方式、班级运行方式等。

心理性隐性课程，主要包括学校人际关系状况，师生特有的心态、行为方式等。

3. 显性课程与隐性课程的关系

（1）显性课程是以直接的、明显的方式呈现的课程，它对课程的实施者和学习者来说都是有意识的；隐性课程对于某一个或某几个课程主体来说是内隐的、无意识的。

（2）显性课程的实施总是伴随着隐性课程，隐性课程总是蕴藏在显性课程的实施和评价过程之中。

（3）显性课程与隐性课程在一定条件下可以相互转化。这使得某些课程由显性不断向隐性深层发展。从对受教育者的影响程度来讲，隐性课程对学生身心发展的影响可能意义更加重大。隐性课程是学生思想意识形成的重要诱因，是进行道德教育的重要手段，是学生主体成长发展的重要精神食粮。

> **典型例题** 1.（2024 上·判断）隐性课程是学生思想意识形成的重要诱因，是进行道德教育的重要手段。
> （　　）
> 【答案】√。
>
> 2.（2023 上·判断）教师的管理方式和管理风格属于隐性课程。　　（　　）
> 【答案】√。

考点 7 古德莱德归纳的五种课程

（1）理想的课程，是指由研究机构、学术团体和课程专家提出的应该开设的课程。

（2）正式的课程，是指由教育行政部门规定的课程计划、课程标准和教材。例如，课程表中的课程。

（3）领悟的课程，是指任课教师领悟的课程。这种课程与正式课程之间可能会产生一定的距离，从而减弱正式课程的某些预期的影响。

（4）运作的课程，是指在课堂上实际实施的课程。在实施中，教师常常会根据学生的反应随时进行调整。

（5）经验的课程，是指学生在课堂学习中实实在在体验到的东西，即课程经验。

典型例题（2017下·单选）根据古德莱德的课程分类理论，"有关课程应该如何设计，应该达到什么样的水平和标准的想法"属于（　　）。

A. 经验课程　　　　B. 理想课程　　　　C. 理解课程　　　　D. 文件课程

【答案】B。

小　结

> 1.【常考题型】单选、多选、判断
>
> 2.【命题角度】
>
> （1）呈现分类标准、关键词、例子，要求选出对应的课程类型（包括综合课程的四种类型）。例如，目前我国小学开设的"语文""数学""英语"课程属于什么课程？答案：学科课程。
>
> （2）考查各类课程之间的关系。如必修课程与选修课程的关系。
>
> （3）考查学科课程、活动课程的优缺点。

三、制约课程的主要因素

课程反映一定社会的政治、经济的要求，受一定社会生产力和科学文化发展水平以及学生身心发展规律的制约。社会、知识、学生（儿童）是制约学校课程的三大因素。

（1）一定历史时期社会发展的要求及提供的可能（社会要求）。

（2）一定时代人类文化及科学技术发展水平（学科知识水平）。

（3）学生的年龄特征、知识、能力基础及其可接受性（学习者身心发展的需求）。

此外，建立在不同的教育哲学理论基础上的课程论及课程的历史传统，对课程产生重要的结构性影响。

注意：正因为这三大因素制约学校课程，所以它们也是影响课程开发的主要因素，是确立课程目标的主要依据，是制约课程内容选择的主要因素。

典型例题（2016下·单选）上海市教育局先将2004年在雅典奥运会上获得110米跨栏金牌的运动员刘翔的事迹收入教科书，又把台湾歌手周杰伦的歌曲《蜗牛》作为百首"爱国主义歌曲"之一推荐给上海的中小学生。这里体现了影响课程内容选择的因素是（　　）。

A. 社会、儿童　　　　B. 儿童、知识　　　　C. 知识、兴趣　　　　D. 兴趣、社会

【答案】A。

四、课程理论的主要流派　★★

考点1　学科（知识）中心课程论

1. 代表人物及基本主张

学科中心课程论又称知识中心课程论，以斯宾塞、赫尔巴特和布鲁纳为代表，主张学校教育应以学科分类为基础，以学科知识为中心，以掌握学科的基本知识、基本规律和相应的技能为目标，教师的任务是

把各门学科的知识教给学生，学生的任务是掌握各门学科知识。

2. 代表理论

（1）结构主义课程论，主要代表人物是布鲁纳。该理论强调以学科结构为课程中心，学科基本结构的学习应与儿童的认识发展水平一致。

（2）要素主义课程论，主要代表人物是巴格莱。该理论强调课程的内容应该是人类文化的共同要素；重视系统知识的传授，即给学生提供分化的、有组织的经验；以学科课程为中心。

（3）永恒主义课程论，主要代表人物是赫钦斯。该理论强调具有理智训练价值的传统的"永恒学科"的价值高于实用学科的价值，永恒的古典学科应该在学校课程中占中心地位，名著是实现教育目的的最好途径。

典型例题（2019上·判断）要素主义主张学校应该设置名著课程，因为名著是实现教育目的的重要途径。　　　　　　　　　　　　　　　　　　　　　　　　　　　　　（　　）

【答案】×。

考点2　社会中心课程论

社会中心课程论又称社会改造主义课程，主要代表人物为布拉梅尔德、金蒂斯、布尔迪厄。

该理论认为应该把课程的重点放在当代社会的问题、社会的主要功能、学生关心的社会现象以及社会改造和社会活动计划上。其核心观点在于课程不应该帮助学生去适应社会，而是要建立一种新的社会秩序和社会文化。其特点如下：①主张学生尽可能多地参与到社会中去；②主张课程以广泛的社会问题为中心。

考点3　学习者中心课程论

1. 经验主义课程论（儿童中心课程论、活动中心课程论）

经验主义课程论以杜威为代表，是以儿童的现实生活特别是活动为中心来编制课程的理论。

基本主张：①儿童是课程的出发点、中心和目的；②学校课程应以儿童的兴趣或生活为基础，将儿童熟悉的生活场景引入教学活动，使得学校里知识的获得与生活过程中的活动联系起来；③打破严格的学科界限，有步骤地扩充学习单元和组织教材，强调在活动中学习；④课程组织应将教材心理学化，考虑儿童心理发展的次序，以利用其既有的经验和能力；⑤以主动作业形式实施课程。主动作业是代表儿童活动的一种形式，是创设获得经验的实际情境的主要手段，是儿童的兴趣所在，是儿童获得知识的最自然的方法，在课程中占首要地位。

2. 存在主义课程论

存在主义课程论的主要代表人物是奈勒。该理论认为课程的功能是要为每一个学习者提供有助于个人自由和发展的经验，如果知识不能引起学习者的感情，就不可能是明确的知识。促进学生的自我实现是存在主义课程的核心。

基本主张：①教育的根本目的是促进人格的完成，真正的教育实际上就是品格教育；②教材是学生自我实现和自我发展的手段，人文学科应该成为课程的重点；③理想的课程应承认每个人在经验上的差异，以学生的兴趣作为学习计划与活动的根据。

3. 人本主义课程论

人本主义课程论的主要代表人物是罗杰斯和马斯洛。该理论认为教育要创设安全、自由的环境，促进儿童有意义的学习，逐步走向创造，实现培养"知情合一"的人或"完整的人"的目标。

知识拓展

杜威学校

杜威在"杜威学校"为学生设计了四大类直接经验的课程内容。课程内容如下。

（1）手工制作类的课程内容，如木工、金工、缝纫、烹调、园艺等。

（2）语言社交类的课程内容，如游戏、俱乐部、表演等。

（3）研究探索类的课程内容，如历史研究、自然研究、专业化活动研究等。

（4）艺术类的课程内容，如乐队活动、乡村音乐会等。

在杜威看来，选择这些直接经验形态的课程内容，不是为了让儿童"消遣"，也不是为了获得"职业技能"，而是为儿童提供一种研究的途径，是儿童生活的需要。

`典型例题` 1.（2023上·多选）主张学生中心的课程论流派有（ ）。

A. 经验主义课程论 　　　　　　　　B. 学科中心主义课程论

C. 存在主义课程论 　　　　　　　　D. 社会改造主义课程论

E. 要素主义课程论

【答案】AC。

2.（2023下·判断）经验主义课程理论主张将儿童熟悉的生活场景引入教学活动。 （ ）

【答案】√。

3.（2024上·单选）小学语文教材中的《小儿垂钓》《村居》《池上》《所见》都是以儿童生活为题材的诗作，包含了钓鱼、放纸鸢、采莲、骑黄牛等内容。这体现的课程理念是（ ）。

A. 教材中心 　　　　B. 儿童中心 　　　　C. 教师中心 　　　　D. 知识中心

【答案】B。

考点4 后现代主义课程论

后现代主义课程论的主要代表人物是多尔。多尔把传统课程的封闭体系与当今的开放体系作了基本对比，并将后现代主义课程标准概括为"4R"标准，即丰富性、循环性（回归性）、关联性、严密性。

小 结

1.【常考题型】单选、多选、判断

2.【命题角度】直接考查各课程理论的观点、代表人物。例如，"要素主义课程论"和"结构主义课程论"主张的课程观是什么？答案：学科中心。

五、课程开发

课程开发一般是指综合考虑学校教育的相关现实条件和目标，权衡并依据一定的价值取向，对课程中的各要素及其整体做出决定的过程。它包括确定课程目标、选择和组织课程内容、实施课程和评价课程等阶段。

课程开发包括宏观、中观和微观层面，宏观层面主要是确定课程方案和设置；中观层面主要是编制课程标准、教材；微观层面主要是课程实施。

`典型例题`（2021下·判断）课程开发就是编写教材。 （ ）

【答案】×。

考点1 课程开发的模式

1. 活动分析法

活动分析法的代表人物是博比特。他认为课程开发首先是对人性和人类事务的分析，教学就是对这些活动的再结构化，即课堂情境中人类活动的再组织化展现。活动分析法为课程的目标模式提供了方法论依据。

2.目标模式

（1）代表人物和著作

目标模式的代表人物是泰勒，他被誉为现代评价理论之父、当代课程评价之父。他于1949年出版《课程与教学的基本原理》一书，该书被誉为现代课程理论的奠基石、现代课程理论的圣经。

（2）主要观点

泰勒指出，开发任何课程的教学计划都必须回答以下四个基本问题。

①学校应该试图达到什么教育目标？

②提供什么教育经验最有可能达到这些目标？

③怎样有效组织这些教育经验？泰勒提出了组织经验的三条准则：连续性、顺序性和整合性。

④我们如何确定这些目标正在得到实现？泰勒提出课程评价的四个步骤：确立评价目标—确定评价情境—编制评价工具—利用评价结果。

这四个基本问题——确定教育目标（确定课程目标）、选择教育经验（根据目标选择课程内容或教学内容）、组织教育经验（根据目标组织课程内容或教学内容）、评价教育效果（根据目标评价课程）构成著名的"泰勒原理"。其中，确定教育目标是最为关键的一步，因为其他所有步骤都是围绕目标而展开的。

（3）评价

优点：①可以应用于任何学科、任何水平的教材与教学方案的设计和处理；②提出了一系列容易掌握的、具体化的、层次化的程序和方法；③为课程开发提供了明确的方向和指南，推动了课程开发的科学化、合理化进程。

局限性：①强调课程设计的程序以及方法的技术化处理，导致的是价值与事实的脱节；②过分强调明确而具体的预设性教育目标，忽视了学生的需求。

3.过程模式

（1）代表人物

过程模式的思想渊源可以追溯到卢梭及其后的进步主义教育运动。其主要代表人物是斯腾豪斯。

（2）主要观点

过程模式强调课程开发关注的应是过程，而不是目的。它不预先指定目标，而是详细说明内容和过程中的各种原理，然后在教育活动、经验中，不断改进、修正。

（3）评价

优点：过程模式从一定程度上弥补了目标模式的局限性，否定了目标模式关于确立和表述课程目标的行为主义和机械主义偏向，肯定课程研究的重要性和课程内容的内在价值，并强调学习者的主动参与和探究学习，重视学生的思考能力和创造性的培养，使课程开发趋于成熟、完整。

局限性：在课程开发的程序设计上没有提出一个更为明确的方案，缺乏具体的步骤。

4.自然设计模式

自然设计模式是由美国课程学者瓦克提出的，其目的在于通过借鉴目标模式与过程模式两种设计模式的优点，关注课程实践中的实际进展，从而建构一种符合实践需要的、实用的课程设计模式。自然设计模式共有三个要素：立场、慎思和设计。

___ 小 结

1.【常考题型】单选、多选、判断

2.【命题角度】考查课程开发模式的代表人物及其著作和主要观点。例如，被誉为"现代课程理论的圣经"的是什么？答案：泰勒的《课程与教学的基本原理》。

考点 2 课程目标 ★★

1. 课程目标的含义、分类和特征

（1）含义

课程目标是受教育者在学习完某一课程门类或科目以后，在身心各方面所能达到的发展水平。课程目标是课程开发首先要解决的问题，是指导整个课程编制过程的最关键的准则。

（2）分类

我国基础教育课程标准在目标分类上包括三类：结果性目标、体验性目标与表现性目标。

①结果性目标。即说明学生的学习结果是什么，行为动词具体明确、可观测、可量化。主要应用于"知识与技能"领域。例如，"运用地图，说出我国地形地势的主要特征""认识常用汉字 1 600~1 800个"等。

②体验性目标。即描述学生自己的心理感受、情绪体验，采用的行为动词往往是历时性的、过程性的，主要对应于"过程与方法""情感态度与价值观"领域。例如，领悟数学发展是生活实际的需要，激发学生学习数学的兴趣。

③表现性目标。即明确安排学生各种各样的表现机会，采用的行为动词通常是与学生表现什么有关的或者结果是开放性的。例如，列出自己印象最深的三件事并说明理由。

（3）特征

①整体性。学校各级各类的课程目标不是彼此孤立的，应该是互相联系的有机整体。

②阶段性。课程目标是一个多层次的目标体系，小学、初中、高中的不同学段有各自的阶段性目标。

③递进性。低年级课程目标是高年级课程目标的基础，高年级课程目标是低年级课程目标的延续与深化。

④层次性。课程目标体系由总目标和从属目标分层次组成。

2. 课程目标的取向

（1）普遍性目标取向

普遍性目标是根据一定的哲学或伦理观、意识形态、社会政治需要，对课程进行总括性和原则性规范与指导的目标，一般表现为对课程有较大影响的教育宗旨或教育目的。它对各门学科都有普遍的指导价值。例如，《大学》提出的"格物、致知、诚意、正心、修身、齐家、治国、平天下"的教育宗旨，即典型的普遍性目标。

（2）行为性目标取向

行为性目标指明了课程与教学过程结束后学生身上发生的行为变化，即期待的学生的学习结果。行为性目标具体、明确，便于操作、评价，对于学习以训练知识、技能为主的课程内容较为适合。行为取向的课程论主要有泰勒的课程目标理论和布卢姆的教育目标分类学等。例如，教师要求学生简述核酸的结构和功能，说出水和无机盐的作用。

（3）生成性目标取向

生成性目标不是由外部事先规定的目标，而是在教育情境之中随着教育过程的展开而自然生成的目标，它关注学习活动的过程，考虑学生的兴趣、能力差异，强调目标的适应性、生成性。生成性目标取向

的渊源可以上溯到杜威"教育即生长"的命题。例如，学生突然提出一个全班感兴趣的问题，教师围绕这个问题展开教学，该后半节教学目标就属于生成性目标。

（4）表现性目标取向

表现性目标是指在教育情境的种种经历中，每一个学生个性化的创造性表现，关注学生的创造精神、批判思维，适合以学生活动为主的课程安排。例如，教师让学生利用画笔、卡纸和模具完成创意制作。

典型例题 1.（2023下·单选）"学习了加减法后，能到商店自行购物"，这属于课程的（　　）。

A. 表现性目标　　　　B. 行为性目标　　　　C. 生成性目标　　　　D. 普遍性目标

【答案】B。

2.（2023上·单选）"用自己的语言描述《庐山的云雾》的意境"这一教学目标属于（　　）。

A. 结果性目标　　　　B. 行为性目标　　　　C. 生成性目标　　　　D. 表现性目标

【答案】D。

3.（2022下·判断）"学生能在45分钟内完成一篇800字的议论文"，这属于表现性目标。（　　）

【答案】×。

小 结

1.【常考题型】单选、多选、判断

2.【命题角度】

（1）给出例子，要求判断其体现了哪种课程目标或课程目标取向。

（2）考查课程目标或课程目标取向具体包括哪几种。

考点3　课程内容 ★★

课程内容是根据课程目标，有目的地选择的一系列直接经验和间接经验的总和，是从人类的经验体系中选择出来，并按照一定的逻辑序列组织编排而成的知识体系和经验体系。

1. 课程内容的文本表现形式

课程方案、课程标准、教材（教科书）是课程内容文本的一般表现形式。

（1）课程方案

①含义

课程方案是指在国家的教育目的与方针的指导下，为实现各级基础教育的目标，由国家教育主管部门制定的有关课程设置、顺序、学时分配以及课程管理等方面的政策性文件。

新时代，我国中小学实施的课程方案有两个，即《义务教育课程方案》（2022年版）与《普通高中课程方案（2017年版2020年修订）》。

②组成部分

义务教育课程方案由培养目标、基本原则、课程设置、课程标准编制与教材编写、课程实施五部分组成。

在培养目标上，义务教育课程方案要求培养有理想、有本领、有担当的人才。

在基本原则上，义务教育课程方案提出了坚持全面发展，育人为本；面向全体学生，因材施教；聚焦核心素养，面向未来；加强课程综合，注重关联；变革育人方式，突出实践等五大原则。

制定课程方案的首要问题是课程设置。在课程设置上，义务教育课程方案对课程类别、科目设置与教学时间三个方面做了规定。规定义务教育的课程类别为国家课程、地方课程与校本课程；在科目设置上，实行九年一贯设置，按照"六三"学制或"五四"学制安排。

在教学时间上，义务教育阶段的每学年为 39 周。

（2）课程标准

①含义

我国从 2001 年开始推行基础教育课程改革，以"课程标准"取代原来使用的"教学大纲"概念，"课程标准"也被称为"新课程纲领"。

课程标准是指在一定课程理论的指导下，依据培养目标和课程方案，以纲要的形式编制的关于教学科目内容、教学实施建议及课程资源开发等方面的指导性文件。它规定了学科的教学目的与任务，知识的范围、深度和结构，教学进度及有关教学法的基本要求。课程标准具有可评估性、可理解性、可完成性、可伸缩性等性质。

②构成要素

完整的课程标准包括前言、课程目标、内容标准、实施建议（教学建议、评价建议、教材编写建议、课程资源开发与利用建议等）、附录（术语解释、案例等）五部分。

③意义

课程标准是课程计划的具体化，是课程计划的分学科展开，它体现了国家对每门学科教学的统一要求。课程标准是教材编写和教师进行教学的直接依据，是考试命题的依据，是衡量各科教学质量的重要标准，也是国家管理和评价课程的基础。

（3）教材

①含义

广义的教材是指教师和学生进行教学活动的材料，包括教科书、讲义、补充读物、讲授提纲、参考书、活动指导书以及各种视听材料。其中，教科书和讲义是教材的主体部分，故人们常把教科书和讲义简称为教材。狭义的教材指教科书。

②意义

教材是课程标准的具体化，是课程资源的核心部分，是教学活动的载体、落实课程标准的媒介，也是教师开展教学活动的主要依据，学生学习、获得系统知识的主要材料。

③类型

根据课程管理的权限，教材可以分为国家课程教材、地方课程教材以及校本课程教材。

国家课程教材是教育部有关专家对教材编写、体系结构及教材适用范围进行审核编写的教材。

地方课程教材是根据国家有关规定和本省（自治区、直辖市）实际，确定本省执行的课程计划和必修科目课程标准；确定本省课程改革方案，报教育部批准；审批县以上教育行政部门组织编写的教材。

校本课程教材是学校自己开发的课程教材。

④编写教材（教科书）的基本原则和要求

科学性与思想性统一；强调内容的基础性与普适性；知识的内在逻辑与教学法要求统一；理论与实践统一；编排形式要有利于学生的学习，符合卫生学、教育学、心理学和美学的要求；兼顾同一年级各门学科内容之间的关系和同一学科各年级教材之间的衔接。

典型例题　1.（2024 上·单选）关于课程标准的作用，下列说法错误的是（　　　）。

A. 教学目标来源于课程标准

B. 教与学的中介是课程标准

C. 教学过程要受课程标准的规范

D. 检测教学结果要依据课程标准

【答案】B。

2.（2024上·单选）某小学地理位置紧邻省历史博物馆，馆内有大量西周时期的青铜器，该学校自主开发和实施了"青铜器上的汉字"课程。这属于（　　）。

A. 地方课程　　　　　　B. 校本课程　　　　　　C. 学科课程　　　　　　D. 隐性课程

【答案】B。

3.（2021下·单选）某地区教育局组织中小学教师和高校专家团队编写了一套基于当地人文资源的读本。这属于（　　）。

A. 国家课程教材　　　　B. 学校课程教材　　　　C. 地方课程教材　　　　D. 校本课程教材

【答案】C。

2. 课程内容的组织

（1）课程内容组织的准则

①顺序性。将课程要素根据学科的逻辑体系和学习者的阶段由浅入深、由简单到复杂地组织起来。顺序性强调课程要素的拓展和加深。

②连续性。让确定的各种课程要素在不同学习阶段反复出现，不断予以重复，以使学习者反复学习。连续性强调课程要素的重复。

③整合性。强调保持各种课程内容之间的横向联系，以便有助于学生获得一种统一的观念，并把自己的行为与所学课程内容统一起来。

典型例题（2020上·判断）课程水平组织的基本标准是连续性和顺序性。（　　）

【答案】×。

（2）课程内容的组织形式

①直线式与螺旋式

直线式是指把课程内容组织成一条在逻辑上前后联系的"直线"，前后内容基本不重复。直线式适用于理论性相对较弱的学科知识和操作性较强的内容。

螺旋式是指在不同单元、不同阶段或不同课程门类中，使课程内容重复出现，逐渐扩大知识面，加深知识难度，即前面呈现的内容是后面内容的基础，后面内容是对前面内容的不断扩展和加深，层层递进。布鲁纳提出了螺旋式编排教学内容的主张。螺旋式适用于理论性较强、学生不易理解和掌握的内容，尤其对低年级的儿童来说，螺旋式较合适。例如，学生在小学数学课程中通过测量或拼图学习三角形的内角和为180°，在中学数学课程中通过证明学习三角形的内角和为180°。

②纵向组织与横向组织

纵向组织又称垂直组织，是指按照知识的逻辑序列，从已知到未知、从具体到抽象、由易到难、由简到繁等先后顺序组织编排课程内容。它注重课程内容的独立体系和知识的深度。例如，先学加减后学乘除。

横向组织又称水平组织，是指打破学科的知识界限和传统的知识体系，按照学生发展的阶段，以学生发展阶段需要探索的、社会和个人最关心的问题为依据组织课程内容，使课程内容构成一个个相对独立的专题。它强调课程内容的综合性和知识的广度。综合课程是横向组织的典范。

③逻辑顺序与心理顺序

逻辑顺序是指根据学科本身的体系和知识的内在联系来组织课程内容。

心理顺序是指按照学生心理发展的特点来组织课程内容。

课程内容的组织应将逻辑顺序和心理顺序统一起来，其实质是在课程观方面表现为学生与课程的统一，而在学生观方面则体现为学生的"未来生活世界"与"现实生活世界"的统一。

第一部分/第六章 课 程 **111**

小 结

1.【常考题型】单选、多选、判断

2.【命题角度】

（1）考查课程内容的文本表现形式包括哪几种。

（2）考查课程计划、课程标准、教材的含义、意义、构成要素等具体内容。

（3）结合例子、关键词考查或直接考查课程内容组织的准则及课程内容的组织形式。

考点4 课程实施

1. 课程实施的含义

课程实施是指把课程计划付诸实践的过程，是达到预期的课程目标的基本途径。

2. 课程实施的过程结构

（1）安排课程表，明确各门课程的开设顺序和课时分配。课程表安排应遵循以下三个原则：①整体性原则；②迁移性原则；③生理适宜原则。

（2）确定并分析教学任务。教学任务通常包括三个方面：①学生要掌握的基础知识和基本技能；②学生要形成和发展的智力、能力和体力；③学生要养成的情感、态度、品德和个性心理品质。

（3）了解学生的学习特点。学生的学习特点受内外两方面因素的制约。内部因素主要有学生的基础知识和技能水平、智能结构和心理品质、个性特征、学习经验、掌握的学习方法、学习动机和学习积极性等；外部因素主要有学习内容、教师教学风格、社会传统、时代要求和教育环境等。

（4）选择并确定与学生的学习特点和教学任务相适应的教学模式。

（5）对具体的教学单元和课的类型与结构进行规划。在对教学单元进行规划时，需要对教学单元中的主要原理、主要概念、技能、态度、诊断性测验和评价等方面加以考虑。课是教学单元的组成部分，所要解决的是课堂教学活动如何安排的问题。

（6）组织并开展教学活动。组织教学活动是课程实施计划的展开过程，是课程实施的基本途径。

（7）评价教学活动的过程与结果。这是课程实施的最后一项任务或环节。

以上七个方面在运作过程中构成一个循环往复的动态结构，是课程实施的过程结构。

3. 课程实施的三种取向 ★★

（1）忠实取向

忠实取向认为，课程实施过程是忠实地执行课程计划的过程。衡量课程实施成功与否的基本标准是课程实施过程实现预定的课程计划的程度。实现程度高，则课程实施成功；实现程度低，则课程实施失败。

在忠实取向看来，教师这一角色的实质是课程专家制定的课程变革计划的忠实执行者、"消费者"和课程传递者。

（2）相互适应（互相调适）取向

相互适应取向认为，课程实施过程是课程计划与班级或学校实践情境在课程目标、内容、方法、组织模式等诸方面相互调整、改变与适应的过程。

相互适应取向视野中的教师是主动的、积极的"消费者"。为了使预定课程方案适合具体实践情境的需要，教师理应对之进行改造。教师对预定课程方案积极的、理智的改造是课程实施成功的基本保证。

（3）创生取向

创生取向认为，真正的课程是教师与学生联合创造的教育经验，课程实施本质上是在具体教育情境中创生新的教育经验的过程，既有的课程计划只是供这个经验创生过程选择的工具而已。

创生取向还认为，教师的角色是课程开发者。教师连同其学生成为建构积极的教育经验的主体。课程创生的过程即教师和学生持续成长的过程。

小 结

1.【常考题型】单选、多选

2.【命题角度】

（1）考查课程实施的过程结构。例如，安排课程表的原则是什么？答案：整体性原则、迁移性原则、生理适宜原则。课程实施的基本途径是什么？答案：组织并开展教学活动。

（2）结合例子、关键词、定义考查课程实施的三种取向。例如，认为"课程不是既定的计划，而是教师和学生的经验的综合"的观点是哪种课程实施取向？答案：课程创生取向。

考点 5 课程评价

1. 课程评价的含义

课程评价是指依据一定的评价标准，通过系统地收集有关信息，采用各种定性、定量的方法，对课程的目标、实施、结果等有关问题做出价值判断并寻求改进途径的活动。

2. 课程评价的功能

（1）评估需要功能。通过课程评价，在拟订一项课程计划前，了解社会或学生的需要，作为课程开发的直接依据。

（2）诊断与修订课程功能。通过评价，有效判断正在形成中的课程计划的优缺点及其成因，为修订提供建议，并通过反复评价，尽可能完善课程；还可以诊断学生学习的缺陷，为矫正教学提供依据。

（3）比较与选择课程功能。评价不同课程方案在目标设置、内容组织、教学实施及实际效果等方面的优劣，从整体上判断其价值，再结合需要评估，对课程做出选择。

（4）了解目标达成程度功能。评价已实施的课程计划，并通过与预定目标的比较和对照，判断目标达成的程度。

（5）判断成效功能。全面衡量和整体把握课程或教学计划的实施成效，包括对预定目标之外效果的把握。

3. 课程评价的主要模式

（1）目标评价模式

目标评价模式是由泰勒提出的。

泰勒认为，评价是为了找出实际结果与课程目标之间的差距，并把这种信息反馈作为修订课程计划或修改课程目标的依据。这一评价模式是以目标为中心而展开的，是在泰勒的"评价原理"和"课程原理"的基础上形成的。

（2）目的（目标）游离评价模式

目的（目标）游离评价模式是由美国学者斯克里文针对目标评价模式的弊病提出来的。

该模式主张把评价的重点从"课程计划预期的结果"转向"课程计划实际的结果"上来。评价者不应受预期的课程目标的影响，尽管这些目标在编制课程时可能是有用的，但不适宜作为评价的准则。同时，该模式除了关注预期的结果之外，还关注非预期的结果。

（3）CIPP 评价模式

CIPP 课程评价模式由美国著名教育评价专家斯塔弗毕姆提出。斯塔弗毕姆认为，课程评价不仅是对课程目标实现的状况做出判断，而且应当为课程的改革服务。该模式包括以下四个步骤。

①背景评价。对方案目标的合理性的评价和判断，为计划决策服务。

②输入评价。对达到目标所需的条件、资源以及备选方案的相对优点的评价。

③过程评价。对方案实施过程进行连续不断地监督、检查和反馈。

④成果评价。对目标达到程度进行评价。

小 结

1.【常考题型】单选、多选

2.【命题角度】

（1）给出例子，要求判断体现了课程评价的何种功能。

（2）直接考查课程评价模式的代表人物、观点或步骤。

考点 6 校本课程开发

1. 校本课程开发的含义

校本课程开发是校长、教师、课程专家、学生、家长以及社区人士等共同参与学校课程的规划、实施和评价的全过程。校本课程开发的最终目的是促进学生发展。

校本课程开发包括"校本课程的开发"与"校本的课程开发"两层含义。"校本课程的开发"是指学校根据国家课程计划预留的学校自主开发的时间和空间，进行学校自己的课程开发。"校本的课程开发"是指学校根据自己的实际情况对国家课程计划进行校本化的适应性改造。

2. 校本课程开发的理念

（1）"学生为本"的课程理念。

（2）"决策分享"的民主理念。

（3）"全员参与"的合作精神，以教师为主体，形成一个由校长、研究专家、学生及学生家长和社区人士共同开发课程的合作共同体。

（4）校本课程开发的主体是教师而不是专家。

（5）个性化是校本课程开发的价值追求。

（6）校本课程开发的基础是善于利用现场课程资源，强调充分利用和开发现有的学校和社区课程资源，根据已有的条件进行切实可行的资源重组。

（7）校本课程开发的性质是国家课程的补充。

（8）校本课程开发的运作是同一目标的追求。

3. 校本课程开发的意义

（1）弥补国家课程开发的不足。

（2）有利于教师的专业发展。

（3）有益于满足学生发展的各种需求。

（4）有利于形成学校特色，满足"个性化"学校的发展需求。

4. 校本课程开发的途径

（1）合作开发。合作开发的形式有以下几种：①与专家、学者的合作开发；②校际合作；③与当地教育行政部门的合作；④学校与社区的合作；⑤校内合作。

（2）课题研究与实验。

（3）规范原有的选修课、活动课和兴趣小组。

小 结

1.【常考题型】单选、多选、判断

2.【命题角度】直接考查校本课程开发的含义、目的、理念。例如，教师参与校本课程开发的终极目的是什么？答案：促进学生最大限度地发展。

六、课程资源

考点1　课程资源的含义

课程资源是整个课程教学过程中可以利用的一切人力、物力以及自然资源的总和，包括教材、教师、学生、家长，以及学校、家庭和社区中所有有利于实现课程目标，促进教师专业成长和学生有个性的全面发展的各种资源。其中，教材是课程资源的核心和主要组成部分。课程资源是课程建设的基础。

考点2　课程资源的类型 ★★

1. 校内课程资源与校外课程资源（根据来源或课程资源分布划分）

校内课程资源是指学校范围之内的课程资源。它主要包括以下三类：①校内的各种场所和设施，如图书馆、实验室、专用教室、信息中心等。②校内人文资源，如教师、师生关系、学生团体、校容校貌，以及师生不同的经历和生活经验等。③校内活动资源，如实验实习、座谈讨论、文艺演出等。

校外课程资源是指学校范围之外的课程资源，包括学生家庭、社区乃至整个社会中各种可用于教育教学活动的设施和条件以及丰富的自然资源。例如，校外图书馆、科技馆、网络资源及乡土资源等。

2. 素材性课程资源与条件性课程资源（根据功能特点划分）

素材性课程资源的特点是作用于课程，并且能够成为课程的素材和来源。按照课程资源与人类的关系来看，素材性课程资源的载体可分为以下两种：①非生命载体，主要表现为课程计划、课程标准、教学用书、参考资料、学习辅导材料等纸质印刷品和电子音像制品。②生命载体，主要是指掌握了课程素材，具有教育教学素养的教师、教育管理者、学科专家等教育研究人员。另外，能够提供课程素材的学生、家长和其他社会人士也是课程资源的重要生命载体。生命载体形式的课程资源具有内生性。

条件性课程资源的特点是其作用于课程却不是形成课程本身的直接来源，它在很大程度上决定着课程实施的范围和水平。例如，人力、物力和财力，时间、场地、媒介、设备、设施和环境，以及对课程的认识状况等。

3. 显性课程资源与隐性课程资源（根据存在方式划分）

显性课程资源指看得见、摸得着，可以直接运用于教育教学活动的课程资源，如教材、实验室、因特网等。

隐性课程资源指以隐性的、潜在的方式对教育教学活动施加影响的课程资源，如校风校纪、社会风气、家庭环境、师生关系等。

4. 自然课程资源与社会课程资源（根据性质划分）

自然课程资源突出"天然性"和"自发性"，如用于生物课程的动植物、微生物，用于地理课程的地形、地貌和地势等。

社会课程资源突出"人工性"和"自觉性"，如为了保存和展示人类文明成果的图书馆、博物馆、展览馆等公共设施；本地区的民风民俗、传说故事、传统节日、文化活动、社会公益活动等。

5. 文字课程资源与非文字课程资源（根据载体划分）

文字课程资源以文字为载体，包括教科书、各种图书、期刊、报纸上的文字等。

非文字课程资源以图片、实物、音频、视频和活动等为载体，包括实物课程资源、活动课程资源和信息化课程资源。

也有人认为，根据资源的物理特性和呈现方式，课程资源可分为文字资源、实物资源、活动资源和信息化资源。

考点 3　课程资源的开发和利用

1. 开发和利用课程资源的原则

①共享性原则。课程资源只有通过共享，其价值才能得到更有效、更充分的发挥。除物质资源能够共享外，思想、经验、知识、方法、信息等无形资产的共享更为重要。

②经济性原则。课程资源的开发与利用要尽可能地用最少的开支和精力，达到最理想的效果。

③实效性原则。课程资源的开发与利用必须在可能的课程资源范围内和充分考虑成本的前提下突出重点，针对不同的课程目标，精选那些对学生终身发展具有决定意义的课程资源。

④因地制宜原则。课程资源的开发与利用应从实际情况出发，发挥地域优势，强化学校特色，区分学科特性，展示教师风格，扬长避短。

⑤适应性原则。课程资源的开发和利用要体现地域特色；要充分考虑学校的实际情况、学校特色、学科特性、教师风格；要充分考虑适应学生的具体情况。

此外，课程资源的开发和利用还包括超前性原则、多元性原则、基础性原则、灵活性原则和实践性原则。

2. 开发和利用课程资源的理念

①课程标准和教科书等是基本而特殊的课程资源。

②教师是最重要的课程资源。

③学生既是课程资源的消费者，又是课程资源的开发者。

④教学过程是师生运用课程资源共同建构知识和人生的过程。

具体来说，教材是重要的课程资源，学生的生活经验、教师的教学经验、教师的教学机智也是一种课程资源；学生间的学习差异，师生间的交流启发，乃至学生在课堂中出现的错误也都是有效的课程资源。教师要善于利用并开发各种教材以外的文本性课程资源、非文本性课程资源，为学生的发展提供多种可能的平台。

── 小 结 ──────────

1.【常考题型】单选、多选、判断

2.【命题角度】

（1）结合例子或者分类标准考查课程资源的类型。

（2）直接考查开发与利用课程资源的原则和理念。

第二节　新课程改革

一、新课程改革概述

考点1　新课程改革的背景与发展趋势

教育改革的核心内容是课程改革。2001年6月8日，教育部颁布了《基础教育课程改革纲要（试行）》（以下简称《纲要》），《纲要》规定了课程改革的目标、课程结构、课程评价和管理等内容，标志着我国基础教育新课程改革的正式实施。本次课程改革简称为"新课改"。

新课程改革是中华人民共和国成立以来我国的第八次课程改革，也是规模最大、影响最为深远的一次课程改革。

1. 新课程改革的背景

国际背景：初见端倪的知识经济；人类的生存和发展面临困境；行业竞争日趋激烈。

国内背景：国家发展的需要；学生发展的需要；教育发展的必然；原有基础教育课程存在一些缺陷。我国原有基础教育课程存在的主要问题如下。

①过分注重知识传授，忽视了学生的社会性、价值性、创造性。

②课程内容"繁、难、偏、旧"，并且过于注重书本知识，脱离了学生的日常经验。

③课程结构过于强调学科本位，强调不同学科的独立性，科目过多，缺乏整合。

④学生学习过程过于强调接受式学习，死记硬背，机械训练。

⑤教育评价过于强调评价的甄别和选拔功能，忽视了评价促进学生发展和教师提高的功能。

⑥课程管理过于集中，忽视了地方和学校在课程管理与开发中的作用。

2. 新课程改革的发展趋势

①提升课程改革的理念水平和理论品位。

②在课程政策上，要实现国家课程、地方课程和校本课程的整合。

③在课程内容上，要实现学科课程知识与个人知识的内在整合。

④在课程结构上，要更新课程种类，恰当分析必修课程与选修课程的关系，努力实现课程综合化。

⑤在课程实施上，要超越忠实取向，走向相互适应取向和课程创生取向。

⑥在课程评价上，要超越目标取向的评价，走向过程取向和主体取向的评价。

典型例题 （2016上·单选）以下哪一项是我国课程内容改革的发展趋势？（　　　）

A. 实现学科课程知识与个人知识的内在整合

B. 实现国家课程、地方课程与校本课程的整合

C. 实现超越目标取向，走向过程取向和主体取向

D. 实现超越忠实取向，走向相互适应取向和课程创生取向

【答案】A。

考点2　新课程改革的理论基础、理念、目标及任务　★★

1. 新课程改革的理论基础

新课程改革的理论基础有人的全面发展理论、建构主义理论及多元智能理论等。其中，主要的理论基

础是建构主义理论和加德纳的多元智能理论。

（1）建构主义理论

建构主义理论在学习观上强调学习的主动建构性、社会互动性和情境性，在教学上提倡研究性学习、基于问题的学习、合作学习、教学对话、认知学徒法和互惠教学等。

（2）多元智能理论

多元智能理论认为，人的智能是多元化的，人的发展具有多种可能性，每一种智能都有相适应的职业。因而，最好的教育是最适合学生的潜能开发，并能使学生获得最好发展和理想职业的教育。该理论为我国新课改"建立促进学生全面发展的评价体系"提供了有力的理论依据与支持。

2. 新课程改革的理念

（1）新课程改革的核心理念

贯穿新课程改革的核心理念是"为了中华民族的复兴，为了每位学生的发展"。概括起来，新课程改革的核心理念就是教育以人为本，即"一切为了每一位学生的发展"。

（2）新课程改革的基本理念

新课程改革的基本理念是关注学生发展、强调教师成长、重视以学论教（即从学生的学来评价教师的教）。

3. 新课程改革的具体目标

（1）实现课程功能的转变（改变课程功能）

改变课程过于注重知识传授的倾向，强调形成积极主动的学习态度，使获得基础知识与基本技能的过程同时成为学会学习和形成正确价值观的过程。

（2）体现课程结构的均衡性、综合性和选择性（调整课程结构）

改变课程结构过于强调学科本位、科目过多和缺乏整合的现状，整体设置九年一贯的课程门类和课时比例，并设置综合课程，以适应不同地区和学生发展的需求，体现课程结构的均衡性、综合性和选择性。

（3）密切课程内容与生活和时代的联系（精选课程内容）

改变课程内容"繁、难、偏、旧"和过于注重书本知识的现状，加强课程内容与学生生活以及现代社会和科技发展的联系，关注学生的学习兴趣和经验，精选终身学习必备的基础知识和技能。

（4）改善学生的学习方式（改进教学和学习方式）

改变课程实施过于强调接受学习、死记硬背、机械训练的现状，倡导学生主动参与、乐于探究、勤于动手，培养学生搜集和处理信息的能力、获取新知识的能力、分析和解决问题的能力以及交流与合作的能力。

（5）建立与素质教育理念相一致的评价与考试制度（改革评价和考试制度）

改变课程评价过分强调甄别与选拔的功能，发挥评价促进学生发展、教师提高和改进教学实践的功能。

（6）实行三级课程管理制度（重建课程管理体系）

改变课程管理过于集中的状况，实行国家、地方、学校三级课程管理，增强课程对地方、学校及学生的适应性。

典型例题（2018下·单选）21世纪初，我国开展了新一轮基础教育课程改革。关于此次改革的具体目标，下列表述不正确的是（　　）。

A. 改变学科本位的课程结构　　　　　　B. 改变过于注重知识传授的倾向

C. 改变过于强调接受学习的现状　　　　D. 改变课程管理过于松散的状况

【答案】D。

小 结

1.【常考题型】单选、多选
2.【命题角度】
（1）直接考查某一具体目标中的重点内容。例如，"三级课程管理包含的内容""课程评价强调的功能"等。
（2）以多选题的形式考查新课程改革的具体目标。

4. 新课程改革的任务

（1）基本任务

全面贯彻党的教育方针，调整和改革基础教育的课程体系、结构、内容，构建符合素质教育要求的新的基础课程体系。

（2）主要任务

更新观念，转变方式，重建制度是新课程改革的主要任务。即更新教与学的观念；转变教与学的方式；重建学校管理与教育评价制度。

（3）核心任务

学习方式的转变是新课程改革的核心任务。其根本途径是通过转变教师的教学模式、教育理念来转变学生的学习方式，为学生搭建一个自主、合作、探究、交往的学习平台。

考点3　新课程的结构

1. 新课程结构的基本特征

（1）均衡性

课程结构的均衡性是指学校课程体系中的各种课程类型、具体科目和课程内容能够保持一种恰当、合理的比重。这一特征是针对以往学生动手实践能力低下、知识体系相互隔离、所学知识远离现实生活的状况提出的。它主张在引导学生掌握课程内容的同时，还引导其关注生活、社会发展和科技进步，能够积极开展探究活动，能够主动参与社会生活，实现学生素质的均衡发展。

（2）综合性

课程结构的综合性是针对过分强调学科本位、科目过多和缺乏整合的现状提出的，它体现在以下三个方面：①加强学科的综合性；②设置综合课程；③增设综合实践活动。

（3）选择性

课程结构的选择性是针对地方、学校与学生的差异而提出的，它要求学校课程要以充分的灵活性适应地方社会发展的现实需要，以显著的特色性适应学校的办学宗旨和方向，以选择性适应学生的个性发展。

小 结

1.【常考题型】单选、多选、判断
2.【命题角度】
（1）直接考查新课程结构的三个基本特征。
（2）结合例子或关键词，考查其体现了新课程结构的哪一基本特征。

2. 新课程结构的内容

（1）整体设置九年一贯的义务教育课程

小学阶段以综合课程为主。初中阶段设置分科与综合相结合的课程。

（2）高中以分科课程为主

为使学生在普遍达到基本要求的前提下实现有个性的发展，课程标准应有不同水平的要求，如在开设必修课程的同时，设置丰富多彩的选修课程，开设技术类课程。积极试行学分制管理。

（3）从小学至高中设置综合实践活动并作为必修课程

综合实践活动的内容主要包括信息技术教育、研究性学习、社区服务与社会实践以及劳动与技术教育。

（4）农村中学课程要为当地社会经济发展服务

在达到国家课程基本要求的同时，农村中学可根据现代农业发展和农村产业结构的调整因地制宜地设置符合当地需要的课程，深化"农科教相结合"和"三教统筹"等项目改革，试行通过"绿色证书"教育及其他技术培训获得"双证"的做法。城市普通中学也要逐步开设职业技术课程。

小　结

1.【常考题型】单选、判断
2.【命题角度】直接考查各个学段课程结构的特点。

3. 综合实践活动

综合实践活动是从学生的真实生活和发展需要出发，从生活情境中发现问题，转化为活动主题，通过探究、服务、制作、体验等方式，培养学生综合素质的跨学科实践性课程。

（1）综合实践活动的特征

综合实践活动具有以下特征，即综合性、实践性、开放性、生成性、自主性。

（2）综合实践活动的内容

综合实践活动包括四项内容，即研究性学习、社区服务与社会实践、劳动与技术教育、信息技术教育。

综合实践活动除上述国家设置的四项内容外，还包括大量非指定领域。例如，班团队活动、学校传统活动、学生同伴间的交往活动、学生个人或群体的心理健康活动等。

（3）普通中小学开展综合实践活动的要求

组织并指导学生参加各种综合实践活动，让他们在自主活动中获得亲身体验、积累经验，形成对自然、社会、自我的正确认识及对生活与工作的正确理解、正确态度和责任感，养成学生积极进取、分享、合作等良好品质，发展学生的创新精神与实践能力。

（4）综合实践活动的课时安排

①小学 1~2 年级，平均每周不少于 1 课时。

②小学 3~6 年级和初中，平均每周不少于 2 课时。

③高中执行课程方案相关要求，完成规定学分。

知识拓展

《中小学综合实践活动课程指导纲要》指出："综合实践活动是国家义务教育和普通高中课程方案规定的必修课程，与学科课程并列设置，是基础教育课程体系的重要组成部分。该课程由地方统筹管理和指导，具体内容以学校开发为主，自小学一年级至高中三年级全面实施。"

典型例题 1.（2022下·判断）综合实践活动课程实施过程中的活动计划由教师制定。（   ）

【答案】×。

2.（2021下·单选）要达到"让学生获得亲身体验、积累经验，形成对自然、社会、自我的正确认识的目标"，主要通过（   ）来实现。

A. 智育   B. 体育   C. 美育   D. 综合实践活动

【答案】D。

二、教学观、教师观的转变 ★★★

考点1 教学观的转变

新课改带来的教学观的转变的主要表现如下。

（1）教学从"以教育者为中心"向"以学习者为中心"转变。

（2）教学从"教会学生知识"向"教会学生学习"转变。

（3）教学从"重结论轻过程"向"重结论更重过程"转变。

（4）教学从"关注学科"向"关注人"转变。这意味着教师要关注每一位学生，关注学生的情绪生活和情感体验，关注学生的道德生活和人格养成。

小 结

1.【常考题型】单选、多选、判断、案例分析

2.【命题角度】结合例子或直接考查教学观转变的主要表现。

3.【识记技巧】新课程背景下的教学观念可以用口诀"学习过人"来帮助识记，对应如下。

"学"：以学习者为中心；"习"：教会学生学习；"过"：重过程甚于重结论；"人"：关注人而不是学科。

考点2 教师观的转变

1. 教师角色的转变

（1）从教师与学生的关系看，教师应该是学生学习的促进者。教师是促进者的内涵主要包括两个方面：①教师是学生学习能力的培养者；②教师是学生人生道路上的引路人。这是教师最明显、最直接、最富时代性的角色特征，是教师角色特征中的核心特征。

（2）从教学与研究的关系看，教师应该是教育教学的研究者。

（3）从教学与课程的关系看，教师应该是课程的建设者和开发者。

（4）从学校与社区的关系看，教师是社区型的开放的教师。

2. 教师教学行为的转变

（1）在对待师生关系上，新课程强调尊重、赞赏。

（2）在对待教学关系上，新课程强调帮助、引导。

（3）在对待自我上，新课程强调反思。

（4）在对待与其他教育者的关系上，新课程强调合作。

小 结

1.【常考题型】单选、多选、判断、案例分析

2.【命题角度】

（1）给出例子，要求选出相应的新课程倡导的教师角色，或判断其体现或违背了哪一教学行为要求。

（2）以多选的形式直接考查教师角色的转变或教师教学行为的转变。

（3）结合材料分析教育情境中人物的行为体现或违背了哪些教师观。

3.【识记技巧】 考生可以通过"四者一社区"来理解记忆新课程背景下教师角色的转变。

"四者"即学生学习的促进者、教育教学的研究者、课程的建设者和开发者；"一社区"即社区型的开放的教师。

三、新课程倡导的学习方式

1. 自主学习

（1）含义

自主学习关注学习者的主体性和能动性，是学生自主而不受他人支配的学习方式。它是与传统的接受学习相对应的一种现代化学习方式。

（2）特点

①自主学习是一种主动学习

主动性是自主学习的基本品质，与他主学习的被动性相对。自主学习在学生学习活动中表现为"我要学"。只有当学习的责任真正地从教师身上转移到学生身上，学生自觉地担负起学习的责任时，学生的学习才是一种真正的自主学习。

②自主学习是一种独立学习

独立性是自主学习的灵魂，表现为"我能学"。需要注意的是，自主学习并不否认教师的指导，强调脱离教师的指导进行的"独自"学习是片面的、不科学的。

③自主学习是一种元认知监控的学习

自主学习要求学生对为什么学习、能否学习、学习什么、如何学习等问题有自觉的意识和反应，主要表现在学生对学习的自我计划、自我调整、自我指导、自我强化上等。培养学生对学习的自我意识和自我监控并使之养成习惯，是促进学生自主学习的重要因素。

2. 探究学习

（1）含义

探究学习是一种以问题为依托的学习，是学生通过主动探究解决问题的过程。它是相对于接受学习而言的，学习过程除被动接受知识外，还存在大量的发现与探究等认识活动。

（2）特点

①问题性

探究学习一方面强调通过问题来进行学习，把问题看作学习的动力、起点和贯穿学习过程中的主线；另一方面强调通过学习来生成问题，把学习过程看成是发现问题、提出问题、分析问题和解决问题的过程。

②过程性

这一特点强调的是探究的程序，也是探究的载体，它表明探究学习要经历一个什么样的过程。

③开放性

探究学习是一种描述性、开放性的学习方式，学习目标综合化、学习过程个性化、评价标准多元化。

（3）过程

①问题阶段：主要包括提出问题和确定选题两项内容。

②计划阶段：主要任务是分组和计划。

③研究阶段：主要是实施研究和探索。

④解释阶段：学习重点是将新旧知识连接起来，在旧知识的基础上，将实证研究所得的新知识纳入原有知识结构中，形成新的理解和解释。

⑤反思阶段：首先是小组内自我反思，其次是小组间的交流和共同反思。

（4）探究学习与接受学习的关系

联系：探究学习和接受学习是相辅相成的。学习主体的学习活动既不能是单纯的被动接受，也不能是纯粹的主动探究。前者往往会压抑学习主体的主动性与积极性，后者则往往容易导致学习主体的学习效益较低。

区别：在接受学习中，学习过程主要是接受，学习主体是知识的接受者；在探究学习中，学习过程主要是实践探索，学习主体是知识的发现者。

3. 合作学习

（1）含义

合作学习是指学生为了完成共同的任务，有明确的责任分工的互助性学习。合作学习鼓励学生为集体的利益和个人的利益而一起工作，在完成共同任务的过程中实现自己的理想。

（2）特点和作用

合作学习的特点是互助性、互补性、自主性和互动性。

合作学习的作用：①能够激发创造性，有助于培养学生的合作意识和合作技能；②有利于学生之间的交流沟通，有利于培养团队精神，凝聚人心，增进认识与理解；③能够促使学生不断反省、不断提高。

小 结

1.【常考题型】单选、多选、判断、案例分析

2.【命题角度】

（1）直接考查新课程倡导的三种学习方式、每种学习方式的特点及探究学习的过程。

（2）结合例子或材料，分析其主要体现哪一学习方式。

四、教育评价的转变 ★★

考点1 我国现代教育评价的发展趋势（基本特征）

（1）重视发展，淡化甄别与选拔，实现评价功能的转化。

（2）重视综合评价，关注个体差异，实现评价指标的多元化。

（3）强调质性评价，定性与定量相结合，实现评价方法的多样化。

（4）强调参与与互动、自评与他评相结合，实现评价主体的多元化。

（5）强调评价过程及评价结果的反馈，将终结性评价与形成性评价相结合，实现评价重心的转移。

小　结

> 1.【常考题型】单选、多选、判断
>
> 2.【命题角度】
>
> （1）以多选的形式直接考查我国现代教育评价的发展趋势。
>
> （2）结合例子或关键词，分析其体现了我国现代教育评价的哪一发展趋势。

考点 2　新课程提出的发展性评价

新课程改革提出要建立发展性课程评价体系。发展性评价的基本内涵如下。

（1）评价的根本目的在于促进发展。淡化原有的甄别与选拔的功能，关注学生、教师、学校和课程发展中的需要，突出评价的激励与调控功能，激发学生、教师、学校和课程的内在发展动力，促进其不断进步，实现自身价值。

（2）体现最新的教育观念和课程评价发展的趋势。关注人的发展，强调评价的民主化和人性化的发展，重视被评价者的主体性与评价对个体发展的建构作用。

（3）评价内容综合化。重视知识以外的综合素质的发展，尤其是创新、探究、合作与实践等能力的发展，以适应人才发展多样化的要求。

（4）评价标准层次化。关注被评价者之间的差异性和发展的不同需求，促进其在原有水平上的提高和发展的独特性。

（5）评价方式多样化。将量化评价方法与质性评价方法相结合，适应综合评价的需要，丰富评价与考试的方法。

（6）评价主体多元化。从单向转为多向，增强评价主体间的互动，强调被评价者成为评价主体中的一员，建立学生、教师、家长、管理者、社区和专家等共同参与、交互作用的评价制度，以多渠道的反馈信息促进被评价者的发展。

（7）关注发展过程。将形成性评价与终结性评价有机地结合起来，使学生、教师、学校和课程的发展过程成为评价的组成部分；而终结性的评价结果随着改进计划的确定亦成为下一次评价的起点，进入被评价者发展的进程之中。

典型例题　（2024 上·判断）新课程强调多元、发展性、多主体的评价理念。　　　　　　（　　）

【答案】√。

小　结

> 1.【常考题型】单选、多选、判断、案例分析
>
> 2.【命题角度】
>
> （1）直接考查新课程改革倡导的评价——发展性评价。
>
> （2）结合例子或关键词，分析并判断其体现或违背了新课程倡导的哪一评价理念。
>
> （3）以多选的形式考查发展性评价的基本内涵。

第七章 教 学

| 知识结构 |

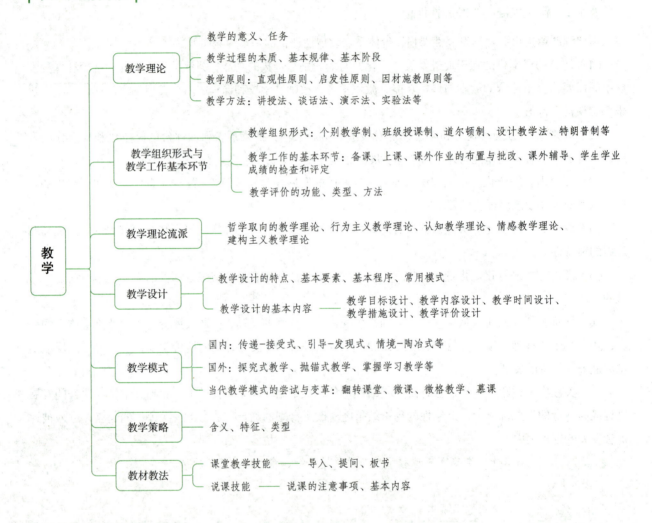

第一节 教学理论

一、教学概述

考点1 教学的含义

1. 教学的概念

教学是教育目的规范下的、教师的教与学生的学共同组成的一种活动。在汉语中,"教学"二字最早见之于《尚书·兑命》(又称《尚书·说命》)。

教学的内涵可以从以下几个方面理解:①教学以培养全面发展的人为根本目的;②教学由教与学两方

面组成，教学是师生双方的共同活动；③教学具有多种形态，是共性与多样性的统一。

2.教学与相关概念的关系

（1）教学与教育

教学与教育是部分与整体的关系。教育包括教学，教学是学校进行全面教育的一个基本途径。除教学外，学校还通过课外活动、生产劳动、社会实践等途径对学生进行教育。教学工作是学校教育工作的一个组成部分，是学校教育的中心工作。学校教育工作除教学外，还有德育工作、体育工作、后勤工作等。

（2）教学与智育

教学与智育既有联系又有区别。教学是智育的主要途径，但不是唯一途径，智育还需要通过课外活动等其他途径才能全面实现；教学要完成智育任务，但智育不是教学的唯一任务，教学还要完成德育、体育、美育、劳动技术教育的任务。将教学等同于智育，容易导致对智育的途径和教学的功能产生狭隘化甚至唯一化的片面认识。

考点 2 　教学的意义

（1）教学是传授系统知识、促进学生发展的最有效的形式，是社会经验再生产、适应并促进社会发展的有力手段。

（2）教学是进行全面发展教育、实现培养目标的基本途径，为个人全面发展提供科学的基础和实践，是培养学生个性全面发展的重要环节。

（3）教学是学校教育工作的中心工作。学校教育工作必须坚持以教学为主，在保证教学为主的前提下全面统筹、合理安排。

考点 3 　教学的任务

（1）引导学生掌握基础知识和基本技能。这是教学的首要任务。

（2）发展学生智力，培养学生的创造能力和实践能力，教会学生学习。

（3）发展学生体力，提高学生的健康水平。

（4）培养社会主义品德和审美情趣，奠定学生的科学世界观基础。

（5）关注学生个性的全面发展。

以上五项教学任务是相互联系、相互促进的，其中使学生掌握基础知识、形成基本技能是基础，发展智力是核心，发展体力是保证，培养思想品德是方向，个性的全面发展是理想目标。

小 结

1.【常考题型】单选、多选、判断

2.【命题角度】

（1）直接考查教学的根本目的（培养全面发展的人）、首要任务（引导学生掌握基础知识和基本技能）、学校教育工作的中心工作（教学）。

（2）直接考查教学与教育、智育的关系以及教学的任务有哪些。

二、教学过程 ★★

考点1　教学过程的本质

1.教学过程是一种特殊的认识过程

（1）教学过程主要是一种认识过程

一般来讲，教学过程的主要矛盾是学生与其所学知识之间的矛盾，具体体现在教师提出的教学任务与学生完成这些任务的需要、实际水平之间的矛盾。这一矛盾实际上是学生认识过程的矛盾，因此，教学过程本质上是一种认识过程。

（2）教学过程是一种特殊的认识过程

教学过程是认识的一种特殊形式，其特殊性具体表现为以下几个方面。

①间接性。学生主要以学习人类长期积累的科学文化知识为中介，间接地认识现实世界。

②引导性（有领导的认识）。学生的认识需要在经验丰富的教师引导下进行，不能独立完成。

③简捷性。学生掌握知识的认知过程是简捷的、高效的，是一种科学文化知识的再生产。

此外，有学者认为这种特殊性还表现在概括性、高效性、交往性、实践性、教育性与发展性等方面。

2.教学过程必须以交往为背景和手段

教学活动不是孤立的个体认识活动，而是社会群体性的有目的、有组织的认识活动。因此，教学过程是以社会交往为背景的，还以交往、沟通、交流为重要手段和方法。

3.教学过程是一个促进学生身心发展、追寻与实现价值目标的过程

教学过程是教师引导学生掌握知识、认识世界、进行交往，以促进学生的身心发展，并追寻与实现价值增值目标的过程。其中，引导学生通过掌握知识，进行认识及交往的活动是教学的基本与基础的活动；而促进学生的身心发展及其价值目标的实现是在这个认识及交往活动过程中要完成的教学任务。

考点2　教学过程思想

孔子的教育思想中包含了教学过程的思想，"学、思、行"是其教学过程结构的典型概括，也是我国最早以学为主的教学过程思想。

《中庸》提出了"博学之，审问之，慎思之，明辨之，笃行之"五步学习法。

赫尔巴特基于"统觉团"原理，把教学过程划分为"明了、联想、系统、方法"四个阶段。赫尔巴特的教学过程思想内含浓厚的教师中心主义色彩，忽视了学生主动性和能动性的发挥。

杜威提出了自己特有的"做中学"教学过程思想：困难、问题、假设、验证和结论。困难是指让学习者面对困难和障碍；问题是让学习者明确困难和障碍所在；假设是通过观察、搜集事实，提出解决问题的假设；验证是在实践中检验这些假设的合理性；结论是在前述的基础上，修改假设或者形成结论等。

凯洛夫在他主编的《教育学》中提出了感知、理解、巩固、运用四阶段教学过程思想。

典型例题　（2019上·判断）凯洛夫主张教学过程的第一步是理解教材。　　　　（　　）

【答案】×。

考点3　教学过程的基本规律

1.间接经验与直接经验相统一的规律（间接性规律）

间接经验是指他人的认识成果，主要指人类在长期认识过程中积累并整理而成的书本知识，此外还包括以各种现代技术形式表现的知识与信息，如磁带、录像带、电视和电影等。直接经验是指学生通过亲自活动、探索获得的经验。

间接经验与直接经验相统一反映的是教学中传授系统的科学文化知识与丰富学生感性认识的关系。

（1）学生以学习间接经验为主

学习间接经验是学生认识客观世界的基本途径。教学中学生主要是学习间接经验，并且是间接地去体验。

（2）学生学习间接经验要以直接经验为基础

学生学习间接经验必须以一定的直接经验为基础，没有一定的直接经验，学生就难以掌握间接经验。正如陶行知先生的比喻："接知如接枝"。

（3）坚持间接经验与直接经验相统一

在教学过程中，教师要防止两种倾向：一是只重书本知识的传授，忽视引导学生通过亲身参与、独立探索去积累直接经验，获取知识；二是只强调学生通过自己的探索去发现、积累知识，忽视书本知识的学习和教师的系统传授。在教学过程中，教师应该把间接经验和直接经验有机结合起来。

典型例题　（2020上·单选）刚上小学的小红对妈妈说："用眼睛就可以学到的东西，为什么要上课呢？"妈妈说："你自己去摸索，太费时间了，老师教你，你就会学得又快又好。"这反映的教学规律是（　　　）。

A. 直接知识与间接知识相统一　　　　　　B. 掌握知识与提高能力相统一

C. 掌握知识与提高思想觉悟相统一　　　　D. 教师主体性与学生主动性相统一

【答案】A。

2. 掌握知识与发展智力相统一的规律（发展性规律）

（1）掌握知识是发展智力的基础

学生认识能力的发展有赖于知识的掌握。知识为智力提供了广阔的领域，只有具备了某方面的知识，才有可能从事某方面的思维活动。同时，知识中也包含着认识方法的启示。

（2）智力发展是掌握知识的重要条件

学生具有一定的认识能力，是他们进一步掌握科学文化知识的必要条件。学生掌握知识的速度与质量，依赖于学生原有智力水平的高低。

（3）掌握知识与发展智力相互转化的内在机制

掌握知识与发展智力相互转化的条件主要有以下几点：第一，传授给学生的知识应是科学的、规律性的；第二，必须科学地组织教学过程；第三，重视教学中学生的操作与活动，培养学生的参与意识和能力，为学生提供积极参与实践的时间和空间；第四，培养学生良好的个性品质，重视学生的个别差异。

（4）坚持掌握知识与发展智力相统一

在教育史上，形式教育论者和实质教育论者一直就如何处理知识和能力（智力）之间的关系存在长期的争论，各自主张见表1-7-1。

表 1-7-1　形式教育论和实质教育论

对比项目	形式教育论	实质教育论
代表人物	洛克、裴斯泰洛齐	赫尔巴特、斯宾塞
教育目的	发展学生的各种官能或能力，传授知识只是一种手段	传授对生活有用的知识，发展能力无足轻重
重视学科	希腊文、拉丁文、文法、数学、逻辑学等形式学科	现代语、历史、物理、化学、生物、天文、地理、法律等实质学科或实用学科
教学原则、方法	以学生心理官能的内在发展秩序为依据	应适应儿童的身心发展规律，应是愉快的和有效的

在整个教学过程中，教师要避免陷入形式教育论或实质教育论。教师既要重视知识的传授，又要重视智力的发展，并将二者辩证统一于教学活动之中。

典型例题 （2019上·单选）形式教育论认为教育的目的在于发展学生的各种能力。下列被形式教育论认为最有发展价值的学科是（　　）。

A. 数学　　　　　　　B. 物理　　　　　　　C. 化学　　　　　　　D. 生物

【答案】A。

3. 传授知识与思想品德教育相统一的规律（教育性规律）

（1）知识是思想品德形成的基础

学生思想品德的提高有赖于其对科学文化知识的掌握。首先，科学的世界观和先进的思想都要有一定的科学文化知识作为基础；其次，知识学习本身是艰苦的劳动，可以培养学生优秀的道德品质。

（2）学生思想品德的提高又为他们积极地学习知识奠定了基础

掌握科学文化知识的过程是一个能动的认识过程，学生的思想品德状况对学习的积极性起着重要的作用。

（3）传授知识和思想品德教育有机结合

教师在教学中要防止两种倾向：一是脱离知识进行思想品德教育；二是只强调传授知识，忽视思想品德教育。教师在教学过程中要注意把传授知识和思想品德教育有机地结合起来。正如赫尔巴特所说："我想不到有任何无教学的教育，正如在相反方面，我不承认有任何无教育的教学。"

4. 教师主导作用与学生主体作用相统一的规律（双边性规律）

（1）教师在教学过程中处于组织者的地位，应充分发挥教师的主导作用

教师在教学过程中起主导作用，处于主导地位。教师的主导作用表现在以下三个方面。

①教师的指导决定着学生学习的方向、内容、进程、结果和质量，起引导、规范、评价和纠正的作用。

②教师的教影响着学生的学习方式以及学生学习主动积极性的发挥。

③教师的教影响着学生的个性以及人生观、世界观的形成。

（2）学生在教学过程中处于学习主体的地位，应充分发挥学生的主体能动性

教师的教是为了学生的学，在教学过程中，必须充分调动学生的学习主动性、积极性。学生的主体能动性具体表现在以下两个方面。

①受学生本人兴趣、需要及所接受的外部要求的推动和支配，学生对外部信息选择具有能动性、自觉性。

②受学生原有知识经验、思维方式、情感意志、价值观等制约，学生对外部信息进行内部加工具有独立性、创造性。

（3）教师的主导作用与学生的主体作用的辩证统一关系

在教学过程中，教为主导、学为主体，忽视和否定任何一面，学生就很难成为主体，教师的主导作用也就必然会落空，所以，教和学是辩证的统一。学生的主动性既是构成教师主导作用的重要因素，又是教师活动的任务和内容，还是衡量教师主导作用的重要标志。正确且完全地实现教师主导作用的结果必然是学生主动性的充分发挥。这是教育过程的客观规律的反映。

（4）建立合作、友爱、民主、平等的师生交往关系

教学过程是师生共享教学经验的过程，在此过程中，师生共同明确教学目标，交流思想、情感，实现培养目标。

小 结

> **1.【常考题型】**单选、多选、判断、案例分析
>
> **2.【命题角度】**
>
> （1）给出例子或关键词，要求判断其体现了教学过程的哪一基本规律。例如，为了让学生理解光合作用，老师不仅引导学生看书了解理论知识，而且引导学生到大自然中体验。这体现了教学过程的哪一规律？答案：间接经验与直接经验相统一的规律。
>
> （2）直接考查教学过程包括哪些基本规律。

考点4 教学过程的基本阶段（教学过程的结构）

1.传授—接受式教学（讲授—接受式教学）

传授—接受式教学是指教师主要通过语言传授、演示与示范使学生掌握基础知识、基本技能，并对他们进行思想情趣熏陶的教学。

（1）基本阶段

①引起学习动机。教学应从诱发和激起求知欲并把求知欲聚焦于当前学习的知识点开始，从引导学生做好学习的心理准备开始。

②感知教材。学生理解书本知识的过程，是一个感性知识和理性知识相结合的过程。如果学生有了必要的感性知识，形成了清晰的表象，那么他们理解和掌握书本知识就会更加容易。

③理解教材。理解教材是教学过程的中心环节。引导学生在感知教材的基础上，通过分析、比较、抽象概括以及归纳演绎等思维方法的加工，形成正确概念、原理，真正认识事物的本质和规律。

注意：有学者将感知教材和理解教材统称为领会知识，从而认为领会知识是教学的中心环节。

④巩固知识。巩固知识就是引导学生把所学知识牢牢保持在记忆里。巩固知识往往渗透在教学的全过程，不一定是一个独立的环节。

⑤运用知识。学生掌握知识的主要目的是运用知识。学生运用知识主要通过教学性实践，采取反复练习的方法进行，比如书面和口头作业等。

⑥检查知识、技能和技巧。检查学生知识、技能和技巧的掌握情况一般采取课堂提问、检查课内外各种作业和测验来进行。

（2）功能与局限

功能：传授—接受式教学注重书本知识的授受，能充分发挥教师的主导作用，按学科的逻辑系统，循序渐进地教学，也能较好地调动学生的学习积极性，使他们掌握系统的科学知识与技能，获得自身智慧、品德、审美的发展。

局限：传授—接受式教学以书本知识学习为主，易脱离社会生活实际，使学生感到抽象、死板、难以理解；常常是教师讲得多，学生活动得少，容易出现注入式教学；注重面向集体，忽视个别指导，不易使每个学生都能理解，都得到较好的发展；易忽视教学民主、忽视学生主动性、创造性和独立思考能力的培育与发展。

典型例题 1.（2024上·单选）学生掌握知识的模式分为接受式和探究式。下列关于接受式学习的一系列步骤排序，顺序正确的是（　　）。

①理解教材　　　　　　　　　　②运用知识

③感知教材　　　　　　　　　　④检查知识、技能和技巧

⑤引起学习动机　　　　　　　　⑥巩固知识

A.③⑤④①⑥②　　　　　　　　B.⑤①③②⑥④

C.③①⑤②④⑥　　　　　　　　D.⑤③①⑥②④

【答案】D。

2.（2019下·多选）讲授—接受式教学的优点有（　　　）。

A.能充分发挥教师的主导作用

B.有利于学生掌握思维与研究的方法

C.能使学生掌握系统的科学知识与技能

D.能充分激发学生的求知欲，调动学生的主动性

E.有利于培养大胆怀疑、小心求证、实事求是的科学精神

【答案】AC。

2. 问题—探究式教学

问题—探究式教学也称探究学习、发现学习，是指在教师引导下，学生主要通过积极参与对问题的分析、探索，主动发现或建构新知，掌握其方法与程序，养成他们的科研能力、科学态度和品行的教学。

（1）基本阶段

①明确问题。明确问题是探究教学的起始阶段。问题要具有启迪性、诱惑力、挑战性，一般由教师选定，并在教师的启发下让学生提出，或师生互动共同提出。

②深入探究。深入探究是探究教学的中心环节。探究是不断分析问题、解决问题的过程，旨在弄清事物的特性、规律、因果关系及其价值，直到全部疑难得到化解，真知得到阐明与验证为止。

西方学者一般把探究教学过程分为问题、假设、验证、结论四个阶段。实际上，一个问题解决往往需要进行多次的假设与验证。

③做出结论。结论的方式灵活多样：可群策群力，由全班共同小结；可分组小结，然后全班交流；对复杂、有难度的问题，可由教师做出系统缜密的结论和点评。

（2）功能与局限

功能：问题—探究教学注重引导学生对问题的探究，强调学生的学习主体地位，注重激发学生的求知欲，调动学生的主动性、创造性；注重让学生经历探究的艰难，体验获取新知的乐趣和严格要求，尝到克服困难达到成功的兴奋和喜悦，不仅使他们获得的知识与能力更切实、深刻、实用、牢固，而且使他们逐步掌握了思维与研究的方法，养成了大胆怀疑、小心验证、实事求是的科学精神。

局限：问题—探究教学的工作量大，耗时过多，而学生获得的知识量相对较少；若探究教学过多，可能影响教学任务的完成；若无高水平的教师引导，学生的主动性就难以发挥，容易出现自发与盲目，迷失探究的方向，影响教学的质量。

小　结

1.【常考题型】单选、多选

2.【命题角度】

（1）直接考查教学过程的基本阶段或中心环节。

（2）考查传授—接受式教学或问题—探究式教学的功能和局限。

三、教学原则

教学原则是根据一定的教学目的，遵循一定教学规律制定的指导教学工作的基本准则和要求。教学原则贯穿于各项教学活动之中，它的正确和灵活运用是提高教学质量的重要保证。

我国中小学主要的教学原则如下。

考点 1　直观性原则 ★★★

1. 基本含义

直观性原则是指在教学活动中，教师应尽量利用学生的多种感官和已有的经验，通过各种形式的感知，丰富学生的直接经验和感性认识，使学生获得生动的表象，从而比较全面、深刻地掌握知识。这一原则是根据间接经验与直接经验相统一的教学规律而提出的。

2. 相关教育思想

（1）荀子："不闻不若闻之，闻之不若见之""故闻之而不见，虽博必谬"。

（2）陶行知："接知如接枝"。

（3）乌申斯基："儿童是依靠形式、颜色、声音和感觉进行思维的"。

（4）夸美纽斯："凡是需要知道的事物都要通过事物本身来进行教学"。

3. 贯彻直观性原则的要求

（1）教师要正确选择直观教具和现代化教学手段。直观是教学的一种手段而不是目的。

（2）教师要把直观教具的演示与语言讲解相结合。

（3）教师要防止直观的不当和滥用。

（4）教师要重视运用言语直观。

> **典型例题**　（2023 上 /2020 上·单选）化学课上，王老师讲到混合气体平均分子量不可能大于成分气体最大分子量，也不可能小于成分气体最小分子量时，打了一个比喻，"有三位同学分别为 10 岁、12 岁、15 岁，他们的平均年龄可能大于 15 岁吗？可能小于 10 岁吗？"学生一下子都明白了。这里王老师主要遵循的教学原则是（　　）。
>
> A. 循序渐进原则　　　　　　　　　　B. 巩固性原则
>
> C. 直观性原则　　　　　　　　　　　D. 发展性原则
>
> 【答案】C。

考点 2　启发性原则 ★★★

1. 基本含义

启发性原则是指在教学中，教师要主动承认学生是学习的主体，注意调动他们的学习主动性，引导他们独立思考，积极探索，生动活泼地学习，自觉地掌握科学知识和提高分析问题、解决问题的能力。

2. 相关教育思想

（1）孔子："不愤不启，不悱不发"，这是"启发"一词的来源。

（2）《学记》："君子之教，喻也""道而弗牵，强而弗抑，开而弗达"。

（3）朱熹："启，谓开其意；发，谓达其辞"。

（4）张载："教之而不受，虽强告之无益"。

（5）苏格拉底提出"产婆术"。

（6）第斯多惠："一个坏的教师奉送真理，一个好的教师则教人发现真理"。

3. 贯彻启发性原则的要求

（1）教师要加强学生学习的目的性教育，调动学生学习的主动性，这是启发的首要问题。

（2）教师要设置问题情境，启发学生独立思考，发展学生的逻辑思维能力。

（3）教师要让学生动手，培养学生独立解决问题的能力，鼓励学生将知识创造性地运用于实际。

（4）教师要引导学生反思学习过程。

（5）教师要发扬教学民主。

考点3　巩固性原则

1. 基本含义

巩固性原则是指教师在教学中，要引导学生在理解的基础上牢固地掌握知识和基本技能，将其长久地保持在记忆中，在需要的时候，能够准确无误地呈现出来，以利于知识技能的运用。

2. 相关教育思想

（1）孔子："学而时习之""温故而知新"。

（2）夸美纽斯："所教的科目若不常有适当的反复与练习，教育便不能够达到彻底的境地""学习如果不复习，就像水泼在筛子上"。

（3）乌申斯基："复习是学习之母"。

3. 贯彻巩固性原则的要求

（1）在理解的基础上巩固，在教学的全过程中加强知识的巩固。

（2）重视组织各种复习，教会学生记忆的方法。

（3）在扩充改组和运用知识中积极巩固。

考点4　循序渐进原则

1. 基本含义

循序渐进原则是指教师要严格按照科学知识的内在逻辑体系和学生认识能力发展的顺序进行教学，使学生系统地掌握基础知识和基本技能，形成严密的逻辑思维能力。

2. 相关教育思想

（1）《论语》："欲速则不达"。

（2）《学记》："学不躐等""不陵节而施""杂施而不孙，则坏乱而不修"。

（3）孟子："盈科而后进""流水之为物也，不盈科不行"。

（4）荀子："不积跬步，无以至千里；不积小流，无以成江海""积土成山，风雨兴焉；积水成渊，蛟龙生焉"。

（5）朱熹："循序而渐进，熟读而精思""未得乎前，则不敢求其后"。

（6）夸美纽斯："应当循序渐进地来学习一切，在一段时间内只应当把注意力集中在一件事情上"。

3. 贯彻循序渐进原则的要求

（1）教师要按教材的系统性进行教学。

（2）教师要注意主要矛盾，解决好重点与难点的教学。

（3）教师要按照学生的认识顺序，由浅入深、由易到难、由简到繁地进行教学。

（4）将系统连贯性与灵活多样性结合起来。

（5）要打好基础，培养学生系统学习的良好习惯。

考点 5 因材施教原则 ★★★

1. 基本含义

因材施教原则是指在教学中，教师要从课程计划、学科课程标准的统一要求出发，既要面向全体学生，又要根据学生的个别差异，有的放矢地进行教学，使每个学生都能扬长避短，获得最佳的发展。这一原则是根据个体身心发展的个别差异性提出的。

2. 相关教育思想

（1）《论语》："视其所以，观其所由，察其所安""柴也愚，参也鲁，师也辟，由也喭""求也退，故进之；由也兼人，故退之"。

（2）《学记》："今之教者，呻其占毕，多其讯言，及于数进而不顾其安。使人不由其诚，教人不尽其材"。

（3）朱熹："夫子教人，各因其材"。

（4）西邻有五子，一子朴，一子敏，一子盲，一子偻，一子跛；乃使朴者农，敏者贾，盲者卜，偻者绩，跛者纺；五子皆不患衣食焉。

（5）陶行知："人像树木一样，要使他们尽量长上去，不能勉强都长得一样高，应当是：立脚点上求平等，于出头处谋自由"。

（6）一把钥匙开一把锁；大有大成，小有小成；量体裁衣；对症下药。

3. 贯彻因材施教原则的要求

（1）教师的教学要坚持课程计划和学科课程标准的统一要求。

（2）教师要了解学生，从实际出发进行教学。

（3）教师要善于发现每个学生的兴趣、爱好，并创造条件，尽可能使每个学生的不同特长都得以发挥。

典型例题 （2021 下·单选）与多元智能理论相吻合的教学原则是（ ）。

A. 直观性原则　　　　B. 巩固性原则　　　　C. 循序渐进原则　　　　D. 因材施教原则

【答案】D。

考点 6 理论联系实际原则

1. 基本含义

理论联系实际原则是指教学要以学习基础知识为主导，从理论与实际的联系上去理解知识，注意运用知识去分析问题和解决问题，达到学懂会用、学以致用。这一原则是间接经验与直接经验相统一的教学规律在教学中的体现。

2. 相关教育思想

（1）荀子："知之而不行，虽敦必困""见之不若知之，知之不若行之"。

（2）陆游："纸上得来终觉浅，绝知此事要躬行"。

（3）读万卷书，行万里路。

（4）裴斯泰洛齐："你要满足你的要求和欲望，你就必须认识和思考，但是为了这个目的，你也必须行动，知和行又是那么紧密联系，假如一个停止了，另一个也随之停止"。

3. 贯彻理论联系实际原则的要求

（1）教师进行书本知识的教学要注重联系实际。

（2）教师要正确处理知识教学与技能训练的关系。

（3）教师要补充必要的乡土教材。

（4）教师要逐步培养与形成学生综合运用知识的能力。

考点7　科学性与思想性（教育性）相结合原则 ★★

1. 基本含义

科学性与思想性相结合原则是指既要把现代科学的基础知识和基本技能传授给学生，又要结合知识、技能中潜在的德育因素，对学生进行政治、思想教育和道德品质教育。这是培养德、智、体等全面发展的人的要求，体现了我国教育的根本方向。这一原则的实质是要求在教学活动中把教书和育人有机结合起来，是知识的思想性、教学的教育性规律的反映。

2. 相关教育思想

（1）文以载道。

（2）赫尔巴特："我想不到任何无教学的教育，正如在相反方面，我不承认有任何无教育的教学"。

3. 贯彻科学性与思想性相结合原则的要求

（1）教师要保证教学的科学性。

（2）教师要结合教学内容的特点进行思想品德教育。

（3）教师要通过各个环节对学生进行思想品德教育。

（4）教师要不断提高自己的业务能力和思想水平。

典型例题（2022下·单选）老师在讲到"遗传与进化"这一部分时，提到了袁隆平面对当时社会的严重饥荒，立志用农业科学技术帮助人民培育杂交水稻，使得人民不再受饥饿威胁的事迹。同学们深受教育。这体现的教学原则是（　　）。

A. 直观性原则　　　　　　　　　　B. 启发性原则

C. 理论联系实际原则　　　　　　　D. 科学性与思想性相结合原则

【答案】D。

考点8　发展性原则（量力性原则、可接受性原则）

1. 基本含义

发展性原则是指教学内容、方法、分量、进度要适合学生的发展水平，使他们能够接受，但又要有一定难度，需要他们经过努力才能掌握。这一原则的提出是为了防止发生教学难度低于或高于学生实际程度的状况。

2. 相关教育思想

（1）墨子："夫智者必量其力所能至而如从事焉""深其深，浅其浅，益其益，尊其尊"。

（2）《学记》："语之而不知，虽舍之可也"。

（3）王守仁："量其资禀""常使精神力量有余，则无厌苦之患，而有自得之美""随人分限所及"。

（4）夸美纽斯："教给学生的知识必须是青年人的年龄与心理力量所许可的""一切事情的安排都适合学生的能力，这种能力自然会和学习与年龄同时增长的"。

3. 贯彻发展性原则的要求

（1）教师要了解学生的发展水平，从实际出发进行教学。

（2）教师要了解学生发展的具体特点。

（3）教师要恰当地把握教学难度。

知识拓展

上文列举了常见的教学原则。这里补充考题中出现过的"直观性与抽象性相结合原则"。这一原则是指在教学中，教师既要使学生用各种感观和已有经验获得鲜明表象，又要引导他们在感性材料的基础上进行抽象思维概括，形成正确的概念、判断和推理。

___ 小　结 ___

1.【常考题型】单选、多选、案例分析

2.【命题角度】

（1）给出名人名言、教学实例，要求判断其体现或违背了哪一教学原则。例如，"君子之教，喻也"，体现了哪一教学原则？答案：启发性原则。

（2）考查各教学原则的内涵及贯彻该教学原则的要求。

四、教学方法

教学方法是师生为完成一定的教学任务而在共同的教学活动中采用的手段。它包括教师教的方法和学生学的方法，是教师引导学生掌握知识技能、获得身心发展的方法。

我国中小学常用的教学方法如下。

考点1　以语言传递为主的教学方法 ★★

1. 讲授法

（1）基本含义及地位

讲授法是教师通过口头语言系统连贯地向学生传授知识的方法。它是最古老的一种教学方法，是迄今为止在世界范围内应用最广泛、最普遍的一种教学方法，也是我国中小学各科教学中使用最为普遍的、主要的教学方法，其他各种教学方法在运用中常常要与讲授法结合。

（2）讲授法的方式

讲授法可分为讲述、讲解、讲读、讲演和讲评五种方式。

①讲述是教师运用具体生动的语言对教学内容作系统叙述和形象描绘的讲授方式。

②讲解是教师运用通俗易懂、科学准确的语言对教材内容进行解释、说明、论证的讲授方式。

③讲读是教师把讲述、讲解同阅读教材有机地结合，讲、读、练、思相结合的讲授方式。

④讲演是以教师的演说或报告的形式在较长时间里系统地讲授教材内容，条分缕析，广征博引，科学论证，从而得出科学结论的讲授方式。

⑤讲评是教师对学生的课堂答问和课内外作业进行公正客观、恰如其分的评点和评析，或对某一现象或事物进行评价或评论，多用于介绍某种新观点或新发现。

（3）讲授法的优缺点

优点：①效率高，学生能够在短时间内获得大量系统的知识；②成本低，口头传授的方式不受条件、设备的限制；③有利于发挥教师的主导作用；④保证知识的系统性，能够解决多数学生的疑问。

缺点：①不利于学生主动、积极地学习，不利于培养学生的主动探究意识和能力；②过多的讲授会占用学生自学和练习的时间；③难以做到因材施教，无法照顾学生的个别差异，不利于学生的个性发展；④空泛的讲授不利于吸引学生的注意，不利于启发学生。

（4）运用讲授法的基本要求

①教师要注意启发诱导。教师在讲授过程中要善于提问并引导学生积极思维，使他们的认识活动积极开展，自觉地领悟知识。

②教师要认真组织教学内容。讲授内容要有科学性、系统性、思想性；讲授时要密切联系实际。讲授内容的科学性与思想性是保证讲授质量的首要条件。

③教师要讲究语言艺术。语言要生动形象、富有感染力，清晰、准确、简练，条理清楚、通俗易懂；音量、语速要适度；语调要抑扬顿挫，适应学生的心理节奏；注意运用体态语，提高语言的感染力。

④教师要组织学生听讲。教师要讲明教授内容的内在联系；善于观察学生的反应，及时调整自己的传授内容，变换讲授方式；在讲授各段落时，结合复述、问答等，使学生的思维始终处于积极状态。

⑤注意与其他教学方法配合使用。教师应当善于将讲授法与其他教学方法和手段交叉替换使用，避免学生因长时间听讲出现疲劳和注意力涣散现象。

典型例题 （2021下·单选）要让学生在较短时间内获得系统的科学文化知识，效率最高的教学方法是（ ）。

A. 研究法　　　　　B. 讲授法　　　　　C. 练习法　　　　　D. 讨论法

【答案】B。

2. 谈话法

（1）基本含义

谈话法也叫问答法，是教师按一定的教学要求向学生提出问题，要求学生回答，并通过问答的形式来引导学生获取或巩固知识的方法。

（2）谈话法的优缺点

优点：①能充分激发学生的主动思维，促进学生独立思考；②对学生智力发展有积极作用；③有利于学生语言表达能力的锻炼和提高。

缺点：①完成相同教学任务，需要更多的时间；②学生人数较多时，很难照顾到每一个人。

（3）运用谈话法的基本要求

①教师要准备好问题和谈话计划。

②教师提出的问题要明确，能引起学生思维兴奋，即提问要富有挑战性和启发性，问题的难度要因人而异。

③教师要善于启发诱导学生思考。

④教师要做好归纳、小结，使学生的知识系统化、科学化，并注意纠正一些不正确的认识，帮助他们准确地掌握知识。

3. 讨论法

（1）基本含义

讨论法是学生在教师指导下为解决某个问题而进行探讨、辨明是非真伪，以获取知识的方法。讨论法是一种以学生自己的活动为中心的教学方法。

（2）讨论法的优缺点

优点：①有利于激发学生的兴趣、活跃学生的思维；②有助于学生集思广益、互相启发、加深理解，在此基础上独立思考，促进思维能力的发展；③能调动学生的学习积极性，培养学生钻研问题的能力；④能有效促进学生口头语言表达能力的发展。

缺点：①受学生知识基础、经验水平和理解能力的限制；②讨论容易脱离主题，流于形式。

（3）运用讨论法的基本要求

①教师要选择有吸引力的讨论题目。

②教师要善于在讨论中启发、引导学生，围绕中心议题发言，切勿偏离主题。

③讨论结束后教师要做好讨论小结，概括总结正确观点和系统知识，纠正错误、片面或模糊的认识，肯定学生各种意见的价值。

4. 读书指导法

（1）基本含义

读书指导法是教师指导学生通过阅读教科书、参考书，以获得知识、巩固知识、培养自学能力的方法。

（2）运用读书指导法的基本要求

①教师要提出明确的目的、要求和思考题。

②教师要教给学生读书的方法，让学生学会使用工具书，学会做读书笔记等。

③教师要善于在读书中发现问题和解决问题。

④教师要适当组织学生交流读书心得。

考点 2 以直观感知为主的教学方法 ★★

1. 演示法

（1）基本含义

演示法是教师通过展示实物、直观教具，运用示范性实验或现代化视听手段，指导学生获得知识或巩固知识的方法。演示法体现了直观性、理论联系实际的教学原则。

（2）运用演示法的基本要求

①教师要做好演示前的准备，选择典型的实物、教具，考虑好演示的方法与过程。

②教师要使学生明确演示的目的、要求与过程，使学生主动、积极、自觉地投入观察与思考。

③讲究演示的方法，要紧密配合教学。过早拿出直观教具或演示完不及时收好教具，都会分散学生注意；演示过程中，要适当提问、指点。引导学生边看边思考，以获取最佳效果。

需要注意，运用实物的直观图像时，不是直观图像越接近实物，学习效果越好。直观图像等视觉材料的逼真度与学习效率之间是倒"U"形曲线关系，所以中等程度的逼真度才是最佳的。

2. 参观法

（1）基本含义

参观法是教师根据教学目的和要求，组织学生对实物进行实地观察、研究，从而在实际中获得新知识或巩固、验证已学知识的方法。参观法的基本形式是学生在教师指导下获得直接经验。

（2）运用参观法的基本要求

①教师要做好参观的准备。在参观前，教师要确定参观的目的和地点，了解参观地点和对象的情况，拟订参观计划，做好组织工作和动员工作。

②教师要在参观过程中及时指导学生。教师要争取参观单位配合对学生进行有关的教育；要引导学生观察事物最主要的地方，指导学生收集材料；要求学生遵守纪律，注意安全。

③教师要帮助学生总结参观的收获。指导学生整理材料、写参观报告、举行参观座谈会，教师还要着重把学生获得的感性知识上升为系统的理论知识。

典型例题 1.（2019上·单选）语文老师在讲生字"灭"的时候，在一个透明的玻璃杯里点燃一根蜡烛，然后在杯口盖上一块玻璃，火渐渐地熄灭了。这样的教学方法是（　　）。

A. 讲授法 　　　　B. 实验法 　　　　C. 演示法 　　　　D. 练习法

【答案】C。

2.（2022下·判断）张老师在教《桥之美》的时候，请专业工程师到教室用模具讲解造桥的技术，张老师采用的是现场教学法。　　　　　　　　　　　　　　　　　　　　（　　）

【答案】×。解析：现场教学强调让学生到工厂、农村、社会生活现场和其他场所中去。张老师请专业工程师到教室用模具讲解造桥的技术，采用的是演示法，而非现场教学法。

考点3　以实际训练为主的教学方法

1. 练习法

（1）基本含义

练习法是学生在教师指导下，运用所学知识反复地完成一定的操作、作业与习题，以加深理解和形成技能、技巧的方法。练习法尤其适合工具性学科（如语文、外语、数学等）和技能性学科（如体育、音乐、美术等）。

（2）运用练习法的基本要求

①教师要使学生明确练习的目的与要求，掌握练习的原理和方法。

②教师要精选练习材料，适当分配分量、次数和时间，练习的方式要多样化，循序渐进，逐步提高。

③教师要对学生的练习严格要求，及时向学生反馈练习情况。

2. 实验法

（1）基本含义

实验法是学生在教师的指导下，使用一定的仪器和设备，在一定条件下使某些事物和现象产生变化，进行观察和分析，以获得知识和技能的方法。实验法一般在物理、化学、生物等自然科学的教学中运用得较多。

（2）实验法的优点

实验法能按教学需要创造和控制一定的条件，引起事物的发生和变化，使学生看到事物的因果联系，不仅有助于学生理论联系实际，掌握实验操作技能，还能培养学生对科学实验的兴趣和求实精神。

（3）运用实验法的基本要求

①做好实验的准备。制订好实验计划；备好实验用品，分好实验小组；让学生做好预习。

②明确实验的目的、要求与做法。让学生懂得实验的原理、过程、方法和注意事项，提醒学生注意安全和爱护仪器，提高学生实验的自觉性。

③注意指导实验过程。要巡视全班实验情况，发现问题要及时向全班学生做指导，或组织经验交流，对困难较大的小组或个人要给予帮助，使每个学生都积极投入实验。

④做好小结。指出实验优缺点，分析问题产生的原因，提出改进意见，要求学生写好实验报告。

3. 实习作业法（实习法）

（1）基本含义

实习作业法是教师依据学科课程标准的要求，指导学生运用所学的知识从事一定的工作或进行一定的操作，将书本知识运用于实践的教学方法。实习作业法在自然科学各门学科和职业教育中占有重要地位。如数学课的测量练习、生物课的植物栽培、动物饲养等都是实习作业法的具体体现。

（2）运用实习作业法的基本要求

①做好实习作业的准备。教师要制订计划，确定地点，准备仪器，编好实习作业小组。

②做好实习作业的动员。教师要明确实习作业的目的、任务、注意事项，提高学生的自觉性与积极性。

③做好实习作业过程中的指导。在作业过程中，教师要给予学生必要的指导，与学生及时交流，以保证质量。

④做好实习作业总结。教师要指导学生写出实习报告或体会，并进行评价和总结。

4. 实践活动法

（1）基本含义

实践活动法是让学生参加社会实践活动，培养学生解决实际问题的能力和多方面实践能力的教学方法。

（2）运用实践活动法的基本要求

①教师在学生参加实践活动之前要做好充分的准备工作。

②在实践活动过程中，教师应密切注意学生的表现，并给予学生指导或帮助。

③在实践活动结束时，教师要安排学生进行总结。

典型例题 1.（2019下·单选）王老师在教平行四边形面积公式时，指导学生使用剪刀和胶带将平行四边形"变"成了已经学过的长方形，从而推导出平行四边形的面积等于平行四边形的底乘以高。王老师采用的教学方法是（　　）。

A. 实验法　　　　　B. 练习法　　　　　C.演示法　　　　　D. 情境法

【答案】A。

2.（2022下·单选）在科学课上，小学生从书中学习了蚕的生命历程，老师给学生发放蚕卵，让他们回家饲养，直观认识蚕的生命蜕变。老师的这种做法是运用了（　　）。

A. 实验法　　　　　B. 练习法　　　　　C.情境教学法　　　　　D. 实习作业法

【答案】D。

考点4　以情感陶冶（体验）为主的教学方法

1. 欣赏教学法

欣赏教学法是在教学过程中指导学生体验客观事物的真善美的教学方法。它寓教学内容于各种具体的、生动的、形象的、有趣的活动之中，以唤起学生的想象，加深他们对事物的认识和情感上的体验。欣赏教学法一般包括对自然的欣赏、对人生的欣赏和对艺术的欣赏等。

2. 情境教学法

情境教学法由我国江苏省特级教师李吉林首创。这是一种在教学过程中，教师有目的地引入或创设以形象为主体的具有一定情绪色彩的生动具体的场景，以引起学生一定的情感体验，从而帮助学生理解教材，并使学生的心理机能得到发展的教学方法。

考点5　以探究活动（引导探究）为主的教学方法

以探究活动为主的教学方法主要是发现法。发现法又叫问题法、探索法、研究法、启发法，是教师不直接将学习内容提供给学生，而是为学生创设问题情境，引导学生探讨、发现新知识和新问题的方法。法国的卢梭、德国的第斯多惠、美国的杜威等人都曾提倡过发现法。现代发现法的倡导者是美国的布鲁纳。

小 结

1.【常考题型】单选、多选、案例分析

2.【命题角度】

（1）结合例子或直接考查某种教学方法的含义、优缺点、运用要求等。例如，教师通过展示实物、直观教具，运用示范性实验或现代化视听手段，使学生获取知识的教学方法是什么？答案：演示法。

（2）直接以多选的形式考查某种教学方法的优缺点、运用要求，或者根据有关材料分析对应的教学方法。

3.【易错易混】几种易混的教学方法的区分如下。

（1）参观法与实习作业法：形式不同

参观法强调学生在教师指导下获得直接经验，一般通过实地观察、调查、研究实物来实施。

实习作业法强调学生用书本知识解决实际问题。

（2）实验法与演示法：实验主体不同

实验法中，实验的主体是学生，即学生实际动手操作进行实验，教师辅导。

演示法中，实验的主体是教师，即教师动手做实验演示，学生观察。

考点6　教学方法的选择与运用

1.选择教学方法的依据

（1）学科的任务、内容和教学方法特点，课题（或单元）与课时的教学目的和任务。

（2）教学过程、教学原则和班级上课的特点。

（3）学生的情趣、水平、智能的发展与个别差异、独立思考能力、学习态度、学风与习惯。

（4）教师的思想与业务水平、实际经验与能力、教学的习惯与特长。

（5）学生参与教学过程中的答问、讨论、作业、评析的积极性与水平。

（6）教师与学生双边活动的配合、互动的状况与质量。

（7）班、组活动与个人活动结合的状况，课堂教学、课外作业或课外活动结合的状况与质量。

（8）学校与地方可能提供的物质与仪器设备、社会条件、自然环境等。

（9）学科、教材、单元、课题乃至每节课所规定的课时，其他可利用的时间，如早、晚自习等。

（10）对可能取得的成效的缜密预计与意外状况出现时的应变措施。

2.当代运用教学方法的指导思想

启发式教学的实质在于调动学生学习的积极性和主动性，激发学生积极思考。启发式教学不是指某一种具体的教学方法，它是一种教学指导思想，也是一条教学原则。

注入式教学也称"灌输式"教学、"填鸭式"教学，是教师从主观愿望出发，把学生看成单纯接受知识的容器，向学生灌注知识，无视学生在学习上的主观能动性。

提倡启发式，反对注入式，是当代运用教学方法的指导思想。

衡量一种教学方法是否具有启发性，关键是看教师能否促进学生积极主动地去学习，而不是单从形式上去判断。人们常常认为讲授法就是注入式，而谈话法和提问法等就是启发式，其实不然。讲授法也可以在教师的合理讲授中变成启发式讲授，同样，提问法若只是单调的一问一答，反而会影响学生学习的主动性和积极性。

典型例题　（2024上・单选）陶行知曾经说过："教育就像喂鸡一样。先生强迫学生去学习，把知识硬灌给他，他是不情愿学的。即使学也是食而不化，过不了多久，他还是会把知识还给先生的。"陶行知在这里强调的教育因素是（　　）。

A. 教育目的　　　　　　　B. 教育内容　　　　　　C. 教育方法　　　　　　D. 教育环境

【答案】C。

小　结

1.【常考题型】单选、多选、判断

2.【命题角度】

（1）直接考查选择教学方法的依据的具体内容。

（2）直接考查启发式教学和注入式教学的含义。

第二节　教学组织形式与教学工作基本环节

一、教学组织形式

考点1　教学组织形式的含义

教学组织形式是指为完成特定的教学任务，教师和学生按照一定要求组合起来进行活动的结构。教学组织形式所要解决的问题是教师以什么样的形式将学生组织起来，通过什么样的形式与学生发生联系，教学活动按照什么样的程序展开，教学时间如何分配和安排等问题。

教学组织形式主要受教学观念、教学任务、教学内容、教学对象和教学条件等因素的制约。

考点2　教学组织形式的历史沿革

1. 古代以个别施教为基础的教学组织形式——个别教学制

个别教学制是教师在同一时间以特定内容面向一个或几个学生进行教学的组织形式。它是历史上最早出现的教学组织形式。古代学校的教学组织形式大都是个别教学制。

个别教学制的优点在于教师能根据每位学生的特点（包括天赋、接受能力和努力程度）因材施教，加强教学的针对性，充分地发展每个学生的潜能、特长和个性。

个别教学制的缺点是办学规模小、速度慢、效率低，不利于学生之间的交流、合作和个人的社会化。

2. 近代以集体学习为主的教学组织形式

（1）班级授课制

班级授课制又称班级上课制、班级教学、课堂教学，是指将学生按年龄和文化程度编成有固定人数的班级，由教师按照课程计划统一规定的课程内容和教学时数，根据课程表进行分科教学的一种集体教学组织形式。

班级授课制的思想萌芽可追溯至古罗马时期的昆体良。17世纪，捷克教育家夸美纽斯在《大教学论》中首先对班级授课进行研究并确定了班级授课制的基本框架。到了19世纪，德国教育家赫尔巴特提出了教学过程的四阶段理论，班级授课制得以进一步完善而基本定型。其后，以苏联凯洛夫为代表的教育家，提出了课的类型和结构的理论，使班级授课制成为一个完整的体系。我国的教学活动采用班级授课模式，始

于清代同治元年（1862 年）于北京开办的京师同文馆。（班级授课制的具体内容在后文将进行详细讲解）

（2）贝尔 – 兰卡斯特制

贝尔 – 兰卡斯特制也称导生制，是由英国人贝尔和兰卡斯特在 18 世纪末 19 世纪初创立的。这种教学组织形式仍以班级为基础，但教师不直接面向班级全体学生，而是在学生中选择一些年龄较大、学习成绩好的学生充任导生，教师先把教学内容教给导生，再由他们去教年幼的或成绩较差的其他学生。

这种教学组织形式在一定程度上缓解了教师匮乏的压力，但是教学质量一般很低，很难满足大工业生产对学校教育质量的要求。

3. 向个别教学回归的多样化教学组织形式 ★★

（1）道尔顿制

道尔顿制是美国的帕克赫斯特于 1920 年在道尔顿中学创建，为解决班级授课制无法适应个别差异问题而实施的教学组织形式。

①主要观点

道尔顿制是一种典型的自学辅导式的教学组织形式，主张在学校里废除课堂教学、课程表和年级制，代之以公约或合同式的学习。按照道尔顿制的教学组织方法，教师不再在课堂上向学生系统地讲授教材，而只为学生分别指定自学参考书、布置作业，改传统教室为各科作业室，由学生自学和独立作业，有疑难时才请教师辅导。学生完成一定阶段的学习任务后，向教师汇报学习情况和接受考查。道尔顿制实行学分制，师生分别记录学习进度表，进度快者可提早完成学业。

②评价

优点：重视学生的自学和独立作业。在良好的条件下，其有利于调动学生学习的主动性，培养他们的学习能力和创造才能。

缺点：过于强调个别差异，缺乏教师的系统讲解，不利于学生对于系统知识的掌握，且对教师的要求以及教学设施和条件要求较高。

（2）设计教学法

设计教学法由美国教育家杜威首创，后来由他的学生克伯屈加以改进并大力推广。

①主要观点

克伯屈强调，"有目的的活动"是设计教学法的核心，儿童自动的、自发的、有目的的学习是设计教学法的本质。

设计教学法主张废除班级授课制，摒弃教科书，打破传统的学科界限，教师不直接向学生传授知识和技能，而是指导学生根据自己已有的知识和兴趣，自行组成以生活问题为中心的综合性学习单元。学生在自己设计、自己负责的单元活动中获得有关的知识和能力。设计教学法的重点是以活动课程代替学科课程，使学生在活动中获得对知识的整体认知。

②评价

设计教学法能够发挥学生学习的主动性与积极性，能够锻炼学生的实践能力，培养学生的合作意识。但是它打破了学科的逻辑体系，忽视了教学内容的系统性，不利于学生逻辑思维的培养和系统科学知识的掌握。

（3）文纳特卡制

文纳特卡制是美国人华虚朋于 1919 年在芝加哥市文纳特卡镇公立学校实行的教学组织形式。

①课程设置

文纳特卡制的课程分为两部分，一部分为儿童将来生活必需的知识和技能，按学科进行，由学生个人自学完成；另一部分是使儿童的创造性和社会意识得到发展的社会性活动，旨在培养学生的"社会意识"。

②评价

文纳特卡制有利于个性化教学，但要求高、费用大、师生负担重，且不利于系统知识的掌握。

（4）特朗普制

特朗普制又称"灵活的课程表"，由美国教育家特朗普提出。

①主要观点

这种教学组织形式试图把大班上课、小班讨论和个人独立研究结合在一起，并采用灵活的时间单位代替固定划一的上课时间，以大约 20 分钟为一个课时。教学时间的分配大致为大班上课占 40%，小班讨论占 20%，个人独立研究占 40%。

②评价

这种教学组织形式有利于培养学生思考问题、解决问题以及独立研究的能力，并有利于学生获得多种渠道的信息。它要求教师做到大班授课前充分备课，小班教学时随时指导，因此教师仍起着重要的作用。

典型例题（2023 上·判断）协同教学主张把大班上课、小班讨论、个人独立研究结合在一起。

（　　）

【答案】×。

小 结

1.【常考题型】单选、多选、判断

2.【命题角度】

（1）考查个别教学制的适用时期（古代）。

（2）考查某种教学组织形式的发展、主要观点、代表人物等。

3.【易错易混】道尔顿制与设计教学法的异同

共同点：打破传统的教学方式，由教师指导，学生自学。

不同点：道尔顿制强调教师要为学生指定自学参考书目，后由学生自学和独立作业，并接受教师考查；设计教学法强调学生自己设计、决定学习内容。

考点3　现代教学组织形式 ★★★

1. 现代教学的基本教学组织形式——班级授课制

在现代，班级授课制（见图 1-7-1）仍是世界普遍采用的教学组织形式，也是我国目前教学的基本组织形式，其他教学组织形式只是作为班级授课制的辅助形式发挥着作用。

（1）班级授课制的基本特点：班、课、时

①班：同一个教学班学生的年龄和知识水平大致相同，并且人数固定，教师同时对整个班集体进行同样内容的教学。

②课：把教学内容以及为实现这种内容而以一定的教学手段、教学方法展开的教学活动，按学科和学年分成许多小的部分，分量不大，大致平衡，彼此连续而又相对完整。这每一小部分内容和教学活动，就叫作一"课"。"课"是教学活动的基本单元。

③时：把每一"课"规定在固定的单位时间内进行，这个单位

图 1-7-1　班级授课制

时间称为"课时"，课与课之间有一定的间歇和休息。

（2）班级授课制的优缺点

优点：①有利于经济有效地大面积培养人才，提高教学效率；②有利于学生获得系统的科学知识；③有利于发挥教师的主导作用；④有利于发挥学生集体的教育作用；⑤有利于学生德、智、体等多方面的发展；⑥有利于进行教学管理和教学检查。

缺点：①不利于学生主体性的发挥；②不利于培养学生的探索精神、创造能力和实际操作能力；③不能很好地适应教学内容和教学方法的多样化；④不利于因材施教，难以满足学生个性化的学习需要；⑤不利于学生之间真正的交流和启发；⑥以"课"为基本的教学活动单位，某些情况下会割裂内容的整体性。

典型例题（2017上·判断）新课改后小组合作学习成了中小学最基本的教学组织形式。（   ）

【答案】×。解析：班级授课制是中小学最基本的教学组织形式。

2. 现代教学的辅助形式——个别教学和现场教学

（1）个别教学

个别教学是教师针对不同学生的情况进行个别辅导的教学组织形式。个别教学弥补了班级授课制中平均、划一教学的不足，是满足特殊化教育需要、实现个性发展的手段和途径。

（2）现场教学

现场教学是指教师根据一定的教学任务与教学内容，将学生带领到生产或生活相关场所进行教学的一种辅助性教学组织形式。

3. 现代教学的特殊组织形式——复式教学

复式教学是把两个或两个以上不同年级的学生编在一个教室里，由一位教师分别用不同的教材，在一节课里对不同年级的学生进行教学的一种特殊组织形式。它适用于学生少、教师少、校舍和教学设备较差的农村以及偏远地区，有利于普及教育。

复式教学的特点：①直接教学和学生自学或做作业交替进行；②保持了班级授课制的一切本质特征，与班级授课制不同的是，教师要在一节课的时间内巧妙地同时安排几个年级学生的活动。复式教学组织得好，学生的基本训练和自学能力往往更强。

小 结

1.【常考题型】单选、多选、判断、案例分析

2.【命题角度】

（1）考查班级授课制的地位（最基本的教学组织形式）、特点（班、课、时）、优缺点。

（2）考查现代教学的辅助形式（个别教学、现场教学），特殊形式（复式教学）等。

考点4　现代教学组织形式的改革

1. 分组教学（分层教学）

分组教学是按学生的能力或学习成绩把他们分为水平不同的组进行教学的教学组织形式。

（1）分组教学的类型

①外部分组和内部分组

外部分组彻底打破传统的年龄编组，按照学生的学习能力或学习成绩的差别进行分组教学，是班级间分组。

内部分组是在按年龄编班的基础上，根据学习能力或学习成绩的差异进行分组教学。

②能力分组和作业分组

能力分组是根据学生的能力发展水平开展分组教学，学习的课程相同，但不同的组学习年限不同。

作业分组是根据学生特点和意愿分组，学习年限相同，但不同的组学习的课程不同。

（2）分组教学的优缺点

优点：能根据学生的学习能力或水平差异分别进行教学，便于教师组织教学，能够适应不同层次学生的学习准备和学习要求，有利于因材施教。

缺点：对学生的能力和水平难以鉴定；对学生区别对待，易引起对教学平等的非议；不利于学生个性的健康发展，能力强的学生易滋生骄傲情绪，能力差的学生会产生自卑感；同时，由于缺乏不同水平学生间的相互交流，学生发展的机会受到了限制。

典型例题（2019上·单选）将学生按照智力测验或学业成绩分成不同水平的班级，教师根据不同班级的实际水平进行教学的组织形式是（　　）。

A.复式教学　　　　　　B.小组合作学习　　　　　　C.分层教学　　　　　　D.小班教学

【答案】C。

2.小组合作学习

小组合作学习是以异质小组为基本形式，以小组为主体，以小组成员合作性活动为机制，以小组目标达成为标准，以小组成绩为奖励依据的教学组织形式。

（1）小组合作学习的基本要素

①组间同质，组内异质；②设立小组目标，实施小组评价与奖励的机制；③个人责任的明确；④均等的成功机会。

（2）小组合作学习的优缺点

优点：可以给学生提供更多直接参与学习的机会；有利于培养学生的参与意识和领导组织能力；师生之间、学生之间的相互作用可以促使学生民主与合作精神的形成；有利于情感领域和动作技能领域教学目标的实现。

缺点：教学的进度不容易控制，教学目标难以一致。

小　结

1.【**常考题型**】单选、多选

2.【**命题角度**】考查现代教学组织形式改革的形式、特点等。例如，分组教学可分为哪些类型？

二、教学工作的基本环节

教师的教学工作包括五个基本环节：备课、上课、课外作业的布置与批改、课外辅导、学生学业成绩的检查和评定。

考点1　备课　★★

备课就是教师根据学科课程标准的要求和本门课程的特点，结合学生的具体情况，选择合适的表达方法和顺序，以保证学生有效地学习。备课是教师教学工作的基础工作和起始环节，是上好课的先决条件。

1.备课要做好的三方面工作

（1）钻研教材（备教材）——备课的核心环节

①钻研教材包括钻研课程标准、教科书和阅读有关的参考书。其中，教科书是教师备课和上课的主要依据。

②教师钻研教材经过懂、透、化三个阶段。"懂"就是弄清教材的基本思想、基本概念。"透"就是要透彻了解教材的结构、重点与难点，并掌握知识的逻辑。"化"就是教师的思想感情和教材的思想性、科学性要"融化"在一起。

（2）了解学生（备学生）

教师不仅要了解学生原有的知识、技能、兴趣和需要，还要了解学生的学习方法和习惯，并在此基础上，对学生学习新知识会有哪些困难，会出现什么问题等做出预测，以采取积极的对策。

（3）设计教法（备教法）

设计教法就是解决如何把已掌握的教材内容传授给学生。设计教法包括以下内容：如何组织教材，如何确定课的类型，如何安排每一节课的活动，如何运用各种方法开展教学活动。此外，也要考虑学生的学法，包括预习、课堂学习活动与课外作业等。

2. 备课要写好的三个计划

教师备好课要写好三个计划：①学年（或学期）教学进度计划；②课题（或单元）计划；③课时计划，即教案。

考点2　上课 ★★★

1. 上课的意义

上课是教学工作诸环节中的中心环节，是教师教和学生学的最直接的体现，是引导学生掌握知识、提高思想、发展能力的关键，是提高教学质量的关键。

2. 课的类型

根据一节课完成任务的类型数，可分为单一课和综合课。单一课是在一节课内主要完成一种任务的课。综合课是在一节课内完成两种或两种以上教学任务的课。一般来说，综合课的结构包括组织教学、复习检查、讲授新教材、巩固新教材、布置课外作业。其中，组织教学贯穿整个教学活动。

典型例题 （2016下·判断）组织教学是在课前进行的，其目的在于使学生做好上课前的准备。（　　）

【答案】×。

3. 上好课的基本要求

（1）目标明确。目标制定得当，符合课程标准的要求及学生的实际；课堂上的一切教学活动都应该围绕教学目标来进行。

（2）内容正确。教学内容具有科学性和思想性。

（3）方法得当。教师根据教学任务、内容和学生的特点选择合适的方法进行教学，力求使教学取得较好的效果。

（4）结构合理。教师教学有严密的计划性和组织性。课的进程次序分明、有条不紊，课的结构紧凑，不同任务变换时过渡自然，课堂秩序良好。

（5）语言艺术。教师授课讲普通话，语言简洁、明快、生动，语音抑扬顿挫，讲述有条理，有逻辑性。

（6）板书有序。板书形式上字迹规范、清楚、位置适宜；内容上重点突出、条理清晰。

（7）态度从容。教师授课充满自信，适当应用肢体语言。

（8）充分发挥学生的主体性。这是上好课的最根本的要求，离开了这一点，以上所有要求就都失去了意义。

考点3 课外作业的布置与批改

作业是学生及时复习和巩固知识的重要途径。课外作业是课堂作业的延伸，是教学活动的有机组成部分。合理而恰当的作业对于巩固和提高课堂教学效果有重要作用。

1. 课外作业的形式

（1）阅读作业，如阅读教科书、参考书或各种课外读物等。

（2）口头作业，如朗读、背诵、复述、口头问答等。

（3）书面作业，如书面练习、演算习题、作文、绘制图表等。

（4）实践活动作业，如实验、测量、各种技能的训练、社会调查等。

2. 布置作业的要求

（1）作业的内容要符合学科课程标准规定的范围与深度，有利于帮助学生巩固和加深对所学知识的认识，并形成相应的技能、技巧。

（2）作业要有代表性和典型性，分量要适当，难度要适中。

（3）作业应与教科书的内容有逻辑联系，不能照搬教科书中的例题或材料，要达到触类旁通、举一反三的效果。

（4）作业应有助于启发学生的思维，含有鼓励学生独立探究并进行创造性思维的因素。

（5）作业应尽量与现代生产和社会生活的实际结合起来，力求理论联系实际，但不可牵强附会。

（6）布置作业要向学生提出明确的要求，并规定完成的时间。对比较复杂的作业，教师也可以给予学生适当的提示，但这种提示应是启发性的，不能代替学生的独立思考。

3. 批改作业的要求

（1）教师要及时检查和批改作业，使学生养成按时完成作业的良好习惯。

（2）教师要注意发现学生在知识、技能方面出现的错误和存在的漏洞。

（3）教师要仔细评定，给出成绩，写上简短评语，对学生的学习提出明确要求。

（4）教师要及时将作业情况反馈给学生，纠正学生作业中的错误并指出原因。

（5）对大多数学生作业中经常出现的错误，教师要找机会进行辅导，重点讲解和纠正。

考点4 课外辅导

1. 课外辅导的意义

课外辅导是在课堂教学规定的时间之外，教师对学生的辅导。其目的在于因材施教及对学生进行学习目的、学习态度和学习方法等方面的个别教育与指导。课外辅导是课堂教学的必要补充，是适应学生个别差异、贯彻因材施教原则的重要措施。

2. 课外辅导的要求

（1）从辅导对象实际出发，确定辅导内容和措施。

（2）辅导只是对课堂教学的补充，不能将主要精力放在辅导上。

（3）辅导要目的明确，宜采用启发式，充分调动学生的主动性和积极性。

（4）教师要注意态度，师生平等相处，共同讨论，鼓励学生主动提出问题。

（5）加强学生思想教育和学习方法的指导，提高辅导效果。

3. 学习方法指导的方式

（1）学习诊断式。教师运用心理诊断技术帮助学生具体找出并分析影响学习效果的原因，指出具体的解决办法。

（2）系统传授式。教师根据学习方法指导教材向学生系统地传授学习方法，是目前进行学习方法指导较普遍的一种理论传授方式。

（3）专题讨论式。根据学生学习的需要，采取专题形式定期或不定期地举办学习方法指导讲座，这种方式既可以以班级为单位，也可以以年级或全校为单位统一进行；可以是报告会，也可以利用校刊、校报、学习园地等形式进行。

（4）学科渗透式。教师根据自己所教的学科渗透学习方法，是学习方法指导经常采用且效果较好的一种方式，一般由任课教师进行。这种方式要求教师既要对所教学科的知识有坚实的基础，又要对学习方法知识熟练掌握。

（5）经验交流式。学生之间通过自己的实践和学习过程的反思总结出自己的学习方法并互相交流经验，取长补短，改进自己的学习方法。这种方式可以在教师的指导下进行，也可以由学生独立进行。

`典型例题` （2020上·单选）小敏是一个听话、努力的孩子，可她的学习成绩一直不理想。王老师帮助小敏分析影响学习效果的原因，和她一起制定出具体的改进办法。王老师采用的方法是（　　　）。

A. 系统传授式　　　　　B. 专题讨论式　　　　　C. 学科渗透式　　　　　D. 学习诊断式

【答案】D。

考点5　学生学业成绩的检查和评定

1. 学业成绩检查和评定的意义

学生学业成绩的检查和评定是了解学生学习质量与教师教学质量的重要手段。对学生来说，可以了解自己在学习中的进步与缺陷，明确努力方向；对教师来说，可以检查教学效果，借以总结经验、改进教学；对学校领导来说，有助于加强对教学工作的管理；对家长来说，有助于其了解子女的学习情况，更好地配合学校来帮助学生提高学习成绩。

2. 学业成绩检查的方式

（1）考查

考查一般是指对学生的学习情况和成绩进行的一种经常的小规模或个别的检查与评定。考查是学校检查学生学业成绩和教师教学效果的一种方法。它是学校工作的一个组成部分，也是提高教学效率和质量的一种手段。考查的方式有口头提问、检查书面作业、书面测验等。

（2）考试

考试一般是指对学生学业成绩进行的阶段性或总结性的检查与评定。其目的侧重于对学生的学习质量做出全面检查与评价。考试一般有期中考试、期末考试和毕业考试等。考试的方式有口试、笔试和实践性考试等。

小　结

1.【常考题型】单选、多选、判断

2.【命题角度】

（1）直接考查备课的意义或地位（起始环节、先决条件、基础工作），备课的三方面工作、三个计划。

（2）直接考查上课的意义、课的类型和结构以及一堂好课的标准。

（3）以单选、多选的形式考查课外作业的形式及布置要求。

（4）以多选的形式考查教学工作包括哪几个基本环节。

3.【易错易混】课外辅导是课堂教学的必要补充，不是课堂教学的延续、深化和拓展。

三、教学评价

考点1 教学评价的含义与功能

1.教学评价的含义

教学评价是指以教学目标为依据，通过一定的标准和手段，对教学活动及其结果进行价值上的判断，即对教学活动及其结果进行测量、分析和评定的过程。

教学评价的内容包括：学生学业成绩的评价、教师教学质量的评价、课程的评价。

2.教学评价的功能

（1）导向功能

导向功能是指教学评价对实际的教育活动有定向引导的功能，能引导学生趋向于理想的目标。教学评价就像一个指挥棒、一把标尺或一盏指路灯，引导着教学活动的方向和侧重点。

（2）诊断功能

通过教学评价，教师和学生不仅可以了解自己的教学和学习的进度以及变化，而且能够发现其中存在的问题，进而及时调整教学进度，控制消极因素，重置教学资源，实现教学过程最优化。

（3）反馈功能

教学评价的结果可以为评定教师教学状况和了解学生学习情况提供反馈信息。对于教师而言，教学评价的反馈信息有助于他们进行教学反思，找出自己工作上的不足，及时改进教学工作，提高教学质量。对于学生而言，教学评价有助于他们了解自己的学业状况。

教师给学生的反馈有三种形式：①积极的反馈，是对学生的反应以鼓励，增强他们的信心，如"为了完成这个作业，你很努力"；②建设性的反馈，是有针对性地对学生的反应提出改进意见，如"试着用能够解释你的主题思想的句子展开你的作文"；③无用反馈，如"下次试着做得好一些""在写之前好好想想""你忘记了作业的要点"。积极的反馈和建设性的反馈都是有价值的反馈。

（4）管理功能

教学评价可以为教育行政部门客观地进行学校教学监督和管理提供依据，也可以为学校课程管理提供参考。教学评价的管理功能还体现在通过对教师"教"的评价，可以更好地了解和认识教师的教学工作，为学校人员安排、优化教师队伍提供信息参考和依据；通过对学生"学"的评价，为学生的分组、分班等提供数据的支持和帮助。

（5）激励功能（发展功能）

一般而言，在教学评价中获得肯定性结果的师生能在某种程度上获得精神上的满足感和成就感，从而极有可能更加努力。得到否定性结果的师生也许会感到紧张和焦虑，但适度的紧张和焦虑同样具有激励功能。适度的紧张和焦虑是我们追求和把握的最佳尺度。

（6）教学功能

教学过程前、过程中及结束后进行的各种测验，其本身就是教学活动的有机组成部分，是教学活动中必不可少的环节和重要的学习经验。

（7）研究功能

从某种意义上说，教学评价是对教学活动所做的系统审视与反思，教师从事教学评价活动实际上是教师校本教学研究的一部分。

也有学者认为教学评价具有反馈与改进功能、区分与鉴别功能等。

典型例题 （2022上·多选）下列针对学生学习情况和学习结果的反馈信息，属于有价值的反馈的有（   ）。

A.下一次试着做得更好   B.这表明你真努力了

C.在写之前好好想想   D.你忘记了作业的要点

E.每一栏你减得都很正确，但你忘了从十位借一

【答案】BE。

小 结

1.【**常考题型**】单选、多选、判断

2.【**命题角度**】直接考查或者给出例子和关键词，要求判断其体现了教育评价的何种功能。

考点2　教学评价的类型 ★★★

1. 相对评价、绝对评价和个体内差异评价

按照评价标准的不同，教学评价可分为相对评价、绝对评价和个体内差异评价。

（1）相对评价（常模参照评价）

相对评价是在被评价对象的群体中建立基准（通常以该群体的平均水平作为这一基准），然后把该群体的各个对象逐一与基准进行比较，以判断该群体中每个对象的相对优劣。例如，智力测验属于相对评价。

相对评价具有甄选性强的特点，因而可以作为选拔人才的依据。它的缺点是不能明确显示学生的真正水平，不能表明学生在学业上是否达到了特定的标准，对于个人的努力状况和进步的程度也不够重视。

（2）绝对评价（标准参照评价、目标参照评价）

绝对评价是将教学评价的基准建立在被评价对象的群体之外（通常是以教学目标为依据来制定这一基准），再把该群体中每一成员的某方面的知识和能力与基准进行比较，从而判定其优劣。

绝对评价可以衡量学生的实际水平，了解学生对知识、技能的掌握情况，适用于升级考试、毕业考试和合格考试。它的缺点是不适用于甄选人才。

（3）个体内差异评价

个体内差异评价是指以评价对象自身某一时期的发展水平为标准，判断其发展状况的评价方法。它主要有两种方法：一是把评价对象的现在与过去进行比较；二是把评价对象自身的不同侧面进行比较，如评价学生是否存在文理偏科现象。

个体内差异评价的最大优点是充分体现了尊重个体差异的因材施教原则，适当减轻了被评价对象的压力。但是，由于评价本身缺乏客观标准，不易给评价对象提供明确目标，难以发挥评价应有的功能。

2. 诊断性评价、形成性评价和总结性评价

按照评价功能的不同，教学评价可分为诊断性评价、形成性评价和总结性评价。

（1）诊断性评价

诊断性评价是在学期教学开始或单元教学开始时，对学生现有的知识水平、能力发展的评价。例如，各种摸底考试，了解学生学习疑难所在的考试。

诊断性评价的目的是了解和掌握评价对象的基础和情况，为制定教学措施做准备，为因材施教提供依据。

（2）形成性评价（过程性评价）

形成性评价是在教学进程中对学生的知识掌握和能力发展所做的比较经常而及时的测评与反馈，即对学生日常学习过程中的表现，取得的成绩，以及反映出的情感、态度、策略等方面的发展做出的评价，是基于对学生学习过程的持续观察、记录、反思而做出的发展性评价。评价结果是分析性的。例如，口头提问、随堂测验等。

形成性评价在教学进程中对教学和学习过程进行信息反馈，明确单元结构的错误，以便明确地制订矫正教学的方案，其目的是更好地促进学生的学习与发展，改进教学过程，提高质量，而不强调成绩的评定。

（3）总结性评价（终结性评价）

总结性评价是在一个大的学习阶段，如一个学期或一门学科终结时，对学生学习的成果进行的较正规的、制度化的考查、考试及其成绩的全面评定。评价结果是综合性的，概括化程度较高。

总结性评价的目的是给学生评定成绩，其功能包括以下几点：①评定学生的学习成绩；②证明学生掌握知识、技能的程度和能力水平及达到教学目标的程度；③确定学生在后续教学活动中的学习起点；④预测学生在后续教学活动中成功的可能性；⑤为制定新的教学目标提供依据。

3. 自我评价和他人评价

按照评价主体的不同，教学评价可分为自我评价和他人评价。

（1）自我评价（内部评价）

自我评价是指评价对象作为评价主体依据一定的评价标准而进行的评价。例如，学校对自身的课程与教学目标、组织等的评价，教师对自己的教学思想、内容、方法、态度、效果等的反思，学生对自己的学习成绩、态度、方法等方面的评价，都是自我评价。

（2）他人评价（外部评价）

他人评价是指评价对象之外的组织或个人依据一定的评价标准对评价对象进行的评价活动。例如，教育行政部门对学校课程与教学进行的检查与督导评价，学校领导、同行教师对教师教学工作进行的评价，教师对学生学习的评价等。

4. 定性评价和定量评价

按照评价的量化程度，教学评价可分为定性评价和定量评价。

（1）定性评价（质性评价）

定性评价是对评价材料做"质"的分析，运用的是分析、综合、比较、分类、演绎、归纳等逻辑分析方法，分析结果是没有量化的描述性资料。常见的定性评价方式有档案袋评定、苏格拉底式研讨评定、表现展示评定等。

（2）定量评价（量化评价）

定量评价是对评价材料做"量"的分析，运用的是数理统计、多元分析等数学方法，从纷繁复杂的评价数据中提取出规律性的结论。它具有客观化、标准化、精确化、量化、简便化等鲜明的特征。如成就测验（考试）等。

典型例题 1.（2023下·多选）在对学生进行期末评定时，殷老师写下这样的话："你是一个心地善良、活泼可爱的孩子，经常热情地为同学服务，也帮老师做了很多事。虽然你的成绩暂时还不太理想，但你上课时比上学期更专注了，也开始主动举手发言了，老师对你的变化感到欣慰。如果你平时能够多思、多问，就会有更大的进步。"关于殷老师对学生的评价，下列说法正确的有（　　　　）。

A. 该评价属于质性评价　　　　　　　　　B. 该评价属于多元评价

C. 该评价属于增值性评价　　　　　　　　　　　D. 该评价遵循了发展性评价的原则

E. 该评价既有结果评价也有过程评价

【答案】ABCDE。解析：增值性评价不以学生的考试成绩作为唯一标准，而是将学生在发展过程中的进步作为评价的尺度，关注学生个体的进步幅度。

2.（2023上·判断）对教学和学习过程进行信息反馈，明确单元结构的错误，以便改进教学策略，属于终结性评价。　　　　　　　　　　　　　　　　　　　　　　　（　　　）

【答案】×。

小　结

1.【常考题型】单选、多选、判断

2.【命题角度】

（1）给出例子，要求判断其属于哪种教学评价。

（2）直接考查教学评价的分类维度、定义、特点、功能等对应关系。

3.【易错易混】相对评价、绝对评价和个体内差异评价的出发点可以进行以下概括。

（1）相对评价——被评价对象是否突出。

（2）绝对评价——被评价对象是否合格。

（3）个体内差异评价——被评价对象是否进步。

考点3　教学评价的方法

教学评价的方法可分为测验评价和非测验评价。

1. 测验评价

测验主要以笔试的方式进行，是考核、测定学生成绩的基本方法。信度、效度、难度和区分度是测验的质量指标，同时也是有效测验的特征。

（1）信度

信度是指测验结果的可靠性或一致性的程度，是指一个测验经过多次测量所得结果的一致性程度，以及一次测量所得结果的准确性程度。如果一个测验在反复使用或以不同方式使用时都能得出大致相同的可靠结果，那么这个测验的信度就较高，否则，信度较低。

（2）效度

效度是指测验结果的准确性和有效性的程度，即通过测验能否准确地反映学生的实际水平。效度包括内容效度、结构效度和效标关联效度。内容效度是指问卷内容的贴切性和代表性，即问卷内容能否反映所要测量的特质、能否达到测验目的、能否较好地代表所欲测量的内容和引起预期反应的程度。结构效度是指测量结果体现出来的某种结构与测值之间的对应程度。效标效度也称准则关联效度、经验效度、统计效度，是说明问卷得分与某种外部准则（效标）间的关联程度。

信度和效度是编制测验必须考虑的最基本要素。二者的关系如下：信度高是效度高的必要而非充分条件，效度高的测验，信度一定高，反之，信度高的测验，效度不一定高；效度受信度制约。

（3）难度

难度是指测验包含的试题的难易程度。

（4）区分度

区分度是指测验对考生的不同水平能够区分的程度，即测验是否具有区分不同水平考生的能力。

试题难易度直接影响区分度，特别难或特别容易的题目区分度都很低，中等难度的试题的区分度比较高。只有在试卷中包含不同难度的试题时，才能提高区分度，拉开考生得分的差距。测验题目过于容易，致使大部分个体得分普遍较高的现象被称为天花板效应。测验题目过难，致使大部分个体得分普遍较低的现象被称为地板效应。

典型例题　（2018上·单选）关于教育测验中信度和效度的关系，下面表述正确的是（　　）。

A. 信度是效度的充分条件　　　　　　B. 效度高的测验，信度一定高

C. 信度高的测验，效度一定高　　　　D. 效度低的测验，信度一定低

【答案】B。

2. 非测验评价

（1）观察法

观察法是直接认知被评价者的最好方法。它适用于在教学中评价那些不易量化的行为表现（如兴趣、爱好、态度、习惯、性格）和技能（如绘画、体育技巧）。

（2）调查法

调查法是通过了解学生的学习情况，为进行学生成绩评定收集资料的一种方法。它一般通过发放问卷、交谈进行。

（3）档案袋评价

档案袋评价又称学习档案评价、成长记录袋评价，是指在一段时间内，以学生个体为单位，有目的地从各种角度和层次收集学生在学习过程中参与学习、努力、进步和取得成就的证明，并有组织地汇总，经由师生合作、学生与家长合作，根据评价标准评价学生表现的评价方法。

（4）表现性评价

表现性评价又称真实性评价或替代性评价，是通过学生完成特定任务的外部行为表现来评价学生的评价方法。表现性评价需要学生自己创造出问题的答案或用自己的行为表现来展示自己的答案，而不是像过去的纸笔测验那样从规定好的选项中选择出自己的答案。

小　结

1.【常考题型】单选、多选、判断

2.【命题角度】

（1）给出例子，要求判断其属于学生学业成绩评价的哪种方法。

（2）直接考查测验的四个质量指标，信度和效度之间的关系。

第三节　教学理论流派

一、教学理论

教学理论是教育学的一个重要分支。它既是一门理论科学，也是一门应用科学。它既要研究教学的现象、问题，揭示教学的一般规律，也要研究利用和遵循规律解决教学实际问题的方法策略和技术。它既是一种描述性的理论，也是一种处方性和规范性的理论。

二、教学理论流派 ★★

考点1　哲学取向的教学理论

哲学取向的教学理论源于苏格拉底和柏拉图的"知识即道德"的传统，认为教学的目的是形成人的道德，而道德又是通过知识积累自然形成的。为了实现道德目的，知识就成为教学的一切，便演绎出一种偏重于知识传授的教学理论体系。这种理论的代表作有达尼洛夫等的《教学论》、斯卡特金主编的《中学教学论》。

该理论的基本主张：①知识—道德本位的目的观；②知识授受的教学过程；③科目本位的教学内容；④语言呈示为主的教学方法。

考点2　行为主义教学理论

华生认为，学习即"刺激—反应"之间联结的加强，教学的艺术在于如何安排强化。由此派生出程序教学、计算机辅助教学、自我教学单元、个别学习法和视听教学等多种教学模式和方式。其中以斯金纳的程序教学理论影响最大。

程序教学是一种以学生个别学习为主，让学生根据自己的水平自学教学性材料（以特定顺序和小步子安排的材料）的教学方式。其基本主张：①预期行为结果的教学目标。②相倚组织的教学过程。斯金纳认为，学生的行为是受行为结果影响的，若要学生做出合乎需要的行为反应，必须形成某种相倚关系，即在行为后有一种强化性的后果；倘若一种行为得不到强化，它就会消失。③程序教学的方法。

典型例题（2014下·判断）程序教学是以学生个别学习为主的一种教学方式。　　　　　（　　）

【答案】√。

考点3　认知教学理论

在个体与环境的相互作用上，认知心理学家认为是个体作用于环境，而不是环境引起个体的行为，环境只是提供潜在刺激，至于这些刺激是否受到注意或被加工，这取决于学习者内部的心理结构。教学就是促进学习者内部心理结构的形成或改组。提出认知教学理论的是美国教育心理学家布鲁纳和奥苏贝尔（又称奥苏伯尔）等，其中影响较大的是布鲁纳的认知结构教学理论。

布鲁纳的认知结构教学理论的基本主张有以下几个方面。

1. 理智发展的教学目标

布鲁纳认为，发展学生的智力应是教学的主要目的。他在《教育过程》中指出，必须要强调教育的质量和理智的目标，也就是说，教育不仅要培养成绩优异的学生，还要帮助每个学生获得最好的理智发展。教育主要是培养学生的操作技能、观察技能、想象技能及符号运算技能。

2. 学科知识结构

布鲁纳认为，任何学科知识都是一种结构性存在，知识结构本身具有理智发展的效力。

3. 发现学习法

布鲁纳认为，学生的认知发展主要是遵循其特有的认识程序。学生不是被动的知识接受者，而是积极的信息加工者。教师的角色在于创设可让学生自己学习的环境，而不是提供预先准备齐全的知识。因此，他极力倡导发现学习法，强调学习过程、直觉思维、内在动机及信息提取。

考点4　情感教学理论

人本主义心理学家认为，真正的学习涉及整个人，而不仅仅是为学习者提供事实。真正的学习经验能够使学习者发现他自己独特的品质，发现自己作为一个人的特征。教学的本质即促进，促进学生成为一个完善的人。美国人本主义心理学家罗杰斯的非指导性教学就是这一流派的代表，其基本主张为以下几个方面。

1. 教学目标

罗杰斯认为，最好的教育，目标应该是培养"充分发挥作用的人""自我发展的人""自我实现的人"。

2. 非指导性教学过程

罗杰斯把心理咨询的方法移植到教学中来，为形成促进学生学习的环境而构建了一种非指导性的教学模式。非指导性教学过程以解决学生的情感问题为目标，包括五个阶段：①确定帮助的情境，即教师要鼓励学生自由地表达自己的情感；②探索问题，即鼓励学生自己来界定问题，教师要接受学生的感情，必要时加以澄清；③形成见识，即让学生讨论问题，自由地发表看法，教师给学生提供帮助；④计划和抉择，即由学生计划初步的决定，教师帮助学生澄清这些决定；⑤整合，即学生获得较深刻的见识，并做出较为积极的行动，教师对此要予以支持。

3. 意义学习与非指导性学习

罗杰斯按照某种意义的连续，把学习分成无意义学习和意义学习。无意义学习（如记忆无意义的音节）是发生在"颈部以上"的学习，没有情感或个人的意义参与，与个人无关。意义学习是一种使个体的行为、态度、个性及在未来选择行动方式时发生重大变化的学习。这不仅仅是一种增长知识的学习，而且是一种与每个人各部分经验都融合在一起的学习。

4. 师生关系的品质

在非指导性教学模式中，罗杰斯主张废除"教师"这一角色，代之以"学习的促进者"；教师的任务是为学生提供各种学习的资源，提供一种促进学习的气氛，让学生自己决定如何学习。

罗杰斯认为，发挥促进者的作用，关键不在于课程设置、教师知识水平及视听教具，而在于"促进者和学习者之间的人际关系的某些态度品质"。这种态度品质包括真诚、接受、理解三个方面。他认为，真诚是第一要素，是基本的要素。

`典型例题` （2024上·单选）按照罗杰斯的学习理论，学生自身具有学习的潜能，因此教师扮演的角色应该是（　　）。

A. 知识的传授者　　　　B. 权力的拥有者　　　　C. 教学的主导者　　　　D. 学习的促进者

【答案】D。

考点5　建构主义教学理论

建构主义强调学生的巨大潜能，认为教学要把学生现有的知识经验作为新知识的生长点，引导他们从原有的知识经验中"生长"出新的知识经验。建构主义认为，学习是在社会文化背景下，通过人际间的协作活动实现的意义建构的过程。其核心观点是知识是建构的，而不是传授的。

第四节　教学设计

一、教学设计概述

考点1　教学设计的含义

教学设计又称教学系统设计，是教师在教学之前根据社会要求和学生特点，对教学的目标、内容、方法、媒体、程序、环境及评价等要素进行系统谋划，形成教学思路和方案的导教、促学过程。

考点2　教学设计的特点

（1）指导性。教学设计是教师为组织和指导教学活动精心设计的施教蓝图，是教师有关下一步教学活动的一切设想。

（2）统合性（系统性）。教学设计是对诸多教学要素的系统安排与组合。

（3）操作性。在教学设计方案中，各类教学目标被分解成具体的、具有操作性的目标，教学设计者对教学内容的选择、教学方法的运用、教学时间的分配、教学环境的调适、教学评价手段的实施都做了具体明确的规定和安排，成为教师组织教学的可行依据。

（4）预演性。教师进行教学设计的过程，实质上就是实际教学活动的每个环节、每个步骤在教师头脑中的预演过程。

（5）突显性。教师在设计教学方案时，可以有目的、有重点地突出某一种或某几种教学要素（如突出某一部分教学内容的讲述等），以达到特定的教学目标。

（6）易控性。由于教学设计是对教学活动的预先规划和准备，教师便有充足的时间对整个教学过程进行周密计划、反复检查。同时，教学设计要确定明确的教学目标，教学目标对教学活动的诸要素具有较强的控制作用。

（7）创造性。教学设计的过程是教师根据不同的教学目标和不同学生的特点，创造性地思考、设计教学实施方案的过程。

考点3　教学设计的基本要素

教学设计的基本要素如下。

（1）教学所要达到的预期目标是什么？（教学目标）

（2）为达到预期目标，应选择怎样的知识经验？（教学内容）

（3）如何组织有效的教学？（教学策略、教学媒体）

（4）如何获取必要的反馈信息？（教学评价）

这四个要素从根本上规定了教学设计的基本框架。无论在何种范围内进行教学设计，教师都应当综合考虑这四个基本要素，否则，所形成的教学设计方案将是不全面或不完整的。

典型例题　（2014上·单选）教学设计的基本要素不包括（　　　）。

A. 教学目标　　　　　B. 教学内容　　　　　C. 教学场所　　　　　D. 教学评价

【答案】C。

考点4　教学设计的基本程序

教学设计作为对教学活动系统规划、决策的过程，其程序如下。

（1）规定教学的预期目标，分析教学任务，尽可能用可观察和可测量的行为变化作为教学结果的指标。

（2）确定学生的起点状态，包括他们原有的知识水平、技能和学习动机、状态等。

（3）分析学生从起点状态过渡到终点状态应掌握的知识技能或应形成的态度与行为习惯。

（4）考虑用什么方式和方法给学生呈现教材，提供学习指导。

（5）考虑用什么方法引起学生的反应并提供反馈。

（6）考虑如何对教学的结果进行科学的测量与评价。

考点 5　教学设计的常用模式

1. 系统分析模式

系统分析模式将教学过程看作一个"输入—产出"的系统过程，"输入"的是学生，"产出"的是受过教育的人。

2. 目标模式

目标模式又称系统方法模式，其基本特点是强调教学目标的基点作用，它最接近教师的实际教学，即在课程规定的教学内容、教学目标的条件下，如何根据学生的初始状态传递教学信息。

3. 过程模式

过程模式的基本特点是灵活、实用，教学设计人员可以根据教学情境的需要有侧重地设计教学方案。

过程模式与目标模式的主要区别在于，过程模式的设计步骤是非直线型的，设计者根据教学的实际需要，可从整个设计过程的任何一个步骤起步，向前或向后。

二、教学设计的基本内容

考点 1　教学目标设计 ★★★

1. 教学目标的含义

教学目标是预期学生通过教学活动获得的学习结果。确定教学目标是教学设计的第一步，合理的教学目标是保证教学活动顺利进行的必要条件。

2. 教学目标的分类

有关教学目标分类的理论主要有布卢姆的教学目标分类理论、加涅的学习结果分类理论（见第二部分第五章）、我国新课程标准中的三维目标分类理论（见第一部分第六章）等。以下主要介绍布卢姆的教学目标分类理论。

布卢姆等人认为，教学目标可分为三大领域：认知领域、情感领域和动作技能领域。

（1）认知领域的教学目标分类

认知领域的教学目标分为知识、领会、应用（运用）、分析、综合、评价六级（见表1-7-2）。

表 1-7-2　认知领域的教学目标分类

水平	定义	可使用的描述动词	例子
知识	对先前学习过的知识材料的回忆，包括对具体事实、方法、过程、理论等的回忆，是最低水平的认知学习结果	定义、叙述、背诵、排列、匹配等	①背诵牛顿定律；②匹配解放战争三大战役的名称和发起时间
领会	把握知识材料意义的能力，代表最低水平的理解	解释、辨别、概括等	①用自己的话解释牛顿定律；②概括《老人与海》的故事
应用（运用）	把学到的知识应用于新的情境，是较高水平的理解	计算、操作、演示等	①用牛顿定律计算物理题目；②学习了加减法后，学生能到模拟商店自由购物
分析	把复杂的知识由整体材料分解成若干部分并理解各部分之间联系的能力，包括部分的鉴别、分析部分之间的关系和认识其中的组织原理	分解、说明、推理等	①分解教材中关于牛顿定律的实验步骤和原理；②让学生区分一篇报道中的事实和观点；③让学生将《荷塘月色》的行文结构分解出来

（续表）

水平	定义	可使用的描述动词	例子
综合	将所学知识的各部分重新组合，形成一个新的知识整体，强调创造的能力	创造、编写、设计等	①给定事实材料，让学生写出一篇报道；②请学生设计出科学实验的程序
评价	对所学材料做价值判断，包括按材料内在标准或外在标准进行价值判断，是最高水平的认知学习结果	评价、对比、证实等	①根据实验仪器的精确度和数据的误差判定实验结果的准确度；②让学生评定有关某一事件的两篇报道哪一篇较为真实可信

上表是 1956 年版《教育目标分类学》认知分类中的六个维度。2001 年，《布卢姆教育目标分类学（修订版）》发布，并提出了新的认知分类的维度，包括了解、理解、应用、分析、评价、创造。

典型例题 1.（2021 下·单选）按照布卢姆的教育目标分类，能代表创造性思维的认知学习目标是（　　）。

A. 领会　　　　　　　B. 运用　　　　　　　C. 评价　　　　　　　D. 综合

【答案】D。

2.（2022 下·单选）根据布卢姆认知领域的教学目标分类理论，"使用三角形的性质说明自行车的构造原理"这一目标属于（　　）。

A. 理解　　　　　　　B. 应用　　　　　　　C. 分析　　　　　　　D. 创造

【答案】B。

（2）情感领域的教学目标分类

情感领域的教学目标分为接受（注意）、反应、价值化（形成价值观念）、组织（组织价值观念系统）、价值体系个性化（由价值或价值复合体形成的性格化）（见表 1-7-3）。

表 1-7-3　情感领域的教学目标分类

水平	含义	行为表现举例
接受	对环境中正在发生的事情的低水平觉知	不经意地听；对教师付出的努力做轻微的反应
反应	由经验引起的新的行为反应，由学生主动参与	主动举手回答问题；对恰当的观点表示出兴趣
价值化	学生将特殊的对象、现象或行为与一定的价值标准相联系	欣赏文学作品；选择参加音乐会
组织	纳入新的价值观，形成自己的价值系统	参加各种俱乐部；改变行为，如提前到校
价值体系个性化	表现出与新价值观一致的行为	愿意做出牺牲以继续参加活动；过去受到批评的行为有所改进

（3）动作技能领域的教学目标分类

动作技能领域的教学目标分为知觉、模仿、操作、准确、连贯和习惯化（见表 1-7-4）。

表 1-7-4　动作技能领域的教学目标分类

水平	含义	行为表现举例
知觉	学生运用感官获得信息以指导动作	通过机器运转的声音，知道机器运转的毛病
模仿	学生按提示要求行动或重复被显示的动作的能力，但学生的模仿性行为经常是缺乏控制的	在看完游泳的姿势之后，能以一定的精确度来演示这一动作
操作	学生按提示要求行动的能力，但不是模仿性的观察	进行一段练习之后，能在 10 级操作成绩表上达到 7 级水平
准确	学生全面完成复杂作业的能力。学生通过练习可以把错误减少到最低限度	表演一个乒乓球抽球动作成功率至少为 75%
连贯	学生按规定顺序和协调要求而调整行为、动作等的能力	准确而有节奏地演奏一首曲子
习惯化	自发或自觉地行动的能力	在乒乓球比赛中，抽球还击的比率达到 90%

3. 教学目标的陈述

在教学设计中，较为常用的教学目标的陈述方法是 ABCD 陈述法，该方法认为明确的行为目标主要包含以下四个要素。

（1）行为主体（audience）

行为主体即学习者。行为目标描述的应是学生的行为。规范的行为目标的开头应是"学生应该／能／可以……"，书写时可以省略主语"学生"，但目标必须是针对特定的学习者提出的。例如，"能够独立背诵课文"的目标的逻辑主语是学生。不可使用"使学生""教会学生""培养学生"之类的以教师为主体的表述。

（2）行为动词（behaviour）

行为动词是用以描述学生形成的可观察、可测量的具体行为，即通过学习后，学习者能做什么。例如，"复述""写出""辨别""绘制"等。

（3）行为条件（condition）

行为条件是指影响学生产生学习结果的特定的限制或范围。对条件的表述有以下四类：①关于使用手册与辅助手段，如"可以带计算器""允许查词典"；②提供信息或提示，如"在中国行政区划图中，能……"；③时间的限制，如"在 10 分钟内，能……"；④完成行为的情景，如"在课堂讨论时，能叙述……要点"。

（4）表现程度（degree）

表现程度是学生对目标达到的最低表现水准，用来评价行为表现达到的程度。例如，"至少写出……""学生能答对 90% 的……"。

4. 教学目标设计的步骤

教学目标设计是对教学活动预期要达到的结果的规划，具体步骤如下。

（1）钻研课程标准，分析课程内容。

（2）分析学生已有的学习状态。

（3）确定教学目标分类。

（4）列出综合性目标。

（5）陈述具体的行为目标。

考点2　教学内容设计

1. 教学内容设计的含义

教学内容设计是教师认真分析教材、合理选择和组织教学内容以及合理安排教学内容的表达或呈现的过程。它是教学设计最关键的环节，是教学设计的主体部分，其质量高低直接影响教学活动的成败。

2. 教学内容设计应遵循的要求

从总体上看，陈述性知识、程序性知识及策略性知识的教学设计都要遵循以下要求。

（1）要选择适宜贴切的内容

①与目标无关或关系不大的内容必须删除；②所选内容在学生的最近发展区内，既以学生的心理水平为基础，又有发展性；③所选内容要有启发性，能锻炼学生的思维、启迪其心灵。

（2）组织内容时要把逻辑顺序和心理顺序相结合

逻辑顺序即知识系统的内在逻辑体系，心理顺序即学生学习活动内在的认知规律。因为两者在很多情况下不一致，例如，"细胞"在逻辑上是单纯的知识，但是学生理解起来远比理解复杂的高等植物和动物要困难，所以设计教学内容时必须考虑两者的顺序。

考点3　教学时间设计

学校教学活动总是在一定的时间内进行的，教学时间是影响教学活动的一个重要因素，控制和改变教学时间在一定程度上也就意味着控制和改变教学活动。

教学时间设计主要包括以下几方面：①把握好整体时间分配；②保证学生的实际学习时间；③科学规划单元课时；④注意学生的专注学习时间；⑤防止教学时间遗失。

考点4　教学措施设计

1. 教学方法的选择与设计

教师在选择和设计教学方法时，要遵循以下步骤和要求：首先，要明确选择教学方法的标准；其次，尽可能广泛地了解有关新的教学方法；最后，对各种可供选择的教学方法进行比较，主要比较它们之间的特点、适用范围、优越性和局限性等。

2. 教学媒体的选择与设计

教学媒体是教学内容的载体，是教学内容的表现形式。它既包括常规意义上的语言、文字、粉笔、黑板等传统媒体，也包括幻灯、录音、录像、电影、电视、电脑和互联网等各种现代教学媒体。

教学媒体的选择与设计的要求：①依据教学目标选择教学媒体；②依据教学对象的特点选用教学媒体；③依据媒体的技术特性选择教学媒体；④依据经济条件选择教学媒体。

3. 教学结构的确定与设计

第一步，选取教学环节。教学工作一般包括备课、上课、课外作业的布置与批改、课外辅导、学生学业成绩的检查与评定五个基本环节。

第二步，选取教学环节后，要具体设计教学各环节的组织，即将各教学环节进行有机地组合，安排各环节的先后顺序，使之前后连贯，成为一个适于教学的整体结构。

第三步，对各教学环节的设计进行"统调"，使各部分教学内容的组织有机协调，做到重点突出，兼顾全面，以保证整体功能大于各部分功能之和，保证教学目标的实现。

考点5 教学评价设计

（1）目标参照取向的终结性评价设计

目标参照取向的终结性评价设计指根据已经明确确立的课堂教学目标，对预期和可能达到的结果进行测验、诊断和评价，用以检查教学目标达成程度的评价设计。这种评价设计是目标导向的设计，是在课堂教学进行之前就关注其结果的设计，也是表现教师作为评价主体的设计。其采用的基本工具是课堂提问、课堂小测验。

（2）过程取向的形成性评价设计

过程取向的形成性评价设计指针对课堂上可能发生的学生学习状况进行的设计，或者说是随着课堂教学的进展，根据特定目标、特定内容、特定情境对学生的生成性和表现性状况的即时设计。这种设计具有过程性、情境性和动态性的特点，是用以评价学生表现、教师教学方式及师生互动情况的设计。其采用的工具和方法更多地依赖于教师个人的教学智慧和艺术品格。

--- 小 结 ---

1.【常考题型】单选、判断

2.【命题角度】

（1）直接考查布卢姆的教学目标分类包括的三个领域及某一亚领域的地位。

（2）结合例子考查对各个亚领域的理解。例如，一个人放弃看电影，选择参加音乐会，判断其属于情感目标分类中的哪一个亚领域？答案：价值化。

第五节 教学模式

一、教学模式的含义

教学模式是在一定的教学思想或教学理论指导下建立起来的、较为稳定的教学活动结构框架和活动程序。

教学模式也属于方法范畴，但不同于单一的教学方法，它可以是多种教学方法在一定理念下的组合。教学方法是构成教学模式的基础及要素。

二、我国的主要教学模式

考点1 传递—接受式

传递—接受式是我国中小学教学实践中采用最广泛、历史最悠久、影响最大的教学模式。这一模式主要用于系统知识、技能的传授和学习。

基本程序：复习旧课—引起动机—讲授新课—巩固运用—检查评价。

传递—接受式教学模式的最大特点是能够使学习者比较迅速有效地在单位时间内掌握较多的信息，有利于学生掌握完整的、系统的科学文化知识和技能技巧，充分发挥教师的主导作用。但由于对问题解决的片面理解，这一教学模式在问题解决教学中的效果不明显。

考点 2　自学—辅导式

自学—辅导式是一种以学生自学为主、教师的指导贯穿于学生自学过程始终的教学模式。这种模式主要是针对传递—接受式的弊端提出来的。

基本程序：自学—讨论交流—启发指导—练习总结。

自学—辅导式教学模式有利于培养学生自觉学习的习惯，提高学生学习的主动性和积极性，加速学生创造性思维的发展，也有利于适应学生的个别差异，针对学生不同的知识基础、能力水平、性格特征进行个别指导。

考点 3　引导—发现式

引导—发现式是以杜威的"思维五步"（困难、问题、假设、验证、结论）和布鲁纳的"发现法"为理论基础提出的教学模式。它以问题解决为中心，注重学生独立活动，着眼于培养学生的创造性思维能力和意志力，要求教师所提供的言语引导是最精练的。

基本程序：提出问题—建立假设—拟定计划—验证假设—总结提高。

考点 4　情境—陶冶式

情境—陶冶式是吸取了洛扎诺夫的暗示教学理论并参照我国教学工作者积累的有效经验加以概括而成的教学模式。例如，"情境教学""愉快教育""快乐教学""成功教育"等都属于情境—陶冶式教学模式。

基本程序：创设情境—参与各类活动—总结转化。

考点 5　示范—模仿式

示范—模仿式是最古老也是教学中最基本的模式之一。它多用于以训练行为技能为目的的教学。通过这种教学模式掌握的一些基本技能，如读、写、算及各项运动技能，对人的一生都是十分有用的。

基本程序：定向—参与性练习—自主练习—迁移。

小　结

1.【常考题型】单选、多选

2.【命题角度】

（1）给出例子，要求判断其体现了何种教学模式。

（2）直接考查我国主要教学模式的特点、适用范围等。

三、国外的主要教学模式　★★★

考点 1　探究式教学（引导—发现教学）

1. 理论基础

探究式教学的理论基础是皮亚杰和布鲁纳的建构主义理论。它以问题解决为中心，注重学生独立活动的开展，注重学生的前认知，注重体验式教学，有利于培养学生的探究能力和思维能力。

2. 基本程序

探究式教学的步骤可概括为问题—假设—推理—验证—总结提高。即首先创设一定的问题情境并提出问题，然后组织学生对问题进行猜想、做出假设性的解释，再设计实验进行验证，最后总结规律。

3.评价

探究式教学的优点是有利于提高学生的创新能力、思维能力和自主学习能力，有利于培养学生的民主与合作精神。它的缺点是教学需要的时间比较长，需要较好的教学支持系统。

4.主要代表：探究训练模式

美国教育家萨其曼的探究训练模式是探究式教学的代表之一。探究训练模式的基本环节有以下四个：①面对问题情境；②提出假设，收集资料；③形成解释，做出结论；④分析探究过程。

考点2 抛锚式教学

1.定义及理论基础

抛锚式教学又称实例式教学、基于问题的学习、情境性教学。这种教学要求建立在有感染力的真实事件或真实问题的基础上，确定这类真实事件或问题被称为"抛锚"。这类事件或问题被确定后，教学进程也就被确定了（就像轮船被锚固定一样）。

抛锚式教学的理论基础是建构主义。抛锚式教学要求情境设置与产生问题一致，问题难易适中且要具有一定的真实性，在教学中要充分发挥学生的主体性。

2.基本程序

抛锚式教学包括创设情境—确定问题—自主学习—协作学习—效果评价五个阶段。

3.评价

抛锚式教学有利于培养学生的创新能力、解决问题的能力、独立思考能力及合作能力。

考点3 掌握学习教学

1.代表人物及基本理念

掌握学习是由布卢姆提出来的一种适应学习者个别差异的教学模式。

其具体内容是采取班级教学和个别辅导相结合的方式，以班级教学为基础，辅之以经常、及时的反馈，提供学生需要的个别帮助和额外学习时间。

其基本理念是"只要有足够的时间和适当的教学，几乎所有的学生对几乎所有的学习内容都可以达到掌握的程度"。学生在学习能力上的差异并不能决定他们能不能学会教学的内容，而只能决定他们将要花多少时间达到对该项内容的掌握程度。

2.基本程序

掌握学习教学是围绕单元展开的，分为单元教学目标—群体教学—形成性测验—矫正学习—终结性测验五个基本程序。

考点4 非指导性教学

1.代表人物及理论基础

非指导性教学由罗杰斯提出，以罗杰斯的人本主义心理学为理论基础。

2.教学目标

非指导性教学的核心和关键是要促进学生的学习和自我实现。"自我实现"是非指导性教学的教学目标。"自我实现的人"是人的潜能和价值得到充分发展的人，是人格完善的人，即"完整的人"。

3.师生关系

该模式强调将学生视为教学的中心，学校为学生而设，教师为学生而教。在该模式中，教师的角色不是权威，而是"助产士"与"催化剂"。

4. 评价

非指导性教学注重学生的情感，但过分强调以学生为中心，减弱了教师在课堂教学中的主导地位，不利于学生对知识体系的系统建构与学习。

考点5　暗示教学

1. 定义及理论基础

暗示教学是一种运用心理暗示手段激发个人心理潜力、提高学习效率的教学模式，由保加利亚的洛扎诺夫提出，主要用于语言教学。

暗示教学的理论基础为暗示原理和现代心理学关于人脑功能的研究。暗示原理重点强调了意识的作用，认为人的学习活动是意识和潜意识共同参与下的一种心理活动。

2. 主要内容

暗示教学让学生处在轻松愉快的学习环境中，运用暗示、联想、练习和音乐等综合手段、方式，诱发学生的学习需要和兴趣，使大脑两半球协调活动，有意识和无意识心理活动相结合，形成学习的最佳心理状态，从而充分发挥学习潜力，提高教学效果。

暗示教学的操作程序：创设情境—参与活动—总结转化。

3. 评价

暗示教学能充分调动有意识与无意识、理性与情感的协调作用，形成一个最佳的学习心理状态，能充分发掘学生的潜能，调动学生学习的积极性、主动性，提高学习的质量与效率。但暗示教学对教师的教育学、心理学和教育技巧要求较高，对教学环境和设备的要求也高。

考点6　范例教学

1. 代表人物及定义

范例教学由瓦根舍因等人提出。

范例就是指日常生活中隐含着本质联系、具有根本特征、起到基础作用的典型事例。

范例教学是指教师将事实范例作为教学内容，使学生掌握一定的知识，以此来培养学生形成独立和主动学习的能力，帮助学生形成独立批判能力和判断能力。

范例教学的关键在于通过学习典型事例，使学生掌握一般的知识、观念，在发展学生能力的同时使学生学到知识，而不是要学生复述式地掌握知识。

2. 基本过程

范例地阐明"个"的阶段—范例地阐明"类"的阶段—范例性地掌握规律与范畴的阶段—范例性地获得世界经验与生活经验的阶段。

考点7　程序教学

1. 理论基础及代表人物

斯金纳根据行为主义学习理论，提出了程序教学论及其教学模式。

2. 主要内容

程序学习的过程是将要学习的大问题分解成若干小问题，按一定顺序呈现给学生，要求学生一一回答，然后给予反馈。学生对问题的回答相当于"反应"，反馈信息相当于"强化"。程序学习的关键是编制出好的程序。

3.编制程序的五条基本原则

小步子原则、积极反应原则、及时强化原则、自定步调原则、低错误率原则。

考点 8　计算机辅助教学

计算机辅助教学（简称CAI）是指计算机作为一个辅导者，呈现信息，给学生提供练习机会，评价学生的成绩以及提供额外的教学。计算机辅助教学是由程序教学发展而来的。

计算机辅助教学具有以下几个优点：①交互性，即人机互动，学生可以根据自己的学习情况选择学习路径、学习内容等；②即时反馈；③以生动形象的手段呈现信息；④学生可自定步调。

计算机辅助教学发展表现出的趋势包括综合化、网络化和智能化。

计算机辅助教学的模式有操作与练习、个别辅导、对话、模拟、游戏、问题解决等。

小　结

1.【常考题型】单选、多选、判断
2.【命题角度】直接考查国外各个教学模式的代表人物、基本步骤、主要观点及评价。

四、当代教学模式的尝试与变革

考点 1　翻转课堂

翻转课堂就是在信息化环境中，教师提供以教学视频为主要形式的学习资源，学生在上课前完成对教学视频等学习资源的观看和学习，师生在课堂上一起完成作业答疑、协作探究和互动交流等活动的一种新型的教学模式。其重要特点是教师不再占用课堂时间来讲授信息，这些信息需要学生在课前自主学习。

翻转课堂利用丰富的信息化资源，让学生逐渐成为学习的主角，重新调整课堂内外的时间，将学习的决定权从教师转移到学生。教师变成了学习的设计者和推动者，学生成为学习过程的主体和中心。但这并不意味着教师作用的弱化，相反，教师是决定翻转课堂的关键因素，其作用更加重要。

翻转课堂有如下的步骤：①创建教学视频；②组织课堂活动。

考点 2　微课

1.定义

微课是指按照新课程标准及教学实践要求，以视频为主要载体，记录教师在课堂内外教育教学过程中围绕某个知识点（重点、难点、疑点）或教学环节而开展的精彩的教与学的活动。

微课只讲授一两个知识点，没有复杂的课程体系，也没有众多的教学目标与教学对象，看似没有系统性和全面性，但是微课针对特定的目标人群传递特定的知识内容，仍然需要系统性，一组微课所表达的知识仍然需要全面性。

2.微课的主要特点

①教学时间较短，一般为5~8分钟，不宜超过10分钟；②教学内容较少；③资源容量较小；④资源组成情景化；⑤主题突出、内容具体；⑥草根研究、趣味创作；⑦成果简化、多样传播；⑧反馈及时、针对性强。

考点 3　微格教学

1.定义

微格教学是指以少数学生为对象，在较短的时间内（5~20分钟）进行小型的课堂教学，可以把教学过程摄制成录像，课后再进行分析。

2.实施过程

（1）事前的学习和研究，主要包括微格教学的训练方法、各项教学技能的教育理论基础、教学技能的功能和行为模式。

（2）提供示范。通常在训练前结合理论学习提供教学技能的音像示范。

（3）确定培训技能和编写教案。每次训练只集中培训一两项技能，并在教案中说明所应用的教学技能的训练目标，并要求详细说明教学行为是该项教学技能中的哪项技能行为要素。

（4）角色扮演。师范生或进修教师轮流扮演教师角色、学生角色和评价员角色，并由 1 名指导教师负责组织指导，1 名摄像操作人员负责记录（可由学员担任）。一次教师角色扮演约为 5~15 分钟，并用摄像机记录下来，评价员填写评价单。

（5）反馈和评价。重放录像，教师角色扮演者自我分析。

（6）修改教案后重新进行角色扮演。

<kbd>典型例题</kbd>（2019 下·单选）在一个 5~10 人的教室，由一个人扮演"教师"，其他人扮演"学生"，轮流转换角色。"教师"用 10 分钟教学，专门训练一两种教学技能，并利用视听设备记录过程，然后通过自评和互评获得反馈。这种训练方法是（   ）。

A. 翻转课堂   B. 小组合作

C. 教育实习   D. 微格教学

【答案】D。

考点 4　慕课

慕课（MOOC）是大规模的网络开放课程，它是为了促进知识传播而由具有分享和协作精神的个人或组织发布的、散布于互联网上的开放课程。

小　结

> **1.【常考题型】**单选、多选、判断
>
> **2.【命题角度】**
>
> （1）直接考查当代教学模式的定义、特点、操作程序等。
>
> （2）给出具体的例子，要求判断其属于哪一种当代新型的教学模式。

第六节　教学策略

一、教学策略的含义

教学策略是为了达成教学目的、完成教学任务，在对教学活动清晰认识的基础上对教学活动进行调节和控制的一系列执行过程。

第一，教学策略包括教学活动的元认知过程、教学活动的调控过程和教学方法的执行过程。教学活动的元认知过程是教师对教学过程中的因素、教学进程的反思性认知。教学活动的调控过程是指教师根据教学的进程及其变化对教学过程的反馈、调节活动。教学方法的执行过程是指教师在教学过程中采取的师生

相互作用方式、方法与手段的展开过程。

第二，教学策略不同于教学设计，也不同于教学方法，它是教师在现实的教学过程中对教学活动的整体性把握和推进的措施。

第三，教师在教学策略的制定、选择与运用中要从教学活动的全过程入手和着眼，要兼顾教学目的、任务、内容，学生的状况和现有的教学资源，灵活机动地采取措施，保证教学有效、有序地进行。

第四，教学策略是一系列有计划的动态过程，具有不同的层次和水平。

典型例题（2014下·单选）教学策略是对教学活动进行调节控制的一系列执行过程。它不包括（　　）。

A. 教学思想的确定过程　　　　　　　　　B. 教学方法的执行过程

C. 教学活动的元认知过程　　　　　　　　D. 教学活动的调控过程

【答案】A。

二、教学策略的特征

（1）指向性。任何教学策略都指向特定的问题情境、特定的教学内容、特定的教学目标，规定着师生的教学行为。

（2）可操作性。任何教学策略都是针对教学目标的具体要求而制定的，具有与之相对应的方法、技术和实施程序，它要转化为教师与学生的具体行动。

（3）综合性。教学策略包括教学活动的元认知过程、教学活动的调控过程和教学方法的执行过程。这三个过程是相互联系的整体，彼此之间相互作用，每一个过程依据其他两个过程做出相应的规定和变化。

（4）调控性。由于教学活动元认知过程的参与，教学策略具有调控的特性。调控性体现了教师对教学活动的及时把握和调整，体现了教学活动的动态性。

（5）灵活性。同一教学策略可以解决不同的问题，不同的教学策略也可以解决相同的问题，同时教学策略的运用要随问题情境、目标、内容和教学对象的变化而变化。

（6）层次性。不同的教学层次有不同的达到教学目的的手段和方法，也就有不同的教学策略。不同层次的教学策略具有不同的适用条件和范围，具有不同的功能。

（7）高效性。教学策略追求的是完成教学目标的高效率和高效益。最好的教学策略应该以最小的投入、最快的速度，获取最佳的教学效果。

典型例题（2017上·单选）以下关于教学策略的描述正确的是（　　）。

A. 教学策略具有指向性

B. 教学策略是对教学方法的执行

C. 不同的教学策略只能解决不同的教学问题

D. 教学策略的产生是为了解决教学理论的问题

【答案】A。

三、教学策略的类型 ★★★

考点1　以教师为中心的教学策略和以学生为中心的教学策略

1. 以教师为中心的教学策略

以教师为中心的教学策略往往是教师通过教学导入、讲解提问等技巧有效地完成教学任务，而学生在教学过程中只是通过聆听、提问—回答式的互动来掌握教学内容。这种教学策略需要教师在教学前做好充分的教学准备，预设教学过程，控制教学过程，因此它有助于教师顺利高效地完成教学。但是在教学过程中，教师一直占主导地位，学生较被动，因此，该教学策略一旦运用不当，可能会出现学生注意力分散、兴趣转移等情况。一些具体的教学策略是直接教学、接受学习等。

2. 以学生为中心的教学策略

以学生为中心的教学就是学生处于教学活动的中心，教学应依据学生身心发展特点进行。这种教学策略强调学生的主体地位，教师只是学生的咨询者、辅导者与学习动机的激发者。以学生为中心的教学策略的基本特征如下：学生处于教学的中心、为学生理解而教。一些具体的教学策略是发现学习、小组讨论、合作学习、个别化教学（如程序教学、掌握学习、计算机辅助教学）等。

典型例题 （2019 下·判断）小组讨论是一种教学策略。　　　　　　　　　　　　　　　（　　）
【答案】√。

考点 2　讲授策略、对话策略和指导策略

1. 讲授策略

讲授策略是教师以语言为载体，向学生传输知识信息、表达思想感情、指导学生学习和调控课堂活动的一种教学行为策略。

讲授的要求：讲授内容正确，富有科学性和思想性；注重启发；讲究语言艺术，语言要规范、简明、生动；恰当运用板书。

2. 对话策略

对话策略是指教师与学生通过互动交流和沟通，促进学生知识和技能的掌握，各种能力培养和提高的教学行为策略。对话策略主要包括问答策略和讨论策略。

（1）问答策略及其运用

问答策略也叫提问策略。提问行为由发问、候答、叫答和理答四个环节组成。

教师在进行课堂问答时需做到以下几点。

①发问策略。问题要清晰，措辞要精练、具体明了，一次只提一个问题；保证高认知水平问题的适当比例；与学业有关问题的发问频率应维持较高水平；依照具体目的，合理安排低认知水平和高认知水平问题的次序。

②候答策略。教师发问之后，根据问题的认知水平和具体情境，等候 3~5 秒钟，给学生以思考问题、组织答案的时间。如果在教师叫答后，学生没有说话，教师也应等待，直至学生给出实质性回答。当然，根据实际情况可适当缩短等候学生回答的时间，及时采取理答行为。

③叫答策略。保证每个学生有尽量多且均等的回答机会，是叫答的基本原则。

④理答策略。学生回答不同，教师的理答策略也要有所不同。对于学生迅速而坚定的正确回答，要表示肯定，必要时给予表扬，或对正确的回答做进一步解释，或追问一个问题；对于不正确的回答或不回答，先要弄清造成这种情况的原因，而后要采取适当的措施，如探问、转向等。

（2）讨论策略及其运用

讨论是班级成员之间的一种互动交流方式，目的在于通过交流各自的观点形成对某一问题较为一致的理解、评价或判断。

要组织好学生的讨论有一定的难度，教师需要注意以下问题。

①开始时，教师要说明所要讨论的问题，引导学生进行讨论。

②讨论过程中，教师应承担起唤回讨论离题较远学生的注意、调解讨论中的争执、为学生创造平等的发言机会、鼓励畏缩不前的学生发言、帮助词不达意的学生表达清楚观点、对学生的疑问做简短回答（最

好是提示线索）的责任。

③讨论完毕时，教师应做总结，归纳大家发言中的重点，以使学生对所讨论的知识具有系统性。

3. 指导策略

中小学常用的指导策略有以下几种：①练习指导，即教师通过帮助学生成功地完成课堂练习，达到学会知识和技能的目标，保证教学顺利进行的行为策略；②阅读指导，即教师在学生独立阅读教学材料时，帮助学生理解阅读内容和学会阅读方法、策略的行为策略；③活动指导，即教师对学生独立从事的操作或实践活动的组织、引导和促进的行为策略。

考点3　陈述性知识、程序性知识和策略性知识的教学策略

1. 陈述性知识的教学策略

史密斯和雷根的陈述性知识教学策略分为导入阶段、主体部分、结论部分和评价阶段。导入阶段包括引起注意、建立教学目标、唤起兴趣和动机、课的概述；主体部分包括回忆先前学过的知识、处理信息和例子，集中注意、运用学习策略、联系、评价反馈；结论部分包括总结和复习、知识迁移、进一步激励和完成教学；评价阶段包括评定作业、评价反馈和补救教学。

2. 程序性知识的教学策略

（1）通过教学使学生掌握程序性知识的陈述性形式。

（2）陈述性知识向程序性知识转化的阶段。

（3）提供适当的变式练习，使学生在规则适用的条件下表现出相应的行为，静态的知识转化为动态的技能。

3. 策略性知识的教学策略

（1）只交给学生少量的策略和策略性知识，并且每一种都要教好。

（2）教会学生使用有效的自我监控和自我反思。

（3）策略性知识的教学与陈述性知识和程序性知识教学应有机地结合起来，并突出策略教学的成功之处。

（4）激发学生学习策略性知识的内在动机。

（5）在具体情境中教策略，如语文课要教会学生阅读和写作策略，而数学课要教会学生推理策略。

（6）坚持长期教学。

典型例题　（2022下·单选）陈述性知识教学策略的第一阶段是（　　　）。

A. 引起注意　　　　　　　　　　　　B. 建立教学目标

C. 回忆原先知识　　　　　　　　　　D. 唤起和激发动机

【答案】A。

小　结

1.【常考题型】单选、多选

2.【命题角度】

（1）直接考查教学策略的特征、每种教学策略具体包括哪几种类型。

（2）结合例子、关键词考查对某一教学策略特征的理解及某一具体的教学策略。

第七节　教材教法

一、课堂教学技能

考点1　课堂导入技能

课堂导入是教师在一个新的教学内容和教学活动开始时，引导学生进入学习状态的行为方式。课堂导入是课堂教学的首要环节，因此，课堂导入也被称为课堂教学的"开场白"。

1.课堂导入的作用

课堂导入的作用：①集中注意；②激发兴趣；③明确目的；④联结知识；⑤沟通情感。

2.课堂导入的方法

（1）直接导入，也称直入主题式导入、开门见山式导入，是指教师上课伊始直接阐明本节课的学习目标和要求，以及教学内容和教学安排，将学生的注意力迅速集中，并自然有效地导向教学内容的导入方法。其优点是主题突出、论点鲜明。

（2）复习导入，又称温故知新式导入、衔接导入，是指教师通过帮助学生复习与即将学习的新知识有关的旧知识，从中找到新旧知识的联结点，合乎逻辑、顺理成章地引导学生学习新知识的导入方法。

（3）激疑导入，又叫悬念导入，是一种以认知冲突的方式设疑，使学生思维进入惊奇、矛盾等状态，构成悬念的导入方法。悬念的设置有助于吸引学生的注意力，使学生思维处于一种激活状态，产生非弄清楚不可的求知心理，从而迅速进入学习知识的最佳状态，在思考、研究中学习新知识。

（4）情境导入，是指教师运用满怀情感的朗读、演讲或者通过音乐、动画、录像等创设有趣的学习情境，感染学生，引起学生丰富的想象和联想，使学生情不自禁地进入学习情境的导入方法。

（5）直观导入，是指教师借助实物、标本、挂图等直观教具，以及投影、录像等媒体或示范性试验，对与教学内容相关的信息进行演示，并引导学生通过观察产生疑问，进行思考，从而自然地进入新课学习的导入方法。

（6）问题导入，又叫提问导入，是指教师通过提出富有启发性的问题，引起学生回忆、联想、思考，从而激发学生产生学习和探究的欲望，进而导入新的教学内容的导入方法。

（7）故事导入，是指教师利用中小学生普遍爱听故事的心理，通过讲述与教学内容有关的具有科学性、哲理性的故事，如神话、寓言、民间故事等，引导学生探究，从而使学生自觉学习新知识的导入方法。

（8）实例导入，是指教师从学生实际生活中选择与教学内容有密切联系的实例开讲，从而使学生进入学习情境，引出教学内容的导入方法。

（9）审题导入，是指教师先板书课题或标题，然后从探讨题意入手，引导学生分析课题，导入新课的导入方法。

（10）实验导入，是指教师巧设实验，使学生通过对实验的观察去发现规律，进行归纳总结，推导出结论，从而导入新课的方法。

（11）经验导入，是指以学生已有的生活经验、已知的素材为出发点，教师通过生动而富有感染力的讲解、谈话或提问，引起学生回忆，自然地导入新课，激发学生的求知欲。

（12）游戏导入，是指教师精心设计一些具有较强知识性、趣味性的并与教学内容密切相关的游戏，激发学生的学习兴趣，活跃课堂气氛，使学生在既紧张又兴奋的状态下不知不觉地进入学习情境的导入方法。

3.课堂导入的基本要求

（1）导入要有针对性。

（2）导入要有启发性。

（3）导入要有趣味性。

（4）要恰当把握导入的"度"。

（5）导入要有艺术性。

典型例题 （2019下·单选）科学老师在桌子上放了一个酒精灯，问："把纸放在点燃的酒精灯上，会燃烧吗？"学生回答："会。"老师说："如果把纸折成一个盒子会不会燃烧呢？"学生说："当然会。"于是老师把纸盒装满水，放在酒精灯上，结果纸盒没有燃烧起来。学生议论纷纷，老师说："为什么装满水的纸盒就燃烧不起来呢？这就是今天我们要讲的'沸腾与蒸发'。"该老师的导入不包括（　　）。

A.悬念导入　　　　B.激疑导入　　　　C.情境导入　　　　D.故事导入

【答案】D。

考点2　课堂提问技能 ★★

课堂提问是教师在课堂教学中，通过创设问题情境、设置疑问来引导和促进学生学习的教学行为方式。

1.课堂提问的过程

（1）拟题阶段

拟题是为提问做的准备工作，它是提问成功的重要条件之一。教师在拟题阶段要精心设计问题。

（2）引入阶段

教师用不同的语言和方式来表示即将提问，使学生对提问做好心理准备。例如，"同学们，请思考这样一个问题……""下面这个问题看谁能够作答……"。

（3）列题阶段

在列题阶段，教师陈述所提问题并做好必要的说明，表述问题应清晰准确。教师还可提醒学生有关答案的组织结构，如以时间、空间、过程顺序等作为回答的组织依据。例如，"请注意，在回答问题时应注意以下几点……""请注意回答问题的逻辑性"等。

（4）听答启发阶段

教师要倾听学生答题，在学生不能作答或回答不完全时，要以不同的方式鼓励、启发学生。在这一过程中，教师主要考虑以下四个方面：①检查，即核对查问学生是否听懂、听清了所提问题；②催促，即力求学生快速做出反应或完成教学指示；③提示，即给学生设立适当台阶，使其能答、答准；④重述，即学生对题意不理解时，用相同或不同词句重述问题。

（5）评价阶段

教师对学生的作答进行处理，主要方式如下：①重述，即教师以相同或不同的词句，重复学生的答案；②追述，即根据学生回答的不足，追问其中要点；③补充，即根据学生回答的不足，教师和其他学生予以补充；④更正，即教师或学生纠正错误的回答，给出正确的答案；⑤评价，即教师对学生的回答予以评价；⑥延伸，即依据学生的答案加入新的材料或见解，引导学生思考另一新的问题或进行新的内容学习；⑦检查，即检查其他学生是否理解某学生的答案或反应。

2. 课堂提问的类型

根据布卢姆的目标分类学中关于认知目标的层次，课堂提问分为以下几种类型。

（1）回忆提问

回忆提问是从巩固所学知识出发设计的提问，有复述、认知和选择等形式。在回忆提问中，教师常用的关键词主要有"谁""什么是""哪里""什么时候""写出""哪些"等。

（2）理解提问

理解提问是检查学生对事物本质和内部联系的掌握程度的提问，有变换、解释、重组和对比四种类型。在理解提问中，教师常用的关键词主要有"用自己的话叙述""比较""对照""解释"等。

（3）应用提问

应用提问是检查学生应用所学概念、规则、原理解决实际问题的提问。在应用提问中，教师常用的关键词主要有"应用""运用""分类""选择""举例"等。

（4）分析提问

分析提问是要求学生通过分析知识结构因素，弄清概念之间的关系进而得出结论的提问。在分析提问中，教师常用的关键词主要有"为什么""什么因素""得出结论""证明""分析"等。

（5）综合提问

综合提问是要求学生发现知识之间的内在联系，并在此基础上对教材中的概念、规则等重新组合的提问。在综合提问中，教师常用的关键词主要有"预见""创作""总结"等。

（6）评价提问

评价提问是一种要求学生运用准则和标准对观念、作品、方法、资料等做出价值判断或者进行比较和选择的提问。评价提问是最高层次的提问。在评价提问中，教师常用的关键词主要有"判断""评价""证明""对……有什么看法"等。

3. 课堂提问的基本要求

（1）合理地设计问题。

（2）面向全体学生提问。

（3）目的明确，把握好时机。

（4）提问的语言要准确，具有启发性。

（5）提问的态度要温和自然。

（6）及时进行评价和总结。

`典型例题` （2019下·单选）老师说："同学们，请思考这样一个问题……""下面这个问题看谁能回答……"。这是课堂提问的（　　）阶段。

A. 引入　　　　　　B. 拟题　　　　　　C. 列题　　　　　　D. 任务

【答案】A。

考点3　板书设计技能

1. 课堂板书的类型

（1）主板书和副板书（依据板书的地位划分）

主板书也叫基本板书、中心板书或要目板书。主板书是教师在备课过程中精心准备好的，体现教学目的与教学内容内在联系的重点、难点、关键点的板书，能够表现教学内容的基本事实、基本思想及结构形式的板书。主板书是整个课堂板书的骨架。一般来说，一节课结束后，主板书应该保留下来。主板书应该是完整、美观的。

副板书也叫辅助板书、附属板书或注释板书。副板书是教师为了引起学生的注意或为了解释一些学生难以理解的字、词、符号等，随机地在黑板右侧写下来的板书。副板书是课堂板书的血肉，是对基本板书的补充和辅助说明。副板书没有必要保留很长的时间，一般可以随写随擦或择要保留。

（2）文字板书、图画板书和综合式板书（依据板书的表现形式划分）

文字板书是教师在黑板上以文字形式表述教学内容的板书形式。文字板书主要有纲要式板书、语词式板书、表格式板书、线索式板书、演算式板书和总分式板书等。

图画板书是指教师在黑板上用图画来表述事物的形态和结构等内容的板书形式。图画板书可分为示意图和简笔画两种类型。

综合式板书是指教师综合运用各种板书形式来表述教学内容的板书形式。

2. 课堂板书的基本要求

（1）精选内容，突出重点。

（2）条理清晰，层次分明。

（3）形式灵活，布局合理。

（4）文字精当，科学性强。

（5）书写规范，示范性强。

（6）把握时机，适时板书。

小　结

1.【常考题型】单选、判断

2.【命题角度】

（1）给出实例，要求选择其体现的或没有体现的课堂导入的方法。

（2）给出实例，要求选择其体现的课堂提问的阶段。

（3）给出实例，要求判断其属于哪种板书。

二、说课技能

考点1　说课概述

1. 说课的含义

广义的说课是指授课教师在钻研课程标准和充分备课的基础上，在没有学生参与的情况下，面对同行、领导或教研人员，系统地谈自己的教学设想及理论依据，以达到相互交流、共同提高的教研形式。

狭义的说课是指教师以口头表达的方式，以教育科学理论和教材为依据，针对某节课的具体特点，以教师为对象，在备课和上课之间进行的教学研究活动。

2. 说课的注意事项

（1）说课不是备课，不是说教案，不是上课，也不是对上课一种浓缩性的表达。

（2）说课不是背诵说课稿。

（3）应注意说课课件与上课课件的区别。说课课件应当是对"说课稿"高度提炼的展示，以文字表达方式为主，而不是上课课件的嫁接与拼凑。

（4）说课的"说理"是说课区别于其他教育活动最突出的一个特征。从备课、上课只能看出教师"教什么"和"怎样教"，说课则不仅要说出"教什么""怎样教"，更要说清楚"为什么"这样教。说"为什么"，就是要"说理"。

3. 说课与讲课的区别（表 1-7-5）

表 1-7-5　说课与讲课的区别

类别	说课	讲课
对象	同行教师、评议者、学校领导、教学专家	学生
形式	教师解说	课堂教学
目的	向听者介绍关于一节课的教学设想，使听者了解教师的课堂教学设计	通过将书本知识传授给学生，培养学生的知识技能，教给学生适当的学习方法，引导学生学会学习
内容	解说自己对某执教课题的理解、教学设想、方法、策略以及组织教学的理论依据等	是对某课程的内容进行具体的分析，向学生传授知识技能以及学习的方法
重点	重理性和思维，即重点放在实践教学过程、完成教学任务、反馈教学信息、提高教学效率上	重感性和实践
意义	提高课堂教学的效率以及教研活动的实效	增加学生的基本知识以及引导学生领悟和应用新知识、掌握新技能

考点 2　说课的基本内容

1. 说教材

说教材是说课最基本的内容，即说"教什么"的问题。说教材包括以下几个方面的具体内容。

（1）说教材的地位作用。从结构、内容、教育意义等方面阐述所说教材内容在本课、本书中的地位和作用。

（2）说教学目标。即说目标的完整性、可行性和可操作性。

（3）说教学的重点与难点。

2. 说学情（说学生）

说学情主要是说学生的学习情况。说学情具体包括以下几个方面。

（1）说学生的知识经验。说明学生在学习新知识前具有的基础知识和生活经验，以及这种知识经验对学生学习新知识将产生的影响。

（2）说学生的技能态度。分析学生掌握学习内容必须具备的学习技巧，以及学习新知识必须掌握的技能和态度。

（3）说学生的特点风格。说明学生的年龄特点，以及由于身体和智力上的个别差异形成的学习方式与风格。

3. 说教法

说教法是指说"怎样教的问题"，其中贯穿着说明"为什么这样教"的理论依据。说教法具体要说明以下内容。

（1）说教法组合及其依据。说教法组合的依据要从教学目标、教材编排形式、学生知识基础与年龄特征、教师的自身特点以及学校设备条件等方面进行。

（2）说教学手段及其依据。说明是怎样依据教学目标、教材内容、学生的年龄特征、学校设备条件、教具的功能等来选择教学手段的。

4. 说学法

说学法主要解决现代教学研究中"怎样学"的问题。

教师可依据新的教学理念、课标要求、教材内容和学生特点的实际情况，在合作学习、自主学习、探究学习这三种学习模式的大前提下对学生进行具体学法指导，并在说课时解释清楚进行某些学法指导的做法和原因。

5. 说教学程序

说教学程序就是介绍教学过程设计，这是说课的重点部分。说教学程序具体包括以下内容。

（1）说教学思路的设计及其依据。

（2）说教学重点、难点的处理。

（3）说各教学环节的时间分配。

（4）说板书设计及其依据。

6. 说教学效果的预测

教师在说课时，要对学生的认知发展、智力开发、能力发展、思想品德的养成、身心发展等方面做出具体的可能的预测。

小　结

1.【常考题型】单选、多选、判断

2.【命题角度】

（1）考查对说课的特点的理解。

（2）考查说课与讲课的区别。

（3）考查说教材的地位和说课的基本内容。

第八章　学校德育

| 知识结构 |

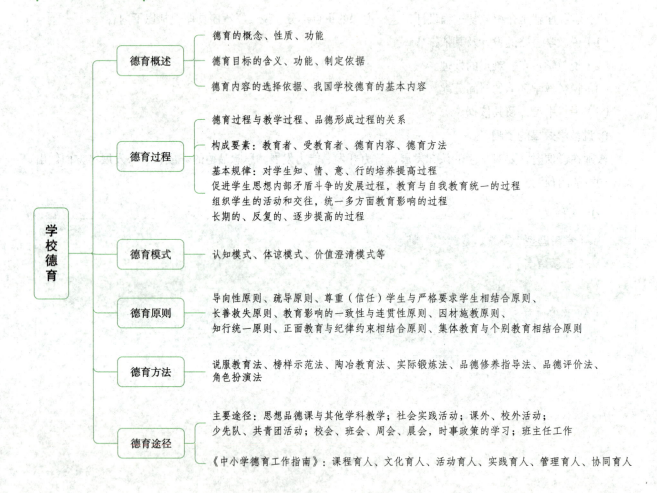

第一节　德育概述

一、德育的基本知识

考点1　德育的概念

德育，即使受教育者形成一定品德的教育，有广义和狭义之分。

（1）广义的德育泛指所有有目的、有计划地对社会成员在政治、思想与道德等方面施加影响的活动，包括社会德育、社区德育、学校德育和家庭德育等。

（2）狭义的德育专指学校德育，是教育者按照一定社会或阶级的要求，有目的、有计划、有系统地对受教育者施加思想、政治和道德等方面的影响，并通过受教育者积极的认识、体验与践行，使其形成一定社会与阶级所需要的品德的教育活动。本章讲的德育主要指学校德育。

（3）更为狭义的德育专指道德教育。

`典型例题` （2017下·判断）德育就是培养学生道德品质的教育。　　　　　　　　（　　）

【答案】×。

考点2　德育的性质

德育的性质是由一定的社会经济基础决定的。德育的性质具体表现在以下几个方面。

（1）德育具有社会性，是各个社会共有的社会教育现象。

（2）德育具有历史性，随着社会发展变化而变化。

（3）德育在阶级和民族存在的社会具有阶级性和民族性。

（4）德育具有继承性，在其历史发展过程中，其原理、原则、内容和方法等存在一定的共同性。

小　结

1.【常考题型】单选、多选、判断

2.【命题角度】

（1）考查德育的概念，广义的德育、狭义的德育的具体内容。

（2）直接考查德育的性质，以及德育性质的决定因素（社会经济基础）。

二、德育的功能

考点1　德育的社会性功能

德育的社会性功能是指学校德育能够在何种程度上对社会发挥何种性质的作用，包括政治功能、经济功能、文化功能等。其中，德育的政治功能是首要功能，文化功能是政治功能和经济功能的中介。

（1）政治功能，主要表现在政治关系的再生产、社会政治意识的传播与生产、政治机构的充实与更新、政治行为的引导等方面。

（2）经济功能，是指学校德育通过培养受教育者特定的思想道德素质（这些素质正是经济活动所必需的），而对经济发展具有推动作用。

（3）文化功能，主要表现在德育具有保存和传递文化的功能；德育具有选择和创造文化的功能等方面。

`典型例题` （2019上·多选）学校德育的社会性功能包括（　　　）。

A. 政治功能　　　　　　　　　　　　B. 经济功能

C. 文化功能　　　　　　　　　　　　D. 惩戒功能

E. 保护功能

【答案】ABC。

考点2　德育的个体性功能

德育的个体性功能是指德育对受教育者个体发展能够产生的实际影响，包括德育对个体生存、发展、享用发生的影响。其中，享用功能是德育个体性功能的本质体现和最高境界。

（1）个体生存功能，即德育要赋予每一个个体科学的价值观、道德原则和行为规范，使个体在社会生活中生存下去。

（2）个体发展功能，是指德育对个体品德心理结构的发展所起的作用。

（3）个体享用功能，就是个体在道德学习与生活中阅读、领会以实现某种需要或愿望（主要是精神方面的），并体验道德人生的满足、幸福、快乐、人格的尊严与优越，获得一种精神上的享受。

考点3 德育的教育性功能

德育的教育性功能有两大含义：一是德育的教育价值属性，正如赫尔巴特所说的"我不承认有任何'无教育的教学'""教学如果没有进行道德教育，只是一种没有目的的手段"；二是德育作为教育子系统对平行系统的促进作用，主要表现在德育对智、体、美诸育的促进功能。

典型例题 （2023下·单选）"勤能补拙"体现了德育的（   ）。

A.教育性功能   B.生存功能   C.社会性功能   D.享用功能

【答案】A。

小 结

1.【常考题型】单选、多选、判断

2.【命题角度】

（1）直接考查德育的社会性功能、个体性功能的具体内容。

（2）考查各个德育功能的意义或地位。

①德育的政治功能是德育的社会性功能中的首要功能。

②德育的个体享用功能是德育的个体性功能的本质体现和最高境界。

（3）给出例子，要求判断其体现了德育的何种功能。

三、德育目标

考点1 德育目标的含义和功能

德育目标是通过德育活动在受教育者思想品德形成发展上要达到的总体规格要求，即德育活动要达到的预期目的或结果的质量标准。

德育目标的确立是德育的首要问题。德育目标是德育工作的出发点和归宿，是检验德育活动成功与否的最根本标准。德育目标不仅决定着德育内容的确定、德育方法和形式的选择和运用、德育效果的检测和评价，而且制约着德育工作的基本过程，对整个德育过程具有导向、选择、协调、激励的作用。

考点2 制定德育目标的主要依据

（1）时代与社会发展的需要。

（2）国家的教育方针和教育目的。

（3）民族文化及道德传统。

（4）受教育者思想品德形成、发展的规律及心理特征。

小 结

1.【常考题型】单选、多选

2.【命题角度】

（1）直接考查德育目标的功能（首要问题、出发点、归宿）、制定德育目标的主要依据。

（2）给出例子，要求判断其体现了制定德育目标的哪一主要依据。

四、德育内容 ★★

考点1　德育内容的含义

学校德育内容是教育者依据学校德育目标选择的，形成受教育者品德的社会思想政治准则和道德规范的总和。德育内容是德育目标的体现和具体化，是实现德育目标的重要环节。

考点2　德育内容的选择依据

（1）德育目标，它决定德育内容。

（2）受教育者的身心发展特征，它决定德育内容的深度和广度。

（3）德育面对的时代特征和学生思想实际，它决定德育工作的针对性和有效性。

（4）文化传统，它决定德育不同内容和特色。

考点3　我国学校德育的基本内容

1. 政治教育

政治教育是关于对民族、阶级、政党、国家、政权、社会制度和国际关系的情感、立场、态度的教育，主要包括社会主义教育、理想信念教育、爱国主义教育、国防教育、民族团结教育等。其中，爱国主义教育是德育的永恒主题。

2. 思想教育

思想教育是指对事物的态度和思想观点的教育，主要包括科学世界观和人生观教育、价值观教育、科学认识论教育、方法论教育、劳动教育、集体主义思想教育等。

3. 法制（法纪）教育

法制（法纪）教育是关于法律、纪律、民主、法治的意识与观念的教育，主要包括社会主义法治教育、纪律教育、社会主义民主教育等。

4. 道德教育

道德教育是关于个体与个体、个体与群体或社会、个体与自然的行为规范和准则的教育，主要包括社会公德教育、职业道德教育、家庭美德教育、中国传统道德教育等。

5. 心理健康教育

心理健康教育是指根据学生生理、心理发展的规律和特点，运用特定的教育方法和手段，提高学生良好的心理素质，促进学生身心全面和谐地发展和整体素质全面提高的教育，主要包括学习辅导、生活辅导和择业辅导。

典型例题 1.（2023下·判断）在我国，心理健康教育不属于学校德育的范畴。 （　　）

【答案】×。

2.（2022下·判断）劳动教育是德育的重要内容之一。 （　　）

【答案】√。

小　结

1.【常考题型】单选、多选、判断
2.【命题角度】直接考查我国中小学德育的内容。

五、我国学校德育改革的主要趋势

1. 生活化

生活化是中小学德育改革与发展的价值取向。德育要关注指导学生的学习生活、交往生活以及日常生活方式与习惯。一方面，贴近生活的德育最容易引起德育对象的关注。另一方面，由于人的品德主要在社会实践中形成，人在作用于客观世界的同时，主观世界也在被改造着。

2. 主体化

主体化是中小学德育模式建构的基本特征。个人价值和权利的重要性日益受到重视，人的个性的全面发展越来越受到关注和鼓励。实践告诉我们，没有个性，创造也无从谈起，社会也不会有活力。

3. 科学化

科学化是中小学德育方法改造的方向。现代德育要求用科学的方法论作指导。科学的方法论是与培养自主人格、独立思维能力、批判意识联系在一起的。

4. 一体化

一体化是中小学德育实践改革的方向。德育一体化的育人格局，是现代大德育观念和全员德育机制的具体体现，是全方位育人格局的具体实施。它主要指通过决策、管理、运作、实施一体化，德育评估制度、有效激励机制、效果机制一体化，德育队伍、内容、渠道一体化等方面，来实现道德教育内部各要素的协调和配合。

第二节　德育过程

一、德育过程的内涵

考点1　德育过程的含义

德育过程即思想品德教育过程，是以形成受教育者一定的思想品德为目的、教育者与受教育者共同参与的教育活动过程。德育过程从本质上说是个体道德社会化和社会道德个体化的统一过程。

考点2　德育过程与教学过程的关系

1. 德育过程与教学过程的联系

德育过程与教学过程的目的是一致的，内容和活动相互渗透。

2. 德育过程与教学过程的区别

（1）教学过程是教师引导学生掌握人类认识成果为主的教育活动；德育过程是教师引导学生掌握一定社会道德规范为主的教育活动。

（2）教学过程要解决学生认识世界、改造世界的能力问题；德育过程要解决个人与社会，个人对客观世界的主观态度问题。

（3）教学过程依据学生的认识规律组织教学；德育过程依据学生思想和道德品质的形成发展规律而进行。

德育过程和教学过程既密切联系，又相互交叉，是各自具有自身特点、相互区别的教育活动过程。因此，德育过程与教学过程不是整体和部分的关系。

典型例题　（2014上·判断）德育过程包含教学过程，它和教学过程的关系是整体与部分的关系。

（　　　）

【答案】×。

考点3　德育过程与品德形成过程的关系

1. 德育过程与品德形成过程的联系

品德形成属于人的发展过程，德育过程是对品德的形成与发展过程的调节与控制。德育只有遵循人的品德形成发展规律，才能有效地促进人的品德形成与发展。德育过程的最终目标是使受教育者形成一定的思想品德。

2. 德育过程与品德形成过程的区别

德育过程不等同于品德形成过程。它们的区别表现在以下几个方面。

（1）德育过程是教育者对受教育者的教育过程，是双边活动过程；而品德形成过程是学生个体品德自我发展的过程。

（2）在德育过程中，学生主要受有目的、有计划、有组织的教育影响；而在品德形成过程中，学生会受各种因素的影响，包括自发的环境因素的影响。

（3）从德育过程的结果来看，学生形成的品德与社会要求相一致；从品德形成过程的结果看，学生品德形成可能与社会要求相一致，也可能不一致。

小　结

1.【常考题型】单选、多选、判断

2.【命题角度】考查德育过程与品德形成过程的关系。

3.【易错易混】德育过程与品德形成过程的联系与区别。

<table>
<tr><td colspan="2">项目</td><td>德育过程</td><td>品德形成过程</td></tr>
<tr><td colspan="2">联系</td><td colspan="2">德育要遵循人的品德形成发展规律；德育过程的最终目标是使受教育者形成一定的思想品德</td></tr>
<tr><td rowspan="3">区别</td><td>性质</td><td>双边活动</td><td>自我发展的过程</td></tr>
<tr><td>影响因素</td><td>有目的、有计划、有组织的教育影响</td><td>受各种因素的影响</td></tr>
<tr><td>最终结果</td><td>学生形成的品德与社会要求相一致</td><td>学生品德形成可能与社会要求相一致，也可能不一致</td></tr>
</table>

二、德育过程的构成要素与矛盾　★★

考点1　德育过程的基本构成要素

1. 教育者

教育者是德育过程的组织者、领导者，是一定社会德育要求和思想道德的体现者，在德育过程中起主导作用。教育者不限于学校教师，凡是有目的地对受教育者施加德育影响的个人和团体都是教育者。团体包括校内的和校外的，校内的如教师集体、党组织、团队组织、学生会等，校外的如家庭、社会文化团体等。

2. 受教育者

受教育者包括受教育者个体和群体。在德育过程中，受教育者既是德育的客体，又是德育的主体。

3.德育内容

德育内容是用以形成受教育者品德的社会思想政治准则和道德规范,是受教育者学习、修养和内在化的客体。

4.德育方法

德育方法是教育者施教传道和受教育者受教修养的相互作用的活动方式的总和。它是教育者和受教育者相互作用的中介和手段。

还有说法认为,德育过程的基本构成要素包括教育者、受教育者和德育影响。

典型例题（2022下·判断）在学校德育过程中,学校的教师、团队组织、学生会,以及社会文化团体和家庭都是教育者。   （   ）

【答案】√。

考点2 德育过程的矛盾

德育过程的矛盾是指德育过程中各要素、各部分之间和各要素、各部分内部各方面之间的对立统一关系,包括教育者与受教育者的矛盾,教育者与德育内容、方法的矛盾,受教育者与德育内容、方法的矛盾,受教育者自身思想品德内部诸要素之间的矛盾等。

德育过程的基本矛盾是社会通过教育者向受教育者提出的德育要求（社会要求的道德规范）与受教育者已有的品德水平之间的矛盾。这是德育过程中最一般、最普遍的矛盾,也是决定德育过程本质的矛盾。

典型例题（2015上·单选）在德育过程中,各个要素之间存在着错综复杂的关系。为了取得最佳德育效果,尤其要处理好的关系是（   ）。

A.教育者与教育内容的关系   B.受教育者与教学内容的关系

C.教育者与受教育者的关系   D.教学内容与教育方法的关系

【答案】C。

小 结

1.【常考题型】单选、多选、判断

2.【命题角度】

（1）考查德育过程的基本构成要素,以及受教育者的特殊地位（既是主体又是客体）。

（2）考查德育过程的基本矛盾是什么。

三、德育过程的基本规律 ★★★

考点1 德育过程是对学生知、情、意、行的培养提高过程

1.学生的思想品德由知、情、意、行四个心理因素构成

（1）知,即品德认识（道德认识）。它是人们对是非善恶的认识和评价以及在此基础上形成的品德观念,是学生产生品德情感、形成品德意志、指导品德行为的基础,也是个人品德的核心成分。

（2）情,即品德情感（道德情感）。它是人们对客观事物做是非、善恶判断时引起的内心体验,是学生产生品德行为的内部动力,是实现知行转化的催化剂。

（3）意,即品德意志（道德意志）。它是人们为实现一定的品德行为做出的自觉而顽强的努力。意志品质是调节学生品德行为的精神力量,对品德行为起着维持作用。

（4）行,即品德行为（道德行为）。它是实现品德认识、情感以及由品德需要产生的品德动机的行为

定向及外部表现，是衡量一个人品德水平的重要标志。

2. 知、情、意、行的发展顺序

德育过程的一般顺序可以概括为知、情、意、行，以知为开端、以行为终结。知、情、意、行四个基本要素是相互作用的，其中知是基础，行是关键。德育要做到"晓之以理，动之以情，持之以恒，导之以行"。但由于社会生活的复杂性，德育影响的多样性等因素，德育的具体实施过程，又具有多种开端（即多端性），可从知、情、意、行任何一个方面开始。

`典型例题`（2024 上·单选）下列关于德育过程的说法错误的是（　　）。

A. 德育过程是教育和自我教育相结合的过程

B. 德育过程是长期的、反复的、不断提高的过程

C. 德育过程主要是促进受教育者道德认知发展的过程

D. 德育过程是促进受教育者思想品德发展矛盾积极转化的过程

【答案】C。

考点 2　德育过程是促进学生思想内部矛盾斗争的发展过程，是教育与自我教育统一的过程

1. 学生思想品德的任何变化，都必须依赖学生个体的心理活动

任何外界的教育和影响，都必须经过学生思想内部的矛盾斗争，才能发生作用，促使学生品德的真正形成。

2. 学生思想内部的矛盾斗争，实质上是对外界教育因素的分析、综合过程

学生不断做出反应、斗争的过程就是学生品德不断发展的过程，矛盾和冲突是促进道德发展的直接动力。教育者应当自觉利用矛盾运动的规律，促进学生思想矛盾向社会需要的方向转化。

3. 学生的自我教育过程，实际上也是他们思想内部矛盾斗争的过程

各种自我教育能力的发展，都是学生自身思想内部矛盾斗争的结果。教育工作者要有计划地培养与提高学生的自我意识、自我评价和自我调控能力，以形成和发展学生的自我教育能力，充分发挥他们在培养自身品德中的主体作用。

考点 3　德育过程是组织学生的活动和交往，统一多方面教育影响的过程

1. 教育性活动和交往是德育过程的基础

活动和交往不仅是学生思想品德形成与发展的源泉，而且是检验学生道德发展水平的标准。一个人的思想品德如何，一个人的道德发展到何种程度，只有在一定的社会关系中，在与他人、他物、他事的交往互动过程中才能得以表现和证实。教育者要精心设计和组织教育活动和交往，做到"寓德育于活动之中""寓德育于教学之中""寓德育于集体之中"。

2. 学生在活动和交往中，必定受到多方面的影响

学生在活动和交往中，受到多方面的影响。学校德育应发挥主导作用，将多方面教育影响统一到教育目的上来，形成学校与家庭、社会教育的合力，促使学生良好品德的形成和发展。

3. 德育过程中的活动和交往的主要特点

（1）具有引导性、目的性和组织性。

（2）不脱离学生学习这一主导活动以及教师和学生这两个主要交往对象。

（3）具有科学性和有效性。

`典型例题`（2021 下·判断）活动和交往不仅是学生思想品德形成发展的源泉，而且是检验学生思想品德的标准。（　　）

【答案】√。

考点4　德育过程是一个长期的、反复的、逐步提高的过程

1. 德育过程是一个长期的过程

道德认识、道德情感、道德意志、道德行为等心理因素的培养和提高需要长期的训练和积累，这就决定了德育过程必然是一个长期的、坚持不懈的过程。

2. 德育过程是一个反复的、逐步提高的过程

学生思想品德的形成与发展是一个反复的、逐步提高的过程，甚至出现暂时倒退现象。德育过程要坚持不懈，持之以恒地进行，要"抓反复""反复抓"，引导学生逐步前进。

小结

1.【常考题型】单选、多选、判断、案例分析

2.【命题角度】

（1）直接考查德育过程的基本规律的具体内容。

（2）给出例子，要求判断其体现了德育过程的哪一基本规律。

（3）考查知、情、意、行的地位，德育过程的多端性、反复性等特点。

第三节　德育模式

一、德育模式的含义

德育模式是在一定道德理论指导下，依据德育过程的规律，经过长期德育实践而定型的德育活动结构及其方法的策略体系。

二、当代主要的德育模式 ★★

考点1　认知模式（认知发展模式）

认知模式是当代德育理论中流行最广泛、占据主导地位的德育学说。

1. 代表人物

认知模式由瑞士学者皮亚杰提出，后由美国学者科尔伯格进一步深化。

2. 主要观点

认知模式强调道德认知发展，假定人的道德判断力按照一定的阶段和顺序从低到高不断发展。道德教育的目的在于促进学生道德判断力的发展及其行为的发生，要求根据学生已有的发展水平确定教育内容，运用冲突的交往或围绕道德两难问题的小组讨论等方式，创造机会让学生接触和思考高于他们一个阶段的道德内容和道德推理方式，造成学生认知失衡，引导学生在寻求新的认知平衡中不断地提高自己道德判断的水平。

3. 围绕道德两难问题的小组讨论

（1）道德两难问题。道德两难是指同时涉及两种道德规范，两者不可兼得的情境或问题。

（2）道德讨论中的引入性提问与深入性提问。围绕道德两难问题的小组讨论可分为起始阶段和深入阶段。相应地，教师的提问也可以分为引入性提问和深入性提问。

考点2 体谅模式

体谅模式也称学会关心的道德教育模式，是一种以培养学生道德情感为中心的道德教育模式。

1.代表人物及著作

体谅模式由英国教育家彼得·麦克菲尔和他的同事创立。他们编写了德育课程《生命线》系列教科书，以及该丛书的教师指南书《学会关心》。

2.主要观点

体谅模式假定与人友好相处是人类的基本需要，帮助学生满足这种需要是教育的职责。它把培养健全人格作为德育目标，大力倡导民主的德育观，以一系列的人际与情境问题启发学生的人际意识与社会意识，引导学生学会关心、学会体谅。其中，引导学生学会关心与体谅是道德教育的核心。

3.核心内容

体谅模式的核心内容是围绕人际—社会问题进行道德教育，具体包括以下三点。

（1）设身处地。其目的在于发展个体体谅他人的动机。

（2）证明规则。其目的在于帮助青少年学生形成健全的同一性意识，并把自己视为对自己的共同体做出贡献的人。

（3）付诸行动。其宗旨在于解决"如果是你，你会怎么做"的问题。

`典型例题` 1.（2023下·判断）道德教育的体谅模式把道德认知的发展放到了教育的中心地位。（   ）

【答案】×。

2.（2020上·单选）当学生之间产生了矛盾，教师往往教育学生要换位思考，站在对方的角度考虑。这是德育中的（   ）。

A.认知性道德发展模式　　　　　　　B.体谅模式

C.社会行动模式　　　　　　　　　　D.价值澄清模式

【答案】B。

考点3 价值澄清模式

1.代表人物

价值澄清模式的代表人物有美国道德教育理论家路易斯·拉斯、哈明等人。

2.主要观点

价值澄清是指人们在价值观形成过程中，通过分析和评价的手段，帮助人们减少价值混乱，促进价值观的形成，并在这一过程中有效发展学生思考和理解人类价值观的能力。

价值澄清模式的内涵就是让学生根据自己的体验，通过自己的推理，获得什么是善、什么是恶的道德观念，教师对此不做任何主观评判。

价值澄清模式的完整过程可分为选择、赞赏和行动三个阶段。

考点4 社会行动模式

社会行动模式由美国学者弗雷德·纽曼等人创建。

社会行动模式是从注重公民行动、培养公民参与社会公共事务能力的角度来探讨教育问题的。它的一个最大特点就是将个体的道德发展与市民积极、主动参与社会变革联系起来。

考点 5   社会学习模式（社会模仿模式）

1. 代表人物

社会学习模式是由美国心理学家班杜拉创立的。

2. 主要观点

社会学习模式认为，人与环境是一个互动体，人既能对刺激做出反应，也能主动地解释并作用于情境。人们不必事事经过直接反应、亲身体验强化，而只需通过观察他人在相同环境中的行为，从他人行为获得强化的观察中进行体验学习，所以建立在替代基础上的观察学习是人类学习的重要形式，是品德教育的主要渠道。环境、社会文化关系、客观条件和榜样强化等是影响儿童道德行为形成发展的重要因素。

小 结

1.【常考题型】单选、多选

2.【命题角度】

（1）考查某种德育模式的代表人物（如认知模式：皮亚杰、科尔伯格）。

（2）直接考查某种德育模式的观点。例如，哪种德育模式强调"学会关心"？答案：体谅模式。

（3）给出例子，要求判断其体现了哪种德育模式。

第四节   德育原则

一、德育原则的含义

德育原则是根据教育目的、德育目标和德育过程规律提出的指导德育工作的基本要求。它是制订德育计划、选择德育内容和方法及组织德育过程的依据。

二、中小学德育的主要原则

考点 1   导向性原则

1. 基本含义

导向性原则是指进行德育时要有一定的理想性和方向性，以指导学生的品德向正确的方向发展。

2. 贯彻这一原则的要求

（1）坚定正确的政治方向。

（2）德育目标必须符合新时期的方针政策和总任务的要求。

（3）要把德育的理想性和现实性结合起来。

考点 2   疏导原则 ★★

1. 基本含义

疏导原则是指进行德育时要循循善诱，以理服人，从提高学生认识入手，调动学生的主动性，使他们积极向上。例如，青少年缺乏足够的知识经验，有时不善于辨别是非善恶，甚至会染上一些坏思想、坏习气。教师需要给他们讲道理，帮助他们提高认识。

2. 贯彻这一原则的要求

（1）讲明道理，疏导思想。

（2）因势利导，循循善诱。

（3）以表扬激励为主，坚持正面教育。

考点3　尊重（信任）学生与严格要求学生相结合原则 ★★

1.基本含义

尊重（信任）学生与严格要求学生相结合原则是指进行德育时要把对学生个人的尊重和信赖与对他们的思想和行为的严格要求结合起来，使教育者对学生的影响与要求易于转化为学生的品德。例如，某教师关心学生的一举一动，对学生的各种愿望都有求必应，违背了尊重学生与严格要求学生相结合原则。

2.贯彻这一原则的要求

（1）爱护、尊重和信赖学生。

（2）教育者对学生提出的要求要合理正确、明确具体和严宽适度。

（3）教育者要督促学生，要求学生认真执行德育要求，坚定不移地贯彻到底。

知识拓展

严格要求学生的道德特征

（1）严而有理。教师在要求学生时，一方面要使要求符合学生身心发展的规律，符合教育的规律；另一方面，要摆事实、讲道理，使得每一项的要求都有理有据。

（2）严而有度。教师对学生的要求要适度、恰到好处。

（3）严而有恒。教师对学生的要求必须始终一致，坚持到底。

（4）严而有方。教师对学生提出要求时必须从学生的实际情况出发，在充分考虑教育条件的基础上，选择合适的教育方式。就像"严"是"刚"，"方"是"柔"，刚柔相济，寓刚于柔，才易于教育学生。

（5）严而有情。教师要真心诚意地关心学生、爱护学生，使学生感受到教师对自己的一片好心。

典型例题 （2016上·单选）下列选项中不属于对学生严格教育原则的是（　　）。

A. 严而有理——合理　　B. 严而有礼——礼节　　C. 严而有度——适度　　D. 严而有恒——永恒

【答案】B。

考点4　发挥积极因素和克服消极因素相结合原则（长善救失原则）★★★

1.基本含义

发挥积极因素和克服消极因素相结合原则是指进行德育时要调动学生自我教育的积极性，依靠和发扬他们自身的积极因素去克服他们品德上的消极因素，实现品德发展内部矛盾的转化。例如，某教师如果只看到学生差的地方，认为无可救药，就违背了发挥积极因素和克服消极因素相结合原则。

2.贯彻这一原则的要求

（1）用"一分为二"的观点，全面分析，客观地评价学生的优点和不足。

（2）有意识地创造条件，因势利导、扬长避短，将学生思想中的消极因素转化为积极因素。

（3）提高学生自我认识、自我评价的能力，启发他们自觉地开展思想斗争，克服缺点，发扬优点。

典型例题 （2024上·单选）小东个子高力气大，经常和同学打架，老师和同学都不喜欢他。新来的班主任何老师发现他体育好，让他当了体育委员，并鼓励他要像个班干部的样子，不能仗着自己个子高去欺负同学，相反应当保护弱小，维护正义。后来，小东进步很快。何老师主要遵循的德育原则是（　　）。

A.发扬积极因素与克服消极因素相结合　　B.严格要求与尊重学生相结合

C.教育影响一致性和连贯性　　D.正面教育，积极疏导

【答案】A。

考点5　教育影响的一致性与连贯性原则　★★★

1. 基本含义

教育影响的一致性与连贯性原则是指进行德育时应当有目的、有计划地把来自各方面对学生的教育影响加以组织、调节，使其相互配合，协调一致，前后连贯地进行，以保障学生的品德能按照教育目的的要求发展。例如，某班主任引导和调节各种社会影响，利用社会中的积极因素，抵制各种消极因素，使得班内学生在校内外都能受到良好环境的影响和熏陶。

2. 贯彻这一原则的要求

（1）充分发挥教师集体的作用，统一学校内部各方面的教育力量。

（2）统一学校、家庭和社会各方面的教育影响，争取家长和社会的配合，逐步形成以学校为中心的"三位一体"德育网络。

（3）处理好衔接工作，保持德育工作的经常性、制度化、连续性、系统性。

考点6　因材施教原则　★★★

1. 基本含义

因材施教原则是指进行德育时要从学生的思想认识和品德发展的实际出发，根据他们的年龄特征和个性差异进行不同的教育，使每个学生的品德都能得到最好的发展。例如，面对反应快、愿意表明自己看法的学生，教师经常提问他，多让他对别人的发言发表意见。

2. 贯彻这一原则的要求

（1）深入了解学生的个性特点和内心世界。

（2）根据学生的个人特点有的放矢地进行教育，努力做到"一把钥匙开一把锁"。

（3）根据学生的年龄特征有计划地进行教育。

考点7　知行统一原则（理论与实践相结合原则）

1. 基本含义

知行统一原则是指进行德育时既要重视思想道德的理论教育，又要重视组织学生参加实践锻炼，把提高认识和行为养成结合起来，使学生做到言行一致、表里如一。例如，中小学研学旅行活动是一种通过集体旅行、集中食宿的方式展开研究性学习和旅行体验相结合的校外教育活动，体现了知行统一的德育原则。

2. 贯彻这一原则的要求

（1）加强思想道德的理论教育，提高学生的思想道德认识。

（2）组织和引导学生参加各种社会实践活动，促使他们在接触社会的实践活动中加深情感体验，养成良好的行为习惯。

（3）对学生的评价和要求要坚持知行统一的原则。

（4）教育者要以身作则，严于律己。

考点8　正面教育与纪律约束相结合原则

1. 基本含义

正面教育与纪律约束相结合原则是指进行德育时既要注重正面引导、说服教育、启发自觉，调动学生接受教育的内在动力，又要辅之以必要的纪律约束，并使两者有机结合起来。例如，某些教师只运用正面说服的教育方法，反对纪律处分等强制性的方法，这违背了正面教育与纪律约束相结合原则。

2. 贯彻这一原则的要求

（1）坚持正面教育原则。

（2）坚持摆事实、讲道理，以理服人。

（3）建立健全学校规章制度和集体组织的公约、守则等，并且严格管理，认真执行。

考点 9　集体教育与个别教育相结合原则

1. 基本含义

集体教育与个别教育相结合原则是指进行德育时，教育者要善于组织和教育学生集体，并依靠集体教育每个学生；同时又通过对个别学生的教育来促进集体的形成和发展，把集体教育和个别教育有机地结合起来。这一原则是对苏联教育家马卡连柯的平行教育原则的总结。例如，某教师针对学生的攀比现象组织主题班会，形成正确舆论，影响每个学生。

2. 贯彻这一原则的要求

（1）建立健全学生集体。

（2）开展丰富多彩的集体活动，充分发挥集体的教育作用。

（3）加强个别教育，将集体教育和个别教育辩证统一起来。

典型例题　（2022下·单选）"染于苍则苍，染于黄则黄"提示教师在进行德育时要遵循（　　）。

A. 长善救失原则

B. 整体性教育原则

C. 在集体中教育原则

D. 一致性与连贯性原则

【答案】C。解析："染于苍则苍，染于黄则黄"强调环境的熏陶、社会风气的感染对人的思想、品质产生的重要影响，提示教师在进行德育时要遵循在集体中教育原则。

知识拓展

以下是部分常考的名言及其对应的德育原则。

①夫子循循然善诱人，博我以文，约我以礼，欲罢不能——疏导原则。

②要尽量多地要求一个人，也要尽可能地尊重一个人——尊重（信任）学生与严格要求学生相结合原则。

③教者也，长善而救其失者也；"一分为二"地看待学生——发挥积极因素和克服消极因素相结合原则。

④视其所以，观其所由，察其所安——因材施教原则。

⑤纸上得来终觉浅，绝知此事要躬行；君子耻其言而过其行——知行统一原则。

小 结

1.【常考题型】单选、多选、判断、案例分析

2.【命题角度】

（1）给出例子、教育情境，要求判断人物遵循或违背了哪一德育原则。

（2）考查某一德育原则的基本含义及贯彻该原则的具体要求。

第五节　德育方法与途径

一、德育方法

德育方法是为达到德育目的，在德育过程中采用的教育者和受教育者相互作用的活动方式的总和。它包括教育者的施教传道方式和受教育者的受教修养方式。德育方法是教育者与受教育者相互作用的中介。

考点1　中小学常用的德育方法 ★★★

1.说服教育法

（1）基本含义

说服教育法又称说理教育法，是通过摆事实、讲道理，使学生提高认识、明辨是非、形成正确观点的一种工作方法。说服教育法是德育工作的基本方法。

（2）主要方式

①语言说服，主要包括讲解、报告、谈话、讨论、指导阅读等方式。

②事实说服，主要有参观、访问、调查等形式。

（3）运用说服教育法的要求

①明确目的性、针对性。说服要从学生实际出发，注意个别特点，针对要解决的问题，有的放矢。

②富有知识性、趣味性。说服要注意给学生以知识、理论和观点，使他们受到启发；所选的内容、表述的方式要力求生动有趣、喜闻乐见。

③注意时机。教师应善于捕捉教育时机，拨动学生心弦，引起他们的情感共鸣。

④以诚待人。教师的态度要诚恳，情感要真挚，教师要语重心长，与人为善。

[典型例题] （2022上·判断）组织学生参观革命纪念馆，通过看实物、听解说，用革命先辈的光荣事迹教育学生端正学习和生活态度，这是采用了实际锻炼法对学生进行德育。　　　　（　　）

【答案】×。

2.榜样示范法

（1）基本含义

榜样示范法是用榜样人物的高尚思想、模范行为、卓越成就来影响学生的思想、情感和行为的方法。例如，"桃李不言，下自成蹊""其身正，不令而行；其身不正，虽令不从""身教胜于言教"等。

（2）榜样的分类

①典范。主要包括历史伟人、民族英雄、革命导师、著名的科学家、思想家和各方面的杰出人物。

②示范。家长、教师和其他长者是青少年学生身边的、最近的榜样。

③典型。学生中的好人好事，特别是学生信服的三好学生、优秀典型是学生最熟悉的榜样。

（3）运用榜样示范法的要求

①选好示范的榜样。榜样应具有先进性、时代性、典型性。

②引导学生深刻理解榜样精神的实质，不要停留在表面模仿的层次上。

③激起学生对榜样的敬慕之情。

④激励学生自觉用榜样来调节行为、提高境界。

3.陶冶教育法（情感陶冶法）

（1）基本含义

陶冶教育法是教师利用环境和自身的教育因素，对学生进行熏陶，使其在耳濡目染中受到感化的方法。例如，"春风化雨"。

（2）主要方式

陶冶教育法的方式主要有人格感染、艺术陶冶和环境陶冶。

①人格感染是教育者以自身的人格威望及其对学生的真挚热爱和期望来对学生进行陶冶的方式。

②艺术陶冶。例如，"仁言不如仁声之入人深也"说明我国古代注重用音乐与诗歌的艺术手段陶冶学生。

③环境陶冶。例如，"孟母三迁""让学校的每一面墙都开口说话，让学校的一草一木、一砖一石都发挥教育影响"。

（3）运用陶冶教育法的要求

①创设良好的情境。教育者要为学生营造一个健康的道德环境，团结活泼、民主和谐、积极向上、尊师爱生的班风和校风。

②与启发、说服相结合。教师要充分挖掘教育情境中的德育因素，启发、引导学生，使学生积极接受教育情境的影响与熏陶。

③引导学生参与情境的创设。教师要组织学生主动参与环境的净化、美化，参与班风、校风的建设。

知识拓展

德育情境的类型

有学者对德育情境进行了系统研究，归纳出七种道德情境。

①说明情境。这是道德教育中使用最多的情境，教师利用一些富有道德寓意的童话、神话和故事向学生说明道理。

②实验情境。教师指导学生通过实验验证或巩固某种道德认识以及对某种道德要求的理解。与说明情境不同的是，使用实验情境侧重于验证和巩固，教师往往不直接向学生揭示道德要求。

③体验情境。体验情境是教师利用日常生活、游戏、学习和各种活动中学生真实的互动情境，或是一些与"做"有关的练习题，使学生通过亲身体验建立关于行动目的和手段的共同理解，引起情感上的共鸣。

④道德两难情境。道德两难情境涉及两条或多条道德规范，而且这些道德规范在情境中发生了不可避免的冲突。学生不得不认真思考并做出抉择。道德两难情境不仅可以促进学生道德判断力的发展，也可以提高学生的道德敏感性。

⑤体谅情境。体谅情境是让学生作为旁观者超然地体察别人，包含家庭、学校或社区生活中发生的种种人际互动事件。其叙述方式和提问方式，使学生作为当事人身临其境。

⑥后果情境。后果情境是让学生作为当事人设身处地地思考、抉择"应当"。

⑦冲突情境。从某种意义上说，冲突也是一种两难情境。但是，冲突情境在很多时候是趋避冲突，不可调解。这个时候受教育者的道德判断力往往在问题解决中得到锻炼、发展。

典型例题　1.（2024上·单选）叶老师设计了"站报纸"的课堂游戏，要求6人一组，同时站在一张报纸上，坚持10秒就算成功。同学们争先恐后，报纸片刻间被踩得七零八碎。失败后，有的小组相互指责，有的小组商量对策。第二次，总结经验组在配合默契方面还是有欠缺，未取得成功；相互指责组继续失败。第三次，总结经验组成功了，相互指责组开始反思，几次后终于成功。学生从中学到相互配合的意义。叶老师设置的这种情境是（　　）。

A.后果情境　　　　　B.体验情境　　　　　C.冲突情境　　　　　D.实验情境

【答案】B。

2.（2019上·单选）小伟同学在观看了学校组织播放的电影《战狼》之后，受到了很好的爱国主义教育，增强了为国家而努力学习的愿望。该学校采用的教育方法是（　　）。

A.情感陶冶法　　　　B.说服教育法　　　　C.心理咨询法　　　　D.品德评价法

【答案】A。

4.实际锻炼法（实践锻炼法）

（1）基本含义

实际锻炼法是让学生参加各种实践活动，在活动中锻炼思想、增长才干、培养优良思想和行为习惯的方法。"天将降大任于斯人也，必先苦其心志，劳其筋骨，饿其体肤，空乏其身，行拂乱其所为，所以动心忍性，曾益其所不能"说明我国古代重视通过艰苦生活的磨炼来培育人才。

（2）主要方式

①学习活动。通过学生日常学习生活使学生得到锻炼。

②委托任务。例如，委托学生担任班干部、办黑板报、筹办晚会等。

③组织活动。例如，组织学生参加课外活动、生产劳动和一定的社会实践活动。

④执行制度。例如，指导学生遵守学生守则、校园常规、卫生常规、礼貌常规等。

⑤行为训练。为培养青少年的良好道德行为和道德习惯而指导学生进行反复的练习。

（3）运用实际锻炼法的要求

①调动学生的主动性。

②给予适当的指导。

③坚持严格要求。

④注意检查，并让学生长期坚持。

典型例题　（2023下·单选）孙老师每学期都组织全班同学去养老院、敬老院等机构献爱心、做小小志愿者。学生及家长都表示，这样的实践活动比单纯的说教更能培养孩子们的责任意识、奉献精神和良好品德。孙老师主要采用的德育方法是（　　）。

A.锻炼　　　　　B.修养　　　　　C.陶冶　　　　　D.调节

【答案】A。

5.品德修养指导法（自我修养法、自我教育法）

（1）基本含义

品德修养指导法是指在教师的指导下，学生主动地为自己提出目标，采取措施，实现思想转化和进行行为控制，从而使自己形成良好品德的方法。

（2）主要方式

品德修养的具体方式有学习、座右铭、立志、自我认识、自我体验、自我控制、自我评价（反思）、慎独等。其中，慎独是自我修养的最高境界。

我国古代教育就很重视自我修养。例如，曾子强调"吾日三省吾身"；荀子指出"君子博学而日参省乎己，则知明而行无过矣"。

（3）运用品德修养指导法的要求

①激发学生自我教育的愿望，培养自我修养的自觉性。

②指导学生掌握品德修养的标准。

③组织学生参加各种实践活动。

④提高学生的自我道德评价能力。

`典型例题` （2024上·单选）蒋老师推荐了一些书给学生阅读，让学生结合书中人物写日记，对照书中人物作总结、鉴定和批评。蒋老师的工作方法属于（　　）。

A. 品德评价法　　　　　B. 情境陶冶法　　　　　C. 实践锻炼法　　　　　D. 自我修养法

【答案】D。

6. 品德评价法（奖惩法）

（1）基本含义

品德评价法是教育者根据一定的要求和标准，对学生的思想品德进行肯定或否定的评价，促使其发扬优点，克服缺点，督促其不断进步的方法。

（2）主要的方式

品德评价法通常包括奖励、惩罚、评比和操行评定等方式。

①奖励有赞许、表扬、奖赏等。

②惩罚有批评和处分。

③评比有单项评比，如卫生、纪律评比；也有全面评比，如评选三好学生、先进班集体。

④操行评定是一定时期内对学生思想品德做出的比较全面的评价。

（3）运用品德评价法的要求

①有明确的目的和正确的态度。

②公正合理，实事求是，坚持标准。

③充分发扬民主，让学生积极参与评价活动。

④注重宣传与教育。

⑤把奖惩和教育结合起来，坚持以育人为目的，不为了奖惩而奖惩。

⑥注意学生的年龄特征与个性差异。

`典型例题` （2018下·单选）小学二年级的娜娜帮助同学打扫卫生，老师奖励了她一朵小红花。此后她更乐于助人了。该老师运用的德育方法是（　　）。

A. 情感陶冶法　　　　　B. 说服教育法　　　　　C. 榜样示范法　　　　　D. 品德评价法

【答案】D。

7. 角色扮演法

（1）基本含义

角色扮演法是通过让学生扮演处境特别的求助者或其他有异于自己的社会角色，使扮演者暂时置身于他人的位置，按照他人的处境或角色来行事、处世，以求在体验别人的态度方式中，增进扮演者对他人及其社会角色的理解和认同。从教学方式看，角色扮演法是一种体验式教学。

角色扮演对于发展个体关爱他人、体谅他人的社会情感及发展人际交往方面有着重要意义。

（2）运用角色扮演法的要求

①做好周密的计划。

②教师讲什么话，做什么反应，都要规范化，要在每个角色扮演者面前做到基本统一。

③认真帮助扮演者体会角色并进行反思。

小 结

1.【常考题型】单选、多选、判断、案例分析

2.【命题角度】

（1）结合德育方法的含义、运用要求及相关教育实例、教育名言等考查对应的德育方法。例如，"君子博学而日参省乎己，则知明而行无过矣"体现了哪种德育方法？答案：自我修养法。

（2）结合例子或直接考查某种德育方法的基本方式。例如，陶冶教育法的方式有哪些？答案：人格感染、艺术陶冶、环境陶冶。

（3）要求分析教育情境、案例中的德育方法及运用要求。

考点2　选择德育方法的依据

1.德育目标

学校在选择德育方法时，首先要考虑德育目标的要求；还要分析德育目标的性质、特点，从中寻找对德育方法的具体需求。

2.德育内容

不同性质、不同类别的德育内容需要采用不同性质、不同类别的德育方法。

3.学生的年龄特征和个性差异

德育方法的选择和运用必须符合学生的特点，如学生的年龄特征、个性差异及品德发展的状况和需要。同一种德育方法对不同性别、个性的学生，运用的具体方式和要求也应有所不同。

二、德育途径

德育途径又称德育组织形式，是指学校教育者对学生实施德育时可供选择和利用的渠道。

考点1　德育的主要途径

1.思想品德课（思想政治课）与其他学科教学

思想品德课与其他学科教学是学校有目的、有计划、系统地对学生进行德育的基本途径，也是最经常、最直接、最有效的途径。

2.社会实践活动

社会实践活动有助于培养学生各种良好的品德和弘扬社会良好的道德风尚，其具体形式包括劳动、社会公益活动、社会调查等。

3.课外、校外活动

课外、校外活动是指在课堂教学任务以外，利用课余时间，对学生施行的各种有目的、有计划、有组织的教育活动。

4.少先队、共青团活动

少先队、共青团是青少年学生自己的集体组织。通过学生自己的集体组织进行的德育，有利于调动学生的积极性和创造性，培养学生的主人翁意识及自我教育和管理的能力，促使他们自觉提高思想认识，培养优良品德。

5. 校会、班会、周会、晨会，时事政策的学习

校会是通过全校性大会对学生集体进行品德教育的活动。班会是通过全班学生集会，针对本班的实际情况对学生进行品德教育的活动。周会、晨会能够随时解决出现的问题，经常性地对全班学生进行品德教育。时事政策的学习一般通过给学生做时事报告、读报、听广播等形式进行。

6. 班主任工作

班主任工作是学校对学生进行德育的一个重要而又特殊的途径。

`知识拓展`

德育渗透

德育渗透强调营造一种民主、德性的教育气氛，让学生身处其中，受到德育的熏陶。相比于直接的道德教学，德育渗透具有诱导性的特点。德育渗透可以有效地消除学生的逆反心理，它并不告诉学生"应当如何""什么是好的"，而是将"应当如何"以及"好的东西"渗透在学生的日常生活中，让其时刻受到熏陶和教育。

`典型例题`（2019下·判断）某小学语文老师在进行《挑山工》一课的教学设计时，将情感态度与价值观目标设为"通过学习，学生感受到挑山工坚韧不拔的顽强意志，在学习中遇到困难不绕着走"。这体现了德育的渗透性原则。　　　　　　　　　　　　　　　　　　　　　　　　　　　　（　　）

【答案】√。

考点 2　《中小学德育工作指南》提出的德育途径和要求

1. 课程育人

充分发挥课堂教学的主渠道作用，将中小学德育内容细化落实到各学科课程的教学目标之中，融入渗透到教育教学全过程。

2. 文化育人

要依据学校办学理念，结合文明校园创建活动，因地制宜开展校园文化建设，使校园秩序良好、环境优美，校园文化积极向上、格调高雅，提高校园文明水平，让校园处处成为育人场所。例如，优化校园环境，学校、教室要在明显位置张贴社会主义核心价值观 24 字，创建校报、校刊进行宣传教育，建设班级文化等。

3. 活动育人

要精心设计、组织开展主题明确、内容丰富、形式多样、吸引力强的教育活动，以鲜明正确的价值导向引导学生，以积极向上的力量激励学生，促进学生形成良好的思想品德和行为习惯。例如，开展节日纪念日活动、主题教育活动、仪式教育活动等。

4. 实践育人

要与综合实践活动课紧密结合，广泛开展社会实践，每学年至少安排一周时间，开展有益于学生身心发展的实践活动，不断增强学生的社会责任感、创新精神和实践能力。例如，教育引导学生参与洗衣服、倒垃圾、做饭、洗碗、拖地、整理房间等力所能及的家务劳动。

5. 管理育人

要积极推进学校治理现代化，提高学校管理水平，将中小学德育工作的要求贯穿于学校管理制度的每一个细节之中。例如，完善管理制度，制定班级民主管理制度。

6. 协同育人

要积极争取家庭、社会共同参与和支持学校德育工作，引导家长注重家庭、注重家教、注重家风，营造积极向上的良好社会氛围。

典型例题 （2022上·判断）《中小学德育工作指南》提出的"教育引导学生参与洗衣服、倒垃圾、做饭、洗碗、拖地、整理房间等力所能及的家务劳动"属于"活动育人"的形式。　　　　（　　）

【答案】×。

小 结

1.【常考题型】单选、多选

2.【命题角度】考查德育途径的类型、德育的基本途径（思想品德课与其他学科教学）、德育重要而又特殊的途径（班主任工作）。

第九章　班级管理与班主任工作

| 知识结构 |

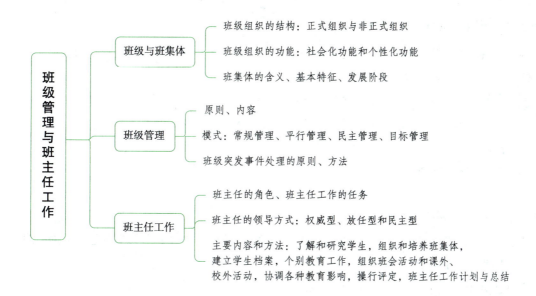

第一节　班级与班集体

一、班级

考点1　班级组织

1. 班级的定义和地位

班级是学校为实现一定的教育目的，将年龄和知识程度相近的学生编班分级而形成的、有固定人数的基本教育单位。

班级是学校行政体系中最基层的行政组织，是学生集体的基层组织，是学校开展教育教学活动的基本单位。

2. 班级的产生

16世纪，著名教育家伊拉斯谟（埃拉斯莫斯）率先正式使用"班级"一词。17世纪，捷克教育家夸美纽斯最早在《大教学论》中对班级授课制进行了系统描述，奠定了班级组织的理论基础。

中国采用班级组织形式，最早的雏形始于1862年清政府开办的京师同文馆。20世纪初，癸卯学制正式确立了班级组织形式的地位和作用。

小 结

1.【常考题型】单选

2.【命题角度】

（1）直接考查班级的定义和地位。

（2）直接考查正式提出"班级"一词的教育家、系统论述班级授课制的教育家及其著作。

（3）直接考查我国最早采用班级组织形式的学校以及正式确立班级组织形式的学制。

考点2　班级组织的结构 ★★

班级是一种社会组织，其基本成员是班主任、教师（特指不担任班主任的任课老师）和学生。班级通过师生之间相互影响的过程来达到预定的教育目标。

典型例题　（2014下·单选）班级作为一种社会组织，其基本成员不包括（　　）。

A. 班主任　　　　　　　B. 任课老师　　　　　　C. 学校管理人员　　　　D. 学生

【答案】C。

1. 班级的正式组织与非正式组织

（1）正式组织

班级的正式组织是一种制度化的人际关系。我国中小学班级的正式组织一般分为三个层次。第一层是对全班负责的角色，即班干部；第二层是对小组工作负责的角色，即小组长；第三层是只对自身的任务负责的角色，即小组一般成员。

（2）非正式组织

班级的非正式组织主要是由学生个体之间需求、特点、爱好等的不同，而自发形成的个体间的人际关系。班级的非正式组织有以下四种类型。

①积极型。积极型非正式组织是班级正式组织的补充，其价值目标与班级正式组织的价值目标一致。例如，学生们自发组织的文艺活动小组、公益活动小组、体育活动小组等。

②娱乐型。娱乐型非正式组织的成员由于好感和消磨课余时间的需要而聚集在一起，他们主要是为了好玩、有趣。这些小团体有时格调不高，甚至庸俗，但他们感到了满足。

③消极型。消极型非正式组织会自觉和不自觉地与班主任、班委会发生对立。例如，破坏纪律、发牢骚、不参加集体活动等。

④破坏型。破坏型非正式组织已经游离出正式组织，他们没有是非善恶标准，凭借一种所谓的"江湖人"的欲望、勇气和胆量而作为，常常对班级组织产生破坏甚至震慑作用。

（3）正式组织与非正式组织的关系

正式组织在学校人际关系系统中起主导作用，非正式组织具有满足个体需要、保护心理健康、沟通信息、调节平衡等正式组织不能替代的功能。教师不仅要重视班级正式组织，还要重视班级非正式组织，改变对青少年学生非正式组织的不当看法，不要简单地把班级中的非正式组织作为管理和防范的对象。

2. 班级组织的规模

较大的班级组织规模不利于照顾到班级每一个成员的个性和创造性的培养，使得学生受到教师直接指导的机会较少，学生与教师交流的时间、次数也受到很大限制，不利于因材施教，也不利于班级组织的管理。一般来说，班级组织的规模越大，教师就越会使用各种严格的规章制度和纪律来维持班级秩序。而缺乏广泛感情交流基础的严格管理会显得生硬呆板，疏远师生之间的距离，大大降低教育的效果。

小 结

1.【常考题型】单选、多选、判断

2.【命题角度】

（1）直接考查我国中小学班级正式组织的三种层次。

（2）给出例子，要求判断其属于非正式组织的何种类型。

（3）考查较大的班级组织规模的局限性。

考点3　班级组织的功能

1. 班级组织的社会化功能

（1）传递社会价值观，指导生活目标。

（2）传授科学文化知识，形成社会生活的基本技能。

（3）教导社会生活规范，训练社会行为方式。

（4）提供角色学习条件，培养社会角色。

`典型例题` （2017下·单选）班级组织按照社会需要和教育目标给学生传递科学文化知识，提供角色学习条件，以帮助学生形成生活基本技能。这主要体现了班级组织的（　　）。

A. 个性化功能

B. 满足需求功能

C. 矫正功能

D. 社会化功能

【答案】D。

2. 班级组织的个性化（个体化）功能

（1）促进发展功能。学生是成长的人，班级组织应该为学生提供多元的、不同层次的发展机会。

（2）满足需求功能。班级组织既能提供满足归属的需求、亲和的需求和依存的需求等基本需求的机会，又能创造满足自我实现的需求与社会有用性的需求等高级需求的途径。

（3）诊断功能。在班级活动中，每个成员都会通过自己和他人的表现，以及获得的评价，判断其表现的优势和不足。这有助于班主任或教师开展有针对性的教育，矫正学生的不良倾向。

（4）矫正功能。班级组织可以通过各种活动和集体舆论，有针对性地让学生扮演一定的角色、承担一定的责任，培养学生的能力、责任感、自信心及合作意识。

`典型例题` （2020下·单选）家长都希望自己的孩子遇到一个好班主任，因为好班主任善于构建一个充满活力的班级组织。这里家长主要看重班级的（　　）。

A. 矫正功能

B. 满足需求功能

C. 诊断功能

D. 促进发展功能

【答案】D。

小 结

1.【常考题型】单选、多选

2.【命题角度】

（1）给出例子，要求判断其体现了班级组织的哪种功能。

（2）直接考查社会化功能和个性化功能的区分，或者个性化功能的具体内容。

二、班集体

考点1　班集体的含义

班集体是按照班级授课制的培养目标和教育规范组织起来的,以共同学习活动和直接人际交往为特征的社会心理共同体。

在学校里每一位同学都有自己固定的班级,从而形成了班群体,但班群体绝不是班集体。班群体是形成了有一定组织形式的正式群体,它是以行政命令的方式加以指定和组织的。集体是群体发展的高级阶段,由班群体发展为班集体是一个提高的过程。

考点2　班集体的基本特征 ★★

(1)坚定正确的政治方向与明确的奋斗目标。
(2)健全的组织机构与坚强的领导核心。
(3)严格的规章制度与严明的组织纪律。
(4)正确的集体舆论与良好的班风。

典型例题 (2023上·单选)下列不属于健全的班集体应具备的要素的是(　　)。

A. 凝聚力强的非正式群体
B. 正确的集体舆论和良好的班风
C. 健全的组织机构和坚强的领导核心
D. 严格的规章制度与严明的组织纪律

【答案】A。

考点3　班集体的发展阶段 ★★★

1. 组建阶段（形成期、初建期的松散群体阶段）

组建阶段是班集体的雏形期。班级从组织形式上建立起来,班集体的基本特征已经出现。不过,这时的集体特征还不稳定。学生在形式上同属于一个班级,实际上还是比较孤立的个体,班级成员彼此之间大多还不熟悉,缺乏认同,行动缺乏组织协调。班级的奋斗目标和行为规范尚未完全变成学生的自觉行动。

这一时期是班主任工作最繁忙的时期,也是班主任工作能力经受考验的关键期。在这一阶段,班主任是班级的核心和动力。班主任必须对学生提出明确的集体目的和应当遵守的制度与要求,并引导学生积极开展活动,促进集体的发展。这时集体对班主任有较大的依赖性,不能离开班主任的监督而独立地执行要求。如果班主任不注意严格要求,班级就可能变得松弛、涣散。

2. 核心初步形成阶段（巩固期、形成期的合作群体阶段）

核心初步形成阶段是班集体稳定发展的时期,班集体的特征已经鲜明地展示出来,班级稳定下来。

师生之间、生生之间有一定的了解和信任,产生了一定的友谊,学生积极分子不断涌现并团结在班主任周围,班主任指定的班干部也开始发挥核心作用,班级的凝聚力开始显现,大多数学生在班集体中获得了归属感。班级的组织与功能比较健全,班级的核心初步形成。

这时,班集体能够在班主任指导下积极组织和开展班级工作和活动,班主任开始从直接领导、指挥班级的活动,逐步过渡到向学生提出建议,由班干部来组织开展集体的工作与活动。因此,这一时期是班主任培养班级骨干的重要时期。

3. 集体自主活动阶段（成熟期的集体阶段）

集体自主活动阶段是班集体趋向成熟的时期,集体的特征得到充分而完全的体现。

班级已有明确、共同认可的奋斗目标,班级已形成了坚强的核心,班干部已有了独立主持班务工作的能力,学生已有了较强的自我教育能力。班级积极分子队伍壮大,学生普遍关心、热爱班集体,能积极承担集体的工作，参加集体的活动，维护集体的荣誉。班级形成了正确的舆论和良好的班风。

　　这时，班集体已形成，并成为教育的主体，能主动地根据学校和班主任的要求以及班级中的情况，自觉地向集体成员提出任务与要求，自主地开展集体活动。在这一阶段，班主任的工作主要是通过集体对学生进行教育和自我教育，集体也开始成为真正的教育手段。

　　典型例题（2022下·单选）对班级发展过程中集体自主活动阶段，描述正确的是（　　）。

A. 缺乏凝聚力和活动能力，对班主任依赖性强

B. 班级核心初步形成，班组织的功能已较健全

C. 积极分子队伍壮大，形成了正确舆论与班风

D. 班级管理由班主任领导，逐步过渡给班干部

【答案】C。

小　结

1.【常考题型】单选、多选、判断

2.【命题角度】

（1）给出例子，要求判断其体现了班集体的哪一发展阶段。

（2）考查班集体的各发展阶段和其特点的对应。

第二节　班级管理

一、班级管理概述

　　班级管理是班主任按照学校计划和教育目标的要求，充分利用和调动学生班级内外的力量，进行班级教育任务的计划、组织、指导、协调等活动。

　　班级管理的对象是班级中的各种管理资源，包括人、财、物、时间、空间、信息，其中，主要对象是学生。

　　班级管理的根本目的是实现教育目的，使学生得到充分、全面的发展。

　　班级管理的功能如下。

（1）有助于实现教学目标，提高学生学习效率。这是班级管理的主要功能。

（2）有助于维持班级秩序，形成良好的班风。这是班级管理的基本功能。

（3）有助于锻炼学生能力，让学生学会自治自理。这是班级管理的重要功能。

二、班级管理的原则

1. 全员激励原则

　　全员激励原则是指激励全班每个学生，充分发挥他们的智力、体力等各方面的潜能，实现个体目标和班级总目标。

2. 自主参与原则

　　自主参与原则是指班级成员参与管理，发挥其主体作用的原则。

3. 教管结合原则

教管结合原则是指把对班级的教育工作和对班级的管理工作辩证地统一起来。班级管理者对学生既要坚持正面引导、耐心教育，又要凭借必要的规章制度要求学生，约束其行为，实行严格的教育管理。

4. 情通理达原则

情通理达原则是指对学生的管理与教育既要有感情的激发和影响，又要讲道理、摆事实、循循善诱、启发诱导，帮助学生提升思想认识。

5. 平行管理原则

平行管理原则是指管理者既通过对集体的管理去间接影响个人，又通过对个人的直接管理去影响集体，从而把对集体和个人的管理结合起来，以达到更好的管理效果。

6. 协调一致原则

协调一致原则是指班级管理者自觉组织协调班级各方面的教育力量，使其相互配合，共同合作，步调一致地做好班级管理工作，包括协调家庭、社会和学校各方面。

7. 方向性原则

方向性原则是指班级管理工作必须坚持正确的方向，用正确的思想引导学生。

8. 全面管理原则

全面管理原则是指班级管理必须面向学生全体，着眼于整体，实现学生德、智、体、美、劳等方面的全面发展。

9. 实效性原则

实效性原则是指班级管理的开展要根据班级、学生的实际情况，及时发现各种问题，通过采取各种具有可行性和操作性的班级管理策略，切实促进班集体和学生的健康成长，提高教学质量。

10. 尊重学生原则

尊重学生原则是指在班级管理中一切要从学生实际出发，以有利于学生发展的目标开展管理，以学生人格的完善和学业的成长为指向，尊重学生独立人格，对学生一视同仁，无条件地接纳全体学生；积极期待，要充分相信每个学生，对学生的发展持乐观态度，能客观对待学生的优缺点。

小　结

1.【常考题型】单选、多选
2.【命题角度】
（1）给出例子或关键词，要求判断其体现了班级管理的哪一原则。
（2）直接考查班级管理的原则包括哪些。

三、班级管理的内容　★★

考点1　班级组织建设

班级组织建设主要是班级岗位角色的分配与运作，具体可以从两方面着手：①丰富班级管理角色，可采取增设班级岗位、减少兼职、一人多岗等措施；②形成班级管理角色的动态分配制度，即建立岗位轮换制度，使班级绝大多数学生都能得到锻炼。

班级组织建设的主要工作包括以下几项：①班级组织建设的设计；②指导班级组织建设；③发挥好班集体的教育作用。

典型例题　（2024上·判断）班主任张老师为班上41名学生设立了45个班干部岗。张老师运用的是丰富班级管理角色的班级建设策略。　　　　　　　　　　　　　　　（　　）

【答案】√。

考点2　班级制度管理

制度管理是班级管理的基础和前提，也是维护正常教育教学工作的保证。班级制度管理的内容主要包括成文的制度和非成文的制度。

成文的制度是学校教育教学工作的基本规范要求，即实施常规管理的制度。对于学生来说，最具体的成文的制度就是学生守则。班级制度管理应避免"控制主义的层级化管理"，即班主任按照校领导的要求，直接或间接地通过班干部，借助一定的规章制度去约束学生，实现对学生思想与行为的控制。

非成文的制度是指班级的传统、舆论、风气、习惯等，即不成文的、约定俗成的非常规管理的制度。

考点3　班级教学管理

教学是学校的中心工作，教学质量管理是班级教学管理的核心。

班级教学管理的内容包括以下几个方面：①明确班级教学管理的目标和任务；②建立有效的班级教学秩序；③建立班级管理指挥系统，包括以班主任为核心的班级科任教师群体，以班长为骨干力量、以班干部成员为辅助力量的教学沟通系统和以各学习小组长为中心的执行系统；④指导学生学会学习。

考点4　班级活动管理

班级活动是班级在班主任指导下，根据学校整体安排或班级学生发展需要而进行的全员性活动的总称。它既可以是弥补课堂教学不足的教学活动，也可以是开发智力或发展能力的课外、校外活动。

班级活动的功能包括以下几点：①满足交往功能；②学习发展功能；③个性发展功能；④班集体建设功能；⑤班主任专业提升功能。

根据班级活动的时间分布，班级活动可分为日常性班级活动和阶段性班级活动。班主任教育工作的重点应放在日常性班级活动管理上。

根据活动方式，班级活动可分为课内活动和课外活动。

根据活动内容，班级活动可分为思想品德教育活动、文化学习活动、科技活动、文艺活动、劳动活动、游戏活动、综合活动等。

典型例题　（2021下·判断）思想品德教育活动、文化学习活动、科技活动、文艺活动、劳动活动、游戏活动、综合活动都属于班级活动。　　　　　　　　　　　　　　（　　）

【答案】√。

小　结

1.【常考题型】单选、多选、判断

2.【命题角度】直接考查班级制度管理、班级教学管理、班级活动管理的地位、具体内容等。例如，班级管理的基础和前提是什么？班级教学管理的核心是什么？班级活动的功能有哪些？

四、班级管理的模式　★★★

考点1　班级常规管理

1. 基本含义

班级常规管理是指通过制定和执行规章制度来管理班级的经常性活动。

2. 主要内容

班级常规管理以班级规章制度为核心。一般来说，班级的规章制度主要由三部分组成：①教育行政部门统一规定的有关班集体与学生管理的制度，如学生守则、日常行为规范等；②学校根据教育目标、上级有关指示制定的学校常规制度，如考勤制度、奖惩制度、作业要求等；③班集体根据学校要求和班级实际情况讨论制定的班级规范，如班规、值日生制度、考勤制度等。

3. 具体作用

（1）班级常规管理是建立良好班集体的基本要素。

（2）班规的制定有利于建立一个健康、活泼、积极、有效的班集体。

（3）班规的制定有利于建立良好的学习环境。

考点 2　班级平行管理

1. 基本含义

班级平行管理是指班主任既通过对集体的管理去间接影响个人，又通过对个人的直接管理去影响集体，从而把对集体和个人的管理结合起来的管理方式。该理论源于马卡连柯的"平行影响"的教育思想。

2. 实施要求

班主任实施班级平行管理时，要实施对班集体与个别学生双管齐下、互相渗透的管理，既要充分发挥班集体的教育功能，使班集体真正成为教育的力量，又要通过转化个别学生来促进班集体的管理与发展。

考点 3　班级民主管理

1. 基本含义

班级民主管理是指班级成员在服从班集体的正确决定和承担责任的前提下，参与班级管理的管理方式。

2. 实施要求

实施班级民主管理要做好两方面的工作：一是组织全体学生参与班级全程管理，即在班级管理的计划、实行、检查、总结的各个阶段，都让学生参与进来；二是建立班级民主管理制度，如班干部轮换制度、定期评议制度、值日生制度、值周生制度等。

考点 4　班级目标管理

1. 基本含义

班级目标管理是指班主任与学生共同确定班级总体目标，然后转化为小组目标和个人目标，使其与班级总体目标融为一体，形成目标体系，以此推进班级管理活动、实现班级目标的管理方式。

2. 实施要求

实施班级目标管理就是要围绕全体成员共同确立的班级奋斗目标，将学生的个体发展与班级进步紧密地联系在一起，并在目标的引导下，实施学生的自我管理。

小　结

1.【常考题型】单选、多选

2.【命题角度】

（1）给出例子或概念，要求判断其属于哪种班级管理模式。

（2）直接考查班级管理的模式有哪些或班级常规管理的作用有哪些。

五、班级突发事件的处理 ★★

班级突发事件是班级中突然发生的、教师预料不到的事情，也称偶发事件。

考点1 班级突发事件处理的原则

1. 教育性原则

教育性原则是处理突发事件的首要原则。教师要抱着教育的目的和心态对待突发事件，本着教育从严、处理从宽、教育全班的精神，公平、公正地对待学生，用科学的态度深入了解调查，从动因分析到全面评估，使学生真正受到教育，达到惩前毖后的目的。

2. 目的性原则

教师在处理突发事件时目的要明确，既不能仅仅就事论事，敷衍搪塞，又不可小题大做，要让受教育的学生明确教育的目的，知道什么是对、什么是错。

3. 客观性原则

教师在处理问题时，要避免定势思维的影响，充分调查、了解事实，公平公正地分析和处理问题，客观地对待每一个学生，避免因为主观臆断导致问题处理不公。

4. 针对性原则

教师应该在弄清楚事情的性质后再着手解决问题，要用不同的方法解决不同的问题，注意事情不同层面的差别，不可"眉毛胡子一把抓""一刀切"。

5. 启发性原则

教师要注意启发学生改正错误的自觉性，调动学生接受教育的内驱力，让学生充分认识到自己所犯错误的性质和危害，引导他们依靠自身的积极因素去克服消极因素。

6. 有效性原则

教师在处理突发事件时要讲究效果，一定要考虑自己的方法和措施的效果如何，要用"育人"的态度去看事件，用发展的眼光去看学生。

7. 一致性原则

教师在处理突发事件时，一定要顾及学校、家庭、社会环境等各方面的因素。各种因素的力量、步调要一致，相互配合。

8. 可接受原则

教师要能使双方当事人心悦诚服地接受处理意见或结果，处理不能强加于人，不能流于形式，要让学生从内心深处认识到自己的错误，进而积极加以改正。

9. 因材施教原则

受教育的对象在各个方面的情况和素质是不相同的。处理突发事件时，教师要照顾到学生的个性特点和差异，做到因材施教、因人而异。

10. 冷处理原则

教师在处理突发事件时，应保持冷静、公平、宽容的心态。对于有些突发事件，教师不应急于表态或急于下结论，要把问题的来龙去脉弄清楚后再做处理。但是冷处理不是不处理，也不是拖到不能再拖时再处理，而是先进行正常的活动，等活动结束后再处理。

11. 预防为主原则

教师应关注学生的思想动向和心理动态，及时捕捉带有苗头性、倾向性的问题，培养学生的忧患意识和应对突发事件的能力，预防危机发生，维护班级稳定。

典型例题 （2021下·单选）张老师班上有一个态度不怎么端正的学生，有一天该生在上课时突然发难，态度恶劣，还咒骂张老师，然后怒气冲冲地跑出了教室。过了一节课，这个学生又回到了教室。此时张老师的最佳做法应该是（　　）。

A.冷漠地对待他，他说什么都反感

B.先让他坐下听课，课后再约他谈话，直到他心服口服

C.对他的回来视而不见，根本不提这件事

D.就他的回来开个玩笑，希望就此平息下来

【答案】B。

考点2　班级突发事件处理的方法

1. 变退为进法

变退为进法适用于课堂上，学生忽然提出一个难题或怪题，或老师发生"暂时性遗忘"，忽然忘记了某问题该如何解答的情况。遇到这类情况，班主任可以不必急于解答，而是巧妙地反过来把问题抛给学生思考，发动大家一起开动脑筋，自己也争取宝贵的时间来考虑对策，最后再综合大家的意见来得出结论。

2. 降温处理法

降温处理法是指班主任暂时采取淡化的方式，把偶发事件暂时"搁置"一下，或是稍作处理，留待以后再从容处理的方法。

3. 移花接木法

移花接木法是指教师利用学生身上的某个"闪光点"，根据学生注意力容易发生转移的心理特征，巧妙地把对偶发事件的处理转移到另一件事情上去。例如，对于和同学发生口角不愿进教室上课的学生，老师可以利用其乐于助人的优点，让他帮老师把教科书拿进教室，然后引导他回到座位认真听课。

4. 幽默化解法

幽默化解法适用于以下情况，即有些偶发事件，原不必争个曲直长短，但却形成了尴尬的局面，或是如果非追究下去不可的话，结果只能是越搞越糟。运用幽默，不仅是为调节情绪，缓解冲突，更主要的是，它本身就是教育的武器。

典型例题 （2022上·单选）课堂上，学生突然提出一个难题或怪题，老师发生"暂时性遗忘"。遇到这类情况，老师没有立即解答，而是把问题抛给学生思考，根据大家的意见来得出结论。这种处理偶发事件的方法是（　　）。

A.降温处理法　　　　B.变退为进法　　　　C.移花接木法　　　　D.幽默化解法

【答案】B。

第三节　班主任工作

一、班主任概述

考点1　班主任的含义

班主任是指在学校中全面负责一个教学班学生的思想、学习、生活等工作的教师。

教育部印发的《中小学班主任工作规定》指出，"班主任是中小学日常思想道德教育和学生管理工作

的主要实施者，是中小学生健康成长的引领者，班主任要努力成为中小学生的人生导师"。

考点2 班主任的角色

（1）班主任是班级建设的设计者。

从班干部的遴选和任用、班级目标的制定、班级各种活动的组织，到教学秩序的管理以及座位安排、教室环境的设计、教室卫生的管理，无不体现了班主任的设计思路。

（2）班主任是班级组织的领导者。

班主任在班级管理中的领导影响力主要表现在两个方面：一是班主任的权威、地位、职权，这些构成了班主任的职权影响力；二是班主任的个性特征与人格魅力，这些构成了班主任的个性影响力。

（3）班主任是班级人际关系的艺术家（协调者）。

班主任首先要研究班级学生的交往行为，指导学生形成良好的人际关系；其次要协调好各科教师的关系，使之形成教育合力，提高教育效果；再次要协调好班级与班级、班级与学校的关系；最后要协调好学校、家庭和社会这三者之间的关系，使之成为影响学生的合力。

典型例题（2023下·单选）小吴老师接手初一新班后，就组织学生们一起设计班级的班旗、班徽，在教室四周悬挂名人名言，将教室的黑板报布置得美观、有教育性。这集中体现了班主任的角色是（　　）。

A. 学生思想道德的启迪者　　　　　B. 学生日常生活的管理者
C. 学生健康成长的引导者　　　　　D. 班级文化的建设者
【答案】D。

考点3 班主任工作的任务

（1）基本任务——带好班级，教好学生。
（2）首要任务——组织建立良好的班集体。
（3）中心任务——促进班集体全体成员的全面发展。
（4）主要任务——对学生进行品德教育，这也是班主任的工作重点和最为经常的工作。

二、我国班主任制度的历史沿革

考点1 师儒训导制

孔子创立儒学学派，开设私学，冲破了学术官守的局面，使教师成为一种专门职业。师儒训导制由此奠基。

隋唐以来，最高学府国子监中皆设"监丞"一职，而府、州、县学又专设"训导"一职，其职责为训育。

明清国子监中又专设"绳愆厅"，由监丞主其事，训育职能愈益强化。

考点2 级任制

1862年，京师同文馆正式创立，它首次采用了编班分级的授课方式，这是我国班级授课制的开端。

1878年，张焕伦创办正蒙书院，为中国普通教育采取班级授课制的初始。该校班级管理制度已初具班主任制的雏形。

1904年，《奏定学堂章程》（癸卯学制）颁行，其中规定，小学"各学校置本科正教员一人""任教授学生的功课，且掌所属之职务"。其实质是级任制的开端。在同年颁布的《各学堂管理通则》中，又规定各校设"监学"或"舍监",专责学生管理。负责一个学级全部或主要学科的教学工作和组织管理的教师称为级任教师。这是中国历史上第一次明确班主任的法定地位和职责。

五四运动后,学监制改为训导主任制,这是我国班主任作为职业发展的雏形。

1922年,壬戌学制颁行后,中学实行选科制,奠定了级任制的根基。

1927年,国民政府成立后,明令中学废止选科制,从而为采用级任制铺平了道路。

1932年,国民政府颁布《中学法》,明确规定中学实行级任制。

考点3　导师制

1938年,国民政府将级任制改为导师制,国民政府教育部颁发了《中等以上学校导师制纲要》。教师负责班级管理工作,与班主任的内涵更为接近。

考点4　班主任制

1952年,教育部规定每班设班主任。自此以后,班主任制在中小学教育中普遍施行。

典型例题　(2016上·单选)1904年的《奏定学堂章程》规定"各学校置本科正教员一人""任教授学生的功课,且掌所属之职务"。这是(　　)的开端。

A. 训导制　　　　　　　　　　　　B. 级任制

C. 导师制　　　　　　　　　　　　D. 班主任制

【答案】B。

小　结

> 1.【常考题型】单选
>
> 2.【命题角度】给出例子或关键词,要求判断其体现了班主任制度哪一发展时期的特点。

三、班主任的领导方式 ★★

班主任领导方式一般可分为三种类型:权威型(专断型、专制型)、放任型、民主型。(见表1-9-1)。

表1-9-1　班主任领导方式的类型

领导方式	特点	班主任的行为方式	学生的具体表现	对学生的影响
权威型(专断型、专制型)	支配性指导,无视学生的个别差异,以僵硬的对策为基础,只给予统一强制的指导,或一味地斥责、威胁	班主任喜欢学生听命于自己,认为自己的话就是指示、命令,对不服从者动辄发怒、批评、威吓和谩骂。无论在生活还是学习方面,他都尽量限制学生的自由,管理与支配学生的一切行为,而且会不由自主地压抑学生的独立思考和创造性的发挥。他视自己为权威,要求学生服从自己,对不服从者给予处罚	学生怀着恐惧的心情,循规蹈矩,战战兢兢地学习和生活着。整个班级表面上看起来是统一的,然而学生失去的是遵守法纪和学习的喜悦	学生的自主性、能动性行为显著减少,消极性、依存性行为增多

（续表）

领导方式	特点	班主任的行为方式	学生的具体表现	对学生的影响
放任型	不干预性指导，容忍班级生活的种种冲突，更无意组织班级活动，回避学生的主动精神	班主任主张"无为而治"，不愿意承担任何责任，对学生听之任之，毫无原则地宽容学生的一切言行，使学生错误地认为自己可以随心所欲，不用对自己的行为负责	班主任与学生、学生与学生之间在精神上是疏远的、离散的，班级无生机、无秩序	有目的的活动水平低下，违背团体原则的自发行为增多
民主型	综合性指导，能够灵活地适应学生的个别差异，以此为基础引起学生的自发行为，促进班级学生的思想在合作中进行交流	班主任赞同自己与学生作为人是完全平等的观点。他善于倾听学生的批评，并且积极地采纳学生的合理建议。在班级管理中，他不是以直接的方式领导的，而是以间接的方式引导班级组织的发展。他管理的班级有规则，但规则是在他的提议下学生自己制定的	学生通过讨论知道应当如何遵守规则，而且知道制定这些规则的目的不是监督和处罚，而是在班级形成一个充分自觉维护规则的氛围，每一个学生都能把自己身上最美好的品质展示出来，体验成功和快乐	行为较稳定，自主积极的行为较多

典型例题　（2019上·单选）班干部选举会上，刘老师对学生说："班干部的选举结果，取决于每位同学手中神圣的一票。"由此可见，刘老师的管理属于（　　　）。

A. 仁慈型　　　　　　　　B. 民主型　　　　　　　　C. 专制型　　　　　　　　D. 放任型

【答案】B。

小　结

1.【常考题型】单选、多选

2.【命题角度】给出例子或关键词，要求判断其属于哪种班主任领导方式。

四、班主任工作的主要内容与方法　★★★

班主任工作主要包括以下几个方面：了解和研究学生，组织和培养班集体，建立学生档案，进行个别教育工作，组织班会活动和课外、校外活动，协调各种教育影响，操行评定，做好班主任工作计划与总结等。

考点1　了解和研究学生

1. 了解和研究学生的意义

了解和研究学生是班主任工作的前提和基础，是班主任做好班级工作的先决条件。

2. 了解和研究学生的内容

（1）学生个人

具体内容包括以下几个方面：①思想品德状况、集体观念、劳动态度、人际关系、日常行为习惯；②学习态度、学习成绩、学习方法、思维特点、智力水平；③体质健康状况、个人卫生习惯；④课外与校外活动情况；⑤兴趣、爱好、性格等。

（2）学生的群体关系

具体内容包括班级风气、舆论倾向、不同层次学生的结构、同学之间的关系、学生干部情况等。另外，还有处于特定年龄阶段的学生群体的心理特点。

（3）学生的学习和生活环境

具体内容包括学生的家庭类型、家庭物质生活与精神生活条件、家长的职业及思想品德和文化修养、学生在家庭中的地位、家长对学生的态度等。

3. 了解和研究学生的主要方法

（1）观察法，即在自然条件下，班主任有目的、有计划地对学生的各种行为表现进行观察的方法。观察法是了解和研究学生的基本方法。

（2）谈话法，即班主任通过与学生面对面谈话来深入了解学生情况的基本方法，具有灵活、方便、容易了解事情细节、有利于感情沟通等特点。

（3）调查法，即班主任通过对学生本人或知情者的调查访问，从侧面间接地了解学生的方法，包括问卷、座谈等。调查法是一种深入了解和研究学生的方法。

（4）书面材料分析法，即班主任借助学生的成绩表、作业、日记等书面材料对学生进行了解的方法。书面材料分析法既可以看到学生的过去表现，又可以了解学生的当前情况。

考点2　组织和培养班集体

组织和培养班集体是班主任工作的中心环节。组织和培养良好的班集体必须做好以下工作。

1. 确定班集体的发展目标

目标是集体发展的方向和动力，确定班集体的发展目标在班集体建设中居于首要地位。班集体的发展目标一般可分为近期目标、中期目标、远期目标；目标的提出应由易到难、由近到远。

2. 建立班集体的核心队伍

建立班集体的核心队伍是培养班集体的重要工作，团结在教师周围的积极分子是带动全班同学实现集体发展目标的核心。教师要善于发现和培养积极分子，并把对积极分子的使用与培养结合起来。

3. 建立班集体的正常秩序

班集体的正常秩序是维持和控制学生在校生活的基本条件，是教师开展工作的重要保证。教师在班集体的组建阶段，就应着手正常秩序的建立工作，特别是当接到一个教育基础较差的班级时，首先就要做好这项工作。

4. 组织形式多样的教育活动

设计并开展班级教育活动是教师的经常性工作之一。班级教育活动主要由日常性的教育活动与阶段性的教育活动两大部分组成。教师在组织各种教育活动时，要有明确的目的和要求，要精心设计活动内容，注意形式的适龄化，力争把活动的开展过程变成对学生的教育过程。

5. 培养正确的舆论和良好的班风

正确的集体舆论与良好的班风是良好班集体形成的主要标志。

正确的班集体舆论是一种巨大的教育力量，是形成、巩固班集体和教育集体成员的重要手段。教师要注意培养正确的集体舆论，善于引导学生评议班集体的一些现象与行为，要努力把舆论中心引导至正确的方向。

良好的班风是一个班集体舆论持久作用而形成的风气，是班集体大多数成员精神状态的共同倾向与表现。教师可通过讲清道理、树立榜样、严格要求、反复实践等方法培养与树立良好的班风。

典型例题　（2019上·单选）中小学班主任工作的中心环节是（　　）。

A. 共青团、少先队组织的建设　　　　　　B. 教师集体的建设

C.班委会的建设
D.班集体的建设

【答案】D。

考点3　建立学生档案

学生档案分为集体档案和个人档案。学生档案中最常见的档案是学生个人档案。

建立学生档案一般分为四个环节：收集—整理—鉴定—保管。

考点4　个别教育工作

班主任的个别教育工作的教育对象是全体学生，个别教育工作包括做好先进生、中等生和后进生的教育工作，在做个别教育工作时要与集体教育结合起来。其中，后进生工作在班主任的个别教育工作中处于首要地位。

1.先进生工作

（1）定义及特点

在一个班级中，思想好、学习好、纪律好、劳动好、身体好的学生一般被称作先进生。其特点包括：①自尊好强，充满自信；②有强烈的荣誉感；③有较强的超群愿望与竞争意识。

（2）教育措施

①严格要求，防止自满；②不断激励，战胜挫折；③消除嫉妒，公平竞争；④发挥优势，全班进步。

2.中等生工作

（1）定义、分类及特点

中等生又称一般学生或中间生，是指在班级中各方面都表现平平的学生。中等生一般分为以下三类：①思想觉悟较高、想干却又干不好的学生；②甘居中游的学生；③学习成绩不稳定的学生。其特点包括信心不足、表现欲不强。

（2）教育措施

①重视对中等生的教育；②根据中等生的不同特点，有的放矢地进行个别教育；③根据中等生信心不足的特点，给中等生创造充分展示自己才能的机会，增强他们的自信心。

3.后进生工作

（1）定义及特征

后进生通常指那些学习积极性不高、学习成绩暂时落后、不太守纪律的学生。后进生是一个相对概念，运用时应谨慎。其特征包括：①不适度的自尊心；②学习动机不强；③意志力薄弱；④是非观念模糊。

（2）教育措施

①关心爱护后进生，尊重他们的人格；②培养和激发后进生的学习动机；③为后进生树立榜样，增强其是非观念；④根据个别差异，因材施教；⑤善于发掘后进生身上的"闪光点"，增强其自信心和集体荣誉感。

考点5　组织班会活动和课外、校外活动

1.组织班会活动

班会是以班级为单位，在班主任指导之下，由学生干部主持进行的全班性会务活动。班会活动是班主任进行教育活动的重要手段，是培养优良班集体的重要方法，也是培养学生活动能力的基本途径。

（1）班会的三个特点：集体性、自主性和针对性。

（2）班会的三种类型：常规班会、生活班会和主题班会。其中，主题班会是班主任依据教育目标，指

导学生围绕一定主题，由学生自己主持、组织进行的班会活动，是班级活动的主要形式。

①主题班会的多种形式：主题报告会、主题汇报会、主题讨论会、科技小制作成果展评会、主题竞赛、主题晚会等。

②组织主题班会应考虑的三个要素：主题、内容和形式。

③组织主题班会的四个阶段：确定主题、精心准备、具体实施、效果深化。

④确定班会主题的五种方法：根据学生的学习生活、思想动态确定班会主题；根据节令、纪念日确定班会主题；根据突发事件、时事热点确定班会主题；结合学校重要活动确定班会主题；抓住教育契机确定班会主题。

2. 组织课外、校外活动

课外、校外活动是对课堂教学的必要补充，在教育中占有重要地位。

（1）课外、校外活动的类型

①学科活动，是学校课外、校外教育活动的主体部分，以学习和研讨某一学科的知识或培养某一方面的能力为主要目的，如数学活动小组、语文活动小组等。

②科技活动，以培养学生的科学精神和技术素质为目的。例如，举办科技讲座，参观游览，成立无线电小组、航模小组、园艺小组等。

③文学艺术活动，以培养学生对文学艺术的兴趣爱好，提高他们鉴赏美、表现美、创造美的能力，丰富他们的精神生活为主要目的。例如，开展文学作品的欣赏和评论、朗诵、戏剧、创作表演等活动；成立美术、音乐、舞蹈、摄影等文艺小组。

④体育活动，以发展学生的体力，增强他们的体质，培养他们对体育活动的兴趣和吃苦耐劳的精神为主要目的。例如，各种球类活动、长短跑、登山、划船、游泳、滑冰、滑雪、健美运动和各式各样的游戏活动。

⑤社会实践活动，以让学生走出学校，接触社会、了解社会、认识社会、服务社会为目的。例如，社会调查、参观、考察、访问，以及各种无偿的社会服务和公益劳动。

⑥课外阅读活动，是指学生在课堂教学范围之外，学生根据自己的兴趣爱好或某一方面的需要进行的一种自觉的读书活动。

⑦主题活动，是就某一特定专题开展的短期或长期的专门活动，如主题班会、学雷锋小组等。

（2）课外、校外活动的组织形式

①群众性活动，是一种面向多数或全体学生的带有普及性质的活动。例如，举行报告、讲座、各种集会、社会公益活动、各种比赛，进行参观、访问、调查、旅行，制作墙报、黑板报等，也包括传统节日活动、历史纪念日活动、文体活动等。

②小组活动，是课外、校外教育活动的基本组织形式，如学科小组、劳动技术小组、文艺小组和体育小组等。

③个人活动，是指学生在教师指导下，在课外、校外单独进行的活动。

（3）课外、校外活动的主要特点

①自愿性。课外、校外活动是学生自由选择、自愿参加的活动，学生可以按照自己的兴趣、爱好和特长自愿选择参加哪一项活动，同时可以根据自己的条件、能力和状态来选择、控制、调节活动的内容和方式等。

②自主性。课外、校外活动可以由学生自己组织、设计和动手。教师是活动的指导者、辅导者，对学

生活的组织起辅助作用。

③灵活性。课外、校外活动无论是活动的内容还是活动的形式都体现了灵活性。

④实践性。课外、校外活动注重学生的实践，强调学生自己设计、自己动手操作、自己检验并评价活动结果、自己总结活动经验。

⑤广泛性。课外、校外活动的内容是由组织者根据教育目的、学校培养目标、学校的具体条件和学生的愿望要求确定的。课外活动的内容可以来源于各种书籍、报纸、杂志，以及广播、电视等现代大众传播媒介。

典型例题（2023上·单选）下列关于课外活动的说法，错误的是（　　）。

A.课外活动的主体是学生不是教师　　B.学生参与课外活动遵循自愿原则

C.教师要信任学生，不插手学生的课外活动　　D.课外活动要充分发挥学生的主动性、创造性

【答案】C。

考点6 协调各种教育影响

个体的发展受到多种因素的影响，家庭、社会、学校等都对学生的发展产生影响。班主任协调校内外各种因素的影响需做到以下几点。

1.协调学校内部各种教育因素之间的关系

其主要包括以下几种：①协调与科任教师之间的关系。班主任要协同科任教师形成统一的教育要求；协调科任教师之间的人际关系；协调科任教师与学生的关系。②协调与学校各级领导之间的关系。③指导和协助共青团、少先队工作。

2.协调学校教育与家庭教育之间的关系

协调的具体方式包括做好家访、开好家长会、及时通信联系等。

其中，家访可以通过电话、手机、电子邮件等方式进行，这在许多情况下是便捷、可行的，但不能代替教师或班主任亲自登门家访。家访的注意事项：①家访要有目的、有计划。班主任进行家访一定要有明确的教育目的，如了解学生情况、给家长汇报学生近期的成绩、反映学生存在的问题等。家访还要有严密的计划性，家访的对象、时间、地点、内容方式等都要考虑好。②家访也要注意坚持正面教育的原则。班主任注意多谈学生的进步、优点，少谈不足与缺点，多表扬、鼓励，少批评、指责。③班主任家访的态度要热情、诚恳、平等待人。④要帮助家庭改善学生在家的学习与生活条件。⑤对家长进行教育理论宣传，以及教育方式和方法的指导。

3.协调学校教育与社会教育之间的关系

可以从以下几方面着手：①利用客观环境教育影响学生；②利用社会信息教育影响学生；③利用社会教育机构教育影响学生；④利用社区中的人才和教育基地教育影响学生。

典型例题（2022下·多选）为做好家访工作，班主任要做到（　　）。

A.目的明确　　B.多表扬、少批评

C.态度热情、诚恳　　D.对家长做教育方法指导

E.帮助家庭改善学生在家学习和生活的条件

【答案】ABCDE。

考点7 操行评定

1.操行评定的含义

操行评定是以教育目的为指导思想，以学生守则为基本依据，对学生在一个学期内的学习、劳动、生

活、品行等方面的小结与评价。

2.操行评定的目的（意义）

（1）帮助学生正确认识自己，教育学生奋发向上，肯定优点，找出缺点，指出努力的方向，鼓励学生上进。

（2）帮助家长全面了解子女在学校的情况，以便与教师密切配合，共同教育学生。

（3）帮助班主任总结工作经验，找出问题并改进工作。

（4）帮助科任教师了解学生。

（5）为搞好下一步教育工作，为学校评优，为高一级学校选录新生、用人单位录用人才提供依据。

3.操行评定的一般步骤

（1）学生自评。在这一阶段，学生可以发现自己的优劣得失，找到今后努力的方向。

（2）小组评议。评议小组成员必须具备严肃认真、责任心强的良好品质。他们通过复议找出偏差，并计算总分，写出评语。

（3）班主任评价。小组评议后，班主任根据小组评议和班级工作记录（平时对学生的了解和观察记录及向科任教师与家长的调查情况）综合分析，给每个学生写出切合实际的评语并评定等级。等级一般分优、良、中、差四个级别，但"差"应慎用。

（4）信息反馈。班主任把评定的结果用口头或书面的形式告诉学生，必要时做出解释。

4.操行评定的要求

（1）评定内容的全面性。班主任要树立素质教育观，从德、智、体等方面来评价学生，兼顾学生在学校、家庭和社会生活的综合表现，对学生进行全面评价。

（2）评定主体的多元性。班主任可以动员科任教师、家长和学生自身共同参评，保证评价的客观性。

（3）评定过程的发展性。班主任要肯定学生的进步和成绩，用发展的眼光看待学生的成长。

（4）评定语言的规范性。评语要具体、客观，有针对性、激励性，表现出教师对学生的尊重和关爱，并肯定学生的优点和长处，激发其上进心。

注意：

（1）操行评语要实事求是，抓住主要问题，有针对性，能反映学生思想品德的全面表现和发展趋向。

（2）要充分肯定学生进步，适当指出他们的主要缺点，指明努力方向，不可罗列现象，主次不分。

（3）文字要简明、具体、贴切，切忌空洞、抽象、一般化，严防用词不当，伤害学生情感，造成家长误解。

考点8　班主任工作计划与总结

班主任工作计划一般分为学期计划、月或周计划及具体的活动计划。

班主任工作总结一般分为全面总结和专题总结。总结工作一般在学期、学年末进行。

班主任做好总结应注意以下两点：一是平时注意对班主任工作资料的积累，二是注意做阶段小结。

小　结

1.【常考题型】单选、多选、判断、案例分析

2.【命题角度】

（1）结合例子或直接考查班主任工作的各项内容及其意义，班主任了解和研究学生的方法。

（2）直接考查个别教育工作的对象、处于首要地位的工作。

（3）结合例子考查班会的类型或直接考查主题班会的组织包括哪些阶段。

附录 《中小学班主任工作规定》

第一章 总则

第一条 为进一步推进未成年人思想道德建设，加强中小学班主任工作，充分发挥班主任在教育学生中的重要作用，制定本规定。

第二条 班主任是中小学日常思想道德教育和学生管理工作的主要实施者，是中小学生健康成长的引领者，班主任要努力成为中小学生的人生导师。

班主任是中小学的重要岗位，从事班主任工作是中小学教师的重要职责。教师担任班主任期间应将班主任工作作为主业。

典型例题（2015上·单选）在《中小学班主任工作规定》中，班主任角色的定位不包括（ ）。

A. 学生日常思想道德教育的实施者   B. 学生健康成长的引导者

C. 学生自我完善的辅导者   D. 学生管理工作的主要实施者

【答案】C。

第三条 加强班主任队伍建设是坚持育人为本、德育为先的重要体现。政府有关部门和学校应为班主任开展工作创造有利条件，保障其享有的待遇与权利。

第二章 配备与选聘

第四条 中小学每个班级应当配备一名班主任。

第五条 班主任由学校从班级任课教师中选聘。聘期由学校确定，担任一个班级的班主任时间一般应连续1学年以上。

典型例题（2016下·单选）以下对《中小学班主任工作规定》的内容理解不正确的是（ ）。

A. 学校应发挥班主任的骨干作用

B. 班主任要深入分析学生的思想、学习等状况

C. 班主任不一定产生于任课教师队伍

D. 明确了班主任工作量的折算方式

【答案】C。

第六条 教师初次担任班主任应接受岗前培训，符合选聘条件后学校方可聘用。

第七条 选聘班主任应当在教师任职条件的基础上突出考查以下条件：

（一）作风正派，心理健康，为人师表；

（二）热爱学生，善于与学生、学生家长及其他任课教师沟通；

（三）爱岗敬业，具有较强的教育引导和组织管理能力。

第三章 职责与任务

第八条 全面了解班级内每一个学生，深入分析学生思想、心理、学习、生活状况。关心爱护全体学生，平等对待每一个学生，尊重学生人格。采取多种方式与学生沟通，有针对性地进行思想道德教育，促进学生德智体美全面发展。

第九条　认真做好班级的日常管理工作，维护班级良好秩序，培养学生的规则意识、责任意识和集体荣誉感，营造民主和谐、团结互助、健康向上的集体氛围。指导班委会和团队工作。

第十条　组织、指导开展班会、团队会（日）、文体娱乐、社会实践、春（秋）游等形式多样的班级活动，注重调动学生的积极性和主动性，并做好安全防护工作。

第十一条　组织做好学生的综合素质评价工作，指导学生认真记载成长记录，实事求是地评定学生操行，向学校提出奖惩建议。

第十二条　经常与任课教师和其他教职员工沟通，主动与学生家长、学生所在社区联系，努力形成教育合力。

第四章　待遇与权利

第十三条　学校在教育管理工作中应充分发挥班主任的骨干作用，注重听取班主任意见。

第十四条　班主任工作量按当地教师标准课时工作量的一半计入教师基本工作量。各地要合理安排班主任的课时工作量，确保班主任做好班级管理工作。

第十五条　班主任津贴纳入绩效工资管理。在绩效工资分配中要向班主任倾斜。对于班主任承担超课时工作量的，以超课时补贴发放班主任津贴。

第十六条　班主任在日常教育教学管理中，有采取适当方式对学生进行批评教育的权利。

第五章　培养与培训

第十七条　教育行政部门和学校应制订班主任培养培训规划，有组织地开展班主任岗位培训。

第十八条　教师教育机构应承担班主任培训任务，教育硕士专业学位教育中应设立中小学班主任工作培养方向。

第六章　考核与奖惩

第十九条　教育行政部门建立科学的班主任工作评价体系和奖惩制度。对长期从事班主任工作或在班主任岗位上做出突出贡献的教师定期予以表彰奖励。选拔学校管理干部应优先考虑长期从事班主任工作的优秀班主任。

第二十条　学校建立班主任工作档案，定期组织对班主任的考核工作。考核结果作为教师聘任、奖励和职务晋升的重要依据。对不能履行班主任职责的，应调离班主任岗位。

第七章　附则

第二十一条　各地可根据本规定，结合当地实际情况，制定中小学班主任工作的具体实施办法。

第二十二条　本规定自发布之日起施行。

第二部分

教育心理学

PART 2

| 考情简报 |

一、内容简介

作为一门重要的心理学分支，教育心理学的研究对象是学与教相互作用过程中的基本规律。学好教育心理学能帮助教师应用学生的学习规律去设计教学过程、提高教学效能。

本部分先介绍了心理学基础和教育心理学基础，又详细讲述了心理发展与教育和学前儿童的发展，为以后教师从教了解学生的心理特点做好准备。本部分还介绍了学习理论、学习心理以及学生心理健康等相关知识。

二、考情分析

教育心理学是笔试的重点考查部分，考题分值略有浮动，占总分值的 30%~40%。第二部分近三年各题型题量及分值如下表所示。

题型 年份	判断	单选	多选	案例分析
2024 上	10 题（10 分）	17 题（17 分）	3 题（4.5 分）	3 题（6 分）
2023 下	11 题（11 分）	19 题（19 分）	3 题（4.5 分）	2 题（4 分）
2023 上	8 题（8 分）	22 题（22 分）	5 题（7.5 分）	2 题（48 分）
2022 下	8 题（8 分）	14 题（14 分）	3 题（4.5 分）	2 题（4 分）
2022 上	10 题（10 分）	23 题（23 分）	3 题（4.5 分）	2 题（4 分）
2021 下	10 题（10 分）	14 题（14 分）	3 题（4.5 分）	2 题（4 分）
2021 上	9 题（9 分）	15 题（15 分）	3 题（4.5 分）	3 题（6 分）

三、备考重难点

1. 根据实例区分常见的心理现象、体现的心理学原理。

2. 理解教育心理学家关于学习的观点及理论，并能利用相关理论指导教学实践。

3. 掌握培养学生良好品德、促进学习迁移、激发学习动机等具体的方法。

第一章　心理学基础

| 知识结构 |

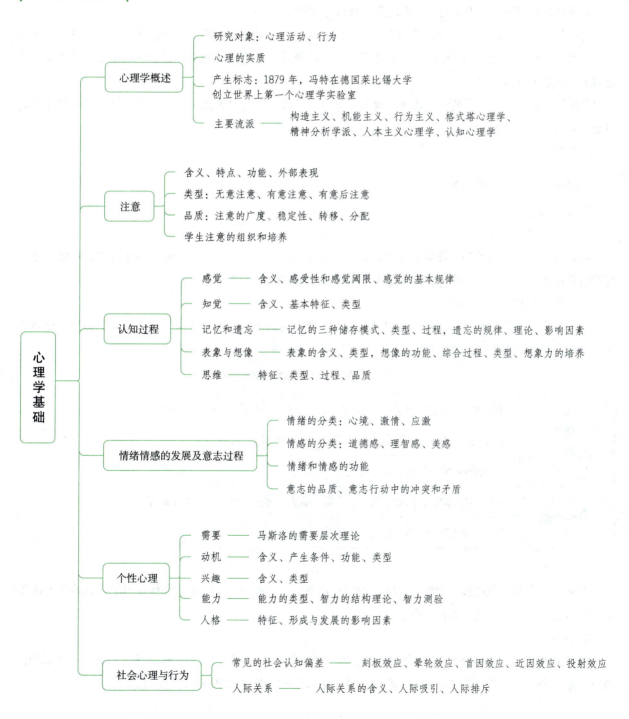

第一节　心理学概述

一、心理学及其研究对象

考点1　心理学的定义和学科性质

心理学是研究人的心理活动（心理现象）与行为的科学。

心理学是介于自然科学和社会科学之间的中间科学或边缘科学。它不仅是一门基础理论学科，也是一门应用学科。教育心理学的理论研究仅仅为课程教学改革提供参考性的框架和方法学的建议，并不提供特定情境中的处方性操作程序。

`典型例题` （2021下·判断）教育心理学可以为教师的教育教学提供原理和建议，但不能给特定情境中的实际问题提供处方。　　　　　　　　　　　　　　　　　　　　　（　　）

【答案】√。

考点2　心理学的研究对象

1.心理活动（心理现象）

（1）心理过程

心理过程是心理活动的一种动态过程，是人脑对客观现实的反映过程。它包括认知过程、情绪情感过程和意志过程三个方面。人的各种心理过程都伴随着注意这种心理状态。

（2）个性心理

个性心理是指表现在一个人身上比较稳定的心理特性的综合，反映了人与人之间稳定的差异。个性心理的差异主要表现在个性心理倾向性和个性心理特征两个方面。

表2-1-1　心理过程和个性心理的内容

心理过程 （伴随注意）	认知过程：感觉、知觉、记忆、想象、思维（认知过程的核心）、言语等
	情绪情感过程：对事物的态度体验过程，包括情绪、情感等
	意志过程：意志行动的心理过程
个性心理	个性心理倾向性：需要、动机、兴趣、信念、理想、价值观、世界观等
	个性心理特征：能力、性格、气质等

（3）心理状态

心理状态是从心理过程向个性心理转化的中间过渡环节。例如，在创造性思维过程中出现的灵感状态；在情绪过程中出现的心境、激情状态等。

2.行为

行为是指机体的任何外显的、可观察的反应动作或活动，如说话、攻击、散步等。行为是心理活动的外化，心理要通过行为来表现。对人的心理活动的探知必须始于对人的外显行为的观察。

小 结

1.【常考题型】单选、多选、判断

2.【命题角度】

（1）直接考查心理学的定义和研究对象。

（2）直接考查心理活动包含的成分，尤其注意区分个性心理倾向性和个性心理特征。

二、心理的实质

考点1　心理是脑的机能

心理是脑的机能，脑是心理活动的器官。正常发育的大脑为心理发展提供了物质基础。神经系统是心理活动的主要物质基础，人的心理活动都要通过神经系统来实现。

考点2　心理是对客观现实的反映

1. 客观现实是心理的源泉

人的心理是客观现实在人脑中的反映，客观现实是人心理活动的内容和源泉。人的心理带有社会性。例如，印度"狼孩"被野兽哺育长大，虽然具有人脑和人的躯体，却不具有人的心理。此外，人的心理也体现出一定的阶级性特点。

2. 心理是对客观现实的主观的、能动的反映

心理是客观现实的主观映象。不同的人对同一个事物的反映不同，甚至同一个人在不同时间、不同情景下对同一事物的反映也不尽相同。例如，"仁者见仁，智者见智"；看同一部电影或上同一堂课，不同的人感受不同。

心理对客观现实的反映，并不是机械的、刻板的、照镜子式的，更不是对客观现实的简单复制，而是通过人和客观现实的相互作用进行的积极的、能动的反映。

3. 人的心理是在社会实践活动中发生和发展的

实践活动是人的心理发生、发展的基础，是把人脑和客观现实联系起来的桥梁。人的心理服务于实践、指导实践；实践是检验人的心理的唯一标准。

小 结

1.【常考题型】单选、多选、判断

2.【命题角度】

（1）考查心理的实质。例如，心理是脑的机能，是对客观现实的反映。

（2）考查心理反映客观现实的几个关键词：源泉、主观、能动、社会性、实践。

三、心理学的历史发展

考点1　心理学产生的标志　★★

1879年，冯特在德国莱比锡大学创立了世界上第一个心理学实验室，开始对心理现象进行系统的实验研究。这标志着心理学成为一门独立的科学。

冯特因此被称为"心理学之父""科学心理学的创始人"。其《生理心理学原理》被誉为学术史上的

"心理学独立宣言"。

小 结

1.【**常考题型**】单选、判断
2.【**命题角度**】考查冯特的历史地位、心理学产生的标志性事件。

考点 2 心理学的主要流派

1. 构造主义

构造主义产生于 19 世纪末 20 世纪初，其奠基人是冯特，著名代表人物是铁钦纳。

主要观点：主张以意识为研究对象；将意识分为感觉、意象和激情三种基本元素，认为所有复杂的心理现象都是由这些元素构成的；主张以实验控制下的内省法作为研究方法。

地位：构造主义是心理学从哲学中独立出来后的第一个流派。

2. 机能主义

机能主义产生于 19 世纪末 20 世纪初，创始人是詹姆斯，代表人物还有安吉尔、杜威、卡尔等。

主要观点：主张以意识为研究对象，但不把意识看成个别元素的集合，而是看成川流不息的过程；强调意识的作用是使有机体适应环境。

3. 行为主义

行为主义于 20 世纪初起源于美国，创始人是华生。他于 1913 年发表的《在行为主义者看来的心理学》标志着行为主义心理学的诞生。

主要观点：反对以意识为研究对象，主张研究可观察的、外显的行为；反对使用内省法，主张使用实验的方法；主张环境决定论，认为个体的行为完全由环境控制和决定。

地位：该学派被称为心理学第一势力。

4. 格式塔心理学

格式塔心理学于 20 世纪初出现于德国，其代表人物包括韦特海默、苛勒和考夫卡等人。韦特海默于 1912 年发表的《关于运动知觉的实验研究》，标志着格式塔心理学的创立。

主要观点：格式塔（Gestalt）的意思是"完形"或"整体"。格式塔心理学强调心理或行为作为一个整体、一种组织的意义，认为整体不能还原为各个部分、各种元素的总和；部分相加不等于全体，整体大于部分之和；整体先于部分而存在，并且制约着部分的性质和意义。

5. 精神分析学派

精神分析学派于 19 世纪末由弗洛伊德创立。

主要观点：重视对异常行为的分析，强调心理学应该研究无意识现象；认为人类的一切个体和社会的行为，都根源于心灵深处的某种欲望或动机。

地位：该学派被称为心理学第二势力。

6. 人本主义心理学

人本主义心理学于 20 世纪 60 年代出现于美国，代表人物为罗杰斯、马斯洛。

主要观点：主张心理学应以正常人为研究对象；主张采用整体分析法和现象学方法；强调人类的独特特质，特别是他们的自由选择能力和个人成长的潜力，坚持以人的价值和人格发展为重点，强调人未来发展的可能性及其乐观前景，将自我实现、自我选择和健康人格作为人生追求的目标。

地位：该学派被称为心理学第三势力。

7.认知心理学

认知心理学于 20 世纪 60 年代兴起于美国。1967 年，奈瑟尔出版的《认知心理学》标志着心理学发展到一个新的阶段，认知心理学由此建立。

主要观点：主张心理学不仅要研究人的行为，也要研究作为行为基础的内部心理活动规律，尤其要着重研究心理活动机制。

小 结

1.【常考题型】单选、多选、判断

2.【命题角度】考查各心理学流派的代表人物、主要观点及历史地位的对应。

第二节　注　意

一、注意的含义与特点

考点 1　注意的含义

注意是心理活动或意识活动对一定对象的指向和集中，是心理活动的一种积极状态。

注意不是一种独立的心理过程，而是各种心理过程的共同特性，即指向一定对象的特性。注意贯穿于各个心理过程的始终。无论在什么情况下，注意都不能离开心理过程而单独起作用。

考点 2　注意的特点

注意具有指向性和集中性，这表明注意具有方向和强度的特征。

1.指向性

注意的指向性是指心理活动或意识有选择地反映一定的对象，而离开其余的对象。例如，学生在看电影时，他的意识选择了屏幕上演员的台词、动作，忽略了电影院里其他的观众。

2.集中性

注意的集中性是指心理活动或意识在特定方向上活动的强度或紧张度，即注意指向一定事物时持有的聚精会神的程度。它使心理活动离开一切无关的事物，并且抑制多余的活动。心理活动或意识的强度越大，紧张度越高，注意也就越集中。例如，一个学生专注打游戏，兴奋至极，以至于没意识到他的母亲站在他身边。

小 结

1.【常考题型】单选、多选、判断

2.【命题角度】直接考查注意有哪些特点；给出俗语或者实例，要求判断其属于注意的哪种特点。例如："视而不见，听而不闻"主要体现了注意的什么特点？答案：集中性。

3.【易错易混】

注意的指向性是注意在方向上的表现；集中性是注意在强度上的表现。考生在作答相关题目时，要注意甄别题干侧重于注意的方向还是注意的强度。

二、注意的功能

1. 选择功能

注意具有选择功能，即注意选择有意义的、符合人的需要以及与当前活动相一致的有关刺激，避开与当前活动无关的刺激并抑制对它们的反应。选择功能是注意最基本的功能。

2. 保持功能

注意具有保持的功能，即注意可以使人在一段时间内保持一定的紧张状态，将注意对象的映象或内容维持在意识中，得到清晰、准确地反映，直至完成任务、达到预定目的为止。例如，外科大夫为了抢救病人可连续数小时全神贯注地做手术。

3. 调节和监督功能

注意最重要的功能是对活动进行调节与监督。注意能对人所从事的活动进行有目的的控制，根据活动的目的和需要，做到注意的适当分配和适时转移，必要时可对错误行为进行纠正。例如，学生进行计算时，发现自己计算错误并进行改正。

▌ 小 结

1.【常考题型】单选、多选、判断

2.【命题角度】直接考查注意有哪些功能；考查注意最基本的功能以及最重要的功能分别是什么；给出实例，要求选择相对应的注意的功能。例如，学生发现自己开小差，主动将注意转向学习，体现了注意的什么功能？答案：调节和监督功能。

三、注意的外部表现

注意是一种内部心理状态，但它是通过人的外部行为表现出来的，注意的外部表现如下。

（1）适应性运动。人在注意时，行为上会出现各种定向反应，有关的感官会不由自主地朝向被注意的对象。例如，人在注意听一个声音时，就会把耳朵转向声源的方向，"侧耳倾听"。

（2）无关运动停止。人在高度集中注意时，身体其他的运动会暂时停止。例如，学生在专心听课时，手上的小动作停止。

（3）生理运动的变化。人在集中注意时，血液循环和呼吸都可能出现变化。例如，肢体血管收缩，头部血管舒张，呼与吸的时间比例发生变化，吸气变短而呼气相对延长等。

注意的外部表现可以作为研究注意的客观指标。但注意的外部表现和注意的内心状态也有不一致的情况。例如，上课时有的学生貌似注意听讲，其实走神儿了。

四、注意的类型 ★★★

根据有无目的和意志努力的程度，注意可分为无意注意、有意注意和有意后注意。

考点1 无意注意

1. 含义

无意注意也称不随意注意，是没有预定目的、不需要意志努力、不由自主地对一定事物发生的注意。无意注意是人和动物都具有的注意的初级形式。

2. 影响因素

（1）客观因素，即刺激物本身的特点，主要包括以下几点：①刺激物的强度（刺激物的相对强度起决定作用）；②刺激物的新异性；③刺激物的运动变化；④刺激物之间的对比关系。

（2）主观因素，即人本身的状态，包括个人的需要、兴趣，对事物的态度，个人的情绪状态和精神状态，个人的心境、主观期待，个人的知识经验等。

考点 2　有意注意

1. 含义

有意注意也称随意注意，是有预先目的、必要时需要意志努力、主动地对一定事物发生的注意。

2. 影响因素

影响有意注意的因素：①对活动目的、任务的认识；②活动的合理组织（参与活动的积极性）；③对事物的间接兴趣；④意志品质；⑤知识经验。

考点 3　有意后注意

有意后注意是指事前有预定目的，不需要意志努力的注意，是由有意注意转化而来的一种特殊形态的注意。这种注意既不同于无意注意，即它仍是自觉的、有目的的；又不同于有意注意，即它不需要意志努力（或不需要明显的意志努力）。有意后注意自觉性较好，可以长时间坚持。人在有意后注意状态下消耗精力较少，不容易疲劳，工作效率高。例如，熟练地骑自行车、弹琴、打字等活动中的注意都属于有意后注意。

典型例题　1.（2023下·判断）当我们通过一个阶段的训练，打字达到盲打的程度后，眼睛就不需要盯着键盘找字母了。这是无意注意在起作用。　　　　　　　　　　　　　（　　）

【答案】×。

2.（2022下·单选）语文老师习惯用不同的形式导入课程，比如一段视频、一个成语、一段音乐，等等，这有利于引起学生的（　　）。

A. 随意注意　　　　　　B. 不随意注意　　　　　C. 随意后注意　　　　　D. 随意前注意

【答案】B。

小　结

1.【常考题型】单选、多选、判断

2.【命题角度】给出实例或划分的维度，要求选择相应的注意的类型；给出例子或以多选的形式考查有意注意和无意注意的影响因素。

五、注意的品质　★★★

考点 1　注意的广度

1. 含义

注意的广度也称注意的范围，是指在同一时间内，意识所能清楚地把握的对象数量。眼观六路、耳听八方、一目十行等指的就是注意的广度。

2. 影响因素

（1）被知觉对象的特点。一般来说，被知觉对象的组合越集中，排列越有规律，越能成为相互联系的整体，注意的广度就越大。

（2）活动的性质和任务。活动任务越复杂，越需要关注细节的注意过程，注意的广度越小。

（3）个人的知识经验。一般来说，个体的知识经验越丰富，整体知觉能力越强，注意的广度就越大。

典型例题（2019上·单选）在英语考试中，学生需要快速读短文来完成阅读理解。这主要是（　　）在起作用。

A. 注意的范围　　　　　B. 注意的稳定性　　　　C. 注意的分配　　　　D. 注意的转移

【答案】A。

考点2　注意的稳定性

1. 含义

注意稳定性是指注意能够在一定时间内稳定在一定对象或活动上的特性（见图2-1-1）。注意保持的时间越长，注意越稳定。

图2-1-1　注意的稳定性

2. 注意的起伏和注意的分散

（1）注意的起伏

在稳定注意的条件下，感受性也会发生周期性增强和减弱的现象，这种现象叫作注意的起伏或注意的动摇。例如，在百米竞赛的预备信号之后，相隔太长时间再发出起跑信号，运动员的注意就可能减弱。

（2）注意的分散

与注意的稳定性相反的注意品质是注意的分散（即分心）。注意的分散是指注意离开了心理活动所要指向的对象，而被无关的对象吸引去的现象。例如，有的学生在课堂上开小差。

3. 影响因素

（1）注意对象的特点。一般来说，内容丰富的对象比单调的对象更能维持注意的稳定性；活动的对象比静止的对象更能维持注意的稳定性。

（2）个人的意志力水平。意志坚强、善于自制且能和干扰作斗争的人，注意容易保持稳定。

（3）个人的身体和精神状态。身体健康、精力充沛、心情愉悦时，注意容易保持稳定。

（4）个人的兴趣和积极性。对活动有浓厚的兴趣、对活动的意义理解深刻、抱有积极的态度，注意的稳定性会明显提高；反之，注意就容易分散。

考点3　注意的转移

1. 含义

注意的转移指根据一定目的，主动把注意从一个对象转移到另一个对象上，或从一种活动转移到另一种活动上（见图2-1-2）。例如，学生上完数学课后能及时主动地把注意力转移到语文课上去。

图2-1-2　注意的转移

2. 影响因素

（1）原来注意的紧张度。原来从事的活动的吸引力越强，紧张程度越高，注意越难转移。

（2）新活动对象的性质。新的活动对象越符合人们的兴趣和需要，注意越容易转移。

（3）明确的信号提示。明确的信号提示可以帮助个体的大脑处于兴奋和唤醒状态，灵活迅速地转换注意对象。

（4）个体的神经类型和自控能力。神经类型灵活性高的人比不灵活的人更容易实现注意的转移，自控能力强的人比自控能力弱的人更善于主动、及时地进行注意的转移。

考点 4　注意的分配

1. 含义

注意的分配是指在同一时间内，把注意指向不同的对象，同时从事着几种不同的活动（见图 2-1-3）。例如，一心多用；左手画方，右手画圆等。

2. 影响因素

（1）所从事的活动中必须有一些活动是非常熟练的，甚至已经达到了自动化的程度。

（2）所从事的几种活动之间应该有内在的联系，但不能用同一种心理操作来完成。

学生一边听课一边做笔记。

图 2-1-3　注意的分配

典型例题 （2023 下·单选）罗老师在课堂上一边讲课一边操作投影仪，同时还观察着学生的听课情况。这反映的是（　　）。

A. 注意的转移　　　　　B. 注意的分配　　　　　C. 注意的广度　　　　　D. 注意的稳定

【答案】B。

小　结

1.【常考题型】单选、多选、判断

2.【命题角度】给出概念、具体实例、成语、俗语，要求考生选择与之相对应的注意品质；以多选的形式直接考查注意品质的具体内容或影响因素。

3.【易错易混】注意的转移和注意的分散

注意的转移是根据实际需要，有目的地、主动地变换注意对象；注意的分散则是受到无关事物的干扰使注意离开所要注意的对象，是无目的地、被动地变换注意对象。

六、学生注意的组织与培养

1. 根据注意的外部表现了解学生的听课状态

在课堂教学中，教师可通过观察学生的外部表现，判断学生是否在专心听讲，从而优化教学。

2. 充分利用无意注意的规律组织教学

（1）创造良好的教学环境。首先，教师应该注意教室内外环境对课堂的干扰；其次，教师要注意自身服饰、发型，注意迅速处理课堂突发事件。

（2）注重讲演、板书技巧和教具的使用。首先，在讲课过程中，教师应该音量适中，语音、语调做到抑扬顿挫，遇到重点、难点还要加强语气，伴以适当的手势和表情；其次，板书应该做到运用有度、重点突出、清晰醒目，必要时还要用彩色粉笔和图、表格加以强调；最后，教具应该新颖直观，能够很好地说明问题。

（3）注重教学内容的组织和教学形式的多样化。教师应找出教学内容与学生原有知识结构的结合点，提供具体的实例，引起学生的直接兴趣。教师应该运用多种教学方法和灵活、多样的教学手段，调动学生饱满的情绪状态和学习积极性。

3. 充分利用有意注意的规律组织教学

（1）明确学习的目的和任务。首先，教师应使学生有明确的学习目的，明确要解决的问题，提高学生学习的自觉性；其次，教师对学生的要求要宽严适度，培养学生克服困难的意志力。

（2）培养间接兴趣。为了引起学生学习的间接兴趣，教师应在一门课开始时对学生阐明本学科知识学习的意义和重要性，即在知识教学中渗透思想教育。

（3）合理组织课堂教学，防止学生分心。教师在教学过程中要避免任务安排过满、节奏过于紧张，应该张弛有度，给学生适当放松休整的时间。另外，教师可以运用多种电化教学手段，采取生动活泼的形式，来调整学生的注意状态。

4. 运用三种注意相互转换的规律组织教学

在教学过程中，教师要交替运用有意注意和无意注意，恰当地组织教学，培养学生学习的直接兴趣，促使有意注意向有意后注意转化。

典型例题（2018下·单选）某教师认为要提高学生在课堂上的注意力，教室环境应该布置得简单素雅，在授课时教师的走动应该适当。对此，以下说法正确的是（　　）。

A. 教室环境的布置不会影响学生的注意

B. 该教师的做法是为了减少学生产生无意注意

C. 该教师关注了无意注意和有意注意的相互转化

D. 教师的走动会使学生产生注意转移，不利于教学

【答案】B。

小结

1.【常考题型】单选、多选、判断

2.【命题角度】给出实例，要求选出正确或错误运用有意注意或无意注意的措施。

第三节　认知过程

一、感觉

考点1　感觉的含义

感觉是人脑对直接作用于感觉器官的客观事物的个别属性的反映。客观事物具有一定的属性，如颜色、声音、味道、软硬等，当这些个别属性作用于人的感觉器官，大脑就产生对它的反映，这个过程就是感觉。

感觉是一种最简单的心理现象，是认知的起点。可以说，感觉是一切知识和经验的基础，是正常心理活动的必要条件。一切较高级、较复杂的心理现象都是在感觉的基础上产生的。

考点2　感受性和感觉阈限

人的感官只对一定范围内的刺激做出反应。这种感觉能力和刺激范围，我们分别称之为感受性和感觉阈限。感觉阈限与感受性在数值上呈反比关系，感觉阈限低，则感受性高；感觉阈限高，则感受性低。

感受性包括绝对感受性和差别感受性，相应地，感觉阈限也包括绝对感觉阈限和差别感觉阈限。

1. 绝对感受性与绝对感觉阈限

绝对感受性是指感觉出最小刺激量的能力。绝对感觉阈限是指刚刚能引起感觉的最小刺激量。例如，往一杯白开水里放糖，直到放入10克糖时，我们才刚刚能感受到杯子中水的甜味。刚刚能感受到杯子中水

的甜味的能力就是绝对感受性；这 10 克糖的刺激量就是绝对感觉阈限。

2. 差别感受性与差别感觉阈限

差别感受性是指能察觉出两个同类刺激物之间的最小差别量的能力。差别感觉阈限又称差别阈限、最小可觉差，是指刚刚能引起差别感觉的两个同类刺激物之间的最小差异量。例如，往一杯糖水中继续加糖，加了 5 克糖时，我们刚刚能感觉到糖水变得更甜了。刚好能感觉到糖水变得更甜的能力就是差别感受性；这 5 克糖就是差别感觉阈限。

小 结

> 1.【常考题型】单选、多选、判断
>
> 2.【命题角度】给出概念或例子考查绝对感受性和绝对感觉阈限、差别感受性和差别感觉阈限这两组概念；以判断的形式考查感受性与感觉阈限在数值上呈反比关系。
>
> 3.【易错易混】
>
> 感受性是对刺激的"感受能力"，感觉阈限是"刺激量"。考题一般要求考生区分绝对感受性与差别感受性、绝对感觉阈限与差别感觉阈限。考生可根据关键词法作答此类题目。
>
> （1）题干中表述的是"能力"，就是感受性；题干中表述的是"刺激量"，就是感觉阈限。
>
> （2）题干中强调"刚能感受到刺激"，就是"绝对"；题干中强调刚能感受到"变化""差异""区别"，就是"差别"。

考点 3　感觉的基本规律 ★★★

1. 感觉适应

感觉适应是指由于刺激物对感觉器官的持续作用，从而使感受性提高或降低的现象。例如，入芝兰之室，久而不闻其香。

感觉适应在视觉上分为暗适应和明适应，具体内容见表 2-1-2。

表 2-1-2　暗适应和明适应的概念、变化过程和示例

视觉的适应	条件	感受性变化趋势	感受性变化过程	示例
暗适应	照明停止或由亮处转入暗处时	视觉感受性提高	暗适应的时间较长，最初 7~10 分钟内，感觉阈限骤降，而感受性骤升，整个暗适应持续 30~40 分钟，以后感受性就不再提高了	从阳光照射的室外进入漆黑的电影院，开始觉得一片漆黑，过一段时间才能看清物体
明适应	照明开始或由暗处转入亮处时	视觉感受性下降	明适应的时间很短，最初约 30 秒内，感受性下降很快，以后适应的速度有所减慢，2~3 分钟内即可达到稳定水平	从漆黑的电影院走到阳光照射的室外，开始觉得光线刺眼，过一段时间才能恢复正常

2. 感觉对比

感觉对比是指不同刺激作用于同一感觉器官，使感受性发生变化的现象。感觉对比分为同时对比和继时对比。

同时对比是指几个刺激物同时作用于同一感受器产生的对比现象。例如，明暗相邻的边界上，常常在亮区看到一条更亮的光带，在暗区看到一条更暗的线条（马赫带现象）；万花丛中一点绿、鹤立鸡群、月明星稀。

继时对比是指几个刺激物先后作用于同一感受器产生的对比现象。例如，吃完苦药以后再吃糖觉得糖更甜了；从冷水里出来再到稍热一点的水里觉得热水更热了。

3. 感觉后效

感觉后效又称感觉后像，是指在对感受器的刺激作用停止以后，感觉印象并不立即消失，仍能保留短暂的时间的现象。

感觉后效在视觉中表现最显著，被称为视觉后像。视觉后像分为正后像和负后像。正后像是指后像的品质与刺激物相同的视觉后像。负后像是指后像的品质与刺激物相反的视觉后像。例如，注视灯光后，闭上眼睛，眼前会出现灯的一个光亮形象位于黑色背景之上，这就是正后像；之后可能看到一个黑色形象出现在光亮背景之上，这就是负后像。

4. 感觉补偿

感觉补偿是指某种感觉系统的机能丧失后由其他感觉系统的机能来弥补的现象。例如，盲人丧失视觉后，可以通过听觉和触觉的高度发展来加以补偿。

5. 联觉

联觉是指一个刺激不仅引起一种感觉，同时还引起另一种感觉的现象。例如，红、橙、黄色使人感到温暖，绿、青、蓝色使人感到凉快，这表明颜色的刺激不仅引起了视觉，还引起了温度觉。

小 结

1.【常考题型】单选、多选、判断

2.【命题角度】给出概念或教学案例，要求选出对应的感觉现象；以单选或判断的形式考查视觉的明适应和暗适应。例如，汽车穿出隧道，强烈的阳光让人睁不开眼睛，但一会儿就适应了，这是视觉的暗适应。答案：×。

二、知觉

考点1　知觉的含义

知觉是人脑对直接作用于感觉器官的客观事物的整体属性的反映，它是在感觉的基础上产生的。例如，一朵玫瑰花放在眼前，人们不仅看到花的颜色，还嗅到花香；不仅看到花瓣，还看到花蕊、花托。花的颜色、气味及各部分在人脑中产生的是关于这朵玫瑰花的整体形象，这就是知觉。

考点2　知觉的基本特征 ★★★

1. 知觉的选择性

（1）含义

图 2-1-4　双歧图形

知觉的选择性是指人在知觉过程中把知觉对象从背景中区分出来优先加以清晰地反映的特性。被选为知觉内容的事物称为对象，其他衬托对象的事物称为背景。图 2-1-4 的双歧图形显示了知觉中对象与背景的关系。如果以图中白色部分为知觉对象，黑色部分为背景，就会看到一个白色的杯子；如果以黑色部分为知觉对象，白色部分为背景，就会看到两张黑色的侧脸。

（2）影响因素

客观因素：①刺激物的绝对强度；②对象和背景的差别性；③对象的活动性；④刺激物的新颖性、奇特性。

主观因素：①个体在知觉时有无目的和任务；②个体已有知识经验的丰富程度；③个体的需要、动机、兴趣、爱好、定势与情绪状态等。

2. 知觉的整体性

（1）含义

知觉的整体性是指人在知觉时，并不把知觉对象感知为个别孤立的部分，而总是把它知觉为统一的整体的特性。例如，当我们听到某些熟人的声音时，立刻能知觉到这位熟人的整体形象。

知觉的整体性既有助于人的知觉能力增强与速度提高，也可能妨碍对部分与细节特征的反映。例如，做文字校对工作的人，由于对整个文句的感知，有时难以发现句中个别漏字或误字，这就是由于整体知觉抑制了个别成分的知觉。

（2）影响因素

①知觉对象的特点，如接近、相似、闭合、连续等因素。图 2-1-5 是由不连续的线和不规则的面组成的图形，但我们在中心位置似乎看到一个倒立三角形，尽管三角形的线条并不闭合。

图 2-1-5　主观轮廓

②对象各组成部分的强度关系。强度大的组成部分决定对知觉对象的整体认识。例如，人的面部特征是我们感知人体外貌的强的刺激部分，所以不管一个朋友的发型、服饰等如何变化，只要面部没有变化，我们就不会认错。

③知觉对象各部分之间的结构关系。同样一些部分，处于不同的结构关系中就会成为不同的知觉整体。例如，一首歌，无论是男高音唱，还是女高音唱，人们都会把它知觉为同一首歌；可一旦改变其旋律或歌词（曲调的各成分关系改变），就会成为另一首歌。

④知觉的整体性主要依赖于知觉者本身的主观状态，其中最主要的是知识与经验。例如，一个不熟悉英语单词的人，他对单词的知觉只能一个字母一个字母地进行；而一个熟练掌握英语的人，他可以把一个单词甚至由多个单词组成的一句话知觉为一个整体。

3. 知觉的理解性

（1）含义

知觉的理解性是指人在知觉过程中以过去的知识经验为依据，力求对知觉对象做出某种解释，使它具有一定的意义的特性。例如，图 2-1-6 中有一些黑色斑点，初看时难以知觉出它是什么东西，但只要提示说这是小孩和狗的图形，言语的指导就会使人立刻理解黑色斑点的意义，而将它们知觉为小孩和狗在奔跑。

图 2-1-6　知觉的理解性

（2）影响因素

知觉的理解性主要受个人的知识经验、言语指导、实践活动，以及个人的兴趣、爱好等因素的影响。

4. 知觉的恒常性

知觉的恒常性是指当知觉的条件在一定范围内发生变化时，知觉的映象仍然保持相对不变的特性。例如，放在水中的筷子，看上去是弯的，但我们认为它是直的，这就是知觉的恒常性的体现。知觉恒常性现象在视知觉中表现得特别明显，包括大小、颜色、形状（见图 2-1-7）、明度恒常性等。

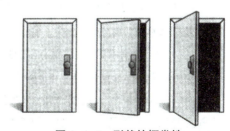

图 2-1-7　形状的恒常性

小　结

1.【常考题型】单选、多选、判断

2.【命题角度】给出实际的生活情境或概念，要求选出对应的知觉的特征；以多选的形式考查知觉具备哪些特征。

3.【易错易混】

知觉的基本特征	关键表述	示例
选择性	区分对象与背景	万绿丛中一点红；猎人进山只见兽，樵夫进山只见柴
整体性	知觉对象变完整	窥一斑而知全豹；被分割的线段仍被知觉成完整的图形
理解性	知识经验起作用	外行看热闹，内行看门道；一千个读者就有一千个哈姆雷特；隔行如隔山
恒常性	知觉映象仍不变	无论将一支白粉笔放在明亮处还是昏暗处，人们都会把它知觉为白粉笔

考点3　知觉的类型

根据知觉对象的不同，知觉可分为物体知觉和社会知觉。

1.物体知觉

根据人脑所反映的物体特性的不同，物体知觉可分为空间知觉、时间知觉和运动知觉。

（1）空间知觉

空间知觉是对物体的大小、形状、距离、方位等空间特性的知觉。它包括大小知觉、形状知觉、深度知觉（距离知觉）、方位知觉等。以下主要介绍距离知觉和方位知觉。

①深度知觉又称距离知觉，是人对物体远近距离、深度、凹凸等的知觉。使人产生深度知觉的线索包括肌肉线索、单眼线索和双眼线索。人们知觉物体距离与深度，主要依赖双眼视差（两眼视网膜上形成的两个略有差异的视像）。著名的视崖实验证明了儿童具有深度知觉。

②方位知觉是指对物体的空间关系、位置和对机体自身所在空间位置的知觉。例如，初入学的儿童常常出现"b"与"d"、"p"与"q"不分，把"9"看成"6"等现象的心理原因是儿童的方位知觉发展不完善。

（2）时间知觉

时间知觉是对客观现象的延续性和顺序性的反映。人们可以借助计时工具、自然界的周期现象、有机体的生理节律、周期性的社会活动等来估计时间。

（3）运动知觉

运动知觉是对物体在空间中的位移产生的知觉。运动知觉包括真动知觉和似动知觉。

①真动知觉

真动知觉是指由物体按特定速度或加速度，从一处向另一处做连续的位移引起的知觉。

②似动知觉

似动知觉是指在一定的时间和空间条件下，人们在静止的物体间看到了运动，或者在没有连续位移的地方，看到了连续的运动，即"似乎在动"。似动知觉的主要形式有以下几种。

动景运动，指当两个刺激物（光点、直线、图形或画片）按一定空间距离和时间间隔相继呈现时，人们会看到从一个刺激物向另一个刺激物的连续运动。例如，电影的连续画面、霓虹灯、路牌广告的变化等都是依据动景运动的原理制作出来的。

诱发运动，指一个相对静止的物体，由于受到周围其他物体运动的诱导而被知觉为是运动的。例如，夜空中的月亮是相对静止的，浮云是运动的，由于浮云的运动，人们看到月亮在动，以为浮云是静止的，所以我们常觉得月亮在云中穿行。

自主运动，又称游动运动或自动效应，指人在注视暗环境中一个微弱的、静止的光点片刻后感到光点在来回移动的现象。例如，在没有月光的夜晚，当我们仰视天空时，有时会发现一个细小而发亮的东西在天空游动，我们会误认为它是一架飞机，其实这是星星引起的自主运动。

运动后效，指在注视向一个方向运动的物体之后，将注视点转向静止的物体，人们会看到静止的物体似乎朝相反的方向运动。例如，注视瀑布的某一处后看周围静止的田野，会觉得田野上的一切都在向上飞升。

2. 社会知觉

社会知觉是指对人的知觉，对由人的社会实践所构成的社会现象的知觉，具体包括对他人的知觉、自我知觉、人际知觉。常见的社会知觉偏差详见本章第六节"社会心理与行为"。

小　结

1.【常考题型】单选、多选、判断

2.【命题角度】考查物体知觉和社会知觉的划分维度；考查空间知觉和似动知觉包含的种类以及与"视崖实验"相关联的深度知觉；给出概念或例子，要求判断其属于哪种空间知觉或似动知觉。

考点4　知觉的特殊形态——错觉

错觉是在特定条件下产生的对客观事物的歪曲知觉，这种歪曲往往带有固定的倾向。只要产生错觉的条件存在，个体就无法通过主观努力去克服错觉。错觉不同于幻觉，幻觉是指没有相应客观刺激时所出现的知觉体验。

错觉在社会实践中既有积极作用也有消极作用。例如，某些建筑设计能巧妙地利用错觉原理引起良好的心理效应，给人们的生活带来舒畅愉悦，这是错觉的积极作用；飞机驾驶员在海上飞行时，容易产生"倒飞"错觉，这可能会引起严重的飞行事故，这是错觉的消极作用。

三、记忆和遗忘

考点1　记忆的含义

记忆是过去的经验在头脑中的反映，也可以说是人脑对经验的识记、保持和再现的过程。

考点2　记忆的三级加工模型　★★★

阿特金森和谢夫林将记忆分为彼此联系的三个系统，即感觉记忆、短时记忆和长时记忆。

1. 三级记忆系统

（1）感觉记忆

感觉记忆也称瞬时记忆、感觉登记，是指当客观刺激停止作用后，它的印象在人脑中只保留一瞬间的记忆。即刺激停止后，感觉印象并不立即消失，仍有一个极短的感觉信息保持过程。感觉记忆是人类记忆信息加工的第一个阶段。例如，在观看电影时，虽然呈现在屏幕上的是一幅幅静止的图像，我们却可以将这些图像看成连续运动的，这就是感觉记忆的作用。

感觉记忆的特点：①保持时间极短，为 0.25~4 秒（也有学者认为保持时间为 0.25~2 秒）；②记忆容量较大；③形象鲜明，信息完全按事物的物理特性编码；④信息原始，记忆痕迹很容易衰退。

感觉记忆的编码有图像记忆和声像记忆等。其中，图像记忆是感觉记忆的主要编码形式。

（2）短时记忆

短时记忆也称工作记忆，是指人脑中的信息在 1 分钟之内加工与编码的记忆，是感觉记忆和长时记忆的中间阶段，在信息加工系统中处于核心地位。注意是信息从感觉记忆进入短时记忆的基本条件。保持性复述（机械复述）能将信息短暂保存在工作记忆当中，但这种复述不能有效地将信息转入长时记忆。例如，我们在电话号码簿上查到一个需要的电话号码，立刻就能根据记忆拨号，但是之后往往就记不清了，这种记忆就是短时记忆。

短时记忆的特点：①时间很短，不超过 1 分钟。②记忆容量有限，为 7±2 个组块。组块是将项目组织成熟悉的、有意义的单元。③意识清晰。④操作性强。⑤易受干扰。

短时记忆的编码方式包括听觉编码和视觉编码两种。

（3）长时记忆

长时记忆是指信息经过充分的和有一定深度的加工后，在头脑中长时间存储的记忆。复述是把信息从短时记忆转入长时记忆系统的重要条件。

长时记忆的特点：①保持时间长久，可以是 1 分钟以上，甚至终生；②记忆容量无限。

长时记忆的编码以语义编码为主，再认和回忆是长时记忆信息的提取方式。

2. 三级记忆系统之间的关系（加工模型）

当外界刺激引起感觉后，它所留下的痕迹便是感觉记忆，如不加注意，便很快消失；如果给予注意，进行初步处理，便转入短时记忆。对短时记忆中的信息，如不及时加工复述，便会很快遗忘或被新信息替代；如果经过复述，则转入长时记忆。在长时记忆中，信息被继续编码、储存起来。当需要时，这些信息又被从长时记忆中提取到短时记忆中供人们使用。

`典型例题` 1.（2023 下·判断）瞬时记忆、短时记忆和长时记忆是三种相互独立的记忆。　　（　　）

【答案】×。

2.（2023 上·多选）下列关于工作记忆的描述正确的有（　　）。

A. 工作记忆的容量是无限的

B. 工作记忆的内容只来源于感觉登记

C. 注意是影响工作记忆非常重要的因素

D. 工作记忆中大量信息是基于听觉编码

E. 保持性复述可以将记忆内容保持在工作记忆之中

【答案】CDE。

小 结

1.【常考题型】单选、多选、判断

2.【命题角度】考查感觉记忆、短时记忆和长时记忆相对应的特点、编码形式、提取方式。例如，容量平均值约为 7 个组块的是什么记忆？答案：短时记忆。长时记忆信息的提取方式是什么？答案：回忆或再认。

考点3 记忆的类型 ★★

1. 形象记忆、运动记忆、情绪记忆、语词记忆和情景记忆（根据记忆内容的不同划分）

形象记忆是以个体感知过的事物形象为内容的记忆。例如，我们对见过的人、看到的风景、听过的音乐、尝过的味道、触摸过的物体的记忆。

运动记忆是以个体过去做过的运动或动作为内容的记忆。例如，对骑单车、游泳、写字、打球、舞蹈动作、体操动作、武术套路、实验操作过程的记忆等。

情绪记忆是以个体体验过的某种情绪和情感为内容的记忆。例如，"良言一句三冬暖，恶语伤人恨不休""一朝被蛇咬，十年怕井绳"。

语词记忆是以概念、判断、推理等为形式，以事物本身的性质和意义以及事物的关系等为内容的记忆。语词记忆是人类特有的记忆，也是个体保存经验最简便、最经济的形式。例如，学生在听课以后，教师讲课的声调、姿势以及黑板上板书的样子，可能都已经忘了，但却可以把教师讲的内容用口头或书面语言表达出来。

情景记忆是指人们根据时空关系对某个事件的记忆。例如，同学们对在校园里最难忘的一件事的记忆；小明对随父母去国外观看篮球比赛的记忆等。

2. 陈述性记忆和程序性记忆（根据信息加工与存储方式的不同划分）

陈述性记忆是指有关事实和事件的记忆，可以通过语言传授而一次性获得，提取时往往需要意识的参与。陈述性记忆具有可以言传的特征，即人在需要时可将记得的事实表述出来。例如，在游泳之前通过阅读书籍记住了动作要领的记忆，对人名、地名、名词解释、定理、定律的记忆等。

程序性记忆是指如何做事情的记忆或者如何掌握技能的记忆，包括对知觉技能、认知技能和运动技能的记忆。程序性记忆通常需要通过多次尝试才能逐渐获得，利用时往往不需要意识的参与，其显著特点是难以言传。例如，对正确完成广播体操动作的记忆；关于游泳的动作的记忆等。

3. 内隐记忆和外显记忆（根据记忆是否受意识的控制划分）

内隐记忆也称自动的无意识记忆，是指在个体没有意识的情况下，过去经验对当前作业产生的无意识的影响。例如，有些人能熟练地打字，却不能立刻正确地说出键盘上字母的位置。

外显记忆也称受意识控制的记忆，是指在意识参与的条件下，过去经验对当前作业产生的有意识的影响。例如，我们能记忆儿时背过的乘法表，记得今天早餐吃的什么。

`典型例题` （2024上·判断）"江南忆，最忆是杭州。山寺月中寻桂子，郡亭枕上看潮头，何日更重游？"该诗句中的记忆类型有长时记忆和情景记忆。　　　　　　　　　　　　　（　　）

【答案】√。

2.（2020上·单选）娇娇因为小时候在草丛里被虫子咬伤过，所以很害怕虫子。娇娇对虫子的害怕属于（　　）。

A. 形象记忆　　　　　　　　　　　　　　B. 语义记忆

C. 情绪记忆　　　　　　　　　　　　　　D. 动作记忆

【答案】C。

考点4 记忆的过程

完整的记忆分为识记、保持、再现（再认或回忆）三个环节。从信息加工的角度来看，记忆过程就是对输入信息的编码、储存和提取的过程。识记是输入信息的编码过程；保持是信息的储存过程；再现是信息的提取过程。

1. 识记

（1）识记的含义

识记是记忆过程的第一个基本环节，是个体获取知识经验的过程，即通过反复感知而识别、记住某事物并在头脑中留下映象的过程。

（2）识记的类型

①根据识记有无目的性，识记可分为无意识记和有意识记

无意识记是事先没有预定目的，也不需要运用任何有助于识记的方法和意志努力的识记。

有意识记是有明确的目的，并经过一定意志努力和采取一定方法进行的识记。学生的学习活动主要依靠有意识记。

②根据识记材料有无意义或识记者是否理解其意义，识记可分为机械识记和意义识记

机械识记是指在材料没有意义或在对事物没有理解的情况下，依据事物的外部联系而机械重复进行的识记。例如，小学生在家长的要求下一遍一遍地读自己根本不懂的古诗词，直到记住为止。

意义识记是指在对事物理解的基础上，依据事物的内在联系而进行的识记。例如，学生在弄清一首古诗的含义及其整体思想的前提下背诵这首古诗；利用阅读成语故事记忆成语等。

实验研究证明，意义识记的效果优于机械识记，但机械识记在学习中也是必要的，原因如下：①学习中有一些材料是无意义的或意义较少的，就只能用机械识记；②有时材料本身有意义，但限于学习者的水平，一时难以理解，也只能先用机械识记，以后逐步加以理解，如小孩背诵古诗；③机械识记最能锻炼人的记忆力。

2. 保持

保持是记忆过程的第二个基本环节，也是记忆过程的中心环节，是指已获得的知识经验在人脑中的巩固过程。保持不是消极被动的储存过程，随着时间的推移，保持的内容会发生数量和质量的变化，从而体现了人脑对识记材料主动加工的特点。

3. 再现（再认或回忆）

再现（再认或回忆）是记忆过程的第三个基本环节，是指在不同的条件下重现过去经验的过程。

（1）再认

再认是指过去经历过的事物再次出现在面前，人能把它们加以确认的过程。例如，在街上碰到了多年未见面的小学数学老师仍能将其认出。

（2）回忆

回忆是指过去经历过的事物不在面前，但人能把它们在脑中重新呈现出来的过程。

回忆的种类如下：

①根据回忆是否有预定的目的、任务和意志努力的程度，回忆可分为无意回忆和有意回忆

无意回忆是没有预定目的，也不需要任何意志努力的回忆。例如，睹物思人；触景生情等。

有意回忆是有回忆任务，并需要做一定的意志努力，自觉复现以往经验的回忆，其目的是根据当前的需要而回忆起特定的记忆内容。例如，"默写"；课堂上学生回答老师的提问等。

②根据回忆的条件和方式不同，回忆可分为直接回忆和间接回忆

直接回忆是由当前事物直接唤起旧经验的重现。例如，触景生情。

间接回忆是通过一系列中间环节或中介性的联想才能得到旧经验的回忆。

小 结

1.【常考题型】单选、多选、判断

2.【命题角度】直接考查记忆包括哪三个基本环节；给出实例、概念、相应的划分维度，选择相对应的识记、回忆的类型。例如，"干燥防失火，急躁必踩足"属于哪种记忆方式？答案：意义识记。给出例子，要求判断其属于回忆还是再认。例如，学生在开卷考试时的记忆活动主要是什么？答案：再认。

考点5　遗忘 ★★

遗忘是指对识记过的材料不能回忆或再认，或者表现为错误的回忆或再认。按照信息加工的观点，遗忘是信息提取不出或提取错误。

1. 遗忘的规律

德国著名心理学家艾宾浩斯首先对遗忘现象进行了研究，他认为保持和遗忘是时间的函数。艾宾浩斯以自己为被试，以无意义音节（即那些不能拼出单词来的众多字母的组合）为记忆材料，用节省法（又称重学法）进行研究。节省法是指让学习者把识记材料学到恰能背诵的程度，经过一定时间间隔再重新学习，达到能重新背诵的程度，然后比较两次学习所用的时间和诵读次数，就可以得出一个绝对节省值。艾宾浩斯根据实验结果绘成描述遗忘进程的曲线，即著名的艾宾浩斯遗忘（记忆）曲线（见图2-1-8）。

遗忘曲线表明遗忘在学习之后立即开始，最初遗忘速度很快，随着时间的推移，遗忘的速度逐渐减慢；过了相当的时间后，几乎不再遗忘。由此可知，遗忘的进程是不均衡的，其趋势是先快后慢，先多后少，呈负加速型，并且到一定程度就几乎不再遗忘了。

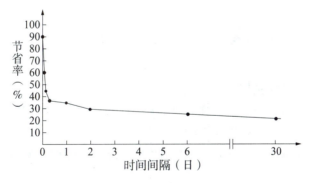

图 2-1-8　艾宾浩斯遗忘曲线

2. 遗忘的理论

关于遗忘的原因，主要有以下几种理论学说。

（1）消退说

消退说也称痕迹衰退说，认为遗忘是记忆痕迹得不到强化而逐渐减弱、衰退，以致最后消退的结果。例如，因为自己太久没有复习，考试时想不起来学过的知识。

（2）干扰说

干扰说认为，遗忘是在学习和回忆之间受到其他刺激的干扰所致，一旦干扰被排除，记忆就能恢复。

前摄抑制和倒摄抑制是支持干扰说的有力例证。前摄抑制是指先学习的材料对识记和回忆后学习的材料的干扰作用。倒摄抑制是指后学习的材料对保持和回忆先学习的材料的干扰作用。例如，英语老师提倡学生早自习时间背单词，这种做法可以避免前摄抑制的干扰；在背诵一篇短文时，一般前后端的内容容易记住，中间的内容难记且易遗忘。

（3）压抑说（动机说）

压抑说是弗洛伊德提出的。他认为，遗忘是由情绪或动机的压抑作用引起的，痛苦的经历产生的不愉快感觉，就是引起压抑的动力源，遗忘了相关的事件，就是压抑的过程，如果这种压抑被解除，记忆也就能恢复。例如，考试时由于情绪过分紧张导致一些学过的内容怎么也想不起来。

（4）提取失败说

从信息加工的观点来看，遗忘是一时难以提取出要求的信息，一旦有了正确的线索，经过搜索，那么所要的信息就能被提取出来。例如，提笔忘字、舌尖现象。

（5）同化说

同化说是奥苏贝尔解释遗忘原因的理论。该理论认为，遗忘实际上是知识的组织与认知结构简化的过程，即学习到更高级的概念与规律以后，高级的概念与规律可代替低级的概念与规律，使低级的概念与规律遗忘，从而简化知识。

典型例题 1.（2023 下·单选）曾老师叮嘱同学们："课后大家要多做习题以巩固课堂上学习的知识，否则学过的知识很快就遗忘了。"曾老师的说法符合遗忘的（　　）。

A. 干扰说　　　　　　B. 同化说　　　　　　C. 动机说　　　　　　D. 衰退说

【答案】D。

2.（2022 下·判断）在生活中，有些人对一些自己很熟悉的事情，就是一时想不起来，这种现象可以用动机性遗忘理论来解释。（　　）

【答案】×。

3.（2021 下·单选）小明每天晚上睡觉前会记忆一些英文单词，发现比白天的记忆效果好。这是因为少了（　　）。

A. 倒摄抑制　　　　　B. 泛化抑制　　　　　C. 前摄抑制　　　　　D. 双向抑制

【答案】A。

3. 影响遗忘进程（识记效果）的因素

（1）学习材料的性质。一般认为，对熟练的动作遗忘得慢；对形象、直观的材料比对抽象的材料遗忘得慢；对有意义的材料比对无意义的材料遗忘得慢。

（2）学习程度。学习程度是指学习者对学习材料进行学习的时间或次数。一般来说，学习程度太高或太低，都不利于对知识的记忆。

（3）识记材料的数量。在学习程度相等的情况下，识记材料越多遗忘得越快，识记材料少则遗忘较慢。

（4）识记材料的系列位置。最后呈现的材料最易回忆，遗忘最少，这种现象叫作近因效应。最先呈现的材料较易回忆，遗忘较少，这种现象叫作首因效应。这些现象统称为系列位置效应。

（5）记忆任务的长久性与记忆材料的重要性。一般来说，长久的识记任务有利于材料在头脑中保持时间的延长，不重要和未经复习的内容则容易遗忘。

（6）识记方法。研究表明，以理解为基础的意义识记比机械识记的效果好得多。

（7）时间因素。根据遗忘规律，记忆的最初阶段遗忘速度快，随后逐渐变慢。学习内容的保存量随时间减少。

（8）识记者的态度。研究表明，在人们的生活中，不占重要地位的、不引起人们兴趣的、不符合个人需要的事情首先被遗忘，而人们需要的、感兴趣的、具有情绪作用的事物，则遗忘得较慢。

4.克服遗忘的策略

（1）深度加工记忆材料，即对要学习的新材料增加相关的信息并重新编码、分类组织、归纳和整合到过去的知识结构之中，以达到对新材料的理解和记忆。

（2）有效运用记忆术，如联想法、关键词法、位置记忆法、视觉想象法等。

（3）进行组块化编码，即在信息编码过程中，利用储存在长时记忆系统中的知识经验对进入到短时记忆系统中的信息加以组织，使之成为个体所熟悉的有意义的较大单位的过程。

（4）合理进行复习。具体方法如下：①及时复习。②合理分配复习时间。③复习方式多样化。④集中复习与分散复习相结合。集中复习是集中一段时间一次性重复学习；分散复习是每隔一段时间重复学习一次或几次。一般来说，分散复习的效果要优于集中复习。但根据具体情况，复习难度小的材料可适当集中复习，难度大的材料可采取分散复习的方式，做到集中复习与分散复习相结合。⑤运用多种感官参与复习。要眼看、耳听、口读、手写相互配合，在头脑中构成神经联系，形成记忆痕迹。⑥尝试回忆与反复识记相结合。⑦要掌握复习的量。首先，复习内容的数量要适当，一次复习内容的数量不宜过多；其次，提倡适当的过度学习。⑧注意用脑卫生。在学习时要特别重视脑的营养与适当休息。过度疲劳容易导致记忆力下降。

典型例题（2020上·多选）关于遗忘，以下说法正确的有（   ）。

A.过度学习的材料比刚能成诵的材料更容易被遗忘

B.回忆过程中，中间学习的材料遗忘往往是最多的

C.识记后的最初一段时间，遗忘较快，以后逐渐慢下来

D.在学习程度相同的情况下，识记数量越多，遗忘越快

E.人们对感兴趣的东西忘得快，对不感兴趣的东西忘得慢

【答案】BCD。

小 结

1.【常考题型】单选、多选、判断

2.【命题角度】

（1）直接考查最早提出遗忘曲线的心理学家、研究遗忘规律的方法及遗忘的规律等。

（2）直接考查遗忘的原因有哪些或某种遗忘理论的具体内容；给出实例或现象，要求选出相应的遗忘原因的理论。例如，有些学生被老师叫起来回答问题时，对平时已掌握的内容都想不起来，坐下后却又突然想起来了。这种现象可以用什么遗忘理论解释？答案：动机说。

（3）以多选的形式考查影响遗忘进程的因素。

（4）结合实例考查克服遗忘的策略的运用是否恰当。

四、表象与想象

考点1 表象

1.表象的含义

表象是指事物不在面前时，人们在头脑中出现的关于事物的形象。表象是对客观世界的直接感知过渡到抽象思维的一个中间环节。

2. 表象的类型

（1）根据形成的主要感知通道，表象可分为视觉表象、听觉表象、运动表象等。

（2）根据创造性程度，表象可分为记忆表象和想象表象。

记忆表象是过去感知过的事物形象的简单重现。记忆表象有一种特殊形式——遗觉象，是在刺激停止作用后，人脑中继续保持异常清晰的、鲜明的表象。

想象表象是原有表象经过加工改造、重新组合创造出的新形象。

小 结

1.【**常考题型**】单选、多选
2.【**命题角度**】考查表象的含义；给出概念或例子考查记忆表象。

考点2 想象

1. 想象的含义

想象是人对头脑中已有的表象进行加工改造，创造出新形象的思维过程。

2. 想象的功能

（1）预见功能

想象能预见活动的结果，指导活动进行的方向。例如，雕塑师在雕塑之前脑海中就已经有了成形的雕塑形象，"未雨绸缪""居安思危"等。

（2）补充功能

想象能弥补人类认知活动在时间和空间上的局限和不足，或者在很难直接感知对象时，弥补对对象认知的欠缺。例如，我们借助想象可以"思接千载，视通万里""神游万仞，心骛八极"。

（3）替代功能

在现实生活中，当人们的某种需要不能得到满足时，其可以利用想象从心理上得到一定的补偿和慰藉。例如，小朋友以喜欢玩的凳子为马，坐在凳子上假装骑马。

（4）调节功能

想象对机体的生理活动过程具有协同调节作用，它能改变人体外周部分的机能活动过程。例如，想象蔚蓝的天空、大海，可使人心胸开阔；想象蓝天与草原，令人心旷神怡。

3. 想象的综合过程（想象的加工方式）

（1）黏合

黏合是把客观事物中从未结合过的属性、特征、部分在头脑中结合在一起而形成新形象的过程。例如，创作出猪八戒、美人鱼、飞马等形象。

（2）夸张（强调）

夸张又称强调，是改变客观事物的正常特征，或者突出某些特点而略去另一些特点在头脑中形成新形象的过程。例如，人们创造的千手观音、九头鸟、大人国、小人国等形象。

（3）拟人化

拟人化是把人类的形象和特征加在外界客观对象上，使之人格化的过程。例如，大树会说话，小鸟会唱歌，土地可以幻化出人形等。

（4）典型化

典型化是根据一类事物的共同的、典型的特征创造新形象的过程。这是在文学艺术创作中普遍采用的一种方式。例如，鲁迅笔下的阿Q、祥林嫂等人的形象，就是鲁迅综合某些人物的特点之后创造出来的。

4.想象的类型 ★★★

按照想象活动是否具有目的性，想象可以分为无意想象和有意想象。

（1）无意想象

无意想象又称不随意想象，是没有预定的目的、不由自主产生的想象。例如，走神、白日梦；人们看到天上的浮云，脑中就产生山峦、棉花、羊群、奔马等形象。

梦是在睡眠状态下产生的一种正常的心理现象，是一种漫无目的、不由自主的奇异想象，是无意想象的极端表现。

（2）有意想象

有意想象又称随意想象，是有预定目的和自觉进行的想象，有时还需要一定的意志努力。根据新颖性、独立性和创造性程度的不同，有意想象可分为再造想象和创造想象。

①再造想象

再造想象是依据词语或符号的描述、示意在头脑中形成与之相应的新形象的过程。例如，人在阅读文艺作品、历史文献时，工人在看建筑或机械图纸时，学生在听教师对课文生动形象的描述时，头脑中出现的有关事物的形象都是再造想象。

②创造想象

创造想象是按照一定目的、任务，使用自己以往积累的表象，在头脑中独立地创造出新形象的过程。例如，作家创作小说、设计师设计蓝图、艺术家构思新作等，都是创造想象的表现。

幻想是创造想象的一种特殊形式。幻想是指向未来并与个人愿望相联系的想象，是创造性活动的准备阶段。幻想分为科学幻想、理想和空想三种形式。

5.学生想象力的培养

（1）引导学生学会观察，丰富学生的表象储备，使想象活动的发展有坚实的基础。

（2）引导学生积极思考，鼓励学生大胆想象，培养学生的想象习惯。

（3）引导学生努力学习科学文化知识，增加学生的知识经验以促进空间想象力的发展。

（4）结合学科教学，有目的地训练学生的想象力。同时，还要引导学生积极参加科技、文艺、体育等活动，不断丰富学生的生活经验，为发展想象力创设良好的条件。

（5）引导学生进行积极的幻想，鼓励学生把幻想和良好的愿望、崇高理想结合起来，及时纠正学生不切实际的幻想。

小 结

1.【常考题型】单选、多选、判断

2.【命题角度】

（1）给出概念或例子，要求选择相对应的想象的功能或加工方式；以多选的形式考查想象有哪些功能或加工方式。

（2）给出概念、实例、诗句、文学作品等，要求选择相对应的想象的类型。例如，阅读课上，丽丽读完著作《骆驼祥子》后，头脑中浮现的祥子老实、健壮、吃苦耐劳的形象属于什么想象？答案：再造想象。

（3）以单选或多选的形式考查有意想象的分类。

3.【易错易混】再造想象和创造想象的区别

再造想象是人依据一定的词语、符号等在头脑中再现已经存在的形象；创造想象是人在头脑中创造崭新的、前所未有的形象。例如，小说、古诗中的形象是作者的创造想象，是读者的再造想象。

五、思维

考点1　思维的含义与特征

1.思维的含义

思维是人脑对客观事物间接的、概括的反映，即人脑以已有的知识经验为中介，对客观事物本质属性和规律的反映。平时我们说的"预计""考虑""揣度""反省""设想""深思熟虑"等都是思维的表现形式。思维是认知过程的核心。

2.思维的特征　★★

（1）间接性

思维的间接性是指思维可以借助一定的媒介和已有的知识经验对一些没有直接感知或不可能直接感知的客观事物进行反映。思维的间接性主要表现在以下三个方面。

①思维能对不在眼前、没有直接作用于感官的事物加以反映。例如，清早发现大地被厚厚的积雪覆盖，于是人们推测昨晚下过雪。

②思维能对根本不可能感知的事物进行反映。例如，物理学家通过实验可以间接地推算出不能直接感知到的运动速度，如光速。

③思维能在对现实事物认识的基础上做出某种预见。例如，气象工作者根据已有的气象资料能预知今后天气的变化。

（2）概括性

思维的概括性是指在大量感性材料的基础上把一类事物的共同的本质特征和规律抽取出来加以概括。思维的概括性包括以下两层含义。

①思维能将同一类事物共同的、本质的属性抽取出来加以概括。例如，人们依据根、茎、叶、果等共性，把枣树、梨树这些树称为果树。

②思维能将多次感知到的事物之间的联系和关系加以概括，得出有关事物之间内在联系的结论。例如，每次月晕就要刮风，地板潮湿就要下雨，人们据此得出"月晕而风，础润而雨"的结论。

小 结

1.【常考题型】单选、多选、判断

2.【命题角度】以单选或多选的形式考查思维有哪两个重要特征；给出概念或例子，要求选择相对应的思维特征。例如，天空中出现朝霞就会下雨，天空出现晚霞就会放晴。人们由此得出"朝霞不出门，晚霞行千里"的结论，这主要体现思维的什么特征？答案：概括性。

3.【易错易混】

思维的特征	核心关键点	举例
间接性	通过"推断"去认识某个事物	通过月亮周围有月晕，推断出将要刮风
概括性	通过"总结"得出规律和结论	通过每次月晕都会刮风，总结出"月晕而风"

考点 2　思维的类型 ★★★

1.直观动作思维、具体形象思维和抽象逻辑思维

根据思维任务的性质、内容和解决问题的方法，思维可分为直观动作思维、具体形象思维和抽象逻辑思维。

（1）直观动作思维

直观动作思维又称实践思维，是以实际动作为支柱的思维。其特点是任务是直观的，以具体形式给予的，思维过程要借助实际动作，离开了感知活动或动作，思维就不能进行。例如，幼儿边数手指边数数，数手指的动作中断，思维也就停止；幼儿堆积木时，一边操作一边思考。

（2）具体形象思维

具体形象思维又称具体思维，是以事物的具体形象和表象为支柱的思维。具体形象思维具有形象性、整体性、可操作性等特点。例如，儿童计算 3+4=7，不是对抽象数字进行加算，而是在头脑中用三个手指加上四个手指的实物表象相加而计算出来的。

（3）抽象逻辑思维

抽象逻辑思维又称抽象思维，是以概念、判断、推理的形式达到对事物的本质特性和内在联系认识的思维。概念是这类思维的支柱。例如，学生要证明数学中某一命题或定理，就要运用数学符号和概念来推导和求证。

2.直觉思维和分析思维

根据思维的逻辑性，思维可分为直觉思维和分析思维。

（1）直觉思维

直觉思维又称非逻辑思维，是未经逐步分析就迅速对问题答案做出合理的猜测、设想或突然领悟的思维。例如，医生听到病人的简单自述，迅速做出疾病的初步诊断；学生在解题中未经逐步分析，就对问题的答案做出合理的猜测、猜想。

（2）分析思维

分析思维又称逻辑思维，是经过逐步分析后，对问题解决做出明确结论的思维。例如，医生面对疑难病症的多种检查、会诊分析等；学生解几何题的多步推理和论证。

3.聚合思维和发散思维

根据思维的指向性，思维可分为聚合思维和发散思维。

（1）聚合思维

聚合思维又称集中思维、求同思维、辐合思维、会聚思维，是指把问题所提供的各种信息聚合起来，朝着同一个方向得出一个正确答案的思维。其主要特点是求同。这种思维是利用已有的知识经验或传统方法来解决问题的一种有方向、有范围、有条理的思维方式。例如，学生从各种解题方法中筛选出一种最佳解法。

（2）发散思维

发散思维又称辐射思维、求异思维、分散思维，是指从一个目标出发，沿着各种不同途径寻求各种答案的思维。其主要特点是求异与创新。这种思维没有一定方向和范围，不墨守成规，不囿于传统方法，是由已知探索未知的思维。例如，一题多解。

发散思维的主要特点包括流畅性（思维敏捷、反应迅速）、变通性（思维灵活、能随机应变）、独特性（对问题能提出超乎寻常的、独特新颖的见解）。

4.常规思维和创造性思维

根据思维的独创性，思维可分为常规思维和创造性思维。

（1）常规思维

常规思维也称再造性思维、再现性思维，是指人们运用已获得的知识经验，按现成的方案和程序，用惯常的方法、固定的模式来解决问题的思维。例如，学生运用已学会的公式解决同一类型的问题，用同一方法解决同类问题。

（2）创造性思维

创造性思维是指以新颖、独特的方式来解决问题的思维。例如，"曹冲称象"运用的就是创造性思维。（关于创造性思维的详细讲解见第二部分第六章第三节"解决问题与创造性"）

5.经验思维和理论思维

根据思维过程的依据，思维可分为经验思维和理论思维。

（1）经验思维

经验思维是以日常生活经验为依据，判断生产、生活中的问题的思维。例如，儿童凭自己的经验认为"鸟是会飞的动物"；人们通常认为"太阳从东边升起，往西边落下"等。

（2）理论思维

理论思维是以科学的原理、定理、定律等理论为依据，对问题进行分析、判断的思维。例如，人们根据"凡绿色植物都可以进行光合作用"的一般原理，去判断某一种绿色植物是否可以进行光合作用；科学家、理论家运用理论思维发现事物的客观规律。

6.正向思维和逆向思维

根据思维的方向，思维可分为正向思维和逆向思维。

（1）正向思维

正向思维是指人们在创造性思维活动中沿袭某些常规去分析问题，按事物发展的进程进行思考、推测，是一种从已知到未知，通过已知来揭示事物本质的思维。例如，为解决城市交通困难的问题，规划扩建、改造道路设施。

（2）逆向思维

逆向思维也称反向思维，是指人们在思维过程中打破常规、逆转思路，从相反方向思考问题的思维。例如，司马光砸缸；企业为提高产品知名度，限量销售，导致供不应求。

小 结

> 1.【常考题型】单选、多选、判断
>
> 2.【命题角度】要求根据思维的类型选择相应的划分维度或根据划分维度选择相应的思维类型。给出概念或实例，要求选出与之对应的思维类型。例如，学生利用头脑中的概念、理论知识来解决问题，这属于什么思维？答案：抽象逻辑思维。

考点3　思维的基本形式

思维的基本形式包括概念、判断和推理。

1.概念

概念是具有共同属性的一类事物的总称，是思维的基本单位和最基本的形式。例如，"房屋"这个概念，反映了各种房屋所共有的本质特征——供人居住或作其他用途的建筑物，而不涉及是木房还是砖房，是平房还是楼房等彼此所独有的具体特征。

2. 判断

判断是用概念去肯定或否定事物具有某种属性的思维形式，是事物之间的联系和关系在人脑中的反映。判断主要有直接判断和间接判断，肯定判断和否定判断等类型。

3. 推理

推理是指从已知的判断推出新的判断的思维形式。推理可分为归纳推理和演绎推理。

归纳推理是由具体事物归纳出一般规律的推理过程，即由特殊到一般。例如，由测量得知无论是锐角三角形、直角三角形还是钝角三角形，其内角和均为 180 度，归纳出三角形内角和为 180 度。

演绎推理是由一般原理推出新结论的推理过程，即由一般到特殊或具体。例如，已知三角形的内角和为 180 度，推理出不管是锐角三角形、直角三角形还是钝角三角形，它们的内角和都为 180 度。

小 结

1.【常考题型】单选、多选、判断

2.【命题角度】考查思维的基本单位和最基本的形式；以单选或多选的形式考查思维包括哪些基本形式；给出概念或例子，要求选择与之对应的推理方式。例如，从一般性知识的前提到特殊性知识的结论是什么推理？答案：演绎推理。

考点 4　思维的过程

思维的过程包括分析与综合、比较与分类、抽象与概括、具体化与系统化，其中，分析与综合是思维的基本过程，是思维活动最基本的认知加工方式，其他过程都是由此派生出来的。

1. 分析与综合

分析是在头脑中把事物或现象的整体分解成各个部分、方面或个别特征的思维过程。一般来说，思维过程是从分析开始的。例如，把植物分解为根、茎、叶、花、果实、种子；把几何图形分解成点、线、面、角、体等。

综合是在头脑里把事物的各个部分、方面、各种特征结合起来进行考虑的思维过程。例如，把单词组成句子；把部件组成完整的机器等。

2. 比较与分类

比较是在头脑中把各种事物或现象加以对比，以确定它们之间的异同点的思维过程。例如，去超市买饼干，在几个牌子中选择一种。

分类是在头脑中根据事物或现象的共同点和差异点，把它们区分为不同种类的思维过程。例如，学生掌握数的概念时，把数分为实数和虚数，把实数分为有理数和无理数，把有理数分为整数和分数等。

3. 抽象与概括

抽象是在头脑中把同类事物或现象的共同的、本质的特征抽取出来，并舍弃个别的、非本质的特征的思维过程。例如，学生从喜鹊、麻雀、乌鸦、鸵鸟中总结出它们共同的特征都是有羽毛的卵生脊椎动物，而舍弃它们会飞与不会飞等个别特征。

概括是在头脑中把抽象出来的事物的共同的、本质的特征综合起来并推广到同类事物中去，使之普遍化的思维过程。例如，学生将"有羽毛的卵生脊椎动物"统称为鸟类。

4.具体化与系统化

具体化是用一般原理去解决实际问题，用理论指导实际活动的思维过程，也就是将通过抽象和概括而获得的概念、原理、理论返回到实际中去，以加深、拓宽对各种事物的认识。例如，学生通过学习，能够利用浮力的相关原理解释轮船为什么可以在水面上航行的问题。

系统化是在头脑中把学到的知识分门别类地按一定程序组成层次分明的整体系统的思维过程。例如，学生掌握数的概念，在掌握整数、分数知识之后，可以将其概括归纳为有理数；学习了无理数之后，又可把有理数和无理数概括为实数；掌握了虚数之后，又可把实数和虚数概括为数，从而掌握了系统的数的知识。

小 结

> 1.【常考题型】单选、多选、判断
>
> 2.【命题角度】给出概念或例子，要求选择与之对应的思维过程；直接考查思维有哪些过程以及思维的基本过程是什么。例如，通过实例来说明概念，以加深对概念的理解属于什么思维过程？答案：具体化。

考点5 思维的品质

1.广阔性

思维的广阔性是指思路广泛，善于把握事物各方面的联系和关系，全面地思考和分析问题。例如，某学生善于运用多种方法思考，回答问题时喜欢旁征博引而又紧扣主题。

2.深刻性

思维的深刻性即思维的深度，是指善于深入地钻研和思考问题，不满足表面的认识，善于区分本质与非本质的特征，能抓住事物的主要矛盾，正确认识与揭示事物的运动规律，并能预测事物发展的趋势与后果。例如，"透过现象看本质"。

3.独立性

思维的独立性是指善于独立地发现问题、思考问题、解决问题，不依赖、不盲从，不武断、不孤行。例如，学生回答问题时不机械重复书本内容或老师所讲的答案，而是按照自己的理解重新组织语言。

4.批判性

思维的批判性是指善于冷静地考虑问题，不轻信、不迷信"权威"的意见；能有主见地分析、评价事物，不易被偶然暗示而动摇。缺乏思维批判性的人往往表现为自以为是或人云亦云。自以为是的人常常把第一假设当作最后的真理，主观自恃，骄傲自大；人云亦云的人则轻信轻疑，没有主见，随波逐流。

5.逻辑性

思维的逻辑性是指考虑和解决问题时思路清晰，条理清楚，严格遵循逻辑规律。例如，"驴唇不对马嘴"就是思维缺乏逻辑性的表现。

6.严谨性

思维的严谨性是指在思考和解决问题时推理严谨，层次分明，论证充分，论据确凿。

7.灵活性

思维的灵活性是指思考和解决问题时，思路灵活，不固执己见，不陷入习惯程序，善于发散思维，解决问题能足智多谋、随机应变。例如，"机智""举一反三""运用自如""由此及彼"反映了思维的灵活性。

8. 敏捷性

思维的敏捷性是指思路敏捷，解决问题迅速，能当机立断，不优柔寡断，不轻率从事。例如，"眉头一皱，计上心来"反映了思维的敏捷性。

小 结

1.【常考题型】单选、多选、判断

2.【命题角度】给出概念或例子，要求判断、选择与之对应的思维品质；以多选的形式考查思维有哪些品质。例如，神探狄仁杰在破案中常常能当机立断，迅速正确地做出判断，凸显了他的思维品质的敏捷性。答案：√。

第四节　情绪情感的发展及意志过程

一、情绪和情感概述

考点1　情绪和情感的含义

情绪和情感是人对客观事物是否符合自身需要而产生的态度体验及相应的行为反应。

考点2　情绪和情感的组成成分

1. 主观体验

主观体验指个体对不同情绪和情感的自我感受，如快乐、痛苦等。

2. 外部表现

外部表现即表情，包括面部表情、姿态表情（身段表情）和语调表情（言语表情）。例如，高兴时嘴角上扬（面部表情）、手舞足蹈（姿态表情）、语调轻快（语调表情）。

3. 生理唤醒

生理唤醒指情绪情感产生的生理反应，如激动时血压升高，愤怒时浑身发抖。

考点3　情绪和情感的关系

1. 情绪和情感的区别

（1）情绪出现较早，多与人的生理性需要相联系；情感出现较晚，多与人的社会性需要相联系。

（2）情绪是人和动物共有的心理现象，情感是人类特有的心理现象。

（3）情绪具有情境性、暂时性、外显性和冲动性等特征；情感具有深刻性、稳定性、内隐性和持久性等特征。

2. 情绪和情感的联系

情绪是情感的基础和外部表现，情感是情绪的深化和本质内容，二者密不可分。

一方面，情感离不开情绪。稳定的情感是在多次情绪体验的基础上形成的，并通过情绪表现出来。另一方面，情绪也离不开情感。情绪的表现和变化又受已形成的情感的制约，情感的深度决定情绪表现的强度。

小 结

1.【常考题型】单选、多选
2.【命题角度】
（1）直接考查情绪和情感的三种组成成分，或提供一种情境要求考生判断其属于情绪的哪种成分。
（2）以单选或多选的形式考查情绪和情感的区别与联系。

二、情绪和情感的分类 ★★★

考点1　情绪的分类

根据情绪发生的强度、速度、紧张度和持续性，情绪状态主要分为心境、激情和应激三种。

1. 心境

心境是一种比较持久的、微弱的、影响人的整个精神活动的情绪状态。

心境具有弥散性和长期性的特点。弥散性是指当人具有某种心境时，会以同样的情绪状态看待周围的事物。例如，"人逢喜事精神爽""忧者见之则忧，喜者见之则喜"。长期性是指心境产生后会在相当长的时间内主导人的情绪表现。例如，某学生因考试没考好，一直闷闷不乐。

2. 激情

激情是一种强烈的、爆发式的、持续时间短暂的情绪状态，具有爆发性和冲动性的特点。例如，重大成功后的狂喜，惨遭失败后的绝望，突如其来的危险带来的异常恐惧等。

激情往往伴随较明显的生理变化和外部行为表现。例如，人感到恐惧时，毛骨悚然、面色如土；狂喜时，手舞足蹈、欢呼跳跃。

3. 应激

应激是在意料之外的紧急情况下产生的极度紧张的情绪状态。它是人对某种意外的环境刺激做出的适应性反应。例如，飞机在飞行中发动机突然发生故障，驾驶员紧急与地面联系着陆。

应激的积极反应表现为急中生智、力量倍增等；消极反应表现为惊慌失措、四肢瘫痪等。

考点2　情感的分类

根据情感反映的内容，情感可分为道德感、理智感和美感。

1. 道德感

道德感是根据一定的道德标准去评价自己或他人的思想和言行时产生的情感体验。例如，对符合道德标准的行为感到敬佩、赞赏或自豪；对不道德的行为感到厌恶、愤恨或内疚等。道德感的内容主要包括爱国主义情感、集体主义情感、义务感、责任感、事业感、自尊感和羞耻感等。

2. 理智感

理智感是在智力活动中，认识和评价事物时产生的情感体验。人们在探索未知事物时表现出来的兴趣、好奇心和求知欲；科学研究中面临新问题时的惊讶、怀疑、困惑和对真理的确信；问题得以解决时的喜悦感和幸福感等，都是理智感的表现。

3. 美感

美感是根据一定的审美标准来评价事物时产生的情感体验。例如，人们欣赏名画、美景时产生的情感。美感包括自然美感、社会美感及艺术美感等。

小　结

三、情绪和情感的功能

1. 适应功能

情绪和情感是有机体适应生存和发展的一种重要方式。人们通过各种情绪、情感，了解自身或他人的处境与状况，以适应社会的需要，求得生存和发展。例如，不会说话的婴儿通过哭、笑等向成人传递信息，使成人及时为其提供各种生活条件。

2. 信号功能

情绪情感的信号功能表现为一个人能够凭借表情实现人与人之间信息的传递和思想的沟通。例如，用微笑表示友好，用点头表示赞同等。

3. 动机功能

情绪和情感是动机系统的基本成分之一。适度的情绪兴奋可以推动人们有效地完成工作和学习任务。适度的紧张和焦虑能促使人积极地思考和解决问题。

4. 组织功能

情绪和情感的组织功能表现为积极的情绪情感对认知活动的协调、组织、促进作用和消极情绪情感对认知活动的瓦解、破坏、阻断作用。情绪和情感的组织功能还表现在人的行为上。当人们处在积极、乐观的情绪状态时，容易注意事物美好的一方面，行为比较开放；而处在消极的情绪状态时，容易失望、悲观，甚至产生攻击行为。

5. 感染功能

情绪和情感的感染功能是指个体产生某种情绪情感后，不仅自身会感受到相应的主观体验，而且会引起他人相同或相似的情绪情感的现象。例如，周围的人无精打采、闷闷不乐也会使自己本来不错的心情变得低沉。

6. 迁移功能

情绪和情感的迁移功能是指个人把对他人的情感态度迁移到与他人有关的对象上。例如，"爱屋及乌"生动地描述了这一情感迁移现象。

7. 健康功能

人对社会的适应是通过调节情绪来进行的，积极的情绪有助于身心健康，消极的情绪会引起人的各种疾病。例如，"一个小丑进城胜过一打医生"说的就是情绪和情感的健康功能。

小　结

四、意志

考点1 意志的含义

意志是指人自觉地确定目标，有意识地根据目的支配、调节自己的行为，并克服困难和挫折，实现预定目的的心理过程。意志是意识的能动作用，只有人才有意志活动。

考点2 意志的品质 ★★★

1.意志的自觉性（独立性）

意志的自觉性也称独立性，是指个体清楚地意识到自己行动的目的和意义，并据此主动调节、支配自己的行动的意志品质。自觉性是意志的首要品质。

与自觉性相反的表现是易受暗示性（盲从性）和独断性。易受暗示性指缺乏主见，人云亦云，表现出过多的屈从和盲从。独断性指容易一意孤行、刚愎自用，听不进中肯的意见和合理的建议。

2.意志的果断性

意志的果断性是指个体能够根据复杂多变的情境，善于分辨是非，迅速而合理地采取决定和执行决定的意志品质。

与果断性相反的品质是优柔寡断和武断。优柔寡断的人在面临选择时常犹豫不决，摇摆不定，做出决定后又患得患失、踌躇不前。武断的人处事冲动鲁莽，时机尚未成熟就草率从事。

3.意志的坚韧性（坚持性）

意志的坚韧性指个体在实现预期目的的行动过程中，表现出的坚持不懈、百折不挠、持之以恒、不达目的不罢休的意志品质。"锲而不舍，金石可镂"就是意志坚韧性的表现。

与坚韧性相反的品质是动摇性和执拗性。具有动摇性的人在意志行动刚开始的时候，决心很大，干劲十足，一旦遇到困难，就灰心丧气，中途退缩。具有执拗性的人在行动中认准目标后，就一成不变地按计划行事，不能审时度势、寻求变通。

4.意志的自制性（自制力）

意志的自制性是指一个人善于控制和支配自己的情绪，约束自己言行的意志品质。具有自制力的人，既能发动合乎目的性的行动，又能抑制与行动目标不一致或相违背的行动。

与自制性相反的表现是任性和怯懦。任性的人容易受情感左右、缺乏理智，常在需要克制冲动的时候任意为之、意气行事。怯懦的人在需要采取行动、迎接挑战时临阵退缩、不敢有所行动。

小 结

1.【常考题型】单选、多选、判断

2.【命题角度】

（1）直接考查意志品质包括哪些内容，或给出例子、成语等要求选择与之相应的意志品质。

（2）直接考查每种意志品质的相反表现。例如，与自制性相反的表现是任性和怯懦。

考点3 意志行动

意志总是和行动紧密相连，是通过个人有目的的行为活动表现出来的。这种受目的支配和调节的行为称为意志行动。

1. 意志行动的心理过程

意志行动的心理过程是指意志对行为的积极能动的调节过程，分为采取决定阶段和执行决定阶段。执行决定阶段是意志行动的关键环节和完成阶段。

2. 意志行动中的冲突和矛盾 ★★★

意志行动中常常伴随着冲突和矛盾心理。在采取决定和执行决定这两个阶段都可能产生冲突和矛盾心理。根据表现形式，冲突或矛盾可分为双趋冲突、双避冲突、趋避冲突、多重趋避冲突。

（1）双趋冲突（接近—接近型冲突）

一个人同时想追求两个目标，但由于条件所限，只能选择其一，这种冲突称为双趋冲突。例如，"鱼和熊掌不可兼得"。

（2）双避冲突（回避—回避型冲突）

一个人同时遇到两个有威胁性而都想躲避的目标，他又必须接受其一，才能避免其二，这种冲突称为双避冲突。例如，"前有断崖，后有追兵"。

（3）趋避冲突（接近—回避型冲突）

个人在追求一个目标时产生两种不同的情感，一是好而趋之，一是恶而避之。这种对一个目标的追求兼具好恶的情感，称为趋避冲突。例如，在生活中我们对一个人爱恨交织，对一件东西取舍不定。

（4）多重趋避冲突（多重接近—回避型冲突）

多重趋避冲突是指个体面对两个或两个以上的目标，而每个目标都对其既具有吸引力又具有排斥力，个体需要进行多种选择，审慎地权衡利弊时产生的冲突。这是一种最为复杂的，也是实际生活中人们常常遇到的冲突形式。例如，毕业生择业时，面临多重选择。

小 结

1.【常考题型】单选、多选、判断

2.【命题角度】

（1）直接考查意志行动的特征及其具体内容。

（2）给出概念、俗语或情境，要求考生选择与之相对应的动机冲突的类型。例如，"鱼和熊掌不可兼得"属于哪种动机冲突？答案：双趋冲突。

3.【易错易混】

考生可以结合动机冲突的目标个数和关键表述区分动机冲突的类型，具体内容见下表。

动机冲突类型	目标个数	关键表述
双趋冲突	两个	含有"既想……又想……"的含义
双避冲突	两个	含有"既怕……又怕……"的含义
趋避冲突	一个	含有"既想……又怕……"的含义
多重趋避冲突	两个或两个以上	含有两个或两个以上"既想……又怕……"的含义

考点4　学生良好意志品质的培养

1.加强世界观和人生观教育，确立正确的行动目的

学生意志品质的发展应建立在一个正确而合理的行动目的的基础上。教师应该对学生加强科学世界观和正确人生观的教育，使他们勇于探索人生的意义和价值，学会明辨是非。

2.组织实践活动，创设克服困难的情境，锻炼学生的意志

教师除了结合教学内容或通过主题班会等向学生讲述意志锻炼的意义，更要让学生在各种活动中，通过克服困难来锻炼意志。

3.发挥榜样和班集体的影响，给予必要的纪律约束

教师要客观地、有分析性地向学生介绍榜样的先进事迹、高尚情操和优良品质；要引导班集体形成良好的班风、学风；要加强纪律教育，并把各种纪律规范内化为学生的纪律修养。

4.启发学生进行意志的自我锻炼

调动学生自己的主观能动性对学生意志品质的形成也发挥着重要作用。教师要启发和帮助学生掌握意志自我锻炼的方法，引导他们积极锻炼自己的意志。

5.针对学生意志的个别差异，采取有针对性的培养措施

①对于冒失、轻率行事的学生，应培养他们沉着、耐心的品质；②对于胆小、犹豫不决的学生，应培养他们勇敢、果断、大胆的品质；③对于任性、缺乏自制力的学生，应着重培养他们控制行为的能力；④对于缺乏毅力，做事虎头蛇尾的学生，应激发他们的坚韧精神和克服困难的信心；⑤对于十分执拗、顽固的学生，需从自觉性、目的性和原则性方面着手培养，让他们理解固执与顽强的区别。

6.利用榜样进行挫折教育，引导学生树立远大的志向

教师应适时向学生提供可模仿的勇于战胜挫折的榜样，树立远大的志向，激起内在的激情和斗志，使其充分发挥主观能动性，克服困难，实现人生目标。

7.培养学生良好的行为习惯

良好的行为习惯可使学生不必付出太大的意志努力就能很好地完成任务。严格要求学生遵守纪律，是培养他们意志力的重要途径。

小　结

1.【常考题型】单选、多选、案例分析

2.【命题角度】

（1）直接考查培养学生良好意志品质的具体做法。

（2）考查对于不同意志类型的学生，教师应采取的培养措施分别是什么。

第五节　个性心理

一、需要、动机与兴趣

考点1　需要　★★★

1.需要的含义

需要是有机体感到某种缺乏而力求获得满足的心理倾向，它是有机体自身和外部生活条件的要求在头脑中的反映。例如，水分的缺乏会产生想喝水的需要，生命财产得不到保障会产生安全的需要。

2. 马斯洛的需要层次理论

（1）基本内容

美国人本主义心理学家马斯洛将人的主要需要分为生理需要、安全需要、归属和爱的需要、尊重需要和自我实现的需要五个层次。而后马斯洛又在尊重需要和自我实现的需要之间增加了求知需要和审美需要，将人的主要需要发展为七个层次。

①生理需要

生理需要是指维持生存和延续种族的需要，如食物、空气、水分、睡眠等需要。生理需要是人最基本、最重要、最原始，也是最强有力的需要，是其他一切需要产生的基础。

②安全需要

安全需要是指希求受保护与免遭威胁从而获得安全感的需要。典型的安全需要有生命安全、财产安全、职业安全等。例如，某学生因在学校常被某些同学殴打而害怕上学，则该学生最需要满足的是安全需要。

③归属和爱的需要

归属和爱的需要也称情感与归属的需要、社交需要，是指人要求与他人建立情感的联系与关系的需要，如结交朋友、追求爱情的需要，对集体的归属感等。

④尊重需要

尊重需要是指个体对自己社会价值追求的需要，包括自尊和他尊。自尊指个体渴求力量、成就、自强、自信和自主等。他尊指个体希望获得别人的尊重，希望自己的工作和才能得到别人的承认、赏识、重视和高度评价。

⑤求知需要

求知需要也称认知需要，是指个人对自身和周围世界的探索、理解及解决疑难问题的需要。例如，学生为了获取知识而广泛阅读书籍。

⑥审美需要

审美需要是指对秩序、对称、完整结构以及行为完满等的需要。

⑦自我实现的需要

自我实现的需要是指人希望最大限度地发挥自己的潜能，不断完善自己，实现自己理想的需要，是人的最高层次的需要。

（2）缺失性需要与成长性需要

生理需要、安全需要、归属和爱的需要、尊重需要属于缺失性需要或低级需要。它们是个体生存必需的，必须得到一定程度的满足。缺失性需要一旦获得满足，其强度就会降低。一般来说，学校里最重要的缺失性需要是爱和自尊。

求知需要、审美需要、自我实现的需要属于成长性需要或高级需要。它们虽然不是个体生存必需的，但对于个体适应社会来说有着重要意义。成长性需要永远得不到完全满足，特别是自我实现的需要的强度不仅不会随其满足而降低，反而会因获得满足而不断增强。

马斯洛把人类的需要分为低级需要和高级需要，有其合理的因素。但是，他强调需要由低级向高级发展，低级需要没有得到满足，就不会产生较高一级的需要。这显然没有充分认识到高级需要对低级需要的调节控制作用。因为在某些特定的背景下，即使低层次的需要没有获得基本的满足，也可能产生高层次的需要。需要层次理论被心理学界视为最完整、最系统的动机理论。马斯洛需要层次如图2-1-9所示。

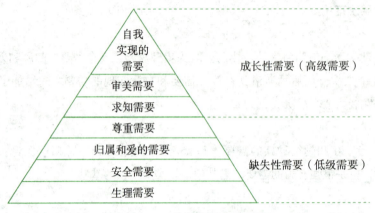

图2-1-9 马斯洛需要层次图

典型例题（2023上·单选）下列不属于马斯洛需要层次理论的观点的是（   ）。

A.需要的层次越低，力量越强   B.低级需要直接关系到个体的生存

C.高级需要对低级需要有调节控制作用   D.在高级需要出现之前，必须先满足低级需要

【答案】C。

小 结

> 1.【常考题型】单选、多选、判断
>
> 2.【命题角度】
>
> （1）给出含义或实例，要求辨别题干属于哪一种需要或哪一种需要没有得到满足。
>
> （2）判断哪些需要属于缺失性需要或成长性需要。

考点2 动机

1.动机的含义

动机是指激发和维持个体的活动并使活动朝向某种目标的内在心理过程或内部动力。动机在需要的基础上产生，可以激起或抑制人行动的愿望和意图，是推动人行为的内在原因。

2.动机产生的条件

（1）需要

需要是动机产生的内在条件，动机在需要的基础上产生。

（2）诱因

诱因是指能够引发个体动机并满足个体需要的外在刺激，是动机产生的外在条件。

外在诱因按性质可分为正诱因和负诱因。正诱因是指使个体趋向或接受某种刺激而获得满足的诱因。例如，食物对于饥饿的人来说是正诱因。负诱因是指使个体躲避或远离某种刺激而获得满足的诱因。例如，食物对于减肥的人来说是负诱因。

3.动机的功能

（1）激活功能

动机的激活功能是指动机具有发动行为的作用，能推动个体产生某种活动，使个体由静止状态转向活动状态。例如，为了消除饥饿而引起择食活动，为了获得优秀成绩而努力学习。

（2）指向功能

动机的指向功能是指动机指引个体的行为指向一定的对象或目标。例如，在学习动机支配下的个体可能去图书馆或教室学习；在成就动机支配下的个体会主动选择有挑战性的任务。

（3）维持与调节功能

动机的维持与调节功能表现为当活动产生以后，动机维持这种活动，并调节活动的强度和持续时间。如果活动达到目标，动机促使个体终止这种活动；如果活动未达到目标，动机促使个体维持或加强这种活动，或转换活动方向以达到某种目标。例如，个体在觅食活动中如果没有找到食物，那么进食的动机会使个体继续寻找食物，直到获得满足。

4.动机的类型

（1）生理性动机和社会性动机（根据动机的性质划分）

生理性动机以有机体自身的生物学需要为基础。例如，饥、渴、缺氧、疼痛、母性、性欲、睡眠、排泄等。

社会性动机以人的社会文化需要为基础，包括兴趣、成就动机、权力动机、交往动机和学习动机等。

（2）外部动机和内部动机（根据动机的来源划分）

外部动机是指个体在外界的要求与外力的作用下产生的行为动机。例如，学生为了得到父母或教师的嘉奖或避免受到父母或教师的责备、惩罚而学习。

内部动机是指由个体内在的需要引起的动机。例如，学生由于认识到学习的意义或对学习有了兴趣，因而积极主动地去学习。

人们可能会认为外部动机和内部动机是同一连续体的两端，即外部动机越强，内部动机就越弱，反之亦然。事实上，外部动机和内部动机是两个独立的连续体。例如，一些学生努力学习既是因为对课程感兴趣，又是因为想取得好成绩，另一些学生则可能仅仅是想要获得高分。前者的内部动机和外部动机都较高，后者则有较高的外部动机，但内部动机较低。

（3）主导性动机与辅助性动机（根据动机在活动中的地位和所起作用的大小划分）

主导性动机是对行为起支配作用的动机，对活动具有决定作用。

辅助性动机是对行为起辅助作用的动机，它能加强主导动机，坚持主导性动机指引的方向。

此外，根据动机的性质和社会价值，动机可分为高尚动机和低级动机；根据动机的意识性，动机可分为意识动机和潜意识动机（无意识动机）；根据影响的范围和持续时间，动机可分为远景性动机和近景性动机。

典型例题（2021下·判断）内部动机和外部动机是同一连续体的两端，学生学习的外部动机高意味着其内部动机低。（　　）

【答案】×。

小　结

> 1.【常考题型】单选、多选
>
> 2.【命题角度】
>
> （1）以多选的形式考查动机的功能。
>
> （2）给出分类维度，要求选出对应的动机的类型。
>
> （3）给出关键词或实例，要求判断其属于哪一种动机类型或哪一功能。

考点3　兴趣

1.兴趣的含义

兴趣是人们探究某种事物或从事某种活动的心理倾向。它是人们认识事物、探求真理的重要动机。

2.兴趣的类型

（1）直接兴趣和间接兴趣（根据兴趣的目的或倾向性划分）

直接兴趣是对活动过程本身的兴趣，是由认识事物本身的需要引起的。例如，学生对一堂生动的课、一部电影、一首歌曲等的兴趣是直接兴趣。直接兴趣具有暂时性。

间接兴趣是对活动结果的兴趣，是由认识事物的目的和结果引起的。例如，有的学生意识到学好这些课程对将来服务社会有重要作用，从而刻苦学习，这种兴趣是间接兴趣。间接兴趣较稳定。

（2）中心兴趣和广泛兴趣（根据兴趣的广度划分）

中心兴趣是对某一方面的事物或活动有极浓厚而稳定的兴趣。

广泛兴趣是对多方面的事物或活动表现出兴趣。

（3）个体兴趣和情境兴趣（根据兴趣产生的条件、持续的时间和对个体产生的影响划分）

个体兴趣是指个体长期指向一定客体、活动和知识领域的一种相对稳定的兴趣。个体兴趣与个体的情感和价值观相联系。例如，美术是某人一生的兴趣和爱好。

情境兴趣是指由环境中的某一事物突然激发的兴趣，持续时间较短，是一种唤醒状态的兴趣。例如，某人最近突然对游泳感兴趣。

小　结

1.【常考题型】单选、判断

2.【命题角度】给出概念、实例，要求判断其属于哪种兴趣类型。

二、能力

考点1　能力概述

1.能力的含义

能力是指直接影响个体的活动效率，促使活动顺利完成的个性心理特征。能力是个体顺利有效地完成某种活动必须具备的心理特征。从事某种活动必须以一定的能力为前提。

2.能力与知识、技能的关系

（1）能力与知识、技能的联系

能力是掌握知识与技能的前提；知识、技能的学习和获得有助于能力的提高。两者可以相互转化，相互促进。

（2）能力与知识、技能的区别

①能力与知识、技能具有不同的概括水平。知识是人类社会历史经验的概括和总结，技能是对一系列活动方式的概括，能力是人在从事某种活动时表现出来的多种心理品质的概括。

②在一个人身上，知识和技能的发展是无止境的，而能力的发展有一定的限度。

③知识、技能的掌握和能力的发展是不同步的。一方面，知识、技能的掌握相对快一些，能力的发展需要的时间长一些；另一方面，掌握了知识，能力并不一定得到发展。当掌握知识的方法不当，过分强调死记硬背时，甚至有可能阻碍能力的发展。反过来，能力发展了也并不意味着掌握了知识，人的能力可以

借助形式训练而提高。

3. 能力的类型 ★★★

（1）一般能力和特殊能力（根据能力的构造或能力适应活动范围的大小划分）

一般能力也称智力，是在不同活动中表现出来的能力，是从事一切活动必备的能力的综合。一般能力主要包括观察力、记忆力、思维力、想象力和注意力等成分。一般能力以思维力为核心成分，而思维力的核心是抽象概括能力，因此也可以说抽象概括能力是一般能力的核心。

特殊能力是指从事某种专业活动或某种特殊领域的活动表现出来的能力。例如，歌手的演唱能力、画家的绘画能力等。特殊能力是顺利完成某种专业活动的心理条件。

（2）认知能力、操作能力和社会交往能力（根据能力的功能划分）

认知能力是指人脑储存、加工和提取信息的能力，如观察力、记忆力、想象力等。

操作能力是指人们操作自己的肢体去完成各种活动的能力，如劳动能力、艺术表演能力、体育运动能力等。

社会交往能力是指人们在社会交往活动中表现出来的能力，如组织管理能力、言语感染能力、沟通能力等。

（3）模仿能力和创造能力（根据从事的活动创造性程度的高低划分）

模仿能力是指通过观察别人的行为或活动，以相同的方式做出反应的能力。例如，儿童模仿父母、同伴的语言及行为的能力。

创造能力是指按照预先设定的目标，利用一切已有的信息，创造出新颖、独特、具有个人或社会价值产品的能力。例如，作家创作新的作品、科学家提出新的理论模型都是创造能力的表现。

（4）流体能力和晶体能力

心理学家卡特尔根据能力在人的一生中的不同发展趋势以及能力和先天禀赋与社会文化因素的关系，将能力分为流体能力和晶体能力。

流体能力也称液体能力、液体智力、流体智力，是在信息加工和问题解决过程中表现出来的能力。例如，对关系的认识，类比、演绎推理能力，形成抽象概念的能力等。

晶体能力也称晶体智力，是以掌握社会文化和经验为基础的能力，是在实践（学习、生活和劳动）中形成的。例如，对词汇语言的掌握和理解的能力、运用已有的知识和技能获取新知识或解决问题的能力等。

流体能力以神经生理为基础，随神经系统的成熟而成熟，取决于个人的遗传素质，相对不受社会文化的影响。个体的流体能力一般在20岁之后发展到顶峰，30岁之后将随着年龄的增长而降低。而晶体能力的发展主要受社会文化的影响，取决于个体后天的实践与学习，不受神经系统的影响，所以晶体能力在人的一生中一直在发展，只是到25岁以后，发展的速度渐趋平缓。

典型例题 （2022下·判断）在30岁左右达到顶峰，然后随年龄增长逐渐下降的智力是晶体智力。（ ）

【答案】×。

小 结

1.【常考题型】单选、多选、判断

2.【命题角度】

（1）考查能力与知识、技能之间的关系。例如，知识越多，能力就越高。答案：×。

（2）给出例子、关键词、分类维度，要求选出与之对应的能力类型。考生应重点识记一般能力、特殊能力、液体能力和晶体能力的含义，掌握一般能力的成分及液体能力和晶体能力的区别。

考点 2　智力因素与非智力因素

1. 智力因素与非智力因素的概念

智力因素是指人们顺利地解决某种活动必需的各种认知能力的有机结合。

非智力因素是指除智力因素之外，影响智力活动和智力发展的具有动力作用的个性心理因素，主要包括需要、动机、兴趣、情绪、情感、意志、气质和性格等。对中小学生影响最大、最直接的非智力因素是动机和兴趣。

2. 智力因素与非智力因素的关系

（1）智力因素促进非智力因素的发展。一方面，智力活动的开展会对非智力因素提出一定的要求，从而促进它的发展；另一方面，智力的各个因素在实践活动中逐渐具有稳定性，可以直接转化为性格的理智特征。

（2）非智力因素能支配智力活动。只有在非智力因素的主导下，智力活动才会积极主动，才会克服困难、坚持到底。

（3）非智力因素能补偿智力方面的弱点，"勤能补拙"就是说明非智力因素对智力的补偿作用。

小 结

1.【常考题型】单选、多选、判断

2.【命题角度】

（1）直接考查非智力因素包括的内容。

（2）根据实例考查智力因素与非智力因素的关系。

考点 3　智力的结构理论 ★★

1. 斯皮尔曼的智力二因素论

英国心理学家斯皮尔曼认为，人类智力包括两种因素：一般因素（G 因素）和特殊因素（S 因素）。

G 因素是个人的基本能力，是一切智力活动的共同基础，是决定一个人能力高低的主要因素。S 因素是保证人们完成某些特定的作业或活动必需的因素。

个体完成任何一种作业都需要这两种因素的参与。活动中包含的 G 因素越多，各种作业成绩的正相关就越高；相反，包含的 S 因素越多，成绩的正相关就越低。

2. 吉尔福特的智力三维结构论

美国心理学家吉尔福特认为，智力可以分为三个维度，即内容、操作和产品。

智力活动的内容是指智力活动的对象或材料，包括听觉、视觉、符号、语义、行为；智力活动的操作是指智力活动的过程，包括认知、记忆（输入记忆、保留记忆）、发散思维、聚合思维、评价；智力活动的产品是指运用上述智力操作得到的结果，包括单元、类别、关系、体系、转换、蕴含。

在这一理论中，实际上真正代表智力高低的是操作，即个人针对引起思考的情境，在行为上表现出思考结果之前所经过的内在操作历程，代表个人的智力。

3. 加德纳的多元智力理论（多元智能理论）

美国心理学家加德纳认为，智力的内涵是多元的，它由八种相对独立的智力成分构成，这八种智力在每个人身上的组合方式是多种多样的，每个人在不同领域的智力发展水平是不同步的。该理论的主要内容如表 2-1-3 所示。

表 2-1-3 加德纳的多元智力理论

智力维度	概念	典型人群
言语智力（语言智力）	运用言语思维，使用语言表达和欣赏语言作品深层内涵的能力	作家、诗人、演说家、记者、编辑等
逻辑—数学智力	能够计算、量化、思考命题和假设，进行复杂数学运算的能力	数学家、科学家、会计师、程序员等
视觉—空间智力	利用三维空间进行思维的能力，主要包括认识环境、辨别方向的能力	画家、雕塑家、建筑师、艺术家、飞行员等
音乐智力	敏锐地感知音调、旋律、节奏、音色等能力	作曲家、乐评人、歌手、钢琴家等
身体—运动智力（肢体—运动智能）	巧妙地操作物体和调整身体动作的能力	舞蹈家、运动员、外科医生、手艺人等
人际智力（人际交往智能）	有效地理解别人和与人交往的能力	推销员、教师、心理咨询医生、政治家等
自知智力（自我认识智能、内省智能）	一个人清楚地了解自己，有效地处理自己的欲望、恐惧，并有意义地运用这些信息去调适自己生活的能力	神学家、哲学家、心理学家等
自然智力（自然观察智能）	观察、辨认和洞悉自然，对自然界的动植物和其他物体加以认识和分类的能力	考古学家、收藏家等

后来加德纳还假设了第九种可能的智力即"存在智力"，这是一种"沉思关于生命、死亡和存在等重大问题"的能力。

小 结

1.【常考题型】单选、多选

2.【命题角度】

（1）直接考查不同智力结构理论的智力组成成分。

（2）给出关键词或实例，要求判断其属于哪一智力结构理论中的哪一种智力成分。

（3）考查多元智力理论在教育中的启示与应用。

考点 4 智力测验

1. 比纳—西蒙智力量表

比纳—西蒙智力量表是世界上第一个智力量表，由法国心理学家比纳和医生西蒙编制。比纳—西蒙智力量表奠定了智力测验编制的科学基础，并在理论上首创了心理年龄（智力年龄、智龄）的概念。

2. 斯坦福—比纳智力量表

斯坦福大学教授推孟将比纳—西蒙智力量表修订为斯坦福—比纳智力量表。最大的改变是用智力商数代替心理年龄来表示智力高低。智力商数（IQ）是一个人的智力年龄（MA）与其实际年龄（CA）的比值，也称比率智商。

智力商数的计算公式如下：

$$智力商数（IQ）=智力年龄（MA）/实际年龄（CA）\times 100$$

三、人格

考点1 人格的含义

人格是构成一个人的思想、情感及行为的特有模式，这个独特模式包含了一个人区别于他人的稳定而统一的心理品质。

广义的人格不仅包括心理方面，还包括身体方面的特质。狭义的人格指性格和气质等。

考点2 人格的特征

1.整体性（整合性、统合性）

整体性是指人格是一个统一的整体结构，各个组成部分并不是孤立的，它们相互联系、相互制约，组成一个完整的系统。人格的整体性是心理健康的重要指标。

2.独特性

人格的独特性是指人与人之间的心理与行为是各不相同的。不同的遗传、生存及教育环境，塑造了形形色色的心理特点。人与人没有完全一样的人格特点。"人心不同，各如其面""世界上没有两片相同的叶子"形象诠释了人格的独特性。

人格的独特性并不否定人格上的共同之处。生活在同一社会群体中的人往往具有一些共同的人格特征。例如，中华民族是一个勤劳的民族，这里的"勤劳"品质，就是共同的人格特征。

3.稳定性和可塑性

人格的稳定性主要表现在以下两个方面：①跨时间的持续性；②跨情境的一致性。"江山易改，本性难移"生动地说明了人格具有稳定性。在行为中偶然发生的、一时性的心理特性，不能称为人格。

人格的稳定性是相对的。人格会在主客观条件相互作用过程中发生变化，具有可塑性。人格是稳定性与可塑性的统一。

4.自然性和社会性

人格是在一定的社会环境中形成的，一个人的人格必然会反映出他生活在其中的社会文化的特点及受到的教育的影响，这说明人格的社会制约性。同时，人格的形成要以神经系统的成熟为基础。所以，人格又是人的自然性和社会性的统一。

5.功能性

人格的功能性是指人格在一定程度上会影响到一个人的生活方式，甚至会决定一个人的命运。例如，当面对挫折与失败时，坚强者能奋发拼搏，懦弱者会一蹶不振。

小 结

1.【常考题型】单选、多选

2.【命题角度】

（1）直接考查人格具有哪些特征。

（2）给出例子，要求辨别其体现了人格的哪种具体特征。

考点 3　影响人格形成与发展的因素

1. 生物遗传因素

遗传是人格不可缺少的影响因素。遗传因素对人格的作用程度随人格特质的不同而不同。

2. 社会文化因素

社会文化塑造了社会成员的人格特征，使其成员的人格结构朝着相似的方向发展。

3. 家庭环境因素

研究人格的家庭成因，重点在于探讨家庭的差异和不同的教养方式对人格发展和人格差异的影响。一般研究者把家庭教养方式分为以下三类。

①民主型。在民主型教养方式下，父母在教育子女时，会尊重孩子，给孩子一定的自主权，并给予孩子积极正确的指导；孩子会形成一些积极的性格，如活泼、自立、善于交往、富于合作精神等。

②权威型（专制型）。在权威型教养方式下，孩子的一切都由父母来控制；孩子容易出现消极、被动、依赖等问题，做事缺乏主动性，甚至会形成不诚实的性格特征。

③放纵型。在放纵型教养方式下，父母对孩子溺爱，让孩子随心所欲，父母对孩子的教育有时甚至会失控。在这种环境下长大的孩子多表现为任性、幼稚、自私等。

4. 早期童年经验

幸福的童年有利于儿童发展健康的人格，不幸的童年可能会使儿童形成不良的人格。但二者不存在一一对应的关系，早期经验不能单独对人格起决定作用。

5. 学校教育因素

学校是人格社会化的主要场所。教师是学生学习的榜样，教师对学生的人格发展具有指导、定向作用，同伴群体对人格发展具有弃恶扬善的作用。良好的校风和班风也能促使学生形成积极进取、遵守纪律等优秀品质。

6. 自然物理因素

生态环境、气候条件、空间拥挤程度等这些物理因素都会影响人格的形成和发展。但自然环境对人格不起决定性的作用。

7. 个人主观因素

人格是在与环境相互作用的实践活动中形成和发展起来的，但任何环境因素都不能直接决定人格，它必须通过个体已有的心理发展水平和心理活动才能发生作用。社会上的各种影响因素，首先要为个体接受和理解，才能转化为个体的需要、动机和兴趣，才能推动个体去思考与行动。此外，个体已有的心理发展水平对人格特征形成的作用会随着年龄的增加而日益增强。

___ 小　结 ___

1.【常考题型】单选、多选、判断

2.【命题角度】

（1）直接考查影响人格形成和发展的因素有哪些。

（2）给出关键词或情境，要求判断其属于哪种性格类型的家庭教养方式。

第六节　社会心理与行为

一、社会认知

考点1　社会认知的含义

社会认知是个体对他人的心理状态、行为动机和意向做出推测和判断的过程。人际知觉是社会认知的一种特殊形态，即以人为对象的知觉。

考点2　常见的社会认知偏差（印象形成中的心理效应与偏差）　★★★

1. 刻板效应（刻板印象、定型效应）

刻板效应是指对某个群体及成员概括而固定的看法。例如，人们认为医生是人道的；会计是精打细算的；商人是精明的等。

2. 晕轮效应（光环效应）

晕轮效应是指对某个人的某方面特征形成好的或者坏的印象后，会将其扩散到该个体的其他方面的知觉印象。它是一种以偏概全的现象，一个人的优点或者缺点会变成光圈被夸大，其他缺点或优点也就退隐到光圈后面视而不见了。例如，"厌恶和尚，恨及袈裟""一好百好""一俊遮百丑""情人眼里出西施""爱屋及乌"等。

在消极品质方面，晕轮效应表现为"扫帚星效应"，即一个人的缺点被夸大，从而掩盖了好的特征。

3. 首因效应（最初效应）

首因效应是指在总体印象形成上，最初获得的信息比后来获得的信息影响更大的现象。人们在交往中常常注重的第一印象就是首因效应的体现。

首因效应具有先入性、不稳定性、误导性、持久性等特点。

4. 近因效应（最近效应）

近因效应是指在总体印象形成上，新近获得的信息比以往获得的信息影响更大的现象。当近因效应发生时，我们倾向于注意认识对象的当前表现，而忘记了他最初留给我们的印象。例如，原本一对非常亲密的朋友，最近因为发生一点小矛盾便形同陌路。

5. 投射效应

投射效应是指人们在知觉他人时，总以为他人也具备与自己相似的特性，即把自己的特点归于他人身上的倾向。例如，"以小人之心，度君子之腹""疑邻盗斧"。

【典型例题】（2021下·单选）老师会觉得成绩好的学生，什么都好。这是（　　）的作用。

A. 首因效应　　　　　　B. 期待效应　　　　　　C. 刻板印象　　　　　　D. 晕轮效应

【答案】D。

小 结

1.【常考题型】单选、判断

2.【命题角度】给出概念或例子，要求判断其属于哪一种社会认知偏差。

二、人际关系

考点1　人际关系的含义

人际关系是人们在共同活动中彼此为满足各种需要而建立起的相互间的心理关系。

人际关系的成分主要包括以下三种：①认知成分，即个人对人际关系状况的了解程度。②情感成分，即人际关系的双方在情感上的满足程度。在这三种成分中，情感成分是主要成分，它往往被当作判断人际关系状态的主要指标。③行为成分，即人际关系的双方在交往中的外在表现。

语言符号系统和非语言符号系统是人际交往的主要工具。

考点2　人际吸引

人际吸引是个体与他人之间情感上相互亲密的人际关系现象，以认知协调、情感和谐及行动一致为特征。

1. 人际吸引的基本原则

（1）互惠原则。人类关系的基础是人与人之间的相互重视和相互支持。

（2）得失原则（增减原则）。在人际交往上，我们对别人的喜欢不仅取决于别人喜欢我们的量，而且取决于别人喜欢我们的水平的变化与性质。

（3）联结原则。人们喜欢那些与美好经验联结在一起的人，而厌恶那些与不愉快经验联结在一起的人。

2. 人际吸引的影响因素

（1）接近性和熟悉性

生活的时空性决定了人们只能与空间距离接近的人有密切来往，距离越接近，交往的频率就越高，就越容易建立良好的人际关系。

人际关系的由浅入深，是从相互接触和初步交往开始的，通过不断接触，彼此相互了解，容易引发喜欢。

（2）相似性、互补性和补偿作用

相似性是指人们倾向于喜欢在态度、价值观、兴趣、背景及人格等方面与自己相似的人。例如，"物以类聚，人以群分"。

互补性是指具有不同特点的双方，在交往过程中获得相互满足的心理状态。例如，支配型的丈夫和服从型的妻子能相处得很好。

补偿作用是指当别人拥有的正是我们所缺少的东西时，我们会增加对这个人的喜欢程度。例如，对一个向往某大学而又无缘考入的人来说，该大学的学生对其就具有某种吸引力。

（3）个人特征

①能力。一般来说，人们都喜欢那些有能力的人。因为与能力非凡的人交往，我们可以学到许多知识和经验，获得更多的好处。

②外表吸引力。外貌之所以具有如此强的影响力，其中的一个原因是晕轮效应的存在。

③个性品质。一般情况下，我们总是愿意与具有优秀品质的人进行交往。真诚是影响人际吸引的最重要的个性品质，热情也是决定喜欢程度的个性品质之一。

④致命吸引力。最初吸引个体的某种个人品质，最终可能成为两者关系中最致命的缺陷，这样的个人品质称为致命吸引力。例如，一个男生最初受前女友的吸引是因为她的聪明自信，后来却不喜欢女友过强的自信。

考点3　人际排斥

人际排斥是指交往双方关系极不融洽、相互疏远的现象，以认知失调、情感冲突和行为对抗为特征。人际排斥包括孤独、嫉妒、竞争、人际冲突、攻击行为和社交恐惧症等。以下重点讲解人际冲突的相关内容。

人际冲突是人际排斥的一种，它是一种人与人之间对立的状态，表现为两个或两个以上的相互关联的主体之间的紧张、不和谐、敌视，甚至争斗关系。

引起人际冲突的原因有以下几点：①容忍度的降低；②差异处理不良；③彼此的竞争；④对误会及传言等产生的情绪压抑；⑤需求未被满足；⑥偏颇的因素；⑦不清楚的角色、职分及责任的划分。

小　结

1.【常考题型】单选、多选、判断

2.【命题角度】直接考查人际关系的三种成分、人际排斥的三个特征或引起人际冲突的原因；给出例子，要求判断人际吸引的影响因素。

第二章　教育心理学概述

| 知识结构 |

第一节　教育心理学的研究对象及内容

一、教育心理学的含义和学科性质

1. 含义

教育心理学是研究学校教育情境中，在学与教及其互动过程中产生的心理现象及其基本心理规律的科学。

2. 学科性质

从学科范畴来看，教育心理学是心理学与教育学的交叉学科，但它不仅仅是一般心理学在教育方面的应用。它拥有自身独特的研究课题，即如何学、如何教以及学与教之间的相互作用。

从学科任务来看，教育心理学既是一门理论性学科，又是一门应用性较强的学科。

二、教育心理学的研究内容 ★★

教育心理学的具体研究范畴是围绕学与教相互作用过程而展开的。学与教的相互作用过程是一个系统过程，由学习、教学、评价/反思三种过程交织在一起，涉及学生、教师、教学内容、教学媒体和教学环境五种要素。这五种要素相互作用，共同影响三种过程的交互作用，如图2-2-1所示。

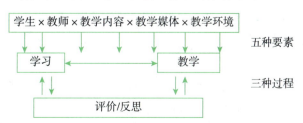

图 2-2-1　学与教相互作用过程模式

考点1   学习与教学的要素

1. 学生

学生是学习的主体因素，主要从以下两个方面影响学习与教学的过程：一是群体差异，包括年龄、性别和社会文化等差异；二是个体差异，包括先前知识基础、学习方式、智力水平、兴趣和需要等差异。群体和个体差异是学习和教学的重要内在条件。

2. 教师

教师是履行教育教学职责的专业人员，在教育过程中，教师起着主导作用，是教育活动的执行者。教师这一要素主要涉及教师的敬业精神、专业知识、专业技能及教学风格等。

3. 教学内容

教学内容是学与教的过程中有意传递的主要信息部分，一般表现为课程标准、课程内容、教学目标及教学材料等。

4. 教学媒体

教学媒体是教学内容的载体和表现形式，是师生之间传递信息的工具。如实物、文字、口头语言、图表、图像、动画等。教学媒体通常需要通过一定的物质手段实现，如书本、板书、投影仪、录像机、计算机等。

5. 教学环境

教学环境包括物质环境和社会环境两个方面。物质环境涉及课堂自然条件（如温度和照明），教学设施（如桌椅、黑板和投影仪）及空间布置（如座位的排列）等；社会环境涉及课堂纪律、课堂气氛、师生关系、同学关系、校风及社会文化背景等。

`典型例题` （2022上·判断）教育心理学中学习与教学的五要素包括学生、教师、教学内容、教学媒体和教学环境。   （   ）

【答案】√。

考点2   学习与教学的过程

1. 学习过程

学习过程是指学生在教学情境中通过与教师、同学及教学信息的相互作用获得知识、技能和态度的过程。学习过程是教育心理学研究的核心内容，包括学习的实质、条件、动机、迁移及不同种类学习的特点等问题。

2. 教学过程

在教学过程中，教师设计教学情境（如教学目标的选择、题材的安排及环境的设置等），组织教学活动（如讲演、讨论、练习及实验等），与学生进行信息交流（如信息的呈现、课堂提问与答疑等），从而引导学生的理解、思考、探索和发现过程，使其获得知识、技能和态度。此外，教师还要进行教学管理，调节教学的进程，以确保教学的有效性。

3. 评价/反思过程

评价/反思过程始终贯穿于整个教学过程中，包括教学前对教学设计效果的预测和评判，教学过程中对教学活动的监视和分析，以及教学后效果的检验和反思。

`典型例题` （2023下·多选）下列关于教育心理学的说法，正确的有（   ）。

A. 教育心理学是一门理论性的基础学科

B. 教育心理学研究的核心内容是学习心理

C.教育心理学拥有自身独特的研究课题，即如何学、如何教以及学与教的相互作用

D.桑代克的《教育心理学》的出版，被公认为教育心理学作为一门独立学科诞生的标志

E.学校教育以班级集体授课为主，因此教育心理学更重视研究学生的群体差异而非个体差异

【答案】BCD。

第二节　教育心理学的发展历程

一、教育心理学诞生的标志

教育心理学作为一门独立的学科，一般被认为产生于 19 世纪末 20 世纪初。公认的教育心理学诞生的标志是 1903 年桑代克的《教育心理学》的正式出版。

二、教育心理学的发展 ★★

教育心理学从最初依附于普通心理学，或融合于发展心理学，到发展成为一门独立的学科，并逐步形成比较完整的体系，大致经历了以下四个时期。

考点 1　初创时期（20 世纪 20 年代以前）

总体而言，这一时期的学者多以普通心理学的原理解释实际的教育问题，研究侧重于学生的学习方面。这一时期的重要学者及其代表作见表 2-2-1。

表 2-2-1　初创时期重要学者及其代表作

国别	学者	代表作	影响
俄国	乌申斯基	《人是教育的对象》	对当时的心理学发展成果进行了总结，乌申斯基因此被称为俄国教育心理学的奠基人
	卡普捷列夫	《教育心理学》	世界上第一部以"教育心理学"命名的著作
美国	桑代克	《教育心理学》	西方第一本以"教育心理学"命名的专著，后发展成三大卷的《教育心理大纲》，包括《人的本性》《学习心理学》《个性差异及其原因》。西方教育心理学的名称和体系由此确立。桑代克被称为"教育心理学之父"
中国	房东岳	《教育实用心理学》（译自日本小原又一的《教育实用心理学》）	我国第一部教育心理学著作

考点 2　发展时期（20 世纪 20 年代至 50 年代末）

20 世纪 20 年代以后，西方教育心理学吸取了儿童心理学和心理测验方面的成果，大大地扩充了自己的内容；20 世纪 30 年代以后，学科心理学也成为教育心理学的组成部分；20 世纪 40 年代，弗洛伊德的理论广为流传，有关儿童的个性、社会适应能力及生理卫生问题被纳入教育心理学的研究领域；20 世纪 50 年代，程序教学和教学机器兴起，同时信息论的思想为许多心理学家所接受，这些成果也影响和改变了教育心理学的内容。学习理论一直是这一时期的主要研究内容。

20 世纪 30 年代，在苏联的教育心理学理论探索方面，贡献较大的是维果茨基（又译为维果斯基）、布

隆斯基和鲁宾斯坦等人。维果茨基强调教育与教学在儿童发展中的主导作用，并提出了"文化发展论"和"内化论"的观点。

1924年，廖世承编写了我国第一本《教育心理学》教科书。1926年，心理学家陆志韦翻译出版了桑代克的《教育心理学概论》。20世纪50年代，我国开始学习和介绍苏联教育心理学的理论和研究，这对我国教育心理学和教育事业的发展起到一定的作用。

考点3　成熟时期（20世纪60年代至70年代末）

从20世纪60年代开始，西方教育心理学的研究内容日趋集中，如教育与心理发展的关系、学习心理、教学心理等。教育心理学作为一门具有独立的理论体系的学科正在形成。

20世纪60年代初，教育心理学的研究范式由行为范式转向认知范式。布鲁纳发起了课程改革运动；罗杰斯从人本主义出发，提出了"以学生为中心"的主张。

苏联教育心理学家注重教育心理学与发展心理学相结合，其中最有代表性的是赞科夫的"教学与发展"的研究。

20世纪70年代，奥苏贝尔以认知心理学为基础，系统阐述了有意义学习的条件、意义的获得与保持的进程。加涅则对人类的学习进行系统分类，这两种学习理论为教育心理学的成熟奠定了基础。在这一时期，计算机辅助教学（CAI）的研究也方兴未艾，学者对计算机辅助教学的教学效果和条件做了大量的研究。

考点4　深化拓展时期（20世纪80年代以后）

20世纪80年代以后，教育心理学越来越注重与教学实践相结合，教育心理学理论派别的分歧越来越小，认知派理论和行为派理论都在吸取对方合理的东西，东西方教育心理学之间的鸿沟被跨越。

1994年，布鲁纳总结了教育心理学十几年来的成果，主要表现在以下几个方面：①主动性研究，研究如何使学生主动参与学与教的过程，对自身的心理活动做更多的控制；②反思性研究，研究如何促进学生从内部理解、建构和获得所学知识的意义；③合作性研究，探讨如何将学生组织起来一起学习，如同伴辅导、合作学习、交互式学习等；④社会文化研究，即研究社会文化背景如何影响学习的过程和结果。

1980年，心理学家潘菽主编的《教育心理学》正式出版，该书总结了中国教育心理学界的一般观点和研究成果，也总结了现代教育心理学研究的一些新成果。

小结

1.【常考题型】单选、多选、判断

2.【命题角度】

（1）考查教育心理学不同发展时期的年代，代表人物及其作品，影响。

（2）考查我国第一本教育心理学翻译著作和第一本编写的《教育心理学》教科书的作者。

（3）考查桑代克和乌申斯基在教育心理学发展史上的地位。

3.【易错易混】

考生应注意区分世界上最早以"教育心理学"命名的著作（即1877年卡普捷列夫的《教育心理学》）和西方第一本以"教育心理学"命名的著作（即1903年桑代克的《教育心理学》）。

第三章 心理发展与教育

| 知识结构 |

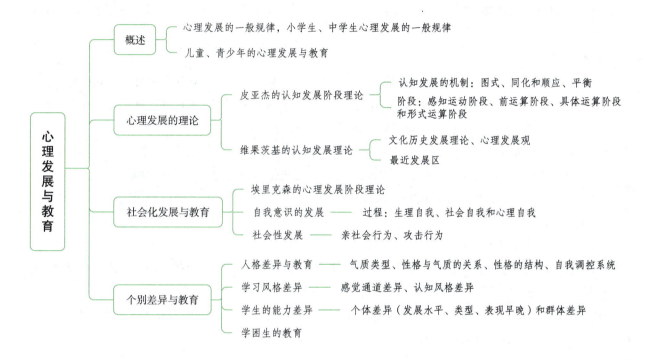

第一节 心理发展与教育概述

一、心理发展的概念

广义的心理发展包括心理的种系发展、心理的种族发展和个体心理发展。

狭义的心理发展指个体心理发展。从时间上讲，个体的心理发展是指人从出生到衰亡的整个过程中所发生的一系列心理变化。但并非所有的心理变化都可以叫作发展，只有有顺序的、不可逆的，且能保持相当长的时间的心理变化才能称作心理发展。

二、心理发展的规律 ★★

考点1 心理发展的一般规律

1. 阶段性与连续性

在心理发展过程中，当某些代表新特征的量累积到一定程度时，其就会取代旧特征而处于主导地位，表现为阶段性的特征。后一阶段的发展总是在前一阶段的基础上发生的，并且又萌发着下一阶段的新特征，表现出心理发展的连续性。

2.定向性与顺序性

在正常条件下，心理发展总是具有一定的方向和先后顺序。尽管发展的速度可以有个别差异，会加速或延缓，但发展是不可逆的，阶段与阶段之间不可逾越。

3.不平衡性

个体一生的心理发展是以不均衡的速度向前发展。这种不平衡性表现为以下两个方面：①个体不同心理机能在发展的速度、起止时间与到达成熟时期上的不同。例如，感知觉在童年期就已得到了充分的发展，自我意识在少年期以后才开始形成，抽象逻辑思维则要在青年期才能得到相当程度的发展。②同一机能特性在发展的不同时期有不同的发展速率。例如，儿童的发散思维在3~4岁出现第一个增长期，7~8岁出现第二个增长期。

4.差异性

任何一个正常学生的心理发展总要经历一些共同的基本阶段，但发展的速度、最终达到的水平以及发展的优势领域等往往千差万别。例如，在智力发展上，有的儿童早熟，有的则晚慧；有的儿童对音乐旋律有特殊敏感度，有的则对艺术形象有深刻的记忆表象。

5.稳定性与可变性

稳定性是指在一般情况下，个体心理发展的顺序、变化速度和主要年龄特征是大体稳定和共同的。

可变性是指在一定的社会历史条件和教育影响下，个体心理发展的某些年龄特征可以在一定范围或程度上发生或多或少的变化。

6.系统性（整体性）

在个体心理发展过程中，各种心理现象是相互联系、相互制约、系统变化的，是个体整个心理面貌的有规律的更替发展。

典型例题（2018下·判断）儿童的发散思维在3~4岁出现第一个增长期，7~8岁出现第二个增长期。这说明儿童心理的发展具有差异性。   （   ）

【答案】×。

小 结

1.【常考题型】单选、多选、判断

2.【命题角度】

（1）以多选的形式考查心理发展的特征。

（2）给出含义或实例，要求辨别属于心理发展的哪种特征。

考点2 小学生心理发展的一般规律

1.迅速性

小学时期是儿童心理发展的快速变化期。

2.协调性

小学生心理发展以协调性为主要特征。以品德发展为例，小学生的言与行、行动与动机比较一致，出现比较协调的外部和内部的动作；道德知识开始系统化，并形成相应的行为习惯。

3.开放性（外露性）

小学生经历有限、内心世界不太复杂，因此，他们的心理活动显得纯真、直率，能将内心活动表露出来。

4.可塑性

与青少年相比，小学生的思维能力、个性、品德和社会性都易于培养，具有较大的可塑性。

典型例题（2018 上·多选）个体心理发展具有连续性、阶段性、稳定性等特点，每个阶段都表现出独特性。小学生心理发展的主要特征有（　　　）。

A.开放性　　　　　　　B.闭锁性　　　　　　　C.协调性　　　　　　　D.动荡性

E.可塑性

【答案】ACE。

考点3　中学生心理发展的一般规律

1.过渡性

中学生的身心发展既具有童年期的特点，又具有青年期的特点，处于半幼稚、半成熟状态；青少年期是人由童年向成年的转变时期，各种心理特征逐渐接近成人。

2.闭锁性

中学生的内心世界逐渐复杂，开始不轻易地表露内心活动。

3.社会性

中学生开始以极大的兴趣观察、思考和判断社会生活中的现象和问题，并希望从中找出现象的本质，形成自己的看法；社会性情感越来越丰富和稳定；逐步形成了一定的为人处世的态度和行为方式。

4.动荡性

由于经验、见识等条件的限制，中学生的整个心理面貌表现出不稳定、动荡不安的特点。例如，中学生的情绪容易出现起伏，思想比较敏感，容易走极端。

小　结

1.【常考题型】单选、多选、案例分析

2.【命题角度】

（1）直接考查各阶段学生心理发展的一般特征。

（2）给出实例，选择相对应的学生心理发展的一般特征。例如，中学生开始积极尝试脱离父母的保护和管理，渴望自己的行为像成人，不愿意被当作孩子看待，体现了中学生心理发展的什么特征？答案：过渡性。

3.【识记技巧】

中学生心理发展的一般特征：过度闭锁会引起社会动荡，即过渡性、闭锁性、社会性、动荡性。

三、准备状态与心理发展

考点1　准备状态的含义和意义

准备状态是指儿童身心发展达到适宜学习某种事物的状态。例如，许多国家的儿童入学年龄都规定在6~7岁，这就是说，大多数国家的教育决策者都认为，儿童要在6~7岁才达到接受正式教育的准备状态。

准备状态是教育工作的出发点，也是心理发展的必然过程，教育者的任务是在教育和学习过程中让儿童能动地形成准备状态，促进心理的发展。

考点2　学习准备状态的构成

学习准备状态是由多种因素构成的，大体可分为三个维度。

1. 生理方面

生理方面的发展状态，特别是神经系统的发育与成熟程度，是构成准备状态的物质基础。只有生理发育到一定程度，儿童才能顺利地学会某些动作和行为，掌握某些知识和技能，而超越阶段进行学习往往不能产生有用的效果。格塞尔著名的"双生子爬梯实验"和我国李惠桐的"婴儿动作发展的训练最佳期"的研究提供了这方面的论据。

2. 智力和技能方面

智力和技能方面的准备是接受学校教育的重要条件。智力的发展和技能的掌握不仅与生理发育的一定成熟程度相适应，而且要以某些先行心理因素的发展为其前提，这些先行的心理因素又是与较早的生理发育程度相适应的。特别是在智力发展过程中，已经获得发展的智力因素成为以后学习新知识和技能必不可少的准备。例如，学习书面言语就必须以掌握口头言语和认识文字符号的能力的发展为前提。没有这些先行因素的发展准备，下一步发展就会受到阻碍而迟滞。

3. 非智力因素方面

非智力因素的准备，如学习动机与兴趣、学习态度与习惯、生活经验与人际交往等，这些因素的准备状态不仅影响学生的学习成绩，而且关系到学生的学习热情和意志品质的发展。

处理好这三者的关系是儿童顺利地接受学校教育、取得理想的学习效果、发展良好个性的保证。若只偏重于智能因素，过分地增加儿童读、写、算的练习，很可能会超越发展阶段，以致窄化了儿童社会化的发展，甚至使儿童对学习产生厌倦情绪。我们认为，在生理因素的准备上，宜坚持自然成熟，在成熟时期进行适当训练，使儿童的潜能得到充分的发展。在心理因素的准备上，应加强发展阶段理论的研究，尽量改进教育、教学的方法和措施，注意使智力因素和非智力因素协调发展。

四、教育对心理发展的促进

为了促进学生的心理发展，教育者要做到以下几点。

（1）教育的目的性、方向性要明确。

（2）教学内容要适合学生的心理发展水平，并在此基础上提出略高的要求，使大多数学生经过努力能够获得较好的学习效果，并通过学习效果进行自我强化，培养学习兴趣，力争做到从全体出发，又照顾到个别学生。

（3）教育和教学方法的选择要适当，激发学生的学习动机，使学生对所学的内容能集中注意力。

（4）要考虑到家庭和社会环境的作用，尽可能做到互相配合、协调一致。

（5）教育的影响是一个长期的过程，无论是个性还是智能的培养都不可能一蹴而就。迟效性和反复性都是教育工作中的正常现象，要在缓慢的发展和反复中看到学生的进步，要注意教育内容的连贯性和系统性。

五、儿童、青少年的心理发展与教育

考点1　儿童、青少年心理发展阶段特征

1. 童年期的心理发展特征

童年期又称学龄初期，大致相当于小学阶段，是个体一生发展的基础时期，也是生长发育最旺盛、变化最快、可塑性最强、接受教育最佳的时期。这一时期学生的主要心理特点如下。

（1）学习开始成为儿童的主导活动，通过识字、阅读和写作，儿童言语方式从口头言语逐步过渡到书面言语。

（2）小学四年级儿童的思维开始从具体形象思维为主过渡到抽象逻辑思维为主，但这时的抽象逻辑思维仍需以具体形象为支撑。

（3）通过集体活动，小学生的自我意识进一步发展，对自我已有一定的评价。

（4）虽然他们的道德认识和道德行为容易脱节，但其对道德概念的认识已从直观具体的、比较肤浅的认识逐步过渡到比较抽象、比较本质的认识，并开始从动机与效果的统一来评价道德行为。

2. 少年期的心理发展特征

少年期又称学龄中期，大致相当于初中阶段。整个少年期充满独立性和依赖性、自觉性和幼稚性错综的矛盾，这一时期也被称为"心理断乳期"或"危险期"。这一时期学生的主要心理特点如下。

（1）抽象逻辑思维已占主导地位，并出现反省思维，但抽象思维在一定程度上仍要以具体形象为支撑。思维的独立性和批判性有所发展，但仍带有片面性和主观性。

（2）心理活动的随意性显著增加，可长时间集中精力学习，能随意调节自己的行为。

（3）产生了成人感，独立意识强烈，开始关心自己和别人的内心世界，同龄人之间的交往和认同大大增强，社会高级情感迅速发展。

（4）道德行为更加自觉，能通过具体的事实概括出一般伦理性原则，并以此来指导自己的行为。但学生的自我控制能力还比较弱，所以常出现自相矛盾的行为。

3. 青年初期的心理发展特征

青年初期又称学龄晚期，大致相当于高中阶段，是个体在生理上、心理上和社会性上向成人接近的时期。这一时期学生的主要心理特点如下。

（1）智力接近成熟，抽象逻辑思维已从"经验型"向"理论型"转化，开始出现辩证思维。

（2）此时与人生观相联系的情感占主要地位，道德感、理智感与美感都有了深刻的发展。

（3）不仅能比较客观地看待自我，而且能明确地表现自我，敏感地保护自我并尊重自我，形成了理智的自我意识。然而，理想的自我与现实的自我仍面临着分裂的危机，自我肯定与自我否定常发生冲突。

（4）对未来充满理想，意志的坚强性与行动的自觉性都有了较大的发展，但有时也会出现与生活相脱节的幻想。

考点 2　中小学生认知的发展与教育

1. 小学生认知的发展与教育

在小学阶段，学生身体发育进入了一个相对平稳的发展时期。小学阶段的儿童开始系统地学习知识、技能，接受正规的学校教育，从以游戏活动为主转为以学习活动为主，从原来受成人呵护的幼儿变成要独立完成学习任务并承担一定社会义务的小学生。他们的生活环境、学习环境、社会地位发生了变化，儿童自身承受的压力随之而加大，这就促使小学生心理迅速发展，产生了质的飞跃。特别是，小学生的认知发展变化更为明显。

（1）小学生感知觉的发展

感知觉是儿童最先发展而且发展速度最快的一个领域。儿童的视觉、听觉、味觉等各种感觉能力都在不断提高。儿童知觉的目的性、有意性、持续性得到了较好的发展，但分析与综合统一的水平仍很低。

（2）小学生记忆的发展

①从机械记忆占主导地位逐渐向意义记忆占主导地位发展。

②从无意识记忆为主向有意识记忆为主发展。

③从具体形象记忆向抽象记忆发展。但对词的抽象记忆，仍需以具体、直观的事物为基础。

在整个小学阶段，小学生的机械记忆和意义记忆都有不同程度的发展，机械记忆和意义记忆的效果都在提高。

（3）小学生注意的发展

①由无意注意占优势，逐步发展到有意注意占主导。对小学低年级学生而言，无意注意仍起着重要作用。到了四、五年级，小学生的有意注意基本占主导地位。

②对具体直观事物的注意占优势，对抽象材料的注意在发展。

③注意有明显的情绪色彩。

④不善于调节和控制注意力。

⑤注意的范围小，注意力的分配和转移能力较弱。

（4）小学生思维的发展

①小学生的抽象逻辑思维在逐步发展，但仍然带有很大的具体性。小学低年级学生还不能指出事物中最本质的特征，他们的思维在很大程度上与具体事物相联系。到小学中高年级，他们才逐步学会区分事物的本质与非本质特征。

②小学生抽象逻辑思维的自觉性开始发展，但仍然带有很大的不自觉性。

③小学生思维的发展在从具体形象思维向抽象逻辑思维的过渡中，存在着不平衡性的特点。

④小学生的思维从具体形象思维到以抽象逻辑思维为主的过渡，是思维发展过程中的质变。小学生思维的这种过渡存在着一个转折时期，即小学生思维发展的"关键年龄"。一般认为，这个关键年龄出现在小学四年级（10~11岁）。

（5）小学生想象的发展

①有意想象增强。小学低年级学生的想象仍以无意想象为主，随着知识经验的积累和表象的增多，到了中高年级，有意想象的成分大大增强，小学生能够初步控制自己的想象。

②想象更富于现实性。小学低年级学生的想象较接近现实，但因缺乏空间透视能力，在事物的比例关系上仍把握不好，到了中高年级，他们的想象更接近现实。

③想象的创造成分日益增多。小学低年级学生的再造想象成分占很大比例，创造和加工的成分不多。随着经验的逐渐丰富，认知能力的不断提高，他们初步具有了创造想象的能力。

（6）小学生的认知教育

对小学生的心理教育要以小学生的认知发展水平和特点为基础，要照顾到他们的年龄特征，不要提出太高、太多的要求。由于他们活泼好动、易疲劳，又喜欢多问，兴趣较广，因此，要注意让学生劳逸结合，适当控制作业量。同时，要广泛开展适合他们的活动，明确活动的任务、要求，激发学生的兴趣，鼓励他们敢想、敢说、敢做。在这个过程中，教师要及时引导，教给他们一定的认知方法，逐步提高他们认识世界的自觉性、目的性。

典型例题　（2018下·判断）在小学阶段，游戏是儿童的主导活动，对儿童的心理发展具有重要作用。

（　　）

【答案】×。

2. 初中生认知的发展与教育

初中阶段是学生生理发育的第二个高峰期。生理发育的急剧变化，使其心理产生了一次大的飞跃。

（1）初中生感知觉的发展

初中生的感觉发展较快，如在视觉方面，初中生区别各种色度的精确性与小学一年级学生相比要高60%以上；在听觉方面，初中生具有相当精确的辨别音阶的能力。研究表明，在15岁前后，视觉和听觉的敏度甚至可以超过成人。

在知觉方面，首先，初中生知觉的有意性和目的性有了较大提高，能自觉地根据教学要求去感知有关事物。其次，知觉的精确性、概括性得到发展，出现了逻辑性知觉。最后，在观察力方面，初中生观察细节的感受力、辨别事物差异的准确率、理解事物的抽象程序均在不断发展。研究发现，初中二年级是观察力、概括性水平发展的一个转折点。

（2）初中生记忆的发展

①从识记的目的性来说，在教学的要求下，初中生识记的有意性发展较快。初一年级学生的无意识记常常表现得很明显，对有兴趣的材料记得比较好，对一些困难材料记得比较差。随着教学的要求，学生逐步学会使记忆服从于识记的任务和教材的性质，因而有意识记日益占主导地位。

②从识记方法上，初中生的意义识记能力发展起来。但有些初中生由于对教材不理解，还常常采用机械识记的方法。初中一年级学生机械识记方法还起着很大的作用。

③从识记内容看，初中生的形象识记和抽象识记都在发展。抽象识记从初一年级开始加大了发展速度，而形象识记虽仍在发展，但是到了初中三年级以后则略有下降趋势。

（3）初中生注意的发展

①在注意发展方面，初中生的有意注意有了进一步发展，注意比较稳定和集中。教师的课堂教学不需要像小学那样，一节课要变换几种教学形式。

②初中生注意的范围在不断扩大，已接近成人的水平。

③在注意的分配和转换品质上，初中生都有一定的发展。他们可以边听老师讲课，边记笔记。绝大多数学生具有一定的注意分配的能力，但总的来说，初中生注意分配能力发展相对缓慢。初中生已具有一定的注意转移能力，但存在着个别差异，一些学生转移能力较差，因而有可能造成学习落后。

（4）初中生思维的发展

①初中生的抽象逻辑思维从总体上讲处于优势地位。但初中生的抽象逻辑思维在很大程度上还属于经验型，即他们的抽象逻辑思维需要感性经验的支持，具体形象仍起重要作用。研究发现，初中二年级是学生思维发展的关键期。

②从形式逻辑思维看，初中一年级学生的形式逻辑思维已开始占优势。初中二、三年级开始能理解抽象概念的本质属性。

③从辩证逻辑思维看，初中一年级学生已经开始掌握辩证逻辑思维的各种形式，但水平还不高。初中三年级学生的辩证逻辑思维处于迅速发展的转折期，但是辩证逻辑思维尚未处于优势地位。

④思维的品质尤其是独立性和批判性有了很大的发展，但是很容易产生片面性和表面性的缺点。

3. 高中生认知的发展与教育

高中阶段是学生生理、心理发展接近成熟，准备走向独立生活的时期。与少年期相比，青年初期个体的自觉性、独立性有了显著的增长，达到前所未有的水平。他们刚刚进入成熟期，心理发展并没有完全成熟，因此，在认知方面具有自身的一系列特点。

（1）高中生思维的发展

①高中生的思维具有更高的抽象概括性、反省性和监控性特点。他们能够用理论做指导分析综合各种

材料，以不断加深对事物发展规律的认识，抽象逻辑思维趋向理论型。到高中二年级，这种理论型思维发展趋于成熟并基本定型。各种思维成分趋于稳定，这给高中生辩证思维的发展做好了准备。

②高中生的形式逻辑思维到高中二年级已经趋于基本成熟，辩证逻辑思维发展比较迅速，逐渐趋于优势地位。

③思维品质方面，高中生的思维具有更大的组织性、独立性、深刻性和批判性。他们一般不盲从，喜欢探究事物的本质，敢于大胆发表自己的见解，喜欢怀疑、争论，有时好走极端，产生片面性、主观性、肯定一切或否定一切的倾向。

（2）高中生想象的发展

高中生想象的特点主要表现在他们的创造性成分的增加和理想的形成、发展方面。由于高中生在学习、生活中已积累了相当的知识经验，因而他们的创造性想象愈发占优势。有的高中生还显露出创造发明新作品的才能。高中生更重视现实，他们的理想不仅考虑到自己的兴趣，而且还考虑到有无实现的可能和条件，一旦有可能如愿，他们还会为之奋斗，争取实现自己的理想。但有的学生也会不切实际，想入非非，或只想不做，对于这样的学生，教育者要适当加以引导。

第二节　心理发展的理论

一、皮亚杰的认知发展阶段理论 ★★★

瑞士心理学家皮亚杰是发生认识论的创始人，他系统研究了儿童认知发展，提出了自己的认知发展阶段理论。

考点1　认知发展的机制

皮亚杰认为，认知的本质是适应，认知发展是一种建构过程，是个体在与环境不断的相互作用中实现的。在与环境的相互作用中，个体通过同化、顺应及平衡作用，使图式不断得到改造，认知结构不断发展。

1. 图式

图式是指一些有组织的、可重复的动作或思维模式。儿童最初的图式是遗传带来的一些本能反射行为，如吸吮反射、定向反射等。

2. 同化和顺应

皮亚杰认为，同化和顺应是个体适应环境的方式，也是认知发展的两个基本机制。

同化是主体把新的刺激整合到原有图式中，使原有图式丰富和扩大的过程。同化是图式发生量变的过程，它不能引起图式的质变，但可以影响图式的生长。例如，刚学会抓握的婴儿看见床上的毛绒玩具，会用抓握的方式（原有图式）去获得玩具；当他看见远处的拨浪鼓时（新的刺激），也想要用抓握的动作去获得拨浪鼓（新刺激整合到原有图式）。

顺应是指当主体不能利用原有图式接受和解释新刺激时，通过修改已有图式（或形成新的图式）来适应新刺激的认知过程。顺应体现了后继学习对先前学习产生的影响，可以理解为逆向迁移。顺应是图式发生质变的过程。通过顺应，个体的认知能力达到一个新的水平。例如，学生学习数学新知识时，将原有算术图式（原有图式）发展成代数图式（新的图式），运用新图式正确解决代数题。

3. 平衡

平衡是指同化和顺应相互协调的状态。个体通过同化和顺应达到机体与环境的平衡，如果失去了平衡，个体需要改变行为以重建平衡。个体的认知就是通过平衡—不平衡—平衡循环的过程，从低级水平向高级水平发展。

典型例题 1.（2023 下·判断）儿童在第一次见到浣熊时会把它叫作"小猫"。根据皮亚杰的认知发展理论，儿童这种试图将新经验（浣熊）与已有的动物图式（小猫）匹配起来的行为属于顺应。（　　）

【答案】×。

2.（2019 下·单选）亮亮第一次来到田野，非常兴奋，指着地里的麦苗叫韭菜。妈妈告诉他那是麦苗，并从手机里搜出韭菜和麦苗的图片，耐心地给他讲解了两者的不同。从那以后，亮亮学会了区分麦苗和韭菜。根据皮亚杰的认知发展理论，亮亮的认知图式发生了（　　）。

A. 同化　　　　　　　B. 迁移　　　　　　　C. 顺应　　　　　　　D. 成熟

【答案】C。

小　结

1.【常考题型】单选、多选

2.【命题角度】给出关键词、例子，要求辨别其属于哪种认知发展机制。

3.【易错辨析】同化和顺应的区别在于，前者强调原有图式不发生改变，后者则强调改变原有图式。

例子：

图式：鸟是一种会飞且有羽毛的动物。

同化：看到鸽子后知道鸽子是会飞且有羽毛的，知道鸽子是鸟，将鸽子纳入原图式中。

顺应：了解到企鹅并不会飞但也是鸟这个事实后，改变自己的认知结构，不再将会飞作为鸟的必要条件。

考点 2　影响个体心理发展的因素

（1）成熟，指机体的生长，特别是神经系统和内分泌系统的成熟。

（2）练习和习得经验，指个体对物体施加动作过程中的练习和习得的经验，分为物理经验和逻辑数理经验。

（3）社会性经验，指在社会环境中人与人之间的相互作用和社会文化的传递。

（4）平衡化，指个体在自身不断成熟的内部组织与环境相互作用过程中的自我调节。具有自我调节作用的平衡化过程在认知发展中起关键作用，是智力发展的内在动力。当个体已有的认知结构不能同化环境中新的信息时，他在心理上处于不平衡状态，这种不平衡会使个体产生一种自我调节的内驱力，推动个体调整或者建构新的认知结构，直到能同化环境中新的信息为止。此时，个体的心理处于较前一水平更高的平衡状态，智慧发展水平得到提高。

典型例题（2020 上·单选）根据皮亚杰的认知发展理论，以下说法正确的是（　　）。

A. 具体运算阶段的孩子应更多地接受抽象思维训练

B. 前运算阶段的孩子能够从多个维度对事物进行判断

C. 教学过程中呈现给孩子的教学材料不能超过其发展水平

D. 具有自我调节作用的平衡化过程在认知发展中起到关键作用

【答案】D。解析：教学过程中呈现给孩子的材料可以适当超过其发展水平，但不能过度超越。C 项错误。

考点3 皮亚杰的认知发展阶段

皮亚杰将个体的认知发展分为四个阶段。他认为，每个阶段都是前一阶段的自然延伸，也是后一阶段的必然前提，发展阶段既不能逾越，也不能逆转，思维总是朝着必经的途径向前发展。

1. 感知运动阶段（0~2岁）

处于感知运动阶段的儿童主要是通过探索感知觉与动作之间的关系来获得动作经验，在这些活动中形成了一些低级的图式，以适应外部环境和进一步探索外部环境。

这一阶段的一个显著标志是儿童在9~12个月时逐渐获得客体永恒性，即当某一客体从儿童视野消失时，儿童知道该客体并非不存在。而在此之前，儿童往往认为不在眼前的客体就不存在，并且不再去寻找。客体永恒性是更高层次认知活动的基础，表明儿童开始在头脑中用符号来表征事物，但还不能用语言和抽象符号为事物命名。

2. 前运算阶段（2~7岁）

处于前运算阶段的儿童开始能够运用表象、语言或较为抽象的符号来代表自己经历过的事物，如用单词"马"或马的图片表征一匹并非真正出现的马。但这一阶段的儿童还不能很好地掌握概念的概括性和一般性。这一时期儿童思维主要表现出以下特征。

（1）泛灵性（万物有灵论）。儿童认为外界的一切事物都是有生命、有感知、有情感、有人性的。例如，儿童认为，人踩在小草身上，小草会疼得哭。

（2）思维的自我中心性。自我中心性指不能从对方的观点考虑问题，以为每个人看到的世界正如他自己看到的那样。例如，在"三山实验"中，皮亚杰请儿童坐在一个由三座不同的假山构成的模型的一边，将玩具娃娃置于另一边，要儿童描述玩具娃娃看到的景色。6岁或7岁以下的儿童无法站在他人的视角报告他人视野中三山的位置关系，总认为对方所看到的山就是自己所看到的样子。这种自我中心性也存在于儿童的言语中，主要有以下几种表现形式：①重复，即儿童为感到说话的愉快而重复一些字词或音节；②独白，即儿童对自己说话；③集体独白，即在儿童群体中，每个儿童都热情地说着话，但彼此之间没有任何真实的相互作用或者交谈。见图2-3-1。

图 2-3-1 思维的自我中心性

（3）思维不具有守恒性。守恒是指不论物体形态如何变化，其实质是恒定不变的。处于前运算阶段的儿童由于受直觉知觉活动的影响，还不能认识到这一点。例如，在"液体守恒实验"中，皮亚杰给儿童呈现两只相同且装有等量的水的玻璃杯，然后将这两杯水分别倒入矮而宽的杯子和高而窄的杯子中，让4岁或5岁的儿童来判断新的两个杯子中的水是否一样多。一部分儿童会说矮而宽的杯子中的水多；另一部分儿童会说高而窄的杯子中的水多。

（4）思维具有刻板性。儿童在注意事物的某一方面时往往忽略其他的方面。他们倾向于运用一种标准或维度，还不能同时关注两个维度。例如，在回答"液体守恒实验"中倒水的问题时，儿童可能认为宽的杯子中水多或高的杯子中水多，但无法同时关注两个维度，这体现了思维的刻板性。

（5）思维具有不可逆性。可逆性指改变人的思维方向，使之回到起点。而处于前运算阶段的儿童在进行运算时只能前推，不能倒推。例如，4岁的杰瑞知道吉姆是自己的哥哥，却不知道自己是吉姆的弟弟。

（6）不能够推断事实。处于该阶段的儿童往往根据知觉到的表面现象做出反应，不能够推断事实。

前运算阶段儿童的教育建议如下：①让儿童对物体进行分类。②减少儿童的自我中心倾向，如在玩游戏时，让儿童知道他们不可能总是赢；轮换班内职务时也可以告诉儿童，他们必须轮流做某事。③让儿童进行比较（大、小、长、宽）。④让儿童体验序列运算。⑤让儿童画出一定视角的场景。⑥要求儿童在下结论时，为自己的结论找到依据。⑦允许儿童通过主动探索，以及与成人、同伴和物品间的互动来进行学习。

3. 具体运算阶段（7~11岁）

一般来说，小学生正处于具体运算阶段。处于该阶段儿童的思维主要具有以下特征。

（1）思维中形成了守恒概念（主要特征）。达到各种守恒的年龄是不一样的，儿童约在8岁获得面积守恒，9岁或10岁获得重量守恒，12岁左右才能获得要求同时注意到三维空间的容量守恒。另外，他们开始进行一些运用符号的逻辑思考活动，可以形成一系列行动的心理表象。例如，8岁左右的儿童去过几次别的小朋友的家，就能够画出具体的路线图，而五六岁的儿童无法做到。

（2）思维的可逆性。思维的可逆性是守恒概念出现的关键。例如，将一个大杯中的水倒入小杯中时，处于这一阶段的儿童不仅能够考虑水从大杯倒入小杯，而且能设想水从小杯倒回大杯，并恢复原状。

（3）思维的去自我中心性。儿童逐渐学会从别人的观点看问题，意识到别人持有与自己不同的观念。他们能接受别人的意见，修正自己的看法。思维的去自我中心性是儿童与别人顺利交往，实现社会化的重要条件。见图2-3-2。

（4）进行具体逻辑推理。这一阶段的儿童虽缺乏抽象逻辑推理能力，但他们能凭借具体形象的支持进行具体逻辑推理。例如，向7~8岁的儿童提出这样的问题："假定A>B，B>C，A与C哪个大？"他们可能难以回答。但若换一种说法："张老师比李老师高，李老师又比王老师高，问张老师和王老师哪个高？"他们就能够回答。

（5）理解原则和规则。儿童能理解原则和规则，但只能刻板地遵守规则，不敢改变。

图2-3-2　思维的去自我中心性

（6）去集中化。这一阶段的儿童能够注意情境中的多个维度或层面。去集中化是具体运算阶段儿童思维成熟的最大特征。

（7）序列化。序列化是指个体能够按照物体某种属性（大小、体积、重量等）将物体排成序列，从而进行比较的心理操作。

具体运算阶段儿童的教育建议如下：①鼓励学生发现概念和原理。②让学生参加运算任务。③安排活动，让学生练习递加和递减分类概念。④安排要求置换面积、重量和体积守恒的活动。⑤创建活动，要求儿童练习依次排序和颠倒排序。⑥继续要求学生说出答案的依据。⑦尝试向学生传授较为复杂知识时，应该制作道具和提供视觉辅助工具。⑧鼓励儿童分组活动，互相交换想法。⑨确保课堂材料丰富多样，足以激发学生提出问题。

4. 形式运算阶段（11岁以后）

中学生正处于形式运算阶段。此时个体的思维已超越了对具体可感知事物的依赖，使形式从内容中解脱出来。具体地说，该阶段个体的思维具有以下特征。

（1）认识命题之间的关系。个体的思维是以命题形式进行的。他们不仅能考虑命题与经验之间的真实性关系，而且能看到命题与现实之间的关系，并能推理两个或多个命题之间的逻辑关系。

（2）进行假设－演绎推理。个体能在考察问题细节的基础上，假设这种或那种理论或解释是正确的，再从假设中演绎出从逻辑上讲这样或那样的经验现象实际上应该或不应该出现，然后检验他们的结论，看这些预见的现象是否确实出现。例如，在"钟摆实验"中，研究者设置摆绳长度、摆锤重量、起始高度、首次推力四个变量，要求个体从中找出可以引起钟摆幅度变化的变量。处于形式运算阶段的儿童会设计检验所有可能的假设的实验，每一次只改变一个因素，并保持其他三个因素不变，最终发现决定钟摆幅度的只有摆绳的长度。

（3）具有抽象逻辑思维。个体能理解符号的意义、隐喻和直喻，能对事物做出一定的概括，其思维发展水平已接近成人。

（4）具有补偿性的可逆思维。个体不仅具备了逆向性的可逆思维，而且具备了补偿性的可逆思维。例如，对于"在天平的一边加一点东西，天平就失去平衡，怎样使天平重新平衡"的问题，处于形式运算阶段的个体不仅能考虑到把所加的重量拿走（逆向性），而且能考虑到移动天平的加重的盘子使它靠近支点，即缩短力臂（补偿性）。而处于具体运算阶段的个体只能考虑到把所加的重量拿走，即只具备逆向性的可逆思维。

（5）思维的灵活性。他们不再恪守规则，常常由于规则与事实的不符而违反规则。

皮亚杰所揭示的思维发展的阶段性是普遍存在的，思维发展由低一级水平向高一级水平过渡，这种顺序是不可改变的。但在不同个体身上，存在着显著差异。思维越是发展到高级水平，儿童之间的个别差异就越大。

同一个体在某一学科领域的思维可能达到形式运算水平，但遇到新的困难和问题时，其思维又会退回到具体运算水平。而且，一个人在某门经验较丰富的学科中能进行形式运算思维，并不意味着他在陌生的学科领域也能以同样的方式思维。青少年一般先在自然科学领域出现形式运算思维；而在社会科学领域，其形式运算思维则发展较慢。

形式运算阶段儿童的教育建议如下：①要明白许多青少年并不是完全具有形式运算思维；②提出问题并邀请学生给出解决问题的一些假设；③提出问题，并建议几种可能的解决方法；④要求学生讨论他们先前对问题的结论；⑤制定供学生开展的项目和调查活动；⑥选择全班熟悉的某个特定问题，并提出相关问题；⑦要求学生撰写论文时，鼓励他们创建分级大纲；⑧明白青少年更有可能在他们专业知识最丰富、体验最多的领域运用形式运算思维。

典型例题 1.（2021下·单选）妈妈看到东东把皮球往墙上踢，便对他说："墙壁爱干净，你把它的脸弄花了。"东东听了妈妈的话就不再把球往墙上踢，还用抹布一边擦墙壁一边说："对不起，让我给你洗个脸吧。"以上现象说明东东的认知处于（　　　）。

A.具体运算阶段　　　B.前运算阶段　　　C.感知运动阶段　　　D.形式运算阶段

【答案】B。

2.（2023下·判断）儿童守恒概念形成过程中，一般来说容量守恒早于面积守恒。（　　　）

【答案】×。

3.（2023上·判断）皮亚杰的守恒实验主要考查儿童思维的可逆性是否形成，三山实验主要考查儿童思维发展是否处于自我中心阶段。（　　　）

【答案】√。

4.（2024上·多选）下列教学方式中，适合形式运算阶段学生的有（　　　）。

A.以演示的方式讲解游戏

B.让学生通过实验回答相应问题

C. 用小棍或彩色薄片来学习加减法

D. 让学生就某一观点发表自己的见解

E. 给出有关环境保护的两种对立观点让学生进行论证

【答案】BDE。

小　结

1. 【常考题型】单选、多选、判断、案例分析
2. 【命题角度】
（1）直接考查各认知发展阶段的名称、思维特征及所属的年龄阶段。
（2）给出实例，要求辨别其对应的思维特点或其所属的认知发展阶段。

考点4　皮亚杰的认知发展阶段理论对教育的启示

根据皮亚杰的认知发展阶段理论，在教育教学过程中应注意以下几点。

1. 提供活动

为了增进学生的活动经验，教师应该为他们提供大量丰富的、真实环境中发生的活动，让学生自发地与环境进行相互作用，去自主地发现知识。这种活动不仅包括物理活动，还应包括内化的心理活动。该原则有两方面的含义：第一，教师既应为学生创设大量的物理活动，也应为他们提供相应的心理活动机会；第二，在形式运算阶段前，教师应为学生提供从现实物体和事件中学习的机会。

2. 创设最佳的难度

根据皮亚杰的观点，认知发展是通过不平衡来促进的。因此，在教学过程中，教师的主要任务是通过提问来引起学生认知的不平衡，并提供有关的学习材料或活动材料，促使学生的认知发展。

3. 关注儿童的思维过程

皮亚杰率先详细描述儿童与成人在心理上的差异。在教学中，教师必须认识到儿童思考问题的方式与成人不同，并根据儿童当前的认知机能水平提供适宜的学习活动，只有这样，才能真正促进儿童的认知发展。

4. 认识儿童认知发展水平的有限性

教师需要认识各年龄阶段儿童认知发展所达到的水平，遵循儿童认知发展顺序来设计课程，这样在教学中就会更加主动。例如，给7岁儿童讲分数概念很难，也很难教给5岁儿童体积守恒定律。

5. 让儿童多参与社会活动

皮亚杰特别强调社会活动对儿童认知发展的作用，认为环境教育重于知识教育。年幼儿童的自我中心性的原因主要是他们缺少与他人相互作用的机会。因此，儿童随着参与的社会活动的增多，逐渐能够认识到他人的观点与自己的观点不同。

典型例题 （2018上·单选）以下观点与皮亚杰的认知发展理论不符合的是（　　　）。

A. 知识教育重于环境教育

B. 教学应遵循儿童认知发展的顺序来设计课程

C. 教师的主要任务是通过提问来引起学生认知的不平衡

D. 在形式运算阶段前，教师应为学生提供在现实中学习的机会

【答案】A。

二、维果茨基的认知发展理论 ★★

考点1 文化历史发展理论

苏联心理学家维果茨基（也译为维果斯基）从种系和个体发展的角度分析了心理发展的实质，提出了文化历史发展理论。

1.两种心理机能

维果茨基区分了两种心理机能：一种是作为动物进化结果的低级心理机能，它是个体早期以直接的方式与外界相互作用时表现出来的特征；另一种是作为历史发展结果的高级心理机能，即以人类社会特有的语言符号系统为中介的心理机能。文化历史发展理论认为，人的高级心理机能是各种活动和交往形式不断内化的结果。

2."两种工具"观

维果茨基提出了"两种工具"观：①物质生产工具（如简单农具、弓箭等）。这种工具指向外部，引起客体的变化。②精神生产工具（人类社会特有的语言符号系统）。这种工具指向内部，影响人的心理结构和行为。

3.内化学说

内化是指从社会环境中吸收观察到的知识，从而为个体所利用。

内化学说的基础是维果茨基的工具理论。维果茨基认为，高级心理机能是借助各种物质的和符号的手段由外部集体活动内化而成的。在儿童认知发展的内化过程中，语言符号系统的作用是至关重要的。语言发展中的自我中心言语的出现表明儿童的符号系统已经开始内化。

考点2 心理发展观

维果茨基认为，心理发展是个体的心理从出生到成年，在环境与教育的影响下，在低级心理机能基础上，逐渐向高级心理机能转化的过程。心理机能从低级向高级发展的标志有以下几个：①随意机能的不断发展；②抽象－概括机能的提高；③高级心理结构的形成；④心理活动的社会文化历史制约性；⑤心理活动的个性化。

典型例题（2023下·判断）维果茨基认为个性的形成是高级心理机能发展的重要标志。　　（　　）

【答案】√。

考点3 教学和发展的关系

关于教学与发展的关系，维果茨基提出了以下三个重要观点。

1.最近发展区

维果茨基提出了最近发展区的概念。他认为，教师在教学时，必须考虑儿童的两种发展水平：一种是儿童现有的发展水平；另一种是在他人尤其是成人指导的情况下可以达到的较高的解决问题的水平。这两者之间的差距就叫作最近发展区。

维果茨基认为，学习和发展是一种社会性合作活动，人的高级心理活动源于社会性相互作用。儿童的发展总是发生在其"最近发展区"内，成人或能力较强的同伴对个体的发展起着重要的促进作用。

2.教学应当走在发展的前面

根据最近发展区思想，维果茨基提出"教学应当走在发展的前面"的观点。其包含两层含义：①教学在发展中起主导作用；②教学创造着最近发展区。

3.学习的最佳期限

维果茨基认为教学需以成熟为前提，但更重要的应使教学建立在正在开始但尚未形成的心理机能之上，走在心理机能形成之前。只有在此时施以适当的教育，才能最大限度地发挥教育的作用，促进心理发展。

典型例题 1.（2023上·判断）维果茨基的认知发展理论认为，学习和发展是一种社会性合作活动，人的高级心理活动源于社会性相互作用。 （ ）

【答案】√。

2.（2022下·单选）付老师在学生们第一次学习文言文时会给他们提供大量注释，后面会慢慢减少注释量，让学生逐渐独立完成文言文的阅读。付老师的教学方式符合（ ）。

A.皮亚杰的认知发展理论 B.布鲁纳的认知发现理论

C.维果茨基的认知发展理论 D.奥苏贝尔的认知同化理论

【答案】C。

小 结

1.【常考题型】单选、多选、判断

2.【命题角度】

（1）直接考查内化学说的基础、最近发展区的提出者。

（2）结合例子或关键词，考查最近发展区的内涵。

第三节 社会化发展与教育

一、心理社会化发展理论

考点1 弗洛伊德的心理发展理论

弗洛伊德的心理（或人格）发展理论有两个重要特点：一是强调性本能在人格形成和发展中的重要作用；二是强调婴幼儿时期的经历和经验对人格形成和发展起重要作用。

弗洛伊德将个体的心理发展（人格发展）划分为以下五个阶段。

1.口唇期（零岁至一岁半）

口唇期的婴儿主要通过吮吸、咀嚼、吞咽、咬等口腔刺激获得食物和快感。在这一时期，口欲满足过多，容易使人失去发展的动机；口欲满足太少会使人害怕进入下一阶段，发生滞留现象。例如，成年后，个体仍努力寻求口腔的满足，滥吃东西、抽烟或喝酒。

2.肛门期（一岁半至三岁）

这一时期，幼儿开始接受排便习惯的训练，学会控制的自己的排便行为以适应社会的要求。此阶段的满足过多或过少，都可能导致个体的发展滞留，形成肛门性格——整洁、小气、刻板、做事有条理或不爱干净、大方、随便、做事缺乏条理。

3.性器期（三岁至六岁）

这一时期，儿童开始关注身体的性别差异，开始对生殖器感兴趣，阴茎或阴蒂成为重要的性敏感区。

处于此阶段的儿童会对异性父母产生依恋。男孩出现恋母情结，女孩出现恋父情结。

4.潜伏期（六岁至十二岁）

潜伏期又称"同性期"，该时期的最大特点是儿童对性缺乏兴趣，处于一个"性"中立的时期，男女界限分明，甚至互不往来。这一时期，儿童的兴趣转向外部世界，参加学校和团体的活动，与同伴娱乐、运动，发展同性友谊。

5.生殖期（十二岁至十八岁）

本阶段的个体进入青春期。潜伏期被压抑的恋父恋母情结到了这一时期转移到了同龄的异性身上，表现为乐于接受他人，寻求与他人建立长期的异性关系。

考点2 埃里克森的心理发展阶段理论 ★★★

埃里克森的心理发展阶段理论（见表2-3-1）又称人格发展阶段理论。埃里克森强调社会文化背景的作用，认为人格发展受文化背景的影响和制约。埃里克森认为，儿童人格的发展是一个逐渐形成的过程，人的一生可以分为八个既相互联系又相互区别的发展阶段。

表2-3-1 埃里克森的心理发展阶段理论

年龄阶段	发展危机	发展任务	阶段特征	帮助个体顺利度过该阶段的措施
婴儿期（零岁至一岁半）	信任感对怀疑感	获得信任感，克服怀疑感，体验希望的实现	婴儿认为世界是可预期的、安全的，或者世界是不可靠的，甚至是充满敌意的	家长应该积极地、始终如一地满足婴儿的需求
儿童早期（一岁半至三岁）	自主感对羞怯感	获得自主感，克服羞怯与疑虑，体验意志的实现	顺利通过该阶段的儿童发展了对自己的思想、情感和行为的控制感；否则，儿童开始对自己适应环境的能力感到怀疑	教师和家长应该给儿童提供独立完成任务的机会，包括吃饭、穿衣；对儿童的尝试行为和成功举动多加表扬，在他们受到挫折和遇到困难时不要羞辱他们
学前期（三岁至六七岁）	主动感对内疚感	获得主动感，克服内疚感，体验目的的实现	儿童要么学会如何控制自己的行为和周围的情境，发展出目的感，要么开始体验到内疚和目的感的缺乏	教师和家长应该给予儿童自由选择活动和游戏的机会
学龄期（六七岁至十二岁）	勤奋感对自卑感	获得勤奋感，克服自卑感，体验能力的实现	儿童发展出面对不同任务时的胜任感，尤其在学习上；否则，儿童会认为自己没有能力，在任务中不可能成功	教师可将教学内容安排为一系列的单元，对于那些完成每一单元的儿童予以表扬；鼓励儿童将自己目前的成绩与从前的成绩相比，而不是与别人横向比较
青年期（十二岁至十八岁）	自我同一性对角色混乱	建立同一性，防止角色混乱，体验忠诚的实现	青少年探索自我认同的各个方面，开始思考"我是谁""我是怎样的人"等问题，他们或形成一个整合的自我概念，或对自我概念和将来的期望感到混乱	教师应该鼓励青少年进行自我认同，并给他们树立榜样

（续表）

年龄阶段	发展危机	发展任务	阶段特征	帮助个体顺利度过该阶段的措施
成年早期（十八岁至二十五岁）	亲密感对孤独感	获得亲密感，避免孤独感，体验爱情的实现	年轻人学会了在与人相处的过程中如何无私地奉献爱心和得到回报；否则，就不会以有益的方式与人交往	教师应有意识地建立好同事关系，不仅给学生树立榜样，自身也能获得拥有感；教师还可以选择人际关系处理得好的人物让学生学习；还应鼓励学生建立自己的人际关系网
成年中期（二十五岁至五十岁）	繁殖感对停滞感	获得繁殖感，避免停滞感，体验关怀的实现	发展对下一代的关爱，关心他们的健康；否则，就认为自己的努力和成就对将来毫无价值	教师可以通过努力学习和实践建立起自己的繁殖感，这既包括养儿育女，也包括对下一代的关心和指导；教师还应让一些成功人士走进课堂，讲述他们的职业和人生选择
成年晚期（五十岁至死亡）	自我整合对绝望感	获得完善感，避免失望、厌倦感，体验智慧的实现	对一个人过去经历的回顾与评价，或者让人觉得生命是可预期的、有意义的，或者让人感到失望，遗憾自己错过很多机遇	教师应该在学生发展的前几个阶段鼓励他们记日记，或让他们对自己的每次选择都做出评价

典型例题　（2023上·单选）个体对自己是谁、自己要发展成什么样的人、自己在社会中处于什么角色有连续、稳定的想法，这属于中学生人格发展中的（　　　）。

A.自主性发展　　　　　B.主动性发展　　　　　C.信任感发展　　　　　D.自我同一性发展

【答案】D。

小　结

1.【常考题型】单选、多选、判断、案例分析

2.【命题角度】

（1）考查"阶段名称—年龄—发展危机—发展任务"的对应关系。例如，小学阶段的主要任务是什么？答案：培养学生的勤奋感。

（2）给出实例，选择对应的发展阶段。

二、自我意识的发展

考点1　自我意识的含义

自我意识是个体对自己身心状态以及自己同客观世界的关系的意识。它是人们后天习得的。

自我意识是人格的重要组成部分，是人格的自我调控系统的核心。一般认为，自我意识包括三种心理成分：①自我认识，即个体对自己及自己与周围关系的认识，包括自我感觉、自我观察、自我概念、自我分析、自我评价等；②自我体验，即个体在自我评价的基础上，对评价的结果是否符合自己的需要而产生的一种内心体验，包括自尊、自信、自卑、自豪等；③自我控制（自我调控），即个体对自己行为、活动和态度的调控，包括自我监控、自我激励、自我教育等。

考点2　自我意识的发展过程 ★★

从内容上看，自我意识分为生理自我、社会自我和心理自我。这也是个体自我意识成长的一般发展历程。

1. 生理自我

生理自我是指个体对自己的生理属性的意识，包括个体对自己身体、外貌、体能等方面的意识。生理自我是自我意识最原始的形态，通常始于1岁末，至3岁左右基本成熟。1~3岁是自我意识发展的第一个飞跃期。

2. 社会自我

社会自我是指个人对自己社会属性的意识，包括对自己在各种社会关系中的角色、地位、权利、人际距离、与他人相处时的融洽程度等方面的意识。例如，一位同学认为自己在班级中属于"尖子生"，这种对自己在群体中地位的意识就属于社会自我。社会自我的发展始于3岁以后，至少年期基本成熟。

3. 心理自我

心理自我是指个人对自己心理属性的意识，包括个人对自己的人格特征、心理状态、心理过程及行为表现等方面的意识。例如，个体对自己能力、性格等的认识就属于心理自我。青春期开始形成和发展心理自我，是自我意识发展的第二个飞跃期。

典型例题　（2022下·单选）小张最近越来越关注自己的内心世界，喜欢用自己的眼光和观点去认识和评价外界，产生自我塑造、自我教育的紧迫感，实现自我目标的动力明显增强。这种自我意识属于（　　　）。

A. 生理自我意识　　　　B. 心理自我意识　　　　C. 社会自我意识　　　　D. 身体自我意识

【答案】B。

考点3　中小学生自我意识发展的特点

1. 小学生自我意识发展的特点

小学生的自我意识的总体发展趋势是随年龄的增加向高水平发展，但发展速度并不是匀速直线式的，既有快速上升期，也有平稳发展期。小学生自我意识发展的特点表现如下。

（1）自我概念。①自我描述从比较具体的外部特征描述向比较抽象的内部特征发展。例如，小学低年级的儿童从姓名、年龄、性别、家庭住址、身体特征等外部特征描述自己，而小学高年级的儿童试图从兴趣爱好、内在品质等内部特征描述自己。②小学高年级的学生开始能用心理词汇描述自己，但其仅能从具体形式看待自己，并把自己的特征视为绝对的和固定的。例如，小学生说自己是善良的，因为他把东西分享给了同伴或其他人，但并不能理解善良的人在某些场合也会抢别人的东西。③自我概念内容中的社会性随年级升高而增多。

（2）自我评价。①自我评价由"他律性"向"自律性"发展；②从依据具体行为进行评价向应用道德原则进行评价发展；③从根据行为的效果进行评价向将动机与效果结合起来进行评价发展；④从正确评价别人的行为向正确评价自己的行为发展。

（3）自我体验。小学生的自我体验日渐深刻，集中表现在自尊感方面。另外，小学生的各种自我体验的发生和发展是不同步的，一般来说，愉快和愤怒的情绪发展较早，而自尊、羞愧感和委屈感发生较晚。

（4）自我控制。小学生的自我控制能力随着年龄增长而逐渐提高。

2. 中学生自我意识发展的特点

总体来说，中学生自我意识的发展主要表现如下。

（1）成人感和独立意向显著。

（2）自我开始分化。自我分化是自我意识成熟的一个表现，它体现为对自己的客观审视、评价及接受自己。

（3）自尊心高度发展。

（4）自我评价日趋成熟。自我评价的独立性明显提高，具体性明显减少，评价的概括性和抽象性明显增强；自我评价的原则性和批判性增强，开始能够从一定的道德原则出发对自己进行客观的评价；**自我评价的稳定性增强，能够用统一的标准对自己进行前后一致的评价**。

典型例题　1.（2024上·判断）儿童自我意识与自我教育能力的发展是有规律的，一般是从"自我中心"发展到"他律"，再从"他律"发展到"自律"。　（　　）

【答案】√。

2.（2021下·多选）关于小学生自我意识的发展，下列说法正确的有（　　）。

A. 自我描述从比较具体的外部特征向比较抽象的内部特征发展

B. 自我评价由"自律性"向"他律性"发展

C. 可以用心理词汇描述自己，但仍然主要以具体形式看待自己

D. 在回答"我是谁"这个问题时，他们常常会提到姓名、年龄、性别等

E. 能够用统一的标准对自己进行前后一致的评价

【答案】ACD。

小　结

1.【常考题型】单选、多选、判断

2.【命题角度】结合例子、关键词考查自我意识的三种心理成分、自我意识发展的三阶段及中小学生自我意识发展的特点。

三、社会性发展

考点1　社会性发展的含义

社会性发展是指个体在其生物特性基础上，在与社会生活环境相互作用的过程中，掌握社会规范，形成社会技能，学习社会角色，获得社会性需要、态度、价值，发展社会行为，从而更好地适应社会环境。社会性发展的实质是个体由自然人成长为社会人。

考点2　亲社会行为

1. 含义

亲社会行为是指有益于他人和社会的行为，包括助人、安慰、分享、合作、谦让等。个体亲社会行为发展的过程就是其道德认识水平提高、道德情感丰富的过程。

2. 发展阶段

艾森伯格和他的同事利用亲社会两难故事情境，探讨了儿童亲社会行为的发展，提出儿童亲社会行为的发展要经历五种水平，见表2-3-2。

表2-3-2　亲社会行为的发展水平

水平	年龄阶段	特征
享乐主义、自我关注取向	学前儿童及小学低年级学生	关心自己，在对自己有利的情况下可能帮助别人

（续表）

水平	年龄阶段	特征
他人需求取向	小学生及一些正要步入青春期的少年	以他人的需求为基础决定是否助人，不助人也不会产生同情或内疚
赞许和人际关系取向	小学生及一些中学生	关心别人是否认为自己的利他行为是好的或值得称赞的，有好的或适宜的表现最重要
自我投射的、移情的取向	一些小学高年级学生及中学生	出于同情而关心他人，能设身处地为他人着想
内化的法律、规范和价值观取向	少数中学生	以内化的价值、规范和责任决定是否助人，违反个人内化的原则将会损伤自尊

艾森伯格认为，个体的亲社会发展水平随着年龄的增长而不断提高，但并非不可逆。例如，年龄大的个体能给予伤者移情性关心，而其分享行为则视他人的需要而定，甚至出于享乐而拒绝分享。

3. 习得途径

（1）移情反应的条件化（移情训练）。移情训练是一种旨在提高儿童善于体察和理解他人情绪的能力，从而与他人产生共鸣的训练。移情是亲社会行为的动机基础，是亲社会行为的内部中介。移情训练的具体方法有听故事、引导理解、续编故事、扮演角色等。

（2）直接训练。教师利用一切学习和游戏活动，引导训练儿童在实践中做出合作、谦让、共享等良好行为。

（3）观察学习。根据班杜拉的观点，对亲社会行为影响最大的是社会榜样，因此树立一定的榜样，使学生有意无意地进行模仿，可以有效促进学生亲社会行为的形成与发展。

考点3 攻击行为

1. 含义

攻击行为是一种经常有意的伤害和挑衅他人的行为。这种行为在儿童、青少年中比较常见。

2. 类型

（1）按照攻击行为的目的，攻击行为可分为敌意性攻击和工具性攻击

敌意性攻击一般由痛苦或不安引起，其目的是伤害别人，以给他人造成痛苦作为最终目标。例如，一个男孩打了他弟弟，看到弟弟哭了还嘲笑他。

工具性攻击并不直接由愤怒或某种情绪引起，而是把伤害他人作为一种手段，目的是通过攻击获得所希望的奖励或有价值的东西。例如，一个男孩为了得到弟弟手里的玩具而打了他弟弟。

（2）按照攻击行为的起因，攻击行为可分为主动性攻击和反应性攻击

主动性攻击是指行为者在未受激惹的情况下主动发动的攻击行为，主要表现在物品的获取、欺负等情境中。

反应性攻击是指受到他人攻击或激惹后而做出的攻击反应，主要表现为愤怒、发脾气或失去控制等。

（3）按照攻击行为的表现形式，攻击行为可分为身体攻击、言语攻击和间接攻击

身体攻击是指攻击者利用身体动作直接对受攻击者实施的攻击行为。

言语攻击是指攻击者通过口头语言直接对受攻击者实施的攻击行为。

间接攻击是指攻击者不是面对面地对受攻击者实施攻击行为，而是借助第三方间接对受攻击者实施攻击行为。例如，造谣、离间等。

第四节　个别差异与教育

一、人格差异与教育

（一）人格与人格差异的含义

1. 人格的含义

人格是构成一个人的思想、情感及行为的特有模式，这个独特模式包含了一个人区别于他人的稳定而统一的心理品质。换句话说，人格是决定个体的外显行为和内隐行为，并使其与他人行为有稳定区别的综合心理特征。

2. 人格差异的含义

人格差异又称个性差异，指人格特征在个体之间所形成的不同品质。每个人在反映客观现实时，都表现出不同的行为特点和方式。这些不同的特点和方式构成了人与人之间的心理上的差异。

（二）人格的结构

人格是一个复杂的结构系统，它包括许多成分，主要包括气质、性格、自我调控系统等。

考点1　气质　★★

1. 气质的含义

气质是表现在心理活动的强度、速度、灵活性与指向性等方面的一种稳定的心理特征，即我们平时所说的脾气、禀性。

气质是出现最早而且变化最缓慢的个性心理特征，是个性心理特征中遗传色彩最浓的部分。它更多地受到神经系统特性的影响，具有先天性，是比较稳定的个性心理特征，无所谓好坏。

2. 气质类型

（1）气质类型的由来

气质类型源于古希腊医生希波克拉底提出的体液说。希波克拉底认为人体内有四种液体：黄胆汁、血液、黏液、黑胆汁，这四种体液的比例不同，形成了四种不同类型的人。

罗马医生盖伦在体液说的基础上进一步确定了气质类型，提出人的四种气质类型是胆汁质、多血质、黏液质和抑郁质。用体液来解释气质类型虽缺乏科学根据，但这四种气质类型的名称，一直沿用至今。

（2）不同气质类型的特点（见表2-3-3）

表 2-3-3　不同气质类型的特点及示例

气质类型	神经特点	心理特点	示例
胆汁质	感受性低，耐受性较高；不随意的反应性强，反应的不随意性占优势；外倾性明显，情绪兴奋性高，抑制力差；反应速度快，但不灵活	精力旺盛，反应迅速，情感体验强烈，情绪发生快而强，易冲动但平息也快；直率爽快，开朗热情，外向，但急躁易怒，往往缺乏自制力；有顽强的拼劲和果敢性，但缺乏耐心	《水浒传》中的李逵

（续表）

气质类型	神经特点	心理特点	示例
多血质	感受性低，耐受性较高；不随意的反应性强；具有可塑性和外倾性；情绪兴奋性高，外部表露明显，反应迅速且灵活	活泼好动、反应迅速、行动敏捷、思维灵活；注意力易转移，情绪发生快而多变，易适应环境，喜欢交往，做事粗枝大叶，表情丰富，外向，易动感情且体验不深，兴趣广泛但易变化，轻率，不够沉着；思维敏捷但不求甚解	《红楼梦》中的王熙凤
黏液质	感受性低，耐受性高；不随意的反应性和情绪兴奋性均低；内倾性明显，外部表现少；反应速度慢，具有稳定性	安静、沉着，反应较慢，思维、言语及行动迟缓，不灵活，不易转移注意；心平气和，不易冲动，态度持重，自我控制能力和持久性较强；情绪不易外露，善于忍耐；易因循守旧，不易改变旧习惯去适应新环境，坚韧、执拗、淡漠	《水浒传》中的林冲；《红楼梦》中的薛宝钗
抑郁质	感受性高，耐受性低；不随意的反应性低；严重内倾；情绪兴奋性高而体验深，反应速度慢；具有刻板性，不灵活	有较高的感受性，观察精细，对外界刺激敏感，但反应缓慢，动作迟钝；多愁善感，体验深刻、持久，但外表很少流露，内向；谨慎小心，不善与人交往，胆小孤僻、忸怩，遇困难或挫折易畏缩	《红楼梦》中的林黛玉

在现实生活中，单一气质的人并不多，绝大多数是四种气质互相混合、渗透、兼而有之。

典型例题（2020上·单选）中学生小颖在学校喜欢参加各项课外活动，在公开场合不怯生，能够很好地表现自己，在课堂上能比其他同学更快地掌握新知识，但学习并不深入，不求甚解。由此可以推断，小颖的气质类型最有可能属于（　　　）。

A. 多血质　　　　　　　B. 黏液质　　　　　　C. 胆汁质　　　　　　D. 抑郁质

【答案】A。

（3）气质类型的生理基础

巴甫洛夫用高级神经活动类型说解释气质的生理基础。他依据神经过程的基本特性，即兴奋过程和抑制过程的强度、平衡性和灵活性，将高级神经活动划分为四种类型，与四种气质类型相对应。

高级神经活动类型及与之相对应的气质类型见表2-3-4。

表2-3-4　高级神经活动类型及与之对应的气质类型

高级神经活动过程	高级神经活动类型	气质类型
强、不平衡	不可遏制型（兴奋型）	胆汁质
强、平衡、灵活	活泼型（灵活型）	多血质
强、平衡、不灵活	安静型	黏液质
弱	抑郁型（弱型）	抑郁质

3. 气质类型与教育

在教育教学中，根据学生的不同气质类型，可以从以下几个方面做好教育工作。

（1）对待学生应克服气质偏见

气质使人的行为带有某种动力特征，无所谓好坏；同时，每一种气质类型都有其积极的方面，也都有其消极的方面，无法比较好坏。因此，教育中应克服气质偏见。

（2）针对学生的气质差异因材施教

①对胆汁质的学生，教师应采取直截了当的方式，但不宜轻易激怒这些学生，对其严厉批评要有说服力，培养其自制力、坚持到底的精神和豪放、勇于进取的个性品质。在学习上，常常给他们一些有难度的学习任务，克服他们急躁和不求甚解的毛病。

②对多血质的学生，教师可以采取多种教育方式，但要定期提醒，对其缺点严厉批评。教师应鼓励他们勇于克服困难，培养扎实专一的精神，防止其见异思迁；创造条件，多给他们活动的机会，培养他们朝气蓬勃、足智多谋的个性品质。

③对黏液质的学生，教师要采取耐心教育的方式，让他们有考虑和做出反应的足够时间，培养其生气勃勃的精神，热情开朗的个性和以诚待人、工作踏实顽强的个性品质。

④对抑郁质的学生，教师应采取委婉暗示的方式，对其多关心、爱护，不宜在公开场合下指责，不宜过于严厉地批评；发扬其认真、细致、自尊的优点，培养他们亲切、友好、善于交往、富有自信的精神。

（3）帮助学生进行气质的自我分析、自我教育，培养良好的气质品质

教师应帮助学生分析自己的气质特点，让他们主动用自己坚强的意志力克服气质的消极面，或以气质的积极面掩盖其消极面。

（4）特别重视胆汁质和抑郁质这两种极端气质类型的学生

胆汁质和抑郁质的学生由于兴奋性太强或太弱，其心理健康容易受到影响。在教育中，教师应对这两种极端类型的学生给予特别照顾，采取一些特殊的措施，尽量避免强烈的刺激和大起大落的情绪变化。

（5）组建学生干部队伍时，应考虑学生的气质类型

在任命班干部时，教师应考虑学生的气质类型，使班干部的气质类型与每种职务的工作要求相符合，充分发挥学生干部的潜力和优势。

典型例题（2023下·单选）针对不同气质类型的学生，下列教育方法不恰当的是（　　）。

A. 对于胆汁质的学生，给予一些较容易的学习任务，让其体验成功，培养自信心

B. 对于多血质的学生，采用多种教学方法和多样的教学内容激发和培养他们的学习兴趣

C. 对于黏液质的学生，给予他们充足的思考时间，鼓励他们一题多解，拓宽思路

D. 对于抑郁质的学生，帮助他们制订合理的学习计划，激发学习兴趣

【答案】A。

小 结

1.【常考题型】单选、多选、判断、案例分析

2.【命题角度】

（1）直接考查气质的特点。例如，气质是先天的，变化缓慢。答案：√。

（2）给出气质类型，要求选择与之相对应的高级神经活动类型或过程。

（3）给出实例、气质类型的神经特点及心理特点，要求选择与之相对应的气质类型。

（4）给出材料，要求判断学生的气质类型并提出相应的教育方式。

考点2 性格 ★★

1. 性格的含义

性格是一个人对现实的稳定态度和在习惯化了的行为方式中表现出来的个性心理特征。性格有好、坏

之分，能最直接地反映出一个人的道德风貌，具有道德评价的意义。

2.性格与气质的关系

（1）性格与气质的联系

①性格和气质都属于稳定的人格特征。

②性格与气质相互渗透，彼此制约，二者相互影响。具体体现在以下两个方面。

气质对性格的影响：一方面，气质影响个体对事物的态度及其行为方式，因而使性格带上某种气质的色彩和具有某种特殊的形式。另一方面，气质影响性格的形成和发展的速度和动态。

性格对气质的影响：性格可以掩蔽和改造气质，指导气质的发展，使它服从于生活实践的要求。

③不同气质类型的人可以形成同样的性格特征；而相同气质类型的人，又可以带有同样动力色彩而性格却互不相同。

（2）性格与气质的区别

①气质受生理影响大，性格受社会影响大。

②气质的稳定性强、可塑性弱，性格的可塑性强。

③气质特征表现较早，性格特征表现较晚。

④气质无所谓好坏，性格有优劣之分。

3.性格的结构

（1）性格的态度特征

性格的态度特征是指个体对社会、对集体、对他人以及对待自己的态度的性格特征。性格的态度特征在性格结构中具有核心意义。

良好的态度特征表现为忠于祖国、热爱集体、关心他人、乐于助人、大公无私、正直、诚恳、文明礼貌、勤劳节俭、认真负责、谦虚谨慎等；不良的态度特征表现为没有民族气节、对集体与他人漠不关心、自私自利、损人利己、奸诈狡猾、蛮横粗暴、懒惰挥霍、敷衍了事、不负责任、狂妄自大等。

（2）性格的意志特征

性格的意志特征是指个体对自己的行为自觉地进行调节的特征。

按照意志的品质，良好的意志特征表现为有远大理想、行动有计划、有目的、独立自主、不受别人左右、果断、勇敢、坚韧不拔、有毅力、自制力强；不良的意志特征表现为鼠目寸光、盲目性强、随大流、易受暗示、优柔寡断、放任自流、固执己见、怯懦、任性等。

（3）性格的情绪特征

性格的情绪特征是指个体的情绪对他的活动的影响以及他对自己情绪的控制能力。

良好的情绪特征表现为善于控制自己的情绪，情绪稳定，常常处于积极乐观的心境状态；不良的情绪特征表现为无论事情大小，都容易引起情绪反应，而且情绪对身体、工作和生活的影响较大，意志对情绪的控制能力比较薄弱，情绪容易波动，心境又容易消极悲观。

（4）性格的理智特征

性格的理智特征是指个体在感知、记忆、想象和思维等认知过程中表现出来的稳定的心理特征，是一个人认知特点与风格的体现。例如，认知活动中的独立性和依存性：独立性强的人能根据自己的任务和兴趣主动观察，善于独立思考；依存性强的人则容易受到无关因素的干扰，愿意借用现成的答案。

4.性格的类型

英国心理学家培因和法国心理学家李波根据个体的智力、情绪、意志三种心理机能何者占优势，将性格分为理智型、情绪型和意志型。

理智型的人以理智支配行动，依理论思考而行事，行为表现为稳定、谨慎。

情绪型的人不善于思考，凭情感办事，但情绪体验深刻。

意志型的人目的明确，主动地追求未来的憧憬，主动积极、果敢和坚韧，具有自制力。

5. 良好性格的培养

（1）加强人生观、世界观和价值观教育。

（2）及时强化学生的积极行为。

（3）充分利用榜样人物的示范作用。

（4）利用集体的教育力量。

（5）依据性格倾向因材施教。

（6）提高学生的自我教育能力。

小 结

1.【常考题型】单选、多选、判断

2.【命题角度】

（1）直接考查性格和气质的联系与区别。

（2）给出例子或关键词，要求选择与之相对应的性格结构及类型。

考点3　自我调控系统

1. 自我调控系统的含义及作用

自我调控系统是以自我意识为核心的人格调控系统，它属于人格中的内控系统或自控系统。

自我调控系统的主要作用是对人格的各个成分进行调控，保证人格的完整统一和谐。

2. 自我调控系统的子系统

自我调控系统包括自我认知、自我体验和自我控制三个子系统。

（1）自我认知（自我认识）

自我认知是对自己的洞察和理解，包括自我观察和自我评价。自我观察是指对自己的感知、思想和意向等方面的觉察。自我评价是指对自己的想法、期望、行为及人格特征的判断与评价。

（2）自我体验

自我体验是伴随自我认知而产生的内心体验，是自我意识在情感上的表现。当一个人对自己评价积极时，会产生自豪感；对自己评价消极时，会产生自卑感。

（3）自我控制（自我调节）

自我控制是自我意识在行为上的表现，是实现自我意识调节的最后环节。自我控制包括自我监控、自我激励、自我教育等成分。

典型例题　（2020下·单选）李明这次考试得了第六名，他暗自下决心，下一次考试一定要重回全班第一的位置。李明的自我意识处于（　　）层次。

A. 自我评价　　　　　　　　　　　　B. 自我认知

C. 自我调控　　　　　　　　　　　　D. 自我体验

【答案】C。

小 结

1.【常考题型】单选、多选

2.【命题角度】

（1）以多选的形式考查自我调控系统包括哪些子系统。

（2）给出关键词，要求判断其属于自我调控系统的哪个子系统。

（三）人格理论

考点1 特质理论

1.奥尔波特的特质理论

美国心理学家奥尔波特将人格特质分为共同特质和个人特质。

（1）共同特质

共同特质是指在某一社会文化状态下，大多数人或一个群体共有的、相同的特质。例如，人们通常认为德国人严谨，法国人浪漫，意大利人热情。

（2）个人特质

个人特质是指个体身上独具的特质。个人特质根据其在社会中的作用又分为以下三种类型。

首要特质是一个人最典型、最具有概括性的特质，它影响一个人各方面的行为，如多愁善感是林黛玉的首要特质。

中心特质是构成个体独特性的几个重要特质，在每个人身上大约有5~10个，如清高、率直、聪慧、孤僻等都属于林黛玉的中心特质。

次要特质是个体的一些不太重要的特质，往往只有在特殊的情况下才会表现出来。

典型例题 （2016下·单选）小说中的重要人物通常都具有鲜明的特点，以至于提到这些特点我们一下就会想到这些人物。从人格特质的角度出发，这些特点属于这些人物的（　　　）。

A.共同特质　　　　　　　　　　　B.差异特质

C.首要特质　　　　　　　　　　　D.次要特质

【答案】C。

2.卡特尔的特质理论

卡特尔提出了人格特质的结构网络模型。该模型分为四层，即个别特质和共同特质，表面特质和根源特质，体质特质和环境特质，动力特质、能力特质和气质特质。其中，个别特质和共同特质与奥尔波特的特质理论观点相同，此处不再赘述。

考点2 经典精神分析理论

经典精神分析理论主要指弗洛伊德的理论。弗洛伊德早期认为人格由意识、前意识和潜意识组成，后期认为人格由本我、自我和超我三部分组成。

1.本我

本我是人格结构中最原始的部分，包括一些生物性或本能性冲动，弗洛伊德称之为"力比多"。本我是生物的本能我，遵循"快乐原则"，以寻求原始动机的满足为原则，追求最大限度的快乐，由本我支配的行为只是冲动，毫无道德可言。

2. 自我

自我是自己可意识到的，执行思考、感觉、判断或记忆的部分。自我的机能是寻求"本我"冲动得以满足，同时保护整个机体不受伤害。自我是心理的社会我，遵循"现实原则"，协调本我的非理性需要与现实之间的关系。

3. 超我

超我位于人格结构的最高层次，是人格结构中代表理想的部分，它是个体在成长过程中通过内化道德规范、内化社会及文化环境中的价值观念而形成的。超我是道德的理想我，遵循"道德原则"，它的特点是追求完美。超我具有三个作用：一是抑制本我的冲动；二是对自我进行监控；三是追求完善的境界。

小 结

1.【常考题型】单选、多选

2.【命题角度】

（1）直接考查某种人格理论的提出者以及奥尔波特和卡特尔划分的特质、弗洛伊德人格结构的三个层次。

（2）要求判断题干的例子体现了哪种人格特质或类型。

（四）针对人格差异的教育

1. 在集体中形成个性

首先，集体对个性的影响在年幼儿童的集体或班级中还不明显，因为在这期间，教育影响是直接由教师来实行的，还没有必要依靠儿童集体。从小学三四年级开始，儿童集体逐渐成为形成个性的基本环境。

其次，儿童在集体中可能会形成亲社会的、集体主义的、人道主义的个性特征，但也可能会形成反社会的、利己主义的个性特征，这取决于怎样组织集体，怎样形成集体的舆论和集体的价值观念，并发挥它们对学生成员的影响作用，因为集体舆论和价值观念本身凝结着集体对个别成员和每个成员对自己的要求。

最后，形成集体的舆论和价值观念要求进行精密细致的教育工作。

2. 在活动中培养个性

一个人的个性品质并不是个别特性的简单总和，因而通过教育和教学分别地、独立地形成个体的个性品质和行为方式，如组织纪律性、个人卫生习惯等，并不总是有效的，这些人格品质和行为方式并不一定会变为个体个性的稳定品质。即使个体理解了它的重要性和必要性，按所要求的那样去完成，并在成人的监督下进行长期的练习，其结果却仍不理想。因此，培养学生的个性，最主要的是组织学生的活动，让他们在自身的活动中掌握自己的愿望和志向。

3. 提高学生的自我教育能力

学生个性的发展，光是让他们参与活动，仍是不够的，还要从提高他们的自我教育能力上下功夫。提高学生的自我教育能力包含两方面的任务：一方面是培养学生认知的成熟水平，提高他们的道德判断和推理能力；另一方面是提高学生对自己行为的意识水平，也就是提高学生的行为自觉水平。

4. 教师应具有顺应心理学的知识

人格教育的心理学意义是要培养一个能顺应环境和周围的人。人格顺应是人格培养上至关重要的问题。因此，教师以至学校工作人员都必须具备顺应心理学的知识。

二、学习风格差异

考点1　感觉通道差异

感觉通道差异是指学习者对于视觉、听觉和动觉刺激的偏好程度。学习者在感觉通道偏好上可分为以下三种类型。

1. 视觉型学习者

视觉型学习者对视觉刺激较为敏感，习惯通过视觉接受学习材料。他们喜欢通过自己看书和做笔记的方式学习，不喜欢教师的讲授和灌输。

2. 听觉型学习者

听觉型学习者较为偏重听觉刺激，他们对语言、声响和音乐的接受力和理解力较强，甚至喜欢一边学习，一边听音乐。

3. 动觉型学习者

动觉型学习者喜欢接触和操作物体，对自己能够动手参与的认知活动更感兴趣。

典型例题（2023下·判断）田老师在上课时善于运用音乐、手势、教具、动画等进行教学，这能很好地照顾到不同认知风格的学生。　　　　　　　　　　　　　　　　　　　　（　　）

【答案】√。

考点2　认知风格差异　★★★

认知风格又称认知方式，是个体在感知、思维、记忆和解决问题等认知活动中加工和组织信息时显示出来的独特而稳定的风格。认知风格没有好坏之分，只是表现了学习者对信息加工方式的某种偏爱，主要影响学习者的学习方式。学习者认知风格的差异主要表现在认知风格的类型上。

1. 场独立型与场依存型

美国心理学家赫尔曼·威特金根据个体在认知加工中对客观环境提供线索的依赖程度将认知风格分为场独立型与场依存型。

场独立型的学习者是"内部定向者"，在对客观事物做判断时，常常利用自己内部的参照，不易受外来因素的影响和干扰，倾向于独立地对事物做出判断；行为常是非社会定向的，社会敏感性差，不善于社交，关心抽象的概念和理论，喜欢独处。

场依存型的学习者是"外部定向者"，对物体的知觉倾向于以外部参照作为信息加工的依据，其态度和自我知觉更易受周围人们，特别是权威人士的影响和干扰，善于察言观色，注意并记忆言语信息中的社会内容；行为常以社会标准为定向，社会敏感性强，爱好社会活动。

场独立型与场依存型认知风格的学习偏好见表2-3-5。

表2-3-5　场独立型与场依存型认知风格的学习偏好

学习特点	场独立型	场依存型
学习兴趣偏好	自然科学	人文科学和社会科学
学习成绩倾向	自然科学成绩好，人文、社会科学成绩差	自然科学成绩差，人文、社会科学成绩好
学习策略特点	独立自觉学习，由内在动机支配	易受暗示，学习被动，由外在动机支配
教学方式偏好	结构不严密的教学	结构严密的教学

（续表）

学习特点	场独立型	场依存型
学习方式偏好	自主学习	合作学习
知觉方式偏好	偏爱分析的知觉方式	偏爱非分析的、笼统的或整体的知觉方式

2. 沉思型与冲动型

美国心理学家杰罗姆·卡根及其同事把认知方式分为沉思型与冲动型。

沉思型的学习者在碰到问题时倾向于深思熟虑，用充足的时间考虑、审视问题，权衡各种问题解决的方法，然后从中选择一个满足多种条件的最佳方案，因而错误较少。

冲动型的学习者倾向于很快地检验假设，根据问题的部分信息或未对问题做透彻的分析就仓促做出决定，反应速度较快，但容易发生错误。因此，可以让冲动型学生大声地说出自己解决问题的过程，以此来进行自我指导。

区分沉思型与冲动型认知风格的标准是解答问题的反应时间与精确性。

3. 辐合型（聚合型）与发散型

美国心理学家吉尔福特把认知方式分为辐合型与发散型。

辐合型的学习者在解决问题过程中常表现出辐合思维的特征，表现为搜集或综合信息与知识，运用逻辑规律，缩小解答范围，直至找到唯一正确的答案。

发散型的学习者在解决问题过程中常表现出发散思维的特征，表现为个人的思维沿着许多不同的方向扩展，使观念发散到各个有关方面，最终产生多种可能的答案而不是唯一正确的答案，因而容易产生新颖的观念。

4. 具体型与抽象型

美国心理学家哈维及其同事将认知风格分为具体型与抽象型。

具体型的学习者在进行信息加工时，善于深入地分析某一具体观点或情境，但必须向他们提供尽可能多的有关信息，否则很容易造成他们对问题的偏见。

抽象型的学习者在对事物进行认知时，能够看到某个问题或论点的众多方面，可以避免刻板印象（对人和事物认知的先入为主性），能够容忍情境的模糊性并能进行抽象程度较高的思考。

5. 整体性策略与系列性策略

英国心理学家帕斯克把认知方式分为整体性策略与系列性策略。

采取整体性策略的学习者在从事学习任务时，往往倾向于对整个问题将涉及的各个子问题的层次结构及自己将采取的方式进行预测，做到未雨绸缪。

采取系列性策略的学习者一般把重点放在解决一系列子问题上。

6. 外倾型与内倾型

荣格认为存在着两种不同的心理类型，即外倾型与内倾型。

外倾型的学习者的行为主要指向外部世界的各种事件，他们的思维往往受客观事实支配。他们善于表露情感、表现行为，与人交往时显得开朗而活跃。对于这类学生来说，批评比表扬更为有效。

内倾型的学习者往往根据个人的价值观和标准来评判外部事件。他们的思维受个人对事物的理解和看法影响，甚至为它们而困惑。他们不善于表露情感、表现行为，与人交往时显得沉静而孤僻。对于这类学生来说，表扬比批评更为有效。

在荣格的理论中，每个人都具有外倾和内倾的倾向，只不过是某一种特征在个人的行为和有意识思维中占主导地位，而与此相对的那种特征处于无意识中，像阴影一样继续存在。

7. 继时型与同时型

左脑优势的学生往往表现出继时型认知风格，而右脑优势的学生往往表现出同时型认知风格。

继时型认知风格的特点：在解决问题时，一步一步地分析问题，每一个步骤只考虑一种假设或一种属性，提出的假设在时间上有明显的前后顺序。

同时型认知风格的特点：在解决问题时，采取宽视野的方式，同时考虑多种假设，并兼顾解决问题的各种可能。

典型例题 1.（2022下·判断）场独立型的学生对学习反馈信息的需求并不比场依存型的学生少。

（　　）

【答案】×。

2.（2024上·单选）善于把握整体，喜欢学习系统化、条理化的材料，期望教师对他们的学习效果进行及时反馈，这类学生的认知风格更可能是（　　）。

A. 场独立型　　　　　B. 场依存型　　　　　C. 冲动型　　　　　D. 沉思型

【答案】B。

3.（2023下·单选）关于学习风格，下列说法错误的是（　　）。

A. 学习风格具有鲜明的个性特征

B. 学习风格较少随学习内容、学习环境的变化而发生变化

C. 沉思型学生与冲动型学生相比，具有更成熟的解决问题的策略，能更多地提出不同的假设

D. 场依存型学生善于运用分析的知觉方式，而场独立型学生则偏爱非分析的、笼统的或整体的知觉方式

【答案】D。

4.（2023上·单选）下列关于场独立型学习风格的描述错误的是（　　）。

A. 对社会科学更感兴趣　　　　　B. 在内部动机的驱使下学习

C. 善于记忆缺乏组织的材料　　　　　D. 在解决问题时更能打破思维定势

【答案】A。

考点3　个别化教学指导策略

每一种学习风格既有其优势、长处，也有其劣势与不足；既有利于学习的一面，也有妨碍学习的一面。教育的目的是要充分发挥个人的长处，弥补其不足。顺应个体学习风格的个别化教学指导策略包括两个方面。

1. 匹配教育策略

教师设计并采用与学生学习风格中的长处或偏爱的、擅长的学习方式相一致的教学策略。这种匹配策略有利于学生对知识的获得，可使学生学得更快更好，并充分发挥学生学习风格中的长处。

2. 有意失配策略

有意失配策略是指教师针对学生学习风格中的短处所采取的有意识的弥补策略，这种策略与学生擅长的学习方式不一致。有意失配策略一开始可能会在一定程度上影响学生对知识的获得，表现为学习速度慢、学习数量少，但坚持使用能弥补学生学习方式或学习机能上的不足，使学生的心理机能得到全面发展，并促进后续的学习。

小 结

1.【常考题型】单选、多选、判断
2.【命题角度】
（1）直接考查学习风格的类型及每种学习风格的内涵。
（2）给出定义或实例，要求辨别属于哪种常见的认知风格。

三、学生的能力差异 ★★

学生能力的差异表现在个体差异和群体差异两个方面。

考点1　能力发展的个体差异

1.能力发展水平的差异

能力有高低的差异。以智力为例，智力分布近似正态分布，有些人的智力发展水平较高，有些人的智力发展水平较低，大多数人的智力属于中等水平。

我们通常可按儿童在智力测验中得到的智商高低来表示智力发展水平，智商在130以上者为智力超常，其中智商超过140的人属于天才，智商在100上下者为智力正常或中等，智商在70以下者为智力低常或低能。

2.能力类型的差异（能力结构的差异）

能力类型的差异主要是指构成能力的各种因素存在质的差异，主要表现在知觉、记忆、言语和思维等心理活动方面。例如，有的人强于想象，有的人强于记忆。

另外，特殊能力的发展也存在类型差异。例如，在音乐能力方面，有的人有高度发展的曲调感和听觉表象，但节奏感较差；有的人有较好的听觉表象和节奏感，但曲调感较差。

3.能力发展速度的差异

能力发展速度的差异主要体现在能力早期显露和大器晚成两个方面。

考点2　能力发展的群体差异

能力发展的群体差异是指不同群体之间的智力差异，包括智力的性别差异、年龄差异和种族差异等。其中，智力的性别差异主要表现在以下两个方面。

（1）男女智力的总体水平大致相等，但男性智力分布的离散程度比女性大，即很聪明和很笨的男性所占比例都比女性所占比例大，智力中等的女性所占比例比男性所占比例大。

（2）男女的智力结构存在差异，各自具有自己的优势领域。男性的视知觉能力较强，尤其是空间知觉能力明显地优于女性；女性的听觉能力较强，特别是对声音的辨别和定位，明显优于男性。男性多偏向于抽象思维，女性多偏向于形象思维。一般地说，女性比男性口语发展早，在语言流畅性及读、写、拼等方面均占优势，但男性在语言理解、言语推理等方面又比女性强。

典型例题　1.（2024上·判断）男性智力分布的离散程度比女性大，所以男性智力发展总体水平高于女性。　　　　　　（　）

【答案】×。

2.（2023上·单选）有的幼儿1岁6个月就发展到言语"爆炸期"，有的幼儿3岁以后才开始说话。这些情况都不会影响后期言语智力的发展。这表现出智力发展的（　）。

A.水平差异　　　B.结构差异　　　C.速度差异　　　D.性别差异

【答案】C。

小 结

1.【常考题型】单选、多选、判断

2.【命题角度】

（1）考查能力发展的个体差异和群体差异分别表现在哪些方面。例如，能力发展的群体差异表现在哪些方面？答案：性别差异、年龄差异和种族差异。

（2）给出例子，要求辨别属于能力的哪种差异。

3.【易错易混】

有学者认为能力发展的个体差异也体现在性别差异上。因此，考生在答题时要结合题干和选项，把握命题人的命题意图，灵活处理。

四、学困生的教育

考点1 学困生的含义

学困生是指智力水平正常且没有感官障碍，但其学习成绩明显低于同年级学生，不能达到预期的学习目的的学生。学习困难学生的心理行为特征包括动作不协调、注意力缺陷、习得性无助等。

典型例题 （2022上·单选）下列描述不属于学困儿童常表现的心理行为特征的是（   ）。

A. 动作不协调   B. 注意力缺陷   C. 习得性无助   D. 智力低下

【答案】D。

考点2 学困生的教育措施

学困生的典型表现主要有两类：一类是学不会，一类是不想学。而在教学中常见的学困生多数是想学但学习效率低，不想学的只是少数。

对于如何解决中小学生学习困难的问题，针对性的教育措施如下。

1. 切实关注和正确对待学困生

学困生由于学习成绩的相对落后及与周围环境的不和谐等因素而往往处于劣势地位。这时的关键是教师如何对待学困生。教师应该尊重、信任、关心爱护学困生而不是冷落甚至以歧视、不欢迎的态度对待学困生；教师应加倍关心爱护学困生，不可另眼看待他们，应帮助他们克服自卑心理等，尽量消除他们的心理障碍，以激励其争取学习进步的信心和决心。

2. 深入了解分析造成学困生学习困难的原因

教师要具体了解学困生在学习的哪些方面存在困难，受哪些主客观条件的影响，如学生智力水平的发挥、努力程度、心理压力或缺乏动力等可能是受学校教师教学策略、家庭环境、人际关系等方面因素的影响。只有找到相应的根源才能采取有针对性的、有效的教育措施。

3. 根据特点因材施教

教师应根据学困生的学习基础、各学科成绩等具体情况和表现，特别是根据他们的个性表现因材施教，如对个性特点的活泼型、孤独型、偏激型、自卑型的学生分别采取不同的教育措施，既可以从晓之以理入手，也可以从动之以情、导之以行或培养意志等方面入手。特别是针对具体学科的学习状况，教师要注意教育过程的阶段和反复，有步骤且耐心地引导，促使其向好的方向转化。

4. 多方配合因势利导

教师在做学困生的转化工作时，要注意调动一切可以利用的教育因素，包括学生信任的老师、朋友、同学及家长，多方配合，形成良好的教育环境，因势利导，形成合力，及时改变他们的不利处境，让他们融入和谐的群体，不断取得进步。

5.善于发现学困生的闪光点

教师要抓住一切有利的教育机会，发现学困生的闪光点，及时和充分肯定他们的优点和得之不易的成绩，激发他们的自尊心、自爱心和自信心，充分发挥其潜能，使其改进学习方法，增强他们的自我教育能力，不断巩固和发展教育成果。

小 结

1.【常考题型】单选、判断

2.【命题角度】

（1）直接考查对学困生的含义的理解。

（2）给出实例，要求判断针对学困生的教育措施是否恰当。

知识拓展

适应性教学

1.适应性教学的含义

适应性教学主张采用一些方法来改变教学的形式以适合个别学生的特点与需要，这意味着对不同的学生要为之设计和开发不同形式的教学，它是针对学生的个别差异而存在的。

适应性教学以有效促进学生的学习为目的，应将其重点放在是否有效促进学生的学习和如何有效促进学生的学习上，应关注学生从这种教学中取得了多大的进步，而不应一味地追求让所有学生达到同样的水平。

2.适应性教学的形式

（1）针对影响学生学习的个别差异设计适应性教学。

（2）针对同质的学生群体进行适应性教学。

（3）针对学生的原有知识基础进行适应性教学。

第四章　学前儿童的发展

| 知识结构 |

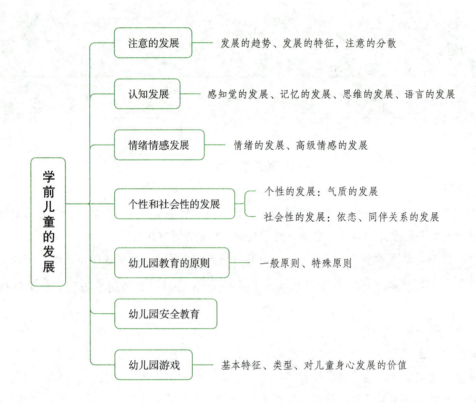

第一节　学前儿童注意的发展

一、学前儿童注意发展的趋势

（1）定向性注意的发生先于选择性注意的发生。

①定向性注意的发生

注意是一种定向反射或探究反射。

最初的定向性注意属于生理反应，是儿童最早出现的最初级的注意，主要由外物特点引起，即无意注意的最初形式。例如，外来的强烈的刺激会引起新生儿暂时停止哭喊或把视线转向刺激物。

本能的定向性注意在儿童以至成人的活动中不会消失，但会随年龄增长占据的地位日益缩小。例如，突然出现的巨大声响，总是会引起本能的"是什么"反射。

②选择性注意的发生发展

儿童注意的发展主要表现在选择性注意的发生发展。选择性注意是指儿童倾向于对一类刺激物注意得多，而在同样情况下对另一类刺激物注意得少的现象。继儿童最初的定向性注意之后出现的便是选择性注意。选择性注意在新生儿时已经出现。

（2）无意注意的发生发展早于有意注意的发生发展。

（3）注意的适应性逐渐增强。

注意的适应性是指儿童能够将注意力集中于与任务相关的信息，而忽略无关信息。婴儿期的儿童不能按照任务的要求只关注相关信息，而过滤无关信息。

随着年龄增长，儿童逐渐能够专注于相关信息，而过滤掉无关信息。同时，随着年龄的增长，儿童也能够按照要求扩大或缩小注意的范围。

（4）注意控制的时间在延长，持续性注意在发展。

（5）注意越来越有计划性。

（6）注意分配能力在增强，分配性注意在发展。

（7）对注意的监控和调节在增强。

二、学前儿童（3~6 岁儿童）注意发展的特征　★★

3~6 岁儿童注意的特点是无意注意占优势地位，有意注意逐渐发展。

考点 1　无意注意占优势

3~6 岁儿童的注意主要是无意注意，但幼儿无意注意有了较大发展。幼儿的无意注意主要有以下两个特点。

（1）刺激物的物理特性仍然是引起无意注意的主要因素。强烈的声音、鲜明的颜色、生动的形象、突然出现的刺激物或事物发生了显著的变化，都容易引起幼儿的无意注意。

（2）与幼儿的兴趣和需要有密切关系的刺激物，逐渐成为引起无意注意的原因。幼儿的生活经验比以前丰富了，对于一些事物有了自己的兴趣和爱好，符合幼儿兴趣的事物，容易引起幼儿的无意注意。

考点 2　有意注意初步发展

幼儿期，有意注意处于发展的初级阶段，其水平低，稳定性差，而且依赖成人的组织和引导。

1.幼儿的有意注意受大脑发育水平的局限

（1）有意注意是由脑的高级部位控制的。大脑皮质的额叶部分是控制中枢所在。额叶的成熟，使幼儿能够把注意指向必要的刺激物和有关的动作，主动寻找所需要的信息，同时抑制对不必要的刺激的反应，即抑制分心。

（2）额叶在大约 7 岁时才达到成熟水平，因此，幼儿期有意注意开始发展，但远远未能充分发展。

2.幼儿的有意注意是在外界环境，特别是成人的要求下发展的

儿童进入幼儿期，也就进入了新的生活环境和教育环境。儿童在幼儿园，必须遵守各种行为规则，完成各种任务，对集体承担一定义务。所有这些都要求幼儿形成和发展有意注意，注意服从于任务的要求。

因此，各种生活制度和行为规则，是使幼儿有意注意逐步发展的主要因素。

3.幼儿逐渐学习一些注意方法

由于有意注意是自觉进行的，保持有意注意需要克服一定的困难，因此有意注意要有一定的方法。幼儿在成人的教育和培养下，逐渐能够学会一些组织有意注意的方法。例如，用自己的语言来组织注意，或用各种动作来保证。

4.幼儿的有意注意是在一定的活动中实现的

幼儿的有意注意，由于发展水平不足，需要依靠活动进行。把智力活动与实际操作结合起来，让幼儿能够完成一些既具体又明确的实际活动的任务，有利于有意注意的形成和发展。

三、学前儿童注意的分散 ★★

考点1　引起幼儿注意分散的主要原因

1. 无关刺激的干扰

幼儿的注意是无意注意占优势。他们容易被新异的、多变的或强烈的刺激物所吸引，加之注意的稳定性较低，容易受无关刺激的影响。

2. 疲劳

（1）原因：幼儿神经系统的机能还未充分发展，长时间处于紧张状态或从事单调活动，便会产生疲劳，出现"保护性抑制"，起初表现为没精打采，随之注意力开始涣散。

（2）启示：幼儿的教学活动要注意动静搭配，时间不能过长，内容与方法要力求生动多变，能引起儿童兴趣，从而防止疲劳和注意力涣散。

3. 教师目的要求不明确

有时教师对幼儿提出的要求不具体，或者活动的目的不能为幼儿理解，也是引起幼儿注意涣散的原因。幼儿在活动中常常因为不明确应该干什么，左顾右盼，注意力转移，影响其积极从事相应活动。

4. 注意转移的能力差

①幼儿注意转移的品质：幼儿注意的转移还不灵活，他们往往不能根据活动的需要及时将注意集中在当前应该注意的事物或活动上。

②影响注意转移的因素：对原活动的注意集中程度、新注意对象的吸引力、明确的信号提示和个体的神经类型和自控能力。

5. 不能很好地进行无意注意和有意注意的转换

教师只组织幼儿一种注意形式，也能引起注意分散。例如只用新异刺激来引起幼儿的无意注意，当新异刺激失去新异性时，幼儿便不再注意。

考点2　幼儿注意分散的防止

（1）避免无关刺激的干扰。

（2）根据幼儿的兴趣和需要组织活动。

（3）无意注意和有意注意的交互作用。

（4）合理地组织教育活动。

第二节　学前儿童认知发展

一、感知觉的发展

考点1　学前儿童感觉的发展

1. 视觉的发展

婴儿的颜色视觉。研究表明，婴儿出生后第三个月开始区分红绿两种光刺激，但不稳定，第四个月比较稳定。2~3个月婴儿也能区别颜色的色调。

幼儿颜色视觉的发展主要表现在区别颜色细微差别能力的继续发展。研究表明，幼儿的颜色视觉发展有如下特点。

幼儿初期（3~4岁）已能初步辨认红、橙、黄、绿、蓝等基本色，但在辨认紫色等混合色和蓝与天蓝等近似色时，往往较困难，也难以说出颜色的正确名称。

幼儿中期（4~5岁），大多数能认识基本色，近似色，并能说出基本色的名称。

幼儿晚期（5~6岁），不仅能认识颜色，而且在画图时，能运用各种颜色调出需要用的颜色，并能正确地说出黑、白、红、蓝、绿、黄、棕、灰、粉红、紫等颜色的名称。

幼儿辨别颜色能力的发展，主要在掌握颜色的名称，如果掌握了颜色的名称，即使是混合色，幼儿同样可以掌握。

2. 听觉的发展

新生儿的听觉偏好：以人声和物体的声响比较，新生儿爱听人的声音。新生儿最爱听母亲的声音、柔和的声音、高音调的声音。

3. 触觉的发展

触觉是肤觉和运动觉的联合。

（1）儿童触觉的发生。儿童从出生时就有触觉反应，许多种天生的无条件反射，也都有触觉参加，如吸吮反射、防御反射、抓握反射等等。

（2）口腔的触觉。对物体的触觉探索最早是通过口腔的活动进行的。1岁前，尤其是手的活动形式之前，口腔探索实质上是婴儿最重要的学习方式。

（3）手的触觉。手的触觉是通过触觉认识外界的主要渠道。换句话说，触觉探索主要通过手来进行。

4. 动觉的发展

研究证明婴幼儿大肌肉动觉准确性的发展，比小肌肉动觉要早些。动觉的发展是以"头—躯干—四肢"这一顺序进行的，最后发展手部的精细动作。

5. 痛觉的发展

儿童的痛觉是随着年龄增长而发展的，表现在痛觉感受性越来越提高。生活中，婴幼儿对跌跤碰撞所产生的痛觉往往没有成人想象得那么强烈，因为婴幼儿的痛觉感受性还不高。

考点2　学前儿童知觉的发展

1. 学前儿童空间知觉的发展

空间知觉包括形状知觉、大小知觉、方位知觉和距离知觉。形状知觉和大小知觉，是对物体属性的知觉；而方位知觉和距离知觉，则是对物体之间关系的知觉。

（1）形状知觉

婴儿的形状知觉。很小的婴儿就已经能分辨不同的形状。一些研究还发现了婴儿对物体形状的视觉偏好。婴儿在辨别形状的基础上较多喜欢某些形状。

幼儿的形状知觉。对幼儿来说，对不同集合图形的辨别的难度有所不同，由易到难的顺序是：圆形—正方形—半圆形—长方形—三角形—八边形—五边形—梯形—菱形。

（2）大小知觉

大小知觉是头脑对物体的长度、面积、体积在量方面变化的反映。它是靠视觉、触觉和动觉的协同活动实现的，其中视知觉起主导作用。

（3）方位知觉

幼儿方位知觉的发展主要和词语所代表的方位概念结合。

①幼儿方位知觉早于方位词的掌握。

②有研究表明，3岁儿童仅能辨别上下；4岁开始辨别前后；5岁开始能以自身为中心辨别左右；7岁才开始能够辨别以别人为基准的左右方位，以及两个物体之间的左右方位。5岁时方位知觉有跃进的倾向。

③由于幼儿只能辨别以自身为中心的左右方位，因此，幼儿园教师面向幼儿做示范动作时，其动作要以幼儿的左右为基准，即"镜面示范"。

（4）距离知觉

距离知觉是一种以视觉为主的复合知觉，深度知觉是距离知觉的一种。深度知觉即立体知觉，是对同一物体的凹凸程度或不同物体的近远距离的知觉。

吉布森和沃克设计的"视崖"实验表明，6个月大的婴儿已有深度知觉，其发展受经验的影响比较大，婴幼儿的深度知觉随着年龄的递增、经验的丰富逐步发展。

2. 学前儿童时间知觉的发展的特点

（1）时间知觉的精确性与年龄呈正相关，即年龄越大，精确性越高。7~8岁是时间知觉迅速发展的时期。

（2）时间知觉的发展水平与儿童的生活经验呈正相关。婴幼儿往往以自身的作息制度作为时间定向的依据。

（3）幼儿对时间单元的知觉和理解有一个由中间向两端、由近及远的发展趋势。

（4）理解和利用时间标尺（包括计时工具）的能力与其年龄呈正相关。

二、记忆的发展

考点1　学前儿童记忆的特点　★★

1. 有意识记较弱，无意识记占主导地位

无意识记的本质仍然是一种理解性的记忆，幼儿年龄越大，理解能力越强，认识范围越广，因而无意识记的效果也就不断提高。幼儿的无意识记既与兴趣、情绪的强弱和态度、活动方式（即对所要掌握的内容的认知方式）有关，也与材料的性质有关，如直观的、形象的、具体的、鲜明的材料容易引起无意识记。

儿童两种记忆的发展除了与年龄、活动的性质有关外，也与材料的难度有关。材料难度越大，随年龄增长的两种记忆效果的差别就越小。

2. 学前儿童既有机械识记，也有意义识记

（1）机械识记用得多，意义识记效果好

第一，与成人相比，幼儿较多运用机械识记，对于自己并不了解的内容，他们反复背诵，比较容易记住。

第二，意义识记的效果优于机械识记。

（2）幼儿的机械识记和意义识记都在不断发展

年龄较小的幼儿意义识记的效果比机械识记要高得多，而随着年龄增长，两种识记效果的差距逐渐缩小，意义识记的优越性似乎降低了。

3. 学前儿童的再现能力随年龄增长而提高

根据个体再现时所提供提示线索的不同，分为线索再现和自由再现两种。线索再现是回忆者依靠具体的外在线索进行的再现（如写出10个部首为"亻"的汉字）。自由再现是当提示线索较为笼统或抽象时进行的再现（如说出亚洲各国的首都）。

4. 形象记忆占优势，语词记忆逐渐发展

形象记忆主要是根据具体的形象来记忆各种材料；语词记忆则主要是通过语言的形式来识记材料。在儿童语言发生之前，其记忆内容只有事物的形象，也就是说儿童此时的记忆属于形象记忆。

典型例题（2023上·单选）幼儿记忆内容和效果极大程度上依赖于对象的外部特点。下列较难被幼儿记住的材料是（　　）。

A. 活泼可爱的动物　　　　　　　B. 色彩鲜艳的图片

C. 抽象概括的词汇　　　　　　　D. 节奏欢快的歌曲

【答案】C。

考点2　学前儿童记忆力的培养

（1）明确记忆的目的，增强记忆的积极性。

（2）通过各种感官参与记忆。

（3）教授幼儿运用记忆的方法与策略。

（4）引导幼儿按照遗忘规律进行复习（如集中复习和分散复习、及时复习、尝试回忆）。

（5）培养幼儿对学习的兴趣和信心。

（6）选择最佳的记忆时间（避免前摄抑制、倒摄抑制的不良影响）。

典型例题（2016上·判断）随着年龄的增长，儿童的意义记忆能力逐渐发展，机械记忆能力逐渐减弱。

（　　）

【答案】×。

三、思维的发展

儿童的思维发生在感知、记忆等过程发生之后，与言语真正发生的时间相同，即2岁左右。2岁前，是思维发生的准备时期。

考点1　直观行动思维

直观行动思维，又被称为直觉行动思维、感知运动思维和实践思维，它是主要借助于实际动作来进行的思维方式。这种思维方式在2~3岁学前儿童身上表现得最为明显，在3~4岁儿童身上也常有表现。

直观行动思维是最低水平的思维。它的主要特点如下。

（1）思维在直接的感知中进行，它离不开直观的事物和情境。

（2）思维是在实际行动中产生的，它不能离开儿童自己的动作。换句话说，此年龄段的儿童只能在动作中思考，边做边想，离开了动作儿童的思考立即停止。儿童还不能计划自己的动作，预见动作的效果。

（3）出现了初步的间接性和概括性。直观行动思维的概括性表现在动作之中，也表现在感知的概括上。儿童常常以事物的外部相似点为依据进行知觉判断。

考点2　具体形象思维

具体形象思维是依靠事物的表象即事物在头脑中的具体形象进行的思维方式。具体形象思维是3~7岁儿童最典型的思维方式，这个年龄阶段的儿童主要依靠具体事物的表象以及对具体形象的联想进行思维。具体形象思维是一种过渡性思维方式，它介于直观行动思维和抽象逻辑思维之间，一般认为，2.5~3岁是儿童从直观行动思维到具体形象思维转化的关键时期。具体形象思维具有如下特点。

1.具体性

幼儿思维的内容是具体的。幼儿在思考问题时，总是借助于具体事物或具体事物的表象。幼儿对具体的语言容易理解，对抽象的语言则不易理解。

典型的幼儿思维过程是，具体事物可以在眼前，也可以不在眼前，但头脑中必须有事物的表象。

2.形象性

幼儿思维的形象性，表现在幼儿依靠事物的形象来思维。幼儿的头脑中充满着各种各样颜色和形状的事物的生动形象。

幼儿的具体形象思维还有一系列派生的特点。

（1）经验性

幼儿的思维常常根据自己的生活经验来进行。幼儿是从他自己的具体生活经验去思维的，而不是按老师的逻辑推理进行思维。

（2）拟人性

幼儿往往把动物或一些物体当人来对待。他们以自己的行动经验和思想感情赋予小动物或玩具，和它们说话，把它们当作好朋友。

（3）表面性

幼儿思维只是根据具体接触到的表面现象来进行，往往只是反映事物的表面联系，而不是事物的本质联系。

（4）片面性

由于不能抓住事物的本质特征，幼儿的思维常常是片面的。他们不善于全面地看问题。

（5）固定性 / 绝对性

幼儿的思维具体性使幼儿的思维缺乏灵活性。在日常生活中，幼儿经常认死理。

（6）自我中心化

幼儿完全以自己的身体和角度为中心，从自己的立场和观点来看问题，同时认为其他人与自己用相同的方式方法去观察、思考和感觉。此年龄阶段的儿童还不会站在其他人的角度来思考问题，也没有意识到别人和自己的观点不同。

（7）缺乏可逆性

幼儿不能从事物发展的历程再返回原点进行逆向思考，即幼儿的思维只能沿着单一的方向进行。

（8）近视性

近视性指幼儿只能考虑到事物眼前的关系，却不会考虑到事情的后果。

需要特别指出的是，幼儿思维的具体形象性是会因各种条件的不同而略有差异的，不能认为在任何时候都完全相同。

> **典型例题**（2016下·单选）凹凸不平的路面有很多积水，3岁的锐锐踩积水坑，老师怎么制止也不听，于是老师就生气地说"那你就一直踩个够吧！"锐锐一听，踩得更欢了。锐锐不理解老师的反话，是因为幼儿的理解具有（　　）。
>
> A.概括性　　　　　　B.表面性　　　　　　C.形象性　　　　　　D.抽象性
>
> 【答案】B。

考点3　抽象逻辑思维

抽象逻辑思维指儿童利用抽象的概念或词汇，根据事物本身的逻辑关系解决问题的思维。它反映事物的本质属性和规律性联系，是高级的思维方式。

从严格意义上讲。学前儿童还没有出现抽象逻辑思维，处于 4~5 岁，尤其是 5 岁之后的幼儿明显出现抽象逻辑思维的萌芽。

儿童的思维由具体形象思维发展到抽象逻辑思维，是思维发展过程中的质变。

抽象逻辑思维的特点如下。

（1）带有很大的具体性，儿童需要通过直观形象来理解抽象的超经验的概念，即表现为具体形象思维与抽象逻辑思维并存于思维活动中进行消长的过程。

（2）抽象逻辑思维是不自觉性与自觉性在思维活动中进行消长的过程。

四、语言的发展

儿童获得语言，便开始掌握社会交往和思维的工具，儿童逐渐开始使用语言来表达自己的需要和情感，用语言来调节自己的动作和行为，用语言来认识整个世界。

考点 1　学前儿童词汇的发展

（1）词汇数量的增加。

（2）词类的扩大。

幼儿掌握各类词的顺序：儿童先掌握实词，后掌握虚词。

儿童对实词掌握的顺序：名词—动词—形容词。

（3）词义的深化。

①笼统：幼小儿童对词的理解是笼统的，常常用一个词代表多种事物。

②非常具体：幼小儿童对词的理解是非常具体的，他们更多理解具体名词和动词。

3~5 岁的幼儿常常自己造词，出现"造词现象"。由于对词义理解不确切，幼儿常常把不同的词义混淆。

考点 2　学前儿童语法的掌握

学前儿童语句的掌握从不完整到逐步完整。

1. 不完整句

最初，儿童句子的结构是不完整的。儿童的不完整句包括单词句和电报句。

（1）单词句

单词句是指用一个词代表的句子。一般出现在 1 岁至 1 岁半。这一阶段儿童言语的发展主要反映在言语理解方面。同时，他们开始主动说出有一定意义的词，说出的词有以下特点。

第一，单音重叠。这阶段的孩子喜欢说重叠的字音。如"娃娃、帽帽、衣衣"等，还喜欢用象声词代表物体的名称。把汽车叫作"笛笛"，把小狗叫作"汪汪"。这与儿童的大脑发育尚不成熟，发音器官还缺乏锻炼有关。

第二，一词多义。孩子见到猫，叫"猫猫"，见到带毛的东西，如毛手套、毛领子一类的生活用品，也都叫"猫猫"。由于这个年龄的孩子对词的理解还不精确，说出的词往往代表多种意义，故称为多义词。

第三，以词代句。这阶段的孩子不仅用一个词代表多种物体，而且用一个词代表一个句子，如孩子说"球"字，表达的语义可能是"我要玩皮球"，也可能是"这是我的皮球"，或者是要"妈妈拍皮球"等意思。

（2）电报句

"电报句"又称"双词句"，是由 2 个单词组成的不完整句，有时也由 3 个词组成，一般出现于 1 岁半至 2 岁半左右。儿童有时在双词句中省略了如助词、介词等功能词，就像我们发电报时用的语言，如"我们跟狗狗一起玩"，会被幼儿表达为"狗狗玩"。

幼儿的不完整句还包括省略主要动词的句子和动作与言语结合的句子。

典型例题（2017下·单选）1岁8个月的东东想给爸爸吃苹果，会对爸爸说："爸爸，果果，吃"，并将苹果递给爸爸。这表明这个阶段的儿童的语言发展的一个主要特点是（ ）。

A.完整句   B.单词句

C.电报句   D.简单句

【答案】C。

2.完整句（2岁以后）

2岁以后，儿童开始学习运用合乎语法规则的完整句更准确地表达思想。

许多研究表明，2~3岁是人生初学说话的关键时期，如果有良好的语言环境，那么这一时期将成为言语发展最迅速的时期。

此时期儿童语言的发展主要表现在两个方面。

（1）能说完整的简单句，并出现复合句。这一年龄的孩子渐渐能够用简单句表达自己的意思，并开始会说一些复合句。从2岁开始，他们能把过去的经验表达出来。

（2）词汇量迅速增加。2~3岁儿童的词汇增长非常迅速，几乎每天都能掌握新词，而且他们学习新词的积极性非常高。到3岁时，孩子已经能掌握1000个词左右。到这个阶段，儿童的言语基本形成了。

考点3　儿童语言的交际功能

1.从自我中心语言到社会化语言

皮亚杰着重研究了2~7岁儿童的语言，将儿童的语言划分为两大类：自我中心语言和社会化语言。

（1）自我中心语言

所谓自我中心，是指儿童把注意力集中在自己的动作和观点之上的现象。

在语言方面的自我中心则表现为讲话者不考虑他在与谁讲话，也不在乎对方是否在听他讲话，他或是对自己说话，或由于和一个偶然在身边的人共同活动感到愉快而说话。

自我中心语言共分为三个范畴：重复（无意义字词的重复）、独白、双人或集体的独白（在3~4岁儿童身上表现得最为明显）。

（2）社会化语言

社会化语言有下列四种。

①适应性告知。当儿童把某些事情告诉他的听众而不是讲给自己听，或者当儿童在对自己讲话的同时也在与别人合作，或者他与他的听众进行对话时，便产生了适应性告知。

②批评和嘲笑。这是一类有关别人的工作和行为的话，它与特定的听众相关联，担负有强烈的情感因素，肯定自己而贬低别人。

③命令、请求和威胁。这一类语言在儿童中有明确的相互作用，如"让开一点儿，我看不见。""妈妈，到这儿来。""慢点儿，不要进来。"

④问题与回答。这两类语言都是社会化交往。儿童提出的问题大多要别人答复，而儿童的回答有拒绝和接受两种。

2.从外部语言到内部语言

（1）外部言语

①口头言语：口头言语是指以听、说为传播方式的有声言语。它通常以对话和独白的形式来传播，学

前儿童主要运用的是口头言语。

②书面言语：书面言语是人们用文字表达思想和情感的言语。它通常以独白的形式来表达，它不直接面对对话者，不能借助表情、声调、手势来表达思想和情感。

（2）内部言语

内部言语是指为语言使用者所意识到的内隐的言语，也称不出声的言语。它是人们思维活动所凭借的主要工具，如默默思考老师提出的问题等。

在幼儿内部言语开始发展的过程中常常出现一种介乎外部言语和内部言语之间的言语形式，即出声的自言自语。主要有"游戏言语"和"问题言语"两种形式。其中，"游戏言语"是指在游戏和活动中出现的言语；"问题言语"是指在活动中碰到困难或问题时产生的言语。4~5岁儿童的"问题言语"最为丰富。

第三节　学前儿童情绪情感发展

一、学前儿童情绪的发展

（1）情绪的社会化。

（2）情绪的丰富和深刻化。

（3）情绪的自我调节化。

（4）情绪控制与掩饰的成分增加。

二、学前儿童高级情感的发展 ★★

考点 1　道德感的发展

道德感是在掌握道德标准的基础上产生的。3岁前只有某些道德感的萌芽，进入幼儿园以后，特别是在集体生活环境中，孩子逐渐掌握了各种行为规范，道德感也逐步发展起来。

考点 2　理智感的发展

幼儿期是儿童理智感开始发展的时期。幼儿的理智感有一种特殊的表现形式，即好奇好问。幼儿理智感的另一种表现形式是与动作相联系的"破坏"行为。

考点 3　美感的发展

美感是人的审美需要是否得到满足而引起的内心体验，它是一种对大自然和人类社会生活环境美的爱好和欣赏。幼儿对色彩鲜艳的艺术作品或物品容易产生喜爱之情。在教育的影响下，幼儿中期能从音乐、绘画作品中，从自己从事的美术活动、跳舞、朗诵中得到美的享受。幼儿晚期，开始不满足于颜色鲜艳，还要求颜色搭配协调。

典型例题 （2020下·单选）"杨老师，排队的时候甜甜推了我""李老师，小包老是在说话"……孩子上幼儿园后到学龄初期，很多老师都发现这样一个现象，孩子变得爱告状了。这种现象说明（　　）。

A.儿童的个性开始逐渐形成　　　　　　B.儿童开始展现集体意识

C.儿童开始具有道德感　　　　　　　　D.儿童能公正评价他人

【答案】C。

第四节　学前儿童个性和社会性的发展

一、学前儿童的气质发展

考点1　学前儿童的气质 ★★

托马斯根据活跃水平等九个维度将婴儿的气质划分为容易照看型、难以照看型和缓慢发动型三类，除了这三类气质外，还有35%的婴儿属于混合型气质。

1. 容易照看型

容易照看型的婴儿生理节律有规律，比较活跃，容易适应环境，如容易接近陌生人，容易接受新的食物，容易接受安慰等；情绪比较积极、稳定、友好、愉快，喜悦的情绪占主导。这类气质的婴儿占研究样本的40%。

2. 难以照看型

难以照看型的婴儿生理节律混乱，睡眠、饮食及排便等机能缺乏规律性；情绪不稳定，易烦躁，爱吵闹，不容易接受成人的安慰，对新环境不容易适应，表现为易退缩和易激动。在研究样本中这类婴儿占10%。

3. 缓慢发动型

缓慢发动型的婴儿不活跃，情绪比较消极，表现较为安静和退缩，对环境刺激的反应比较温和和低调，对新环境的适应比较慢，通过抚爱和教育能逐步适应新环境。在研究样本中，这类婴儿占15%。

典型例题　（2017下·单选）婴幼儿表现出饮食、睡都很有规律，大多数情况下心情愉快积极，乐于探究新事物，容易适应环境的变化。根据托马斯关于儿童气质类型的划分，这类婴幼儿的气质类型属于（　　）。

A. 愉悦型　　　　　　B. 容易型　　　　　　C. 缓慢型　　　　　　D. 困难型

【答案】B。

考点2　学前儿童气质发展的特点

幼儿气质的发展表现出稳定性和可塑性两大特点。

1. 稳定性

在人的各种个性心理特征中，气质是最早出现，也是变化最缓慢的。因为气质和幼儿的生理特点关系最直接。幼儿出生时就已经具备一定的气质特点，在整个儿童期内常会保持相对稳定。

2. 可塑性

幼儿的气质类型并不是一成不变的，其后天的生活环境与教育可以改变原来的气质类型。

有时，幼儿的气质类型并没有发生变化，但因受环境、教育的影响而没有充分地表露，或改变了其表现形式，这在心理学上称为气质的掩蔽。气质的掩蔽现象也就是指一个人气质类型没有改变，但是形成了一种新的行为模式，表现出一种不同于原来类型的气质。

二、学前儿童社会性的发展

考点1　依恋的发展

1. 依恋概述

依恋是一种强烈的持久的情感联系。这种母婴之间的联结，在本质上是一种融情绪、情感、态度及信念于一体的复杂系统，其进化与发展的基础是未成熟、弱小的儿童趋近依恋对象的需要。

依恋的生物意义在于个体可以从中获得关爱和安全感，社会意义在于奠定了儿童日后情感的重要基础。

2. 依恋的发展过程

（1）依恋建立的前提

依恋的发生与建立过程是儿童心理逐渐趋向成熟的过程。为此，依恋的建立需要儿童的识别记忆、客体永久性与"人物永久性"发展。

①识别记忆

儿童对周围事物的认知有一个从未分化到分化的过程。当儿童能够把作为依恋对象的特定个体与其他人区分开来时，就有可能形成对特定个体的集中依恋。这种使知觉对象从知觉背景中分化出来的认知技能，就是儿童的识别记忆。

②客体永久性与"人物永久性"

在儿童认知发展的过程中，获得客体永久性的概念是一个重大成就。正是这种认识能力使婴儿在头脑中始终保持着母亲的形象，我们称之为"人物永久性"。于是，当母亲离开婴儿时，婴儿才会寻找。客体永久性的认知能力，是儿童依恋形成的认知前提。

（2）依恋的形成阶段

在儿童的早期发展过程中，依恋不是突然发生的，而是在婴儿与母亲的相互作用中逐渐建立的。鲍尔比提出依恋的发展分为四个阶段。

①无分化阶段（0~3 个月）

这个时期婴儿对人反应的最大特点是不加区分，没有差别，婴儿对所有人的反应几乎都是一样的，同时，所有的人对婴儿的影响也是一样的。因为此时的儿童还未能实现对人际关系客体的分化，他们并不介意被陌生人抱起。

②低分化阶段（3~6 个月）

婴儿继续探索环境，开始识别熟悉的人（如父母）与不熟悉的人的差别，也能区别一个熟悉的人与另一个熟悉的人。对熟悉的人表现为更敏感。他们在母亲面前表现出更多的微笑、咿呀学语、依偎、接近，而在其他熟悉的人面前这些反应就要相对少一些，若是面对陌生人这些反应则更少。但此时的儿童除了能从人群中找出母亲，仍旧不会介意和父母分开。

③依恋形成阶段（6 个月 ~2.5 岁）

这一阶段的孩子对母亲的存在尤其关注，特别愿意与母亲在一起，与母亲在一起就很高兴，而当母亲离开时则非常不安，表现出一种分离焦虑。同时，当陌生人出现时，孩子则会显得谨慎、恐惧甚至哭泣、大喊大叫，表现出怯生、无所适从。

④修正目标的合作阶段（2.5 岁以后）

随着认知水平和语言能力的提高，儿童的自我中心减少，能从母亲的角度看待问题。亲子之间形成了更为复杂的关系，具有"目标—矫正"的"伙伴关系"性质。儿童能认识并理解母亲的情感、需要、愿望，知道她爱自己，不会抛弃自己，他们已经理解父母离去的原因，也知道他们什么时候回来，这样分离焦虑便降低了。

3. 依恋的类型

（1）A 型：焦虑—回避型依恋

①总体：这类儿童在陌生情境中，母亲是否在场对他们的探究行为没有影响。

②母亲：母亲离开时，儿童不表现出明显的分离焦虑；母亲返回时，也不主动寻求接触；母亲接近时反而转过身去，回避母亲的亲密行为。

③陌生人：在忧伤时，陌生人的安慰效果与母亲差不多，不表现出明显的陌生焦虑。

（2）B型：安全型依恋

①总体：这类儿童在陌生情境中，把母亲作为"安全基地"，去探究周围环境。

②母亲：母亲在场时，主动去探究；母亲离开时，产生分离焦虑，探究活动明显减少。母亲返回时，以积极的情感表达依恋并主动寻求安慰，即使在忧伤时，婴儿也能通过与母亲的接触很快平静下来，然后继续探究和游戏。

③陌生人：忧伤时容易被陌生人安慰，但母亲的安慰更有效。

（3）C型：焦虑—抗拒型依恋

①总体：这类儿童在陌生情境中，难以主动地探究周围环境，而且探究活动很少，表现出明显的陌生焦虑。

②母亲：母亲离开时儿童相当忧伤，但重逢时又难以被安慰。实际上，这些儿童抗拒母亲的安慰和接触。他们的行为表现出一种愤怒的矛盾心理，对母亲缺乏信心，不能把母亲当作"安全基地"。当母亲返回时，他们拒绝去探究，仍表现出明显的焦虑不安。

其中，B型为良好、积极的依恋，A型和C型属于消极、不良的非安全型依恋。

4.影响依恋安全性的因素

（1）稳定的照看者

稳定的照看者是儿童依恋形成的必要条件。通常，这个人是母亲。母亲在婴儿依恋的形成过程中扮演着重要的角色。如果由于某种原因导致照看者不稳定，将对儿童依恋的形成起到破坏性作用。

（2）照看的质量（包括照看的态度和环境）

①照看态度

照看态度对依恋形成有重要影响。婴儿与照看者之间互动的方式，决定着依恋形成的性质。有研究表明，母亲对孩子的信号始终能作出合适、积极的回应的，对孩子照顾温柔而细致的，孩子的依恋安全就比较强。

②照看环境

这里讲的照看环境是指婴儿在家庭中由母亲或亲属单个照看还是把婴儿送到托儿所集体照看。母亲的照看态度对儿童依恋的形成具有关键的作用，通常儿童在进入托儿机构时，依恋的模式已经形成。新的照看环境一般不会改变母子依恋的模式。集体照看和短暂亲子分离也不会中断亲子依恋。研究表明，日托儿童与家庭照看儿童在依恋强度和依恋表达方式方面有差异。

（3）儿童的特点

依恋关系是亲子双方共同构筑的。因此婴儿自身的特点也决定了建立这种关系的程度。

早期儿童的行为特性、活动水平、挫折耐受力与生活的节律性有明显的个体差异。一些儿童容易照料，与母亲关系融洽，容易接受抚慰；一些儿童很难照料，异常活跃，拒绝母亲的亲近，不易抚慰。这主要归因于儿童先天特性尤其是气质的作用。

有研究表明，儿童的气质特点是母亲抚养困难的重要引发源之一。气质在依恋形成与发展中的意义在于，它是影响儿童行为的动力特征的关键因素，它在很大程度上赋予儿童依恋行为以特定的速度和强度，制约着儿童的反应方式和活动水平。对于难以照看型气质的儿童和敏感—退缩型儿童，其母亲的抚养困难程度，显著高于容易照看型气质的儿童的母亲。

有关缺陷儿童的研究表明，儿童的智力水平及生理缺陷对依恋的发展具有重要影响。

（4）家庭的因素

在儿童的生存条件中，家庭是第一要素。孩子在养育环境中是否得到关爱，是否被精心抚养，会直接影响到孩子的依恋安全。

正常家庭，尤其是婚姻美满、成人之间充满温馨、较少有摩擦的家庭，会使儿童的依恋的安全感增强。相反，如果成人之间充满愤怒的交往，对孩子不适宜的照看，将会直接影响孩子的安全依恋。

5. 早期依恋对后期行为的影响

（1）早期依恋对认知的影响

在特定的问题情境中，不同依恋类型的儿童会有不同的表现。

①安全型依恋

安全型依恋的儿童对问题表现出好奇探索的倾向，他们会主动地接近问题，遇到困难时较少出现消极情绪的反应，他们既能够向在场的成人请求帮助，又不太依赖成人。

②不安全型依恋

不安全型依恋的儿童则显著不同，他们的自我调控能力与合作性较差，面对困难有明显的失望反应，情绪不稳定，如跺脚、发脾气等，坚持性差，容易放弃，必要时也极少求助于成人。

③焦虑—抗拒型

焦虑—抗拒型儿童明显缺乏独立性，过分依赖母亲，他们难以接近问题，有时干脆从问题情境中退出。

由此可见，儿童依恋的性质一定程度上会影响儿童的认知活动。

（2）早期依恋对情感的影响

儿童期的安全型依恋将导致一个人的信赖、自信和稳定的情绪状态。相反，一个未能在早期形成安全型依恋的人，将可能成为一个情绪不稳定和对环境不信任的成人，不能发展成为一个好的父亲或母亲。

（3）早期依恋对社会行为的影响

婴儿期对父母安全的依恋会导致儿童在幼儿园有较强的社会能力和良好的社会关系。所以，早期依恋关系的性质，决定着儿童对自我和他人的多方面的认识，而这是构成儿童自尊、自信、好奇心等自我系统的重要基础。

考点 2　学前儿童同伴关系的发展

同伴关系是指儿童与其他孩子之间的关系，是年龄相同或相近的儿童之间的一种共同活动并相互协作的关系。具有平等、互惠的特点。

1. 学前儿童同伴关系发生发展的阶段

（1）2 岁前儿童同伴交往发展的特点

第一阶段，物体中心阶段；第二阶段，简单相互作用阶段；第三阶段，互补的相互作用阶段。

（2）幼儿游戏中同伴关系发展的特点

3 岁后，幼儿同伴交往的发展特点主要表现在以下四个方面。

① 3 岁左右，儿童游戏中的交往主要是非社会性的，儿童以独自游戏或平行游戏为主，彼此之间没有联系，各玩各的。

② 4 岁左右，联系性游戏逐渐增多，并逐渐成为主要游戏形式（真正的社会性交往）。

③ 5 岁以后，合作性游戏开始发展，同伴交往的主动性和协调性逐渐发展。幼儿游戏中社会性交往水

平最高的就是合作游戏。

④幼儿期同伴交往主要是与同性别的儿童交往，而且随年龄的增长，越来越明显。

2. 幼儿同伴交往的类型

（1）帕顿的研究

帕顿按照幼儿的发展水平，这六种类型依次为无所事事、旁观、独自游戏、平行游戏、协同游戏和合作游戏。

（2）庞丽娟的研究

庞丽娟采用"同伴现场提名法"对幼儿的同伴社交类型进行研究，结果表明，幼儿的社交地位已经分化，主要有受欢迎型、被拒绝型、被忽视型和一般型。四种类型的基本特征如下。

①受欢迎型

行为：受欢迎型幼儿喜欢与人交往，在交往中积极主动，且常常表现出友好、积极的交往行为。

结果：因而受大多数同伴的接纳和喜爱，在同伴中享有较高的地位，具有较强的影响力。

②被拒绝型

行为：被拒绝型幼儿和受欢迎型幼儿一样，喜欢交往，在交往中活跃、主动，但常常采取不友好的交往方式，如强行加入其他小朋友的活动、抢夺玩具、大声叫喊、推打小朋友等，攻击性行为较多，友好行为较少。

结果：因而常常被多数幼儿所排斥、拒绝，在同伴中地位低，同伴关系紧张。

③被忽视型

行为：与前两类幼儿不同的是，这类幼儿不喜欢交往，他们常常独处或一人活动，在交往中表现得退缩或畏缩，他们很少对同伴做出友好、合作的行为，也很少表现出不友好、侵犯性行为。

结果：因此既没有多少同伴主动喜欢他们，也没有多少同伴主动排斥他们，他们在同伴心目中似乎是不存在的，被大多数同伴忽视和冷落。

④一般型

行为：这类幼儿在同伴交往中行为表现一般，既不是特别主动、友好，也不是特别不主动或不友好。

结果：同伴有的喜欢他们，有的不喜欢他们，他们既非为同伴特别地喜爱、接纳，也非为同伴特别地忽视、拒绝，因而在同伴心目中的地位一般。

3. 同伴交往的影响因素

（1）早期亲子交往的经验

亲子关系对今后的同伴关系有预告和定型的作用，而更近一些的观点则认为二者是相互影响的。幼儿在与父母的交往过程中不但实际练习着社交方式，而且发现自己的行为可以引起父母的反应，由此可以获得一种最初的"自我肯定"的概念。

（2）幼儿自身的特征

幼儿的身心特征一方面制约着同伴对他们的态度和接纳程度，另一方面也决定着他们在交往中的行为方式。

首先，性别、长相、年龄等生理因素和姓名影响着幼儿被同伴选择和接纳的程度。其次，幼儿的气质、情感、能力、性格等个性、情感特征影响着他们对同伴的态度和交往中的行为特征，由此影响同伴对他们的反应和其在同伴中的关系类型。对幼儿同伴交往关系影响最大的是其在交往中的积极主动性、交往行为及交往技能。

（3）活动材料和活动性质

活动材料特别是玩具，是幼儿同伴交往的一个不可忽视的影响因素，尤其是婴儿期到幼儿初期，幼儿之间的交往大多围绕玩具发生。

活动性质对同伴交往的影响主要体现在自由游戏的情境下，不同社交类型的幼儿表现出交往行为上的巨大差异。

考点3　攻击行为的发展

婴儿不会表现出攻击行为。等儿童进入学前阶段，他们才表现出真正的攻击。

在学前阶段的早期，一些攻击行为是为了达到一个特定目的，例如从另一个人那里抢走玩具或霸占另一个人所占据的特定空间。因此，从某种意义上来说攻击不是有意的。那种从未表现出或只是偶然表现出攻击行为的儿童是非常罕见的。

大部分儿童在学前阶段随着年龄的增长，其攻击行为的数量、频率和每次攻击行为的持续时长都会下降。这与儿童的人格和社会性发展有关。儿童逐渐能够运用更为有效的策略应对消极情绪；自我控制能力逐渐增长。同时，他们也逐渐发展出社会技能，能够用语言表达自己的愿望，与他人进行协商谈判。

此外，攻击性是一种相对稳定的特质。攻击性最强的学龄前儿童似乎到了学龄期还是攻击性最强的儿童，攻击性最弱的学龄前儿童似乎也会发展成攻击性最弱的学龄儿童。

男孩通常比女孩表现出更高水平的身体攻击和工具性攻击。女孩更可能使用关系攻击，即意在伤害另一个人感受的非身体攻击。例如，简单地说一些刻薄、引起痛苦的事情使对方难受。

典型例题　（2024上·单选）关于学龄前儿童的攻击性和攻击行为，下列表述错误的是（　　）。

A. 攻击性强的学龄前儿童到了学龄期也更可能是攻击性强的人

B. 攻击行为不会随着年龄增长而出现普遍下降的趋势

C. 相比女孩，男孩通常表现出更高水平的身体攻击和工具性攻击

D. 相比男孩，女孩更倾向于使用语言攻击和关系攻击

【答案】B。

第五节　幼儿园教育的原则

一、教育的一般原则

考点1　尊重儿童的人格尊严和合法权益的原则

1. 尊重儿童的人格尊严

幼儿与教师之间的关系是平等的人与人的关系。教师要将儿童作为具有独立人格的人来对待，尊重他们的思想感情、兴趣、爱好、要求和愿望等。教师的言行中要处处体现对儿童的尊重，注意倾听儿童的想法，尊重他们的意愿，这样就会使儿童意识到他们是有价值、有能力、不可缺少的，从而建立起自信心，获得良好的自我概念，为自身的继续发展奠定基础。

2. 保障儿童的合法权益

儿童是不同于成人的正在发展中的社会成员，他们享有不同于成人的许多特殊的权利，如生存权、受教育权、受抚养权、发展权等，这反映了人类对儿童在社会中的地位和权利的认可与尊重。家庭、学校、

社会应当保障未成年人的合法权益不受侵犯。

考点2　促进儿童全面发展的原则

促进儿童全面发展的原则指的是教师在制订教育计划，设计教育活动时，应当注意。

（1）儿童的发展是整体的发展而不是片面的发展。

（2）儿童的发展应是协调的发展。

（3）儿童的发展是有个性的发展。

考点3　面向全体，重视个别差异的原则

在教育过程中，教育者在关注全体受教育对象的同时，还应重视儿童的个别差异，因人施教，有针对性地采取最有效、最合理的方式促进每个儿童的发展。

教育要促进每个儿童的发展；教育要促进每个儿童在原有基础上的发展。

考点4　整合性原则

整合性原则是指将教育看成是完整的系统，保证儿童身心整体健全和谐发展，综合各要素，实施教育。贯彻这个原则应注意活动目标的整合、活动内容的整合、教育资源的整合、活动形式和过程的整合。

考点5　充分利用儿童、家庭、社会的教育资源的原则

教育必须认识到儿童自身、儿童群体以及家庭、社会都是宝贵的教育资源，要充分发挥这些资源的教育作用。贯彻这个原则应注意幼儿园与家长合作共育，幼儿园与社区合作共育，幼儿园、家庭、社区一致的教育。

典型例题　（2018上·单选）"六一"儿童节快到了，大班的文老师主动与幼儿园所在的社区联系，商量带班里的幼儿到社区开展游园活动；同时还积极与家长们沟通，希望能对游园活动建言献策。文老师的这种做法体现了幼儿教育的（　　　）。

A. 保教结合原则　　　　　　　　　　　B. 因材施教原则

C. 整体综合原则　　　　　　　　　　　D. 全面和谐教育原则

【答案】C。

二、幼儿园教育的特殊原则　★★

考点1　保教结合的原则

保教结合的原则是我国学前教育特有的一条原则。教师应从幼儿身心发展的特点出发，在全面、有效地对幼儿进行教育的同时，重视对幼儿生活上的照顾和保护，保教合一，确保幼儿真正能健康、全面地发展。把握这个原则应明确以下几点。

1. 保育和教育是幼儿园两大方面的工作

①保育：为幼儿的生存、发展创设有利的环境和提供物质条件，给予幼儿精心的照顾和养育，帮助其身体和机能良好地发育，促进其身心健康地发展。

②教育：重在培养幼儿良好的行为习惯、态度，发展幼儿的认知、情感、能力，引导幼儿学习必要的知识技能等。这两方面构成了幼儿园教育的全部内容。

③影响：保育员和教师良好的工作伙伴关系以及教师和幼儿良好的师生关系是实现保教合一的前提。

2. 保育和教育工作互相联系，互相渗透

幼儿园保育和教育不可分割的关系是由幼教工作的特殊性和幼儿身心发展的特点决定的。虽然保育和

教育有各自的主要职能，但并不是截然分离的。教育中包含了保育的成分，保育中也渗透着教育的内容。

3.保育和教育是在同一过程中实现的

保育和教育不是分别孤立地进行的，而是在统一的教育目标指引下，在同一教育过程中实现的。

考点 2 以游戏为基本活动的原则

游戏是幼儿园的基本活动。游戏最符合幼儿身心发展的特点，最能满足幼儿的需要，有效地促进幼儿发展，具有其他活动所不能替代的教育价值。

因此在幼儿园教育实践活动中应当注意以下几点：①重视幼儿的自发性游戏；②充分利用游戏形式组织幼儿园各类教育活动；③满足幼儿对多种游戏的需要。

考点 3 教育的活动性和多样性原则

教师应从幼儿身心发展的特点和水平出发，以活动为基础展开教育过程。同时，活动形式多样化，让幼儿能在多种多样的活动中得到发展。

1.教育的活动性

活动是幼儿发展的基础和源泉。幼儿的身心发展特点决定他们必须通过活动去接触各种事物和现象，逐步积累经验，获得真知。没有活动就没有幼儿的发展。

2.教育活动的多样性

幼儿园的活动不是单一的，对幼儿发展中的作用也不一样，有集体教学、游戏、日常生活、亲子活动、劳动等；活动领域上，有科学、语言、艺术、社会、健康等；活动表现形式上，有听说、运动、操作等；活动组织形式上，有集体、小组、个别等。教师要注意教育活动的多样性，才能有效地促进幼儿发展。

考点 4 教育的直观性原则

教师根据儿童的身心发展水平，运用各种形式的直观教学手段，从具体的、有情节的事物向无情节的事物过渡；从实物类型向图片、语言、模型直观等过渡。教师通过演示、示范、运用范例等直观教学手段，变抽象为形象，还可以辅以形象生动、声情并茂的教学语言，帮助儿童理解教学内容。

考点 5 生活化和一日活动整体性的原则

教师应充分认识和利用一日生活中各种活动的教育价值，通过合理组织、科学安排，让一日活动发挥一致连贯、整体的教育功能，寓教育于一日活动之中。

幼儿园一日活动是指幼儿园每天进行的所有保育、教育活动。它包括由教师组织的活动（如幼儿的生活活动、劳动活动、教学活动等）和幼儿自主自由活动（如自由游戏、区角自由活动等）。应注意一日活动中的各种活动不可偏废；各种活动必须有机统一为一个整体。

第六节 幼儿安全教育

3~6 岁的幼儿应具备以下安全知识。

考点 1 3~4 岁的幼儿应当具备的安全知识

①不吃陌生人给的东西，不跟陌生人走；②在提醒下能注意安全，不做危险的事；③在公共场所走失时，能向警察或有关人员说出自己和家长的名字、电话号码等简单信息。

考点2 4~5岁的幼儿应当具备的安全知识

①知道在公共场合不远离成人的视线单独活动；②认识常见的安全标志，能遵守安全规则；③运动时能主动躲避危险；④知道简单的求助方式。

考点3 5~6岁应当具备的安全知识

①未经大人允许不给陌生人开门；②能自觉遵守基本的安全规则和交通规则；③运动时能注意安全，不给他人造成危险；④知道一些基本的防灾知识。

另外，要教给幼儿一些生活小常识。如小手指不要放在门缝里，以免压伤手指；电插座有电，不要去摸，以免触电；不要站在秋千前后，看别人荡秋千；不将异物塞入耳、鼻、口腔内；不吃陌生人的食品；独立行动前必须要跟老师打招呼，老师同意后方能离开；身体不适、跌倒、摔伤要及时告诉老师；坐车时头和手不要伸出窗外，过马路应走人行横道等。帮助幼儿认识常见的安全标识，如小心触电、小心有毒、禁止下河游泳、紧急出口等。告诉幼儿不允许别人触摸自己的隐私部位。

典型例题 （2022上·单选）下列描述不属于幼儿安全教育内容的是（   ）。

A. 外出时爸爸提醒三岁的儿子不吃陌生人给的东西

B. 过马路时奶奶提醒四岁的孙子"红灯停，绿灯行"

C. 妈妈告诉五岁半的儿子在公共场所不要大喊大叫

D. 老师告诉幼儿园的孩子不允许别人触摸自己的隐私部位

【答案】C。

第七节　幼儿园游戏

一、幼儿游戏的内涵

（1）游戏是幼儿最喜爱的活动，是幼儿生活的主要内容。

（2）游戏是幼儿对生长的适应，符合幼儿身心发展的特点。

（3）游戏是幼儿的自发学习。

对幼儿来说，游戏不仅仅是一种消遣，还是幼儿的主要学习方式。幼儿在游戏中的学习是一种自发的学习，这种学习与其他形式的学习相比，具有以下三个特点：①学习的目标是隐含的；②学习方式是潜移默化的；③学习的动力来自幼儿内部。

二、幼儿游戏的基本特征

（1）游戏是儿童主动的自愿的活动。自主性是游戏的最本质属性的表现。

（2）游戏是在假想的情景中反映周围生活，是虚构和现实统一的活动（虚构性和社会性）。

（3）游戏没有社会实用价值，不直接创造财富，没有强制性的社会义务。

（4）游戏伴随着愉悦的情绪。

（5）儿童重视的是游戏的过程，而非游戏的结果，无强制性的外在目的。

典型例题 （2020下·判断）游戏是由儿童自发形成，不需要成人引导，并伴有愉快体验的活动。（   ）

【答案】×。

三、幼儿园游戏的类型

考点1　创造性游戏

创造性游戏是学前儿童自主的、创造性地反映现实生活的游戏，在创造性游戏中，儿童根据自己的兴趣、爱好等开展游戏，成为游戏的主人。创造性游戏包括以下三类。

1. 角色游戏

①含义：角色游戏又称想象性游戏、模仿性游戏、假扮游戏，是指学前儿童通过扮演角色，运用想象和模仿，创造性地反映个体生活经验的一种游戏，该游戏的关键是确定游戏的主题，所以又可称为主题角色游戏。

②例子：比如"娃娃家""上医院""开餐厅"等游戏都属于角色游戏。

③特点：具有表征性，学前儿童对现实生活的印象是角色游戏的源泉；具有创造性，角色游戏的支柱是儿童的想象活动。

④作用：角色游戏对学前儿童的创造力、想象力以及社会性的发展具有重要意义。

2. 结构游戏

①含义：结构游戏又称建构游戏或造型游戏，是学前儿童利用积木、黏土等各种结构材料或玩具，进行建构，或构造现实生活中的各种物品和现象的活动。

②例子：如积木游戏，玩沙、玩水、玩雪的游戏结构。

③特点：游戏具有创造性、可操作性和造型性等显著特点。

3. 表演游戏

①含义：表演游戏又称戏剧游戏，是学前儿童根据文艺作品中的情节、内容和角色，通过语言、表情和动作进行表现的一种创造性活动。

②特点：表演游戏具有表演性、自娱性、自创性的特点。

③作用：学前儿童的表演游戏将想象、创造融为一体，对学前儿童创造能力的培养与发展，起着非常重要的作用，还能锻炼学前儿童的人际交往能力，促进学前儿童合作观念的发展和儿童良好个性品质的形成。

考点2　规则游戏

规则游戏又称教学游戏，是教师根据教育目标为发展学前儿童的各种能力而编制的用于教学的游戏。规则性和竞赛性是其显著特点。

规则游戏包括游戏的目的、玩法、规则和结果四个部分，"规则"是其核心。

我国幼儿园中一般将规则游戏分为三种，即音乐游戏、体育游戏、智力游戏。

1. 音乐游戏

音乐游戏一般是指根据音乐教育的任务而设计和编制的规则游戏。学前儿童在音乐伴奏或歌曲伴唱下，按一定规则和音乐要求完成各种游戏动作。它以丰富学前儿童的音乐经验，发展学前儿童的音乐能力为主要目的。

2. 体育游戏

体育游戏又称运动型游戏，是为发展学前儿童基本动作和运动能力为主要目的而设计的，具有较强的规则性、竞赛性。在游戏中，学前儿童的大肌肉群和小肌肉群都可以得到锻炼，体育游戏有角色、情节和竞赛的规则，因此对学前儿童意志力和自我控制能力的培养，对学前儿童体质的增强，智力的发展和优良品质的培养，对学前儿童进取心和规则意识的培养等都有积极作用。

3. 智力游戏

智力游戏是为发展学前儿童智力而设计的规则游戏。这种游戏以生动有趣的形式开展，帮助学前儿童在自愿愉快的情绪中丰富经验、增长知识，提高学前儿童的学习兴趣和学习效率。

四、游戏对儿童身心发展的价值

（1）游戏促进儿童身体发育与各器官机能的发展。

（2）游戏促进儿童认知能力的发展。

（3）游戏促进儿童情感的发展。

（4）游戏促进儿童社会性发展。

第五章　学习与学习理论

| 知识结构 |

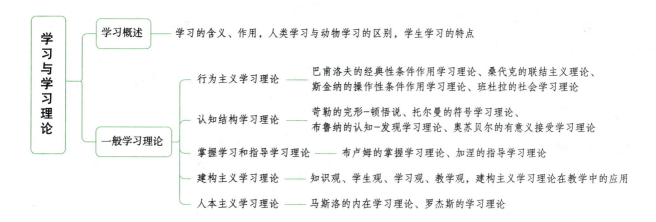

第一节　学习概述

一、学习的含义 ★★★

学习是个体在特定的情境下由于练习和反复经验而产生的行为或行为潜能的比较持久的改变。学习有广义和狭义之分，广义的学习包括人类的学习和动物的学习，狭义的学习指人类的学习。理解学习的定义需要注意以下几点。

（1）学习不仅指学习后所表现的结果，还包括行为变化的过程。

（2）学习结果既包括可观察的外显行为，又包括内隐的潜能变化。

（3）学习的行为变化是由练习和经验引起的。这里所说的"经验"是个体在后天活动中获得的。由遗传、成熟或机体损伤（如吞咽、身体发育、残疾）等导致的行为变化，不能称为学习。

（4）学习的行为变化是比较持久的。疲劳、药物、适应等也能引起行为变化，如运动员服用兴奋剂能使成绩暂时提高，从亮处走进暗室后感觉视力显著提高，这些行为变化是比较短暂的，不能称为学习。

（5）这里所说的"行为变化"既包括由坏向好的变化，又包括由好向坏的变化。因此，养成好习惯与养成坏习惯都是学习。

典型例题 （2019下·判断）学习是由经验引起的比较持久的行为变化，因此学习结果将全部以行为变化形式表现出来。　　　　　　　　　　　　　　　　　　　　　　　　　　　　　　　（　　）

【答案】×。

小　结

1.【常考题型】单选、多选、判断

2.【命题角度】

（1）直接考查学习的含义或对其含义的理解。

（2）给出例子、俗语或成语，要求判断是否为学习现象。

3.【易错易混】

判断一个现象、俗语或成语是否为学习的关键区分点见下表。

项目	关键区分点	示例
学习	二者缺一不可：①由练习或反复经验引起；②行为或行为潜能的持久改变	小狗算算术、猴子骑车、鹦鹉学舌、老马识途、照猫画虎、熟能生巧、察言观色、上行下效、近朱者赤、见贤思齐
非学习	二者有一就不是学习：①由遗传、本能、成熟、适应、药物、机体损伤引起；②行为或行为潜能的暂时改变	蜜蜂筑巢、蜘蛛织网、公鸡打鸣、鸭子凫水、婴儿吸奶、膝跳反射、喜极而泣、破茧成蝶、视觉适应

二、学习的作用

1. 学习是有机体和环境保持平衡的必要条件

动物为了适应变化的环境，需要学习；人不仅要适应环境，而且还要改造环境，使环境更好地为人类服务，更需要学习。动物的生命形式越低级，行为的先天成分作用就越大，习得活动只构成其全部活动中的较小部分。与低等动物相比，高等动物出生时本能反应少，行为的后天成分在生活中起到的作用大。

2. 学习可以影响成熟

个体的生理结构和机能为学习提供了可能性，个体在其发展某一阶段上的学习要以其相应的成熟为条件。但是个体的生理结构得不到使用，它的机能就会消退。如果对初生的动物剥夺其某方面的刺激作用，则可以影响其相应的感觉器官的发育和成熟。

3. 学习可以促进心理发展

学习能激发个体的智力潜能，从而促进个体心理的发展。

<u>典型例题</u>（2019上·判断）与低等动物相比，高等动物出生时本能反应较少，行为的后天成分在生活中起的作用更大。　　　　　　　　　　　　　　　　　　　　　　　　　　　　（　　　）

【答案】√。

三、人类学习与动物学习的区别

人类的学习是人在社会生活实践活动中，以语言为中介，自觉、积极、主动地掌握社会和个体的经验的过程。人类学习与动物学习的区别见表2-5-1。

表 2-5-1　人类学习与动物学习的区别

人类学习	动物学习
具有社会性，除了要获得个体的行为经验外，还在同其他人的交往过程中获得间接经验和人类社会的历史经验	局限于自身的直接经验
通过语言的中介作用来实现	不能借助语言来实现间接经验的内化
具有积极主动性，积极地作用于环境	被动地适应环境的过程

四、学生学习的特点

学生的学习是人类学习的特殊形式，它不但具有人类学习的一般特点，还具有特殊性，主要表现为以下几点。

（1）学习的主要形式是接受学习。学生的学习是在教师的指导下有目的、有计划、有组织、有系统地进行的。

（2）学习过程是主动建构过程。学生的学习必须通过一系列的主动构建活动来接受信息，形成经验结构或心理结构。

（3）学习内容的间接性。在经验传递系统中，学生主要是接受前人的经验。

（4）学习的连续性。学生的学习是一个连续的过程，当前的学习与过去的学习有关，同时影响以后的学习。

（5）学习目标的全面性。学生的学习不但要掌握知识经验和技能，还要发展智能，以及形成行为习惯、培养道德品质、促进人格发展。

（6）学习过程的互动性。师与生、生与生之间的互动质量对学习质量有十分明显的影响。

`典型例题`（2023下·单选）下列关于学生的本质特征的说法，错误的是（　　）。

A.学生是发展中的人　　　　　　　　　B.学生是完整的人

C.学生是共性和个性相统一的人　　　　D.学生是以获取直接经验为主的人

【答案】D。

第二节　一般学习理论

一、行为主义学习理论

行为主义学习理论的主要代表人物是巴甫洛夫、华生、桑代克、斯金纳等。该学习理论的核心观点认为，学习过程是有机体在一定条件下形成刺激与反应的联结从而获得新的经验的过程。

考点1　巴甫洛夫的经典性条件作用学习理论 ★★

1.经典实验——狗分泌唾液实验

实验者把食物呈现给狗，并测量其唾液分泌。在这个过程中，他发现如果在狗每次进食时反复摇铃，狗就会逐渐"学会"在只有铃声没有食物的情况下分泌唾液。

在上述实验中，食物被称为无条件刺激，由食物引起的唾液分泌称为无条件反射（自然的生理反应，不需要学习）。铃声原来是一种中性刺激，和食物在时间上多次结合后，成了条件刺激，仅由铃声引起唾液分泌称为条件反射（后天获得的，需要学习）。

一个原是中性的刺激与一个无条件刺激相结合，使动物学会对那个中性刺激做出反应，这就是经典性条件作用，即一个新刺激替代另一个刺激与一个自发的生理或情绪反应建立联系。

2. 经典性条件作用的基本规律

（1）获得与消退

条件反射的获得是指中性刺激（如铃声）反复与无条件刺激（如食物）相匹配，使中性刺激获得信号意义转化为条件刺激的过程，即条件反射建立的过程。在条件反射的获得过程中，条件刺激必须先于无条件刺激呈现，二者必须同时或近乎同时呈现。

条件反射的消退是指在条件反射形成后，如果条件刺激重复出现多次而没有无条件刺激相伴随，则形成的条件反射会变得越来越弱，并最终消失。

（2）刺激泛化与刺激分化

刺激泛化是指人和动物一旦学会对某一特定的条件刺激做出条件反应以后，其他与该条件刺激类似的刺激也能诱发其条件反应。例如，"一朝被蛇咬，十年怕井绳"；"风声鹤唳，草木皆兵"等。

刺激分化是指通过选择性强化和消退使有机体学会对条件刺激和与条件刺激相类似的刺激做出不同的反应。例如，区别重力和压力、质量和重量。

泛化是对事物的相似性的反应，分化是对事物的差异性的反应。泛化能使我们的学习从一种情境迁移到另一种情境，分化能使我们对不同的情境做出不同的恰当反应，从而避免盲目行动。

`典型例题`（2023下·单选）张华对红、黄、绿三种交通信号灯的意义进行了反复学习，终于不再混淆。根据行为主义学习理论，这种现象属于（　　　）。

A. 强化　　　　　　B. 泛化　　　　　　C. 分化　　　　　　D. 消退

【答案】C。

3. 高级条件作用和信号系统理论

（1）高级条件作用

巴甫洛夫认为，中性刺激一旦成为条件刺激，就可以起到与无条件刺激相同的作用。即在已经形成的条件反射的基础上，将原来的条件刺激作为无条件刺激，使它与另一个中性刺激同时出现，可以建立一种新的、更为复杂的条件反射。这被称为高级条件作用。例如，狗对铃声产生条件作用时，同时给一个中性刺激音乐，几次实验之后，仅出现音乐，狗也会分泌唾液。

（2）信号系统理论

巴甫洛夫认为，条件反射是一种信号活动，引起条件反射的刺激是信号刺激。他根据信号刺激的特点，提出了第一信号系统和第二信号系统的概念。

第一信号系统是以直接作用于感官的具体刺激物为条件刺激而建立起来的条件作用系统，是人类与动物共有的条件作用机制。例如，"鹦鹉学舌""杯弓蛇影"等。

第二信号系统是以语言和文字为条件刺激而建立起来的条件作用系统，是人类特有的条件作用机制，是人类和动物的条件反射活动的根本区别。例如，"谈虎色变""谈梅生津"等。

小　结

1.【常考题型】单选、多选、判断

2.【命题角度】要求判断给定情境体现的原理（包括刺激的泛化和分化；条件反射和无条件反射；第一信号系统和第二信号系统）。

考点2　桑代克的联结主义理论——联结 – 试误说（尝试 – 错误说）★★★

1. 经典实验——饿猫开迷箱实验

桑代克将一只饿猫关在专门设计的实验迷箱里，箱子附近放着一条鲜鱼，箱内有一个开门的旋钮，碰到这个旋钮，门便会开启。开始饿猫无法走出箱子，只是在里面乱碰乱撞，偶然一次碰到旋钮打开门，便得以逃出吃到鱼。经多次尝试，猫学会了碰旋钮去开箱门的行为。这时，饿猫自动形成了迷箱刺激情境与触及开门机关反应之间的联结。

2. 基本观点

（1）学习的实质在于以试误的方式形成刺激与反应之间的联结，即 S–R 之间的联结。S–R 之间的联结是直接的，并不需要中介的作用。

（2）学习的过程是一种渐进的、盲目的、尝试错误的过程。在此过程中随着错误反应的逐渐减少和正确反应的逐渐增加，最终在刺激与反应之间形成牢固的联结。

3. 基本规律

（1）准备律，是指学习者在学习开始时的预备定势。学习者有准备而又给以活动就感到满意，有准备而不给活动则感到烦恼，无准备而强制活动也会感到烦恼。

（2）练习律，包括应用律和失用律。应用律是指刺激与反应之间的联结会由于重复或练习而加强；失用律是指不重复、不练习，联结力量会减弱。

（3）效果律，是指刺激和反应之间的联结可因满意的结果而加强，也可因烦恼的结果而减弱。一个人当前行为的后果对决定他未来的行为起着关键的作用反映的就是效果律。

`典型例题` （2018下·单选）刘老师在教学过程中十分注重对学生的学习进行反馈：学生做得好时，予以表扬；学生做得不好时，及时指出并使其改正。刘老师的做法体现了桑代克学习理论中的（　　　）。

A. 效果律　　　　　　　B. 练习律　　　　　　　C. 准备律　　　　　　　D. 应用律

【答案】A。

4. 教育意义

（1）鼓励学生勇于尝试，敢于犯错，在错误中成长。

（2）任何学习都应该在学生有准备的状态下进行，不能经常搞"突然袭击"。（准备律）

（3）激发学生的学习动机，培养良好的学习态度。如果学习者对要学习的内容感兴趣，有充分的心理准备，就会有事半功倍的效果，反之则不然。（准备律）

（4）进行适当而有效的练习，帮助学生巩固新知识。（练习律）

（5）提供及时的反馈，巩固正确的行为。（效果律）

小　结

> **1.【常考题型】** 单选、多选、判断
>
> **2.【命题角度】**
>
> （1）结合实例或者直接考查桑代克的联结主义理论的观点。
>
> （2）直接考查试误说有哪三条基本规律或要求根据实例选出对应的基本规律。

考点3　斯金纳的操作性条件作用学习理论　★★★

1. 经典实验——斯金纳箱实验（白鼠按压杠杆实验）

斯金纳箱内装有一根操纵杆，操纵杆与提供食丸的装置连接。他把饥饿的白鼠置于箱内，白鼠偶然踏

上操纵杆，供丸装置就会自动落下一粒食丸。白鼠经过几次尝试，会不断按压杠杆，直到吃饱为止。

斯金纳通过上述实验发现，有机体做出的反应（如按压操纵杆）与其随后出现的刺激条件（如获得食物）之间的关系对行为起着控制作用，它能影响以后反应发生的概率。

2. 操作性条件反射的基本过程

斯金纳认为，学习实质上是一种反应概率上的变化，而强化是提高反应概率的手段。如果一个操作（自发反应）出现以后，后面跟有强化刺激，则该操作的概率就提高；已经通过条件作用强化了的操作，如果出现后不再跟有强化刺激，则该操作的概率就降低，甚至消失。

3. 行为的分类

斯金纳认为，人和动物的行为有应答性行为和操作性行为两类。

应答性行为是由已知的刺激引起的，机体被动地对环境刺激做出反应。应答性行为包括所有的反射在内，是巴甫洛夫的经典条件作用的研究对象。例如，风吹导致眨眼，食物刺激味蕾引起唾液分泌等。

操作性行为是有机体在一定情境中自然产生并由于结果的强化而固定下来的，是操作性条件作用的研究对象。斯金纳认为，人们日常生活中的大部分行为都是操作性行为。例如，读书写字、步行上学、回答问题等。

巴甫洛夫的经典性条件作用和斯金纳的操作性条件作用的对比见表2-5-2。

表2-5-2　巴甫洛夫的经典性条件作用 VS 斯金纳的操作性条件作用

比较范畴	经典性条件作用	操作性条件作用
代表人物	巴甫洛夫	斯金纳
实验	狗分泌唾液实验（狗摇铃进食实验）	白鼠按压杠杆实验
行为	无意的、被动的、应答性行为	有意的、主动的、操作性行为
刺激和行为的顺序	行为发生在刺激之后	行为发生在刺激之前
学习的发生	中性刺激与无条件刺激的匹配	强化行为影响随后行为出现的频率

典型例题 1.（2023下·判断）小陈一坐汽车就会晕车，并伴随着强烈的呕吐，后来他一听说要坐汽车就开始呕吐。小陈的这种反应属于操作性条件反射。　　　　　　　　（　　）

【答案】×。

2.（2023上·判断）桑代克和斯金纳的学习理论从性质上看都属于操作性条件反射。　　（　　）

【答案】√。

4. 操作性条件作用的基本规律

（1）强化

强化是指在条件反射中能够提高反应概率的一切手段。强化物是一些刺激物，它们的呈现或撤除能够提高反应发生的概率。

①正强化与负强化

正强化也称积极强化，是指个体在做出某种反应之后，给予一个愉快刺激（如给予某种奖励、奖品等），从而提高其类似行为出现的概率。正强化的方法包括奖学金、对成绩的认可、表扬、改善学习、给予学习和成长的机会等。

需要注意的是，在正强化中，愉快刺激需要根据具体情况判断。例如，学生违反纪律时，教师总是发怒并大声训斥，学生却越来越不像话。在这种情况下，学生行为的目的是引起教师的注意，教师的"发怒"和"训斥"正是学生期待的效果，因此提高了学生该行为的发生频率。

负强化也称消极强化，是指个体在做出某种反应之后，令其摆脱厌恶刺激（如免除家务劳动），从而提高其类似行为出现的概率（如图 2-5-1 所示）。例如，体育老师告诉小红，如果她表现得好就不让她罚站了。

负强化的条件作用类型可分为逃避条件作用和回避条件作用。逃避条件作用是指当厌恶刺激出现时，有机体做出某种反应，从而逃避了厌恶刺激，则该反应在以后的类似情境中发生的概率也会提高。例如，小明看到有人摔倒会绕开走。回避条件作用是指当预示厌恶刺激即将出现的刺激信号出现时，有机体也可以自发地做出某种反应，从而避免了厌恶刺激的出现，则该反应在以后的类似情境中发生的概率便提高。例如，过马路时听到汽车喇叭声后就迅速躲避。

图 2-5-1　负强化

②一级强化和二级强化

一级强化满足人和动物的基本生理需要，如满足食物、水、安全、温暖等需要。

二级强化是指任何一个中性刺激与一级强化反复结合后，自身获得强化效力，可分为社会强化（如权力、表扬、微笑、关注等）、信物（如钱、奖品等）和活动（如玩游戏、听音乐等）。

③普雷马克原理

普雷马克原理又称祖母原则，是指利用频率较高的活动来强化频率较低的活动，从而促进低频活动的发生，通俗讲就是首先做我要你做的事情，然后才可以做你想做的事情。如图 2-5-2 所示。

运用普雷马克原理时必须注意以下几点：第一，必须是先有行为，后有强化，这种前后关系不容颠倒；第二，必须使学生在主观上认识到强化与他的学习行为之间的依随关系；第三，必须用学生喜欢的活动去强化他相对不喜欢的活动，而不能相反。

图 2-5-2　普雷马克原理

④强化程式（强化程序）

强化程式是指反应受到强化的时机和频次。强化的程式可分为连续强化与间隔强化。间隔强化又分为时间式间隔（包括定时、变时强化）和比率式间隔（包括定比率、变比率强化）。强化程式的定义、示例及应用见表 2-5-3。

表 2-5-3　强化程式的分类

程式分类		定义	示例	应用
连续强化		给予每个反应强化	一按开关灯就亮	学习者学习新任务的最初，要对其进行连续强化，随着学习的进行，比较正确的反应优先得到强化，逐渐转移到定时强化，最后采用变比率强化
间隔强化	定时强化	固定时段后给予强化	按时发工资	
	变时强化	不定时给予强化	不定时的随堂测验	
	定比率强化	固定反应次数后给予强化	计件工作	
	变比率强化	不定反应次数后给予强化	老虎机；买彩票	

典型例题（2018下·单选）为了增强学生学习的投入度，教师在课程中不定期地安插随堂小测验。这种强化程序属于（　　）。

A. 变时强化　　　　B. 变比强化　　　　C. 定时强化　　　　D. 定比强化

【答案】A。

（2）消退

消退是一种无强化的过程，其作用在于降低某种反应在将来发生的概率，以达到消除某种行为的目的。消退是减少不良行为、消除坏习惯的有效方法。例如，教师对上课喜欢做鬼脸的学生不予理会，于是他扮鬼脸的行为逐渐减少，这体现了消退原理。

（3）惩罚

惩罚是指当有机体做出某种反应之后，呈现一个厌恶刺激或撤销一个愉快刺激，那么以后在类似情境或刺激下，该行为的发生概率就会降低甚至受到抑制。

①正惩罚和负惩罚

惩罚包括正惩罚（Ⅰ型惩罚、施予式惩罚）和负惩罚（Ⅱ型惩罚、剥夺式惩罚）两种形式。

正惩罚是通过呈现厌恶刺激来降低反应频率。例如，教师通过将学生赶出教室（呈现厌恶刺激）的方式来降低学生扰乱课堂秩序这一行为出现的概率。

负惩罚是通过撤销愉快刺激来降低反应频率（见图2-5-3）。例如，家长通过不给孩子买手机（撤销愉快刺激）的方式来降低他考不进全班前五名这一事件出现的概率。

图 2-5-3　负惩罚

②惩罚和负强化的区别

第一，目的不同。惩罚的目的是阻止不良行为的发生，负强化的目的是激励良好行为的发生。

第二，实施时机不同。惩罚在个体表现不良时使用，负强化在受惩罚的个体表现良好时使用。

第三，后果不同。惩罚的结果是不愉快的，负强化的结果是愉快的。

惩罚并不能使行为发生永久性的改变，它只能暂时抑制行为，而不能根除行为。因此，惩罚的运用必须慎重，但适当的惩罚还是必要的，尤其对严重违规行为。惩罚一种不良行为应与强化一种良好行为结合起来，方能取得预期的效果。

小 结

1.【常考题型】单选、多选、判断、案例分析

2.【命题角度】

（1）结合例子、关键词等考查概念的区分（包括经典性条件作用和操作性条件作用；正强化和负强化；逃避条件作用和回避条件作用；正惩罚和负惩罚、消退；定时、变比率等强化程式）

（2）给出概念或例子，考查普雷马克原理的运用及注意的要点。

（3）以判断的形式考查惩罚和负强化的关系。

3.【易错易混】

（1）逃避条件作用与回避条件作用

区分逃避条件作用与回避条件作用，要看厌恶刺激是否出现。逃避条件作用强调厌恶刺激已出现，回避条件作用强调厌恶刺激未出现，但即将出现。

（2）正强化和负强化、正惩罚和负惩罚

规律		刺激物	行为发生的频率	示例
强化	正强化	给予一个愉快刺激	提高	给予表扬
	负强化	摆脱一个厌恶刺激		取消限制玩游戏的禁令
惩罚	正惩罚	呈现一个厌恶刺激	降低	言语斥责
	负惩罚	撤销一个愉快刺激		禁吃零食

考点 4　班杜拉的社会学习理论（社会认知理论）

班杜拉的社会学习理论认为，儿童通过观察他们生活中重要人物的行为而习得社会行为，这些观察以心理表象或其他符号表征的形式储存在大脑中，来帮助他们模仿行为。

1. 参与性学习和替代性学习

社会学习理论把学习分为参与性学习和替代性学习。

参与性学习是通过实践并体验行动后果而进行的学习，实际上就是在做中学习。

替代性学习是通过观察别人而进行的学习，即观察学习。人类的大部分学习是替代性学习。

2. 观察学习说

班杜拉认为观察学习是人学习的最重要的形式。

社会学习理论关于学习的实质问题的基本看法是，学习是指个体通过对他人的行为及其强化性结果的观察，从而获得某些新的行为反应，或已有的行为反应得到修正的过程。

（1）观察学习的榜样

在观察学习中，榜样是指观察学习的对象。班杜拉将榜样分为以下三类：①活的榜样，即具体的活生生的人；②符号榜样，即通过语言和影视图像而呈现的榜样；③诫例性榜样，即以语言描绘或形象化方式表现某个带有典型特点的榜样，以告诫儿童学习或借鉴某个榜样的行为方式。

理想的榜样应当具备以下几个条件：①榜样的示范要特点突出，生动鲜明；②榜样的示范要符合学习者的年龄特征；③榜样的行为具有可行性，这是观察学习最基本的条件；④榜样的行为要有可信度；⑤榜样的行为要感人，能使学习者产生心理上的共鸣。

（2）观察学习的过程

①注意过程，即学习者注意并知觉榜样情境的过程。

②保持过程，即经过注意过程，学习者通常以符号的形式把榜样表现出的行为保持在长时记忆中的过程。

③动作再现（复制）过程，即学习者将记忆中的符号表征转换成适当的行为的过程。这是观察学习的中心环节。

④动机过程，即决定学习者是否会表现出已习得的行为的过程。

学习者是否表现出已习得的行为受以下三类强化的影响：①直接强化，即个体直接体验到自己行为后果而受到的强化。②替代强化，即学习者因看到榜样受强化而间接受到的强化。③自我强化，即个体能观察自己的行为，并根据自己的标准进行判断，由此强化或处罚自己。

典型例题　1.（2023上·单选）最能解释"言传不如身教"这一现象的理论是（　　）。

A. 建构主义学习理论　　　　　　　　B. 认知结构学习理论

C. 联结主义学习理论　　　　　　　　D. 社会学习理论

【答案】D。

2.（2022下·判断）小可看到红红因为帮助同学而受到了老师的表扬，于是自己也开始帮助其他需要帮助的同学。小可行为的改变是由于受到了替代强化。（　　）

【答案】√。

小　结

1.【常考题型】单选、多选、判断

2.【命题角度】

（1）以单选或判断的形式考查观察学习的提出者。

（2）给出例子或概念考查观察学习的含义、四个学习过程。

（3）直接考查班杜拉提出的三种强化形式，或者给出概念或例子选择相对应的强化形式。

二、认知结构学习理论

认知结构学习理论认为，有机体获得经验的过程，不是在外部环境的支配下被动地形成刺激－反应的联结，而是通过积极主动的内部信息加工活动形成新的认知结构的过程。

典型例题　（2018下·判断）认知心理学认为学生形成良好的认知结构是教育的关键和核心。（　　）

【答案】√。

考点1　苛勒的完形—顿悟说（格式塔学派的学习理论）

1. 经典实验——黑猩猩取香蕉实验

苛勒在关有黑猩猩的笼子外放置香蕉，笼内放有两根短木棒，用其中的任何一根都无法够到笼外的香蕉。黑猩猩思考一会儿，突然把一根木棒插进另一根木棒的末端，将两根木棒像钓鱼竿一样接起来，够到了香蕉并把香蕉拨了过来。黑猩猩一旦领悟木棒接起来与远处香蕉的关系后，就能用同样的方式获得远处的香蕉。

苛勒发现，黑猩猩不是以尝试错误的方式逐渐学会如何拿到香蕉的，往往是突然学会解决这类问题的。

2. 关于学习的主要观点

（1）学习的过程——顿悟

苛勒认为，学习是个体利用本身的智慧与理解力对情境及情境与自身关系的顿悟，而不是动作的累积或盲目的尝试。首先，学习是头脑里主动积极地对情境进行组织的过程。其次，学习过程这种知觉的重新组织，不是渐进的尝试错误的过程，而是突然的顿悟。

顿悟是领会到自己的动作和情境，特别是和目的物之间的关系。之所以产生顿悟，一方面是由于分析当前问题情境的整体结构，另一方面是由于心智本身具有组织力的作用，能利用过去经验填补缺口或缺陷。

（2）学习的实质——主体内部构造完形

完形是一种心理结构，是对事物关系的认知。苛勒认为，学习过程中问题的解决，都是通过对情境中事物关系的理解而构成一种完形来实现的。

（3）刺激与反应之间的联结是以意识为中介的

格式塔心理学的学习论认为，刺激与反应之间的联结是间接的、以意识为中介的。换言之，学习是学习者主动地去构造一种完形，学习者的主动构造作用在学习过程中起到了重要的作用。

3. 评价

完形—顿悟说肯定了主体的能动作用，强调心理具有一种组织功能，把学习视为个体主动构造完形的过程，强调观察、顿悟和理解等认知功能在学习中的重要作用，强调整体观和知觉经验组织的作用，关切知觉和认知的过程，这对反对当时行为主义学习理论的机械性和片面性具有重要意义。但是，苛勒的完形—顿悟说与桑代克的联结—试误说并不是互相排斥和绝对对立的。联结—试误往往是顿悟的前奏，顿悟则是练习到某种程度时出现的结果。

典型例题 （2024上·单选）在一项黑猩猩取食香蕉的研究中，笼内放置一根短棍，笼外放置一根长棍和香蕉。在尝试使用短棍取香蕉未果后，黑猩猩在笼内走来走去，它突然用短棍将长棍拨到身边并用长棍获取了笼外的香蕉。黑猩猩解决这个问题的过程是（　　）。

A.定势　　　　　　B.顿悟　　　　　　C.尝试错误　　　　　　D.原型启发

【答案】B。

小 结

1.【常考题型】单选、判断

2.【命题角度】

（1）考查"人物—实验—理论名称—观点"之间的对应关系。

（2）区分苛勒的完形—顿悟说与桑代克的联结—试误说。

考点2　托尔曼的符号学习理论

1.经典实验

（1）位置学习实验（白鼠走迷宫实验，如图2-5-4所示）

迷宫有一个出发点、一个食物箱和3条长度不等的从出发点到达食物箱的通道。实验显示，若三条路均通畅白鼠会选择最短的通道A到达食物箱；若X处堵塞，白鼠会选择通道B；若Y处堵塞，白鼠会选择最长的通道C。

根据这一实验，托尔曼提出学习结果不是形成简单的、机械的运动反应，而是学习"达到目的的符号"及其代表的意义，建立一个完整的"符号—完形"模式，即"认知地图"。

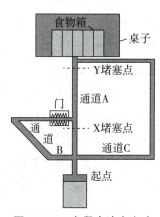

图2-5-4　白鼠走迷宫实验

（2）潜伏学习实验

托尔曼将白鼠分为3组走方位迷宫：第一组无食物奖励；第二组有食物奖励；第三组前10天无食物，而在第11天之后有食物奖励。结果发现，第三组在前10天的表现与无食物奖励组相当，但在第11天获得食物奖励后其行为表现发生剧变，后来甚至优于第二组。

这一结果表明，外在的强化不是学习产生的必要因素，不强化也会出现学习，学习并不是要通过强化才能实现。在此实验中，动物在未获得强化前学习行为已出现，只不过未表现出来，托尔曼将其称为潜伏学习。

2.基本观点

（1）学习的实质——期望的获得

学习是有目的的行为。学习的目的性是人类学习区别于其他动物学习的主要标志。

动物和人类的行为不是受它（他）们行为的直接结果影响，而是受到它（他）们预期行为将会带来什么结果支配。学习是期望的获得，而不是习惯的形成。期望是托尔曼学习理论的核心概念。

（2）学习过程——形成认知地图的过程

学习是对"符号—完形"的认知，是形成认知地图的过程。白鼠在学习方位迷宫图时，并非学习一连串的刺激与反应，而是在头脑中形成一幅"认知地图"，即"目标—对象—手段"三者联系在一起的认知结构。

（3）学习公式——S-O-R

在外部刺激（S）和行为反应（R）之间存在中介变量（O）。托尔曼主张将行为主义S-R公式改为S-O-R公式，O代表机体的内部变化。

小 结

1.【常考题型】单选、多选、判断

2.【命题角度】

（1）考查"人物—实验—理论名称—观点"之间的对应关系。

（2）以概念或例子的形式考查潜伏学习及其相对应的实验。

考点3 布鲁纳的认知—发现学习理论 ★★★

美国教育心理学家布鲁纳主张学习的目的在于以发现学习的方式，使学科的基本结构转变为学生头脑中的认知结构。因此，他的理论常被称为认知—发现说或认知—结构论。

1. 学习观

（1）学习的实质

布鲁纳认为，学习的本质不是被动地形成刺激—反应的联结，而是主动地形成认知结构。学习者不是被动地接受知识，而是主动地获取知识，并通过把新获得的知识和已有的认知结构联系起来，积极地建构新的知识体系。

认知结构是人关于现实世界的内在的编码系统，也可以说是学习者头脑中的知识结构，即学习者的观念的全部内容和组织形式。

（2）学习的过程

学习包括获得、转化和评价三个过程。学习活动首先是新知识的获得。获得了新知识以后，还要对它进行转化，我们可以超越给定的信息，运用各种方法将它们变成另外的形式，以适合新任务，并获得更多的知识。评价是对知识转化的一种检查，通过评价可以核对我们处理知识的方法是否适合新的任务，或者运用得是否正确。

2. 教学观

（1）教学的目的

布鲁纳主张教学的最终目标是促进学生对学科结构的一般理解。

学科的基本结构是指一门学科围绕其基本概念、基本原理、基本态度和方法而形成的整体知识框架和思维框架。

掌握学科的基本结构的必要性：①懂得原理使得学科更容易理解；②有利于记忆的保持；③有利于学习的迁移；④有利于缩小高级知识和低级知识的间隙。

掌握学科基本结构的教学原则如下。

①动机原则。所有学生都有内在的学习愿望，内在动机是维持学习的基本动力。学生具有三种最基本的内在动机，分别是好奇内驱力（即求知欲）、胜任内驱力（即成功的欲望）和互惠内驱力（即人与人之间和睦共处的需要）。

②结构原则。任何知识结构都可以用以下三种表征形式呈现：一是动作表征，指借助动作进行学习，无需语言的帮助；二是图像表征，指借助表象进行学习，以感知材料为基础；三是符号表征，指借助语言进行学习，经验一旦转化为语言，逻辑推导便能进行。

③程序原则。教材的难度与逻辑上的先后顺序，必须针对学生的心智发展水平及认知表征方式，做适当的安排，以使学生的知识经验前后衔接，从而产生学习迁移。

④强化原则。教师在教学过程中应注意通过反馈使儿童知道自己的学习结果，并使他们逐步具有自我

矫正、检查和强化的能力，从而强化有效的学习。

（2）教学模式

布鲁纳认为，发现是教育儿童的主要手段，学生掌握学科的基本结构的最好方法是发现学习。**发现学习是指学生在学习情境中，经过自己探索寻找，从而获得问题答案的学习方式**。发现不只限于发现人类尚未知晓的事物的行动，还包括用自己的头脑亲自获得知识的一切形式。

发现学习的范围、步骤、作用、特点及不足见表2-5-4。

表2-5-4　发现学习的相关知识

范围	步骤	作用	特点	不足
已知＋未知	①发现问题 ②提出假设 ③验证假设 ④得出结论	①提高智力的潜能，培养学生的直觉思维 ②培养学生的内部动机 ③培养学生将来进行发现的最优方法和策略 ④帮助信息的保持和检索	①强调学习的过程，而不只是最后的结果 ②强调直觉思维 ③强调内部动机 ④强调信息的组织、提取，而不只是存储	①运用范围有限。真正能够用发现法学习的只是极少数学生；只适合自然科学某些知识的教学；对教师知识素养和教学机智、技巧、耐心等要求很高，一般教师很难掌握 ②耗时过多，不经济。这是发现学习最大的缺陷

发现教学模式是指教师为学生提供一定的材料，创设问题情境，引导学生独立地发现解决问题的方法，从中发现事物之间的联系和规律，获得相应的知识，形成或改造认知结构的过程。在发现教学模式中，教师是学生学习的促进者和引导者。

典型例题　（2023上·多选）下列观点符合布鲁纳的教学理论的有（　　　）。

A. 强调教学内容的理论性和学术性　　　　　B. 鼓励发展学生的直觉思维能力

C. 注重激发学生对知识的探求　　　　　　　D. 突出发挥教师的主导作用

E. 重视推动学生情意的发展

【答案】ABC。

小　结

1.【常考题型】单选、多选、判断

2.【命题角度】

（1）考查"人物—理论—观点"之间的匹配。

（2）以多选的形式考查三个学习过程和学科基本结构的四个教学原则；或给出关键词，要求选择相对应的学习过程和教学原则。

3.【识记技巧】学科基本结构的教学原则可通过"冻结城墙"来记忆。具体对应如下。

冻：动机原则；结：结构性原则；城：程序原则；墙：强化原则。

考点4　奥苏贝尔的有意义接受学习理论 ★★★

1. 奥苏贝尔的学习分类

奥苏贝尔根据学习材料与学习者原有知识的关系，将学习分为机械学习和有意义学习；又根据学习进行的方式，将学习分为接受学习和发现学习。他认为，学生的学习主要是有意义的接受学习。奥苏贝尔的学习分类及其含义如表2-5-5所示。

表2-5-5　奥苏贝尔的学习分类及其含义

分类依据	学习类型	含义
学习材料与学习者原有知识的关系	机械学习	学习者并未理解符号代表的知识，只是依据字面上的联系，记住某些符号的词句或组合，死记硬背
	有意义学习	符号代表的新知识与学习者认知结构中已有的适当观念建立起非人为的和实质性的联系
学习进行的方式	接受学习	教师把学习内容以定论的形式传授给学生。对学生来讲，学习不包括任何的发现，只是需要把学习内容与自己已有的知识相联系
	发现学习	学习的内容不是以定论的形式教给学生，而是由学生自己先从事某些心理活动，发现学习内容，然后再把这些内容与已有知识相联系。因此，发现学习和接受学习的根本区别在于学生在将新旧知识相联系之前，是否有一个发现的过程

图2-5-5是分布于机械学习—有意义学习，接受学习—发现学习之间的学习类型。

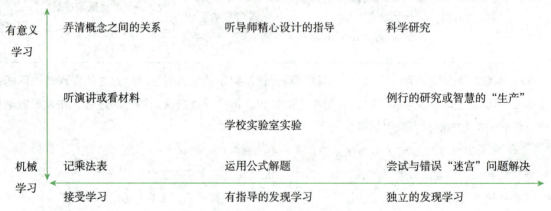

图2-5-5　奥苏贝尔的学习分类及其举例

典型例题　1.（2023上·判断）小明听生物老师的讲解，理解了生态系统中的食物链和食物网两个概念之间的关系。小明的学习属于发现学习。　　　　　　　　　　　　　　　　　　　　（　　　）

【答案】×。

2.（2023上·单选）有研究者发现，一些巴西儿童在街头做买卖时可以计算得很好，却不能在课堂上回答类似的问题。这些儿童需要进行（　　　）。

A.接受学习　　　　　　B.观察学习　　　　　　C.机械学习　　　　　　D.有意义学习

【答案】D。解析：题干中的儿童可以在做买卖时灵活运用计算知识，却不能在课堂上回答计算问题，说明其没有在两者之间建立起实质性的联系。因此这些儿童需要进行有意义学习。

2.有意义学习

（1）有意义学习的实质

奥苏贝尔认为有意义学习的实质是将符号代表的新观念与学习者认知结构中已有的适当观念建立起非人为的和实质性的联系的过程。这一论断既给有意义学习下了明确的定义，也指出了划分机械学习与有意义学习的两条标准。

①非人为的联系是指新知识与原有认知结构中有关概念存在某种合理的或逻辑上的联系。例如，"菱形"和"平行四边形"之间的联系不是任意的，而是符合逻辑上特殊与一般的联系。

②实质性的联系即非字面的联系，是指表达的语词虽然不同，但是是等值的。例如，一个熟背九九乘

法表的儿童如果建立实质性的联系，就知道"八九七十二"和"九八七十二"这两个口诀是等值的。

（2）有意义学习的条件

有意义学习的产生既受客观条件（学习材料的性质）的影响，也受主观条件（学习者自身因素）的影响。

客观条件：有意义学习的材料本身必须具有逻辑意义。一般来说，学生所学的教材是人类认识世界的概括，具有逻辑意义。

主观条件：①学习者认知结构中必须具有能同化新知识的适当的认知结构知识，以便与新知识进行联系。这是奥苏贝尔有意义学习理论的核心思想。②学习者必须具备有意义学习的心向，即学习者必须具有积极主动地将符号代表的新知识与认知结构中的适当知识加以联系的倾向性。③学习者必须积极主动地使这种具有潜在意义的新知识与认知结构中有关的旧知识发生相互作用，使认知结构或旧知识得到改善，使新知识获得实际意义即心理意义。有意义学习的目的就是使符号代表的新知识获得心理意义。

3. 接受学习

奥苏贝尔认为学习通过接受发生。接受学习主要适合于年龄较大、有丰富知识和经验的人，学习的内容基本是以定论的形式传授给学生的。

（1）讲授教学的策略——先行组织者策略

①先行组织者的概念

先行组织者是先于学习任务本身呈现的一种引导性材料，它比学习任务本身有更高的抽象、概括和综合水平，并且能清晰地与认知结构中原有的观念和新的学习任务关联起来。先行组织者可以是一个概念、一个新材料与已知例子共属的类别、一个概括、一个类比或者一个故事。设计"先行组织者"的目的是为新的学习任务提供观念上的固定点，增加新旧知识之间的可辨别性，以促进类属性的学习。

②先行组织者的分类

先行组织者可分为陈述性组织者和比较性组织者。

陈述性组织者旨在为新的学习提供最适当的类属者，与新的学习产生一种上位关系。比较性组织者用于比较熟悉的学习材料中，目的在于比较新材料与认知结构中相类似的材料，从而增强似是而非的新旧知识之间的可辨别性。

（2）消除对接受学习认识的误区

接受学习绝非被动学习，学习者仍然是主动的，在学习一种新知识时，学生在教师的引导下，尝试运用其既有的知识，从不同的角度去吸收新知识，最后纳入他的认知结构中，成为他自己的知识。

奥苏贝尔强调，无论是接受学习还是发现学习，都有可能是机械的，也都有可能是有意义的。如果教师教法得当，并不一定会导致学生机械地接受学习；同样发现学习也并不一定是有意义学习。

典型例题 1.（2023下·单选）语文课上，在学习《孔雀东南飞》一文时，为了让学生对刘兰芝和焦仲卿的爱情悲剧有更深刻的认识，张老师引入"梁祝化蝶""牛郎织女"的故事。从教学的角度看，"梁祝化蝶""牛郎织女"的故事可以看作《孔雀东南飞》一文的（　　　）。

A. 符号表征　　　　　B. 先行组织者　　　　C. 强化物　　　　　D. 命题学习

【答案】B。

2.（2022上·单选）奥苏贝尔提倡在教学中采用"组织者"这一技术，其实质是（　　　）。

A. 强调直观教学　　　　　　　　　　　　B. 引导学生的发现行为

C. 激励学生的学习动机　　　　　　　　　D. 强调新旧知识的相互联系

【答案】D。

小 结

1.【常考题型】单选、多选、判断

2.【命题角度】

（1）以单选或多选的形式考"人物 – 理论名称 – 观点"之间的匹配。

（2）给出分类维度或例子，要求选出对应的学习类型。

（3）以概念或例子的形式考查有意义学习的实质、先行组织者策略。

（4）以多选的形式考查有意义学习的主客观条件。

三、掌握学习和指导学习理论

考点 1　布卢姆的掌握学习理论

1. 掌握学习理论的观点

布卢姆认为学生之间的差异不在于他们没有掌握材料的能力而在于他们学习的速度。

掌握学习理论的观点：①几乎所有学生（90% 以上），都能达到掌握 90% 以上学习材料的目标，其区别仅仅是所花费的时间有长有短；②一般以"正态分布"为基础的测验会给学生带来不良影响，提出用形成性评价结合总结性评价取代传统的测验方法。

2. 掌握学习的步骤

将学习任务分成一系列小的学习单元，后一个单元中的学习材料直接建立在前一个单元的基础上。每个学习单元中都包含一组课，然后，教师编制一些形成性测验。学完一个单元之后，教师对学生进行总结性测验。达到掌握要求水平的学生，可以进行下一个单元的学习；若学生的成绩低于规定的掌握水平，就应当重新学习这个单元的部分或全部内容，然后再进行测验，直到掌握。

考点 2　加涅的指导学习理论 ★★★

1. 加涅关于学习的分类

美国教育心理学家加涅在《学习的条件》中先后提出学习水平分类和学习结果分类。

（1）按学习水平分类

加涅根据学习情境由简单到复杂、学习水平由低级到高级的顺序，把学习分成八类。

①信号学习，指学习对某种信号做出某种反应。其过程是刺激—强化—反应（经典性条件作用）。例如，看到红灯就停；看到蛇就会感到恐惧而躲避。

②刺激 – 反应学习，指在一定情境下，个体做出反应，然后得到强化，其过程是情境—反应—强化（操作性条件作用）。例如，举手回答问题得到表扬，接下来都积极回答问题。

③连锁学习，指学习联合两个或两个以上的刺激 – 反应动作，以形成一系列刺激 – 反应动作联结。各种动作技能的形成都离不开连锁学习。例如，学生对广播体操动作的学习。

④言语联结学习，指形成一系列的言语单位的联结，即言语连锁化。例如，将英语单词连成句子。

⑤辨别学习，指学会识别多种刺激的异同并对它们做出不同的反应。例如，能够区分易混淆的汉字和多音字。

⑥概念学习，指学会认识一类事物的共同属性，并对同类事物的抽象特征做出反应。例如，将猫、狗、鼠等概括为"动物"。

⑦规则或原理学习，指学习两个或两个以上概念之间的关系。例如，物理学中的"功 = 力 × 距离"这

一规则的学习。

⑧解决问题学习，指学会在不同条件下，运用规则或原理解决问题。例如，学会了三角形和四边形的面积公式及面积可加原理后，推导出梯形的面积公式。

典型例题（2023 上·单选）在语文课堂上，小英掌握了"历历在目"和"过目不忘"两个成语的异同以及各自的用法。根据加涅的学习水平分类，该学习属于（　　）。

A.信号学习　　　　　　B.概念学习　　　　　　C.辨别学习　　　　　　D.言语联结学习

【答案】C。

（2）按学习结果分类

①言语信息的学习

言语信息是指能用言语（或语言）表达的知识，可分为以下三小类：符号记忆，包括人名、地名、外语单词、数字符号等的记忆；事实的知识，如"中国的首都是北京"；有组织的整体知识，如物理学中有关压强的知识。

言语信息的学习帮助学生解决"是什么"的问题，学生掌握的是通过言语交往或印刷物的形式传递的内容，或者学生的学习结果是以言语信息表达出来的。例如，学生通过学习后，能说出"诚信"的含义；小学生识字、学古诗等。

②智慧技能的学习

智慧技能又称智力技能、心智技能，指个体运用符号或概念与环境交互作用的能力。智慧技能的学习要解决"怎么做"的问题。每种水平的学习都包含着不同的智慧技能。例如，分数转换成小数，使动词和句子的主语一致等。

加涅认为每一级智慧技能的学习要以低一级智慧技能的获得为前提，最复杂的智慧技能则是许多简单的技能组合起来而形成的。他把辨别作为最基本的智慧技能，并按不同的学习水平及其包含的心理运算复杂程度由低到高，把智慧技能划分为以下几类（见表 2-5-6）。

表 2-5-6　智慧技能的分类

分类	定义	实例
辨别（知觉辨别）	区分事物之间的不同点的能力	区分字母 b、d、p、q，汉字已、己、巳
具体概念	识别具有共同特征的同类物体的能力	把大小、厚薄、封面颜色和图案不同的书，都看作"书"
定义性概念	运用概念的定义特征对事物分类的能力	物理中的"功"，数学中的"比例"，化学中的"摩尔"
原理与规则	运用单一原理或规则办事的能力	用圆的面积公式计算半径为 15cm 的圆的面积
高级规则	将若干规则组合成新规则的能力	应用多条物理公式或定理解决相关物理问题

③认知策略的学习

认知策略是指运用有关人们如何学习、记忆、思维的规则，支配人的学习、记忆或认知行为，并提高其学习、记忆或认知效率的能力。例如，SQ3R 阅读方法就是一种认知策略。这里 S 是指浏览全文，略知文章大意；Q 是指提出疑难问题；3R 是指带着问题阅读课文、对重要文段进行诵读、回顾或复读课文。

认知策略与智慧技能的不同在于智慧技能定向于学习者的外部环境；认知策略则支配着学习者在适应环境时其自身的行为，即学习者用来"管理"自己学习过程的方式。

④运动技能的学习

运动技能又称动作技能，是指通过练习获得的、按一定规则使自身肌肉运动的能力。体操技能、写字技能、作图技能、操作仪器技能都属于运动技能。

⑤态度的学习

态度的学习是指个体习得的对人、对事、对物、对己的反应倾向。态度可以从各种学科的学习中习得，但更多的是从校内外活动和家庭中习得。例如，观看电影《战狼》后对军人产生敬佩之情，立志成为一名军人，这里发生的学习就是态度的学习。

加涅提出了三类态度：儿童对家庭和其他社会关系的情感体验；对某种活动表现出来的积极的、喜爱的情感；有关个人品德的某些方面，如热爱国家。

以上五种学习类型分别属于三个领域，言语信息、智慧技能、认知策略的学习属于认知领域，运动技能的学习属于动作技能领域，态度的学习属于情感领域。

`典型例题` 1.（2024上·单选）通过参观红色文化博物馆，听讲解员讲中华文明的起源，小学生们产生了对祖国的热爱之情。根据加涅的分类，学生进行了（   ）的学习。

A.态度　　　　　　B.智慧技能　　　　　C.动作技能　　　　　D.认知策略

【答案】A。

2.（2018下·单选）学生应用物理公式或定理解决相关物理问题的智慧技能主要是（   ）。

A.具体概念　　　　B.定义性概念　　　　C.规则　　　　　　D.高级规则

【答案】D。

2.学习过程的基本模式

加涅根据现代信息加工理论提出了学习过程的基本模式，认为学习过程就是一个信息加工的过程，即学习者对来自环境刺激的信息进行内在的认知加工的过程。

（1）学习的信息加工流程

如图2-5-6所示，来自学习者环境中的刺激作用于他的接收器，并通过感觉登记器进入神经系统。信息在感觉登记器中进行编码，最初的刺激以映象的形式保持在感觉登记器中。当信息进入短时记忆后，它再次被编码，这里信息以语义的形式储存下来。经过复述、精细加工和组织等编码，信息还可以被转移到长时记忆中进行储存，以备日后的回忆。

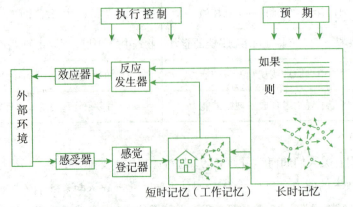

图2-5-6　学习的信息加工模式

（2）控制结构

在这个信息加工过程中，一组很重要的结构就是"执行控制"和"预期"两个部分。"执行控制"即已有的经验对现在学习过程的影响，"预期"即动机系统对学习过程的影响，整个学习过程都是在这两个结构的作用下进行的。

3.学习过程的阶段

依据学习的信息加工模式，加涅把学生的学习过程划分为以下八个阶段。

（1）动机阶段：激发学生的学习动机，形成学习期望。

（2）了解（领会）阶段：学生对学习材料的注意和觉察过程。

（3）获得（习得）阶段：学生把感知到的材料在短时记忆系统中进行编码的过程。

（4）保持阶段：学生把习得的信息以语义编码的形式进入长时记忆储存的过程。

（5）回忆阶段：学生把已经在长时记忆系统中保持的信息给予重现的过程。

（6）概括阶段：学生把已经获得的知识推广到更广泛的领域中的过程。

（7）作业（操作）阶段：学生根据已获得的知识进行实际操作的过程。

（8）反馈阶段：对操作的效果进行评价的过程。

小 结

1.【常考题型】单选、多选、判断

2.【命题角度】

（1）直接考查加涅学习水平分类由低级到高级的层级结构。

（2）给出实例或关键词，要求判断其属于哪种学习水平或学习结果的学习。

（3）直接考查加涅提出的学习过程的基本模式是什么。

（4）给出实例，要求选择其对应的学习阶段。

3.【识记技巧】加涅按学习结果分类的学习可记忆为"胭脂太动人"。

胭（言语信息的学习），脂（智慧技能的学习），太（态度的学习），动（动作技能的学习），人（认知策略的学习）。

四、建构主义学习理论

建构主义心理学的奠基人为瑞士著名心理学家皮亚杰，后来在维果茨基等人的推动下，这一理论得到充分的发展并形成了较为完整的体系。

考点1　建构主义学习理论的主要内容　★★★

1.知识观

（1）知识不是对现实的准确表征，而是一种解释、一种假设。知识不是问题的最终答案，相反，它会随着人类的进步而不断地被"革命"，并随之出现新的假设。例如，"地心说"被"日心说"取代。

（2）知识并不能精确地概括世界的法则。在具体问题中，知识并不是拿来便用，一用就灵，而是需要针对具体情境进行再创造。例如，一些人认为劝酒是热情好客的表现，对于另一些人而言，被硬逼着喝酒会让他们感觉很不愉快。

（3）知识不可能以实体的形式存在于具体的个体之外，尽管我们通过语言符号赋予了知识一定的外在形式，甚至这些命题还得到了较普遍的认可，但这并不意味着学习者会对这些命题有同样的理解。因为这些理解只能由个体基于自己的经验背景而建构起来，取决于特定情境下的学习历程。例如，同样赏月，诗人想到的可能是"月有阴晴圆缺"，恋人想到的可能是"花前月下"的浪漫，气象学家想到的则可能是第二天的天气状况。

2. 学生观

建构主义者强调学生经验世界的丰富性和差异性，强调学生并不是空着脑袋走进教室的。因此，教学不能无视学生的已有经验，而是要把学生现有的知识经验作为新知识的生长点，引导学生从原有的知识经验中"生长"出新的知识经验。

3. 学习观

（1）学习的主动建构性

建构主义认为，学习不是由教师向学生传递知识的过程，而是学生建构自己的知识的过程；学生不是被动的信息吸收者，而是主动的信息建构者。学生转换、改造、重组、综合头脑中已有的知识经验，来解释新信息、新事物、新现象，或者解决新问题，最终生成个人意义的知识内容。

（2）学习的社会互动性

建构主义强调，学习是通过对某种社会文化的参与而内化相关的知识和技能、掌握有关工具的过程，这一过程常常通过一个学习共同体的合作互动来完成。学习共同体是由学习者及助学者（包括教师、专家、辅导者等）共同构成的团体，他们彼此之间经常在学习过程中进行沟通交流，分享各种学习资源，共同完成一定的学习任务，因而在成员之间形成了相互影响、相互促进的人际联系，形成了一定的规范和文化。

（3）学习的情境性

建构主义强调学习、知识和技能的情境性，认为知识不可能脱离活动情境而抽象存在，学习应该与情境化的社会实践活动结合起来。知识存在于具体的、情境的、可感知的活动中，只有通过实际活动才能真正使人了解。

学习是在一定的情境即社会文化背景下，通过人际间的协作活动而实现的意义建构过程，建构主义学习理论认为"情境""协作""会话（交流）""意义建构"是学习环境中的四大要素或四大属性。

①情境：与学习主题的基本内容相关、和现实情况基本一致或相类似的情景和环境，它提供给学生为理解主题所需要的经验。

②协作：发生在学习过程始终的师生之间、生生之间、学生与媒体之间的友好、平等的支援和帮助。

③会话（交流）：在个人自主学习的基础上，小组成员之间的讨论与商榷。

④意义建构：学习过程的终极目标。

<u>典型例题</u>（2020下·判断）李老师在教学中喜欢将知识放在具体的情境中，让学生在情境化的实践活动中学习。他的教学方法符合行为主义学习理论。   （   ）

【答案】×。

4. 教学观

（1）由于知识的动态性和相对性，教学不再是传递客观而确定的现成知识，而是激发出学生原有的相关知识经验，促进知识经验的"生长"，促进学生的知识建构活动，以促成学生知识经验的重新组织、转换和改造。

（2）教学要为学生创设理想的学习情境，激发学生的推理、分析、鉴别等高级思维活动，同时给学生提供丰富的信息资源和处理信息的工具及适当的帮助和支持，促进他们自身建构意义及解决问题。

（3）教师是学生意义建构的帮助者、促进者，学生学习的合作者，而不是知识的传授者与灌输者。

建构主义教学有以下四要素：①注重以学生为中心的教学；②注重在实际情境中进行教学；③注重协作学习；④注重提供充分的资源。

小 结

> 1.【常考题型】单选、多选、判断、案例分析
>
> 2.【命题角度】
>
> （1）给出观点或例子，选择对应的知识观和学习观的观点。
>
> （2）给出某一观点，用建构主义的"四观"判断其是否正确。
>
> （3）给出一段材料，要求用建构主义的观点评析材料中人物的行为。

考点2　建构主义学习理论对当前教育实践的启示

1.知识观的教育启示

知识并不是绝对的真理。因此教师在尊重书本知识的同时，不能用知识的权威性来压制学生的创造性，要培养学生的批判精神，敢于向知识质疑、挑战。

2.学生观的教育启示

学生不是空着脑袋走进教室的。教师要对学生的学习模式、有关的先前知识和对教材的信任状况有所了解，以引导学生对学习材料获得新意义，修正以往的概念。

3.学习观的教育启示

学习的主动建构性、社会互动性和情境性要求教师要做到以下几点。

（1）认识到自主学习的重要性，教师应该创设问题情境，引导和帮助学生主动建构自己的认知结构。

（2）注意学生共同体在学习中的作用，运用合作学习等方式帮助学生建构认知结构。

（3）注意理论联系实践，积极开展实践活动，在实践活动中帮助学生合理运用和领会知识。

考点3　建构主义学习理论在教学中的应用 ★★

1.随机通达教学（随机进入教学、随机访问教学）

斯皮罗的认知灵活理论把学习分为初级学习和高级学习。建构主义者在探讨高级学习的基础上提出了适合高级学习阶段的教学模式——随机通达教学。

随机通达教学的基本原理：对于同一教学内容，要在不同时间、在重新安排的情境下、带着不同的目的、从不同的角度多次进行学习，以此来达到获得高级知识的目标。

随机通达教学的具体操作：①呈现情境；②随机进入学习；③思维发散训练；④小组协作学习；⑤学习效果评价。

2.支架式教学

支架式教学的依据是维果茨基的"最近发展区"理论，支架式教学通过支架（教师或有能力的同伴等）的协助，把管理学习的任务逐渐由教师转移给学生自己，最后撤去支架。支架的重要功能是帮助学生顺利穿越最近发展区，从而获得进一步的发展。

根据在教学中支架是否具有互动功能，可分为互动支架与非互动支架。互动支架包括教师示范、出声思维、提出问题等。非互动支架包括改变教材、书面的或口头的提示与暗示等。

支架式教学的具体操作：①进入情境；②搭脚手架；③学生独立探索；④协作学习；⑤效果评价。

典型例题（2020下·多选）支架式教学的构成要素包括（　　　　）。

A.进入情境　　　　B.搭脚手架　　　　C.独立探索　　　　D.协作学习

E.效果评价

【答案】ABCDE。

3.抛锚式教学（情境教学）

抛锚式教学要求教学内容建立在有感染力的真实事件或问题的基础上。（该内容已在第一部分第七章做出讲解，此处不再赘述）

4.认知学徒制

认知学徒制是指通过允许学生获取、开发和利用真实领域的活动工具的方法，来支持学生在某一领域学习的模式。它强调经验活动在学习中的重要性，强调要把学习和实践联系起来。

在认知学徒制中，教师应经常给学生示范。然后，教师或者有经验的同辈支持学生努力地完成学习任务。最终，鼓励学生独立完成任务。

5.探究学习

探究学习是基于问题解决活动来建构知识的过程。探究学习通过有意义的问题情境，让学生通过不断地发现问题和解决问题，来学习与所探究的问题有关的知识，形成解决问题的技能以及自主学习的能力。

6.合作学习

合作学习主要是以互动合作（师生之间、学生之间）为教学活动取向的，以学习小组为基本组织形式，来共同达成教学目标。

7.交互式教学

交互式教学是基于维果茨基心理发展理论开发的一种进行读写能力教学的动态中介模式。在这种教学活动的开始，教师先给学生示范一些阅读策略，如怎样根据学习内容提出问题、怎样恰当地回答问题，然后教师和学生将轮流充当教师角色演练这些策略。这种教学包含了教师和学生小组之间的相互对话。

--- 小 结 ---

1.【常考题型】单选、多选、判断

2.【命题角度】

（1）以多选的形式考查建构主义学习理论在教学中的应用，考生应识记上述七种教学模式的名称。

（2）给出例子、操作步骤或关键词，要求选出对应的教学模式。

五、人本主义学习理论

人本主义心理学的主要代表人物是马斯洛和罗杰斯。下文主要介绍马斯洛和罗杰斯的学习理论。

考点1 马斯洛的内在学习理论

马斯洛认为，外在学习是单纯依赖强化和条件作用的学习，其着眼点在于灌输而不在于理解，是一种被动的、机械的、传统教育的模式。在外在学习中，学习活动不是由学生决定，而是由教师强制的。内在学习是指依靠学生内在驱动，充分开发潜能达到自我实现的学习。这是一种自觉的、主动的、创造性的学习模式。这种内在教育的模式会促使学生自发的学习，打破各种束缚人发展的清规戒律，自由地学他想学的任何课程，充分发挥其想象力和创造力。马斯洛认为，理想学校应反对外在学习，倡导内在学习。

考点2 罗杰斯的学习理论 ★★★

1.知情统一的教学目标观

罗杰斯的教育理想是培养躯体、心智、情感、心力融会一体的人，也就是既用情感的方式也用认知的方式行事的知情合一的人，即"全人"或"功能完善者"。要实现这一教育理想，需要一个现实的教学目标，即促进变化和学习，培养能够适应变化和知道如何学习的人，而不是只注重学生知识内容的学习及知识结果的评判。

2. 有意义的自由学习观

罗杰斯倡导有意义的自由学习，倡导的学习原则的核心是让学生自由学习。有意义学习不仅仅是一种增长知识的学习，而且是一种与个人各部分经验都融合在一起，使个人的行为、态度、个性，以及在未来选择行动方针时发生重大变化的学习。例如，学生学习"烫"字，明白了在生活中要避开开水、火源伤害。

有意义学习的要素有以下几个：①学习是学习者自我参与的过程，包括认知参与和情感参与；②学习是学习者自我发起的，内在动力在学习中起主要作用；③学习是渗透性的，它会使学生的行为、态度，以及个性等发生全面变化；④学习的结果由学习者自我评价，即他们知道自己想学什么和自己学到了什么。

值得注意的是，罗杰斯和奥苏贝尔都提倡有意义学习，但是二人的观点是有区别的（表2-5-7）。罗杰斯的有意义学习关注的是学习内容和个人之间的关系，强调学习中对个人潜能的发挥，情感、态度、价值观的影响和培养。奥苏贝尔的有意义学习强调新旧知识之间的联系，它只涉及理智，不涉及个人意义。

表2-5-7 奥苏贝尔的有意义学习与罗杰斯的有意义学习的区别

比较范畴	奥苏贝尔的有意义学习	罗杰斯的有意义学习
概念	以符号为代表的新观念与学习者认知结构中原有的适当观念建立起非人为的和实质性的联系	不仅是增长知识，更是与个人各部分经验融合在一起，引起整个人的变化的学习
概念范畴	认知范畴	知情统一
学习结果	它是在对事物理解的基础上，依据事物的内在联系进行的学习，即新的学习材料如何纳入已有知识的系统之中	学习不局限于知识的简单积累，而是渗入到他为了未来而选择的一系列活动中。学习使其态度和人格发生变化，是智力与品德融为一体的人格教育和价值观熏陶
实例	学习"等边三角形是有三条等边的三角形"这一定义时，其认知结构预先具备"三角形"和"等边"的概念，这样才能将原有的一般"三角形"的概念或表象加以改造，产生新的"等边三角形"概念，即两者建立了实质性联系；"三角形"的概念与"等边三角形"概念之间的联系是符合一般与特殊的逻辑关系的，即这种联系是非人为的	让一个学生取一杯冰水，他就可以学到"冷"这个词的意义，并知道冰加热能融化，而在夏天，装冰水的杯子外面会有水滴等

3. 学生中心的教学观

学生中心模式又称非指导性教学模式，旨在让学生通过自我反省活动及情感体验，在融洽的心理气氛中自由地表现自我、认识自我，最后达到改变自我、实现自我。该模式主张废除"教师"这一角色，代之以"学习的促进者"。教师的任务是为学生提供各种学习的资源，提供一种促进学习的气氛，让学生自己决定如何学习。

除此之外，罗杰斯还提出了以下基本教学要求：①以学生为本；②让学生自发地学习；③排除对学习者自身的威胁；④给学生安全感。

典型例题（2022下·判断）罗杰斯的有意义学习主张关注学习内容与个人之间的关系。（ ）
【答案】√。

考点3 人本主义学习理论的局限

第一，由于人本主义学习理论是根植于其自然人性论及自我实现论的基础之上的，因此，在实际教学中，它片面强调学生中心，而忽视了教师的指导作用，从根本上排斥了后天教育对学生应该实施的有系统、有目的的影响，把教育的功能贬低到了最低限度。

第二，人本主义学习理论直接来源于心理治疗的理论和实践，是以"当事人中心"为基础提出"学生中心"的，把教学与治疗、学生与当事人、教师与治疗者等同，从而忽视了学校教育过程固有的特殊性。

第三，人本主义学习理论在反对传统教育轻视情感的基础上，又走向另一极端，过分轻视系统科学知识的学习，片面强调情感的重要性，并最终走向情感至上的歧途。

典型例题（2023上·单选）下列观点不符合人本主义教学理论的是（   ）。

A.师生之间应该互相尊重

B.培养学生的人格和传授知识一样重要

C.教师应创建教学情境，丰富学生的经验

D.学习不是教授的结果，而是通过教师的促进完成的

【答案】C。解析：C项重视教学的情境性，是建构主义教学理论的观点。

小 结

1.【常考题型】单选、多选、判断、案例分析

2.【命题角度】

（1）给出概念或例子，要求判断其是否为人本主义学习理论的观点或局限。

（2）区分奥苏贝尔的有意义学习与罗杰斯的有意义学习。

（3）以多选的形式考查促进学习的心理气氛的三个要素、有意义学习的四个要素、罗杰斯提出的四个主要教学要求。

（4）给一段材料，要求用人本主义学习理论的观点评析材料中人物的行为。

第六章　分类学习理论

| 知识结构 |

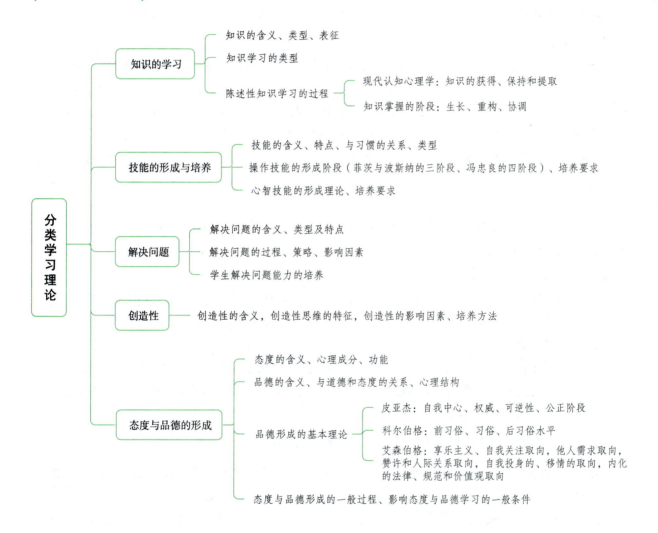

第一节　知识的学习

一、知识的含义

现代认知心理学认为，知识就是个体通过与环境相互作用后获得的信息及其组织。知识的实质是人脑对客观事物的特征与联系的反映，是客观事物的主观表征，是人类经验、思想、智慧的存在形式。

二、知识的类型 ★★

考点 1   感性知识与理性知识（根据知识的概括水平及认识深度划分）

感性知识一般通过人们的感觉器官直接获得，是对活动的外部特征和外部联系的反映，是对具有感性特征的具体而有形的信息的言语概括。感性知识可分为感知和表象两种水平。

理性知识一般通过人们的思维活动间接获得，是对活动的本质特征与内在联系的反映，一般包括概念和命题两种形式。

考点 2   陈述性知识、程序性知识与策略性知识（根据知识的表征方式和作用划分）

1. 三者的含义

陈述性知识又称描述性知识，是个人能用言语直接进行陈述的知识。这类知识主要用来回答事物"是什么""为什么""怎么样"等问题，是关于事物及其联系的知识，包括事实、规则、个人态度、信仰等。从本质上说，陈述性知识学习的目的是获取语义。目前学校教学传授的主要是陈述性知识。例如，勾股定理是指直角三角形的两条直角边的平方和等于斜边的平方，这就是陈述性知识。

程序性知识又称操作性知识，是个体难以陈述清楚、只能借助于某种方法间接推测其存在的知识。这类知识主要用来解决"做什么"和"怎么做"的问题。例如，"怎样操作一台机器""怎样解答数学题或物理题"等。

策略性知识是个体运用陈述性知识和程序性知识去学习、记忆、解决问题的一般方法和技巧，是关于如何学习和如何思维的知识。例如，知道如何写好作文等。

2. 三者的关系

（1）陈述性知识学习是程序性知识学习的前提和基础，大量的陈述性知识学习可以转化为程序性知识学习。直接经验的参与是陈述性知识学习变为程序性知识学习的必要条件之一。

（2）程序性知识的掌握促进着陈述性知识的深化。

（3）从本质上看，策略性知识也是程序性知识，但它和一般的程序性知识不同。一般的程序性知识是完成某种具体任务的操作步骤，而策略性知识是学习者用来调控学习和认识活动本身的，其目标是更有效地获取新知识和运用已有知识来解决问题。

考点 3   显性知识与隐性知识（根据知识能否被清晰地表述和有效地转移划分）

显性知识是指用书面文字、图表和数学表述的知识，通常是用言语等人为方式，通过表述来实现转移的，所以又称"言明的知识"。

隐性知识是指尚未被言语或其他形式表述的知识，是尚未言明的、难以言传的知识。波兰尼有一个经典的比喻证明隐性知识的存在，他说："我们能够从成千上万甚至上百万张脸中认出某一个人的脸，但是在通常的情况下，我们却说不出我们是怎样认出这张脸的。"

> **典型例题** 1.（2023 上·单选）关于程序性知识和陈述性知识的关系，下列说法错误的是（   ）。
>
> A. 程序性知识的掌握可以促进陈述性知识的理解
>
> B. 陈述性知识和程序性知识都需要理解和记忆两个加工过程
>
> C. 陈述性知识常常是程序性知识的基础，因此程序性知识是高级复杂的
>
> D. 对于一个知识点，学习者既可以形成陈述性知识，也可以形成程序性知识
>
> 【答案】C。

2.（2023上·单选）在学习开车时，小文可以很好地应对不同弯道打方向盘，但是很难用语言描述具体怎样操作。这属于（　　）。

A. 显性知识　　　　　B. 隐性知识　　　　　C. 具体知识　　　　　D. 条件性知识

【答案】B。

3.（2023下·判断）陈述性知识的学习是技能学习的起点。　　　　　　　　　　　　　（　　）

【答案】√。

小　结

1.【常考题型】单选、多选、判断

2.【命题角度】

（1）结合实例或关键词考查每种知识类型的内涵。例如，"我们知晓的比我们能说出的多"说的是哪种知识？答案：隐性知识。

（2）考查知识类型的分类标准与具体类型的对应关系。

（3）考查陈述性知识与程序性知识的区别与联系。

三、知识的表征

知识的表征是指信息在人脑中的存储和呈现方式，它是个体学习知识的关键。不同的知识类型在头脑中具有不同的表征方式。

考点1　陈述性知识的表征

心理学家普遍认为，陈述性知识的表征形式主要包括命题和命题网络。另外，概念、表象和图式也是陈述性知识的重要表征形式。

1. 概念

概念代表事物的基本属性和基本特征，是一种简单的表征形式。例如，"正方形"这个概念包含四条相等的边，属于封闭图形和平面图形等特征。

2. 命题与命题网络

命题是陈述性知识的最小单元，用于表述一个事实或描述一个状态，通常由一个关系和一个以上的论题组成，关系限制论题。例如，"张三在喝水"这一命题中，"张三"和"水"是论题，"喝"表示这一命题的关系，限制了有关"张三"的情况。

两个或多个命题常常因为有某个共同的成分而相互联系在一起，从而构成了命题网络。例如，"张三和李四正在热烈地讨论地理问题"。

3. 表象

表象是人们头脑中形成的与现实世界的情境相类似的心理图像。当我们形成表象时，总是试图回忆或者重构信息的自然属性和空间结构。例如，人们在头脑中想象出的"书在桌上"的画面。

命题与表象的区别：①表象表征的是事物的知觉特征，命题表征的是事物的抽象意义；②表象是一种连续的、模拟的表征，命题是一种断续的、抽象的表征。

4. 图式

图式组合了概念、命题和表象，表征了对某个主题的综合性知识。

考点2　程序性知识的表征

程序性知识主要以产生式和产生式系统进行表征。

产生式是条件与动作的联结，即在某一条件下会产生某一动作的规则，它由条件项"如果"和动作项"那么"构成。即在满足某个条件的时候，我们做出某个行动。

众多的产生式联系在一起构成复杂的产生式系统，表征复杂技能的完成过程。

小　结

1.【常考题型】单选、多选、判断

2.【命题角度】考查陈述性知识和程序性知识的表征形式。

四、知识学习的类型　★★★

考点1　符号学习、概念学习和命题学习

根据知识本身的存在形式和复杂程度，奥苏贝尔把知识学习分为符号学习、概念学习和命题学习。

1. 符号学习（表征学习）

符号学习又称表征学习，是指学习单个符号或一组符号的意义，或者说学习符号本身代表什么。符号学习的实质是符号和它代表的事物在个体的认知结构中建立了相应的等值关系。符号学习有利于个体迅速掌握大量有具体指称对象的词汇。

符号学习的内容：①认字及词汇学习（语言符号的学习）；②非语言符号的学习，如实物、图像、图表、图形等；③事实性知识的学习。

2. 概念学习（概念获得）

概念学习又称概念获得，是指掌握概念的一般意义，其实质是掌握一类事物的共同的本质属性和关键特征。概念学习以符号学习为前提，又为命题学习奠定基础，是有意义学习的核心。

一般来说，概念学习有概念形成和概念同化两种主要方式。

概念形成是指学生通过直接观察某类事物，经过分析、比较、抽象、概括、假设、检验等思维活动，找出这类事物共同的关键特征，并用词表示这个概念。概念形成一般经历抽象化、类化、辨别三个阶段。发现学习是概念形成的主要方式。

概念同化是指利用学习者认知结构中原有的概念，以定义的方式直接给学习者提示概念的关键特征，从而使学习者获得概念。概念同化是学生学习概念的主要方式。接受学习是概念同化的典型方式。

3. 命题学习

命题学习是指学习句子中由若干概念构成的复合意义，即学习若干概念之间的关系。

命题学习以概念学习为前提，以符号学习为基础，旨在反映事物之间的联系和关系，是一种更加复杂的学习。例如，学习"北京是中国的首都""圆的直径是它的半径的两倍"等。

典型例题　1.（2023下·单选）小红两岁时就知道香蕉在英文中叫"banana"。按加涅的学习水平分类，这属于（　　）。

A.符号记忆学习　　　　B.具体概念学习　　　　C.定义概念学习　　　　D.高级规则学习

【答案】A。

2.（2023上·判断）红红在学校学到了"北京是中国的首都"。根据学习的分类，这种学习属于命题学习。

（　　）

【答案】√。

考点 2　下位学习、上位学习和并列结合学习

根据新知识与原有知识结构的关系，奥苏贝尔将知识学习分为下位学习、上位学习和并列结合学习。这也是奥苏贝尔提出的三种概念同化模式。

1.下位学习（类属学习）

下位学习又称类属学习，是指当认知结构中原有观念的抽象、概括和包摄性高于新知识，新旧知识建立下位联系时的知识学习。

下位学习包括两种形式：派生类属学习和相关类属学习。

派生类属学习指新的学习内容仅仅是学生已有的、包括面较广的命题的一个例证，或是能从已有命题中直接派生出来的。派生类属学习不仅可使新概念或命题获得意义，而且可使原有概念或命题得到补充或证实。例如，如果学生已有了"文具"的概念，再学习"铅笔"这个词汇。

相关类属学习指新内容可以扩展、修饰或限定学生已有概念、命题，并使其精确化。例如，学生先学习平面几何中"高"的概念，再学习立体几何中"高"的概念，学生头脑中的原有的"高"的概念被加深和扩展。

2.上位学习（总括学习）

上位学习又称总括学习，是指当新知识的抽象、概括和包摄性高于旧知识，新旧知识建立上位联系时的知识学习。上位学习是在已经形成的某些观念的基础上，学习一个概括和包容程度更高的概念或命题，即通过综合归纳获得意义的学习。例如，学生先学习"猫""狗""熊猫"等概念，再学习"哺乳动物"的概念。

3.并列结合学习（并列组合学习）

并列结合学习又称并列组合学习，是指新知识与原有观念既无上位，也无下位的特殊联系，而是一种并列或类比关系时产生的学习。新学习的关系不能归属于原有的关系，也不能概括原有的关系，但新旧知识之间仍然具有某些共同的关键特征。根据这种共同特征，新关系与已知关系并列结合，新关系就具有了意义。例如，学习遗传结构与变异、质量与能量、热与体积、需求与价格等概念之间的关系。

典型例题　1.（2024上·判断）学生在学习了钠、镁、铝等元素的性质和特征之后，再学习铜、铁、锌等概念就比较容易，这种学习属于下位学习。　　　　　　　　　　　　　　　　（　　）

【答案】×。

2.（2023下·单选）小姗已经学习过"空气中的水蒸气遇冷会结成冰"，今天实践课要学习的现象是"冬天从寒冷的室外进入温暖的室内，镜片会变得模糊"。根据学习的分类，小姗对于新知识的学习属于（　　）。

A.上位学习　　　　　　B.下位学习　　　　　　C.并列学习　　　　　　D.结合学习

【答案】B。

3.（2023上·多选）下列关于认知同化过程的判断，正确的有（　　）。

A.学生先学习"轴对称图形"的概念，再学习"圆也是轴对称图形"，这属于下位学习

B.学生先学习"胡萝卜、豌豆、菠菜"的概念，再学习"蔬菜"的概念，这属于下位学习

C.学生先学习"猫会爬树"，再学习"邻居家的猫正在爬门前的那棵树"，这属于下位学习

D.学生先学习"杠杆"的概念，了解杠杆的力臂原理，再学习"定滑轮"的知识，这属于上位学习

E.学生先学习"平行四边形"的概念，再学习"菱形是四条边一样长的平行四边形"这一命题来界定"菱形"，这属于上位学习

【答案】AC。

小 结

1.【常考题型】单选、多选、判断

2.【命题角度】

（1）考查知识学习类型与划分维度的对应。

（2）题干或选项呈现实例，要求辨别实例属于知识学习的哪种类型。例如，某学生先学习锐角的概念，后学习角的概念。这属于什么学习？答案：上位学习。

（3）考查符号学习（表征学习）的具体内容。

（4）考查概念形成和概念同化的内涵以及概念形成的三个阶段。

（5）考查派生类属学习和相关类属学习的内涵和区别。

3.【识记技巧】区别上位学习与下位学习时，先找出题干中的新知识与原有知识，再分析两者的关系。

下位学习和上位学习的记忆技巧：下心低，上心高。

"下心（新）低"：下位学习新知识的概括性低于原有知识。

"上心（新）高"：上位学习新知识的概括性高于原有知识。

五、陈述性知识学习的过程 ★★

考点1　现代认知心理学的分类

1.知识的获得

知识的获得是知识学习的第一个阶段。在这个阶段，知识的学习主要表现为对知识的感知和理解。通过感知和理解知识，新知识与原有知识建立联系，纳入个体的认知结构和认知系统。知识的感知和理解一般是通过知识的直观和概括两个环节实现的。

（1）知识直观

知识直观是指学习者通过对直接感知到的教材直观信息进行加工，从而获得感性知识的过程。直观是理解科学知识的起点，是学生由不知到知之的开端，是知识获得的首要环节。

知识直观主要包括实物直观、模象直观和言语直观。

①实物直观

实物直观是指在感知实际事物的基础上提供感性材料的直观方式。例如，观察各种实物、标本，演示实验，实地观测，现场参观等。

②模象直观

模象直观是指在对事物的模拟性形象的直接感知基础上进行的一种直觉的能动反应。例如，观看图片、图表、模型、幻灯片、录像、电影、多媒体演示等。

③言语直观

言语直观是指教师用生动形象、富有感染力的语言唤起学生对有关事物表象的重现，并按照描述进行重组，以形成新事物的表象。

（2）知识概括

知识概括是指主体通过对感性材料的分析、综合、比较、抽象、概括等深层次加工改造，获得对一类事物本质特征与内在联系的抽象的、一般的、理性的认识的活动过程。

知识概括包括感性概括（直觉概括）和理性概括。

①感性概括（直觉概括）

感性概括也称直觉概括，它是在直观的基础上自发进行的一种低级的概括形式。感性概括不能反映事物的本质特征和内在联系，概括的只是事物的一般外表特征和外部联系。例如，学生观察到麻雀、乌鸦、燕子等都能飞，概括出会飞的动物就是鸟。

②理性概括

理性概括是在有关理性知识的指导下，通过发挥主观能动性，对感性知识经验进行自觉的逻辑加工改造，来揭示事物共同的、本质的特征与内在联系的高级概括形式。一切科学的概念、定义、定理、规律、法则都是理性概括的结果。

典型例题（2020下·单选）某学生通过麻雀、乌鸦、燕子等都能飞，概括出会飞的动物就是鸟，而企鹅是不会飞的，所以认为企鹅不是鸟。这种知识概括方式属于（　　　）。

A.形式概括　　　　　B.内容概括　　　　　C.感性概括　　　　　D.理性概括

【答案】C。

2.知识的保持（巩固）

知识的保持是指对新建构意义的持久记忆。在保持阶段，新建构的意义储存于长时记忆中，如果没有复习或新的学习，这些意义会随着时间的流逝而出现被遗忘的现象。

3.知识的提取（应用）

知识的提取是指把学到的知识应用于作业和解决有关问题的过程，是抽象知识具体化的过程。具体化过程虽因课题的性质、知识的领会水平与解题技能的掌握等的不同而有所不同，但就其涉及的智力活动而言，主要包含审题、联想、解析和类化四个彼此相连而又有相对独立意义的基本成分。

考点2　知识掌握的阶段

1.生长阶段

学生接触各种形式的知识，包括术语、事件、理论解释等，并力图把这些"外来的"知识与自己原有的知识建立联系。在此阶段，学生获取的知识具有零散的和孤立的性质，一般不易迁移，难以应用。

2.重构阶段

重构是建立观念间的联系，形成观念间的关系模式。如概念学习，最初的概念以原型的形式表征，没有精确的定义，它只能在很小的范围内应用。随着练习的增加，概念越来越精确，通过技术性的术语加以定义，从而形成了概念间的关系模式。

3.协调阶段

在这一阶段，知识由大量的模式构成，根据深层次结构加以组织达到系统化和结构化的水平，如大量的物理现象根据牛顿力学的原理加以组织，最终达到某一概念在新的情境中与其他概念一起被灵活自动地应用。

典型例题（2020上·单选）当学生试图将已获得的、相对零散和独立的知识与自己原有知识建立联系时，表明学生对知识的掌握处于（　　　）。

A.重构阶段　　　　　B.生长阶段　　　　　C.协调阶段　　　　　D.提取阶段

【答案】B。

小 结

1.【常考题型】单选、多选、判断、案例分析
2.【命题角度】
（1）考查现代认知心理学和我国传统教育心理学对知识学习的过程的分类。
（2）考查知识直观的三种类型，以及结合实例考查某一知识直观类型。例如，通过观察各种实物标本，演示各种实验进行教学属于哪种直观类型？答案：实物直观。
（3）结合实例考查感性概括与理性概括的内涵。例如，"会飞的是鸟，会游的是鱼"属于什么概括？答案：感性概括。

第二节　技能的形成与培养

一、技能概述

考点1　技能的含义

技能是个体运用已有知识经验，通过练习而形成的确保某种活动得以顺利进行的合乎法则的活动方式。

考点2　技能的特点

（1）技能是由练习得来的，并非本能行为，如眨眼反射、皱眉动作等本能行为不属于技能。

（2）技能是一种活动方式（即动作方式是技能的形式），区别于程序性知识。陈述性知识的学习是技能学习的起点。

（3）技能是合乎法则的活动方式，区别于一般的随意行为。合乎法则是技能形成的前提。合乎法则的熟练技能具有流畅性、迅速性、经济性、同时性、适应性等特征。

典型例题　（2018上·判断）发现有危险物体朝自己飞来时，个体往往会眨眼或是躲闪。这属于动作技能。　　　　　　　　　　　　　　　　　　　　　　　　　（　　　）

【答案】×。

考点3　技能与习惯的关系

习惯是个体在一定情境下自动化地进行某种动作的需要或特殊倾向。技能与习惯之间既相互联系又相互区别。

联系：熟练的技能和习惯都是自动化的动作系统。

区别：（1）技能是越来越向一定的标准动作体系提高，而习惯则越来越保持原来的动作组织情况。

（2）技能有高级与低级之分，但没有好坏之别。习惯根据对个人和社会的意义有好坏之分。

（3）技能和一定的情境、任务都有联系，而习惯只和一定的情境相联系。技能是主动的，只有需要的时候出现，习惯则是被动的。

（4）技能要与一定的客观标准做对照，而习惯则只是与上一次的动作做对照。

小　结

1.【常考题型】单选、多选、判断

2.【命题角度】

（1）结合实例或关键词考查技能的内涵。例如，技能的掌握与陈述性知识无关。答案：×。

（2）考查技能和习惯的区别。例如，技能没有好坏之别，习惯有好坏之分。答案：√。

二、技能的类型 ★★

根据技能的性质和表现形式的不同，技能可分为操作技能与心智技能两种。

考点1　操作技能

1. 操作技能的含义

操作技能也叫动作技能、运动技能，是通过学习而形成的合乎法则的程序化、自动化和完善化的操作活动方式。日常生活中的许多技能都是操作技能，如音乐方面的吹、拉、弹、唱，体育方面的球类运动、体操、田径等。

2. 操作技能的特点

（1）动作对象的客观性（物质性）。操作技能的活动对象是物质性客体或肌肉，具有客观性。

（2）动作执行的外显性。操作技能的执行是通过外部显现的肌肉运动实现的，具有外显性。

（3）动作结构的展开性。操作活动的每个动作必须切实执行，不能合并、省略，在结构上具有展开性。

3. 操作技能的类型

（1）根据动作的精细程度与肌肉运动强度不同，操作技能可分为细微型操作技能与粗放型操作技能

细微型操作技能主要靠小肌肉群的运动来完成，如弹琴、射击、打字、摆动耳朵等。

粗放型操作技能主要靠大肌肉群的运动来完成，如踢足球、打羽毛球等。

（2）根据动作的连贯与否，操作技能可分为连续型操作技能与不连续型操作技能

连续型操作技能主要由一系列连续的动作构成，表现为连续的、不可分割的、协调的动作序列，如骑车、滑冰、开车等。

不连续型操作技能主要由一系列不连续的动作构成，各个动作在操作过程中可以相互独立，如跳高、跳远、掷标枪等。

（3）根据动作对环境的依赖程度不同，操作技能可分为闭合型操作技能与开放型操作技能

闭合型操作技能主要依赖机体自身的内部反馈信息进行运动，如体操、游泳、跑步等。

开放型操作技能主要依赖外界反馈信息进行活动，如打篮球、排球、棒球等。

（4）根据操作对象的不同，操作技能可分为徒手型操作技能与器械型操作技能

徒手型操作技能以机体本身为对象，只需要通过身体的协调运动而无需操纵各种器械来实现，如体操、游泳、跑步等。

器械型操作技能主要是通过操纵一定的器械来实现的，如各种球类运动、写字等。

考点2　心智技能

1. 心智技能的含义

心智技能也称智力技能、认知技能，是一种借助内部力量调节、控制心智活动的经验，是通过内部语

言在头脑中形成的合乎法则的心智活动方式。例如，阅读技能（默读）、写作技能、运算技能（心算）、解题技能、记忆技能等。

2. 心智技能的特点

（1）动作对象具有观念性。心智活动的对象是客体在人脑中的主观映象，是客观事物的主观表征，是知识和信息。

（2）动作执行具有内潜性。心智活动是借助于内部言语在头脑内部默默地进行，只能通过其作用对象的变化来判断其存在。

（3）动作结构具有简缩性。心智活动不像操作活动必须将每一个动作实际做出，也不像言语活动必须把每个字词说出，心智活动是不完全的、片段的，是高度省略和简化的。如在口算、阅读（默读）、构思、心算中，心智活动可以高度简缩这些思维的过程，有时要比实际操作快得多。

3. 心智技能的类型

心智技能可分为特殊心智技能（专门的心智技能）和一般心智技能。

特殊心智技能是在某种专门的认识活动中形成起来的，如默读与心算技能等。

一般心智技能是在一般认识活动中形成起来的，可以广泛应用于许多领域，如观察技能、分析技能、综合技能、思维技能、想象技能、记忆技能等。

考点 3　操作技能与心智技能的区别与联系

1. 操作技能与心智技能的区别

（1）活动的对象不同。操作技能属于实际操作活动的范畴，其活动的对象是物质的、具体的。心智技能的活动对象是头脑中的映象，不是客体本身，具有主观性和抽象性。

（2）活动的结构不同。操作技能是系列动作的连锁，所以其动作结构必须从实际出发，符合实际，不能省略。心智技能是借助于内部言语实现的，可以高度省略、简缩。

（3）活动的要求不同。操作技能要求学习者必须掌握一套刺激－反应的联结，而心智技能则要求学习者掌握正确的思维方法。

2. 操作技能与心智技能的联系

（1）操作技能是心智技能形成的最初依据，心智技能的形成是在外部操作技能的基础上，逐步脱离外部动作而借助于内部语言实现的。例如，写作这种心智技能就是在书写等操作技能的基础上发展起来的。

（2）心智技能是外部操作技能的支配者和调节者，复杂的操作技能往往包含认知成分，需要学习者智力活动的参与，手脑并用才能完成。

典型例题　（2023 上·多选）下列选项中属于心智技能的有（　　　）。

A. 语文学习中掌握的阅读与构思技能　　　　B. 数学学习中获得的运算与解题技能

C. 美术学习中获得的色彩与构图技能　　　　D. 自然科学学习中发展的观察与记忆技能

E. 音乐学习中形成的吹、拉、弹、唱技能

【答案】ABCD。

小　结

1.【常考题型】单选、多选、判断

2.【命题角度】

（1）给出实例或划分维度，要求考生选择相应的技能类型。

（2）考查操作技能和心智技能的特点以及二者的关系。

（3）结合实例，考查操作技能的分类。例如，根据操作技能的分类，驾驶汽车属于哪种操作技能？

答案：连续型操作技能和开放型操作技能。

三、操作技能的形成

考点1　菲茨与波斯纳的三阶段模型

菲茨和波斯纳把操作技能的学习过程分为认知、联系形成、自动化三个阶段。

1.认知阶段

认知阶段是个体学习新的操作技能的初期，在这一阶段个体首先要通过对示范对象的观察及对刺激情境的知觉，形成一个内部的动作意象，作为实际执行动作时的参照。认知阶段的主要任务是对示范动作进行观察，了解要学习的动作技能的动作结构和特点，以及各组成动作之间的联系，从而在头脑中形成动作映象。在这个阶段中关键是要认识到"做什么"和"怎么做"。

2.联系形成阶段

在联系形成阶段，个体把组成操作技能的整体动作逐一进行分解，并试图发现他们是如何构成的，最后尝试性地完成所学新技能中的各个动作。经过练习，个体逐步掌握了一系列的局部动作，并逐渐从个别动作转向动作的组织和协调。但在此阶段，各动作之间依然结合得不够紧密，因此在动作转换和交替之际，常常会出现短暂的停顿现象。

3.自动化阶段

在自动化阶段，各个动作的相互协调似乎是自动流露出来的，无需特殊的注意和纠正。操作技能逐步由脑的低级中枢控制。只要有一个启动信号，个体就能迅速准确地按照程序连贯完成整个动作系列。

典型例题 （2021下·单选）小文同学在上课时可以一边快速记笔记一边听老师的讲授。小文记笔记的动作处于技能形成的（　　）。

A.联系阶段　　　　　B.巩固阶段　　　　　C.认知阶段　　　　　D.自动化阶段

【答案】D。

考点2　冯忠良的四阶段模型　★★★

我国心理学家冯忠良认为，操作技能的形成可以分为操作定向、操作模仿、操作整合与操作熟练四个阶段。

1.操作定向

操作定向也称操作的认知阶段，是指理解操作活动的结构和程序的要求，在头脑中建立起操作活动的定向映象的过程。

2.操作模仿

（1）含义与作用

操作模仿是指学习者通过观察，实际再现特定的示范动作或行为模式。操作模仿的实质是将头脑中形成的定向映象以外显的实际动作表现出来。因此，模仿是在定向映象的基础上进行的，需要以认知为基础。

操作模仿的作用：①模仿可以检验已形成的动作定向映象，使之更完善、巩固、充实，有助于定向映象在技能形成过程中发挥更有效的作用；②模仿可以加强个体的动觉感受。

（2）动作特点

①动作品质方面：动作缓慢，稳定性、准确性、灵活性较差。

②动作结构方面：各个动作要素之间的协调性较差，相互衔接不连贯，互相干扰，并常有多余动作产生。

③动作控制方面：动作主要靠视觉控制，动觉控制水平较低，不能主动及时地发现错误与纠正错误，注意范围有限，表现出顾此失彼的现象。

④动作效能方面：完成某一操作的效能较低，表现在用较长的时间、花费较大的体力与精力来从事某项活动，完成一个动作往往比标准速度要慢，并且常常感到疲劳和紧张。

3. 操作整合

（1）含义

操作整合是把模仿阶段习得的动作依据其内在联系联结、固定下来，并使各动作成分相互结合，成为定型的、一体化的动作。

（2）动作特点

①动作品质方面：不受外界条件影响的情况下，动作可以表现出一定的稳定性、精确性和灵活性，但当外界条件发生变化时，动作的效果和完成质量会有所降低。

②动作结构方面：动作的各个成分趋于分化、精确，整体动作趋于协调、连贯，各动作成分间的相互干扰减少，多余动作减少。学习者有意识地根据要求将部分动作重新组合从而产生新的整体，但有时会出现连接得不熟练的状况。

③动作控制方面：视觉控制不起主导作用，动觉控制范围扩大。肌肉运动感觉变得较清晰、准确，并成为动作执行的主要调节器。

④动作效能方面：效能相对模仿阶段有所提高，疲劳感、紧张感降低，心理能量不必要的消耗减少，但没有完全消除。

4. 操作熟练

（1）含义

操作熟练是操作技能掌握的高级阶段，这个阶段形成的动作方式对各种变化的条件具有高度的适应性，动作的执行达到高度的程序化、自动化和完善化。

（2）动作特点

①动作品质方面：动作具有高度的稳定性、灵活性和准确性，并且在各种变化的条件下都能顺利完成，基本不受外部环境因素影响。

②动作结构方面：各个动作之间的干扰基本消失，衔接连贯、流畅，动作高度协调，多余动作消失。

③动作控制方面：动觉控制增强，不需要视觉的专门控制和有意识的活动，注意范围扩大，能及时准确地觉察到外界环境的变化并适当地调整动作方式。

④动作效能方面：紧张感、疲劳感减少，心理消耗和体力消耗降至最低，动作轻快、娴熟。

典型例题（2024上·多选）根据冯忠良的动作技能形成四阶段模型理论，下列属于舞蹈技能习得过程中"操作整合"阶段的有（　　）。

A.教师示范学生看　　　　　　　　　　B.学生自己能够独立练习

C.学生动作主要靠视觉控制　　　　　　D.学生动作具有一定稳定性

E.教师分解动作，学生跟着做

【答案】BD。

小 结

1.【常考题型】单选、多选、判断

2.【命题角度】

（1）直接考查菲茨与波斯纳的三阶段模型、冯忠良的四阶段模型包含哪些阶段以及各阶段的顺序。

（2）结合实例或关键词考查两种模型各阶段的特点。

3.【易错易混】

冯忠良的四阶段模型中操作定向阶段尚未有实际动作，其余三个阶段的动作特点容易混淆，编者总结了该知识点，具体内容见下表。

动作特点	操作模仿	操作整合	操作熟练
动作品质	稳定性、准确性、灵活性较差	一定的稳定性、精确性、灵活性	高度的稳定性、准确性和灵活性
动作结构	协调性差、衔接不连贯；互相干扰、常有多余动作	趋于协调、连贯；相互干扰减少，多余动作减少	衔接连贯；干扰消失，多余动作消失
动作控制	主要靠视觉控制	视觉控制逐渐让位于动觉控制	动觉控制增强，视觉注意范围扩大
动作效能	效能较低，常感到疲劳和紧张	效能有所提高，疲劳感和紧张感降低	疲劳感、紧张感减少，动作轻快、娴熟

四、操作技能的培养

操作技能的培养和训练的要求主要包括以下几个方面。

考点1 准确的示范与讲解

示范、讲解是技能训练的第一步，准确的示范与讲解有利于学习者在头脑中形成准确的定向映象，进而在实际操作活动中调节动作的执行。

考点2 必要而适当的练习

练习是形成各种操作技能不可缺少的关键环节，是操作技能形成的基本条件和途径，对技能进步有促进作用。

1. 练习曲线

练习过程中技能的进步情况可以用练习曲线来表示。练习曲线是指在连续多次的练习过程中发生的动作效率变化的图解。练习曲线表明，在学生的操作技能形成过程中，普遍存在以下几种情况。

（1）练习成绩逐步提高

学生的动作技能的练习成绩逐步提高主要表现在动作速度的加快和准确性的提高上。其表现形式有三种：练习进步先快后慢；练习进步先慢后快；练习进步前后比较一致。

（2）练习中的高原现象

高原现象是指在学生动作技能的形成中，练习到一定阶段往往出现进步暂时停顿的现象。高原现象一般在学习中期出现，它表现为练习曲线保持在一定的水平而不再上升，甚至有所下降。但是，在高原期之后，练习曲线又会上升，即练习成绩又有所进步。

（3）练习成绩的起伏现象

练习成绩的起伏现象是指在动作技能的练习曲线中，<u>练习成绩时而提高、时而下降、时而停顿的现象</u>。

练习成绩的起伏是正常现象，但如果练习成绩出现明显的下降现象，教师就应该帮助学生分析原因，并加强教育和指导，以便尽快提高他们的练习成绩。

（4）学生操作技能形成中的个别差异

不同的学生在学习同一技能，或同一个学生学习不同技能时，其练习进程表现出明显的个别差异。这是由学生个体的练习态度、知识经验、预备训练情况以及练习方式等方面的不同造成的。

2. 教学中组织练习要遵循的原则

（1）明确练习的目的和要求。

（2）帮助学生掌握正确的练习方法。应循序渐进、由易到难、有计划地进行练习。

（3）正确掌握练习的次数、时间，保证练习的质量。

（4）注意练习方式的多样化。

考点3　充分而有效的反馈

反馈在操作技能的学习过程中的作用是非常关键的，其中结果反馈的作用尤为明显。<u>准确的结果反馈可以引导学生矫正错误动作，强化正确动作，并鼓励学生努力改善其操作</u>。

影响反馈效果的因素包括以下几个方面：①反馈的内容。即要考虑该信息能否使学习者的注意指向应改进的动作方面。②反馈的频率。研究认为，在几次练习之后给予某种总结性的、简要的反馈是非常有效的。③反馈的方式。给予何种形式的反馈，要视具体情形而定。

考点4　建立稳定清晰的动觉

要建立稳定清晰的动觉，有必要进行专门的动觉训练，以提高其稳定性和清晰性，充分发挥动觉在技能学习中的作用。

典型例题（2020下·单选）人们常说"见者易，学者难"，这主要是强调在动作技能的学习中哪一阶段的重要性？（　　）

A. 言语指导　　　　　B. 示范　　　　　　C. 练习　　　　　　D. 反馈

【答案】C。解析："见者易，学者难"中的"见"指观察别人执行动作技能，相当于示范。"学"则指观察后的模仿和练习。"学者难"强调的是学，即练习的重要性。

小　结

1.【常考题型】单选、多选、判断

2.【命题角度】

（1）考查操作技能的四条培养要求。

（2）结合实例或关键词考查高原现象、练习成绩的起伏现象。

（3）考查影响反馈效果的因素。

五、心智技能的形成理论

考点1　加里培林的心智动作阶段形成理论 ★★

苏联心理学家加里培林将心智动作的形成分为以下五个阶段。

1. 活动的定向阶段

该阶段的主要任务是使学生预先熟悉动作任务，了解活动对象，知道将做什么和怎么做，构建关于认知活动本身和活动结果的表象，以便完成对它们的定向。

2. 物质活动或物质化活动阶段

物质活动是借助实物进行活动，物质化活动是借助实物的模型、图片、样本等代替物进行活动。该阶段的主要任务为引导学生通过从事物质活动或物质化活动，掌握活动的真实内容。例如，在加法运算中，教师可以让学生利用小木棒或图片中的小木棒进行演算活动。

3. 出声的外部言语活动阶段

该阶段的特点为心智活动不直接依赖物质或物质化的客体，而是借助出声言语的形式来完成。例如，学生进行加法运算，不再借助于小棍、手指，而是用言语表现"数位对齐，个位对个位"的运算过程（即口算）。

4. 无声的外部言语活动阶段

该阶段的特点为从出声的外部言语向内部言语转化。在这一阶段，智慧活动的完成是以不出声的外部言语来进行的，即只看到嘴动，听不到声音。

5. 内部言语活动阶段

该阶段的特点为心智活动完全借助内部言语完成，智力活动压缩、自动化，是很少发生错误的熟练阶段。在这一阶段，心智活动以抽象思维为其主要成分。例如，学生演算进位加法时，已经不再需要默念公式和法则，而是在头脑中出现几个关键词，随之而来的就是自动化操作。

`典型例题` 1.（2023下·单选）做加法运算时，教师先向学生出示用于计算的小棒，然后将小棒拿走，并要求学生说出结果。这种教法更匹配（　　）。

A. 动作定向阶段　　　　　　　　　　B. 物质或物质化活动阶段

C. 出声的外部言语阶段　　　　　　　D. 不出声的外部言语阶段

【答案】C。

2.（2021上·单选）在培养学生阅读技能的教学中，教师有很多行之有效的方法，如"指读""大声阅读""齐读"等。从智力技能形成的阶段看，能够"默读"的学生处于（　　）。

A. 内部言语阶段　　　　　　　　　　B. 认知定向阶段

C. 物质化活动阶段　　　　　　　　　D. 无声外部言语阶段

【答案】D。

考点2　安德森的心智技能形成三阶段论

安德森运用信息加工观点，把心智技能的形成分成认知阶段、联结阶段和自动化阶段。

1. 认知阶段

认知阶段的任务是了解问题的结构，即起始状态、要达到的目标状态、从起始状态到目标状态需要的步骤。

2. 联结阶段

在联结阶段，学习者应用具体的方法来解决问题，主要表现在把某一领域的描述性知识转化为程序性知识，这种转化是程序化的过程。在该阶段，个体逐渐产生一些新的产生式法则，以解决具体的问题。

3. 自动化阶段

在自动化阶段，个体获得了大量的法则并完善这些法则，操作某一技能所需的认知投入较小，且不易受到干扰。

典型例题（2022下·单选）小华在学习弹钢琴的过程中，最开始需要边看乐谱边弹奏，在头脑中想象下一步是什么样子，根据头脑中乐谱内容进行弹奏；经过长时间练习后他可以一边弹奏曲子一边和别人聊天。这两个阶段分别属于动作技能形成的（　　）。

A.认知阶段和练习阶段　B.认知阶段和自动化阶段

C.模仿阶段和联系阶段　　　　　　　　　D.模仿阶段和自动化阶段

【答案】B。

考点3　冯忠良的心智技能形成三阶段论 ★★

冯忠良在加里培林理论的基础上，提出了心智技能形成三阶段论。

1.原型定向

原型是指心智活动的原样，即外化了的实践模式、物质化了的心智活动方式或操作活动程序。

原型定向是了解心智活动的实践模式，了解外化或物质化了的心智活动方式或操作活动程序，了解原型的活动结构（动作构成要素、动作执行顺序和动作执行要求），从而使主体知道该做哪些动作和如何去完成这些动作，明确活动的方向。

2.原型操作

原型操作是依据智力技能的实践模式，把学生在头脑中应建立起来的活动程序计划，以外显的操作方式实施，以获得完备的动觉映象。

3.原型内化

原型内化是指心智活动的实践模式向头脑内部转化，由物质的、外显的、展开的形式变成观念的、内在的、简缩的形式的过程。原型内化阶段是心智技能形成的高级阶段。

原型内化可分为出声的外部言语动作阶段、不出声的外部言语动作阶段和内部言语动作阶段。言语在原型内化阶段的主要作用在于巩固形成中的动作表象，并使动作表象得以进一步概括，从而向概念性动作映像转化。

典型例题（2022上·单选）言语在智力技能形成的原型内化阶段起（　　）作用。

A.标志　　　　　　　B.组织　　　　　　　C.巩固　　　　　　　D.扩展

【答案】C。

___ 小 结 ___

> 1.【常考题型】单选、多选、判断
>
> 2.【命题角度】
>
> （1）考查心智技能形成理论与心理学家的对应。
>
> （2）考查各种心智技能形成理论中每个阶段的名称、特点及各阶段的发展顺序。
>
> （3）给出实例，要求考生选出与之相对应的心智技能阶段。

六、心智技能的培养

心智技能的培养要注意以下几点。

1.激发学习的主动性与积极性

在培养学生心智技能的过程中，教师应采取适当措施，激发学生的学习动机，调动其主动性和积极性。

2. 注意原型的独立性、完备性与概括性

独立性是指教师引导学生从原有经验出发，独立地确定或理解活动的结构及其操作方式，而不是教师单向授予学生现成的模式。

完备性是指教师引导学生对活动结构（动作的构成要素、执行顺序和执行要求）有一个清晰而全面的了解，不能模糊或缺漏。

概括性是指在教学过程中，教师引导学生不断变更操作对象，提高活动原型的概括程度，使原型具有广泛的适用性，提高其迁移价值及能力。

3. 适应心智技能培养的阶段特征，正确使用言语

在原型定向与原型操作阶段，言语作用主要体现在标志动作，并对活动的进行起组织作用。因此，这两个阶段的培养重点在于使学生了解动作本身，并利用言语来标志动作，巩固对动作的认识。

在原型内化阶段，言语的主要作用在于巩固形成中的动作表象，并使动作表象得以进一步概括，从而向概念性动作映象转化。这时言语已转变为动作的体现者，成为加工动作对象的工具。原型内化阶段培养的重点应放在考查言语的动作效应上，即检查动作的结果是否使观念性对象发生了应有的变化。

4. 注意学生的个体差异

教师在集体教学中应注意学生的个体差异，并针对学生存在的具体问题采取相应的教学辅助措施，以更好地培养学生的心智技能。

第三节 解决问题与创造性

一、问题与解决问题概述

考点1 问题的含义、成分及类型

1. 问题的含义

问题是指给定信息和要达到的目标之间有某些障碍需要被克服的刺激情境。

2. 问题的成分

每一个问题都必然包含三种成分：①给定信息，指有关问题初始状态的描述；②目标，指有关问题结果状态的描述；③障碍，指在解决问题的过程中会遇到的种种需解决的因素。

3. 问题的类型

按照问题的组织程度，其可分为有结构的问题（结构良好问题）和无结构的问题（结构不良问题）。

（1）有结构的问题是指已知条件和要达到的目标都非常明确，个体按一定的思维方式即可获得答案的问题。学习者在学科学习中遇到的绝大多数问题都是结构良好的问题。例如，"1+1=？""求边长为 5cm 的正方形的面积"等问题都属于有结构的问题。

（2）无结构的问题是指已知条件与要达到的目标都比较含糊，问题情境不明确，各种影响因素不确定，不易找出解答线索的问题。例如，"怎样造就天才儿童？""怎样培养学生的创新意识？""如何修电脑？"等问题都属于无结构的问题。

典型例题 （2023下·单选）不属于结构不良问题的特点的是（ ）。

A. 初始状态不明确　　　　　　　　　B. 目标状态不明确

C. 基本概念不明确　　　　　　　　　D. 解决方案不明确

【答案】C。

考点 2　解决问题的含义、类型及特点

1. 解决问题的含义

问题解决是由一定的情境引起的，按照一定的目标，应用各种认知活动、技能等，经过一系列的思维操作，从问题的起始状态到达目标状态，使问题得以解决的过程。

2. 解决问题的类型

（1）常规性问题解决，即使用常规方法来解决有结构的、有固定答案的问题。

（2）创造性问题解决，即综合应用各种方法或通过发展新方法、新程序等来解决无结构的、无固定答案的问题。创造性是解决问题的最高表现形式。

3. 解决问题的特点

（1）目的指向性（目的性）

解决问题是自觉的行为，具有明确的目的性，它总是要达到某个特定的目的。例如，漫无目的的幻想不能被称为问题解决。

（2）操作序列性（序列性）

解决问题包括一系列心理操作，需要运用一系列高级规则。在这一过程中还需要对已有的有关信息进行重组与一系列认知加工，而不是已有知识的简单再现。例如，回忆朋友的电话号码的活动，虽然有明确的目的性，但只是对电话号码这一信息的简单再现，不能称为问题解决。

（3）认知操作性（认知性）

解决问题活动必须有认知成分的参与，活动主要依赖于一系列的认知操作来完成。例如，系领带、分扑克牌等活动，尽管它们是有目的的，且包括一系列的操作活动，但这类活动基本上没有重要的认知成分参与，主要是一种身体的活动，不属于问题解决的范畴。

（4）问题情境性

解决问题是由一定的问题情境引起的。它促使个体积极思考，运用一系列的认知技能去寻求答案、解决问题。没有问题情境就没有问题解决，问题解决的结果就是问题情境的消失。

小　结

1.【常考题型】单选、多选、判断

2.【命题角度】

（1）直接考查问题的三种成分。

（2）题干或选项呈现实例，要求考生选出相应的问题类型。

（3）直接考查有结构的问题和无结构的问题的特点。

（4）结合实例或关键词、定义考查问题解决的特点。例如，问题解决的过程就是提取记忆系统中知识的过程。答案：×。

二、解决问题的过程　★★

解决问题的过程分为发现问题、理解问题（分析问题/明确问题）、提出假设和检验假设四个阶段。

1. 发现问题

从完整的问题解决过程来看，发现问题是首要环节。发现问题主要受三个因素的制约：个体的思维活动的积极性、个体的兴趣爱好和求知欲望、个体已有的知识经验。

2. 理解问题（分析问题／明确问题）

理解问题就是从问题的诸多矛盾中找出主要矛盾，抓住问题的关键与核心，把握问题的实质，并在头脑中形成有关问题的初步印象，即形成问题的表征。认知心理学认为理解问题就是在头脑中形成问题空间的过程。

3. 提出假设

提出假设是提出解决问题的可能途径与方案，选择恰当的解决问题的操作步骤。在问题解决的过程中，提出假设是起关键作用的环节。能否有效地提出假设，受个体思维的灵活性与已有知识经验的影响。

4. 检验假设

检验假设是通过一定的方法来确定假设是否合乎实际、是否符合科学原理。

检验假设的方法有两种：一是直接检验，即通过实践和问题解决的结果来检验；二是间接检验，即通过推论来淘汰错误的假设，保留并选择合理的、最佳的假设。当然，间接检验的结果是否正确，最终还要由直接检验来证明。积极的思维活动与实践活动相结合是检验假设和解决问题的重要条件。

小 结

1.【常考题型】单选、多选、判断

2.【命题角度】

（1）考查问题解决的过程包括哪几个阶段。

（2）结合实例或关键词考查问题解决各个阶段的地位或具体内容。

三、解决问题的策略 ★★

考点 1　算法式策略

算法式策略是在问题空间中搜索所有可能的解决问题的方法，直至选择一种有效的方法解决问题。即将所有可能方案列出，并按某种规则和步骤逐一尝试，这种规则一般以公式的形式体现，但也可以没有公式只有操作规程。这种策略可以保证问题的解决，但费时费力。

考点 2　启发式策略

启发式策略是人根据一定的经验和目标的指示，在问题空间内进行较少的搜索，使问题得以解决的方法。常见的启发式策略有以下几种。

1. 手段—目的分析法

手段—目的分析法是指问题解决者不断地将当前状态和目标状态进行比较，然后采取措施尽可能地缩小这两个状态之间的差异。当问题可分成若干个具有各自目标的更小问题时，人们常常采用手段—目的分析法。

它的基本步骤如下：①比较初始状态和目标状态，提出第一个子目标；②找出完成第一个子目标的方法或操作，实现子目标；③提出新的子目标。如此循环往复，直至问题解决。

2. 爬山法

爬山法是采用一定的方法逐步降低初始状态和目标状态的距离，以达到问题解决的方法。其基本思想是设立一个目标，然后选取与起始点临近的未被访问的任一节点，向目标方向前进，逐步逼近目标，就好像爬山一样。但是爬山法只能保证爬到眼前山上的最高点，而不一定是真正的最高点。

3.逆向工作法（逆推法）

逆向工作法是指从问题的目标状态出发，以此为起点逐步向后推，得出达到目标需要的条件，将这些条件与问题提供的已知条件进行比较，若吻合，则推理成功，问题得到解决。例如，解决几何证明题、走迷宫等。

4.类比法（类比思维法）

类比法是运用已有的知识、经验将陌生的、不熟悉的问题与已经解决了的熟悉的问题或其他相似事物进行类比，从而创造性地解决问题。当面对某种问题情境时，个体可以运用类比思维，先寻求与此有些相似的情境的解答。例如，通过研究蝙蝠的导航机制发明声呐。

典型例题 1.（2023上·单选）小红在完成作文过程中，制定了分析题目、确定中心思想、编写提纲、写文章、修改文章等小目标。她采用的策略是（　　）。

A.爬山法　　　　　　　　　　　B.算法式策略

C.手段—目的分析法　　　　　　D.逆向思维法

【答案】C。

2.（2022下·多选）下列解决问题的方法中，属于启发式的有（　　）。

A.小东做数学证明题时从结论倒推

B.小兰用土豆烧牛肉的办法做芋头烧鸡

C.小西解密码锁时根据排列组合的方式依次尝试

D.小智学习打网球时，决定先学正手然后学反手，最后学发球

E.小梅想提高自己的演讲水平，她给自己定的目标是先在班上发言，然后在学校发言

【答案】ABDE。

小 结

1.【常考题型】单选、多选、判断

2.【命题角度】

（1）直接考查问题解决包括的一般策略。

（2）考查常用的启发式策略包括哪些类别。

（3）直接考查每个策略的含义；或给出实例，要求选出相应的问题解决策略。例如，做数学题遇到难题时，先看参考答案，然后通过最终结果向题干进行推导，再由题干一步步正向求解。这属于问题解决中的哪种策略？答案：逆向工作法。

四、影响学生解决问题的因素 ★★★

考点1　问题情境与表征方式

问题情境指问题呈现的知觉方式。问题情境与人们已有的知识经验越接近，问题解决起来就越容易，反之则越困难。

问题表征是在头脑中对问题进行信息记载、理解和表达的方式。刺激的呈现方式能够影响人们的表征方式，而问题的表征方式直接影响问题的解决。画草图、列表、写方程式等都是常用的表征问题的方式。

考点2　知识经验与知识总量的多少

必要的知识经验、完善的知识结构有利于问题顺利地解决。心理学研究表明，专家和新手在解决问题

效率上的差异，主要是由专家和新手在知识数量上的差异和知识组织方式上的不同造成的。

知识总量的多少是影响问题解决的一个重要因素。掌握的知识越多，并不意味着解题效率越高，知识、技能的掌握只有达到熟练程度，通过广泛迁移，才能提高解题效率。

考点3　定势与功能固着

当问题情境不变时，定势对问题的解决有积极的作用，有利于问题的解决；当问题情境发生变化时，定势对问题的解决有消极影响，不利于问题的解决（见图2-6-1）。练习的一致有助于发挥学习定势的积极作用，练习的变化有助于克服定势的消极作用。

功能固着是指个体在解决问题时往往只看到某种事物的通常功能，而看不到它其他方面可能有的功能。功能固着影响人的思维，不利于新假设的提出和问题的解决。例如，人们一般认为电吹风只能吹头发，却想不到做衣服的烘干器。

图 2-6-1　思维定势

典型例题　（2021下·判断）练习的相对一致和变化，既考虑了学习定势的积极作用，又避免了其消极作用。　　　　　　　　　　　　　　　　　　（　　）

【答案】√。

考点4　酝酿效应

当探索一个问题而毫无结果时，把问题暂时搁置，此时思维进入酝酿阶段，由于某种机遇突然使新思想、新心象浮现出来，百思不得其解的问题往往一下子便找到解决办法，这种现象称为酝酿效应。

考点5　原型启发

原型启发是指从其他事物或现象中获得的信息对解决当前问题的启发。原型与要解决的问题相似性越强，启发作用越大。但主体的思维状态影响启发作用，当主体的思维状态过于紧张时，可能不太容易发现相似点。具有启发作用的事物或现象叫原型。例如，鲁班被带齿的丝茅草划破了手而发明了锯子；瓦特看到水烧开时蒸汽把壶盖顶起来，受到启发改良了蒸汽机。

考点6　动机与情绪状态

在一定限度内，动机强度和情绪与问题解决的效率成正比，但动机太强或太弱，情绪过于高昂或过于低沉，都会降低问题解决的效率。一般而言，中等强度的动机和相对适中的情绪激动水平，有利于问题的解决。

考点7　个性特征或人格特征

个体的人格差异也会影响解决问题的效率。理想远大、意志坚强、自尊、自信、自立、自强等优良的人格品质都会提高解决问题的效率。而缺乏理想、意志薄弱、骄傲、懒惰、缺乏自尊、自卑等消极的人格特点都会妨碍问题的解决。

考点8　思维策略与迁移

思维策略是指个体在信息加工的过程中采用的一些解决问题的计划和方法。思维策略是影响问题解决过程的最直接的因素，直接影响着问题解决的速度和效率。

迁移会影响问题解决。正迁移对解决新问题有促进作用，负迁移对解决新问题有阻碍或干扰的作用。

除上述因素外，个体的智力水平、认知风格、世界观和生理状态等也制约问题解决的方向和效果。

典型例题 1.（2021下·单选）关于影响问题解决的因素，下列描述正确的是（   ）。

A.思维定势和功能固着会妨碍问题解决

B.思维策略是影响个体解决问题效率的最直接因素之一

C.在学科问题上，掌握的知识总量越多，解题效率越高

D.原型与要解决的问题在特征上有相似性，就具有启发作用

【答案】B。

2.（2022下·单选）小明在完成论文时，思考了很久都没有写作思路，休息两天后他再次看到论文题目，突然有了写作思路，这属于问题解决中的（   ）。

A.功能固着   B.反应定势   C.酝酿效应   D.迁移效应

【答案】C。

小 结

1.【常考题型】单选、多选、判断

2.【命题角度】

（1）直接考查影响问题解决的主要因素包括哪些。

（2）结合实例或关键词考查各种影响因素的内涵。例如，小明在解数学题时，怎么也想不出解题方法，将问题搁置了几天后，突然想到了如何解那道题。这属于什么现象？答案：酝酿效应。

（3）考查定势、功能固着在问题解决中的作用。

3.【易错易混】定势与功能固着的区别：定势既可能对问题解决具有积极作用，又可能对问题解决具有消极作用；而功能固着对问题解决只有消极作用。

五、学生解决问题能力的培养（提高问题解决能力的教学）

1. 培养学生主动质疑和解决问题的内在动机

教师要鼓励学生在课堂上主动提出问题，减少各种各样的限制，形成自由探究的课堂气氛。

2. 问题的难度要适当

问题的难度的设置应当有一个从较易到较难，从简单到综合的渐进的过程。初学原理和所学不多时，难度太大会挫伤学生的解题积极性，但总是解决容易的问题也不利于问题解决能力的提高。

3. 帮助学生正确表征问题

经常训练学生从各个不同的角度、用不同的方式来表征问题，有助于学生从中获得对问题进行灵活的、有效的表征的经验。画草图、列表、写方程式等都是常用的表征问题的方式。

4. 帮助学生养成分析问题和对问题归类的习惯

分析问题的过程是一个不断进行知识的激活、模式识别、辨别与分化的过程。它既能促进对陈述性知识的精加工，又能促进对程序性知识的运用条件的熟练识别。在分析的基础之上对不同的问题进行归类和组织，则有利于获得各种解决问题的图式。

5. 指导学生善于从记忆中提取信息

解决问题需要将已有的知识、原理、经验加以重新组织，因此要训练学生迅速地提取有关的信息；但也要防止学生养成总是重复过去的方法的做法，鼓励他们从不同的角度，用新的方法去解决同类的问题。

6. 训练学生陈述自己的假设及其步骤

学生能够清楚地意识到自己的解题过程，就能自觉地对自己的解题过程和方法加以指导，明白自己理解上的错误和偏差，也能理清自己的思路，有利于及时、正确地归纳和总结解题的经验与策略，进行自我指导和监察。这实际上是对认知策略的觉察和训练。

典型例题　（2024上·判断）给学生布置高难度的题目，更有利于培养他们的问题解决能力。（　　）

【答案】×。

小 结

> **1.【常考题型】**多选
>
> **2.【命题角度】**
>
> （1）以多选的形式考查学生问题解决能力的培养措施。
>
> （2）考查每种培养措施中的具体措施。
>
> **3.【识记技巧】**
>
> 学生问题解决能力的培养措施可以利用口诀"储备练习加思考，方法策略不能少"来记忆，对应如下。
>
> 储备——提高学生知识储备的数量与质量；练习——提供多种练习的机会；思考——培养思考的习惯；方法和策略——教授与训练解决问题的方法与策略。

六、创造性概述

考点1　创造性的含义

一般来说，创造性（创造力）是指个体根据一定的目的和任务，运用一切已知信息，开展能动的思维活动，产生新奇独特的、有社会价值的产品的能力或特性。创造性不是少数人的天赋，而是人类普遍存在的一种潜能。

考点2　创造性思维的特征　★★

目前较公认的是以发散思维的基本特征来代表创造性思维的特征。但需要注意的是创造性思维并不完全等同于发散思维，而是发散思维和聚合思维、分析思维和直觉思维的统一。发散思维是创造性思维的核心，发散思维的流畅性、变通性和独特性的好坏是衡量创造性高低的指标。关于砖的创造性思维的示例如图2-6-2所示。

（1）流畅性，是指个体面对问题情境时，在规定的时间内产生不同观念的数量的多少。流畅性代表思维敏捷，反应迅速。对同一问题想到的可能答案越多，流畅性越高，反之流畅性越低。

（2）变通性也叫灵活性，是指个体具有应变能力和适应性，面对问题情境时，不墨守成规，能随机应变，触类旁通。想出不同类型答案越多，变通性越高。

（3）独特性也叫独创性，是指个体在面对问题情境时，能产生不寻常的反应和不落常规的方法，擅长做一些别人从未想过和做过的事，想法具有新奇性。对于同一问题，有效解决问题的方法越新奇独特，独特性就越高。独特性是在流畅性和变通性的基础上形成的最高层次的发散思维能力。

图 2-6-2 创造性思维的特征

当然，有创造性思维的人还要对新颖独特的观念具有高度的敏感性，具有及时把握它们的能力。有学者还补充了精密性，认为有创造性思维的人必须善于考虑事物的精密细节。

考点3 影响创造性的因素

1. 智力

高智力是高创造性的有利条件，但创造性与智力的关系并非简单的线性关系，两者既有独立性，又在某种条件下具有相关性。它们之间的关系可以归纳为以下几个方面：①低智商者不可能有高创造性；②高智商者可能有高创造性，但也可能有低创造性；③低创造性者可能有较低的智商，但也可能有较高的智商；④高创造性者必须有中等以上水平的智商（高于一般水平的智商）。简言之，高智商是高创造性的必要条件。

2. 个性

个性通常是指个人具有的比较稳定的、有一定心理倾向的心理特征的总和。高创造性的人一般有幽默感、有抱负和强烈的动机、能够容忍模糊与错误、喜欢幻想、有强烈的好奇心、有独立性。

3. 环境

家庭、学校和社会环境对人的创造性的发展具有重要影响。

（1）家庭方面，一般来说，父母受教育程度高，对子女要求合理，家庭气氛民主，有利于子女创造性的培养。

（2）学校教育方面，学校气氛民主，教师鼓励学生进行自主性学习，允许学生表达不同意见；学习活动有较多自由，教师允许学生在探索中发现知识，这种教育有利于学生创造性的培养。

（3）社会环境方面，如果社会过于因循守旧，不敢探索，或者团体压力过大，不允许个体标新立异，个体的创造性行为就无法得到社会的支持，个体的创造性的发展就会受到限制。

4. 原有知识

知识对创造性的影响主要表现在以下几个方面：①原有知识的激活和运用，能够灵活运用知识是高创造性的重要影响因素；②知识经验的丰富性是创造性解决问题的基础；③知识的理解深度和良好组织性是培养创造性的重要条件。

小结

1.【常考题型】 单选、多选、判断

2.【命题角度】

（1）给出例子或定义考查创造性思维的三种特征。例如，个人面对某种问题情境时，在规定的时间内产生观念的数量的多少，表示的是创造性思维的什么特征？答案：流畅性。

（2）以多选的形式考查智力和创造性的关系以及高创造性的人具有的个性特征。

七、创造性的培养方法 ★★

1. 创设有利于创造性产生的适宜环境

（1）创设宽松的心理环境。

（2）给学生留有充分选择的余地。在可能的条件下，教师应给学生一定的权力和机会，让有创造性的学生有时间、有机会干自己想干的事，为创造性行为的产生提供机会。

（3）改革考试制度与考试内容。应使考试真正成为选拔有能力、有创造性人才的有效工具。在考试的形式、内容等方面都应考虑如何测评创造性的问题。

2. 注重创造性个性的塑造

（1）保护好奇心。

（2）解除个体对答错问题的恐惧心理。对学生提出的问题，无论是否合理，教师均应以肯定的态度接纳；对学生出现的错误，教师不应全盘否定，更不应指责，应鼓励学生正视并反思错误，引导学生尝试新的探索，而不是循规蹈矩。

（3）鼓励独立性和创新精神。

（4）重视非逻辑思维能力。教师应鼓励学生大胆猜测，进行丰富的想象，不必拘泥于常规的答案。

（5）提供具有创造性的榜样。

3. 开设创造性课程，教授创造性思维策略

通过各种专门的课程来教授一些创造性思维的策略与方法，训练学生的创造力。常用的方法有以下几种。

（1）发散思维训练

发散思维训练是培养创造性思维的重要途径，可以有效地训练发散思维。发散思维训练的具体方法见表 2-6-1。

表 2-6-1　发散思维训练的具体方法

方法	含义	示例
用途扩散	以某件物品的用途为扩散点，尽可能多地设想它的用途	尽可能多地说出尺子的用途（测量长度、切割纸张等）
结构扩散	以某种事物的结构为扩散点，设想出利用该结构的各种可能性	尽可能多地说出含圆形结构的东西（太阳、篮球、盆等）
方法扩散	以解决某一问题或制造某种物品的方法为扩散点，设想出利用该种方法的各种可能性	尽可能多地列举出用"吹"的方法可以完成的事情
形态扩散	以事物的形态为扩散点（如形状、颜色、音响、味道、气味等），设想出利用某种形态的各种可能性	利用黄色可以做什么
因果扩散	以某个事物发展的结果为扩散点，推测造成此结果的各种可能的原因，或以某个事物发展的起因为扩散点，推测可能发生的各种结果	推测"流汗"的原因
材料扩散	以某种材料、物品或图形等作为"材料"，以此为扩散点，设想它的多种用途或与之相像的东西	说出易拉罐的用途

（2）推测与假设训练

推测与假设训练的主要目的是发展学生的想象力和对事物的敏感性，并促使学生深入思考，灵活应对。例如，让学生听一段无结局的故事，鼓励他们去猜测可能的结局；根据文章的标题，去猜测文中的具体内容等。

（3）自我设计训练

教师考虑到学生的兴趣及其知识经验，给他们提供某些必要的材料与工具，让学生利用这些材料，实际动手去制作某种物品（如贺卡、图画、各种小模型等）。学生通过实际的操作活动，完成自己的设计。

（4）集体讨论（头脑风暴法、脑激励法）

集体讨论又称头脑风暴法、脑激励法，是由奥斯本于1939年提出来的一种培养创造力的方法。其目的是以集思广益的形式，在一定时间内采用极迅速的联想方法，产生各种主意。

具体应用此方法时，应遵循以下四条基本原则：①让参与者畅所欲言，对提出的方案暂不做评价或判断；②鼓励标新立异、与众不同的观点；③以获得方案的数量而非质量为目的，即鼓励多种想法，多多益善；④鼓励提出改进意见或补充意见。

小 结

1.【常考题型】单选、多选

2.【命题角度】

（1）给出例子，要求判断其体现了创造性思维的哪一种策略。

（2）给出例子，要求判断其体现了发散思维训练的哪一种方法。例如，"利用黄色可以做什么"属于哪种发散思维训练方法？答案：形态扩散。

（3）以多选的形式考查创造性的培养方法。

第四节　态度与品德的形成

一、态度概述

考点1　态度的含义

态度是指通过学习而形成的、影响个人的行为选择的内部准备状态或反应的倾向性。

对于态度的含义，可以从以下几方面来理解。

（1）态度是一种内部准备状态，而不是实际反应本身。

（2）态度是一种稳定的心理倾向，决定个体是否愿意完成某些任务，即决定行为的选择。

（3）态度是通过学习而形成的，不是天生的，具有明显的社会性。

考点2　态度的心理成分

态度是一种复杂的心理现象，它由认知成分、情感成分和行为成分三种心理成分构成。

（1）认知成分，是指个体对态度对象具有的带有评价意义的观念和信念。

（2）情感成分，是指伴随态度的认知成分而产生的情绪或情感体验，这种体验包括喜欢与厌恶、尊敬与轻视、热爱与仇恨等。情感成分是态度的核心成分。

（3）行为成分，是指准备对某种对象做出某种反应的意向或意图。

一般情况下，态度的上述三种成分是一致的，但有时也可能不一致。例如，行为成分与认知成分相分离，外在行为不一定是内在的真实态度的体现或口头表达的态度常常不付诸行动，即知行脱节。

考点3 态度的功能

1. 过滤功能

态度不但影响个体行为的方向性，也影响个体对信息的选择。在一般情况下，人们总是接受与自己态度一致的信息，拒绝与自己态度不一致的信息；而且在面对一致信息时，也倾向于注意和评价信息中好的方面。

2. 价值表现功能

价值观是人们对某一事物的善恶、是非及重要性的评价。人们常通过表态的方式来表现自己的价值观。

3. 调节功能

态度会调节个体的语言行为和非语言行为，以满足个体的情感需要。

4. 适应功能

个体的态度是在对外部环境的适应过程中逐渐形成的，反过来又起着适应外部环境的作用。

小 结

1.【常考题型】单选、多选、判断
2.【命题角度】
（1）考查态度包括的三种心理成分及其具体内容。
（2）考查态度有哪些功能以及每种功能的含义。

二、品德概述

考点1 品德的含义

品德即道德品质，是社会道德在个体身上的体现，是指个体按照一定的社会道德规范（道德行为准则）行动时表现出来的比较稳定的心理特征或倾向。品德是个性中具有道德评价意义的核心部分。

考点2 品德与道德的关系

道德是由社会舆论和内心驱使来支持的、反映一定群体共同价值的社会行为规范的总和。品德与道德的关系见表2-6-2。

表2-6-2 品德与道德的关系

关系	品德	道德
区别	品德是依赖于某一个体而存在的一种个体现象	道德是依赖于整个社会而存在的一种社会现象
	品德只是道德的部分表现	道德反映整个社会生活的要求，道德的内容全面而又完整
	品德的形成和发展不仅受社会发展规律的制约，还要服从于个体生理、心理活动的规律	道德的发展完全受社会发展规律的制约
	教育学与心理学研究的对象	伦理学与社会学研究的对象

（续表）

关系	品德	道德
联系	一方面，品德是一个人对社会道德的反映，是社会道德在个体身上的表现，没有社会道德就谈不上个体的品德。另一方面，个体品德又是社会道德的组成部分，个体品德的集中表现反映着时代特征，并影响社会道德的内容和社会风尚	

考点 3 品德与态度的关系

品德与态度二者既有联系又有区别。从实质上看，品德与态度都是一种后天习得的、影响个人行为选择的内部状态，是一种比较稳定的心理特征。但二者在涉及的范围和价值的内化程度上存在区别，具体如下。

1.涉及的范畴不同

态度涉及的范畴比较大，包括对集体、对他人的态度，对劳动、对学习的态度，以及对本人的态度等。这些态度有的涉及社会道德规范，有的不涉及社会道德规范。只有涉及社会道德规范的那部分稳定的态度才能被称为品德。

2.价值（或行为规范）的内化程度不同

只有价值内化达到高级水平的态度，也就是价值标准经过组织且成为个人性格一部分的稳定态度才能被称为品德。即品德在价值的内化程度上比态度要深。

考点 4 品德的心理结构 ★★

品德主要由道德认识、道德情感、道德意志和道德行为四种心理成分构成。道德认识和道德情感可以唤起人的道德动机，从而推动人们产生道德意志和相应的道德行为。

1.道德认识

道德认识是一种对道德行为的是非、善恶、美丑及其执行意义的认识。道德认识是个体品德中的核心部分，是个体品德形成的基础。

道德观念、道德信念的形成有赖于道德认识。当个体对某一道德准则有了较系统的认识时，就形成了有关的道德观念；当认识继续深入，达到坚信不疑的程度，并能指导自身行动时，就形成了道德信念。道德信念对行为具有稳定的调节和支配作用，是道德品质形成中的关键因素。

2.道德情感

道德情感是伴随道德认识产生的一种内心体验，包括爱国主义情感、集体主义情感、义务感、责任感、事业感、自尊感和羞耻感。

道德情感是产生品德行为的内部动力，也是品德实现转化的催化剂。

道德情感的表现形式主要包括以下三种。

（1）直觉的道德情感，是指由于对某种具体的道德情境的直接感知而迅速产生的情感体验。例如，当人们看到良好行为时，会感到快乐；看到不良行为时，会感到愤怒。

（2）想象的道德情感，是指通过对某种道德形象的想象而产生的情感体验。例如，当学生阅读《雷锋日记》的时候，会被雷锋精神感动。

（3）伦理的道德情感，是指以清楚地意识到的道德概念、原理和原则为中介的情感体验。例如，爱国主义情感和集体主义情感。

道德情感的培养可以从以下几个方面着手：①知情结合，激起学生的道德情感体验；②注重移情能力的培养；③利用羞愧感促进品德发展；④培养学生调控自己的情绪。

3.道德意志

道德意志是人们自觉地确定道德行为的目的，积极调节自己的活动，克服各种困难，以实现既定目的的心理过程，通常表现为一个人的信心、决心和恒心。

道德意志起支撑和调节作用，是道德认识转化为道德行为的关键。

4.道德行为

道德行为是一个人遵照道德规范采取的言论和行动。

道德行为是实现道德动机的手段，是道德认识和道德情感的具体表现和外部标志，是衡量道德品质的重要标志。

道德行为的培养主要通过道德行为方式的训练和道德行为习惯的养成等途径来实现。形成良好的道德行为习惯是培养道德行为的关键。养成良好的道德习惯应特别注意以下几点：①使学生了解有关行为的社会意义，防止行为习惯的训练成为一种单纯的技能训练；②创设按规定的方式一贯行动的条件，不给重复不良行为的机会，用良好的活动代替有害的活动；③使学生了解行为结果和练习进步情况，及时给予强化；④让学生自己制定"班级公约"，有助于提高学生自我教育、自我评价、自我监督、自我控制的能力。

典型例题 1.（2024上·单选）伍老师规定上课迟到的学生要到讲台上面对全体同学唱一首歌。后来发现这些学生在唱歌时大多出现了羞愧的表情。伍老师利用学生的羞愧感来减少迟到行为的做法属于（　　　）。

　A.道德认知的培养方法　　　　　　　　B.道德情感的培养方法

　C.道德行为的培养方法　　　　　　　　D.品德的综合培养方法

【答案】B。

2.（2024上·判断）新学期第一次班会上，班主任王老师和同学们一起讨论制定班级公约，该方法有助于培养同学们的道德行为。　　　　　　　　　　　　　　　　　　　　　　（　　　）

【答案】√。

小 结

1.【常考题型】单选、多选、判断

2.【命题角度】

（1）考查品德与道德、品德与态度的区别和联系。

（2）给出实例或关键词考查品德的心理结构成分以及各成分的地位。

（3）结合实例，考查道德情感的三种表现形式。例如，人常会由于莫名其妙的不安感或突如其来的荣辱感，而迅速地制止不当的需求与行为。这属于哪种道德情感？答案：直觉的道德情感。

三、品德形成的基本理论 ★★★

考点1　皮亚杰的道德发展阶段理论

皮亚杰通过"对偶故事法"，发现并总结了儿童道德认知发展的总规律。皮亚杰认为，儿童道德认知发展经历了一个从他律（即依据他人设定的外在标准对道德行为做出判断）到自律（即依据自己的内在标准对道德行为做出判断）的过程，他律水平和自律水平是儿童道德判断的两级水平。

皮亚杰把儿童的道德发展划分为以下四个阶段。

1.自我中心阶段（2~5岁）

自我中心阶段又称前道德阶段、无律阶段。该阶段是从儿童能够接受外界的准则开始的，此时儿童还不能把自己同外在环境区别开，顾不得人我关系，而是把外在环境看作他自身的延伸，以"自我中心"来考虑问题。规则对这一阶段的儿童来说不具有约束力。

2. 权威阶段（6~8岁）

权威阶段又称道德现实主义阶段、道德实在论阶段或他律道德阶段。该阶段的儿童服从外部规则，接受权威指定的规范，把人们规定的准则看作固定的、不可变更的；只根据行为后果来判断对错，而不会考虑行为的动机；在评定行为是非时，抱极端的态度，非此即彼；认为惩罚是一种报应，目的是使过失者的遭遇与他们所犯的过失相一致。

例如，妈妈不在家，一个小孩为了帮助妈妈做事，打碎了一托盘玻璃杯；另一个小孩为了偷柜子上的糖果吃，打碎了一个玻璃杯。处于这一阶段的儿童在做判断时往往认为前者错误更大，因为他打碎了更多的玻璃杯，而不考虑两个小孩的动机。

3. 可逆性阶段（9~10岁）

可逆性阶段又称自律道德阶段、道德相对主义或合作的道德阶段。该阶段的儿童不再无条件地服从权威，而把它看作同伴间共同的约定。儿童一般都形成了这样的概念：如果所有的人都同意的话，规则是可以改变的。儿童已经意识到一种同伴间的社会关系，且应相互尊重。准则对他们来说已具有一种保证他们相互行动、互惠的可逆特征。同伴间的可逆关系的出现，标志着品德由他律阶段开始进入自律阶段。

处于该阶段的儿童在对道德行为做出判断时，不只是考虑行为的后果，还考虑行为的动机；能把自己置于别人的地位；提出的惩罚较温和，更为直接地针对所犯的错误，带有补偿性，而且把错误看作对过失者的一种教训。

4. 公正阶段（11~12岁）

公正阶段又称公正道德阶段，该阶段的儿童开始倾向于主持公正、平等。他们认为公正的奖惩不能是千篇一律的，应根据个人的具体情况进行。儿童在进行道德判断时不再依据单纯的、僵化的规则，而是考虑到他人的具体情况，出于同情和关心进行判断。

皮亚杰认为，品德发展的阶段不是绝对孤立的，而是连续发展的。儿童品德的发展是一个连续的统一体，应用时加以界定只是为了研究的方便，并不表明发展的连续统一体的中断。

典型例题（2021上·单选）在玩捉迷藏的游戏时，丽丽没有找到合适的藏身之处，被斌斌抓住了。丽丽不愿意认输，她说："我还没藏好，你不能抓我。"斌斌说："我们做游戏前约定好了数到10就开始找，你自己没藏好，不能怪我。"由此可推知，丽丽的品德发展处于（　　　）。

　A.权威阶段　　　　　B.公正阶段　　　　　C.可逆性阶段　　　　　D.自我中心阶段

【答案】D。

考点2　科尔伯格的道德发展阶段理论

科尔伯格（又译柯尔伯格）采用"道德两难故事法"进行研究，最典型的应用就是"海因茨偷药"的故事。"海因茨偷药"的故事如下。

欧洲有一位妇女患了癌症，生命危在旦夕。医生告诉她的丈夫海因茨，只有本城一个药剂师最近发明的一种药可以救他的妻子，但该药价钱十分昂贵，被卖到成本的10倍。海因茨四处求人，尽全力也只借到了购药所需钱数的一半。无奈之下，海因茨只得请求药剂师便宜一点儿卖给他，或允许他赊账。但药剂师坚决不答应他的请求，并说他发明这种药就是为了赚钱。海因茨为了挽救妻子的生命，在走投无路的情况下，夜间闯入药店偷了药，治好了妻子的病，但海因茨因此被警察抓了起来。

科尔伯格根据儿童对两难问题的判断，把道德判断分为三个水平，每个水平包括两个阶段，即三水平六阶段的道德发展阶段理论。这三个水平六个阶段是按照由低级阶段依次向高级阶段发展的，这种顺序既不会超越，更不会逆转。

1. 前习俗水平

前习俗水平大约出现在幼儿园及小学中低年级。处于该水平的儿童的道德观念是纯外在的。他们为了免受惩罚或获得奖励而顺从权威人物规定的行为准则；根据行为的直接后果和自身的利害关系判断好坏是非。

阶段一：惩罚与服从定向阶段。处于该阶段的儿童根据行为的后果来判断行为的好坏及严重程度，他们还没有真正的道德概念，服从权威或规则只是为了避免惩罚，认为受赞扬的行为就是好的，受惩罚的行为就是坏的。

对海因茨偷药的故事，处于阶段一的儿童认为，海因茨不能去偷药，因为如果被抓住的话是需要坐牢的。

阶段二：相对功利定向阶段，也称朴素的利己主义定向阶段。处于该阶段的儿童的道德价值来自对自己需要的满足，他们不再把规则看成绝对的、固定不变的，评定行为的好坏主要看是否符合自己的利益。

对海因茨偷药的故事，处于阶段二的儿童认为，海因茨应该去偷药，谁让那个药剂师那么坏，药卖便宜一点就不行吗？

2. 习俗水平

习俗水平一般在小学中年级出现，一直到青年、成年。科尔伯格认为，大多数青少年和成人的道德认识处于习俗水平。处在这一水平的人能够着眼于社会的希望与要求，并以社会成员的角度思考道德问题，已经开始意识到个体的行为必须符合社会的准则，能够了解社会规范，并遵守和执行社会规范。规则已被内化，按规则行动被认为是正确的。

阶段三：寻求认可定向阶段，也称"好孩子"定向阶段。在该阶段，儿童的道德价值以人际关系的和谐为导向，谋求大家的赞赏和认可。他们总是考虑到他人和社会对"好孩子"的要求，并尽量按这种要求去思考。他们认为好的行为是使人喜欢或被人赞赏的行为。

对海因茨偷药的故事，处于阶段三的儿童认为，海因茨应该去偷药，因为做一个好丈夫就应该照顾好自己的妻子。如果他不这样做，妻子死了，别人就会骂他见死不救，没有良心。

阶段四：遵守法规和秩序定向阶段。在该阶段，儿童的道德价值以服从权威为导向，他们服从社会规范，遵守公共秩序，尊重法律的权威，以法制观念判断是非，知法懂法。他们认为准则和法律是维护社会秩序的。因此，应当遵循权威和有关规范去行动。

对海因茨偷药的故事，处于阶段四的儿童认为，海因茨不应该去偷药，因为如果人人都违法去偷东西的话，社会就会变得很混乱。

3. 后习俗水平

后习俗水平一般到20岁以后才能出现，而且只有少数人才能达到。处于这一水平的个体，其道德判断已超出世俗的法律与权威的标准，有了更普遍的认识，想到的是人类的正义和个人的尊严，并已将此内化为自己内部的道德命令。

阶段五：社会契约定向阶段，也称社会法制取向阶段。处于这一阶段的个体认为法律和规范是大家商定的，是一种社会契约。他们看重法律的效力，认为法律可以帮助人维持公正。但同时认为契约和法律的规定并不是绝对的，可以应大多数人的要求而改变。在强调按契约和法律的规定享受权利的同时，认识到个人应尽义务和责任的重要性。

对海因茨偷药的故事，处于阶段五的个体认为，海因茨应该去偷药，因为生命的价值远远大于药剂师对个人财产的所有权。

阶段六：普遍原则定向阶段，也称普遍伦理取向阶段。这是进行道德判断的最高阶段，表现为能以公正、平等、尊严这些最一般的原则为标准进行思考。在根据自己选择的原则进行某些活动时，认为只要动机是好的，行为就是正确的。在这个阶段上，他们认为人类普遍的道义高于一切。

对海因茨偷药的故事，处于阶段六的个体认为，海因茨应该去偷药，因为和种种可考虑的事情相比，没有什么比人类的生命更有价值。

典型例题（2023 下·单选）依据科尔伯格的道德发展理论，下列做法不恰当的是（　　　）。

A. 对于六岁左右的儿童，让他们遵守既定的行为规范

B. 对处于惩罚和服从取向阶段的学生，跟其讲解遵守规则的重要性

C. 对于前习俗水平的学生，向他们解释不遵守班级制度时会受到的惩罚

D. 对于后习俗水平的学生，让其根据社会普遍存在的原则，参与班级制度的制定

【答案】B。

小 结

1.【常考题型】单选、多选、判断、案例分析

2.【命题角度】

（1）考查人物、理论以及研究方法之间的对应关系。

（2）给出实例或关键词，考查皮亚杰和科尔伯格的道德发展阶段理论中各阶段的特点。例如，根据皮亚杰的道德发展阶段理论，处于哪个阶段的儿童已不把准则看成不可改变的，而把它看作同伴间的共同约定？答案：可逆性阶段。

（3）直接考查科尔伯格的道德发展阶段理论包括哪三种水平以及每种水平包括的阶段，或给出儿童对海因茨偷药的看法要求考生辨别其属于哪个阶段。

考点3　艾森伯格的亲社会道德理论

艾森伯格利用"亲社会两难故事情境"，探讨了儿童亲社会行为的发展。亲社会两难故事情境的特点是一个人必须在满足自己的愿望、需要与满足他人的愿望、需要之间做出选择。例如，一名同学面临这样的情境：他必须在自己帮助学习困难的同学与牺牲自己的学习时间之间做出选择。

经过大量研究，艾森伯格把儿童的道德发展划分为以下几个阶段。

1. 享乐主义、自我关注取向

学前儿童及小学低年级学生处于该阶段。他们表现为关心自己，在对自己有利的情况下可能帮助他人。

2. 他人需求取向

小学生及一些正要步入青春期的少年处于该阶段。他们助人的决定是以他人的需求为基础，不去助人时不会有很多同情或内疚。

3. 赞许和人际关系取向

小学生及一些中学生处于该阶段。他们关心别人是否认为自己的利他行为是好的或值得称赞的，有好的或适宜的表现是重要的。

4. 自我投身的、移情的取向

一些小学高年级的学生及中学生处于该阶段。他们出于同情而关心他人，设身处地为他人着想。

5. 内化的法律、规范和价值观取向

少数中学生处于该阶段。他们是否助人的决定以内化的价值、规范和责任为基础，违反个人内化的原则将会伤害自尊。

四、态度与品德的形成

考点1　态度与品德形成的一般过程

态度与品德的形成过程经历了从外到内的转化过程，它是社会规范的接受和内化过程。根据美国社会心理学家凯尔曼的研究，态度与品德的形成大致经历了以下三个阶段。

1. 依从（顺从）

依从是指表面上接受规范，按照规范的要求行动，但缺乏对规范的必要性或根据性的认识，甚至有抵触情绪。依从阶段是态度与品德建立的开端。

依从包括从众和服从。从众是指主体对于某种行为要求的依据或必要性缺乏认识与体验，跟随他人行动的现象。服从是指主体对于某种行为本身的必要性缺乏认识甚至有抵触时，由于某种权威的命令或现实的压力，仍然遵从这种行为要求的现象。

依从阶段的行为具有盲目性、被动性、不稳定性，随情境的变化而变化。

2. 认同

认同是在思想、情感、态度和行为上主动接受他人的影响，使自己的态度和行为与他人相接近。认同实质上是对榜样的模仿，其出发点是试图与榜样一致。

与依从相比，认同更深入一层，它不受外界压力的控制，行为具有一定的自觉性、主动性和稳定性特点。

3. 内化（信奉）

内化是指在思想观点上与他人的思想观点一致，将自己认同的思想和自己原有的观点、信念融为一体，构成一个完整的价值体系的现象。

在内化阶段，个体的行为具有高度的自觉性和主动性，并具有坚定性，表现为"富贵不能淫，贫贱不能移，威武不能屈"。该阶段是态度与品德最稳定、最持久、最为系统的阶段。

典型例题　（2024上·单选）当其他同学对小文开一些恶意的玩笑时，小红会跟着一起起哄，但她看到小文难过的表情时心里也不舒服。据此可以判断小红的品德发展正处于（　　）。

A. 依从阶段　　　　　B. 认同阶段　　　　　C. 内化阶段　　　　　D. 定向阶段

【答案】A。

考点2　影响态度与品德学习的一般条件

1. 外部条件

（1）家庭教养方式。研究表明，民主、信任、容忍的家庭教养方式有助于学生优良的态度与品德的形成与发展。若家长对待子女过分严格或放任，则学生更容易产生不良的、敌对的行为。

（2）社会风气。作为社会的成员，社会上的良好与不良的风气都有可能影响学生道德信念与道德价值观的形成。

（3）学校教育。学校教育是学生品德形成的主导因素。学校教育具有正规、系统的特点，不仅对学生进行思想品德基本理论的教授，还为学生提供培养思想品德的各种训练。

（4）同伴群体。学生试图使自己的言行态度与归属的同伴群体保持一致，以得到同伴群体的接纳和认可。因此，学生的态度与道德行为会受到同伴群体的行为准则或风气影响。

2. 内部条件

（1）认知失调。认知失调指态度中认知、情感、行为不一致的情况，个体需要进行调整以达成新的平衡。认知失调可以被看成态度改变的动机，是态度改变的先决条件。

（2）态度定势。学生的态度定势常常支配着个体对事物的预期与评价，进而影响个体是否接受有关的信息和接受的量。帮助学生形成对教师、对集体积极的态度定势或心理准备是使学生接受道德教育的前提。

（3）道德认知。态度、品德的形成与改变取决于学生头脑中已有的道德准则和规范的理解水平及掌握程度，取决于已有的道德判断水平。实施道德教育时，不应只注意道德教育的形式，进行道德说教应结合学生的实际生活和切身体验，晓之以理。

此外，学生的智力水平、受教育程度、年龄等因素也对态度与品德的形成与改变有不同程度的影响。

小 结

1.【常考题型】单选、多选、判断

2.【命题角度】

（1）给出例子或关键词，考查态度与品德形成的三个阶段以及各阶段的地位、含义和特点。例如，王老师觉得身边的共产党员都很优秀，又能为大家服务，所以努力加入党组织。这属于态度与品德形成过程中的哪个阶段？答案：认同。

（2）考查影响态度与品德形成的外部条件和内部条件，以及认知失调的含义及地位。例如，态度改变的先决条件是什么？答案：认知失调。

五、道德教育的基本观点

考点1 道德理想

道德理想是学校提倡的、希望学生去追求的最高的道德境界，这是一种可望而不可即的境界，却给学生树立了一个不断追求的终结目的，激励并指导着学生高尚的道德行为。

道德理想教育具有激励功能，通常指教师运用道德倡议的形式对学生进行道德理想教育，激励学生的高尚行为。

考点2 道德原则

道德原则是在一般情况下必须遵守、特殊情况下可以变通的道德要求。道德原则声明的是学校认为学生可以而且应当达到的要求，但原则性要求在具体的教育情境中具有一定的灵活性。

道德原则教育具有指导功能，通常指教师运用道德指令或道德倡议的形式对学生进行道德原则教育，指导学生正确的行为。

考点3 道德规则

道德规则是学校强制执行的学生必须遵守的道德要求。道德规则属于不可违反的最低限度的要求，在执行中几乎没有可以商量的余地。

道德规则教育具有约束功能，通常指教师运用道德禁令或道德指令的形式对学生进行道德规则教育，重在约束学生的不良行为。

第七章　学习迁移

| 知识结构 |

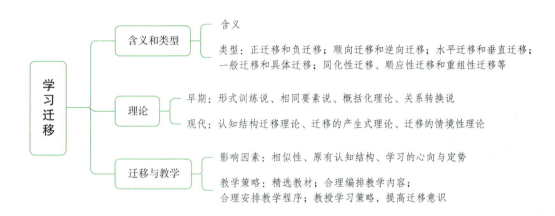

第一节　学习迁移的含义和类型

一、学习迁移的含义

学习迁移也称训练迁移，指一种学习对另一种学习的影响，或习得的经验对完成其他活动的影响。如"举一反三""触类旁通"。这种影响有可能是积极影响，也有可能是消极影响。

二、学习迁移的类型 ★★★

考点1　正迁移和负迁移（根据迁移的性质或效果划分）

正迁移也称助长性迁移、积极迁移，是指一种学习对另一种学习产生积极的促进作用。例如，三角形概念的掌握有助于直角三角形概念的学习；学习骑自行车有助于学习骑摩托车。

负迁移也称抑制性迁移、消极迁移，是指一种学习对另一种学习产生消极的阻碍作用。例如，汉语拼音的学习对英语国际音标的学习产生的干扰。

必须注意的是，两种学习之间并不只有单一的正迁移或负迁移，有时可能出现正迁移，有时可能出现负迁移，有时可能两者同时出现，有时也可能出现暂时的负迁移，经过练习后出现正迁移。

典型例题（2023下·多选）下列属于负迁移的例子有（　　　）。

A. 小立学习了三角形的面积公式后，再学习梯形的面积公式时就更容易了

B. 三年级的小华开始学习书写英语单词，他总是用汉语拼音的书写方式进行书写

C. 人们学习第二语言时，在口语上容易受到母语语言特征的影响，使其说话带有母语口音

D. 小明在数学课上学到了正整数除以正整数，商肯定小于被除数；当哥哥问 $5 \div 0.25$ 的商和被除数哪一个大时，小明回答被除数更大

E. 小陈学习了单词 home 的复数 homes，有一天他在学习北美五大湖时发现五大湖的首字母可以组成单词 homes，于是他很快记住了五大湖的名字

【答案】BCD。

考点2　顺向迁移和逆向迁移（根据迁移发生的方向划分）

顺向迁移是指先前学习对后继学习产生的影响。例如，先前在物理中学习了"平衡"概念，就会对以后学习化学平衡、生态平衡、经济平衡产生影响。

逆向迁移是指后继学习对先前学习产生的影响。例如，学习了微生物后对先前学习的动物、植物的概念产生的影响。

需要注意的是，无论是顺向迁移还是逆向迁移，都有正、负之分；同样，无论是正迁移还是负迁移，也都有顺向和逆向之分。由此可分为以下几种类型。

（1）顺向正迁移。例如，先掌握加减法运算的学生，容易学好乘除法运算。

（2）顺向负迁移。例如，之前学过的汉语语法对英语的学习产生了消极影响；前摄抑制等。

（3）逆向正迁移。例如，掌握乘除法运算有助于更加熟练地应用之前学习的加减法运算。

（4）逆向负迁移。例如，学生掌握了英语语法后，可能反过来对之前学习的汉语语法起干扰作用；倒摄抑制等。

`典型例题` （2023上·单选）因为之前学习过素描，婷婷觉得学习油画也很容易。这一现象属于（　　　）。

A. 顺向正迁移　　　　　B. 顺向负迁移　　　　　C. 逆向正迁移　　　　　D. 逆向负迁移

【答案】A。

考点3　水平迁移和垂直迁移（根据迁移内容的不同抽象和概括水平划分）

水平迁移也称横向迁移、侧向迁移，指先行学习内容与后继学习内容在难度、复杂程度和概括程度上处于同一水平的学习活动之间产生的影响。例如，先学"直角""锐角"，再学"钝角""平角"。

垂直迁移也称纵向迁移，指先行学习内容与后继学习内容是不同水平的学习活动之间产生的影响。垂直迁移表现在两个方面：一是自下而上的迁移，即下位的较低层次的经验影响上位的较高层次的经验的学习。例如，数学学习中由数字运算到字母运算的转化。二是自上而下的迁移，即上位的较高层次的经验影响下位的较低层次的经验的学习。例如，学了"角"的概念后，再学习"直角""锐角"等概念。

`典型例题` （2017下·单选）根据学习迁移理论中的垂直迁移的定义，下列选项中，能体现垂直迁移的实例是（　　　）。

A. "石"字的学习可能影响"磊"字的学习

B. 汉语拼音的学习会影响英语音标的学习

C. 校内形成的热爱劳动的良好习惯会影响校外的劳动表现

D. "三角形"概念的学习会影响"直角三角形""锐角三角形"等概念的学习

【答案】D。

考点4　一般迁移和具体迁移（根据迁移的范围划分）

一般迁移也称非特殊迁移、普遍迁移，是指在一种学习中习得的一般原理、方法、策略和态度对另一种学习的影响，即将原理、策略和态度具体化，运用到具体的事例中去。例如，学生在学习中获得的一些基本的运算技能、阅读技能可以广泛运用到各种具体的数学或语文学习中。

具体迁移也称特殊迁移，是指学习迁移发生时，学习者原有的经验组成要素及其结构没有变化，只是

将一种学习中习得的经验要素重新组合并迁移到另一种学习中。例如，学会写"石"这个字，有助于学习写"磊"；学会整数的加减乘除之后，有助于四则混合运算的学习。

考点5　同化性迁移、顺应性迁移和重组性迁移（根据迁移过程中所需的内在心理机制划分）

同化性迁移是指不改变原有的认知结构，直接将原有的认知经验应用到本质特征相同的一类事物中。原有认知结构在迁移过程中不发生实质性的改变，只是得到某种充实。例如，"举一反三""闻一知十"。

顺应性迁移是指将原有认知经验应用于新情境中时，需调整原有的经验或对新旧经验加以概括，形成一种能包容新旧经验的更高一级的认知结构，以适应外界的变化。例如，学生在日常生活中形成了报纸、书刊、广播、电视的概念，当这些概念不能解释"计算机网络"这个概念时，学生学习一个概括性更高的科学概念"媒体"来解释"计算机网络"。

重组性迁移是指重新组合原有认知系统中某些构成要素或成分，调整各成分间的关系或建立新的联系，从而应用于新情境。在重组过程中，基本经验成分不变，但各成分进行了调整或重新组合。例如，将已掌握的字母重新组合，形成新的单词；对一些原有舞蹈或体操的动作调整或重新组合后，编排出新的舞蹈或体操动作。

典型例题　（2020下·判断）"苹果""香蕉""桃子"等概念的掌握对形成"水果"这种概念的影响属于同化性迁移。　　　　　　　　　　　　　　　　　　　　　　　　　　　　　（　　）

【答案】×。解析：题干中"苹果""香蕉""桃子"等原有的认知结构发生变化，形成了一种能够包容新旧经验的更高一级的认知结构，故该影响属于顺应性迁移。题干说法错误。

考点6　自迁移、近迁移和远迁移（根据迁移的程度划分）

自迁移是指个体所学的经验影响相同情境中的任务的操作。自迁移经常表现为原有经验在相同情境中的重复。

近迁移是指个体把所学的经验迁移到与原初的学习情境比较相近的情境中。例如，学生在学习完有关汽车路程的应用题后，能够利用时间、速度和路程的关系去解决飞机、步行等情境中的路程问题。

远迁移是指个体能将所学的经验迁移到与原初学习情境极不相似的其他情境中去。例如，学生在学习完有关汽车的路程问题的应用题后，能够利用时间、速度和路程的关系去解决有关工程问题（这类问题一般隐含工作天数、每天完成工作数量与总工作数量的关系）的应用题。

考点7　低路迁移和高路迁移（根据迁移的路径或发生的自动化水平划分）

低路迁移是指以一种自发的或自动的方式所形成的技能的迁移。例如，驾驶不同类型的汽车。

高路迁移是指有意识地将某种情境中学到的抽象知识应用于新情境中的迁移。这大体可分为两种情况：①当前学习知识会想到今后的运用。例如，有志成为教师的大学生在学习心理学理论时，想到以后走上教师岗位时会用到这些知识。②当前面临新问题时，会想到以前所学知识能解决眼前的实际问题。例如，学习统计学时，用以前学过的数学知识来分析和理解。

小　结

1.【常考题型】单选、多选、判断

2.【命题角度】

（1）结合实例或关键词考查学习迁移的类型。例如，低年级儿童学习汉语拼音发音后再去学习英语字母发音易发生混淆，是因为产生了什么迁移？答案：负迁移。

（2）考查学习迁移的类别与划分维度的对应。

第二节　学习迁移理论

一、早期学习迁移理论 ★★★

考点1　形式训练说

1. 代表人物

德国心理学家沃尔夫是形式训练说的代表人物。

2. 观点

形式训练说以官能心理学为理论依据。官能心理学认为，人的心灵由认知、情感、意志等不同官能组成，各种官能就像身体的各种器官一样，各自赋有与生俱来的能力。形式训练说认为，通过一定的训练可以使心智的各种官能得到发展，从而转移到其他学习上去。

3. 教育应用

训练和改进各种官能。例如，学习数学有助于形成逻辑推理能力；学习几何学有助于形成逻辑思维能力等。

考点2　相同要素说（共同要素说）

1. 代表人物

美国心理学家桑代克、伍德沃斯是相同要素说的代表人物。其经典实验为"形状知觉"实验。

2. 观点

只有当两个机能的因素中有相同的要素时，一个机能的变化才会改变另一个机能的习得。也就是说，只有当学习情境和迁移情境存在共同成分时，一种学习才能影响到另一种学习，产生学习迁移。两种情境中的相同要素越多，迁移的量和可能性越大。迁移是具体的、有限的、有条件的。

3. 教育应用

在课程方面开始注重应用学科，教学内容的安排也尽量与将来的实际应用相结合。

考点3　概括化理论（经验类化说）

1. 代表人物

美国心理学家贾德是概括化理论的代表人物。其经典实验为"水下击靶"实验。

2. 观点

迁移产生的关键是学习者在两种活动中通过概括形成了能够泛化的共同原理。只要一个人对他的经验进行了概括，就可以完成从一种情境到另一种情境的迁移。对原理概括得越好，在新情境中学习的迁移就越好。而两种学习活动之间存在共同要素仅仅是知识产生迁移的必要前提。

3. 教育应用

教师应有意识地培养学生的概括能力，但是应防止过度概括化和错误的概括化的出现。

考点4　关系转换说（关系理论）

1. 代表人物

苟勒是关系转换说的代表人物。其经典实验为"小鸡啄米（小鸡觅食）"实验。

2.观点

关系转换说认为，迁移是学习者突然发现两个学习经验之间关系的结果，是对情境中各种关系的理解和顿悟。学习迁移的重点不在于掌握原理，而在于察觉到手段和目的之间的关系，这是实现迁移的根本条件。

典型例题（2022下·单选）通过学习拉丁文和数学难题，可以有效提高学生的迁移能力。这种观点符合（　　）。

A.形式训练说　　　　　B.相同要素说　　　　　C.关系转换理论　　　　　D.概括化理论

【答案】A。

二、现代学习迁移理论

考点1　认知结构迁移理论

1.代表人物

奥苏贝尔是认知结构迁移理论的代表人物。

2.观点

一切有意义的学习都是在原有认知结构的基础上产生的，必然包括迁移。迁移是以认知结构为中介进行的，原有认知结构特征（认知结构变量）直接决定了迁移的可能性和迁移的程度。

3.影响迁移的认知结构变量

（1）可利用性，指学生面对新的学习任务时，其认知结构中应具有吸收并固定新知识的原有观念，这样才能够产生意义学习。

（2）可辨别性，指新的学习任务与同化它的相关知识的可分辨程度。两者的分辨程度越高，越有助于迁移并能避免因新旧知识的混淆而带来的干扰。

（3）稳定性（巩固性），原有知识越稳定巩固，越有助于迁移。

4.教育应用

"为迁移而教"。在教学活动中，教师可以通过改革教材内容和教材呈现方式改进学生的原有认知结构变量以达到迁移的目的。

考点2　迁移的产生式理论

1.代表人物

辛格莱、安德森是迁移的产生式理论的代表人物。

2.观点

该理论是针对认知技能的迁移提出的。产生式是指有关条件和行动的规则，简称C-A规则。C代表行动产生的条件，它不是外部刺激，而是学习者工作记忆中的认知内容。A代表行动，它不仅包括外部的反应，也包括学习者头脑内部的心理运算。

产生式理论认为，前后两项学习任务产生迁移的原因是两项任务之间产生式的重叠，重叠越多，迁移量越大。产生式的相似是迁移产生的条件。

考点3　迁移的情境性理论

1.代表人物

格林诺是迁移的情境性理论的代表人物。

2. 观点

该理论认为迁移的产生是由外界物理环境、社会环境与主体因素共同决定的，强调通过社会相互作用与合作学习促进迁移的产生。

典型例题 （2017下·判断）依照奥苏贝尔的观点，一切有意义的学习都可能受到原有认知结构的影响。因此，有意义的学习中存在迁移现象。　　　　　　　　　　　　　　　　　（　　）

【答案】√。

小 结

1.【常考题型】单选、多选、判断

2.【命题角度】

（1）考查学习迁移理论名称、代表人物和观点、实验的对应。

（2）结合实例或关键词考查每种迁移理论的内涵。考生要识记每种理论的关键词，如形式训练说→心理官能得到训练；相同要素说→共同的成分；概括化理论→在经验中学到的原理、原则；关系转换说→突然领悟等。

（3）给出理论名称、内容或实验，要求辨别其属于早期迁移理论还是现代迁移理论。

第三节　迁移与教学

一、影响学习迁移的主要因素 ★★★

影响学习迁移的因素可以分为主观因素和客观因素两个方面。其中主观因素包括学习者原有的认知结构、对学习情境的理解、学习的心理准备状态、学习态度、学习动机、学习策略的水平、智力与能力等；客观因素包括学习材料的特点、学习情境的特点、教师的指导等。

以下是影响学习迁移的主要因素。

考点1　相似性

（1）学习材料之间的相似性。辨别学习材料之间的相同点和不同点，是促进迁移的重要条件。这样既有助于正迁移的发生，也有助于克服由于学习材料的相似可能带来的负迁移。

（2）学习情境的相似性。在两次学习活动之间，如果出现相似的环境、场所、学习者等，学习迁移就很容易产生。

（3）学习目标与学习过程的相似性。学习目标要求是否一致、相似，将在一定程度上决定加工学习材料的过程是否相似，进而决定了能否产生迁移。

考点2　原有认知结构

（1）学习者的背景知识。学习者拥有相应的背景知识是迁移产生的基本前提条件。已有的背景知识越丰富，就越能被学习者主动地加以应用，越有利于新的学习，即迁移越容易。

（2）原有知识经验的概括水平。一般而言，经验的概括水平越高，迁移的可能性就越大，效果就越好；经验的概括水平越低，迁移的可能性就越小，效果也就越差。

（3）学习策略的水平。掌握必要的认知策略和元认知策略是提高迁移发生可能性的有效途径。

知识拓展

陈述性知识与程序性知识的迁移

1. 程序性知识向程序性知识的迁移

当先前习得的产生式直接运用于迁移任务时，便出现此类迁移。比如，学生习得了圆面积计算的产生式后，在他遇到"已知半径或直径的长度，求圆的面积"的问题时，可以直接运用这一产生式。

2. 陈述性知识向程序性知识的迁移

当原先习得的陈述性知识有助于迁移任务中产生式的习得时，便出现此类迁移。比如，丰富的日常知识有助于写作技能的习得。

3. 程序性知识向陈述性知识的迁移

当原有认知技能促进新的陈述性知识的学习时，便出现此类迁移。比如，学生掌握了阅读技能后，可以大大促进掌握大量社会和自然科学知识的速度。

4. 陈述性知识向陈述性知识的迁移

当原有陈述性知识的习得有助于新的陈述性知识的习得时，便出现此类迁移。比如，上位知识的习得将有助于新的下位知识的学习。

典型例题 1.（2024上·单选）学习迁移是影响学生学业成绩的重要因素，下列情境不利于学习迁移的是（ ）。

A. 物理老师给学生布置同一任务，这一任务包括多种变式

B. 地理老师鼓励学生掌握具体的知识，而不是掌握一般原理

C. 数学老师大量引入实际生活中的例子，帮助学生理解数学运算原理

D. 历史老师帮助学生构建历史事件的背景，使学生进行有意义的学习

【答案】B。

2.（2023下·单选）学生在学会了圆面积的计算后，当遇到"已知半径或直径的长度，求圆的面积"的问题时，就可以直接运用圆的面积公式来解决。该情况属于（ ）。

A. 陈述性知识向陈述性知识的迁移　　　　B. 程序性知识向程序性知识的迁移

C. 陈述性知识向程序性知识的迁移　　　　D. 程序性知识向陈述性知识的迁移

【答案】B。

考点3 学习的心向与定势

心向与定势常常指同一种现象，即先于一定的活动而又指向该活动的一种动力准备状态。定势的形成往往是由于先前的反复经验，它将支配个体以同样的方式去对待后继的同类问题。正因如此，定势在迁移过程中也起到一定的作用。陆钦斯的"量杯"实验是一个定势影响迁移的典型例证。

定势对迁移的影响表现为促进和阻碍两方面。定势既可以成为积极的正迁移的心理背景，也可以成为消极的负迁移的心理背景，或者成为阻碍迁移产生的潜在的心理背景。

二、促进学习迁移的教学策略

1. 精选教材

精选的教学内容有助于学生在有限的时间内掌握大量的、有用的经验。教师应选择那些具有广泛迁移价值的科学成果作为教材的基本内容，同时，还必须包括基本的、典型的事实材料，并阐明概念、原理的适用条件。

2.合理编排教学内容

精选的教材只有通过合理的编排才能充分发挥其迁移的效能。从迁移的角度来看，合理编排的标准就是使教材达到结构化、一体化、网络化。

3.合理安排教学程序

合理编排的教学内容是通过合理的教学程序得以体现、实施的，教学程序是使有效的教材发挥功效的最直接的环节。在宏观上，教学中应将基本的知识、技能和态度作为教学的主干结构，并依此进行教学。在微观上，应注重学习目标与学习过程的相似性，或有意识地沟通具有相似性的学习。简言之，在教学过程中的每一个环节都应努力体现迁移规律。

4.教授学习策略，提高迁移意识

教师仅教给学生组织良好的信息是不够的，还必须使学生了解在什么条件下、如何迁移所学的内容，迁移的有效性如何等。结合实际学科的教学来教授有关的学习策略和元认知策略是达到这一目标的有效手段。

教师在教学中要重视发展学生分析问题和概括问题的能力，重视学生对学习方法的学习，以提高学生的迁移意识。

小　结

1.【常考题型】单选、多选

2.【命题角度】

（1）考查学习者原有认知结构对迁移的影响的三个表现。

（2）考查影响学习迁移的因素有哪些，注意主观因素和客观因素的划分。

（3）以多选的形式考查促进学习迁移的教学策略。

第八章　学习策略

| 知识结构 |

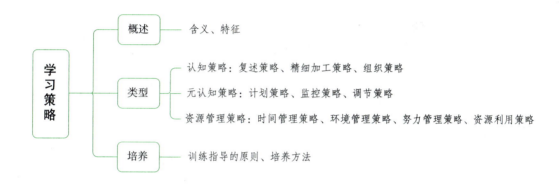

第一节　学习策略概述

一、学习策略的含义

学习策略是指学习者为了提高学习的效率和效果，有目的、有意识地制定有关学习过程的复杂的方案。它是学习者为了达到有效学习的目的而采用的规则、方法、技巧及其调控方法的总和。

二、学习策略的特征

1.操作性和监控性

操作性和监控性是学习策略最基本的特性。学习策略的操作性体现在学生认知过程的各个阶段，监控性则体现在内隐的认知操作中。

2.外显性和内隐性

在学习中使用的一些学习操作可以直接观察到，足见其外显性的特点。而学习策略又是在头脑中借助内部语言进行的内部意向活动，因此又具有内隐性的特点。

3.主动性和迁移性

主动性是指学习策略可以根据学习材料和学习情境的特点以及学习的变化，进行自我调整。迁移性是指从某种学习情境中获得的学习策略，能够有效地迁移到类似或不同的学习情境中去。

<u>典型例题</u>（2019上·单选）王老师能根据学生的学习活动判断学生使用的是什么样的学习策略。这说明学习策略具有（　　）。

A. 主动性　　　　　　B. 迁移性　　　　　　C. 外显性　　　　　　D. 内隐性

【答案】C。

小 结

1.【常考题型】单选、多选、判断

2.【命题角度】

（1）直接考查学习策略的含义和具体的特征。

（2）给出定义或关键词，要求判断其属于学习策略的哪一特征，或要求判断关于某一特征的说法是否正确。

第二节　学习策略的类型

根据迈克卡（又译迈克尔）等人的分类，学习策略可分为认知策略、元认知策略和资源管理策略。

一、认知策略 ★★★

认知策略是信息加工的一些方法和技术，有助于有效地从记忆中提取信息。认知策略主要包括复述策略、精细加工策略和组织策略。

考点1　复述策略

复述策略是在工作记忆中为了保持信息，运用内部语言在大脑中重现学习材料或刺激，以便将注意力维持在学习材料上的方法。常用的复述策略有以下几种。

（1）利用无意识记和有意识记。

（2）排除相互干扰。教师在安排复习时，要尽量预防前摄抑制和倒摄抑制。同时，也要尽量错开学习两种容易混淆的内容。例如，英语单词和汉语拼音应尽量分开学习。

（3）整体识记和分段识记。整体识记即整篇阅读直到记牢为止，适用于篇幅短小或者内在联系密切的材料。分段识记即将整篇材料分成若干段分别记牢，然后合成整体识记，适用于篇幅较长或者较难、内在联系不强的材料。

（4）多种感官参与。如用眼睛看、用耳朵听、用嘴巴练及用手写等。

（5）复习形式多样化。

（6）画线。这是阅读时常用的一种复述策略。

`典型例题`（2023下·单选）肖老师在讲授《泊船瓜州》时，要求学生圈画重点动词"绿"，并通过范读、领读、反复朗读等方式帮助学生流利背诵全诗。肖老师使用的是（　　　）。

A. 元认知策略　　　　B. 组织策略　　　　C. 复述策略　　　　D. 练习策略

【答案】C。

考点2　精细加工策略（精加工策略）

精细加工策略是一种将新学材料与头脑中已有知识联系起来从而增加新信息意义的深层加工策略。精细加工策略是一种理解性的记忆策略，其要旨是建立信息间的联系。常用的精细加工策略有以下几种。

1. 记忆术

（1）位置记忆法

位置记忆法是指学习者在头脑中创建一幅熟悉的场景，在这个场景中确定一条明确的路线，在这条路线上确定一些特定的点，然后将要记忆的项目视觉化，并按顺序和这条路线上的特定的点联系起来的方法。

（2）缩简和编歌诀

缩简是指将识记材料的每条内容简化成一个关键字，然后变成自己熟悉的事物，从而将材料与过去经验联系起来。例如，把《辛丑条约》的"赔款；禁止人民反抗；允许外国驻兵；划分租界，建领事馆"四项内容缩减为"钱禁兵馆"（谐音"前进宾馆"，此处也利用了谐音联想法）来帮助记忆。有时，可以将材料缩简成歌诀。例如，利用《二十四节气歌》来记忆二十四个节气。

（3）谐音联想法

谐音联想法是利用相似的声音线索帮助记忆的方法。运用这种方法时，除了发音相似，还要注意运用形象表现记忆内容的意义或人为地赋予其某种意义。例如，把圆周率"3.1415926535…"编成顺口溜"山巅一寺一壶酒，尔乐苦煞吾……"等。

（4）关键词法

关键词法是将新词或概念与相似的声音线索词，通过视觉表象联系起来的方法。例如，英文单词"Tiger"可以联想成"泰山上一只虎"。

（5）视觉联想法

视觉联想法是通过形成心理想象来帮助人们对信息的记忆的方法。位置记忆法实际上就是视觉联想法的一种，关键词法也利用了视觉表象。联想时，想象越奇特而又合理，记忆就越牢。例如，将"飞机——箱子"想象成"飞机穿过箱子"。

（6）语义联想法

语义联想法是通过联想，将新材料与头脑中的旧知识联系在一起，赋予新材料更多的意义的方法。例如，在记一个公式或原理时，思考新公式或原理是如何从以前的公式或原理推导出来的。

（7）形象联想法

形象联想法是通过人为的联想，将无意义的材料与头脑中鲜明、生动、奇特的形象相结合，提高记忆效果的方法。例如，小学生记汉语拼音常利用具体的事物，"m"像两个小门洞，"h"像一把小椅子。

2. 做笔记

做笔记有助于对材料进行编码，同时具有外部存储功能。做笔记包括摘抄、评注、加标题、写段落概括语等。

3. 提问

提问策略有助于学习者有选择地集中注意进行信息选择和对信息进行深入加工。

4. 生成性学习

生成性学习是要训练学生对他们阅读的东西产生一个类比或表象，如图形、图像、表格和图解等，以加强其深层理解。这种方法不是简单地记录和记忆信息，而是要改动对这些信息的知觉。

5. 利用背景知识，联系实际

教师要把新知识和学生已有的背景知识联系起来，并要联系实际生活，这样做不仅能帮助学生理解新知识的意义，而且会使学生感觉到新知识有用。

典型例题 （2021下·多选）下列活动运用了精细加工学习策略的有（　　　　）。

A. 光光一边写英语作业一边听音乐

B. 聪聪一边听报告一边记笔记

C. 丽丽用思维导图来学习"大脑的结构"等知识

D. 冬冬用歌诀记忆二十四节气、化学元素周期表

E. 小小用谐音法记忆事件发生的时间、地点等历史知识

【答案】BDE。

考点3　组织策略

组织策略是整合所学新知识之间、新旧知识之间的内在联系，形成新的知识结构的策略。组织策略和精细加工策略密不可分，常用的组织策略有以下几种。

1. 归类策略

归类即组块，指把材料分成小单位，再把这些单位归到适当的类别。归类策略主要用于对概念、语词、规则等知识的归类整理。归类的方法包括相似归类、对比归类、从属归类和递进归类等。

2. 纲要策略

（1）主题纲要策略，是指运用语句、词汇表达学习材料的要点及层次结构。

（2）符号纲要策略，是指运用图示或表格的方式体现学习材料的知识结构或从属逻辑关系。符号纲要策略主要包括做系统结构图、概念关系图、流程图、模式或模型图、网络关系图等。

也有学者认为组织策略可分为列提纲、做图解、利用表格三种。

二、元认知策略

考点1　元认知的成分

元认知的概念是美国心理学家弗拉维尔提出的。元认知是对自身认知的认知。具体来说，就是个体对自己的认知过程及结果的意识与控制。元认知主要包括以下三种成分。

（1）元认知知识是个体关于自己或他人的认识活动、过程、结果，以及与之有关的知识。

（2）元认知体验是个体伴随认知活动产生的认知体验或情感体验。

（3）元认知监控指个体在认知活动中，对自己的认知活动进行积极的监控和相应的调节，以达到预定目标。元认知监控是元认知的核心。

考点2　元认知策略的分类　★★★

元认知策略又称反省认知策略，是学生对自己认知过程的认知策略，即在学习过程中制订学习计划，实施自我监督以及自我调控等的策略。元认知策略分为以下三种策略。

1. 计划策略

计划策略是根据认知活动的特定目标，在一项认知活动之前计划各种活动，预计结果、选择策略、想出各种解决问题的方法，并预估其有效性等。计划策略包括设置学习目标、浏览阅读材料、产生待回答的问题以及分析如何完成学习任务等。

2. 监控策略

监控策略是指在认知过程中，根据认知目标及时检测认知过程，寻找两者之间的差异，并对学习过程及时进行调整，以期顺利实现有效学习的策略。监控策略包括阅读时对注意加以跟踪、对材料进行自我提问、考试时监控自己的速度和时间等。

3. 调节策略

调节策略是根据对认知活动结果的检查，如发现问题则采取相应的补救措施，根据对认知策略的效果的检查，及时修正、调整认知策略。调节策略与监控策略有关。例如，当学习者意识到不理解课文的某一

部分时会退回去读困难的段落；在阅读困难或不熟悉的材料时会放慢速度，复习他们不懂的课程材料；测验时跳过某个难题，先做简单的题目等。调节策略能帮助学生矫正学习行为，补救理解上的不足。

典型例题（2022下·多选）下列属于元认知策略中的监控策略的有（　　　）。

A.小明会在写作业前预测完成作业所需要的时间

B.小强在考试过程中常常跳过某个难题先做简单的题

C.小李在问题解决过程中时常问自己是否进行了双向推理

D.小王在复习过程中采用列提纲的方式保证没有遗漏知识点

E.小红在遇到不容易解决的问题时会思考自己是否归纳总结了解题思路

【答案】CE。

三、资源管理策略　★★

资源管理策略旨在帮助学习者有效地管理和利用资源，以提高学习效率和质量。常用的资源管理策略主要有以下几种。

考点1　时间管理策略

（1）统筹安排学习时间。根据自己的总体目标，对时间做出总体安排。

（2）高效利用最佳时间，确保状态最佳时学习最重要的内容。

（3）灵活利用零碎时间。零碎时间可以用来处理杂事、背单词、进行讨论和通讯等。

考点2　环境管理策略

学习环境可影响学习时的心境，从而影响学习的效率，因此，应为学习创设适宜的环境。首先，要注意调节自然条件，如流通的空气、适宜的温度、明亮的光线及和谐的色彩等；其次，要设计好学习的空间，如空间范围、室内布置、用具摆放等。

考点3　努力管理策略

为了使学生维持自己的意志努力，需要不断地鼓励学生进行自我激励。自我激励的方法包括激发内在学习动机、树立正确的学习信念、选择有挑战性的任务、调节成败的标准、正确认识成败的原因、自我奖励等。

考点4　资源利用策略（寻求支持策略、学业救助策略）

资源利用策略主要包括以下两方面。

（1）学习工具的利用，即善于利用参考资料、工具书、图书馆、广播电视、电脑与网络等。

（2）社会人力资源的利用，即善于利用教师的帮助以及通过同学间的合作与讨论来加深对教学内容的理解。

典型例题　1.（2024上·单选）小鹏在学习语文的过程中，会建立一个计划表，每天在不同时间段锻炼词语理解和基础写作。该学习策略属于（　　　）。

A.认知策略　　　　　B.元认知策略　　　　　C.资源管理策略　　　　D.辅助性策略

【答案】C。

2.（2020下·单选）小彤自己学习时老是会分心，一会儿摸摸笔，一会儿又看看手机，学习效率低。为了提高学习效率，她找到一个学习小组，每个周末都和学习小组的同学一起学习，大大提高了学习效率。小彤使用的学习策略是（　　　）。

A.组织策略　　　　　B.精加工策略　　　　　C.调节策略　　　　　　D.资源管理策略

【答案】D。

小 结

1.【常考题型】单选、多选、判断、案例分析

2.【命题角度】

（1）考查迈克卡关于学习策略的分类。例如，学习策略可分为哪三个方面？答案：认知策略、元认知策略和资源管理策略。

（2）考查复述策略、精细加工策略、组织策略的含义，以及它们包含的具体内容。例如，将新学材料与头脑中已有认知联系起来从而增加新信息的意义的深层加工策略是什么策略？答案：精细加工策略。以编歌诀的方法进行记忆的是什么学习策略？答案：精细加工策略。

（3）题干或选项呈现实例，要求辨别实例选用的是哪种学习策略。例如，琳琳在听课时，经常将学习内容要点以画线的方式在书上做标记，这属于什么学习策略？答案：复述策略。

（4）考查元认知的构成及核心成分。

3.【识记技巧】

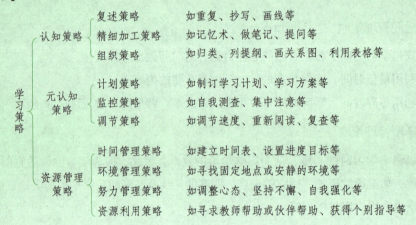

第三节 学习策略的培养

一、学习策略训练指导的原则

1. 主体性原则

在学习策略教学中应发挥和促进学生的主体作用。

2. 内化性原则

在学习策略的学习活动中，学生不断实践各种学习策略，将其逐步内化成自己的学习能力，熟练掌握并达到自动化的水平，从而在新的情境中灵活应用。

3. 生成性原则

在学习过程中要利用学习策略对学习的材料重新进行加工，产生某种新的东西。

4. 特定性原则

学习策略一定要适应学习目标和学生的特点。同样一个策略，对年长和年幼的学生，对成绩好的和成绩差的学生，用起来的效果就不一样。对阅读图书作内容概括和写阅读提要可能是一种有效的学习方法，但小学低年级的学生可能无法有效使用。

5. 有效监控原则

学生应该把注意力集中在学习结果和学习过程的关系上，监控自己使用每种学习策略所导致的学习结果，以便确定所选策略的有效性。

6. 个人效能感原则

教师应给学生一些机会使他们感觉到策略的效力以及自己使用策略的能力。

典型例题　（2021下·判断）对小学低年级的学生而言，对所读图书作内容概括、写阅读提要是一种有效的学习方法。　　　　　　　　　　　　　　　　　　　　　　　　　　　（　　）

【答案】×。

二、学习策略的培养

1. 把学习策略与教学内容相结合

心理学研究认为，学习策略不能离开教材内容而单独训练，必须通过教材内容结合教学来进行。

2. 加强具体解决问题技能的培养

长期系统的实验研究证明，当材料由具体的、个别的解决问题的技能构成时，学习策略培养的效果最好，而且这种学习策略易于在类似的任务中迁移。

3. 利用发现法，强调思维过程

发现法为培养学生使用解决问题的策略的能力提供了机会。因为这种教学方法不先告诉学生要发现的结论，而让他们自己通过亲自尝试逐步找到解决问题的方法；它不强调思维的结果，而强调解决问题的思维过程，让学生通过实例将自己解决问题的思维过程与教师或专家的思维过程进行比较。

4. 培养自我监控能力

教师不仅要教给学生一般的学习策略，而且还要教给他们自我监控、检查、评定或修正其策略的技能，只有这样才有助于学生真正掌握学习策略，并把它们迁移到新的学习情境中去。

小　结

1.【常考题型】单选、多选

2.【命题角度】

（1）以多选题的形式考查学习策略训练的六个原则。

（2）结合实例或关键词考查某一学习策略训练原则。例如，强调学生要利用学习策略对学习的材料进行重新加工，生成某种新的东西属于学习策略训练的哪一原则？答案：生成性原则。

3.【识记技巧】

学习策略训练的基本原则可利用谐音联想法识记："煮花生特小个"。"煮"—主体性原则；"花"—内化性原则；"生"—生成性原则；"特"—特定性原则；"小"—有效监控原则；"个"—个人效能感原则。

第九章　学习动机与归因

| 知识结构 |

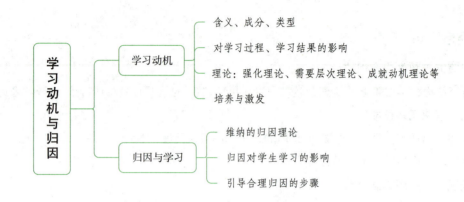

第一节　学习动机

一、学习动机的含义和成分

考点1　学习动机的含义

学习动机是指激发个体进行学习活动，维持已发生的学习活动，并使个体行为朝向一定的学习目标的一种心理倾向或内部动力。学习动机是直接推动学生进行学习的原因和内部动力，是激励和指引学生进行学习的一种需要。

考点2　学习动机的成分

学习动机的两个基本成分是学习需要和学习期待。

1.学习需要

学习需要是指个体在学习活动中感到有某些欠缺而力求获得满足的心理状态，包括学习的兴趣（最现实、最活跃的心理成分）、爱好和信念等。从需要的作用看，学习需要即学习内驱力。

2.学习期待

学习期待是个体对学习活动要达到的目标的主观估计。学习期待不等于学习目标，而是学习目标在个体头脑中的反映。学习期待就其作用来说，就是学习的诱因。

3.学习需要与学习期待的关系

学习需要和学习期待二者密切相关。学习需要是个体从事学习活动的最根本动力，在学习动机中占主导地位，是产生学习期待的前提之一。学习期待是形成学习动机的必要条件，它指向学习需要的满足，促使主体去达到学习目标。

小　结

1.【常考题型】单选、多选
2.【命题角度】直接考查学习动机的含义、地位及基本成分。

二、学习动机的类型 ★★★

考点 1　内部学习动机与外部学习动机

根据动机产生的诱因来源，学习动机可分为内部学习动机和外部学习动机。

内部学习动机是由学习本身引起的动机。动机的满足不在活动之外，行为本身就是一种动力。例如，有的学生喜爱数学，他便在课上认真听讲，课下刻苦钻研。

外部学习动机是由外部诱因引起的动机。动机的满足不在活动之内，而在活动之外，学习者不是对学习本身感兴趣，而是对学习带来的结果感兴趣。例如，有的学生学习是为了获得表扬、奖励等。

外部动机的不当使用（如过分强化学习与物质奖励的关系）可能会削弱内部动机。相对于内部学习动机，外部学习动机的效果微弱而短暂，不能使学习者持之以恒地学习。

考点 2　高尚的学习动机与低级的学习动机

根据学习动机的社会意义，学习动机可分为高尚的学习动机和低级的学习动机。

高尚的学习动机的核心是利他主义，学生把当前的学习同国家和社会的利益联系在一起。例如，学生将学习作为对社会做出的贡献和应尽的义务。

低级的学习动机的核心是利己主义，学习动机只来源于自己眼前的利益。例如，学生将学习作为猎取个人名利的手段。

考点 3　近景的直接性学习动机与远景的间接性学习动机

根据学习动机与学习活动的关系，学习动机可分为近景的直接性学习动机和远景的间接性学习动机。

近景的直接性学习动机与学习活动直接相连，来源于对学习内容或学习结果的兴趣。这种学习动机的作用比较明显，但稳定性比较差，容易受到环境或一些偶然因素的影响。学生的求知欲、对某门学科的浓厚兴趣，以及教师生动形象的讲解、新颖的教学内容等直接影响学生的学习动机。

远景的间接性学习动机是指由于了解活动的社会意义、活动结果的社会价值而引起的对某种活动的动机，它与学习的社会意义和个人的前途相连。这种学习动机具有较强的稳定性和持久性，能在相当长的时间内起作用。

有学者认为，根据动机行为与目标远近的关系，学习动机可分为近景动机和远景动机。其中，近景动机是指与近期目标相联系的动机，又可分为间接近景动机和直接近景动机。间接近景动机是社会观念、父母意愿及教师期望在学生头脑中的反映。直接近景动机主要是由学习活动本身直接引起的，表现为对所学习的学科内容或学习活动的直接兴趣和爱好。

考点 4　认知内驱力、自我提高内驱力与附属内驱力

奥苏贝尔认为，在学校情境中，促进学生学习的成就动机主要包括三个方面的内驱力决定成分，即认知内驱力、自我提高内驱力和附属内驱力。

认知内驱力是指学生渴望认知、理解和掌握知识，以及陈述和解决问题的倾向，属于内部动机。在有意义学习中，认知内驱力是最重要和最稳定的动机（如图 2-9-1 所示）。例如，小华为了满足自己的好奇

心而不断地去探索周围世界。

自我提高内驱力是指通过自身努力，胜任一定的工作，取得一定的成就，从而赢得一定的社会地位的需要。自我提高内驱力的目标是赢得某种地位或名次，这种内驱力把成就看作赢得地位与自尊心的根源，属于外部动机。（如图 2-9-2 所示）例如，小明努力学习是为了提高自己在班级中的排名。

附属内驱力是指个人为了获得长者（如家长、教师等）的赞许、认可或同伴的接纳，而表现出来的把学习或工作做好的需要（如图 2-9-3 所示）。附属内驱力是一种间接的学习需要，属于外部动机。例如，小东努力学习是为了得到家长的赞许和教师的表扬。

图 2-9-1　认知内驱力　　　　图 2-9-2　自我提高内驱力　　　　图 2-9-3　附属内驱力

上述三种内驱力在动机结构中所占的比重会随着儿童年龄的增长而改变。在儿童早期，附属内驱力最为突出，他们努力学习获得学业成就，主要是为了实现家长的期待，并得到家长的赞许。到了儿童后期和少年期，附属内驱力的强度有所减弱，来自同伴、集体的赞许和认可逐渐替代了对长者的依附。到了青年期，认知内驱力和自我提高内驱力成为学生学习的主要动机。

典型例题 1.（2023 下·单选）下列情况中，学生受到自我提高内驱力影响的是（　　　）。

A. 丽丽为了成为班上的"计算小明星"，每天都会要求自己做一些计算练习

B. 希希在一次考试得到老师的表扬后变得对学习充满信心，刻苦学习，希望下次考试依然能得到老师的表扬

C. 东东发现班上受欢迎的同学都是活泼开朗的人，于是他开始积极参加大家的活动，希望自己也成为受全班同学欢迎的人

D. 乐乐在玩水时偶然发现，给原本会沉到水底的小玩具底部倒扣一个矿泉水瓶盖会让玩具漂浮在水面上，于是他拍下这个现象并发给科学老师看，向老师请教原因

【答案】A。

2.（2021 下·判断）小杨刻苦学习英语，希望考出高分，让不懂英语的爸爸妈妈可以在亲友面前感到骄傲和自豪。他的学习动机属于附属内驱力。　　　　　　　　　　　　　　　　　　　　（　　　）

【答案】√。

小 结

1.【常考题型】单选、多选、判断

2.【命题角度】

（1）题干呈现概念或实例，要求选出对应的学习动机类型。例如，"为中华之崛起而读书"属于哪种学习动机？答案：外部学习动机和高尚的学习动机。

（2）考查认知内驱力、自我提高内驱力和附属内驱力在动机结构中所占的比重。例如，一个人小时候的学习动机偏向认知内驱力，长大后偏向附属内驱力。答案：×。

三、学习动机对学习的影响

学习动机是推动学生学习的内在动力。它同原有知识一起，构成了影响学生学习的两个重要的一般因素。但原有知识和学习动机对学习的影响是不同的。原有知识作为影响学习的认知因素，决定新的学习是否成功；学习动机作为影响学习的情感因素，决定新的学习速度的快慢。通过同化过程，原有知识与新知识发生相互作用，从而生成新的认知结构；而动机一般不是通过直接卷入认知建构过程而对学习产生作用的，动机通过集中注意和增加努力来促进新的学习。

考点1 学习动机对学习过程的影响

（1）引发作用（引发学习行为）。学习动机能够激发个体产生某一学习行为。学习动机还能够增强学生学习的准备状态，激活相关的背景知识，提高学习效率。

（2）定向作用（定向学习行为）。学习动机使学生的学习行为在初始状态时就指向一定的学习目标，并推动学生为达到目标而努力学习。

（3）维持作用（维持学习行为）。学习动机使学生在学习过程中，集中注意力，克服不利影响，提高努力程度，遇到困难时坚持不懈，直至达到学习目的。

（4）调节作用（调节学习行为）。学习动机调节学习行为的强度、时间和方向。如果行为活动未达到既定目标，动机还将驱使学生转换行为活动方向以达到既定目标。

考点2 学习动机对学习结果的影响 ★★★

总体而言，学习动机越强，学生学习活动的积极性越高，学习效果越佳。但对一项具体的学习活动而言，学习动机过高或过低都不利于提高学习效果，而是存在一个最佳水平。

美国心理学家耶克斯和多德森认为，动机强度与学习效率并不完全成正比，它们之间是一种倒"U"形曲线的关系。学习动机存在一个最佳水平，在动机强度低于最佳水平时，学习效率随学习动机强度的增大而提高，直至达到学习动机最佳强度而最高，之后则随着学习动机强度的进一步增大而下降。一般来说，中等程度的动机水平一般最有利于学习效果的提高。此外，研究发现最佳动机水平与任务难度密切相关：任务较容易，最佳动机水平较高；任务难度中等，最佳动机水平也适中；任务越困难，最佳动机水平越低。这便是有名的耶克斯－多德森定律（如图2-9-4所示）。

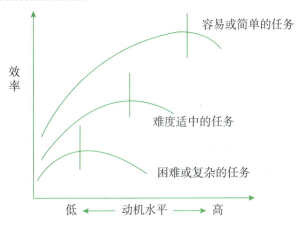

图2-9-4 耶克斯－多德森定律曲线（倒U形曲线）

典型例题 1.（2024上·单选）下列关于学习动机的说法正确的是（　　）。

A.自我提高内驱力是内部动机

B.外部动机使用不当会削弱内部动机

C. 学习动机直接影响个体认知构建过程

D. 学习动机与学习效率之间的关系是"U"形

【答案】B。

2.（2023上·多选）根据动机与效率之间的关系图，下列说法正确的有（　　　）。

A. 学习动机越强，学习效率越高

B. 学习效率与动机之间呈倒"U"形曲线关系

C. 对于困难的学习任务，最佳动机水平相对较低

D. 对于容易的学习任务，最佳动机水平相对较高

E. 动机与效率之间的关系是复杂的，无法确定其规律

【答案】BCD。

小　结

1.【常考题型】单选、多选、判断、案例分析

2.【命题角度】

（1）给出关键词或某一具体情境，要求判断其体现了学习动机对学习过程的哪一种影响。

（2）考查学习动机与学习效果之间存在的关系。

（3）考查耶克斯－多德森定律的内容，或要求学生运用该理论分析具体的教育实例。

四、学习动机理论

考点1　强化理论

学习动机的强化理论由行为主义心理学家提出，其主要代表人物是巴甫洛夫和斯金纳。

1. 基本观点

强化理论认为，动机是由外部刺激引起的一种对行为的冲动力量，强化是引起动机的重要因素；采取强化原则，可通过奖励与惩罚的措施来维持学生的学习动机。

2. 教育启示

在学习活动中，学校可以采用奖励与惩罚的办法督促学生学习。但在实践过程中应注意以下几点：①根据个体的具体情况，正确选择强化物；②慎重使用惩罚；③恰当使用表扬与批评。

除此之外，需要注意的是，当学生尚没有形成自发内在学习动机时，教师从外界给以激励刺激，可以推动学生的学习活动。但是，如果学习活动本身已经使学生感到很有兴趣，此时再给学生奖励，则有可能适得其反。这就是"德西效应"。一味地奖励会使学生把获得奖励当作学习的目的，而削弱了对学习活动本身的兴趣。

典型例题 （2023下·单选）当人们在进行一项愉快而有趣的活动时，如果额外提供较高的外部物质奖励，参与活动的兴趣反而会大幅度下降。这种现象是（　　　）。

A. 皮格马利翁效应　　　B. 德西效应　　　　C. 霍桑效应　　　　D. 破窗效应

【答案】B。

考点2　需要层次理论

需要层次理论的主要内容已在第二部分第一章第五节详细讲述，以下仅论述需要层次理论对教育的启示。

需要层次理论说明，在某种程度上学生缺乏学习动机可能是由于某种缺失性需要没有得到充分满足。例如，家境清贫使得生理需要得不到满足；父母离异使得归属与爱的需要得不到满足；教师过于严厉和苛刻，使得安全需要和尊重需要得不到满足等。这些需要的缺失会成为学生学习和自我实现的障碍。因此，在教育过程中，教师应该考虑学生这些不同层次的需要是否已经得到满足，同时以自我实现为教育的追求，使学生的内在潜能得到充分发挥，从而使学生在学习过程中感受自我实现带来的高峰体验，实现真正的自我。

考点 3　成就动机理论 ★★

成就动机理论最初由默里提出，后来由麦克利兰和阿特金森加以发展。

成就动机是指一种通过练习和使用某种力量克服障碍，完成某种任务的愿望或倾向。它是人类独有的动机，是后天获得的具有社会意义的动机。成就动机促使人追求较高的目标，以较高的水平达到其目标，追求成功并回避失败。

1. 基本观点

成就动机理论认为，个体的成就动机可以分成两部分：趋向成功的倾向和避免失败的倾向。趋向成功的倾向指人们追求成功和由成功带来的积极情感的倾向性；避免失败的倾向指人们避免失败和由失败带来的消极情感的倾向性。

根据两类动机在个体的动机系统中的相对强度，可以将个体分为力求成功者和避免失败者。力求成功者成就动机较高，他们最有可能选择成功概率约为 50% 的任务，因为这种任务最有现实的挑战性；避免失败者成就动机较低，他们倾向于选择非常容易或非常困难的任务，以防止自尊心受伤害和减少心理烦恼。

2. 成就动机强度的影响因素

阿特金森提出，个体的成就动机强度由成就需要、期望水平和诱因价值三者共同决定。成就需要是个体稳定地追求成就的倾向；期望水平是个体在某一任务上获得成功的可能性；诱因价值是个体成功地完成某一任务所带来的价值和满足感。

3. 教育启示

（1）对力求成功者，应通过给予其新颖且有一定难度的任务，适当安排竞争、严格评定分数等方式激发其学习动机。

（2）对避免失败者，应给予其竞争较少或竞争性不强的任务，并在其取得成功时及时表扬，尽量避免在公共场合下指责其错误，同时可稍稍放宽评定分数的要求。

（3）力求成功的动机比避免失败的动机具有较大的主动性，因此，对学生除了尽可能让他们避免失败之外，还应增加学生趋向成功的倾向，使他们不以避免失败为满足，而以获得成功为快乐，真正调动其积极性。

典型例题　（2023 上·判断）某同学在学习中倾向于选择一些难度很大的任务，说明该同学有较高的成就动机。　　　　　　　　　　　　　　　　　　　　　　　　　　（　　）

【答案】×。

考点 4　自我价值理论

美国教育心理学家科温顿提出自我价值理论，以探讨有的学生"为什么不肯努力学习"的问题。他认为，自我价值感是个体追求成功的内在动力。

自我价值理论根据趋向成功和避免失败两个独立的维度，将学生分为以下四类。

1. 高趋低避者（成功定向者）

这类学生更看重追求成功而不害怕失败，他们往往拥有无穷的好奇心，对学习有极高的自我卷入，通过不断的刻苦努力发展自我。对他们而言，学习本身就是一种奖励。例如，孔子描述颜回时说道："贤哉，回也！一箪食，一瓢饮，在陋巷。人不堪其忧，回也不改其乐。"

2. 低趋高避者（避免失败者）

这类学生更看重避免失败而非追求成功，他们有很多保护自己胜任感的策略，从外部寻找个人无法控制的原因来解释失败。例如，通过幻想、尽量降低任务的重要性、为自己的失败找借口等逃避的手段来减少对失败的恐惧。

3. 高趋高避者（过度努力者）

这类学生既追求成功又害怕失败，兼具成功定向者和避免失败者的特点，对一项任务产生既追求又排斥的冲突情绪。他们往往有完美主义的倾向，给自己太大的压力，处在持续恐惧之中。这类学生会出现"隐讳努力"的现象，即他们在同学中尽量表现得贪玩、不在乎考试，私下却偷偷努力，拼命学习。

4. 低趋低避者（失败接受者）

这类学生既不追求成功也不回避失败，他们放弃了通过能力的获得来保持其身份和地位的努力。他们用于学习的时间很少，焦虑水平也很低，对极少获得的成功不自豪，对失败也不感到羞耻。

典型例题 1.（2024上·单选）包老师发现班上肖成同学在学校比较贪玩，对考试表现出满不在乎的态度，课堂上也不怎么努力，但学习成绩还不错。他觉得肖成如果改变学习态度还有很大的进步空间，于是跟肖成母亲进行了一次深入的沟通，结果大出所料——肖成在家里总是特别努力，每天都会对所学知识进行复盘，对第二天的功课进行预习，遇到不懂的问题总是积极寻求各种帮助，还会额外完成一些有挑战性的学习任务。根据自我价值动机理论，肖成的动机类型属于（   ）。

A. 高趋高避型   　　B. 低趋低避型   　　C. 高趋低避型   　　D. 低趋高避型

【答案】A。

2.（2022下·单选）下列对学生的成就动机归类错误的是（   ）。

A. 李燕对学习的问题漠不关心，甚至干脆放弃学习——低趋低避型

B. 钱一表面上贪玩，不在乎考试成绩，私下里却偷偷努力——高趋高避型

C. 孙彬喜欢选择非常难的任务，且经常在学习时去帮助别人——低趋高避型

D. 赵佳考试不理想时，期望如果有一个好老师，自己会学得更好——高趋低避型

【答案】D。

考点5　成败归因理论

详细内容见本章第二节中的"维纳的归因理论"。

考点6　自我效能感理论 ★★★

自我效能感由班杜拉提出，指人们对自己是否能够成功地从事某一成就行为的主观判断。

1. 基本观点

班杜拉在他的动机理论中指出，人的行为受行为的结果因素与先行因素的影响。

（1）行为的结果因素即强化，可分为直接强化、替代强化和自我强化。

（2）行为的先行因素即对下一步强化的期待，包括结果期待和效能期待。

结果期待是指个体对自己的某种行为会导致某一结果的推测，当个体预测到某一特定行为会导致某一特定的结果，那么，这一行为就可能被激活和被选择。

效能期待是指个体对自己能否做出某种行为的能力的推测或判断，当个体确信自己有能力进行某一活动时，他就会产生高度的自我效能感，并实施活动。

例如，当学生认识到认真听讲就可以取得好成绩（结果期待），并且自己有能力听懂老师讲的内容（效能期待），就会认真听课。

2. 主要功能

自我效能感的功能主要体现在以下几个方面：①决定人们对活动的选择及对该活动的坚持性；②影响人们在困难面前的态度；③影响新行为的获得和习得行为的表现；④影响人们活动时的情绪。

3. 影响因素

（1）学习的成败经验（直接经验）

影响自我效能感最主要的因素是个体学习的成败经验。一般来说，成功的学习经验会提高学生的自我效能感，反之亦然。但这种影响还取决于个体的归因方式。如果个体把成功归因为外部的不可控的因素，就不会增强效能感；把失败归因为外部的不可控的因素，就不会降低效能感。

（2）替代性经验（间接经验）

当学生看见替代者（与自己相似的人）成功时会增强自我效能感；看见替代者失败时会降低自我效能感。自己与替代者之间相似性越大，替代者成败的经验越具有说服力。

（3）书本知识和他人的意见（言语劝说）

通过阅读或跟别人交往获得的经验能够影响个体的自我效能感。这种经验如果得到直接和间接经验的支持，效果会更好。但缺乏经验基础的言语劝说所形成的自我效能却是不牢固的。

（4）情绪唤醒

高唤醒水平会使成绩降低而影响自我效能，只有当个体不为厌恶刺激所困扰时，才更可能期望成功。

（5）身心状况

个体对自我身心状况的评估也会影响自我效能感。

4. 教育启示

教师应注重对学生自我效能感的培养，促使学生设定合理的、能够实现的目标。设定的目标应符合以下几点：①目标具体，有明确的评估标准；②有一定的挑战性；③通过努力是可实现的；④长远目标应分割为若干容易实现的子目标。同时，教师应强调学生在实现目标过程中的努力和坚持性。

典型例题 1.（2024上·多选）小敏初一成绩不错，进入初二以后连续几次考试成绩下滑，逐渐对学习丧失了信心，学习没有以前那样努力了。为帮助小敏提升自我效能感，老师可以采用的方法有（   ）。

A. 帮助小敏建立合理的归因方式

B. 时常让小敏回忆之前考试成功的经历

C. 给小敏布置简单的作业，让其很容易取得成功

D. 对小敏进行鼓励，让其保持稳定的情绪，不要过于焦虑

E. 向小敏讲述身边有相似经历且最后取得成功的同学的案例

【答案】ABDE。解析：C项虽然能增加小敏的成功体验，但是任务太容易，即使达到目标，也不会产生效能感。教学应该从学生的实际出发，建立适当的目标。

2.（2023下·多选）教师效能感是指一名教师对自己是否有能力担任教师的主观预测与判断。下列选项中有助于提高教师效能感的有（   ）。

A. 采用多种办法辅导一名成绩相对落后的学生，却收效甚微

B. 看到一名和自己能力差不多的老师顺利完成了公开课

C. 通过认真准备，按要求完成了学校安排的教育教学任务

D. 通过锻炼，具备了良好的身心状态

E. 阅读经典教育著作

【答案】BCDE。

3.（2022上·判断）一般而言，学生先前成功的经验会提高自我效能感，多次失败的经验会降低自我效能感。　　　　　　　　　　　　　　　　　　　　　　　　　　（　　　）

【答案】√。

考点7　成就目标理论（目标定向理论）

德韦克认为，人们对能力持有两种不同的内隐观念，即能力实体观和能力增长观。

持能力实体观的学生认为能力是固定的、不可改变的，他们倾向于确立成绩目标（表现目标），将学习视为一种手段，通过成绩来表现自己的能力，认为只有取得好成绩和好名次才算成功。

持能力增长观的学生认为，能力是不稳定的、可以控制的，可以随着知识的学习、技能的培养而增强。他们倾向于确立掌握目标，重视掌握知识和提高能力，认为达到上述目标就意味着成功。

成绩目标导向和掌握目标导向的区别见表 2-9-1。

表 2-9-1　成绩目标导向和掌握目标导向的区别

维度	成绩目标（表现目标）	掌握目标
任务选择	非常容易或非常难的	有挑战性的，难度中等的
评价标准	与他人进行比较	自身的进步
对学习结果的归因	多归因于能力	多归因于努力
学习策略	机械的，应付式的	理解，有意义学习等
控制感	弱	强
对教师作用的看法	给予奖励的法官	帮助学习的资源和向导

典型例题 （2020上·单选）某学生遇到学业困难羞于向别人求助，认为学业求助是自己缺乏能力的表现。该学生的成就目标定向类型属于（　　　）。

A. 掌握目标　　　　　B. 学习目标　　　　　C. 任务目标　　　　　D. 表现目标

【答案】D。

小 结

1.【常考题型】单选、多选、判断、案例分析

2.【命题角度】

（1）考查心理学家与动机理论的对应关系。

（2）结合例子或直接考查每个理论的观点。例如，判断缺失性需要是否影响学习动机，判断力求成功者和避免失败者分别倾向于选择哪种难度的任务，自我价值理论提出的四类学生的特点，维纳成败归因理论的具体内容，自我效能感的含义和影响因素，成绩目标导向和掌握目标导向的学生的具体区别等。

五、学习动机的培养与激发 ★★

考点1 学习动机的培养

（1）了解和满足学生的需要，促进学习动机的产生。

（2）重视立志教育，对学生进行成就动机训练，增强学生的责任感与使命感，启发学生自觉、勤奋地学习。

（3）帮助学生确立正确的自我概念，获得自我效能感。

（4）进行成败归因训练，培养学生积极的归因观。相信成功与努力之间有必然联系，有助于培养学生的学习动机。教师训练学生归因的步骤：①了解学生的归因倾向；②创设情境，让学生在活动中取得成败体验，特别是要让学生体验到努力就能取得成功；③让学生对自己的成败归因；④引导学生进行积极归因。

（5）培养学生对学习的兴趣。

（6）利用原有动机的迁移，使学生产生学习的需要。教师在学生缺乏学习动机时，将学生对其他活动的积极性迁移到学习活动中。教师要发现学生的闪光点，把这些闪光点与学习联系起来，转化为学习需要和学习兴趣。

考点2 学习动机的激发

1. 创设问题情境，实施启发式教学，激发兴趣和维持好奇心

兴趣和好奇心是内部动机最为核心的成分，是培养和激发学生内部学习动机的基础。创设问题情境是激发学生的求知欲和好奇心的一种有效的方法。教师在创设问题情境时，熟悉教材，掌握教材结构，了解新旧知识之间的内在联系是前提；充分了解学生已有的认知结构状态是核心。且问题情境的创设应贯穿教学过程的始终。

创设问题情境应遵循的原则有以下几个：①问题要小而精；②要与学生实际生活经验相关；③要有适当的难度；④要富有启发性。

2. 设置合适的目标

在设定目标时，教师可以与学生讨论过去设定的目标的实现情况，并以此为参考设定一个兼具挑战性和现实性的目标，并表扬学生对目标的设定及实现。

3. 表达明确的期望

学生需要清楚地了解自己应该做什么，如何被评价，以及成功之后会有什么收获。教师应把期望明确地传达给学生。例如，教师要求学生写作文时，应该明确告诉学生要写什么内容，篇幅多长，怎样的评价标准等。

4. 根据作业难度，恰当控制动机水平

教师在教学时，应根据耶克斯－多德森定律，恰当控制学生的学习动机水平。

5. 充分利用反馈信息，妥善进行奖惩

（1）提供明确的、及时的、经常性的反馈。

（2）合理运用外部奖赏。对已有内部动机的活动不要轻易运用物质奖励，只有对缺乏内部动机的活动运用物质奖励，才可能产生积极的激励作用。

（3）有效地运用表扬。运用表扬时应注意以下两点：①表扬的方式比表扬的次数更重要；②表扬应针对优于常规水平的行为。

（4）进行适当的批评。批评的方式主要有表扬式批评，即通过表扬学生的优点，启发学生改正缺点；

激励式批评，即委婉表示对学生的要求；幽默式批评，即通过幽默、风趣的语言使学生明白道理，改正错误；启发式批评，即通过寓言故事等启发教育学生。

6.正确指导结果归因，促使学生继续努力

要培养学生做努力归因，即无论成功或失败都归因于努力与否。同时要培养学生做现实归因，即分析除努力以外还有哪些因素会影响学习成绩。

7.对学生进行竞争教育，适当开展学习竞争

竞争是激发学生学习动机的重要手段，可以极大地激发学生的好胜心和求知需要，增强学生的学习兴趣和克服困难的毅力。但过度的竞争也会带来不良影响。因此，要适当开展学习竞争，努力创设一种既有竞争又有合作的学习环境。

此外，学习动机的培养与激发也可以从内部动机和外部动机两个维度阐述。例如莫雷等人提出，内部学习动机的培养与激发的方法：①激发兴趣、维持好奇心；②设置合理的目标；③培养恰当的自我效能感；④训练归因。外部学习动机的培养与激发的方法：①表达明确的期望；②提供明确的、及时的、经常性的反馈；③合理运用外部奖赏；④有效地运用表扬。

小 结

1.【常考题型】单选、多选、案例分析

2.【命题角度】

（1）以多选题的形式考查学习动机的培养与激发的方法。

（2）考查创设问题情境时应注意的问题以及应遵循的原则。例如，创设问题情境的核心是什么？

答案：了解学生。

（3）考查运用反馈的具体要求。

第二节 归因与学习

归因是人们对自己或他人活动及其结果的原因的解释和评价。归因理论由海德首先提出，维纳（又译韦纳）对其进行了系统研究，提出成败归因理论。

一、维纳的归因理论 ★★★

1.基本观点

维纳认为人们倾向于将活动成败的原因归结为六个因素，这六个因素又可以分别归入三个维度，具体见表2-9-2。

表2-9-2 维纳成败归因理论中的六因素与三维度

因素	维度					
	内在性		稳定性		可控性	
	内部	外部	稳定	不稳定	可控	不可控
能力高低	★		★			★
努力程度	★			★	★	

（续表）

因素	维度					
	内在性		稳定性		可控性	
	内部	外部	稳定	不稳定	可控	不可控
任务难度		★	★			★
运气好坏		★		★		★
身心状态	★			★		★
外界环境		★		★		★

2. 教育启示

（1）学生将成败归因于努力比归因于能力会产生更强烈的情绪体验。努力而成功的学生，体验到愉快；不努力而失败的学生，体验到羞愧；努力而失败的学生，也应受到鼓励。因此，教师可通过归因训练改变学生消极的自我认识，提高学习动机水平。

（2）教师在给予奖励时，不仅要考虑学生的学习结果，还要考虑学生的学习进步与努力程度。在学生付出同样努力时，对能力低的学生应给予更多的奖励；对能力低而努力的人给予最高评价；对能力高而不努力的人给予最低评价，以此引导学生正确归因。

3. 习得性无助感

总是把失败归因于能力低的学生会形成一种习得性无助的自我感觉。习得性无助感的概念最早由美国学者塞利格曼提出，是指由于连续的失败体验而导致个体产生的对行为结果感到无力控制、无能为力的心理状态。

因此，教师要善于引导学生进行积极的归因，引导学生将成功归于自己的能力和努力，将失败归于努力的缺乏，从而增强学生的成功期望，提高学生的自尊心，增加行为的坚持性。

`典型例题` 1.（2023下·单选）数学单元测验成绩出来了，牛牛没有及格，他跟爸爸说"数学老师出的题目太难了"。牛牛把测验成绩不理想归因于（　　）。

A. 外在的稳定的可控因素　　　　　　B. 外在的稳定的不可控因素

C. 内在的不稳定的可控因素　　　　　D. 内在的不稳定的不可控因素

【答案】B。

2.（2023上·单选）小明说："这个应用题我做错了，是因为我缺乏学习数学的天赋。"小明把失败归因于（　　）。

A. 内部的可控因素　　　　　　　　　B. 内部的不可控因素

C. 外部的可控因素　　　　　　　　　D. 外部的不可控因素

【答案】B。

二、归因对学生学习的影响

考点 1　对学习结果的情感体验

学生对学习成败原因的不同解释，直接影响学生的情感体验。

学生学习取得好成绩会感到高兴，但只有当学生将成功归因于能力强或足够努力时，他才会感到自豪与满意。而如果把成功归因于题目简单或自己比较幸运时，学生可能就不会感到自豪与满意。

学生如果将失败归因于内部因素，如不努力或无能，就会感到自责、内疚或羞愧；如果将失败归因于外部因素，则会感到生气或愤怒。

考点2 对后续学习的期望

如果学生把自己的成功归因为自己能力强或学习努力，他会认为下次努力学习一定还会取得成功。

如果学生把自己的成功归因为任务简单或运气比较好，他会认为下次就不一定这么幸运了，题目难度也可能会增加，所以下次不一定能取得好成绩。

考点3 学习的努力程度

当学生将成功归因于自己的努力时，成功带来的自豪感和满意度会让他继续努力以求下次取得同样的成功，即使遇到困难也能克服。

当学生将失败归因于自己的努力不够时，下次他会做出更大的努力并克服学习中遇到的困难以获得更多的成功。

当学生将自己的成败归结为自己的能力强而成功，或自己的能力太差而失败时，学生所投入的努力就会减少。

考点4 对自己的认识和评价

经常取得成功的学生会增强对自己能力的预测与估计，从而使他获得比较高的自我效能感，这会使他更积极地认识自己，对自己有客观正确的判断；反之则会产生负面影响。

三、引导合理归因

归因理论说明，不同的归因方式会影响主体今后的行为。因此，教育可以通过改变主体的归因方式来改变主体今后的行为。教师在指导学生进行归因时，既要引导学生找出成功或失败的真正原因；更要根据每个学生过去一贯的成绩的优劣差异，从有利于今后学习的角度进行积极归因，哪怕这时的归因并不真实。

1.让学生暴露归因风格

教师要想引导学生正确归因，首先需要了解学生目前的归因风格，通过让学生暴露自己的归因风格来展示自己对学业成败的解释。

2.进行活动，取得成败体验

这一步进行的活动必须是和学生的消极归因有关的。在活动的过程中，教师要求学生完成一些任务，使其获得成败体验。

3.引导学生进行成败归因

无论学生是否完成任务，教师都要要求学生进行成败归因。如果学生表现出积极归因，应及时肯定；若出现消极归因，则进入第四步，引导学生积极归因。

4.引导学生积极归因

引导学生积极归因是归因训练最为关键、难度最大的一步，包括以下几个步骤。

①澄清不合理的归因。由于学生对自己的归因是否正确没有清楚的认识，所以需要教师在学生暴露出来的归因风格的基础上，引导学生分析自己归因的不合理之处，让学生意识到不同的归因直接影响后续的学习。

②渗透"一分耕耘一分收获"的意识，使学生认识到每个人不是天生就能获得成功，成功取决于自身

努力的程度。

③引导学生客观评价自己的学业，及时分析成败的因素，意识到自己仍需努力的地方。同时，教师要及时对学生的努力给予反馈。

④要使学生持续进行积极归因，教师要注意选择难度适当的学习任务，把握学生的"最近发展区"，坚持"跳一跳，摘个桃"的原则，设定适合的学习目标。

⑤通过组织开展各种活动，如运动竞技活动、综合实践活动、社区服务活动等，有针对性地指导学生合理归因，并让学生多角度地强化积极归因的体验，养成正确归因的思维方式。

归因训练不可能一步到位，后三步需要循环进行，直至学生放弃消极归因，尝试积极归因。

典型例题 1.（2024上·判断）为了促使学生继续努力，教师在指导学生对成败进行归因时可以作不真实的归因。 （　　）

【答案】√。

2.（2024上·单选）下列观念与对应理论匹配错误的是（　　）。

A."良好的师生关系与和谐的教学氛围，能激发学生的学习兴趣"——人本主义的动机理论

B."一个学生如果饭都吃不饱，怎么能有专心学习的动力"——需要层次理论

C."合适的奖励和惩罚能够有效规范学生的行为"——行为主义的动机理论

D."对学习结果的解释能反过来影响学习动机"——成就动机理论

【答案】D。

第十章 学生心理健康教育

| 知识结构 |

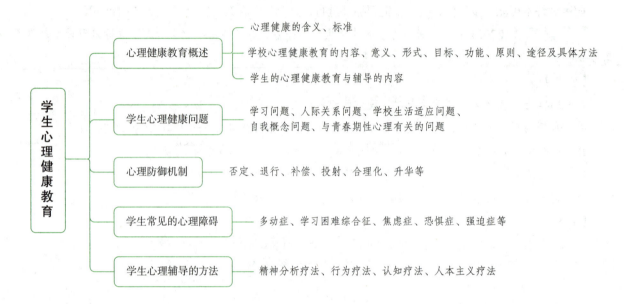

第一节 心理健康教育概述

世界卫生组织指出，健康不仅是身体没有疾病，而且要具备心理健康、社会适应良好和道德健康。本节主要讲述心理健康。

一、心理健康的含义和标准

考点1 心理健康的含义

心理健康是一种良好的、持续的心理状态与过程，表现为个体具有生命的活力、积极的内心体验、良好的社会适应能力，能够有效地发挥个体的身心潜力，以及作为社会一员的积极的社会功能。心理健康至少包括两层含义：一是无心理疾病；二是有一种积极发展的心理状态。

根据国内外的研究和实践，人的心理健康水平大致可分为三个等级：一般常态心理、轻度失调心理和严重病态心理。

考点2 心理健康的标准

1. 关于心理健康标准的表述

由于心理健康问题的复杂性，至今学界尚未形成一个公认的心理健康标准。编者认为，心理健康标准应该包括以下方面：智力水平正常；自我意识正确；情绪乐观向上；意志行为健全；人格统一完整；心身特征一致，心理特点符合年龄特征；人际关系和谐；社会适应良好；生活平衡积极。

2. 正确理解心理健康的标准

我们在理解和把握心理健康标准时，应主要考虑以下几点。

（1）判断一个人的心理健康状况应兼顾个体内部协调和对外良好适应两个方面。

（2）心理健康与不健康不是泾渭分明的对立面，而是一种连续状态。心理健康状况是波动起伏的，受遗传、环境等多方面因素的影响。

（3）心理健康的标准不是固定不变的，而是动态变化的过程。随着人的成长、经验的积累、环境的改变，心理健康标准也会有所改变。

（4）心理不健康与有不健康的心理和行为不能等同。心理不健康是指一种持续不良的状态。偶尔出现一些不健康的心理和行为并不等于心理不健康，更不等于已患心理疾病。

（5）心理健康标准是一种理想的尺度，它不仅为我们提供了衡量心理是否健康的标准，而且为我们指明了提高心理健康水平的努力方向。

（6）心理健康有层次之分。低层次的心理健康主要指没有心理疾病；高层次的心理健康不仅是没有心理疾病，而且能充分发挥个人潜能，发展建设性的人际关系，从事具有社会价值的创造，追求高层次的需要，寻求生活的充实与意义。

（7）心理健康既是一种适应状态，也是一种发展状态。心理健康不是无失败、无冲突、无痛苦，而是能在这些情况下做出有效的自我调整，且能保持良好的工作效率，促进自身发展。

（8）心理健康作为一种整体的心理状态，反映出一个人健康的人生态度与生存方式。

（9）心理健康与否，从某种程度上可以说是社会评价的问题。不同社会由于其主流化、价值观念、社会规范不同，对于同一行为正常与否，往往会做出不同的判断。

（10）个人的社会价值不等同于心理健康，具有很高社会价值的人不一定就心理健康。

`典型例题` 1.（2024上·判断）心理健康的人与周围人相处时不会有畏惧、猜疑等消极态度。（　　　）

【答案】×。

2.（2024上·单选）下列关于心理健康的描述错误的是（　　　）。

A. 心理健康是一个动态的概念　　　　　　B. 心理健康受遗传和环境的双重影响

C. 心理健康是一个相对性的区间概念　　　　D. 心理健康水平常与个人社会价值的高低等同

【答案】D。

小　结

> 1.【常考题型】单选、多选、判断
>
> 2.【命题角度】
>
> （1）以单选、判断的形式考查健康的定义、心理健康包括的两层含义、心理健康水平的三个等级。
>
> （2）以多选的形式考查心理健康有哪些标准。
>
> （3）以单选、多选、判断的形式考查对心理健康标准的理解。

二、学校心理健康教育

考点1　学校心理健康教育概述

学校心理健康教育是学校根据学生生理、心理发展特点，运用相关心理教育方法和手段，培养学生良好的心理素质，促进学生身心全面和谐发展和素质全面提高的教育活动。

学校心理健康教育强调面向全体学生，以正常学生为主要对象，以发展辅导为主要内容。

1. 基本内容

学校心理健康教育的基本内容：普及心理健康知识，树立心理健康意识，了解心理调节方法，认识心理异常现象，掌握心理保健常识和技能。学校心理健康教育的重点是认识自我、学会学习、人际交往、情绪调适、升学择业，以及生活和社会适应等方面的内容。

2. 意义

（1）心理健康教育是预防精神疾病，保障学生心理健康的需要。

（2）心理健康教育是提高学生心理素质，促进其人格健全发展的需要。

（3）心理健康教育是对学校日常教育教学工作的配合与补充。

3. 形式

《中小学心理健康教育指导纲要（2002年发布）》指出，心理健康教育的形式在小学可以以游戏和活动为主，营造乐学、合群的良好氛围；初中以活动和体验为主，在做好心理品质教育的同时，突出品格修养的教育；高中以体验和调适为主，并提倡课内与课外、教育与指导、咨询与服务的紧密配合。

4. 目标

（1）总目标

《中小学心理健康教育指导纲要（2012年修订）》指出，心理健康教育的总目标是提高全体学生的心理素质，培养他们积极乐观、健康向上的心理品质，充分开发他们的心理潜能，促进学生身心和谐可持续发展，为他们健康成长和幸福生活奠定基础。

（2）具体目标

①使学生学会学习和生活，正确认识自我，提高自主自助和自我教育能力，增强调控情绪、承受挫折、适应环境的能力，培养学生健全的人格和良好的个性心理品质。

②对有心理困扰或心理问题的学生，进行科学有效的心理辅导，及时给予必要的危机干预，提高其心理健康水平。

（3）基础目标、中间目标和终极目标

我国学者把学校心理健康教育的目标分解为基础目标、中间目标和终极目标三个层次。基础目标是防治心理疾病，增进心理健康；中间目标是优化心理素质，促进全面发展；终极目标是开发心理潜能，实现自我价值。

5. 基本任务和主要任务

基本任务：①促进和维护学生心理健康；②开发智力，促进能力发展；③提高德性修养，培养良好品德；④培养主体意识，形成完善人格；⑤养成良好行为习惯，提高社会适应能力。

主要任务：全面推进素质教育，增强学校德育工作的针对性、实效性和吸引力，开发学生的心理潜能，提高学生的心理健康水平，促进学生形成健康的心理素质，减少和避免各种不利因素对学生心理健康的影响，培养身心健康、具有社会责任感、创新精神和实践能力的德智体美全面发展的社会主义建设者和接班人。

`典型例题` 1.（2021下·单选）教育部发布的《中小学心理健康教育指导纲要》明确指出，不同学校应根据自身实际情况灵活选择、使用多种途径和方法开展心理健康教育。下列心理健康教育形式中最适合初中生的是（　　）。

A. 以心理健康知识的普及和传播为主，挖掘学生心理潜能，培养积极心理品质

B. 以活动和体验为主，在做好心理品质教育的同时，突出品格修养的教育

C. 以体验和调适为主，并提倡课内与课外、教育与指导、咨询与服务的紧密配合

D. 以游戏和活动为主，营造乐学、合群的良好氛围

【答案】B。

2.（2022下·判断）中小学心理健康教育应当主要面向有心理问题或心理障碍的学生。　　　　　　　（　　）

【答案】×。

3.（2023下·多选）中小学心理健康教育的主要内容有（　　　）。

A. 普及心理健康基本知识　　　　　　　　B. 树立心理健康意识

C. 了解心理调节方法　　　　　　　　　　D. 认识心理异常现象

E. 掌握心理咨询技巧

【答案】ABCD。

考点 2　学校心理健康教育的功能

1. 发展性功能

发展性功能是指学校心理健康教育要促进受教育者人格的健全发展，使其形成良好的个性心理品质，提高他们的心理成熟度，增强他们全面、主动地适应学习、生活和社会的能力，为实现可持续发展打下坚实的基础。发展性功能是学校心理健康教育最重要的功能。

2. 预防性功能

预防性功能是指学校心理健康教育要防患于未然，使受教育者掌握应付心理危机的方法，帮助他们顺利地解决成长过程中的各种困难，坚强地面对生活中的各种挫折和考验，以免因他们的脆弱和无知，产生不必要的心理问题或导致悲剧的产生。

3. 补救性功能

补救性功能是指学校心理健康教育会针对已经产生的现实问题，提供具体的个别心理咨询和辅导，帮助求助者排除心理困扰，使他们重新自信地面对生活。

考点 3　学校心理健康教育的原则 ★★

1.《中小学心理健康教育指导纲要（2012 年修订）》中提出的原则

《中小学心理健康教育指导纲要（2012 年修订）》指出，开展中小学心理健康教育，要以学生发展为根本，遵循学生身心发展规律，必须坚持以下基本原则：坚持科学性与实效性相结合；坚持发展、预防和危机干预相结合；坚持面向全体学生和关注个别差异相结合；坚持教师的主导性与学生的主体性相结合。

2. 学校心理健康教育的具体原则

（1）教育性原则

教育性原则是指在学校心理健康教育的过程中，教育者应根据具体情况，进行积极中肯的分析，始终注意培养学生积极进取的精神，帮助学生树立正确的人生观、价值观和世界观。

（2）全体性原则

全体性原则是指学校心理健康教育要面向全校所有学生。全体学生都是心理健康教育的对象和参与者。学校的一切教育设施、计划、组织活动都要着眼于全体学生的发展，以绝大多数乃至全体学生的心理健康水平和心理素质的提高为基本立足点和最终目标。

（3）差异性原则（针对性原则）

差异性原则又称针对性原则，是指学校心理健康教育要关注和重视个体的个别差异，要根据不同学生

的不同需要，开展形式多样的、针对性强的心理健康教育活动，以提高学生的心理健康水平。

（4）主体性原则

主体性原则是指学校心理健康教育要以学生为主体，所有工作要以学生为出发点，同时要使学生的主体地位得到实实在在的体现，把教师的科学教育与辅导和学生的积极主动参与真正有机结合起来。

（5）整体性原则

整体性原则是指在学校心理健康教育过程中，教育者要运用系统论的观点指导教育工作，注意学生心理活动的有机联系和整体性，对学生的心理问题做全面考察和系统分析，防止和克服教育工作中的片面性。

（6）保密性原则

保密性原则是指在学校心理健康教育过程中，教育者有责任对学生的个人情况，以及谈话内容等予以保密，学生的名誉权和隐私权应受到道义上的维护和法律上的保障。

（7）发展性原则

发展性原则是指学校心理健康教育必须以发展的观点来看待学生，要顺应学生身心发展的特点和规律，以发展为重点，促进全体学生获得最大程度的发展。

（8）活动性原则

活动性原则是指学校心理健康教育不能只停留在知识的简单传授上，而要把学生作为活动主体，通过活动来促进学生的发展。

`典型例题`（2020 下·判断）全体学生心理健康水平和心理素质的提高是学校心理健康教育的出发点和最终目标。　　　　　　　　　　　　　　　　　　　　　　　（　　）

【答案】√。

考点 4　学校心理健康教育的途径

（1）学校应将心理健康教育始终贯穿于教育教学全过程。

（2）开展心理健康专题教育。

（3）建立心理辅导室。

（4）密切联系家长共同实施心理健康教育。

（5）充分利用校外教育资源开展心理健康教育。

`典型例题`（2023 下·判断）中小学生心理辅导是专业性很强的活动，在语文、数学等学科课程的教学中无法进行学生心理辅导。　　　　　　　　　　　　　　　　　　　　（　　）

【答案】×。

小　结

> **1.【常考题型】**单选、多选、判断
>
> **2.【命题角度】**
>
> （1）学校心理健康教育的意义、功能、目标、任务。
>
> （2）给出实例或概念，要求选择相对应的心理健康教育原则。
>
> （3）以多选题的形式考查学校心理健康教育的途径。

考点5　学校心理健康教育的具体方法

1. 谈话法

谈话法是心理健康教育工作者在心理辅导中经常采用的方法，是指教师以学生为特定对象直接交谈的方式。谈话可以是个别的咨询面谈，也可以分小组进行讨论。谈话法要求教师通过谈话，运用与心理健康有关的知识和原理，解决学生的心理行为问题，排除学生的心理障碍。

2. 咨询面谈（个别心理辅导）

心理咨询主要是通过咨询者与来访者之间的面谈来完成的，适于较深入地探讨受辅导者个人化的心理问题。咨询面谈的基本任务是在良好的咨询关系中，澄清来访学生的真正问题，进而找到适当的改变现状的途径和方法。

中小学教师开展心理咨询必须保护学生隐私，谨慎使用心理测试量表或其他测试手段，不能强迫学生接受心理测试，禁止使用可能损害学生心理健康的仪器，要防止医学化的倾向。

3. 建立心理档案

为全体学生建立心理档案，可以为心理健康教育的因材施教提供科学依据。建立心理档案是向班主任、老师和家长提供资料（包括智力、能力倾向、性格、气质、兴趣、爱好、特长、职业倾向、心理健康水平等），以使他们全面了解学生的心理状况，从而开展有针对性的教育，并可预防各种心理行为问题的发生。学生自己也可通过心理档案更好地了解自己，把握自己的内心世界，更好地挖掘自身的心理潜能，扬长补短。

4. 角色扮演

角色扮演需要创设某种特定的情景和题材，让学生扮演某种角色，练习某种行为方式，身临其境地去体验他人的情绪和情感。例如，对一些攻击性强的学生，可以让他们扮演挨打者，体验被人欺负的滋味，从而减少其欺负弱小同学的行为。教师在角色扮演中主要承担组织者的任务，如安排角色扮演者和剧情等。

5. 班级、小组讨论

班级、小组讨论是组织小组或全班学生，针对某一主题进行讨论。讨论中，教师担任主持人的角色，让学生充分发表自己的意见，并注意把握讨论的方向和主题。学生讨论结束后，教师进行综合分析和总结。讨论的目的是使学生明辨事理。

6. 团体辅导

团体辅导又称团体心理咨询，是指在团体的心理环境下，为团体成员提供心理帮助与指导的心理辅导形式。

团体辅导促进学生心理健康成长的因素包括在团体中获得情感的支持、在团体中尝试积极的体验、在团体中发展适应的行为、在团体中重建理性的认知。

典型例题（2019上·单选）学校来了一位转学生。班主任发现该生存在一些心理问题，决定对他进行心理干预。班主任可采用的最恰当的方式是（　　）。

A. 团体辅导　　　　B. 角色扮演　　　　C. 个别心理辅导　　　D. 心理训练

【答案】C。

考点6　学生的心理健康教育与辅导的内容

1. 自我意识的教育与辅导

自我意识的教育与辅导是指运用有关心理健康教育的理论和技术，帮助学生科学地认识自我、激励自我、调适自我、管理自我，促进学生良好自我概念的形成和自我意识的发展，形成自尊、自信、自重、自爱、自强、自制的健康人格的教育活动。

自我意识的教育与辅导的内容主要包括自我认识、自我接纳及自我完善的教育与辅导三个方面。

2. 人际关系的教育与辅导

人际关系的教育与辅导是指运用有关心理健康教育的理论和技术，指导学生的人际交往过程和人际交往活动的教育活动。

人际关系的教育与辅导的内容主要包括师生关系、同伴关系、亲子关系、异性关系的教育与辅导四个方面。

3. 学业发展的教育与辅导

学业发展的教育与辅导简称学习辅导，是指教育者运用心理健康教育的理论和技术，对学生的学习动机、学习策略和学习潜能等与学习有关的问题进行辅导，最终培养学生良好的学习心理品质和帮助学生学会学习的教育活动。

总体来说，学习辅导是要帮助学生解决四个问题，即能不能学（智力问题）、愿不愿学（动机和态度问题）、会不会学（方法和策略问题）和会不会考（考试心理问题）。

4. 生活适应的教育与辅导

生活适应的教育与辅导是指教育者运用心理健康教育的理论和技术，培养学生健康的生活情趣、良好的生活习惯、乐观的生活态度和较强的生存能力的教育活动。

生活适应的教育与辅导主要包括情绪、休闲、消费、职业教育与辅导四个方面。其中，情绪教育与辅导的内容包括情绪认识、情绪识别、情绪沟通、情绪控制和情绪熏陶。情绪教育与辅导有两个目标：一是培养积极的情绪和情感；二是调控消极的情绪和情感。

第二节　学生常见的心理障碍与心理辅导

一、心理问题及学生心理健康问题

考点1　心理问题

心理问题一般泛指在心理上存在的问题，与生理问题相对。心理问题按严重程度可分为一般心理问题、严重心理问题和心理疾病，按问题性质可以分为发展性心理问题、适应性心理问题和障碍性心理问题。

1. 发展性心理问题

发展性心理问题指个体自身不能树立正确的自我认知，特别是对自我能力、自我素质方面的认识，其心理素质及心理潜能没有得到有效、全面的发展。发展性心理问题针对的是心理健康、身心发展正常，但在发展方面仍有潜能可挖，心理素质尚待完善的个体。

2. 适应性心理问题

适应性心理问题指个体与环境不能取得协调一致所带来的心理困扰。适应性心理问题针对的是身心发展正常，但带有一定的心理问题、行为问题的个体，或者说"在适应方面发生困难的正常人"。

3. 障碍性心理问题

障碍性心理问题也称心理障碍、心理疾病，指因个体或外界因素引起的个体强烈的异常心理反应，伴有明显的躯体不适感。障碍性心理问题针对的是在心理和行为上明显异于大多数人，且对自身或他人的学习、工作和生活产生不良影响的个体。

典型例题 （2021下·单选）浩浩出生后，就成了全家人的中心，爷爷奶奶、姥姥姥爷、爸爸妈妈对他宠爱得不得了，只要浩浩有一点病痛，全家人都非常紧张。上幼儿园之后，浩浩像变了一个人，在家活泼好动的他在幼儿园里却不怎么说话。老师反映他时常哭闹，怎么劝说也不听。以上浩浩的情况属于（　　）。

A. 适应性心理问题　　　　　　　　　　B. 障碍性心理问题

C. 特异性心理问题　　　　　　　　　　D. 发展性心理问题

【答案】A。

考点2　学生心理健康问题

1. 学习问题

学习问题包括厌恶学习、逃学、学习效率低、阅读障碍、计算技能障碍、考试焦虑、学校恐惧症、注意缺陷与多动障碍等。

2. 人际关系问题

人际关系问题包括亲子关系、师生关系、友伴关系等方面的问题，如社交恐怖、缺少社会兴趣、社交过度、人际冲突等。

3. 学校生活适应问题

学校生活适应问题包括生活自理困难、对学校集体生活不适应、对高学段学习生活的不适应等。

4. 自我概念问题

自我概念问题包括缺乏自知、自信，自我膨胀，沉湎于自我分析，理想自我与现实自我差距过大，自贬的思维方式等。

5. 与青春期性心理有关的问题

与青春期性心理有关的问题主要包括青春期发育引起的各种情绪困扰，与异性交往中的问题、性困惑、性恐慌、性梦幻、性身份识别障碍等。

二、心理防御机制 ★★★

心理防御机制最早由弗洛伊德提出，是指个人在精神受到干扰时用以避开干扰，保持心理平衡的心理机制，它常在无意识状态下使用。常见的心理防御机制见表2-10-1。

表2-10-1　常见的心理防御机制

心理防御机制		含义	举例
逃避性防御机制	否定	有意或无意地拒绝承认不愉快的现实以保护自我	病人不愿接受生病的事实，认为医生诊断有误
	压抑	将不能接受或具有威胁性、感觉痛苦的经验及冲动，在不知不觉中从意识中排除或抑制	不能接受亲人逝世的痛苦而选择性遗忘
	幻想	通过幻想来满足在现实中不能实现的愿望，以摆脱现实对自我的威胁	学生成绩不理想，幻想成为班级第一
	退行	受挫后采用倒退到童年或低于现实水平的行为来取得别人的同情和关怀，逃避紧张和焦虑	成人表现出像儿童一样号啕大哭、满地打滚的行为

(续表)

心理防御机制		含义	举例
替代性防御机制	补偿	因身心某个方面有缺陷不能达到某种目标时，有意识地采取其他能够获取成功的活动来代偿某种能力缺陷，以弥补因失败造成的自卑感	"失之东隅，收之桑榆"
	抵消	<u>用象征式的动作、语言和行动来尝试抵消已经发生的不愉快事件，以减轻心理上的罪恶感</u>	不小心打碎碗碟时说"碎碎平安"
攻击性防御机制	转移（移置）	将对某对象的强烈感情转移到另一个对象上，即平常所指的"迁怒于人"	妻子受了丈夫的气，冲孩子发火
	投射	将自我不愿接受的冲动、欲望或观念等转移到他人身上	"以小人之心，度君子之腹"
掩饰性防御机制	合理化（文饰作用）	无意识地用似乎合理的解释来为难以接受的情感、行为、动机辩护，以使其可以被接受	酸葡萄心理、甜柠檬心理
	反向	当欲望和动机不为自己的意识或社会所接受时，将其压抑至潜意识，并表现出相反行为	"口是心非""此地无银三百两"
	幽默	以诙谐、含蓄、给人以启迪的言语和动作来化解尴尬、摆脱困境	学生嘲笑老师矮，老师以"浓缩就是精华"化解尴尬
建设性防御机制	认同	通过对比自己地位或成就高的人的认同，以消除个体在现实生活中因无法获得成功或满足时而产生的挫折带来的焦虑	学生将历史名人、科学家、明星或者自己身边优秀的人作为自己的认同对象
	升华（意志调节法）	把社会不能接受的欲望或攻击性冲动伴有的能量转向更高级的、社会能接受的目标或渠道，从而进行各种创造性活动	将生活上的不幸升华为诗歌、音乐、绘画、文学创作的欲望

典型例题 1.（2023下·单选）下列不属于心理防御机制中的合理化机制的是（　　）。

A. 吃不到葡萄说葡萄酸　　　　　　　　B. 塞翁失马，焉知非福

C. 阿 Q 精神　　　　　　　　　　　　　D. 事后诸葛亮

【答案】D。解析："事后诸葛亮"在心理学上被称为"后视偏差"，指个体在事后回忆自己的最初判断时，往往高估事前预测的准确性的倾向。

2.（2022上·单选）小超平时沉溺于网络游戏，到期末考试时成绩不好，他将结果归因于考试题目太难。这是心理防御方式中的（　　）。

A. 文饰　　　　　　B. 投射　　　　　　C. 代偿　　　　　　D. 升华

【答案】A。

三、学生常见的心理障碍

考点1　多动症　★★

1.概念

多动症也称儿童多动综合征、注意缺陷多动障碍，是小学生中最为常见的一类以注意力缺陷和活动过

度为主要特征的行为障碍综合征。患多动症的儿童多在 7 岁前就有异常表现，发病高峰年龄为 8~10 岁。

2. 特征

（1）活动过多。与一般儿童的好动不同，多动症儿童的活动是杂乱的，缺乏组织性和目的性。

（2）注意力不集中。这是多动症儿童核心的、持久的临床特征。多动症儿童不能专注于一种活动，如不能坐定看一会儿电视，做作业做了一会儿又去干别的，做事经常有头无尾，丢三落四。

（3）行为冲动。多动症儿童的行动多先于思维，即他们经常未经考虑就行动。例如，在做集体游戏时，难以耐心等待；有时突然喊叫，袭击别人。

（4）学习困难。多动症儿童的智力正常或基本正常，学习困难的原因与注意力不集中、多动有关，主要表现为学习成绩低下。

3. 辅导方法

（1）行为疗法。强化法、代币法等有助于培养和发展多动症儿童的自制力和注意力。

（2）自我指导训练法。即发展儿童的自我对话，加强内部语言对自身行为的引导和控制作用。

（3）药物治疗。多动症儿童可以在医生指导下接受药物治疗，这也是目前最主要的治疗方法。

典型例题（2024上·单选）张老师是一年级六班的班主任，开学两个月后，他发现学生王某（男，6 岁）在学校有以下表现：上课时不遵守纪律，小动作多；干扰同座；甚至上课过程中跑到教室后面去；注意力不集中，很容易因班里的动静而分心并东张西望或接话茬儿；做事难以持久，常常一件事没做完又去做另一件事；无法按照老师的指令完成任务；做事时不注意细节，丢三落四，经常忘记带书本文具；课余活动中好奔跑喧闹；与老师和同学说话时常常心不在焉，似听非听；情绪不稳定，容易过度兴奋，常因一点小事而发脾气；学习成绩较差。张老师在与家长沟通后发现该生的这些行为在幼儿园时期就有所表现。请问张老师应该如何理解该生的这些行为表现？（　　　）

A. 该生存在幼升小的适应问题　　　　　B. 该生缺乏课堂学习的规则意识

C. 该生可能存在注意缺陷多动障碍　　　D. 该生比较晚熟，心理发育晚于同龄人

【答案】C。

考点 2　学习困难综合征

1. 概念

学习困难综合征是指某些智力正常或接近正常的儿童，因神经系统的某种或某些功能性失调，使其在听、说、读、写、算等方面能力降低或发展缓慢，以致陷入学习困难境地。学习困难综合征在小学生中比较常见。

2. 主要表现

（1）缺少某种学习技能。这种技能缺乏可能与动作技能的发育较慢有关。

（2）阅读困难（诵读困难）。儿童的阅读能力大大低于同龄人，表现为不能正确辨认字母、单词或进行逆向阅读，不能将字母和发音联系起来进行阅读。

（3）计算困难。儿童加减乘除的运算能力差，心算能力差。

（4）绘画困难。儿童难以把看到的、想到的事物形象地画出来。

（5）交往困难。儿童由于在某一学习技能发展方面存在障碍，常遭到同学的嘲笑或捉弄，因此很难主动与人交往，社交能力较弱。

（6）拼音障碍。表现为不能正常拼出音节，发音、读音困难，对某些字母伴有视觉空间障碍，如把"b"当成"d"，把"q"当成"p"。

（7）书写障碍。表现为难以把看到的词写下来，如难以抄写黑板上的习题。

3.辅导方法

（1）多赞扬、鼓励学生，培养学生的自信心。

（2）学习指导，帮助学生找到适合自己的学习策略与学习方式。

（3）激发学生的学习动机，培养学生的学习兴趣。

考点3　厌学症

1.概念

厌学症又称学习抑郁症，是由人为因素造成的儿童厌恶学习的一系列症状。

2.形成原因

厌学症是社会病理心理状态的产物，其产生原因主要是教育方式的失误，如学校的应试教育、家庭教育方式不当，以及社会不良风气等。

3.主要表现

（1）对学习不感兴趣，讨厌学习。厌学的儿童一提到学习就心烦意乱，焦躁不安。

（2）对教师或家长有抵触情绪，学习成绩不好，有的还兼有品德问题。

（3）厌学情绪严重或受到一定诱因影响时，往往会出现旷课、逃学或辍学现象。

4.辅导方法

教师要引导有厌学症的学生做到以下几点：①充分认识学习的意义；②面对学习上的失败进行正确的归因；③能够全面评价自我，恢复自尊与自信；④能够扬长避短，重新设计，塑造自我；⑤适应环境，不受社会不良因素的影响。

考点4　焦虑症　★★★

1.焦虑与焦虑症的概念

焦虑是由紧张、不安、焦急、忧虑、恐惧等交织而成的一种情绪状态，同时也包括焦虑症、抑郁症、强迫症、恐惧症等各种心理问题的共同特征。

焦虑症是以与客观威胁不相适合的焦虑反应为特征的神经症。

2.焦虑症的主要表现

（1）在心理方面，表现为紧张不安，忧心忡忡，注意力集中困难，极端敏感，对轻微刺激作过度反应，难以做决定。

（2）在躯体症状方面，表现为心跳加快、过度出汗、肌肉持续性紧张、尿频尿急、睡眠障碍等不适反应。

3.学生常见的焦虑反应——考试焦虑

（1）考试焦虑产生的原因

学生产生焦虑的原因主要有升学的压力、家长过高的期望、学生个人的好胜心理、学业的失败体验等，以及容易诱发焦虑反应的人格基础，如遇事易紧张、胆怯，对困难情境做过高估计，对身体的轻微不适过分关注，在遇到挫折与失败时过分自责等。

（2）考试焦虑的常见表现

随着考试临近，心情极度紧张；考试时不能集中注意，知觉范围变窄，思维刻板，情绪慌乱，无法发挥正常水平；考试后持久地不能放松下来。

（3）考试焦虑的辅导方法

①采用肌肉放松、系统脱敏等方法。

②运用自助性认知矫正程序，指导学生在考试中使用正向的自我对话。例如，用"我能应付这个考试""成绩并不重要，学会才是重要的""无论考试的结果如何，都不会是最后一次"等自我暗示话语来缓解考试焦虑。

③锻炼学生的性格，提高挫折应对能力。

④告诉学生尽力做到最好，不要太计较结果。

⑤考前要注意帮助学生调节情绪。

考点 5　恐惧症

1. 概念与类型

恐惧症又称恐怖症，是对特定的、无实在危害的事物与场景的非理性惧怕。

根据恐惧的对象，恐惧症可分为单纯恐惧症（又称特定恐惧症，即对一件具体的东西、动作或情景的恐惧）、广场恐惧症（害怕大片的区域、空荡荡的街道）和社交恐惧症（不敢进行社交活动）。

2. 学生中常见的恐惧症

（1）学校恐惧症

学校恐惧症是指学生一进入学校就不由自主地产生一种严重的焦虑感和恐惧感，在小学生中比较常见，主要表现为害怕上学，严重者还害怕与学校有关的东西，如教师、教室等，也有些儿童会产生上学前身体不舒服等保护性行为。

（2）社交恐惧症

社交恐惧症主要表现为害怕在社交场合讲话，担心自己会因双手发抖、脸红、声音发颤、口吃而暴露自己的焦虑，觉得自己说话不自然，从而不敢抬头，不敢正视对方的眼睛。

3. 辅导方法

（1）系统脱敏法是最常用的方法。

（2）帮助学生改善人际关系，营造宽松、自由的氛围，适当减轻当事人的压力。

典型例题 （2017上·单选）恐怖症是对特定的、无实在危害的事物与场景的非理性惧怕。下列不属于恐怖症的是（　　）。

A.坐电梯时面色苍白，手心冒汗　　　　　B.看见猛兽时心跳加速，呼吸急促

C.与人接触时面红耳赤，不敢说话　　　　D.在空旷的地方时，感到头晕、胸闷

【答案】B。

考点 6　强迫症　★★★

1. 概念

强迫症是一组以强迫症状为主要临床表现的神经官能症。其特点为有意识的自我强迫和反强迫并存，两者强烈冲突使患者感到焦虑和痛苦。

2. 强迫症状

强迫症状包括强迫观念和强迫行为。

强迫观念是指当事人身不由己地思考他不想考虑的事情。强迫观念包括强迫性怀疑、强迫性回忆、强迫性联想、强迫性穷思竭虑、强迫性对立思维等。

强迫行为是指当事人反复去做他不希望执行的动作，如果不这样做，他就会感到极端焦虑。强迫性行

为包括强迫性计数、强迫性检查、强迫性洗涤、强迫性仪式动作等。

3. 治疗方法

（1）森田疗法。森田疗法认为应放弃对强迫观念与强迫行为做无用控制的意图，而采取"忍受痛苦、顺其自然"的态度治疗强迫症状。

（2）行为治疗法。"暴露与阻止反应"是治疗强迫行为的一种有效的方法。例如，让有强迫性洗涤行为的人接触他们害怕的"脏"东西，同时坚决阻止他们想要洗涤的冲动，不允许他们洗涤。

（3）建立支持性环境。

（4）药物治疗。

考点7 抑郁症 ★★

1. 概念

抑郁症是以持久的心境低落状态为特征的神经症，常伴有焦虑、躯体不适感和睡眠障碍。

2. 主要表现

（1）情绪消极、悲伤、颓废、淡漠，失去满足感和生活的乐趣。

（2）消极的认识倾向，低自尊、无能感，喜欢责备自己，对未来不抱多大希望。

（3）动机缺失，被动，缺少热情。

（4）躯体上疲劳、失眠、食欲不振等。

3. 治疗方法

（1）给予当事人情感支持和鼓励，让他们做一些力所能及的事情，积极行动起来，使其从活动中体验到人际交往的乐趣。

（2）采用认知行为疗法，改变当事人已习惯的自贬性思维方式和不恰当的成败归因模式，发展其对自己、对未来的更为积极的看法。

（3）病情较严重时，应遵医嘱服用抗抑郁药物治疗。

考点8 网络成瘾

1. 概念

网络成瘾临床上是指由于个体对互联网过度依赖而导致明显的心理异常症状以及伴随的生理性受损的现象。

2. 主要表现

（1）对网络有一种心理上的依赖感，不断增加上网时间。

（2）从上网行为中获得愉快和满足，不上网便感觉不快、焦虑和抑郁。

（3）很少花时间参与社会活动及与他人交往。

（4）以上网来逃避现实生活中的烦恼与情绪问题。

3. 矫正方法

（1）当事人本身可采用行为疗法，通过控制上网时间和次数，形成良好的上网习惯。

（2）教师可以采用认知疗法，针对网络成瘾问题本身及背后的问题，如学业不良、自卑心理、人际交往障碍等，与当事人进行谈话沟通，探讨如何正确使用互联网以及网络成瘾的危害。

（3）由于家庭功能失调造成的网络成瘾，还可以通过调整家庭成员间的关系，营造良好的家庭氛围，为矫正网络成瘾提供条件。

考点9　人际关系障碍

人际关系障碍包括人际相处障碍和人际交往障碍。

人际相处障碍是指在日常生活中难以与周围的人和谐共处，较多体验到负面情绪，明显影响人际双方正常生活的一类现象，从轻到重可分为人际孤独、人际紧张、人际敌视、人际冲突四种。

人际交往障碍是指在现实生活中无法按照自己的意愿与别人进行必要的交流与沟通，个体为此而感到苦恼，并已经明显影响个体正常生活的一类现象，从轻到重可分为人际羞怯、人际恐惧和人际逃避三种。

`典型例题`（2020下·单选）初中学生刘东，做事情总是放不开，与人交流时常说错话，他发现自己越想把事情说清楚却越说不清楚。为此，伤了一些同学和朋友的心。刘东最可能存在（　　）。

　　A.学习困难　　　　　B.行为障碍　　　　　C.人际关系障碍　　　　D.自我意识偏差

【答案】C。

小　结

1.【常考题型】单选、多选、判断、案例分析

2.【命题角度】

（1）注意"概念—表现—矫正或辅导方法"之间的匹配。有两个命题角度：一是根据概念、实例或表现选择相应的心理问题。二是根据心理问题选择相应的主要表现、矫正办法。例如，小强每次考试时总是会反复核查自己是否填写好考号和姓名。小强的行为表明他可能有什么心理问题？答案：强迫症。

（2）要求通过分析案例中人物的心理问题，给出相应的办法，以考试焦虑的考查为主。

四、学生心理辅导的方法

心理辅导的一般目标归纳为两个方面：一是学会调适，包括调节与适应；二是寻求发展。在这两个目标中，学会调适是基本目标，以此为主要目标的心理辅导可称为调适性辅导；寻求发展是高级目标，以此为主要目标的心理辅导可称为发展性辅导。

学生心理辅导的方法如下。

考点1　精神分析疗法

精神分析疗法的理论依据是弗洛伊德的精神分析学说及其衍生出的近代多种精神动力学治疗方法。

精神分析疗法主要是通过咨询师与来访者共同构建的工作联盟，在长期的治疗关系中，帮助来访者运用"自由联想"等内省方法，将压抑在潜意识中的各种心理冲突或焦虑情绪体验（主要是幼年时期的精神创伤）挖掘出来，使其进入到意识中，帮助来访者重新认识自己，并改变原有行为模式，达到治疗目的。常用的方法有自由联想法、移情分析法、梦境分析法等。

考点2　行为疗法　★★★

行为疗法是以行为主义学习理论和条件反射理论为依据进行心理干预的方法，其创始人是华生。常用的行为疗法包括行为改变的方法和行为演练的方法。

1.行为改变的方法

（1）强化法

强化法的作用是培养新的适应性行为。一个行为发生后，如果紧跟着一个强化刺激，这个行为就会再次发生。例如，一个上课不敢发言的学生，一旦在一次课上发言后得到了老师的表扬和肯定，那么他的胆

怯心理就会得到很大改善，其上课发言的次数也会增多。

（2）代币奖励法

代币是一种象征性的强化物，如筹码、小红星、盖章的卡片、特制的塑料币等。当学生做出教师期待的良好行为后，发给其数量相当的代币作为强化物，学生用代币可以兑换有实际价值的奖励物或活动。

（3）行为塑造法

行为塑造法是指通过不断强化趋近目标的反应，来形成某种较复杂的行为方法。

（4）示范法

观察、模仿教师呈现的范例（榜样），是学生学习社会行为的重要方式。

（5）消退法

消退法是指为了达到尽量降低某种不合适行为的发生频率或使该行为不再发生的目的，当该行为出现时，不给予注意、不给予强化的方法。

（6）惩罚法

惩罚法是指在不良行为出现后，呈现一个厌恶刺激或撤销一个愉快刺激，以减少或消除不良行为的方法。

（7）暂时隔离法

暂时隔离法是指当学生产生不良行为后，立即将其置于一个单调、乏味的地方，直到定时器响了以后他才可以离开。暂时隔离从性质上说，属于一种惩罚。

（8）自我控制法

自我控制法是让学生自己运用学习原理，进行自我分析、自我监督、自我强化、自我惩罚，以改善自身行为。其优点是强调学生的个人责任感，增加了改善行为的练习时间。

2.行为演练的方法

（1）全身松弛法

全身松弛法也称松弛训练，是通过改变肌肉紧张状态，减轻肌肉紧张所引起的酸痛，以应付情绪上的紧张、不安、焦虑和气愤的方法。

（2）系统脱敏法

①系统脱敏法的概念和理论基础

系统脱敏法由南非的精神病学家沃尔普创立，是指当个体身体处于充分放松的状态下，让个体逐渐地接近所害怕或焦虑的事物，或是逐渐地提高此类刺激物强度，以逐渐降低个体的敏感性，从而减轻和消除对该刺激物的恐惧或焦虑情绪的方法。

例如，一个儿童过分害怕狗，我们可以在他从事愉快事情的同时，从无关的话题到关于狗的话题，从图片到玩具宠物，从电视、录音机的声形到真实的狗，从远到近，逐渐接近放有狗的笼子，鼓励儿童去看、去接触，多次反复，直至儿童不再过度恐惧狗。

系统脱敏法的理论基础是经典条件反射理论、操作条件反射的部分理论（斯金纳的正强化和自然消退原则）。

②系统脱敏法的步骤

系统脱敏法包含以下三个步骤：一是训练来访者松弛肌肉；二是建立焦虑层次（从最轻微的焦虑到引起最强烈的恐惧）；三是让来访者在肌肉松弛的情况下，从最低层次开始想象产生焦虑的情境，使来访者能从想象情境转移到现实情境，并能在原引起恐惧的情境中保持放松状态，直到焦虑情绪不再出现为止。

（3）肯定性训练

肯定性训练也称自信训练、果敢训练，是通过设置训练情境、角色扮演的方式来增强自信心，然后再将学到的应对方式应用到实际生活情境中。其目的是促进个人在人际关系中公开表达自己的真实情感和观点，维护自己权益也尊重别人权益，发展人的自我肯定行为。

自我肯定行为主要表现在三个方面：①请求。请求他人为自己做某事，以满足自己合理的需要。②拒绝。拒绝他人无理要求而又不伤害对方。③真实地表达自己的意见和情感。

典型例题（2022上·单选）郑老师发现小礼同学非常害怕在全班同学面前发言，于是在语文"课前三分钟"给他安排了一系列的任务：先是让他坐着向同组的同学读一段阅读材料，如此练习一周后要求他在小组内站起来读，第三周让他只报告阅读材料的重点而不逐字逐句地读，最后逐步让他走到讲台上向全班同学作报告。郑老师采用的方法是（　　　）。

　　A. 行为塑造法　　　　　B. 系统脱敏法　　　　　C. 肯定性训练　　　　　D. 代币奖励法

【答案】B。

小结

> **1.【常考题型】**单选、多选、判断、案例分析
>
> **2.【命题角度】**
>
> （1）给出例子，要求选择相对应的辅导方法。例如，新学期伊始，高老师制定了班级规章制度，凡是表现好的学生，可获得一定数量的小红花，并可用小红花换取自己喜爱的活动或物品。高老师运用的是什么方法？答案：代币奖励法。
>
> （2）给出具体方法，要求判断其属于行为改变还是行为演练的方法。
>
> （3）以单选或判断的形式考查自我肯定行为的三种主要表现。

考点3　认知疗法　★★

认知疗法是根据人的认知过程影响其情绪和行为的理论假设，通过认知和行为技术来改变求助者的不良认知，从而矫正并适应不良行为的一类心理治疗方法的总称。

1. 认知疗法的基本观点

认知过程是个体情感和行为的中介，适应不良的情感和行为与适应不良的认知有关。认知疗法特别注重改变不良的认知，即不合理的、歪曲的、消极的信念和想法，认为不良的认知是引发自我挫败行为的根本原因，通过改变个体的认知过程以及在这一过程中产生的认知观念，可以改变情绪和行为。

2. 认知疗法的类型

认知疗法的类型有很多，以下主要介绍艾利斯的理性－情绪疗法（RET）。

理性－情绪疗法又称合理情绪疗法，是20世纪50年代由艾利斯在美国创立。艾利斯认为，人的情绪是由他的思想决定的，合理的观念导致健康的情绪，不合理的观念导致负向的、不稳定的情绪。通过改变不合理信念调整自己的认知，是维护心理健康的重要途径。他提出了一个解释人的行为的ABC理论。

（1）ABC理论的基本要点

情绪不是由某一诱发性事件本身引起的，而是由经历了这一事件的个体对这一事件的解释和评价引起的。在ABC理论的模型中，A是指诱发性事件（Activating Event）；B是指个体在遇到诱发性事件之后相应而生的信念（Belief），即个体对这一事件的看法、解释和评价；C是指在特定情境下，个体的情绪及行为的结果（Consequence）。

（2）非理性信念

非理性信念是指会导致情绪和行为问题的不合理认知，具有以下特征。

①绝对化要求，是指个体从自己的意愿出发，认为某件事一定会发生或一定不会发生，它通常与"必须""应该"这类字眼连在一起，如"我必须尽善尽美"。

②过分概括化，是指以某一具体事件、某一言行来对自己进行整体评价，是一种以偏概全、以一概十的不合理思维方式的表现，如一次失败就认为自己一无是处。

③糟糕至极，是指个体认为如果某件不好的事情一旦发生，其结果必然是非常可怕、糟糕至极的，如高考失败就认为前途无望。

考点4 人本主义疗法 ★★

在人本主义疗法中，美国心理学家罗杰斯开创的来访者中心疗法影响最大。罗杰斯认为，心理治疗的目的在于帮助来访者创造一种有关他自己的更好的概念，使他能自由地实现自我，即实现他自己的潜能，成为功能完善者。

人本主义心理学认为，一方面，心理健康者应该是内心极其丰富，精神生活非常充实，潜能得以发挥和人生价值能够实现的人，发展性辅导将适应和发展并重，更突出发展；另一方面，个体都有向上发展与向更高级别发展的本能和动力，发展性辅导既关注个体已出现的问题，更关注解决问题和预防，从而帮助个体实现最佳发展。

来访者中心疗法把重点集中在创造一种良好的咨询氛围上，使来访者产生能够自由探索内心的感觉。罗杰斯认为，要形成理想的咨询氛围，咨询师在人格和态度上需要满足以下三个条件。

（1）真诚一致，这要求在治疗关系的范围内，咨询师的情感和行为没有任何的虚假和做作，是一个表里如一、真诚完整的人。

（2）无条件积极关注（尊重），这要求咨询师要把来访者作为一个完整的个人来接纳，并通过言语声调和非言语行动传达对他的接纳、理解、尊重和珍视。

（3）共情（同感、同理心），这要求咨询师设身处地地用来访者的眼光去看待他们的问题，深入了解并体会来访者的内心世界，站在他们的立场上去体会他们的痛苦和不幸，也就是常说的"换位思考"。

典型例题（2021下·判断）按照人本主义心理学的观点，学校心理健康教育不仅要着眼于解决学生当下的问题，还要支持学生的成长发展。 （ ）

【答案】√。

知识拓展

除上述方法外，移植法也是学生心理辅导的方法。

移植法是指一个人的一种奋斗目标惨遭失败，心理上受到了严重伤害，将其奋斗目标加以转移，从而改变其痛苦的方法。

小 结

1.【常考题型】单选、多选、判断、案例分析

2.【命题角度】

（1）给出实例，选择对应的认知疗法、人本主义疗法中的具体方法或将具体方法与这两类疗法相对应。

（2）以单选或判断的形式考查ABC理论中的"ABC"代表的含义。例如，艾利斯的理性-情绪疗法又称ABC理论，其中字母B的含义是信念。答案：√。

（3）给出实例，选择相对应的非理性信念的特征或人本主义疗法中咨询师应满足的三个条件。

第十一章 　课堂管理

| 知识结构 |

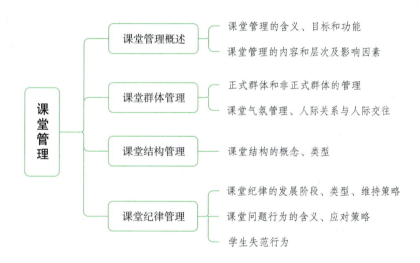

第一节 　课堂管理概述

一、课堂管理的含义、目标和功能

考点1 　课堂管理的含义

课堂管理是指教师为有效利用时间、创造愉快的和富有建设性的学习环境及减少问题行为而采取的组织教学、设计学习环境、处理课堂行为等一系列的活动与措施。课堂管理效率取决于教师、学生和课堂情境三大要素的相互协调。

考点2 　课堂管理的目标

课堂管理具有三个重要目标：①为学生争取更多的学习时间；②增加学生参与学习活动的机会；③帮助学生形成自我管理的能力。

考点3 　课堂管理的功能 ★★

（1）维持功能（基本功能）。课堂管理能够在课堂教学中，持久地维持良好的学习环境，有效地排除各种干扰因素，使学生充分地参与到学习活动中。

（2）促进功能。良好的课堂管理能够提升课堂教学的效果，促进学生的学习。

（3）发展功能。在课堂管理中，教师制定的一些行为准则，可以促进学生从他律走向自律，帮助学生获得自我管理能力，使学生逐步走向成熟。

二、课堂管理的内容和层次

考点1 课堂管理的内容

（1）课堂常规管理，包括设定课堂管理目标、制订管理计划、活动的组织与协调、资料管理等。

（2）课堂环境管理，包括物理环境管理和心理环境管理。前者侧重于教学的时间安排，班级规模，教室内的设备、光线、座位编排方式等。后者应着重为学生创设丰富多彩的课堂活动和教学情境来刺激学生的情感体验，并通过尊重与信任学生、关注学生的情绪变化及师生和谐互动来营造积极的心理氛围。

（3）课堂秩序管理，主要侧重于课堂冲突、课堂问题行为以及课堂规范等方面。

（4）课堂活动管理，包括课堂活动的设计、活动内容的选择、活动方法的运用、活动资源的统合等方面。

（5）教师的自我管理。教师要提高自身思想业务修养，自觉遵守课堂常规；注意在课堂上的言行举止和情绪、态度的控制。

考点2 课堂管理的层次

课堂管理分为预防性管理、支持性管理、矫正性管理三个层次。

（1）预防性管理要求学生保持良好的学习行为，防止违规行为的出现。

（2）支持性管理是当学生出现违规行为的预兆时，教师运用技巧将学生导入正轨。

（3）矫正性管理是在学生出现问题行为后设法制止。

三、影响课堂管理的因素

1.教师的领导风格

教师的领导风格对课堂管理有直接的影响。教师如果选择民主参与式领导风格，那么课堂管理的效果就会很好；如果选择监督专制式领导风格，就会形成一种假象，即表面上课堂管理得井井有条，但实际上学生并非心悦诚服地自愿接受管理。

2.班级规模

班级规模影响课堂管理主要基于以下原因：①班级规模的大小会影响成员间的情感联系，班级规模越大，情感纽带的力量就越弱；②班内的学生越多，学生间的个别差异就越大；③班级规模的大小会影响学生的交往模式；④班级规模越大，内部越容易形成各种非正式小群体。

3.班级的性质

不同的班级往往有不同的群体规范和不同的凝聚力，教师不能用固定的课堂管理模式对待不同性质的班级，而应该在深入了解的基础上，掌握班级的特点。

4.学生对教师的期望

学生对教师的管理行为和课堂行为会形成定型期望，他们期望教师以某种方式进行教学和课堂管理，当期望与现实发生冲突时，这种定型的期望必然会影响教师的课堂管理。

__ 小 结 __

1.【常考题型】单选、多选

2.【命题角度】

（1）结合关键词考查课堂管理的功能。

（2）给出例子，要求辨别其属于哪一课堂管理内容。

（3）直接考查影响课堂管理的因素。

第二节　课堂群体管理和结构管理

一、课堂群体管理

课堂中存在的各种群体会对个体产生巨大的影响。教师必须了解课堂里各种群体的性质，善于利用群体凝聚力、群体规范、课堂气氛、人际关系等群体动力，使课堂管理产生促进的功能。

考点1　正式群体与非正式群体管理

1. 正式群体

正式群体是由教育行政部门明文规定的群体，其成员有固定的编制，职责权利分明，目标明确。班级、小组、少先队等都属于正式群体。在教学活动中，最常见的正式群体是教学班。

2. 非正式群体

非正式群体是指在正式群体内部，学生在相互交往的基础上，形成的以个人兴趣、爱好为联系纽带，具有强烈情感色彩的小团体组织。

非正式群体多是由于心理需要而自愿结合在一起的，因此，非正式群体成员之间情投意合，交往频繁，传递信息迅速，相互认可；具有较强的凝聚力，对自然产生的领导言听计从；成员之间往往有共同的行动目标和行为规范，并为了实现共同目标而力求行动协调一致。

非正式群体可分为积极型、中间型、消极型、破坏型四类。这种群体对个体的影响是积极的还是消极的，主要取决于它的性质及其与正式群体目标的一致程度。

3. 协调正式群体与非正式群体的关系

（1）要不断巩固和发展正式群体，使班内学生之间拥有共同的目标，形成合作关系，产生共同遵守的群体规范，并以此协调大家的行动，满足成员的归属需要和彼此之间的相互认同，从而使班级成为和谐的集体。

（2）要正确对待非正式群体。对于积极型的非正式群体，应该支持和保护；对于中间型的非正式群体，要持慎重态度，积极引导，加强联系，强化班级目标导向；对于消极型的非正式群体，要教育、争取、引导和改造；对于破坏型的非正式群体，要依据校规和法律，给予必要的惩罚和制裁。

典型例题　（2023下·单选）下列关于班级中非正式群体特点的说法，正确的是（　　）。

A. 规模大，人数多　　　　　　　　　　B. 群体内部有较强的凝聚力和约束力

C. 群体内部成员自由平等，没有领袖人物　　D. 群体内部信息传递和沟通的效率较低

【答案】B。

考点2　课堂气氛管理　★★★

课堂气氛通常是指课堂里某些占优势的态度与情感的综合状态，它是学习的重要社会心理环境。课堂气氛是课堂管理的核心因素。

1. 课堂气氛的类型

（1）积极的课堂气氛。这种课堂气氛是恬静与活跃、热烈与深沉、宽松与严谨的有机统一。课堂纪律良好，师生关系融洽。学生注意力高度集中，积极思维，发言踊跃。教师善于点拨和积极引导。

（2）消极的课堂气氛。这种课堂气氛常以学生的紧张拘谨、心不在焉、反应迟钝为基本特征。在课

堂学习过程中，学生情绪压抑、无精打采、注意力分散、小动作多。学生对教师的要求一般采取应付的态度，很少主动发言。

（3）对抗的课堂气氛。这种课堂气氛实质上是一种失控的课堂气氛。学生随意离位、随意插嘴、各行其是、故意捣乱，教师失去了对课堂的驾驭和控制能力，有时不得不停止讲课来维持秩序。

2. 课堂气氛的影响因素

（1）教师方面的因素。教师的领导方式、教师对学生的期望、教师的情绪状态、教师的移情都是影响课堂气氛的主要因素。此外，教师的威信、业务水平、教学能力与使用的教学方法也是影响课堂气氛的重要因素。

（2）学生方面的因素。学生对集体目标的认同是良好课堂气氛形成的必要前提。学生自觉遵守课堂纪律，具有良好的品德和学习习惯，有利于良好课堂气氛的形成。此外，课堂中的集体舆论、学生之间的合作与竞争关系，都会影响课堂气氛。

（3）课堂物理环境因素。能让大多数人觉得舒适的课堂物理环境，有利于良好课堂气氛的形成和维持。

因此，教师可以通过以下方式创设良好的课堂气氛：①建立和谐的人际关系，这是创设良好课堂气氛的基础；②运用灵活多样的教学方式；③采用民主的领导方式；④给予学生合理的期望。

考点3　课堂中的人际关系与人际交往

1. 课堂中主要的人际关系

合作与竞争、人际吸引与人际排斥是课堂中主要的人际关系。

合作是指学生为了共同目的在一起学习和工作或者完成某项任务的过程，是实现课堂管理促进功能的必要条件。竞争是指个体或群体充分实现自身的潜能，力争按优胜标准使自己的成绩超过对手的过程。适度的竞争不但不会影响学生间的人际关系，而且会提高学习的效率。

关于人际吸引与人际排斥的详细讲述见第二部分第一章第六节中人际关系的内容。

2. 课堂中人际交往的类型

（1）单向交往。师生之间仅仅保持"授—受"的单线信息联系，其特点是信息传递的单向性、学生学习的被动性，师生缺乏良性互动，课堂气氛单调、沉闷，教学效果差。

（2）双向交往。师生之间进行双向的信息联系。这种交往模式能保持师生间的往返联系，在一定程度上克服了学习的被动性，课堂教学气氛相对比较活跃，但不能满足学生之间的交往需要。

（3）多向交往。这种交往模式既保证了师生之间的双向信息联系，也满足了学生之间的交往需要。

小　结

1.【常考题型】单选、多选、判断

2.【命题角度】

（1）结合例子或关键词考查正式群体、非正式群体、课堂气氛的含义及类型。

（2）直接考查创设良好课堂氛围的措施。

二、课堂结构管理

考点1　课堂结构的概念

学生、学习过程和学习情境是课堂的三大要素，这三大要素相对稳定的组合模式就是课堂结构。

考点2　课堂结构的类型

1.课堂情境结构

（1）班级规模的控制。班级规模过大容易限制师生交往，减少学生参加课堂活动的机会，阻碍课堂教学的个别化，有可能导致课堂出现较多的纪律问题。

（2）课堂常规的建立。课堂常规是每个学生必须遵守的最基本的日常课堂行为准则。它具有约束和指导学生课堂行为的功能，从而使学生的课堂行为规范化。

（3）学生座位的分配。研究发现，分配学生座位时，教师主要关心的是如何减少课堂混乱。其实，教师在分配学生座位时最应该关注的是座位安排对人际关系的影响。学生座位的分配一方面要考虑如何有效控制课堂行为，预防纪律问题的发生；另一方面又要考虑促进学生间的正常交往，形成和谐的生生关系。

2.课堂教学结构

（1）教学时间的合理利用。学生在课堂里的活动可以分为学业活动、非学业活动和非教学活动三种类型。在通常情况下，学生用于学业活动的时间越多，学业成绩越好。

（2）课程表的编制。在编制课程表时应注意以下几点：①尽量将语文、数学和外语等核心课程安排在学生精力最充沛的上午第一、二、三节课，将音乐、美术、体育和习字等技能课安排在下午。②将文科与理科、形象性的学科与抽象性的学科交错安排，避免学生产生疲劳和厌烦。③新、老教师教平行班的时间间隔要不同，新教师间隔时间短，以保证下一个班的教学效果更优；老教师间隔时间长，以避免简单重复而产生乏味感。

（3）教学过程的规划。教学过程的合理规划是维持课堂纪律的重要条件之一，不少纪律问题就是教学过程规划不合理造成的。

小　结

1.【常考题型】单选、多选

2.【命题角度】直接考查课堂结构的定义及课堂情境结构和课堂教学结构分别包括哪些内容。

第三节　课堂纪律管理

一、课堂纪律管理概述

课堂纪律是指为保障或促进学生的学习而设置的行为标准及施加的控制。良好的课堂纪律是课堂教学得以顺利进行的重要保障。

考点1　课堂纪律的发展阶段　★★

1.反抗行为阶段

4~5岁的儿童多处于这一阶段。他们的行为中常表现出对抗性，拒绝遵循指示、要求，需要给予大量的注意；他们很少具有自己的规则，但是畏于斥责，可能遵循他人的要求。在学校中，这些学生会表现为当教师盯住他们时，他们表现得中规中矩，但是稍微不注意，他们就会失去控制。

2.自我服务行为阶段

5~7岁的儿童多处于这一阶段。这一阶段的学生以自我为中心，但是在课堂上比较容易管理，因为他们关心的是行为后果"对我来说意味着什么",是奖励还是惩罚。这一阶段的学生很少有纪律感,他们可能在这节课上表现很好,而在下一节课上失去控制。

3. 人际纪律阶段

大多数中学生处于这一阶段。这一阶段的学生的行为取向是建立一种相互的人际关系,他们做出的行为往往与"我怎样才能取悦你"联系在一起,他们这样做是因为你要求他这样做,他们关心自己在别人心目中的形象,希望别人喜欢自己。

4. 自我约束阶段

处于这一阶段的学生很少陷入什么麻烦,他们能够明辨是非,理解遵守纪律的意义,也能够做到自我约束。但这些学生并不欣赏武断纪律,在课堂上如果有些同学逼迫教师花很多时间处理纪律问题,会使他们感到厌烦。尽管很多中学生能够达到这一水平,但只有一部分学生能稳定地保持在这一水平上。

考点2　课堂纪律的类型 ★★★

1. 教师促成的纪律

教师促成的纪律是指在教师的指导、帮助下形成的班级行为规范。学生的年龄越小,对教师的依赖就越强,教师促成的纪律发挥的作用也就越大。例如,某教师时常开展班级规范活动来帮助同学们养成良好的上课习惯。

2. 集体促成的纪律

集体促成的纪律是指在集体舆论和集体压力的作用下形成的群体行为规范。随着年龄的增长,学生受同辈群体的影响会越来越大,开始以同辈群体的集体要求和价值判断作为自己的行为准则,以"别人也都这么干"为理由而做某件事情。例如,班集体、少先队、兴趣小组的纪律等。

3. 任务促成的纪律

任务促成的纪律是指某一具体任务对学生行为提出的具体要求。例如,课堂讨论、野外观察、标本制作等提出的特定要求。

4. 自我促成的纪律

自我促成的纪律就是自律,即在个体自觉努力下,由外部纪律内化而成的个体内部约束力。形成自我促成的纪律是课堂纪律管理的最终目标。

考点3　维持课堂纪律的策略

1. 建立有效的课堂规则

积极、有效的课堂规则有以下特点:①由教师和学生充分讨论,共同制定;②少而精,内容表述多以正面引导为主;③课堂规则应及时制定、引导与调整。

2. 合理组织课堂教学

合理组织课堂教学,教师应做到以下几点:①增加学生参与课堂教学的机会;②保持紧凑的教学节奏,合理布置学业任务;③处理好教学活动之间的过渡。

3. 做好课堂监控

教师应能及时预防或发现课堂教学中出现的一些纪律问题,并采取言语提示、目光接触等方式提醒学生注意自己的行为。

4. 培养学生的自律品质

促进学生形成和发展自律品质,教师应做到以下几点:①对学生提出明确的要求,加强课堂纪律的目的性教育;②引导学生对学习纪律持有正确的、积极的态度,产生积极的纪律情感体验,进行自我监控;

③对集体舆论和集体规范加以有效利用。

小 结

1.【常考题型】 单选、多选

2.【命题角度】

（1）结合例子、关键词考查课堂纪律的发展阶段及课堂纪律的类型。

（2）直接考查课堂纪律管理的最终目标。

（3）以多选的形式考查维持课堂纪律的策略。

二、课堂问题行为管理

考点 1　课堂问题行为的含义

课堂问题行为是指在课堂情境中发生的违反课堂规则、妨碍及干扰课堂学习活动的正常进行或影响教学效率和学习效率的行为。课堂问题行为具有消极性、普遍性，以轻度为主。

考点 2　课堂问题行为的应对策略（处理和矫正课堂问题行为的方法）　★★★

1. 日常问题行为的应对策略

（1）运用积极的言语和非言语手段

一般来说，教师发现学生出现问题行为时，不要直接指名道姓地批评，要尽量用非言语手段控制，如用目光、面部表情、手势、动作、走近学生等，提示学生注意控制自己的不良行为。

当非言语提醒不起作用时，教师应采取言语提醒，及时制止学生的行为，从而使课堂教学顺利进行。教师还可通过口头表扬的方式调控学生的问题行为。

（2）合理运用惩罚

少量的、方式可取的惩罚可有效地减少学生的课堂问题行为。教师在运用惩罚时要坚持对事不对人的原则，既要做到公平一贯，又要灵活地体现出差异。教师在惩罚学生后，要给予学生积极的帮助，使学生不仅不再犯错，而且在同样情境下，学会以适当行为代替不良行为。

（3）引导学生参与学习活动，不留给学生违纪的时间

学生在课堂上出现问题行为，有时是因为他们感到无所事事。针对这一点，教师可以安排他们适当从事某些学习活动，使他们没有产生问题行为的空闲，从而终止问题行为。

（4）暂停上课

如果课堂上发生较为严重的捣乱行为，教师可停止上课，发动全班讨论发生了什么事，为什么会发生这种事，以及这样的行为对全班同学带来什么影响，让捣乱的学生承受集体舆论的压力，然后对学生进行适当地批评和引导。

需要注意的是，在处理日常课堂问题行为时，要坚持最小干预原则，即要用最简短的干预纠正学生的行为，尽量做到既有效又不需打断上课。

2. 严重问题行为的处理策略（处理严重问题行为的实用行为分析程序）

（1）以家庭为背景的强化

以家庭为背景的强化是指把学生在学校的行为报告给家长，家长提供奖励。教师让学生把一张每日或每周报告卡拿回家，根据教师的报告，家长给学生提供特权或奖励。这种方法常被用来改善个别在课堂上捣乱的学生的行为，也可用于整个捣乱的班级。

（2）个人日志卡

个人日志卡是要求父母参与并且强化期望的结果的一种行为管理系统。在日志卡上，每堂课的教师都需要对学生的行为和作业评级。每天回家，学生要拿这张卡给父母看。当他的得分达到某一标准后，父母就给予奖励。

（3）整班代币强化

整班代币强化是指学生能把因学习和积极的课堂行为获得的代币（小红星、分数等）变换成他们想要的奖品的一种强化系统。

（4）群体绩效系统

群体绩效系统是根据群体成员的行为对整个集体进行奖励的一种强化体系。例如，教师说："如果全班同学在明天的测验中平均分在90分以上，下一周的家庭作业就免了。"

小 结

1.【常考题型】单选、判断

2.【命题角度】

（1）直接考查课堂问题行为的特点及分类。

（2）结合教育情境判断教师使用了哪些处理课堂行为问题的策略以及使用是否恰当。

三、学生失范行为

考点1　失范行为的表现

学生的失范行为主要表现为越轨行为与违法行为两类。学生的越轨行为主要是指违背教育习俗、教育规章的行为。学生的违法行为主要指违背教育法律以及国家其他法律、法规的行为，包括普通违法行为和犯罪行为等。

考点2　失范行为的类型

（1）目的型失范行为，是指行为失范者采用违背教育规范的手段谋取个体或群体利益的失范行为。其主要特征是目的是理性的，手段是违规甚至违法的。

（2）价值取向型失范行为，是指行为失范者的价值观念与教育主导观念相背离，力图诋毁或改变教育主导观念而违背教育规范所造成的失范行为。

（3）情感型失范行为，是指行为失范者为了满足生理、心理或情感上的需要而做出的失范行为。

（4）传统型失范行为，是指行为失范者没有主观上的失范构想，仅仅是因为遵循传统习俗而违背教育规范所造成的失范行为。例如，学生之间因讲"义气"而导致的失范行为。

第三部分

教育法学

PART 3

| 考情简报 |

一、内容简介

考生应该具备一定的教育法律法规常识，为以后依法执教奠定基础。本部分主要论述了教育法学的基本原理、法制过程以及我国现行的教育法律法规的核心内容。近几年，以习近平同志为核心的党中央提出了一系列新理念新思想新观点，有些地区的考题中也多有涉及。故本部分第八章第十节和第十一节编排了习近平总书记关于教育的重要论述的重要内容，以及近几年发布的一些教育政策与热点。

二、考情分析

本部分考题分值略有浮动，占总分值的18%~24%。第三部分近三年各题型题量及分值如下表所示。

年份 \ 题型	判断	单选	多选	案例分析
2024 上	6题（6分）	10题（10分）	3题（4.5分）	2题（4分）
2023 下	5题（5分）	8题（8分）	3题（4.5分）	2题（4分）
2023 上	6题（6分）	7题（7分）	2题（3分）	2题（4分）
2022 下	6题（6分）	7题（7分）	3题（4.5分）	2题（4分）
2022 上	7题（7分）	7题（7分）	3题（4.5分）	2题（4分）
2021 下	6题（6分）	9题（9分）	3题（4.5分）	2题（4分）
2021 上	7题（7分）	11题（11分）	1题（1.5分）	2题（4分）

三、备考重难点

1.教育法条常熟悉，教育时政勤积累，教育法理反复学。

2.法理知识结合案例，抓关键词，理解记忆。

第一章 法与教育法

| 知识结构 |

第一节 法的概述

一、法的含义

法是由国家制定或认可，体现统治阶级意志，以国家强制力保证实施的行为规则（行为规范）的总和。

二、法的特征 ★★

1. 法是调控人的行为、社会关系的社会规范

首先，在社会关系中，法属于社会规范的范畴；其次，人的行为是法的调整对象，也可以说，法的调整对象是社会关系。

2. 法是出自国家的社会规范

国家的存在是法存在的前提条件。一切法的产生，大体上都是通过制定和认可这两种途径。

（1）法的制定

法的制定，是指国家立法机关按照法定程序创制规范性文件的活动。

（2）法的认可

法的认可，是指国家通过一定的方式承认其他社会规范（道德、宗教、风俗、习惯等）具有法律效力的活动。

3. 法是由国家强制力保障实施的社会规范

法是以国家强制力为后盾，并由国家强制力保障实施的社会行为规范。

4. 法在国家权力管辖范围内普遍有效，因而具有普遍性

法是通过规定人们的权利和义务，以权利和义务为机制，影响人们的行为动机，指引人们的行为，调整社会关系的。法具有普遍性，在国家权力管辖范围内普遍有效。

5. 法是有严格的程序规定的规范，具有程序性

法是强调程序、规定程序和实行程序的规范。也可以说，法是一个程序制度化的体系或者制度化解决

问题的程序。程序是社会制度化的最重要的基石。

典型例题 （2022 上·判断）法具有强制性。因此，法以义务为主要内容。 （ ）

【答案】×。解析：法以权利和义务为主要内容。

三、法的渊源

考点1 法的渊源的含义

法的渊源简称"法源"，主要指法的效力来源，亦即根据法的效力来源不同对法所做的基本分类。在中国，法的渊源的含义的规范化表述是由不同国家机关制定、认可和变动的，具有不同法的效力或地位的各种法的形式。

考点2 正式意义上的和非正式意义上的渊源

正式意义上的法的渊源主要指以规范性法律文件形式表现出来的成文法，如立法机关或立法主体制定的宪法、法律、法规、规章和条约等。

非正式意义上的法的渊源主要指具有法的意义的观念和其他有关准则，如正义和公平等观念，政策、道德和习惯等准则，还有权威性法学著作等。

典型例题 （2018 下·单选）以下属于正式意义上的法的渊源的是（ ）。

A. 道德 　　　　　 B. 习惯 　　　　　 C. 条约 　　　　　 D. 政策

【答案】C。

第二节 教育法概述

一、教育法和教育法规的概述

考点1 教育法和教育法规的含义

广义的教育法，即教育法规，是国家制定或认可，并由国家强制力保证其实施的，调整教育活动中各种社会关系的法律规范的总和。

狭义的教育法是指国家最高立法机关制定的教育法律，在我国是指全国人民代表大会及其常务委员会制定的教育法律。更狭义的教育法，在我国专指《中华人民共和国教育法》。

本书所介绍的教育法的相关知识，采用的是广义教育法即教育法规的含义。可以通过以下几点来理解教育法的含义。

1. 教育法是由国家制定或认可的行为规范

教育法是国家意志在教育方面的反映。制定的教育法是指由国家机关依据法定的权限和程序形成的教育方面的具有法律效力的规范性文件的总和。认可的教育法是指国家机关通过一定的形式赋予某些已经存在的教育方面的习惯、判例等以法的效力，使之成为教育法的组成部分。

2. 教育法是由国家强制力保证其实施的行为规范

强制性是教育法的本质属性。教育法的强制性表现在以国家的名义规定人们在教育活动中应当享有的权利和应当履行的义务，并由相应的国家机关保证其实施。对于违反教育法的行为，相应的国家机关有权做出一定的处理。

3.教育法是调整教育活动中各种法律性的社会关系的行为规范

教育法调整的社会关系并不是教育活动中所有的社会关系，只有当教育活动中的某些社会关系以法规范的时候，这些社会关系才成为教育法所调整的范畴。教育法所调整的社会关系主要涉及以下几个方面：各级政府在教育行政方面的职权分工关系、学校与行政机关的关系、学校与教职员工的关系、学校与学生的关系、学校与社会的关系等。这里的学校泛指一切教育机构。

典型例题（2018下·判断）教育关系中的所有社会关系都要由教育法来调整。　　　　　　（　　）

【答案】×。

考点2　教育法规的特征

1.教育法规区别于其他社会规范的特征

（1）教育法具有国家意志性

同其他社会规范相比，教育法体现了整个国家在教育方面的意志。这种意志是本国绝大多数公民的共同愿望和要求。

（2）教育法具有强制性

教育法既然是国家的意志，就要坚决执行，因此教育法具有强制性。教育法是由国家强制力作后盾来保障实施的，如警察、司法部门、军队等。

（3）教育法具有规范性

教育法是以规范性文件出现的。首先，具有形式上的程序性和正式性。教育法是通过一定的立法程序制定的，不符合法律制定和修改程序的法律将被称为不合法的，即不具有执行力。其次，具有内容上的合理性和可行性。法律规范精确、严谨，内容完整，且具有可行性和可操作性。

（4）教育法具有普遍性

一方面，在国家权力所及的范围内，教育法具有普遍的约束力；另一方面，教育法面前人人平等，不存在适用对象的例外。

典型例题（2016上·判断）教育法是国家大多数公民意志在教育方面的体现。　　　　　　（　　）

【答案】√。

2.教育法规区别于其他法的特征

（1）教育法律关系成立的单向性

教育法律关系成立的单向性是指教育法律关系的成立主要是由教育主管部门单方面决定，而不以相对人是否同意为条件。例如，教育主管部门即可依法单方面对违反有关规定的学校做出实行停办的决定。

（2）教育相对主体调整的民主性

教育相对主体调整的民主性是指教育行政主体在调整与其相对主体即教师、研究人员和学生的关系时，要充分体现教学民主与学术自由。

（3）教育强制措施施行的柔软性

教育强制措施施行的柔软性是指在处理教育纠纷实行强制措施时，可以使用非处罚性的柔性措施。一般而言，在解决教育领域的问题时，尽可能多地采用学术研讨、科学评估，或者通过思想沟通、说服教育等柔性方法。

（4）教育行政管理方式的指导性

教育行政管理方式的指导性是指教育主管部门在行使职权时主要是通过指导性而不是以指令性的方式进行。宏观上，以教育的大政方针实行领导；微观上，以具体管理制度实行领导。因此，学校在法定范围内享有相当大的自主权。

（5）教育法规具体内容的广泛性

教育法的内容除了主要规定教育的任务、原则、设置学校的条件、教育主管部门的权限，以及教师、科研人员、职工、学生的权利和义务外，还包括实施教育的基本制度和程序等。总体来看，教育法主要是实体法，又带有组织法和程序法兼而有之的特点。

考点3　教育法规的作用

1. 指引作用

教育法规体现了国家教育发展的目的、政策，指引人们按照国家的目的和要求开展教育活动。教育法规是国家统治阶级统治意志的体现，是国家以法律的形式向各种社会团体和个人宣布的教育规定和指示，明确要求各有关机关、团体和个人必须执行这些条文。

2. 评价作用

教育法规作为国家的一种普遍的强制性教育行为标准，具有判断、衡量人们的教育行为的作用，这种作用就是评价作用。教育规范是各种判断教育活动和教育关系价值的标准中最基本的。教育法规的评价作用有两个显著的特点：一是突出的客观性，二是普遍的有效性。

3. 教育作用

教育作用主要体现在两个方面：第一，国家把人们对教育的普遍要求凝结为稳定的教育行为规范，并向人们灌输这些规范，使其内化为人们的教育思想意识，借助人们的教育行为使其得以传播。第二，通过教育法规的实施从正、负两个方面对人们产生教育作用。

4. 保障作用

保障作用是指教育法规保障各种教育主体的教育权利得到实现，教育义务得到履行，从而使教育活动有序、有效地进行。

二、教育法规的体系

考点1　横向结构

教育法的横向结构是指依据教育法规所调整的教育社会关系的特点或教育关系构成要素的不同，划分出若干处于同一层级的部门教育法，形成法规调整的横向体系。

教育法的横向结构主要包括以下几种：①教育基本法；②基础教育法（基础教育法是学前教育、义务教育、初等教育、中等教育、特殊教育等教育领域的教育法律的总称）；③高等教育法；④职业教育法；⑤成人教育或社会教育法；⑥学位法；⑦教师法；⑧教育投入法或教育财政法。

考点2　纵向结构　★★★

教育法的纵向结构是指由不同层级的教育法律文件组成的等级、效力有序的纵向体系。由于制定机关的性质和法律地位不同，上下层次的教育法之间具有从属关系。

1.《中华人民共和国宪法》中有关教育的条款

《中华人民共和国宪法》由全国人民代表大会制定，其中有关教育的条款是我国教育立法的根本依据，属于教育法规的最高层次，其他形式的教育法律、法规都不得与之相违背。

2. 教育基本法

教育基本法是由全国人民代表大会制定，调整教育内部、外部关系的基本法律准则。它对教育全局起宏观调控作用，被称为"教育宪法""教育母法"。我国的教育基本法是《中华人民共和国教育法》。其他单行教育法律、法规的制定和实施，都要以《中华人民共和国教育法》为基本依据，不得与《中华人民共和国教育法》确立的原则和规范相违背。

3. 教育单行法（教育部门法）

教育单行法一般是由全国人民代表大会常务委员会制定，是规定教育领域某一方面具体问题的规范性文件，其效力低于《中华人民共和国宪法》和教育基本法。如《中华人民共和国义务教育法》《中华人民共和国教师法》《中华人民共和国职业教育法》《中华人民共和国高等教育法》《中华人民共和国学位条例》等。

近代以来，最早出现的教育单行法是义务教育法，19 世纪末以来义务教育法在世界范围内迅速出现和实施。1981 年 1 月 1 日起正式实施的《中华人民共和国学位条例》是中华人民共和国成立后颁布的第一部教育单行法，也是中华人民共和国成立后颁布的第一部教育法律。

4. 教育行政法规

教育行政法规是由国家最高行政机关（国务院）依据《中华人民共和国宪法》和教育法律制定的关于教育行政管理的规范性文件。其效力低于《中华人民共和国宪法》和教育基本法，高于地方性教育法规和教育行政规章。教育行政法规的名称一般有三种：条例、规定、办法或细则，如《征收教育费附加的暂行规定》《中华人民共和国义务教育法实施细则》《教师资格条例》《中华人民共和国民办教育促进法实施条例》等。

5. 地方性教育法规

地方性教育法规是一定的地方国家权力机关，根据本行政区域教育发展的具体情况和实际需要，依法制定的在本行政区域内具有法律效力的规范性教育法律文件。由省、自治区、直辖市以及省级人民政府所在地的市和经国务院批准的较大的市的人民代表大会及其常务委员会制定。地方性教育法规只在该行政区域内有效，其名称通常有条例、办法、规定、规则、实施细则等。如《××市学生伤害事故处理条例》《××省义务教育实施办法》《××省实施〈中华人民共和国教师法〉办法》等。

6. 教育行政规章

教育行政规章又称教育规章，是中央和地方有关国家行政机关依照法定权限和程序制定、颁布的有关教育的规范性文件，包括部门教育规章和地方政府教育规章。

部门教育规章是国务院所属各部、各委员会发布的有关教育的规范性文件。这类文件主要是就国家有关教育的法律、行政法规的实施问题制定出相应的实施办法、条例、大纲、标准等，以保证相关法律、法规的实施，如《教育行政处罚暂行实施办法》《幼儿园工作规程》等。

地方政府教育规章是省、自治区、直辖市，以及省、自治区的人民政府所在地和经国务院批准的较大的市的人民政府所制定的有关教育的规范性文件。如××省《实行九年制义务教育条例》（由省人大通过），××市《中小学教师进修规定》（由市人民政府发布）等。

典型例题 1.（2023 下·单选）我国颁布的《学生伤害事故处理办法》属于我国教育法体系层次中的（　　）。

A. 全国人大制定的宪法中关于教育的条款　　　B. 全国人大制定的教育法律

C. 国务院制定的教育行政法规　　　D. 国务院部委制定的教育规章

【答案】D。

2.（2023 上·判断）《学校食品安全与营养健康管理规定》和《学校卫生工作条例》是上位法和下位法的关系。　　　　　　　　　　　　　　　　　　　　　　　　　　　　　　　　　　　　　（　　　）

【答案】×。解析：《学校食品安全与营养健康管理规定》属于教育行政规章，《学校卫生工作条例》属于教育行政法规。《学校食品安全与营养健康管理规定》是下位法，《学校卫生工作条例》是上位法。

小 结

1.【常考题型】单选、多选、判断

2.【命题角度】

（1）直接考查教育法规的特征和作用。

（2）考查教育法规的体系结构，要求根据制定机关和法律效力等级排序。

（3）考查我国教育基本法的名称或地位。

3.【易错易混】

《中华人民共和国学位条例》名称虽为条例，实由我国最高权力机关制定，为教育单行法，同时也是中华人民共和国成立以来的第一部教育法律。

三、教育法规与教育道德

考点1 教育道德的含义

教育道德是指教育工作者在从事社会主义教育活动过程中思想和行为应遵循的道德规范和行为准则。教育道德作用的实现，主要是靠主体主观内在的道德价值判断来支配的。

教育法不可能调整所有的教育关系，即使应当由教育法加以调整的，也可能由于立法的不完善而没有规定，所以才需要教育道德来补充教育法的不足。但在法律适用上，只有在教育法没有规定并且也没有教育政策加以规范时，才能适用教育道德。

典型例题（2021下·判断）师生之间的友谊关系更多地需要通过教育法规来加以调整。 （   ）

【答案】×。解析：师生之间的友谊关系依靠教育道德来规范。

考点2 教育法规与教育道德的关系

1.教育法规与教育道德的共性表现

（1）教育法规与教育道德以共同的现实物质生活条件为基础。二者都是产生于共同的现实经济基础之上的上层建筑领域的事物，都要反映一定历史条件下社会公共生活秩序的要求，都具有社会历史性。教育法规和教育道德都以一定的社会形态为基础而产生，同时，它们都受到一定社会政治思想、观念以及教育价值观的影响。

（2）在同一社会中，教育法规与占社会主导地位的教育道德具有共同的作用方向，反映的利益关系一致。教育法规与教育道德都具有阶级性，它们都受到统治阶级的法律及其所倡导的占社会主导地位的道德要求的影响。

（3）教育法规与教育道德所起的作用具有共同性，它们都是对社会关系起调整作用、对人的行为起规范作用，并对一定的利益关系形成和发展起阻碍或促进作用。

2.教育法规与教育道德的区别

（1）两者内容的确定性及其产生过程不同

教育道德一般作为一种原则性要求引导人们的行为方向，这使得教育道德规范的内容往往比较原则和抽象，而不像法律那样要求准确和确定。

教育法律的制定通常为有意识的自觉行为，需要在一定立法思想的指导之下，经过特定的程序加以立法、修改、废除；而道德规范的形成，往往具有自发的性质。

（2）两者调整对象的范围有所不同

教育法律规范着重要求的是人们外部行为的协调、合理、合法，着眼于人们的行为及其后果，不离开人们的行为去过问动机、目的。而教育道德规范对人的要求不仅仅是行为，甚至主要不是行为，而是行为动机本身是否善良、高尚等。

（3）两者调整方式和承担的责任不同

违反教育法规的行为要受到一定的法律制裁，承担一定的法律后果，使其行为得以改正，并对其行为所造成的损失采取一定物质上或精神上的补救措施。违反教育道德的行为主要受良心、社会舆论的谴责。其行为能否得到改正，或其行为所造成的损失后果能否得到补救，主要靠行为主体良心的觉醒程度和对社会舆论压力的承受能力。

（4）两者作用的性质及其实现的制约机制不同

教育道德规范更多的是强调放弃个人的利益，旨在引导人们追求具有利他主义和奉献精神的理想人格；而教育法规保障个人正当、合法的权益，强调每个人为维护自身的合法权益而负有尊重他人权益的义务，旨在要求人们以公正、正义的原则来处理人与人之间的关系。在性质上，教育法规的约束比较肯定，在违法与不违法之间的界限一般比较明确，这种约束具有强制性质；而教育道德的约束具有导向性质，其约束主要体现为教育人员的自我要求，即通过教育人员的自觉遵守来实现。

典型例题（2018上·单选）关于我国教育道德，以下说法错误的是（　　）。

A. 教育道德规范的内容往往比较原则和抽象

B. 教育道德作用的实现主要依靠外在的强制力量

C. 教育道德主要关注人的行为动机本身是否善良、高尚

D. 教育道德旨在引导人们追求具有利他主义和奉献精神的理想人格

【答案】B。

小 结

1.【常考题型】单选、判断、多选
2.【命题角度】
（1）考查教育道德调整的教育关系的条件。
（2）考查教育法规与教育道德的共性和区别。

四、教育法规与教育政策 ★★

考点1 教育政策的含义

教育政策是政党和国家为完成一定历史时期的任务所确定的关于教育工作的策略、方针和行动准则。

从政策的制定主体来看，教育政策可以区分为政党的教育政策和国家的教育政策两种。

从教育政策的内容及作用看，教育政策可以区分为方针、策略和行动准则等层次。教育方针是教育政策的最高表现形式。

考点2 教育法规与教育政策的关系

1.教育法规与教育政策之间具有共性

（1）教育法规与教育政策具有共同的经济基础，即两者都是建立在社会主义物质生产方式基础之上的上层建筑组成部分。

（2）教育法规与教育政策具有共同的指导思想，即两者都是在马克思列宁主义、毛泽东思想、邓小平理论、"三个代表"重要思想、科学发展观、习近平新时代中国特色社会主义思想的指导之下，从我国实际出发制定的，都是人民教育意志的体现。

（3）教育法规与教育政策具有共同的作用，即两者都是人民国家管理教育事业的手段。它们有共同的使命，都是为发展社会主义教育事业，促使教育事业更好地服务于社会主义建设事业，从而促进社会的发展进步和国家的繁荣昌盛。

（4）教育法规与教育政策有共同的实践基础，即两者的制定都必须充分考虑教育规律的要求和教育对象身心发展规律的要求。

2. 教育法规与教育政策之间存在差异

（1）教育法规与教育政策的制定机关及其制定过程不同

教育法规由国家政权机关依照一定权限和程序制定，是提升为国家意志的人民教育意志的直接体现。因而，教育法规的制定与国家政权相联系，党的代表会议可以通过制定教育政策对教育问题作出决策，但不可能制定教育法规。

（2）教育法规与教育政策的表现形式不同

教育法规一经制定，就用规范性文件的形式公布出来，具有确定性、规范性的特点，文字表达非常肯定、具体。而教育政策的表现形式通常为决议、决定、指示、号召、声明、宣言、口号等，其内容也主要或完全由原则性规定构成，带有原则性、号召性的特点。

（3）教育法规与教育政策的实施方式不同。

教育法规具有普遍的约束力，一旦付诸实施，就要求一个国家的所有公民都必须遵守，违反教育法规的行为，要依法追究教育法律责任。其实施以国家暴力机器为后盾，具有公开性、强制性的特点。而教育政策一般只在党组织、党员和一部分国家机关工作人员中具有约束力，不具有普遍性。对违背教育政策的行为在处理上也主要是采用批评、教育、做思想工作等手段，其实施主要以党纪、政纪为保证。

（4）教育法规与教育政策的相对稳定性不同

教育法规一经制定，就不能轻易改动，一般是多年不改，或视需要对个别条款进行修改，而且修改必须按照特定程序进行，比较稳定。而教育政策则比较灵活，往往根据社会和教育发展的形势需要而改变，一般是一发现问题就改。

3. 教育法规与教育政策之间是一种相互制约、相互补充的关系

（1）社会主义教育法规的制定和执行必须以党的教育政策为指导，以相应的教育政策为依据。

（2）教育政策一旦经由国家权力机关的法定程序审议，被制定成为教育法规以后，对党本身也具有了一定的约束力。执行教育政策也不能与教育法规相抵触。

第二章　教育法律规范

| 知识结构 |

第一节　教育法律规范概述

一、教育法律规范的含义

教育法律规范是反映统治阶级教育意志的，由国家按照法定程序制定或认可，并以国家强制力保证实施的教育行为规则。教育法规的内容由教育法律规范构成。教育法律规范是构成教育法规的细胞。教育法律规范与教育法规是个别与整体的关系。

典型例题（2017下·判断）教育法和教育法律规范的含义是相同的。　　　　　　（　　）

【答案】×。

二、教育法律规范的表现形式

1. 专门法源

专门法源是指直接表达教育法律规范，对教育事务进行规范的法律形式，如《中华人民共和国教育法》《中华人民共和国教师法》《中华人民共和国义务教育法》等。

2. 共同法源

共同法源是指并非专门对教育事务作出规范，但通过间接引用，也能对某些教育事务起到约束作用的法律规范的表现形式。例如，民法典是对公民的民事权利和义务作出规定的国家法律，在涉及有关教育主体的物权问题时，可以引用民法典的有关规定。

第二节 教育法律规范的类型和构成要素

一、教育法律规范的类型 ★★

考点1 义务性规范、禁止性规范和授权性规范（根据法律规范行为性质划分）

1.义务性规范

义务性规范是指在某种条件或情况出现时，人们必须做出某种行为的法律规范。义务性规范在文字表述上通常采用"必须""应当""义务"等字样。例如，《中华人民共和国教育法》第十九条第三款规定，"适龄儿童、少年的父母或者其他监护人以及有关社会组织和个人有义务使适龄儿童、少年接受并完成规定年限的义务教育"。

2.禁止性规范

禁止性规范是指直接规定人们不准做出某种行为的法律规范。禁止性规范在文字表述上一般有"禁止""不准""不得"等字样。例如，《中华人民共和国教育法》第八条第二款规定，"国家实行教育与宗教相分离。任何组织和个人不得利用宗教进行妨碍国家教育制度的活动"。

3.授权性规范（权利性规范）

授权性规范是指某种条件或情况出现时，人们有权做出或不做出某种行为的法律规范。其中授权于公民的权利可以放弃但不能非法剥夺，即公民依法享受权利是其自主的选择。授权性规范在文字表述上通常采用"可以""有权""不受干涉""有……的自由"等字样。例如，《中华人民共和国教育法》第四十七条第二款规定，"企业事业组织、社会团体及其他社会组织和个人，可以通过适当形式，支持学校的建设，参与学校管理"。

`典型例题` （2023下·判断）"各级人民政府应当采取措施，为适龄儿童接受学前教育提供条件和支持。"该法条属于授权性法律规范。 （　　）

【答案】×。

考点2 一般性规范、概念性规范、原则性规范、规则性规范和技术性规范（根据教育法律规范的专门职能划分）

1.一般性规范（一般确认性规范）

一般性规范的职能在于确认可以成为法的基础的最重要的事实，如确认教育制度、教师的法律地位、教师的人事管理体制等。

2.概念性规范（定义性规范）

概念性规范的职能在于明确法律概念。法律概念是通过对各种法律事实进行概括和抽象而形成的。法律概念既要能够反映事物的本质特征，又要具备不同于其他的基本特征，即精确、易于识别和适用，并经立法程序认可。

3.原则性规范（宣言性规范）

原则性规范所表达的教育法律原则是一种具有综合性、稳定性的原理和准则。这种原理和准则可以作为教育法律规则的思想基础或政治基础。原则性规范所确立的行为模式具有抽象性，其操作要求联系具体的教育法律规则来进行。原则性规范按照其内容的性质可分为政策性原则和公理性原则两种。教育政策性法律原则具有号召性、比较概括、内容主要是设立某种义务等特征，如《中华人民共和国教师法》第四条第二款"全社会都应当尊重教师"的规定。

4.规则性规范

规则性规范是具体规定权利和义务及其法律后果的行为准则。规则性规范确立的是一种具体的行为模式，它直接向有关主体阐明了应该做什么，可以做什么，不能做什么，不仅使相关主体一看就知道该怎么做，而且还知道是否按照其所设定的行为模式来约束自己的行为，可能会出现什么样的后果。

5.技术性规范

技术性规范是对法律文件的技术性事项做出规定的规范，具体包括以下三种：业务性规范把法律规范本身纳入法律调整范围，执行确定、废止、延长其生效时限或有无溯及力等方面的职能。委任性规范即明确规定要有某种规范，但未在该法中制定，而是委任给一定的主体来制定。准用性规范即该法律文件未明确规定行为规则，而是明确作出准许适用其他法律文件中的某个规范。

考点3　调整性规范和保障性规范（根据法律规范的基本职能划分）

1.调整性规范

调整性规范是指设立以一定教育权利和义务关系为内容的教育法律关系模式的规范。其主要作用是确立一定的教育关系秩序，使之按照实现一定教育目标的轨道运行。例如，教育法中规定教育制度的规范，明确教育主体权利和义务的规范等。

2.保障性规范

保障性规范是指规定法律责任措施和保护权利措施的规范。从实施角度来看，保障性规范是调整性规范受到相应主体遵守的保证。例如，教育法中对违法责任作出规定的规范。

考点4　强制性规范和任意性规范（根据教育法律规范所表现出的强制性程度划分）

1.强制性规范（强行性规范）

强制性规范是指法律关系参加者在某种条件或情况出现时，必须做出或禁止做出一定行为的规范，它所规定的权利和义务十分明确具体，不允许任何人以任何方式加以变更或违反。

2.任意性规范

任意性规范指法律关系参加者可以做出一定行为，而它对权利与义务的内容一般不做具体规定，允许法律关系参加者自行确定其权利和义务的具体内容，但在当事人确定了权利与义务以后，这种权利与义务就受到法的保护。

考点5　确定性规范与非确定性规范（按照内容的确定性程度划分）

1.确定性规范

确定性规范指全面、具体而详尽地规定了行为模式内容的规范。

2.非确定性规范

非确定性规范指为个别调整留有自由裁量余地，主体可以在法定限度内灵活把握，根据问题来决定处置的具体措施时的规范。

二、教育法律规范的结构（教育法律规范的构成要素）　★★★

1.假定（法定条件）

假定是指适用行为规范的条件和情况，它是把规范同主体的实际行为联系起来的部分，指出在什么情况下，这一规则生效。例如，《中华人民共和国义务教育法》第四条规定，"凡具有中华人民共和国国籍的适龄儿童、少年，不分性别、民族、种族、家庭财产状况、宗教信仰等，依法享有平等接受义务教育的权利，并履行接受义务教育的义务"。这里的"凡具有中华人民共和国国籍"就是法律规范的假定部分。

2. 处理（行为准则）

处理是指行为规范本身，它指明该项法律规范确定的行为模式的内容，使主体明确可以做什么，禁止做什么，以及要求做什么。例如，《中华人民共和国义务教育法》第二十九条第二款规定，"教师应当尊重学生的人格，不得歧视学生，不得对学生实施体罚、变相体罚或者其他侮辱人格尊严的行为，不得侵犯学生合法权益"。

3. 制裁（法律后果）

制裁是指违反该项法律规范时所导致的法律后果，通常是以国家强制性措施要求承担的惩罚性或补偿性责任。例如，《中华人民共和国教师法》第三十五条规定，"侮辱、殴打教师的，根据不同情况，分别给予行政处分或者行政处罚；造成损害的，责令赔偿损失；情节严重，构成犯罪的，依法追究刑事责任"。

典型例题 1.（2023下·单选）"学校及其他教育机构的设立、变更和终止，应当按照国家有关规定办理审核、批准、注册或者备案手续。"此规定属于教育法律规范结构中的（   ）。

A. 假定条件　　　　B. 行为模式　　　　C. 过程要求　　　　D. 法律后果

【答案】B。

2.（2022下·单选）教育法律规范的逻辑结构通常包括（   ）。

①假定条件　　②法律条文　　③行为模式　　④法律实施
⑤法律后果

A.①③⑤　　　　B.②③④　　　　C.③④⑤　　　　D.①②④

【答案】A。

小 结

1.【常考题型】单选、多选

2.【命题角度】

（1）直接考查教育法律规范的构成要素。

（2）结合具体条文，考查其属于哪一类规范。

第三章　教育法律关系

| 知识结构 |

第一节　教育法律关系概述

一、教育法律关系的含义

1. 教育法律关系是一种法律关系

法律关系，是指人们在社会生活中，依照法律的规定在相互之间所形成的一定的社会关系，即法律规范在调整人们行为过程中所形成的法律上的权利和义务关系。法律关系的形成必须以法律规范为前提。

2. 教育法律关系是一种教育关系

教育法律关系与其他教育关系的区别就在于它是一种具有法律强制性的行为规则所规范或调整的教育关系。可见，教育法律关系的产生是以教育法律规范的存在为前提，只有适用教育法律规范调整的教育关系才能转化为教育法律关系。

综上，教育法律关系，是指由教育法律规范所确认和调整的、表现为教育法律关系主体之间权利和义务联系的社会关系。

二、教育法律关系的特征

（1）教育法律关系是依据教育法形成的社会关系，是教育法律规范在教育活动中的体现。

（2）教育法律关系是由国家保证执行的强制性社会关系。

（3）教育法律关系的产生以相应的教育法律存在为前提，只有适用教育法律规范调整的教育关系才能转化为教育法律关系。

三、教育法律关系的类型（见表3-3-1）★★★

表3-3-1　教育法律关系的类型

分类依据	类型	内涵
主体之间的关系	隶属型教育法律关系	具有纵向隶属特征的关系，是管理主体与管理对象之间的关系，如教育行政关系

（续表）

分类依据	类型	内涵
主体之间的关系	平权型教育法律关系	两个具有平等法律地位的教育关系主体之间产生的教育法律关系，如教育民事关系
法律规范的职能	调整性教育法律关系	按照调整性教育法律规范所设定的教育关系模式，主体的教育权利能够正常实现的教育法律关系。这种关系的成立以主体的合法行为为基础，不需要运用法律制裁手段，如学生按照规定入学，教师按照教师法允许或要求的限度行使教育职权
	保护性教育法律关系	在教育主体的权利和义务不能正常实现的情况下，通过保护性教育法律规范，采取法律制裁手段而形成的教育法律关系
教育法律关系主体是否完全特定化	绝对教育法律关系	存在特定的权利主体而不存在特定的义务主体的教育法律关系，如任何组织或个人不得侵占、破坏学校的场地、房屋和设备（"一个人对一切人"）
	相对教育法律关系	存在特定的权利主体和特定的义务主体的教育法律关系（"某个人对某个人"）

四、教育法律关系的产生、变更和消灭

考点1　教育法律关系主体权利与义务变化的三种基本情况

1. 教育法律关系的产生

教育法律关系的产生是指教育法律关系主体之间权利、义务关系的确立，如因委托培养合同的签订产生了用人单位与学校以及学生之间的权利和义务关系。

2. 教育法律关系的变更

教育法律关系的变更是指法律关系构成要素的变更，即主体、客体、内容的变更。

主体变更是指主体的增加、减少和改变，如学校与企业间的委托培养学生因原委托企业破产而改变委托方。

客体变更是指法律关系中权利和义务所指向的对象的变更，如学校基建合同的地点、面积的变更。

内容变更是指教育法律关系主体间的权利和义务的改变，如学校之间签订的协作合同，经过协商同意修改某些义务或履行期限和条件等。

3. 教育法律关系的消灭

教育法律关系的消灭是指教育法律关系主体、客体的消灭，主体间权利、义务的终止。例如，学校向某一企业借款而形成了民事法律关系（债权关系），学校为债务人，企业为债权人。届时学校依照合同返还了借款，则与该企业的债权债务民事关系归于消灭。

能够引起教育法律关系产生、变更和消灭的是符合教育法律规范所设定条件的法律事实。按法律事实与个人意志的关系，法律事实可分为事件和行为两种。

典型例题　1.（2023下·判断）A、B两校签订了帮扶合作协议，后经协商修改了其中的履行的条款。这一行为导致了教育法律关系主体的改变。　　　　　　　　　　　　　　　　　（　　　）

【答案】×。

2.（2023上·单选）小华从师范大学毕业后，顺利通过招聘考试，正式成为某中学的一名数学教师。对于该中学来说，这属于教育法律关系的（　　　）。

A. 产生　　　　　　　　B. 延伸　　　　　　　　C. 变更　　　　　　　　D. 消灭

【答案】A。

考点2　教育法律规范、教育法律事实、教育法律关系的关系

（1）教育法律规范是教育法律关系的存在前提，是判定教育法律事实是否成立的依据。

（2）教育法律事实是引起教育法律关系产生、变更或消灭的条件和直接原因。

（3）教育法律关系是教育法律事实出现后的结果，是教育法律规范作用于社会关系的途径和表现。

小 结

1.【常考题型】单选、判断

2.【命题角度】

（1）给出实例，要求区分其属于哪一种类型的教育法律关系，如教育行政机关与学校之间为隶属型教育法律关系，教师与学生之间为平权型教育法律关系。

（2）考查引起教育法律关系发生、变更或消灭的依据。

第二节　教育法律关系的主体、客体与内容

一、教育法律关系的主体 ★★

考点1　教育法律关系的主体的含义和种类

1.教育法律关系的主体的含义

教育法律关系的主体是指教育法律关系的参加者，即在教育法律关系中权利的享有者和义务的承担者。权利的享有者被称为权利主体，义务的承担者被称为义务主体。

2.教育法律关系的主体的种类

（1）自然人。一类是我国公民；另一类是居住在中国境内或在境内活动的外国公民或者无国籍人。

（2）机构和组织（法人）。一类是国家机关；另一类是社会组织，包括政党、企事业单位和社会团体等。

（3）国家。从国际方面讲，教育法律关系的国家主体主要以国际法主体的名义参与国际教育活动、签署国际教育协议等。从国内方面讲，教育法律关系的国家主体主要通过各级权力机关、各级司法机关、各级政府以及教育行政机关等来行使国家教育立法权力、教育司法权力和教育行政权力，从而成为具体教育法律关系的主体。

教育法律关系中最重要的法律主体是学生与教师。

典型例题 1.（2021下·单选）张老师在微信朋友圈分享了自己的一篇教学设计。后来发现，该教学设计被某网站出售营利，于是张老师把该网站负责人告上法庭。关于本案中的教育法律关系，下列说法正确的是（　　）。

A. 张老师和他的教学设计都是教学主体　　B. 张老师和某网站负责人都是主体

C.某网站负责人和张老师的教学设计都是客体　　D. 张老师是主体，某网站负责人是客体

【答案】B。

2.（2022下·判断）一般来说，教师的教学和学生的学习都可以在教育法律关系中成为主体。（　　）

【答案】×。

考点2 教育法律关系的主体的权利能力和行为能力

1.权利能力

权利能力是法律关系主体依法享有权利和承担义务的资格，是法律关系主体实际取得权利和承担义务的前提条件。

自然人的权利能力分为一般权利与特殊权利两种。自然人的一般权利能力与生俱来，始于出生，终于死亡。自然人的特殊权利能力是自然人在特殊条件下具有的法律资格，如只有达到法定的年龄，自然人才有参加选举与被选举的政治权利。

法人的权利能力，一般而言从法人成立时产生，解体时消灭。

2.行为能力

行为能力是指法律关系主体依法能够以自己的行为行使权利和承担义务的能力。在法律上，行为能力必须以权利能力为前提，无权利能力就谈不上行为能力。

行为人是否成年、智力是否正常是有无行为能力的标志。据此，行为能力制度将自然人分为完全行为能力人、限制行为能力人和无行为能力人三类（见表3-3-2）。

表3-3-2 行为能力人的分类

类型	范围	表现
完全行为能力人	十八周岁以上的成年人	可以独立实施民事法律行为
	十六周岁以上的未成年人，以自己劳动收入为主要生活来源的	
限制行为能力人	八周岁以上的未成年人	实施民事法律行为由其法定代理人代理或者经其法定代理人同意、追认；但是，可以独立实施纯获利益的民事法律行为或者与其年龄、智力相适应的民事法律行为
	不能完全辨认自己行为的成年人	
无行为能力人	不满八周岁的未成年人	由其法定代理人代理实施民事法律行为
	不能辨认自己行为的成年人	

法人或其他组织的行为能力分为完全民事行为能力和无民事行为能力两种，与此相对应，法人或其他组织的责任能力分为完全责任能力和无责任能力两种。

典型例题 （2018上·单选）张敏，16周岁，初中毕业，在某餐馆全职打工养活自己，偶尔还给家人生活费。张敏在行为能力上属于（　　）。

A.无行为能力人　　　　B.限制行为能力人　　　　C.准行为能力人　　　　D.完全行为能力人

【答案】D。

二、教育法律关系的客体 ★★★

考点1 教育法律关系的客体的含义

教育法律关系的客体是指教育法律关系主体的权利和义务所指向的对象。教育法律关系的客体是联结教育法律关系主体的权利与义务的桥梁。

考点2 成为教育法律关系的客体的条件

要成为教育法律关系的客体必须同时满足以下条件：①必须是经法律规定许可的，具有合法性；②必须是一种资源,能够满足人们的某种需要,被人们认为具有价值;③必须具有一定的稀缺性,不能被需要这种客体的人无代价地占有;④必须具有可控性,可以被需要这种客体的人从一定目的出发而占有或利用。

考点3　教育法律关系的客体的种类

1. 物

物是指一切可以成为财产权利对象的自然之物和人造之物,即物既可以表现为自然物,如森林、土地、自然资源等,也可以表现为人的劳动创造物,如建筑、机器、各种产品等。物还可以分为动产与不动产两类。动产包括资金和教学仪器设备等;不动产包括土地、房屋和其他建筑设施,如学校的办公、教学、实验用房及其必要的附属建筑物。教育法律意义上的物,既可以表现为国家和集体的财产,也可以表现为公民个人的财产。

2. 行为

行为是指法律关系主体为实现自己的权利和义务所进行的实际活动。它包括作为和不作为,如教师的教育教学行为是作为、义务教育阶段学生的辍学行为是不作为。

3. 精神财富

精神财富包括创作活动的产品和其他与人身相联系的非财产性财富。创作活动的产品也被称作智力成果,在教育领域中主要包括各种教材、著作、教案、教学方法、教具及各种创造发明等在内的成果。其他与人身相联系的非财产性的财富主要指人格利益和身份利益,是人格权和身份权的客体。主要包括公民(如教师、学生和其他个人主体)或组织(如教育行政机关、学校和其他组织)的姓名或名称,以及公民的生命健康、身体、肖像、名誉、身份、隐私等。

〔典型例题〕 (2024上·单选)赵老师指导高三学生张某参加机器人设计大赛,不久后发现,其参赛作品被主办方擅自出售营利。赵老师将主办方告上法庭。关于本案中的教育法律关系,下列说法正确的是(　　)。

A.赵老师与张某都是主体,主办方是客体　　B.赵老师、张某与主办方都是主体

C.赵老师与参赛作品都是主体　　　　　　　D.主办方与参赛作品都是客体

【答案】B。

三、教育法律关系的内容

教育法律关系的内容是指教育法律关系主体依据法律规定所享有的权利与承担的义务。教育法律关系一旦产生,其主体之间就在法律上形成了一种权利和义务的关系。

考点1　权利和义务

权利是指以法律形式规定并加以保障的,权利人应当或者可以享有的利益。权利对权利人来说具有可选择性,权利人可以根据自己的意愿选择享有或者放弃。义务指的是以法律形式规定,义务人应当或者必须履行的法定责任。义务对于义务人来说,具有不可选择性,义务人必须履行,不得放弃。

权利与义务是密不可分的,没有无义务的权利,也没有无权利的义务。从法理学的角度,权利与义务的关系概述为以下几种:①结构相关,是指任何一项教育法律权利的获得都必须有相对应的教育法律义务,二者是互相关联、对立统一的。②数量相当,主要表现在教育法律权利和义务在总量上是大体相等的。如果教育法律权利总量大于义务的总量,有的权利就是虚设的;如果教育法律义务总量大于权利的总量,就会出现特权。③功能互补,是指权利和义务在总体上呈现出相互补充的功能,教育法律权利表征利益,教育法律义务表征负担。在教育法律关系中,主体之间只有在这种教育法律权利和义务的互动关系中,才能

形成良好的教育秩序。④价值从主，教育法律权利和义务在价值选择上并不是绝对平衡的，而是有主要与次要、主导与非主导之分的。

对具体权利主体来说，权利和义务不一定是对等的，有时一个主体享有权利，几个主体承担义务；有时正相反。有时一个主体既是权利的享有者，又是义务的承担者，如适龄儿童、青少年既有接受义务教育的权利，也有履行接受义务教育的义务。

典型例题（2022下·单选）一般来说，任何一项教育法律权利的获得都必须有相对应的教育法律义务，既没有无义务的权利，也没有无权利的义务。这体现了教育权利与义务关系的（　　　）。

A. 结构相关　　　　　　B. 数量相当　　　　　　C. 主客互补　　　　　　D. 价值主从

【答案】A。

考点2　教育权利

1.教育权利的表现形式

教育权利是指教育法律关系主体依法享有的某种权能或利益，通常表现为行为权、要求权和请求权。

行为权是教育法律关系主体为或不为一定行为的权利。例如，家长送适龄子女入学就是一种作为，而家长拒绝学校违反国家规定收取费用的行为，可以视为对其利益维护的不作为。

要求权是教育法律关系主体要求义务人做出或者不做出某种行为的权利。例如，学校有要求义务人停止侵害教育教学正常秩序、维护自己利益的权利，也有要求负有积极义务的义务人做出这种积极行为的权利。

请求权是教育法律关系主体在法律权利受到侵害时申请国家提供保护的权利。例如，教师法规定了教师享有进行教育教学活动的权利，教师享有申诉的权利。

2.最基本的教育权利

教育权利一般可以分为学生的受教育权利、家长的教育权利、国家的教育权利、学校的教育权利和教师的教育权利。其中，学生的受教育权利是最基本的教育权利。

考点3　教育义务

教育义务是与教育权利相对的一个概念，指的是教育法律关系主体依法必须承担和履行的某种责任，表现为教育法律关系的主体必须做出或不做出一定的行为，通常有以下三种形式。

不作为即义务人不为一定的行为。例如，任何组织或个人不得侵占、克扣、挪用义务教育经费，不得扰乱教学秩序，不得侵占、破坏学校的场地、房屋和设备。只要义务人不作为，就履行了该责任。

积极作为即义务人应该按照法律的规定或权利人的要求，做出积极的行为以满足权利人的利益要求。

接受国家强制即义务人不履行义务时，必须接受国家的强制。

小结

【常考题型】单选、判断

【命题角度】

（1）考查哪些是教育法律关系主体，哪些是教育法律关系客体，两个最重要的主体是什么。

（2）考查权利和义务的性质（如权利具有选择性，义务具有不可选择性），权利的表现形式（区分行为权、要求权、请求权）。

第四章 教育法制过程

| 知识结构 |

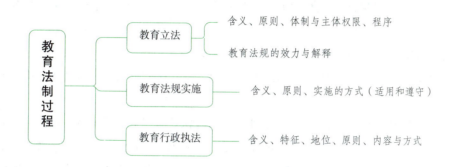

第一节 教育立法

一、教育立法的含义

广义的教育立法泛指一切国家机关或地方政府制定和发布教育法律、教育行政法规、地方性教育法规和教育规章的活动。

狭义的教育立法是指国家立法机关根据法定的程序，制定、修改或废止教育法规的活动。

二、教育立法的原则

1. 社会主义方向性原则

教育立法是一种社会活动，立法的目的是使国家和人民的意志在教育事业发展上能得到充分体现，这是由教育与社会之间的本质联系决定的。

遵循社会主义方向性原则的要求有以下几点：①要考虑社会对教育的要求，满足社会发展对人才的需要；②要处理好社会经济发展与教育发展的关系，为教育发展提供有力的社会保障；③要正确发挥教育发展对社会发展的推动作用，充分发挥教育自身的潜能，发挥教育自身的自主性、积极性，努力培养出更多有益于社会主义现代化建设的德、智、体等方面全面发展的创新型人才。

2. 民主性原则

在教育立法过程中要广泛听取人民的意见和要求，通过各种程序和形式，将人民分散的、零碎的愿望和要求转变为集中的、系统的意愿，拟订法律初稿，形成法律草案，然后再向群众广泛征求意见，进行修改后再提交立法机关审议通过，使人民的意愿上升为法律规范。

3. 实事求是的原则

实事求是的原则就是要求在制定教育法规时必须从教育工作的实际情况出发，从现实国情出发，从社会生产力的发展水平、已有的经济基础出发，从社会发展的客观规律出发，还必须从本国的文化背景、民族心理和公民的普遍素质出发来制定法规。

4.稳定连贯性原则

一方面，教育的发展和社会的发展一样，其过程是连续性的，并呈现一定的阶段性，因此我们制定教育法规就必须遵循稳定连贯性原则。另一方面，我们也要看到，教育法规的这种稳定性是相对的，不是一成不变的。因此，在客观现实发生改变的时候，也应该对法规进行及时的调整。

5.原则性和灵活性相结合的原则

原则性是指教育法规所特有的确定性、规范性、可操作性和国家强制性等。不能体现原则性即丧失了法规的意义和作用，但在制定教育法规时也要体现一定的灵活性。灵活性是实现原则性的具体措施和手段。

6.教育法规内容统一、协调原则

教育法规内容统一、协调原则是指一个国家的全部教育法律之间要相互一致和相互协调，不能相互抵触和相互矛盾。

遵循这项立法原则的要求有以下四个方面：①一切教育法律、法规和规章等规范性文件的制定都必须以《中华人民共和国宪法》和《中华人民共和国教育法》为依据，不得与其规定相抵触。②不同层级之间的教育法文件之间的关系要协调一致。教育法有法律、法规、规章和其他规范性文件等不同层级，下一层级的教育立法不得与上一层级的教育立法相抵触。当下一层级法律文件与上一层级法律文件相抵触时，应当及时修订或者撤销。③同一层级的各种教育法文件之间的关系要协调统一。④同一法律文件内的各项规定要一致，不能相互矛盾。

典型例题（2019下·单选）立法过程中，通过合理的公众参与机制，使人民群众有效地参与立法，充分地表达自己的意愿。这体现了立法应遵循（   ）。

A.民主原则   B.科学原则   C.实事求是原则   D.方向性原则

【答案】A。

三、教育立法体制与主体权限

考点1 教育立法体制

立法体制是指一个国家立法权限如何划分的制度。

全国人民代表大会和全国人民代表大会常务委员会行使国家立法权。表明我国立法体制是一元的。《中华人民共和国立法法》对法律、行政法规、地方性法规、自治条例和单行条例、规章制定的机关、制定权限等做了具体规定。这些规定表明我国立法在一元体制之下，存在中央与地方二级立法主体，同时又存在授权立法、委托立法等由于权力转让过渡而产生的多种立法主体。因此，我国的立法体制是一元二级多层次型的。

考点2 教育立法主体权限

教育立法主体是指享有教育立法权的国家机关。我国的教育立法主体及其权限如下。

（1）全国人民代表大会及其常务委员会行使国家立法权。

（2）国务院有权根据宪法和法律制定行政法规。国务院各部门有权根据法律和行政法规在本部门权限范围内制定规章。

（3）省、自治区、直辖市人民代表大会及其常务委员会，在不同宪法、法律和行政法规相抵触的前提下，有权制定地方性法规，报全国人大常委会和国务院备案。

（4）国务院各部、委员会、中国人民银行、审计署和具有行政管理职能的直属机构，可以根据法律和国务院的行政法规、决定、命令，在本部门的权限范围内，制定规章；省、自治区、直辖市人民政府，可以根据法律、行政法规、国务院各部门的规章和地方性法规制定地方性规章、地方性法规，报省、自治区人大常委会批准后施行。

（5）民族自治地区的人民代表大会有权制定自治条例和单行条例，自治区的自治条例和单行条例，报全国人大常委会批准后生效；自治州、县的自治条例和单行条例，报省或自治区、直辖市的人大常委会批准后生效。

（6）特别行政区除外交和国防事务外，在其他方面享有独立的立法权，不得违背国家宪法，并必须报全国人大常委会备案。备案不影响该法律的生效。

`典型例题`（2023 上·单选）1995 年颁布的《中华人民共和国教育法》在效力方面优于 1993 年颁布的《中华人民共和国教师法》，这主要是因为两者（　　　）。

A. 时间效力不同　　　　B. 空间效力不同　　　　C. 立法主体不同　　　　D. 适用对象不同

【答案】C。

四、教育立法的程序 ★★

教育立法的程序是指国家机关在制定、修改或废止教育法规的活动中，必须履行的法定步骤和手续。具体步骤如下。

1. 法律议案的提出

提出教育立法议案是指依法享有提案权的机关或个人向立法机关提出关于制定、修改和废除某些教育法律的正式提案。教育立法方案一经提出，立法机关就要进入议事日程，进行正式审议和讨论。

2. 法律草案的审议

审议法律草案是指立法机关对已经列入议程的教育法律议案的法律草案的审查、讨论和修改的专门活动。审议时一般要考虑以下几个方面：教育法律规范条件的合理性；权益调整的全面性；教育法律的实效性；规范体系的协调性；语言逻辑的准确性。

3. 法律草案的表决和通过

教育法律草案的表决和通过，是指立法机关对审议、修改完毕的教育法律草案做出是否同意其发生法律效力的决定。它是教育立法程序中具有决定性意义的阶段。

4. 法律的公布

教育法律的公布是指立法机关在法定刊物或报纸上将已经通过的教育法律文本正式公开发布的立法行为。它是教育立法程序的最后一个阶段，是教育立法程序的终结，是法律生效和实施的基础。

五、教育法规的效力与解释 ★★★

考点 1　教育法规的效力

1. 形式效力

教育法规的形式效力是指母法与子法、上位法与下位法的层级效力关系。根据《中华人民共和国立法法》规定的原则，宪法具有最高的法律效力，宪法以下依次是教育基本法、教育单行法、教育行政法规、地方性教育法规和教育行政规章，后者不能与前者相抵触，法律效力也依次降低。

2. 时间效力

教育法规的时间效力是指教育法规生效、终止生效的时间以及有无溯及力。

3. 空间效力

教育法规的空间效力也称地域效力，是指教育法规适用的地域范围。根据我国立法的原则，凡是中央国家机关制定的教育法律、教育行政法规和其他规范性文件，除非有特殊规定，一经公布施行，就在我国的全部领域内发生效力。地方性教育法规只适用于其管辖的行政区域。

4. 对人的效力

教育法规对人的效力是指教育法规规定适用对象的规定。如《中华人民共和国教育法》《中华人民共和国义务教育法》等对所有公民或组织发生效力，而《幼儿园管理条例》《小学管理规程》等教育行政法规适用于某一类学校，《中学生日常行为规范》《小学生守则》只适用于中、小学生等。

【典型例题】（2022下·判断）在我国，凡是中央国家机关制定的教育法律、教育行政法规和其他规范性文件，除非有特殊规定，一经公布施行，就在我国领域内发生效力。（　　）

【答案】√。

考点 2　教育法规的解释

教育法规的解释是指对教育法律规范所做的说明。这种说明要根据一定的标准和原则、按照一定的权限和程序进行，可以对教育法规的字义、目的等进行阐释。根据解释的效力不同，教育法规的解释可以分为正式解释和非正式解释。

1. 正式解释

正式解释也称法定解释，是指特定的国家机关依照宪法和法律所赋予的权力，对法律所做的具有法律效力的解释。正式解释又分为立法解释、行政解释、司法解释和地方解释。

（1）立法解释

立法解释是指国家立法机关对法律所做的解释。根据《中华人民共和国宪法》第六十七条和《中华人民共和国立法法》第四十五条的规定，全国人民代表大会常务委员会有解释宪法的权力。

（2）行政解释

行政解释是指国家行政机关依法对有关的法律、法规、规章如何具体应用的问题所做的解释。国务院及其主管部门有对不属于审判和检察工作中的其他法律如何具体应用的问题进行解释的权力。省、自治区、直辖市人民政府主管部门有对属于地方性法规如何具体应用的问题进行解释的权力。

（3）司法解释

司法解释是指国家的审判机关和国家的检察机关即最高人民法院和最高人民检察院依法对如何具体应用法律法规的问题所做的解释。

（4）地方解释

地方解释是指地方权力机关和国家机关对地方性法律条文进一步明确界限或做补充规定。

2. 非正式解释

非正式解释也称学理解释，是指学术界、社会团体及公民个人对有关法律所做的法理性和学术性的解释。非正式解释在法律上没有约束力、不具有法律效力，但可以帮助人们正确理解和实施法律。

【典型例题】（2021下·单选）下列关于教育法规解释正确的是（　　）。

A. 学术著作中对法律所做的解释，可以作为实施法律的依据

B. 正式解释同被解释的法律一样，都具有普遍的约束力

C. 学理解释没有法律效力，因此这种解释没有意义

D. 正式解释和非正式解释的主体是相同的

【答案】B。

小　结

1.【常考题型】单选、判断

2.【命题角度】

（1）给出例子或关键词，要求判断其体现了教育立法的哪种原则。

（2）考查我国的教育立法程序包括哪几个步骤。

（3）结合法律条文，考查其体现了教育法规的哪一种效力。

（4）考查学理解释有无法律上的约束力。

3.【记忆技巧】

考生可以采用口诀记忆立法程序的四个步骤：提（提出）审（审议）表（表决和通过）公（公布）。

第二节　教育法规实施

一、教育法规实施的含义

教育法规的实施是指教育法律规范在现实生活中的具体运用和实行。教育法规的实施主要体现在两个方面：一方面，它要求一切国家机关、社会组织和个人都要遵守教育法；另一方面，它要求国家行政机关、司法机关及其公职人员严格执行教育法，准确适用教育法，保证法律的实现。

二、教育法规实施的原则

1.教育性原则

在教育法规的实施过程中，应该坚持以教育为主，行政、司法强制为辅，使教育法律关系的主体自觉做到学法、知法、守法。

2.效力性原则

效力性原则是指实施教育法规时，要明确把握各项教育法规的适用范围。它包括教育法规的形式效力、时间效力、空间效力和对人的效力。

3.民主性原则

教育法规实施的民主性体现在以下两个方面：①公开透明。首先，教育法规要向社会公开宣传和解释，实施过程中要接受社会监督。对违反教育法规的人和事的处理，程序要合法，具有一定的透明度，不能搞暗箱操作。②要完善申诉制度、辩护制度和回避制度，使教育法律关系的主体能够充分申诉理由，维护自己的权益，并避免在教育法规实施过程中出现徇私舞弊的情况。

4.平等性原则

教育法规实施的平等性原则具体体现为以下几点：①任何公民都平等地享有教育法律规定的权利；②任何公民都必须平等地履行教育法律规定的义务；③教育为公民提供平等的竞争机会，任何人不得有超越教育法规限定的教育特权；④公民关于教育方面的权益受到侵害时，一律平等地受到法律规范的保护；⑤对公民违反教育法规的行为，必须平等地追究法律责任，依法给予同等的制裁。

三、教育法规实施的方式 ★★

考点1　教育法规的适用

教育法规的适用是指有关国家机关及其工作人员依照法定权限和程序，运用教育法律规范解决具体问题，调整教育法律关系的活动。

教育法规的适用具有以下特点。

（1）教育法规适用的主体是国家机关。教育法规的适用有教育行政执法和教育司法两种形式，只有特定的主体才有权适用教育法规，行使行政执法权和司法权。在我国，各级教育行政机关是教育行政执法的主体，各级法院、检察院是教育司法的主体。任何国家机关工作人员在教育法规适用中都是其所在机关的代表，以国家的名义实施教育法规的活动，但并不表明他们是法律适用的主体。

（2）教育法规的适用是国家机关及其工作人员依法定职权实现法律的专门活动，是一种特殊的国家管理活动形式，它不同于一般公民和社会组织实现法律的活动。

（3）教育法规的适用必须依照法定程序进行。在这方面国家制定颁布了行政复议法、行政诉讼法、民事诉讼法和刑事诉讼法，其中规定了各类法律适用的法定程序。

（4）教育法规的适用以国家名义，采用国家强制力进行，具有很大的强制性。

`典型例题` （2017下·判断）教育法规适用的主体是国家机关及其工作人员、社会团体和公民。（　　）
【答案】×。

考点2　教育法规的遵守

教育法规的遵守也称守法，是指一切国家机关、社会组织和个人自觉地按照教育法规确定的行为规范进行活动，严格地依法办事。按照教育法规的性质和调整方式，教育法规的遵守主要有以下三种形式。

1.禁令的遵守

禁令的遵守是遵守法律规范中的禁止性规范，即要求公民不做教育法所禁止的行为，任何组织和公民都必须履行这些义务，违反了它将受到法律制裁。

2.义务的履行

义务的履行与义务性规范相关，义务性规范要求公民必须做出某种行为，不履行义务也要受到法律制裁。对义务性规范的遵守，需要人们自觉、积极地履行法律规定的义务。

3.权利的享用

权利的享用指对授权性规范的遵守，是教育法规遵守的重要方式之一。公民权利的充分享用非常有利于教育法的贯彻实施。

`典型例题` （2019上·单选）《中华人民共和国教师法》规定，教师要指导学生的学习和发展，评定学生的品行和学业成绩。执行此规定属于教育法律法规实施方式的（　　）。

　A.禁令的遵守　　　　B.义务的履行　　　　C.权利的享用　　　　D.责任的实施

【答案】C。

小结

> **1.【常考题型】**单选、多选、判断
>
> **2.【命题角度】**
>
> （1）考查教育法适用的主体。
>
> （2）结合实例，考查某具体的实施方式属于教育法规遵守的哪一种形式。

第三节 教育行政执法

一、教育行政执法的含义

教育行政执法也称教育执法，是指有关行政机关及其工作人员按照法定职权和程序采取的直接影响公民、社会组织或其他社会力量有关教育的权利和义务，或对其教育权利和义务的行使和履行进行监督的行政行为。教育行政执法的主体主要是教育行政机关。

二、教育行政执法的特征

1. 教育行政执法具有国家意志性

教育行政执法是一种以国家权力机关的执行机关为主体来实施的一种活动。同时，教育法规作为国家法律的一个分支，其所体现的是上升为国家意志的我国人民的共同教育意志。

2. 教育行政执法具有法律性

教育行政执法是一种法律行为，它依法成立后就产生行政法律效果，非依法不得变更或者撤销。教育行政执法也是受法律约束的具体行政行为。

3. 教育行政执法具有强制性

教育行政执法的强制性体现为以国家军队、警察、监狱等暴力机器为后盾。

4. 教育行政执法具有单方权威性

教育行政执法主体可以通过拥有的各种强硬手段来强迫执法对象服从，并不需要考虑其执法对象的个人意愿；反之，其执法对象必须无条件地服从执法主体的约束，使教育行政执法成为一种具有单方权威性的活动。

5. 教育行政执法具有主动性

教育行政执法一般是由行政机关主动作出的，问题一经发现就必须处理，这一点有别于民事法律行为中的"不告不理"原则。

6. 教育行政执法具有执法主体多元性

教育行政执法的主体大致有：教育行政机关，其他国家行政机关，教育行政法律法规授权的组织。

就教育内部来说，其主管机关是教育行政机关。但现代社会中，教育是一种全社会的事业，有些行政措施的执行也不是教育行政部门所拥有的权限。所以其他有关部门，如公安机关、工商管理机关，也是执法主体。教育行政执法的主体具有多元性特征。

典型例题 （2021下·判断）教育行政执法的主体可以是国家有关行政机关及其工作人员，也可以是社会团体和公民。 （ ）

【答案】×。

三、教育行政执法的地位

1. 教育行政执法是国家行政机关的基本职能之一

我国宪法明确规定教育事务由各级行政机关以中央统一领导，地方分级办学、分级管理的形式进行领导管理。教育行政执法实质上也是一种行政机关依照法律规定的权限管理教育事业的活动。因而，教育行政执法是国家行政机关的基本职能之一。从另一个角度看，这也意味着行政机关对此负有相应的行政责任，并且是不可推卸的、必须承担的责任；否则可能构成不作为违法，即渎职或玩忽职守。

2.教育行政执法是教育法规实施的主要方式之一

教育法规的实施方式包括教育法规的适用和教育法规的遵守。教育行政执法是教育法规适用的形式之一。大量的教育违法行为是通过行政机关采取制裁措施，得以规范改正的。而规范改正教育违法行为，又恰恰是教育法律制度实现正常运转的关键环节。教育法律制度是否完善，与教育执法制度是否健全有密切联系。

四、教育行政执法的原则

1.合法性原则

合法性原则是指教育行政执法必须符合有关法律规定。要求做到以下几点。

①教育行政执法必须在法定职权范围内进行，即其执法主体与其所拥有的权限必须符合有关法律规定。

②教育行政执法活动的进行过程必须符合法定的执法程序。

③教育行政执法的内容与手段必须符合有关法律规定。

④教育行政执法主体既然拥有某种职权，就必须使用才合法，否则也构成违法。

2.越权无效原则

越权无效原则是由合法性原则引申而出，并对合法性原则进行反证。越权无效原则是指超越法定职权范围的教育行政执法行为属于无效行为。教育行政执法必须遵循越权无效原则，方可避免重复执法；同时，在一定程度上也可以防止权力滥用。

3.应急性原则

应急性原则是指根据公共利益的需要，在紧急情况下，采取的非法行为可以有效。在诸如战争、流行病变、自然灾害等非正常情况下，维护公共利益的必要性会超过对合法性的要求。应急性原则是合法性原则的一种特殊情况。

4.合理性原则

合理性原则是指在进行教育行政执法时，所采取的措施、手段等在内容上要客观、适度、符合理性。这一原则是针对教育行政执法中存在自由裁量权而提出的。自由裁量权是指教育行政机关在法律规定的范围和幅度内，根据实际情况灵活处理具体事务的权力。

贯彻这一原则要求做到以下几点：①执法行为的动因必须符合立法目的；②执法行为的步骤必须建立在正确考虑的基础上，即要符合客观规律；③执法行为的内容要合乎情理。

5.公开、公正原则

教育行政执法只有做到公开、公正，才便于监督，并能使执法过程成为法制教育过程。

典型例题（2019下·单选）教育局在检查学校工作时，认为学校食堂卫生不合格，要求其停业整改。该校认为，食堂卫生检查没有卫生部门的参与，仅由教育局做出检查结论，检查结果不可信，遂提出申诉。该事件反映出的教育行政执法原则是（   ）。

A.合法性原则   B.越权无效原则

C.合理性原则   D.公开公正原则

【答案】B。

五、教育行政执法的内容与方式

考点1　教育行政执法的内容

教育行政执法的内容概括地说就是有关行政机关依据教育法规进行教育管理活动,直接影响或直接涉及公民个体、社会组织有关教育的权利和义务。它主要分为以下几个方面。

1.推行教育法规实施

依照有关教育法规做出决定,采取措施,直接规范公民个体、学校、教师、社会组织和其他社会力量对有关教育权利的享受和有关教育义务的履行。教育法规主要是通过政府行政部门来贯彻实施的。制定推行教育法规的行政措施,也是教育法规本身系统化、配套化的需要。

2.对遵守教育法规状况进行检查和监督

对遵守教育法规状况进行检查和监督是指通过各种方式对公民个体、社会组织和其他社会力量是否正当行使教育权利和履行教育义务的情况进行监督、检查。根据在监督、检查中掌握的情况和针对监督、检查中所发现的问题提出改进的对策,一方面促使行政机关完善自身的教育行政措施;另一方面,可以将问题反映到国家权力机关,通过权力机关完善教育法规建设。

3.进行教育行政处罚

进行教育行政处罚是指通过行政途径,处理教育法律纠纷,对违反教育法规的行为采取一定的制裁措施。有关行政机关在其管理权限范围内行使制裁权限。

考点2　教育行政执法的方式

针对教育行政执法的不同内容,具体可以采用制定行政措施、组织监督检查、许可与确认(即行政许可)、追究行政责任、奖励等几种方式。

小　结

1.【常考题型】单选、判断

2.【命题角度】

(1)直接考查教育行政执法主体是什么。

(2)考查教育行政执法的特点或原则,尤其是越权无效原则。

第五章　教育法律责任与制裁

知识结构

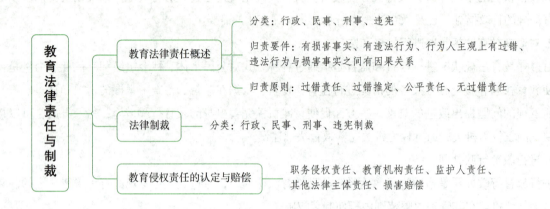

第一节　教育法律责任概述

一、教育法律责任的含义

教育法律责任是指行为人违反教育法律规范的行为所引起的，应当由其依法承担的惩罚性的法律后果。

教育法律责任与其他社会责任相比，具有以下特点。

1.法律规定性

教育法律责任由教育法律规范事先明确规定，具有法律规定性。因而，它使行为人在实施行为之前能够预测自己的行为应当承担的责任，从而对行为人履行法定义务起到督促和警诫作用，保证正常稳定的社会关系。

2.国家强制性

教育法律责任由国家强制力保证实施，具有国家强制性。法律责任具有普遍的约束力，是维护社会正常秩序的有力手段，人人必须遵守，任何违法者不得逃避或拒不承担。

3.专权追究性

法律责任的追究权，可称为法律制裁权，是明确和实施法律责任的一种权利，只能由国家司法机关或国家授权的行政机关来行使，即法律责任具有专权追究性。任何个人或其他组织都无权行使这一职权。一般而言，刑事责任、民事责任由人民法院来追究，行政责任由人民法院来追究或国家授权的行政机关来执行。

4.归责特定性

教育法律责任由违法的教育法律关系主体所承担，即归责的特定性。除法律特别规定的以外，当事人必须是教育法律关系中义务的履行者，因其未履行相关的义务而承担教育法律责任，否则，就不会导致教育法律责任。

典型例题　（2022上·判断）承担教育法律责任的当事人必须是教育法律关系中义务的履行者。

（　　）

【答案】√。

二、教育法律责任的分类 ★★★

考点1　行政法律责任

行政法律责任是指行为人因实施行政违法行为而应承担的法律责任，简称行政责任。行政法律责任的特点表现为以下三个方面。

1.行政责任基于违反行政法律义务而产生

承担行政责任的主体主要包括以下几方面。

（1）行政机关的行政责任

国家的行政机关应依照法定的授权，履行行政管理的职责。国家机关有进行管理的权力，但同时也有保障相对人合法权益的义务。滥用职权和不履行义务将导致承担相应的法律责任。

（2）国家行政机关工作人员的行政责任

国家行政机关工作人员滥用职权和违反职责的行为，表明他们的行为已超出法定的限度，为此他们将承担个人责任。

（3）行政受托人的行政责任

公民和组织受行政机关委托进行一定的行政活动，必须在规定的授权范围内行使权利和承担义务，如果超出这个范围将承担一定的行政责任。

（4）相对人的行政责任

行政机关在依法对相对人进行管理时，相对人应服从行政机关的命令和决定。否则，行政管理机关可以追究其行政责任。

2.行政责任应由国家机关依照相关行政法规定的条件和程序予以追究

追究行政责任的主体具有法定性，人民法院或有关行政机关依法拥有此项权力。

3.追究行政责任主要适用行政程序

追究行政责任主要适用行政程序，如行政复议制度、教师申诉制度等就是适用行政程序的制度。在必要时，可以采用诉讼程序，如行政诉讼。

典型例题　1.（2021下·单选）下列关于教育行政法律责任的说法，错误的是（　　）。

A.教育行政责任应由有关的国家机关依照相关行政法律法规的条件和程序予以追究

B.追究教育行政法律责任主要适用行政程序

C.行政机关是教育行政法律责任的唯一主体

D.国家的行政机关应依照法定的授权，履行行政管理职责

【答案】C。

2.（2018上·单选）根据《国家教育考试违规处理办法》，考试工作人员应回避考试工作却隐瞒不报的，对其应追究的法律责任是（　　）。

A.行政法律责任　　　B.民事法律责任　　　C.刑事法律责任　　　D.违宪责任

【答案】A。

考点 2　民事法律责任

民事法律责任是指由人们实施民事违法行为所导致的赔偿或补偿的法律责任，简称民事责任。民事责任的特点表现为以下几个方面。

（1）民事责任基于民事违法行为而产生。基于民事违法行为而产生的民事责任主要包括违反合同的民事责任和侵权的民事责任。违反合同的民事责任是指合同当事人违反合同的规定而应承担的财产责任。侵权的民事责任是指行为人因侵害他人合法财产权利或人身权利而应承担的财产责任或其他责任。

（2）民事责任主要是财产责任。民法主要是调整平等主体之间的财产关系和人身关系。其中，即使是因人身关系而导致的纠纷，如侵犯姓名权、名誉权等，其承担责任的方式也可以是财产责任。

（3）一定条件下，民事责任可以由当事人协商解决。违法者一般应主动承担责任，拒不履行时，才由受害人请求人民法院裁决。

（4）民事责任既有个人责任，也有连带责任或由相关人负替代责任。

典型例题　（2021上·单选）允许当事人在法律许可范围内协商解决，并具有补偿性的法律责任类型是（　　）。

A. 刑事法律责任　　　B.民事法律责任　　　C. 行政法律责任　　　D. 违宪法律责任

【答案】B。

考点 3　刑事法律责任

刑事法律责任是指由实施刑事违法行为所导致的受刑罚处罚的法律责任，简称刑事责任。刑事责任是一种惩罚最为严厉的法律责任。刑事责任的特点表现为以下三个方面。

（1）承担刑事责任的依据是严重违法行为，即由犯罪行为引起，其社会危害性大。一般的违法行为、不触犯刑法的行为，不承担刑事责任。

（2）认定和追究刑事责任的是审判机关，即只有人民法院按照刑事诉讼程序才能决定行为人是否应承担刑事责任。其他机关没有这项权力。

（3）刑事责任具有可变性。根据犯罪行为和犯罪情节，可以对其加刑或减刑，以加重或减轻刑事责任的程度。

一般说来，在教育活动中需要承担刑事法律责任的情况包括以下几点：①侵占、克扣、挪用教育经费或义务教育经费的；②扰乱学校教学秩序情节严重的；③侵占或者破坏学校校舍、场地和设备情节严重的；④侮辱、殴打教师、学生情节严重的；⑤体罚学生情节严重的；⑥玩忽职守致使校舍倒塌，造成师生伤亡事故情节严重的；⑦在招收学生工作中滥用职权、玩忽职守、徇私舞弊，构成犯罪的；⑧盗用、冒用他人身份，顶替他人取得的入学资格，构成犯罪的；⑨与他人串通，允许他人冒用本人身份，顶替本人取得的入学资格，构成犯罪的；⑩组织、指使盗用或者冒用他人身份，顶替他人取得的入学资格，构成犯罪的。

典型例题　（2022下·判断）15周岁的初中生彭某在课间因小事与同学高某发生争执，彭某一拳击中高某头部，致使高某倒地，送医院不治身亡。此事故中彭某应承担刑事责任。（　　）

【答案】√。

考点 4　违宪责任

教育违宪责任是指行为主体的行为直接违反了宪法规定，侵犯了与教育相关的基本权益所应承担的责任。教育作为宪法确定的公民基本权利之一，与宪法所规定的教育基本制度密切相关。同时，依据宪法和有关教育法的规定，公民对义务教育以外的其他教育具有选择的自由、参与平等竞争的自由，以及教育者具有学术自由等。这些权利的获得，均以宪法为根本来源。因此，教育活动在一定情况下，产生违宪责任也是可能的。

最后需要指出的是，在涉及共同违法的教育案例处置中，行政法律责任、民事法律责任和刑事法律责任往往可能会综合出现。此时，针对案例中各个违法主体所处的不同地位、所做出的不同行为及其主观过错的不同程度，应该分别予以不同的制裁。

三、教育法律责任的归责 ★★

考点1　教育法律责任的归责要件

1. 有损害事实

有损害事实即行为人有侵害教育管理、教学秩序及从事教育教学活动的公民、法人和其他组织的合法权益的客观事实存在。这是构成教育法律责任的前提条件。

违法行为对社会所造成的损害有两种情况：一种是违法行为造成了实际的损害，如体罚学生致学生身体受到伤害；另一种是违法行为虽未实际造成损害，但已存在这种可能性，如有关部门明知学校房屋有倒塌的危险，却拒不拨款维修。

2. 有违法行为

有违法行为即行为人实施了违反法律、法规的行为。

行为的违法性表明必须是一种行为，思想的违法性不承担责任。违法行为可以表现为积极的作为，如考试作弊，殴打、侮辱教师，侵占学校财产；也可以表现为消极的不作为，如不及时维修危房、拖欠教师的工资等。无论是作为还是不作为，行为人只有在造成侵害后果时才承担侵权责任。

3. 行为人主观上有过错

过错是指行为人在实施行为时，具有主观上的故意或过失的心理状态。它是构成教育法律责任的主观要件。

故意的心理状态是指行为人明知自己的行为会发生危害社会的结果，但希望或放任这种结果的发生。例如，招生办公室主任收受贿赂后，有意招收分数低的学生，不招收分数高的学生，致使分数高的学生落榜。

过失的心理状态是指行为人本应避免危害结果发生，但由于疏忽大意或者过于自信而没有避免，以致发生危害结果。例如，教师对学生进行人格侮辱后，学生因不堪忍受而自杀。

4. 违法行为与损害事实之间有因果关系

违法行为与损害事实之间有因果关系，即违法行为是导致损害事实发生的原因，损害事实是违法行为造成的必然结果，二者之间存在着内在的、必然的联系。前者决定后者的发生，后者是前者的必然结果。因果关系是承担法律责任的重要条件之一。

考点2　教育法律责任归责原则

1. 过错责任原则

过错责任是指以过错作为归责的构成要件和归责的最终要件，同时，以过错作为确定行为人责任范围的重要依据。过错责任原则采取"谁主张，谁举证"的原则。

2. 过错推定原则

过错推定也称过失推定，是指如果原告能证明其所受的损害是由被告所致，而被告不能证明自己没有过错，则应推定被告有过错并应承担民事责任。

3.公平责任原则

公平责任是指当事人双方在造成损害时均没有过错的情况下，由人民法院根据公平的原则，来判定当事人对受害人的财产损失给予适当的补偿。

4.无过错责任原则

无过错责任也称无过失责任，是指当损害发生后，当事人无过错也要承担责任的一种法定责任形式，其目的在于补偿受害人所受到的损失。

小 结

1.【常考题型】单选、判断
2.【命题角度】
（1）直接考查教育法律责任的追究权由什么机关行使。
（2）结合实例考查责任主体应承担何种教育法律责任。
（3）直接考查构成教育法律责任的前提条件。

第二节　法律制裁

一、法律制裁的含义

法律制裁是由特定的国家机关依法对违法者所应负的法律责任而实施的强制性制裁。法律制裁由特定的国家机关实施，包括法律授权或委托的机关、组织，其他国家机关、组织或者个人无权实施法律制裁。

二、法律制裁的方式 ★★

考点1 行政制裁

行政制裁是指由特定的国家行政机关或企业事业组织对违反有关行政法规的行为和责任所采取的强制措施。根据处分主体和违法情节的不同，行政制裁可分为行政处分和行政处罚两种方式。

1.行政处分

行政处分是指国家机关、企事业单位对所属的国家工作人员违法失职行为尚不构成犯罪，依据法律、法规所规定的权限而给予的一种惩戒。行政处分种类有警告、记过、记大过、降级、撤职、开除等。

2.行政处罚

行政处罚是指行政机关和其他行政主体依法定职权和程序对违反行政法规尚未构成犯罪的相对人给予行政制裁的具体行政行为。行政处罚可以分为以下几类。

（1）人身罚，是一种对当事人的人身自由加以限制或剥夺的处罚类型，其特点是使违法行为人在短时间失去人身自由，如行政拘留、劳动教养等。人身罚是最严厉的行政处罚。

（2）财产罚，是一种对违法行为人以财产给付义务的处罚类型，其特点是剥夺违法行为人一定的财产权益，如罚款、没收财物等。

（3）声誉罚又称精神罚、申诫罚，是一种给违法行为人以谴责或警戒的处罚类型，其特点是对违法行为人施加精神压力，但并不涉及其实体性权利，如警告、通报批评、取消荣誉称号等。

（4）行为罚又称能力罚，是指行政主体限制或剥夺违法行为人特定的行为能力的制裁形式，如责令停产、停业，暂扣或吊销许可证和营业执照等。

除此之外，还有对国家机关的行政制裁，包括撤销违法决定，撤销违法的行政行为，纠正不当的行政行为，作出行政赔偿等。

典型例题（2023上·单选）下列不属于教育行政处罚的是（　　　）。

A. 教育局对校长进行纪律处分　　　　　　B. 教育局取缔违法举办的学校

C. 教育局撤销张某的教师资格　　　　　　D. 教育局没收教育培训机构的违法所得

【答案】A。

考点2　民事制裁

民事制裁是指对违反民事法律规范，损害他人民事权益而应承担民事责任的人所采取的强制措施。民事制裁的目的在于使当事人受到侵害的利益得到补偿。

依据《中华人民共和国民法典》的规定，民事制裁主要包括停止侵害，排除妨碍，消除危险，返还财产，恢复原状，修理、重作、更换，继续履行，赔偿损失，支付违约金，消除影响、恢复名誉，赔礼道歉等。

考点3　刑事制裁

刑事制裁是指对违反刑事法律规范的犯罪分子依其所应承担的刑事责任而实施的惩罚。刑事制裁旨在预防犯罪。刑事制裁主要通过刑罚的方式进行。刑罚只能由人民法院依法判处，任何其他机关、团体和个人都无权对任何公民适用刑罚。

我国的刑罚分为主刑和附加刑两类。主刑有管制、拘役、有期徒刑、无期徒刑和死刑五种。附加刑有罚金、剥夺政治权利和没收财产三种。附加刑既可附在主刑上适用，也可以独立适用。

考点4　违宪制裁

违宪制裁是指由监督宪法实施的国家机关对违宪行为者依其所应负的违宪责任而实施的惩罚性措施。

小　结

1.【常考题型】单选、判断

2.【命题角度】

（1）结合实例考查行政处罚的具体类型。

（2）考查刑罚的判处机关。

第三节　教育侵权责任的认定与赔偿

一、职务侵权责任

1.学校教师或其他工作人员职务行为侵权

学校教师或者其他工作人员在执行工作任务时造成学生人身伤害，由学校承担无过错的替代责任。受害人向学校主张赔偿，学校予以赔偿后，如果学校教师或者其他工作人员在履行职务中的故意或者重大过失造成的学生伤害事故，可以向有关责任人员追偿。

2.学校教师或者其他工作人员非职务行为侵权

因学校教师或者其他工作人员与其职务无关的个人行为，或者因教师及其他工作人员故意实施的违法犯罪行为，造成学生人身损害的，由加害人依法承担相应的责任。

二、教育机构责任

1.无民事行为能力人受到损害的学校责任

无民事行为能力人在幼儿园、学校或者其他教育机构学习、生活期间受到人身损害的，幼儿园、学校或者其他教育机构应当承担责任，但能够证明尽到教育、管理职责的，不承担责任。此时教育机构承担责任的归责原则是过错推定原则。

2.限制民事行为能力人受到损害的学校责任

限制民事行为能力人在学校或者其他教育机构学习、生活期间受到人身损害，学校或者其他教育机构未尽到教育、管理职责的，应当承担责任。此时教育机构承担责任的归责原则是过错责任原则。

3.第三人伤害学生的责任

无民事行为能力人或者限制民事行为能力人在幼儿园、学校或者其他教育机构学习、生活期间，受到幼儿园、学校或者其他教育机构以外的人员人身损害的，由侵权人承担侵权责任；幼儿园、学校或者其他教育机构未尽到管理职责的，承担相应的补充责任。此时教育机构承担责任的归责原则是过错责任原则，即补充责任承担的前提是教育机构有过错，责任范围以过错为限。

4.教育机构的免责事由

因下列情形之一造成的学生伤害事故，学校已履行了相应职责，行为并无不当的，无法律责任。

（1）地震、雷击、台风、洪水等不可抗的自然因素造成的。

（2）来自学校外部的突发性、偶发性侵害造成的。

（3）学生有特异体质、特定疾病或者异常心理状态，学校不知道或者难于知道的。

（4）学生自杀、自伤的。

（5）在对抗性或者具有风险性的体育竞赛活动中发生意外伤害的。

（6）其他意外因素造成的。

下列情形下发生的造成学生人身损害后果的事故，学校行为并无不当的，不承担事故责任；事故责任应当按有关法律法规或者其他有关规定认定。

（1）在学生自行上学、放学、返校、离校途中发生的。

（2）在学生自行外出或者擅自离校期间发生的。

（3）在放学后、节假日或者假期等学校工作时间以外，学生自行滞留学校或者自行到校发生的。

（4）其他在学校管理职责范围外发生的。

三、监护人责任

监护人责任，是指无民事行为能力人或限制民事行为能力人因自己的行为致人损害，由行为人的父母或其他监护人承担赔偿责任的特殊侵权责任。我国监护人责任的归责原则是无过错责任原则。

无民事行为能力人、限制民事行为能力人造成他人损害的，由监护人承担侵权责任。监护人尽到监护责任的，可以减轻其侵权责任。如果被监护人有财产的，那么应当首先从被监护人的财产中支付赔偿费用，不足的部分再由监护人承担赔偿责任。

四、其他法律主体责任

其他法律关系主体主要指的是除了上述主体以外的其他人，造成侵权的适用过错责任原则。

（1）在幼儿园、学校或者其他教育机构学习、生活期间，幼儿园、学校或者其他教育机构以外的人员造成无民事行为能力人、限制民事行为能力人人身损害的，由侵权人承担侵权责任；幼儿园、学校或者其他教育机构未尽到管理职责的，承担相应的补充责任。

（2）学校安排学生参加活动，因提供场地、设备、交通工具、食品及其他消费与服务的经营者，或者学校以外的活动组织者的过错造成的学生伤害事故，有过错的当事人应当依法承担相应的责任。

五、损害赔偿

教育侵权责任的认定和处理，焦点是赔偿问题，即赔偿责任的大小和赔偿的范围的问题。

赔偿责任的大小，根据过错的大小来确定，过错大的承担主要责任，过错小的承担次要责任。

赔偿的范围主要经济赔偿，但不承担解决户口、住房、就业等与救助受伤害学生、赔偿相应经济损失无直接关系的其他项。学校无责任的，如果有条件，可以根据实际情况，本着自愿和可能的原则，对受伤害学生给予适当的帮助。

典型例题　（2021下·多选）某工程承包商与一所小学签订了翻修操场的协议，操场翻修后，在操场边形成了4米高的土堆，未及时铲走，学校也未做安全提示。某周二中午，三年级（2）班的王某在土堆玩耍时不慎摔下，造成左臂骨折。此事故中承担责任的有（　　　）。

A. 班主任　　　　　　　　　　　B. 王某的监护人

C. 校长　　　　　　　　　　　　D. 工程承包商

E. 学校

【答案】DE。

小　结

1.【常考题型】判断、单选、案例分析

2.【命题角度】

（1）考查不同情形下的归责原则。

（2）结合实例，结合《学生伤害事故处理办法》，考查承担责任的主体。

3.【易错易混】几类特殊伤害事故的归责分析。

学生上课时打闹，致害人要负主要责任；教师看管不严，也是事故原因之一，学校同样要承担一定的责任。

课余时间学生因打闹而受伤，学校无过错的，学校不负责任；但如果学校没有采取措施，或措施不利，学校应承担责任。

由于教师的违法行为造成学生自杀，教师要承担刑事责任。学生考试作弊被抓，学生因羞愧自杀，虽然教师的行为与学生自杀有因果关系，但教师的行为合法，教师和学校都不应承担责任。

第六章 学生和教师的权利及其维护

| 知识结构 |

第一节 学生权利的内容和维护

一、学生权利的主要内容 ★★★

考点1 平等的受教育权

平等的受教育权的核心是受教育者的机会平等。

学生的受教育权是学生在学校各项权利中最重要、最基本的权利，包括受完法定年限教育权、学习权和公正评价权。

①受完法定年限教育权是指年满六周岁的儿童应入学接受义务教育，并要受满法律规定的教育年限，学校和教师不能随意开除学生。

②学习权是指学生在义务教育年限内有权利在校学习。在教育教学过程中，教师不得以任何借口随意侵犯或剥夺学生参加学习活动，诸如听课、写作业的权利。

③公正评价权是指学生在受教育过程中，享有要求教师、学校对自己的学业成绩、道德品质等进行公正的评价，并客观真实地记录在学生档案中，在毕业时获得相应的学业成绩证明和毕业证书的权利。

从我国公民具有的受教育权利来看，我国公民接受九年制义务教育的权利和参与高中以上其他各级各类教育的平等竞争权利是基本权利，而接受高中以上各级各类教育的权利则属于非基本权利。基本权利具有平等的特征，其实现具有普遍性；而非基本权利具有不平等的特征，其实现需要一定前提条件，不具备普遍性。

典型例题 （2020上·判断）从我国公民具有的受教育权利来看，我国公民接受高等教育的权利属于非基本权利。 （　　）

【答案】√。

考点2 人身权

公民的人身权可以分为两种，即人格权和身份权。人格权主要包括姓名权、名誉权、生命权、健康权、肖像权和隐私权等。身份权主要包括亲权、配偶权和亲属权等。以下主要介绍人格权。

①姓名权是自然人依法享有的决定、使用、改变自己姓名并排除他人侵害的权利。

②名誉权是自然人就自己获得的社会评价享有利益并排除他人侵害的权利。

③生命权是法律赋予自然人的以生命维持和生命安全为内容的权利。

④健康权是自然人依法享有的保持其自身及其器官以至身体整体的功能安全为内容的人格权。

⑤肖像权是指自然人对自己的肖像享有再现、使用和排除他人侵害的权利。

⑥隐私权是指自然人有不愿或不便让他人干涉的、与公共利益无关的信息或生活领域不被他人所知的权利。

典型例题（2023下·单选）罗老师在全班范围内批评小吴时，说出了小吴初中曾因严重违纪被处分的事情。罗老师的做法损害了小吴的（ ）。

A.受教育权　　　　B.名誉权　　　　C.隐私权　　　　D.身心健康权

【答案】C。

考点3 财产权利

财产权利是以某种物质利益为内容的权利，是公民享有和行使其他权利的物质基础，也是未成年人重要的基本权利之一。我国的财产权包括物权和债权等。知识产权、财产继承权是两种特殊的财产权。

其中，知识产权是个人或集体对其创造性智力成果享有的专利。未成年人作为公民也可以进行科学研究和文学艺术创作或从事其他文化活动。其创作的文学、艺术、科学作品均可取得著作权、邻接权。这些知识产权除依法包括署名、修改、保持作品完整性等人身权外，还包括获得相应报酬的财产性权利，如发表作品获得稿酬，通过实施专利或许可他人使用专利技术获得报酬，发明、发现获得国家有关部门颁发的奖金等。

二、学生权利的维护

考点1 学生受教育权的维护

受教育权是宪法规定的公民的基本权利。对未成年学生受教育权的保护主要体现在对就学的平等权保护及对未成年学生受教育权侵犯的法律救济保护等方面。

就学的平等权首先体现在对依法接受规定年限的义务教育的未成年学生，必须按照有关规定接纳他们入学，不得以任何理由将他们拒之于校门外。另外，就学的平等权还表现为不分民族、种族、性别、职业、财产状况、宗教信仰等，依法享有平等的受教育机会。这主要体现在对一些弱势群体受教育权的保护上，具体包括以下几个方面：①女子享有与男子同等的受教育权利；②为经济困难的学生提供资助；③为残疾人接受教育提供帮助和便利；④为违法犯罪的未成年人接受教育创造条件等。

对未成年学生受教育权的侵犯，实行法律救济制度。当未成年学生的受教育权受到侵犯时，可以通过行政渠道或司法渠道获得救济。

考点2 学生人身权利的维护

人身权是公民最基本的权利，指公民依法享有的、与特定人身相联系而又不直接具有财产内容的民事权利。国家以法律的形式规定了对未成年学生人身权利特殊保护的手段和途径。以下重点介绍考试中常涉及的几种权利的维护。

1.生命权、健康权的维护

在学校教育中，侵犯学生生命权和健康权的常见表现：体罚或变相体罚、教育教学设施设备不安全及学校、教师的不作为侵权等。

《中华人民共和国义务教育法》第二十九条第二款规定，"教师应当尊重学生的人格，不得歧视学生，不得对学生实施体罚、变相体罚或者其他侮辱人格尊严的行为，不得侵犯学生合法权益"。《中华人民共和国未成年人保护法》第二十七条规定，"学校、幼儿园的教职员工应当尊重未成年人人格尊严，不得对未成年人实施体罚、变相体罚或者其他侮辱人格尊严的行为"。根据《中华人民共和国教师法》第三十七条的规定，教师体罚学生，经教育不改的，其所在学校、其他教育机构或者教育行政部门要给予教师行政处分或者解聘，情节严重，构成犯罪的，依法追究教师的刑事责任。

> **知识拓展**
>
> 体罚是学校教学人员或其他人员对学生实施身体惩罚的行为。对于体罚而言，使学生的身体受到损伤是一个主要特征，因此无论教师是否亲自（亲手）实施惩罚行为，只要学生身体受到损害或产生不适，都可以归为体罚，如打耳光、打手心、扯耳朵、罚跪、罚晒、罚冻等。变相体罚是一种具有隐蔽性、欺骗性的体罚行为，如罚抄作业等。

2.隐私权的维护

未成年学生有不愿或不便让他人干涉的、与公共利益无关的信息或生活领域不被他人所知的权利。教师侵犯学生隐私权的现象时有发生，主要表现为私拆或扣留学生信件，公开宣读或张贴学生信件，私自翻阅学生日记，披露、宣扬学生自身及家庭成员的资料，擅自张贴学生的考试成绩等形式。

《中华人民共和国未成年人保护法》第六十三条规定，"任何组织或者个人不得隐匿、毁弃、非法删除未成年人的信件、日记、电子邮件或者其他网络通讯内容。除下列情形外，任何组织或者个人不得开拆、查阅未成年人的信件、日记、电子邮件或者其他网络通讯内容：（一）无民事行为能力未成年人的父母或者其他监护人代未成年人开拆、查阅；（二）因国家安全或者追查刑事犯罪依法进行检查；（三）紧急情况下为了保护未成年人本人的人身安全"。

3.人格尊严权的维护

学校和教师应当尊重学生尊严，不得对学生实施体罚、变相体罚或其他侮辱人格尊严的行为。侮辱学生人格有两种常见的表现形式：言语侮辱和对学生进行行为上的侮辱性惩罚。《中华人民共和国义务教育法》第二十九条、《中华人民共和国未成年人保护法》第二十七条等法条对此有相关规定。

对未成年学生人身权的保护是多方面的，除了上述提及的几个方面外，在管理和教育学生的过程中，还应注意维护他们的肖像权、名誉权等多种权利。

> **典型例题**（2022下·单选）六年级（1）班的王某和陈某在课间休息时，发生肢体冲突。针对此事，班主任在班会上对二人进行了严厉批评，并指着王某说："你再这样不知收敛，将来会和你爸爸一样走上犯罪道路。"班主任这一做法侵犯了王某的（　　）。
>
> A.荣誉权　　　　　　B.隐私权　　　　　　C.知情权　　　　　　D.健康权
>
> 【答案】B。

考点3　学生财产权的维护

学生的合法财产权受法律保护，教师不得侵占、破坏或非法扣押、没收等。学生对教师侵犯其财产权的行为可依法申诉或提起诉讼。教师侵犯学生财产权的表现形式包括损坏学生财物、非法没收学生物品、乱罚款、乱摊派、推销商品等。

其中，罚款是一种行政处罚，是只有国家行政主管机关及其授权机关和组织才能实施的一种行政处罚行为。我国中小学不是行政机关，国家行政主管机关也没有授权中小学，因此中小学或教师无权实施罚款。

知识拓展

儿童权利公约

1989 年，联合国大会通过了《儿童权利公约》，其核心精神在于确立青少年儿童的社会权利和主体地位。它是第一部有关保障儿童权利且具有法律约束力的国际性约定。

《儿童权利公约》提出的四项基本原则如下。

（1）儿童最大利益原则：涉及儿童的一切行为，必须首先考虑儿童的最大利益，即任何涉及儿童的事件都要以儿童的权利为最重要。

（2）不歧视原则：每一个儿童都平等地享有公约所规定的全部权利，儿童不应因其本人及其父母的种族、肤色、性别、宗教、民族等受到任何歧视。

（3）尊重儿童权利与尊严原则：所有儿童都享有生存和发展的权利，应最大限度地确保儿童的生存和发展。

（4）尊重儿童意见原则：任何涉及儿童的事情，均应听取儿童的意见。

典型例题 （2019 上·单选）某执法部门想到幼儿园找小朋友玲子谈话，了解一下昨天她家邻居放在家门口的包被盗一事，但遭到了园长的拒绝。园长的做法主要体现了《儿童权利公约》中的（　　）。

A. 平等原则　　　　　　　　　　　　B. 不歧视原则

C. 尊重儿童意见原则　　　　　　　　D. 儿童最大利益原则

【答案】D。

小　结

1.【常考题型】判断、单选、案例分析

2.【命题角度】

（1）结合实例考查学生权利的类别。

（2）考查受教育权中的基本权利和非基本权利。

三、学生的义务

学生在享有权利的同时，必然要履行相应的义务。学生的义务是学生依照有关法律、法规的规定，对自身行为的约束和必须履行的责任。《中华人民共和国教育法》规定的学生应尽的义务如下。

（1）遵守法律、法规。

（2）遵守学生行为规范，尊敬师长，养成良好的思想品德和行为习惯。

（3）努力学习，完成规定的学习任务。

（4）遵守所在学校或者其他教育机构的管理制度。

典型例题 （2021 下·判断）8 岁以下的小学生作为无民事行为能力人，只是权利的享有者，无需承担义务。　　　　　　　　　　　　　　　　　　　　　　　　　　　　　　　　（　　　）

【答案】×。

四、学生伤害事故

考点1 学生伤害事故的含义

学生伤害事故指在学校实施的教育教学活动或者学校组织的校外活动中，以及在学校负有管理责任的校舍、场地、其他教育教学设施、生活设施内发生的，造成在校学生人身损害后果的事故。

考点2 学生伤害事故的常见类型及预防

1. 交通事故防范

（1）对学生进行经常性交通安全教育，要求学生遵守交通规则，注意行人车辆，不要在道路上打闹。

（2）加强学校保护工作，非因工作原因，机动车辆不得随意进入学校，更不得在校园内任意行驶，尤其是在课间和放学期间。

2. 爆炸、火灾、燃烧事故防范

（1）严格用电用火管理，禁止学生私自用电用火。

（2）加强实验室易燃易爆物品管理。实验过程应由教师按照实验步骤现场演示，并指导和监管学生进行实验操作，同时与实验无关的器具和化学试剂要远离实验操作台，妥善存放。

（3）在春节等节假日放假前，应提醒学生注意节日燃放烟花爆竹的安全。

（4）学校应加强安全自救的常识教育，并尽可能配置必要的消防设施及安全通道。

3. 中毒事故防范

（1）加强学生食堂卫生管理，随时进行清洁消毒，及时发现问题，采取措施。

（2）对学校食堂从业人员定期进行身体检查，禁止患有传染疾病的人员在食堂工作。

（3）教育学生讲卫生，不乱吃零食，更不食用过期变质食品。

（4）搞好冬季学生宿舍取暖和通风工作，防止煤气中毒，同时提醒学生在家中采用炉火取暖应注意通风良好。

（5）加强实验室有毒有害物品和化学试剂管理，防止有毒有害气体泄漏扩散。

4. 安全隐患事故防范

（1）定期检查和评定教室、宿舍等设施的安全程度和性能，发现安全隐患，及时解决处理。

（2）加强电器管理，杜绝线路裸露现象。

（3）高层建筑窗户的擦洗应由专业清洁人员进行，防止学生从窗户掉下摔伤。

（4）过道围栏应符合安全高度和密度，同时教育学生不要在围栏附近打闹玩耍或攀爬。

（5）不得在教室、走廊、宿舍、操场放置无关的，具有安全隐患的杂物或设置具有安全隐患的设施。

5. 运动伤害事故防范

（1）加强运动器械的管理和维护，定期进行检查和维修，对损毁的器械及时更换。

（2）不使用不合格或有缺陷的运动器械。

（3）对学生运动中不规范或具有危险性的动作和行为要及时提醒和纠正。

6. 学生之间打斗伤害事故防范

（1）加强法制和道德教育，教育学生相互尊重，团结友爱。

（2）教育学生注意课间嬉闹的安全。禁止打架斗殴，同学间出现矛盾后，应及时报告教师或家长，由教师和家长进行批评教育和处理。

7. 拥挤踩踏事故防范

（1）集会、游行和放学期间，要有专人负责秩序，避免发生拥挤踩踏事故。

（2）出现意外事件时，应尽力控制学生情绪，采取适当有效措施，防止学生惊慌混乱，相互拥挤。

（3）放学时或课间休息，发现学生在楼梯、厕所等处打闹，要及时制止，批评教育，予以警醒。

（4）上操时，要注意学生相互间保持合理的距离，防止出现拥挤踩踏的现象。

8. 教师体罚学生事故防范

（1）加强教师法制教育和职业道德教育，依法履行学校对未成年人的保护义务，尊重学生人格，保障学生身心健康发展。

（2）严格禁止教师体罚或变相体罚学生，如发现问题，学校及其主管部门应及时通报，严肃处理。

（3）学生若犯有严重错误，学校或教师应通知学生家长，协助学校批评教育，帮助学生改正，而不得对学生进行打骂或体罚。

9. 组织学生野外活动事故防范

（1）慎重选择合理的适宜学生活动的季节和地点，并周密安排和计划。

（2）在出发前和活动过程中，随时强调安全注意事项。

（3）禁止学生私自离开集体和活动范围。

10. 社会滋扰事故防范

（1）加强门卫值班，禁止校外无关人员进入学校。

（2）关闭和封堵校门以外其他进入学校的通道，并对学校四周围墙随时检查，发现缺口，及时修复。

11. 学生自杀事故防范

加强学生世界观、人生观和价值观的教育，针对学生生理和心理发育特征，随时掌握学生心理和情绪的变化和波动，发现反常情绪和行为的迹象，应与学生进行交流，并及时与家长沟通，保证学生身心健康发展，防止不良后果的产生。

12. 意外事故防范

（1）要求学生及其家长，在学生身体存在某些先天性疾病，也就是特异体质、特定疾病以及异常心理状态的情况下，应当告知学校或教师，学校在教育教学过程中应对这些学生予以适当关照和保护。

（2）发现学生私自离校的情况，学校应及时通知学生家长，以便能够及时发现问题、寻找原因，这也将会对学生意外伤害事故起到一定的防范作用。

考点 3　事故处理程序

1. 通知

发生学生伤害事故，学校应当及时救助受伤害学生，并应当及时告知未成年学生的监护人；有条件的，应当采取紧急救援等方式救助。

2. 报告

发生学生伤害事故，情形严重的，学校应当及时向主管教育行政部门及有关部门报告；属于重大伤亡事故的，教育行政部门应当按照有关规定及时向同级人民政府和上一级教育行政部门报告。

3. 协商或调解

调解是指对于学生伤害事故，学校与受伤害学生或者学生家长可以通过协商方式解决；双方自愿，可以书面请求主管教育行政部门进行调解。成年学生或者未成年学生的监护人也可以依法直接提起诉讼。教育行政部门收到调解申请，认为必要的，可以指定专门人员进行调解，并应当在受理申请之日起 60 日内完成调解。

考点4 事故责任者的处理

发生学生伤害事故，学校负有责任且情节严重的，教育行政部门应当根据有关规定，对学校的直接负责的主管人员和其他直接责任人员，分别给予相应的行政处分；有关责任人的行为触犯刑律的，应当移送司法机关依法追究刑事责任。

第二节　教师权利的内容和维护

一、教师权利的含义

法律上的教师权利是指教师在教育活动中享有的由教育法赋予的权利，是国家对教师在教育活动中可以为或不为一定行为的许可与保障。教师的权利可以分为职业权利和一般权利两类。

职业权利是教师作为教育实施者依据教育法规享有的教育权利及与职业相关的其他权利。

一般权利是教师作为公民依法享有的权利。作为公民，教师享有宪法和其他法规所规定的一切权利，如选举权、被选举权、人身权、财产权等。教师的这些权利不由教育法规规定。

教师的职业权利既包括了与教育教学相关的权利，也包括了与职业相关的一些利益。例如，教师的福利待遇、带薪假期等。由于教师的职业权利是一种公务性质的行为，且涉及学生，因此往往是不能放弃的；而与职业相关的利益，教师则可以根据自己的情况进行选择，也可以放弃。

典型例题（2022下·判断）与一些职业利益相关的职业权利，教师可以根据自己的情况进行选择，也可以放弃。　　　　　　　　　　　　　　　　　　　　　　　　　（　　）

【答案】√。

二、教师职业权利的内容 ★★★

考点1 教育教学权

教师的教育教学权是教师职业权利的核心，是教师最基本的职业权利。根据《中华人民共和国教师法》第七条第一项的规定，教师有进行教育教学活动，开展教育教学改革和实验的权利，任何个人或部门都无权干涉。但是，教师只有依法行使教育教学权，其权利才受法律保护。

考点2 科学研究和学术交流权（学术研究权）

科学研究和学术交流权是教师作为教育教学专业人员所享有的一项基本权利。根据《中华人民共和国教师法》第七条第二项的规定，教师拥有从事科学研究、学术交流，参加专业的学术团体，在学术活动中充分发表意见的权利。

考点3 指导和管理学生权（评价学生权）

指导和管理学生权是与教师在教育教学活动中的主导地位相对应的一项特定权利。根据《中华人民共和国教师法》第七条第三项的规定，教师有指导学生的学习和发展，评定学生的品行和学业成绩的权利。

考点4 获取报酬和相关待遇权（薪资休假权）

获取报酬和相关待遇权是宪法赋予公民的社会经济权利在教师职业范围内的具体体现。根据《中华人民共和国教师法》第七条第四项的规定，教师有按时获取工资报酬，享受国家规定的福利待遇以及寒暑假期的带薪休假的权利。

考点5　民主管理权（参与学校管理权）

民主管理权是公民民主权利在教师这一特定职业下的具体化。根据《中华人民共和国教师法》第七条第五项的规定，教师拥有对学校教育教学、管理工作和教育行政部门的工作提出意见和建议，通过教职工代表大会或者其他形式，参与学校的民主管理的权利。

考点6　进修培训权

进修培训权是教师职业权利中最具代表性的一项。根据《中华人民共和国教师法》第七条第六项的规定，教师有参加进修或者其他方式的培训的权利。

知识拓展

职务作品的著作权归属

职务作品是指员工为完成法人或者其他组织工作任务所创作的作品。员工在职务以外，主动创作的与工作无关的作品，如教师在业余时间创作的小说，不属于职务作品。

我国著作权法将职务作品的著作权归属分为三种情形：①职务作品的产生属于工作需要的，此时著作权属于作者即员工，但是单位在其业务范围内有优先使用权。且作品完成两年内，未经单位同意，作者不得许可第三人以与单位使用的相同方式使用该作品，如教师的讲义。②有些职务作品的创作完成必须以一定的物质技术条件作为帮助，而单位恰恰是物质技术条件的提供者，主要表现为设备、资料、数据、资金甚至人力支持，此时即便智力活动创造者仍是作者，但著作权法将著作权赋予了单位，作者享有署名权和获得报酬权。③著作权属于私权，出于对私人自治的尊重，著作权法允许对职务作品的著作权归属做约定，如果员工和单位就其创作完成的职务作品著作权有约定，可以从约定，如著作权属单位，则作者享有署名权和获得报酬权。

典型例题（2018下·单选）教初中语文的张老师利用休息时间撰写了一部长篇小说《花开》，又根据学校安排和提供的资料，编写了一本记载学校发展历程的纪实文学作品《辉煌》。学校与张老师未对著作权归属进行约定。下列说法不正确的是（　　）。

A.《花开》不属于职务作品

B. 学校享有《花开》和《辉煌》的发表权

C.《辉煌》属于职务作品，张老师享有其著作权

D. 不论《花开》是否发表，张老师均享有著作权

【答案】B。

三、教师权利的维护

考点1　教师教育权利的维护

1. 教师教学权的维护

教学权是教师的基本职业权利。任何单位和个人都不得侵犯教师的这项职业权利。

2. 教师按时、足额获取工资权利的维护

教师按时、足额获取工资的权利是劳动者的权利。侵犯教师按时、足额获取工资权利的同时也构成了对教师财产权的侵犯。

《中华人民共和国教师法》第三十八条规定，"地方人民政府对违反本法规定，拖欠教师工资或者侵犯教师其他合法权益的，应当责令其限期改正。违反国家财政制度、财务制度，挪用国家财政用于教育的经费，严重妨碍教育教学工作，拖欠教师工资，损害教师合法权益的，由上级机关责令限期归还被挪用的经

费，并对直接责任人员给予行政处分；情节严重，构成犯罪的，依法追究刑事责任"。

考点 2　教师人身权利的维护

《中华人民共和国教师法》第三十五条规定，"侮辱、殴打教师的，根据不同情况，分别给予行政处分或者行政处罚；造成损害的，责令赔偿损失；情节严重，构成犯罪的，依法追究刑事责任"。教师人身权利的维护，还涉及教师在学校的安全问题。

四、教师的义务

考点 1　教师义务的含义

教师的义务是教师依照法律规定从事教育教学工作必须履行的责任，表现为教师在教育教学活动中必须做出一定行为或不得做出一定行为的约束。教师的义务有以下几种。

（1）积极义务和消极义务。积极义务是必须做出一定行为的义务，如教师必须贯彻国家的教育方针、遵守规章制度；消极义务是不做出一定行为的义务，如教师不得体罚学生。

（2）绝对义务和相对义务。绝对义务是对一般人承担的义务，如教师不得侵害其他公民的基本权利；相对义务是对特定人承担的义务，如教师与学校签订合同，只对学校承担的义务。

典型例题　1.（2023下·单选）下列属于教师履行积极义务的是（　　）。

A. 按时获取工资报酬

B. 关心、爱护全体学生，尊重学生人格

C. 不得歧视、侮辱学生，严禁虐待、伤害学生

D. 不得在教育教学活动中遇突发事件、面临危险时，不顾学生安危，擅离职守，自行逃离

【答案】B。

2.（2021下·判断）在教育工作中，教师"不得因学生的成绩而体罚学生"属于积极义务。　（　　）

【答案】×。

考点 2　教师义务的内容

（1）遵守宪法、法律和职业道德，为人师表。

（2）贯彻国家的教育方针，遵守规章制度，执行学校的教学计划，履行教师聘约，完成教育教学工作任务。

（3）对学生进行宪法所确定的基本原则的教育和爱国主义、民族团结的教育，法制教育以及思想品德、文化、科学技术教育，组织、带领学生开展有益的社会活动。

（4）关心、爱护全体学生，尊重学生人格，促进学生在品德、智力、体质等方面全面发展。

（5）制止有害于学生的行为或者其他侵犯学生合法权益的行为，批评和抵制有害于学生健康成长的现象。

（6）不断提高思想政治觉悟和教育教学业务水平。

典型例题　（2017下·判断）教师进行学习提升既是权利也是义务。　（　　）

【答案】√。

小　结

1.【常考题型】判断、单选

2.【命题角度】

（1）考查教师职业权利和义务的具体内容。

（2）考查积极义务和消极义务的区别。

第七章　教育法律救济

| 知识结构 |

第一节　教育法律救济概述

一、教育法律救济的含义

教育法律救济是指当教育行政机关或其他国家机关或社会组织在管理过程中侵犯了教育管理活动的相对一方当事人的合法权益，相对一方当事人请求国家有关机关给予法律上的补救。

二、教育法律救济的特征

（1）教育法律救济是宪法公平、正义的立法精神的体现。

（2）纠纷的存在是教育法律救济的基础。

（3）侵权损害事实是实施教育法律救济的前提。

（4）补救受害者的合法权益是教育法律救济的根本目的。

（5）教育法律救济具有权利性。

（6）教育法律救济具有补救与监督双重作用。

`典型例题` （2019下·判断）侵权损害事实的存在是实施法律救济的前提。　　　（　　）

【答案】√。

三、教育法律救济的基本原则

1. 事后救济原则

事后救济原则是指法律救济行为均发生于实体法所规定的权利被侵害之后，换句话说，只有侵害权益的行为发生之后，权利救济才会发生。

2. 主管职权专属原则

主管职权专属原则是指权利救济要求只能向特定的机关提起，即只有特定的机关才有分配社会正义的权力。

3.正当程序原则

正当程序原则是指特定的权力机关在分配正义的过程中，只有遵循法律规定的程序，依据正当程序所做出的分配正义的结果，才具有法律效力，相关的当事人必须遵从，从而才能为受害者提供有效的法律救济。没有依据正当程序做出的决定，当事人有权拒绝。

四、教育法律救济的渠道 ★★

法律救济渠道是指法律关系主体认为其合法权益受到损害时，请求法律救济的途径和方式。从一般意义上讲，教育法律救济的渠道主要有四种，即司法渠道（诉讼渠道）、行政渠道、仲裁渠道和调解渠道，后三种渠道是相对于诉讼渠道而言的，统称为非诉讼渠道。司法渠道、行政渠道是由国家机关运用国家强制力实施的。

考点1　行政渠道

行政渠道主要是指行政申诉、行政复议和行政赔偿。行政渠道是教育法律救济的主要方式，也是一种功能较为完备的救济途径。

1.教育行政申诉

教育行政申诉是指公民在其合法权益受到损害时，向国家机关申诉理由，请求处理或重新处理。在教育领域内，有两类特殊的法律救济制度，分别是教师申诉制度和学生申诉制度。相关内容会在本章第二节做详细介绍。

2.教育行政复议

教育行政复议是指公民、法人或其他组织认为行政机关的具体行政行为侵犯其合法权益，依法向有关行政复议机关提出申请，由行政复议机关对被申请的具体行政行为进行合法性、适当性审查并做出裁决的活动。在教育行政复议中，申请人对行政机关做出的具体行政行为不服，直接申请复议的，该行政机关是被申请人。

3.教育行政赔偿

教育行政赔偿是指国家教育行政机关及其工作人员违法行使职权侵犯了学生、学校或其他教育机构的合法权益并造成损害，依照《中华人民共和国国家赔偿法》或《中华人民共和国行政诉讼法》的规定由国家承担赔偿责任的制度。教育行政赔偿实质上是一种侵权赔偿，其侵权行为源于教育行政机关及其工作人员的违法行政。

考点2　司法渠道（最权威）

1.概念

司法渠道也叫教育行政诉讼，是指教育行政管理相对人认为教育行政机关的具体行政行为侵犯其合法权益，依法向人民法院提起诉讼，请求给予法律救济，并由人民法院对行政行为进行审查和裁决的诉讼救济活动。在司法渠道中，被告只能是被诉具体行政行为的行政机关，若申请人对校长有意见，只能诉讼学校而不是校长，校长不能成为行政诉讼被告。

2.特点

教育行政诉讼的特点包括以下几点：①主管恒定（主管机关只属于人民法院）；②诉权专属（由行政相对人提起）；③标的恒定（法律规定的具体行政行为）；④被告举证（作为被告的行政机关负有举证责任）；⑤不得调解（不得采取调解作为审理程序和结案方式）。

考点3　仲裁渠道

仲裁渠道是根据纠纷双方的意愿由仲裁机构以第三者的身份对当事人双方发生的争议，依据事实做出判断，在权利义务上做出裁决的活动。

考点4　调解渠道

调解渠道是双方或多方当事人发生纠纷后，由人民法院、行政机关、群众调解组织，从中排解疏导，说服当事人互相谅解，在民主协商的基础上解决纠纷的活动。调解有司法调解、行政调解、民间调解三种形式。

典型例题 1.（2024上·判断）在教育法律救济途径中，仲裁是解决纠纷最权威的途径。　　　（　　）

【答案】×。

2.（2021上·单选）教师提出教育行政救济时，不能提出（　　）。

A. 行政申诉　　　　　B. 行政复议　　　　　C. 行政赔偿　　　　　D. 行政诉讼

【答案】D。解析：教育行政救济主要是指行政申诉、行政复议和行政赔偿。行政诉讼属于司法救济。

小　结

1.【常考题型】判断、单选

2.【命题角度】

（1）直接考查实施法律救济的前提。

（2）考查行政渠道包含的具体救济方式。

（3）结合实例，要求分析实例中包含的具体的救济方式。

第二节　教育行政申诉制度

一、教师申诉制度　★★★

考点1　教师申诉制度的含义

教师申诉制度是指教师对学校或其他教育机构及有关政府部门做出的处理不服，或其合法权益受到侵害时，依照《中华人民共和国教师法》的规定，向主管的行政机关申诉理由，请求处理的制度。教师申诉制度是依据1993年颁布的《中华人民共和国教师法》确立的。

《中华人民共和国教师法》第三十九条规定，"教师对学校或者其他教育机构侵犯其合法权益的，或者对学校或者其他教育机构作出的处理不服的，可以向教育行政部门提出申诉，教育行政部门应在接到申诉的三十日内，作出处理。教师认为当地人民政府有关行政部门侵犯其根据本法规定享有的权利的，可以向同级人民政府或者上一级人民政府有关部门申诉，同级人民政府或者上一级人民政府有关部门应当作出处理"。

考点2　教师申诉制度的特征

教师申诉制度具有以下特征：①教师申诉制度是一项法定申诉制度；②教师申诉制度是一项专门性的权利救济制度；③教师申诉制度是非诉讼意义上的行政申诉制度。

考点3　教师申诉的参加人

1. 申诉人

申诉人是指认为其权利受到侵害、有权依据教师法提出申诉的教师本人。

2. 被申诉人

被申诉人是指教师认为侵害其合法权益的学校或其他教育机构及当地人民政府有关行政部门。

3. 受理机关

受理机关是指根据法律规定受理教师申诉的有关行政部门。因被申诉人的不同，教师申诉的受理机关也不尽相同。如果是对学校或其他教育机构提出申诉的，受理的机关是教育行政部门；对当地人民政府的有关行政部门提出申诉，应由同一级人民政府或上一级人民政府有关部门受理；如果当地人民政府是申诉对象，受理机关应是上级人民政府。

考点4　教师申诉的程序

教师申诉制度由申诉提出、受理和处理三个环节组成，并依次序进行。教师应当以书面的形式向受理申诉机关送交申诉书的形式进行申诉。

【典型例题】（2018下·单选）教师向教育行政部门提出申诉，教育行政部门做出处理的时限是在接到申诉后（　　）。

A.60日内　　　　　　　B.30日内　　　　　　　C.20日内　　　　　　　D.15日内

【答案】B。

二、学生申诉制度 ★★★

考点1　学生申诉制度的含义

学生申诉制度是学生在接受教育的过程中，对学校给予的处分不服，或认为学校和教师侵犯了其合法权益而向有关部门提出重新做出处理的制度。

学生申诉制度建立的法律依据是《中华人民共和国教育法》第四十三条中有关学生申诉权的规定。该法条第四项规定，受教育者享有对学校给予的处分不服向有关部门提出申诉，对学校、教师侵犯其人身权、财产权等合法权益，提出申诉或者依法提起诉讼的权利。根据此项规定，学生申诉的范围十分广泛，涉及学生的受教育权、公正评价权、隐私权、名誉权及其他人身权和财产权受到学校或教师侵犯的情形。

【典型例题】（2022下·判断）上课时刘老师没收了明明的小风扇，之后明明多次找刘老师要回，但刘老师一直不归还。针对此事，明明可以向有关部门提出申诉。　　　　　　　　　　　　　　　　　（　　）

【答案】√。

考点2　学生申诉制度的特征

学生申诉制度具有以下特征：①学生申诉制度是受《中华人民共和国教育法》保护的法定的申诉制度，不同于其他意义上的申诉制度；②学生申诉制度是特定的权利救济制度。

考点3　学生申诉制度的参加人

1. 申诉人

申诉人主要包括合法权益受到侵害的学生本人及其监护人。

2. 被申诉人

被申诉人一般包括学生所在的学校或者其他教育机构、教师及学校工作人员。

3. 受理机关

学生申诉应当先向所在学校申诉处理委员会提出，对学校申诉处理委员会的复查决定有异议，再向学校所在地的教育行政部门申诉。

考点4　学生申诉制度的程序

学生申诉的一般步骤为提出申诉、等待主管机关受理审查、听取对申诉的处理结果。学生申诉可以口头或书面形式提出。

典型例题 1.（2023下·单选）高中学生张某由于考试夹带纸条被监考的焦老师发现，焦老师记下张某的名字并上报给学校政教处，政教处给予张某记过处分。张某认为学校的处分过重，提出申诉。张某申诉的对象应是（　　）。

A. 学校　　　　　　　　　　　　　　B. 学校政教处

C. 学校校长　　　　　　　　　　　　D. 焦老师

【答案】A。

2.（2023上·判断）学生申诉和教师申诉的程序都包括申诉提出、申诉受理和申诉处理。　　　（　　）

【答案】√。

小　结

1.【常考题型】判断、单选

2.【命题角度】

（1）考查教师申诉的具体条件。

（2）考查教师申诉的处理时限，即接到申诉的30日内。

（3）结合实例，考查申诉制度中的申诉人、被申诉人和受理机关。

3.【易错易混】教师申诉必须使用书面形式，学生申诉可以采用书面形式或口头形式。

第八章　教育法律法规及教育时政热点

知识结构

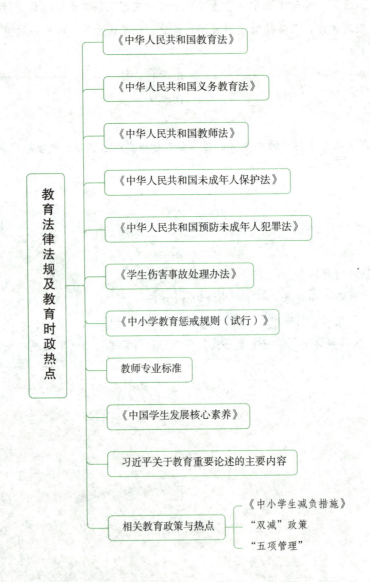

教育法律法规及教育时政热点
- 《中华人民共和国教育法》
- 《中华人民共和国义务教育法》
- 《中华人民共和国教师法》
- 《中华人民共和国未成年人保护法》
- 《中华人民共和国预防未成年人犯罪法》
- 《学生伤害事故处理办法》
- 《中小学教育惩戒规则（试行）》
- 教师专业标准
- 《中国学生发展核心素养》
- 习近平关于教育重要论述的主要内容
- 相关教育政策与热点
  - 《中小学生减负措施》
  - "双减"政策
  - "五项管理"

第一节　《中华人民共和国教育法》

（1995 年 3 月 18 日第八届全国人民代表大会第三次会议通过，根据 2009 年 8 月 27 日第十一届全国人民代表大会常务委员会第十次会议《关于修改部分法律的决定》第一次修正，根据 2015 年 12 月 27 日第十二届全国人民代表大会常务委员会第十八次会议《关于修改〈中华人民共和国教育法〉的决定》第二次修正，根据 2021 年 4 月 29 日第十三届全国人民代表大会常务委员会第二十八次会议《关于修改〈中华人

民共和国教育法〉的决定》修改）

第一章 总则

第一条 【立法宗旨】为了发展教育事业，提高全民族的素质，促进社会主义物质文明和精神文明建设，根据宪法，制定本法。

第二条 【适用范围】在中华人民共和国境内的各级各类教育，适用本法。

第三条 【指导思想】国家坚持中国共产党的领导，坚持以马克思列宁主义、毛泽东思想、邓小平理论、"三个代表"重要思想、科学发展观、习近平新时代中国特色社会主义思想为指导，遵循宪法确定的基本原则，发展社会主义的教育事业。

第四条 【教育的地位】教育是社会主义现代化建设的基础，对提高人民综合素质、促进人的全面发展、增强中华民族创新创造活力、实现中华民族伟大复兴具有决定性意义，国家保障教育事业优先发展。

全社会应当关心和支持教育事业的发展。

全社会应当尊重教师。

第五条 【教育的任务】教育必须为社会主义现代化建设服务、为人民服务，必须与生产劳动和社会实践相结合，培养德智体美劳全面发展的社会主义建设者和接班人。

第六条 【教育的基本内容】教育应当坚持立德树人，对受教育者加强社会主义核心价值观教育，增强受教育者的社会责任感、创新精神和实践能力。

国家在受教育者中进行爱国主义、集体主义、中国特色社会主义的教育，进行理想、道德、纪律、法治、国防和民族团结的教育。

第七条 【教育的文化内涵】教育应当继承和弘扬中华优秀传统文化、革命文化、社会主义先进文化，吸收人类文明发展的一切优秀成果。

第八条 【教育与国家利益】教育活动必须符合国家和社会公共利益。

国家实行教育与宗教相分离。任何组织和个人不得利用宗教进行妨碍国家教育制度的活动。

第九条 【公民的教育权利与义务】中华人民共和国公民有受教育的权利和义务。

公民不分民族、种族、性别、职业、财产状况、宗教信仰等，依法享有平等的受教育机会。

第十条 【特殊地区与人群帮扶教育】国家根据各少数民族的特点和需要，帮助各少数民族地区发展教育事业。

国家扶持边远贫困地区发展教育事业。

国家扶持和发展残疾人教育事业。

第十一条 【教育改革与发展】国家适应社会主义市场经济发展和社会进步的需要，推进教育改革，推动各级各类教育协调发展、衔接融通，完善现代国民教育体系，健全终身教育体系，提高教育现代化水平。

国家采取措施促进教育公平，推动教育均衡发展。

国家支持、鼓励和组织教育科学研究，推广教育科学研究成果，促进教育质量提高。

第十二条 【语言文字】国家通用语言文字为学校及其他教育机构的基本教育教学语言文字，学校及其他教育机构应当使用国家通用语言文字进行教育教学。

民族自治地方以少数民族学生为主的学校及其他教育机构，从实际出发，使用国家通用语言文字和本民族或者当地民族通用的语言文字实施双语教育。

国家采取措施，为少数民族学生为主的学校及其他教育机构实施双语教育提供条件和支持。

第十三条　【奖励制度】国家对发展教育事业做出突出贡献的组织和个人，给予奖励。

第十四条　【管理体制】国务院和地方各级人民政府根据分级管理、分工负责的原则，领导和管理教育工作。

中等及中等以下教育在国务院领导下，由地方人民政府管理。

高等教育由国务院和省、自治区、直辖市人民政府管理。

第十五条　【教育行政部门】国务院教育行政部门主管全国教育工作，统筹规划、协调管理全国的教育事业。

县级以上地方各级人民政府教育行政部门主管本行政区域内的教育工作。

县级以上各级人民政府其他有关部门在各自的职责范围内，负责有关的教育工作。

第十六条　【教育监督】国务院和县级以上地方各级人民政府应当向本级人民代表大会或者其常务委员会报告教育工作和教育经费预算、决算情况，接受监督。

`典型例题`　1.（2023上·判断）国家通用语言文字为学校及其他教育机构的基本教育教学语言文字。
（　　）

【答案】√。

2.（2022下·多选）新修订的《中华人民共和国教育法》于2021年4月30日起施行，其中第七条明确要求教育应当继承和弘扬（　　）。

A.革命文化　　　　　　　　　　B.中华优秀传统文化

C.社会主义先进文化　　　　　　D.世界各国先进文化

E.共产主义先进文化

【答案】ABC。

第二章　教育基本制度

第十七条　【学校教育制度】国家实行学前教育、初等教育、中等教育、高等教育的学校教育制度。

国家建立科学的学制系统。学制系统内的学校和其他教育机构的设置、教育形式、修业年限、招生对象、培养目标等，由国务院或者由国务院授权教育行政部门规定。

第十八条　【学前教育】国家制定学前教育标准，加快普及学前教育，构建覆盖城乡，特别是农村的学前教育公共服务体系。

各级人民政府应当采取措施，为适龄儿童接受学前教育提供条件和支持。

第十九条　【义务教育】国家实行九年制义务教育制度。

各级人民政府采取各种措施保障适龄儿童、少年就学。

适龄儿童、少年的父母或者其他监护人以及有关社会组织和个人有义务使适龄儿童、少年接受并完成规定年限的义务教育。

第二十条　【职业教育和成人教育】国家实行职业教育制度和继续教育制度。

各级人民政府、有关行政部门和行业组织以及企业事业组织应当采取措施，发展并保障公民接受职业学校教育或者各种形式的职业培训。

国家鼓励发展多种形式的继续教育，使公民接受适当形式的政治、经济、文化、科学、技术、业务等方面的教育，促进不同类型学习成果的互认和衔接，推动全民终身学习。

第二十一条　【考试制度】国家实行国家教育考试制度。

国家教育考试由国务院教育行政部门确定种类，并由国家批准的实施教育考试的机构承办。

第二十二条 【**学业证书制度**】国家实行学业证书制度。

经国家批准设立或者认可的学校及其他教育机构按照国家有关规定，颁发学历证书或者其他学业证书。

第二十三条 【**学位制度**】国家实行学位制度。

学位授予单位依法对达到一定学术水平或者专业技术水平的人员授予相应的学位，颁发学位证书。

第二十四条 【**扫除文盲工作**】各级人民政府、基层群众性自治组织和企业事业组织应当采取各种措施，开展扫除文盲的教育工作。

按照国家规定具有接受扫除文盲教育能力的公民，应当接受扫除文盲的教育。

第二十五条 【**教育督导与评估制度**】国家实行教育督导制度和学校及其他教育机构教育评估制度。

第三章　学校及其他教育机构

第二十六条 【**教育机构**】国家制定教育发展规划，并举办学校及其他教育机构。

国家鼓励企业事业组织、社会团体、其他社会组织及公民个人依法举办学校及其他教育机构。

国家举办学校及其他教育机构，应当坚持勤俭节约的原则。

以财政性经费、捐赠资产举办或者参与举办的学校及其他教育机构不得设立为营利性组织。

第二十七条 【**办学条件**】设立学校及其他教育机构，必须具备下列基本条件：

（一）有组织机构和章程；

（二）有合格的教师；

（三）有符合规定标准的教学场所及设施、设备等；

（四）有必备的办学资金和稳定的经费来源。

第二十八条 【**办学程序**】学校及其他教育机构的设立、变更和终止，应当按照国家有关规定办理审核、批准、注册或者备案手续。

第二十九条 【**教育机构的权利**】学校及其他教育机构行使下列权利：

（一）按照章程自主管理；

（二）组织实施教育教学活动；

（三）招收学生或者其他受教育者；

（四）对受教育者进行学籍管理，实施奖励或者处分；

（五）对受教育者颁发相应的学业证书；

（六）聘任教师及其他职工，实施奖励或者处分；

（七）管理、使用本单位的设施和经费；

（八）拒绝任何组织和个人对教育教学活动的非法干涉；

（九）法律、法规规定的其他权利。

国家保护学校及其他教育机构的合法权益不受侵犯。

知识拓展

学校的自由裁量权

学校是专门从事教育教学活动的场所。为了使其积极主动地达成教育目标，法律需要赋予它相当多的自由裁量权，即学校对很多事务享有自由判断并作出决定的权力。学校在制定有关规章制度时，可以根据自己对这些问题的理解和判断作出规定，一般不涉及违法的问题。据此，校规作为学校制定的内部规则，对其内部成员（如教师和学生）也就具有了法定约束力。

典型例题（2023下·判断）学校制定的校规对本校学生具有法定约束力。　　　　　（　　）

【答案】√。

第三十条　【教育机构的义务】 学校及其他教育机构应当履行下列义务：

（一）遵守法律、法规；

（二）贯彻国家的教育方针，执行国家教育教学标准，保证教育教学质量；

（三）维护受教育者、教师及其他职工的合法权益；

（四）以适当方式为受教育者及其监护人了解受教育者的学业成绩及其他有关情况提供便利；

（五）遵照国家有关规定收取费用并公开收费项目；

（六）依法接受监督。

第三十一条　【教育机构的管理体制】 学校及其他教育机构的举办者按照国家有关规定，确定其所举办的学校或者其他教育机构的管理体制。

学校及其他教育机构的校长或者主要行政负责人必须由具有中华人民共和国国籍、在中国境内定居、并具备国家规定任职条件的公民担任，其任免按照国家有关规定办理。学校的教学及其他行政管理，由校长负责。

学校及其他教育机构应当按照国家有关规定，通过以教师为主体的教职工代表大会等组织形式，保障教职工参与民主管理和监督。

第三十二条　【教育机构的法人条件】 学校及其他教育机构具备法人条件的，自批准设立或者登记注册之日起取得法人资格。

学校及其他教育机构在民事活动中依法享有民事权利，承担民事责任。

学校及其他教育机构中的国有资产属于国家所有。

学校及其他教育机构兴办的校办产业独立承担民事责任。

第四章　教师和其他教育工作者

第三十三条　【教师权利和义务】 教师享有法律规定的权利，履行法律规定的义务，忠诚于人民的教育事业。

第三十四条　【教师待遇】 国家保护教师的合法权益，改善教师的工作条件和生活条件，提高教师的社会地位。

教师的工资报酬、福利待遇，依照法律、法规的规定办理。

第三十五条　【教师队伍建设】 国家实行教师资格、职务、聘任制度，通过考核、奖励、培养和培训，提高教师素质，加强教师队伍建设。

第三十六条　【员工制度】 学校及其他教育机构中的管理人员，实行教育职员制度。

学校及其他教育机构中的教学辅助人员和其他专业技术人员，实行专业技术职务聘任制度。

第五章　受教育者

第三十七条　【受教育者的平等权】 受教育者在入学、升学、就业等方面依法享有平等权利。

学校和有关行政部门应当按照国家有关规定，保障女子在入学、升学、就业、授予学位、派出留学等方面享有同男子平等的权利。

第三十八条　【教育资助】 国家、社会对符合入学条件、家庭经济困难的儿童、少年、青年，提供各种形式的资助。

　　第三十九条　【特殊人群】国家、社会、学校及其他教育机构应当根据残疾人身心特性和需要实施教育，并为其提供帮助和便利。

　　第四十条　【违法犯罪的未成年人】国家、社会、家庭、学校及其他教育机构应当为有违法犯罪行为的未成年人接受教育创造条件。

　　第四十一条　【继续教育】从业人员有依法接受职业培训和继续教育的权利和义务。

　　国家机关、企业事业组织和其他社会组织，应当为本单位职工的学习和培训提供条件和便利。

　　第四十二条　【终身教育】国家鼓励学校及其他教育机构、社会组织采取措施，为公民接受终身教育创造条件。

　　第四十三条　【受教育者的权利】受教育者享有下列权利：

　　（一）参加教育教学计划安排的各种活动，使用教育教学设施、设备、图书资料；

　　（二）按照国家有关规定获得奖学金、贷学金、助学金；

　　（三）在学业成绩和品行上获得公正评价，完成规定的学业后获得相应的学业证书、学位证书；

　　（四）对学校给予的处分不服向有关部门提出申诉，对学校、教师侵犯其人身权、财产权等合法权益，提出申诉或者依法提起诉讼；

　　（五）法律、法规规定的其他权利。

　　第四十四条　【受教育者的义务】受教育者应当履行下列义务：

　　（一）遵守法律、法规；

　　（二）遵守学生行为规范，尊敬师长，养成良好的思想品德和行为习惯；

　　（三）努力学习，完成规定的学习任务；

　　（四）遵守所在学校或者其他教育机构的管理制度。

　　第四十五条　【身心健康保护】教育、体育、卫生行政部门和学校及其他教育机构应当完善体育、卫生保健设施，保护学生的身心健康。

　　`典型例题`（2023上·判断）受教育者在入学、升学、就业等方面依法享有平等权利。　　　　（　　）

　　【答案】√。

第六章　教育与社会

　　第四十六条　【社会环境】国家机关、军队、企业事业组织、社会团体及其他社会组织和个人，应当依法为儿童、少年、青年学生的身心健康成长创造良好的社会环境。

　　第四十七条　【社会参与】国家鼓励企业事业组织、社会团体及其他社会组织同高等学校、中等职业学校在教学、科研、技术开发和推广等方面进行多种形式的合作。

　　企业事业组织、社会团体及其他社会组织和个人，可以通过适当形式，支持学校的建设，参与学校管理。

　　第四十八条　【社会实践活动】国家机关、军队、企业事业组织及其他社会组织应当为学校组织的学生实习、社会实践活动提供帮助和便利。

　　第四十九条　【社会公益活动】学校及其他教育机构在不影响正常教育教学活动的前提下，应当积极参加当地的社会公益活动。

　　第五十条　【家庭教育】未成年人的父母或者其他监护人应当为其未成年子女或者其他被监护人受教育提供必要条件。

　　未成年人的父母或者其他监护人应当配合学校及其他教育机构，对其未成年子女或者其他被监护人进行教育。

学校、教师可以对学生家长提供家庭教育指导。

典型例题 （2023下·多选）文文是一名五年级的学生，父母离异后，文文的抚养权归属其父亲。最近一个月以来，文文上课总睡觉，当堂作业也多次未完成，极度不配合教师教学。班会课上，班主任发现文文偷玩手机，便当场将其手机收走，代为保管。随后班主任联系其父亲告知此事并要求他到校沟通情况。文文父亲拒绝到校，并称"我工作太忙了没空来，我也管不了他"。根据上述案例，下列说法正确的有（　　　）。

A. 文文父亲的行为违反了《中华人民共和国教育法》的规定

B. 学校可以对文文父母提供家庭教育方面的指导

C. 文文未能够履行受教育者的基本义务

D. 班主任收走手机侵犯了文文的财产权

E. 文文的母亲对文文没有教育义务

【答案】ABC。

第五十一条 【文化机构的教育】图书馆、博物馆、科技馆、文化馆、美术馆、体育馆（场）等社会公共文化体育设施，以及历史文化古迹和革命纪念馆（地），应当对教师、学生实行优待，为受教育者接受教育提供便利。

广播、电视台（站）应当开设教育节目，促进受教育者思想品德、文化和科学技术素质的提高。

第五十二条 【校外教育】国家、社会建立和发展对未成年人进行校外教育的设施。

学校及其他教育机构应当同基层群众性自治组织、企业事业组织、社会团体相互配合，加强对未成年人的校外教育工作。

第五十三条 【社会文化教育活动】国家鼓励社会团体、社会文化机构及其他社会组织和个人开展有益于受教育者身心健康的社会文化教育活动。

第七章　教育投入与条件保障

第五十四条 【教育经费体制】国家建立以财政拨款为主、其他多种渠道筹措教育经费为辅的体制，逐步增加对教育的投入，保证国家举办的学校教育经费的稳定来源。

企业事业组织、社会团体及其他社会组织和个人依法举办的学校及其他教育机构，办学经费由举办者负责筹措，各级人民政府可以给予适当支持。

第五十五条 【教育经费所占比例】国家财政性教育经费支出占国民生产总值的比例应当随着国民经济的发展和财政收入的增长逐步提高。具体比例和实施步骤由国务院规定。

全国各级财政支出总额中教育经费所占比例应当随着国民经济的发展逐步提高。

第五十六条 【经费使用】各级人民政府的教育经费支出，按照事权和财权相统一的原则，在财政预算中单独列项。

各级人民政府教育财政拨款的增长应当高于财政经常性收入的增长，并使按在校学生人数平均的教育费用逐步增长，保证教师工资和学生人均公用经费逐步增长。

第五十七条 【专项资金】国务院及县级以上地方各级人民政府应当设立教育专项资金，重点扶持边远贫困地区、少数民族地区实施义务教育。

第五十八条 【税收】税务机关依法足额征收教育费附加，由教育行政部门统筹管理，主要用于实施义务教育。

省、自治区、直辖市人民政府根据国务院的有关规定，可以决定开征用于教育的地方附加费，专款专用。

第五十九条 【优惠措施】国家采取优惠措施，鼓励和扶持学校在不影响正常教育教学的前提下开展勤工俭学和社会服务，兴办校办产业。

第六十条 【捐资助学】国家鼓励境内、境外社会组织和个人捐资助学。

第六十一条 【经费使用】国家财政性教育经费、社会组织和个人对教育的捐赠，必须用于教育，不得挪用、克扣。

第六十二条 【金融信贷】国家鼓励运用金融、信贷手段，支持教育事业的发展。

第六十三条 【教育经费管理】各级人民政府及其教育行政部门应当加强对学校及其他教育机构教育经费的监督管理，提高教育投资效益。

第六十四条 【教育建设保障】地方各级人民政府及其有关行政部门必须把学校的基本建设纳入城乡建设规划，统筹安排学校的基本建设用地及所需物资，按照国家有关规定实行优先、优惠政策。

第六十五条 【教育用品保障】各级人民政府对教科书及教学用图书资料的出版发行，对教学仪器、设备的生产和供应，对用于学校教育教学和科学研究的图书资料、教学仪器、设备的进口，按照国家有关规定实行优先、优惠政策。

第六十六条 【教育信息化保障】国家推进教育信息化，加快教育信息基础设施建设，利用信息技术促进优质教育资源普及共享，提高教育教学水平和教育管理水平。

县级以上人民政府及其有关部门应当发展教育信息技术和其他现代化教学方式，有关行政部门应当优先安排，给予扶持。

国家鼓励学校及其他教育机构推广运用现代化教学方式。

典型例题 （2023下·单选）根据《中华人民共和国教育法》中关于教育经费的规定，下列说法正确的是（ ）。

A.各级人民政府的教育经费支出，按照事权和财权相统一的原则，在财政预算中单独列项

B.县级人民政府根据国务院的有关规定，可以决定开征用于教育的地方附加费，专款专用

C.为了重点扶持边远贫困地区、少数民族地区实施义务教育，应由国务院设立教育专项资金

D.各级人民政府教育财政拨款的增长应当不高于财政经常性收入的增长

【答案】A。

第八章 教育对外交流与合作

第六十七条 【教育合作】国家鼓励开展教育对外交流与合作，支持学校及其他教育机构引进优质教育资源，依法开展中外合作办学，发展国际教育服务，培养国际化人才。

教育对外交流与合作坚持独立自主、平等互利、相互尊重的原则，不得违反中国法律，不得损害国家主权、安全和社会公共利益。

第六十八条 【出国教育】中国境内公民出国留学、研究、进行学术交流或者任教，依照国家有关规定办理。

第六十九条 【入境教育】中国境外个人符合国家规定的条件并办理有关手续后，可以进入中国境内学校及其他教育机构学习、研究、进行学术交流或者任教，其合法权益受国家保护。

第七十条 【学历认证】中国对境外教育机构颁发的学位证书、学历证书及其他学业证书的承认，依照中华人民共和国缔结或者加入的国际条约办理，或者按照国家有关规定办理。

第九章 法律责任

第七十一条 【教育经费问题的法律责任】违反国家有关规定，不按照预算核拨教育经费的，由同级人民政府限期核拨；情节严重的，对直接负责的主管人员和其他直接责任人员，依法给予处分。

违反国家财政制度、财务制度，挪用、克扣教育经费的，由上级机关责令限期归还被挪用、克扣的经费，并对直接负责的主管人员和其他直接责任人员，依法给予处分；构成犯罪的，依法追究刑事责任。

第七十二条 【教学秩序、教育财产问题的法律责任】结伙斗殴、寻衅滋事，扰乱学校及其他教育机构教育教学秩序或者破坏校舍、场地及其他财产的，由公安机关给予治安管理处罚；构成犯罪的，依法追究刑事责任。

侵占学校及其他教育机构的校舍、场地及其他财产的，依法承担民事责任。

> **典型例题**（2024上·判断）某中学为了维护学校教学秩序，成立了"护校队"。某日，几名社会青年在校门口无端闹事，护校队员一拥而上将他们制服，随后将其关押在一间房里直至学生放学。该校的做法合法，维护了学校正常的教学秩序。   （ ）
> 【答案】×。

第七十三条 【教学设施问题的法律责任】明知校舍或者教育教学设施有危险，而不采取措施，造成人员伤亡或者重大财产损失的，对直接负责的主管人员和其他直接责任人员，依法追究刑事责任。

第七十四条 【收取教育机构费用问题的法律责任】违反国家有关规定，向学校或者其他教育机构收取费用的，由政府责令退还所收费用；对直接负责的主管人员和其他直接责任人员，依法给予处分。

第七十五条 【举办教育机构问题的法律责任】违反国家有关规定，举办学校或者其他教育机构的，由教育行政部门或者其他有关行政部门予以撤销；有违法所得的，没收违法所得；对直接负责的主管人员和其他直接责任人员，依法给予处分。

第七十六条 【招收学生问题的法律责任】学校或者其他教育机构违反国家有关规定招收学生的，由教育行政部门或者其他有关行政部门责令退回招收的学生，退还所收费用；对学校、其他教育机构给予警告，可以处违法所得五倍以下罚款；情节严重的，责令停止相关招生资格一年以上三年以下，直至撤销招生资格、吊销办学许可证；对直接负责的主管人员和其他直接责任人员，依法给予处分；构成犯罪的，依法追究刑事责任。

第七十七条 【违规招生、冒名顶替入学的法律责任】在招收学生工作中滥用职权、玩忽职守、徇私舞弊的，由教育行政部门或者其他有关行政部门责令退回招收的不符合入学条件的人员；对直接负责的主管人员和其他直接责任人员，依法给予处分；构成犯罪的，依法追究刑事责任。

盗用、冒用他人身份，顶替他人取得的入学资格的，由教育行政部门或者其他有关行政部门责令撤销入学资格，并责令停止参加相关国家教育考试二年以上五年以下；已经取得学位证书、学历证书或者其他学业证书的，由颁发机构撤销相关证书；已经成为公职人员的，依法给予开除处分；构成违反治安管理行为的，由公安机关依法给予治安管理处罚；构成犯罪的，依法追究刑事责任。

与他人串通，允许他人冒用本人身份，顶替本人取得的入学资格的，由教育行政部门或者其他有关行政部门责令停止参加相关国家教育考试一年以上三年以下；有违法所得的，没收违法所得；已经成为公职人员的，依法给予处分；构成违反治安管理行为的，由公安机关依法给予治安管理处罚；构成犯罪的，依法追究刑事责任。

组织、指使盗用或者冒用他人身份，顶替他人取得的入学资格的，有违法所得的，没收违法所得；属于公职人员的，依法给予处分；构成违反治安管理行为的，由公安机关依法给予治安管理处罚；构成犯罪的，依法追究刑事责任。

入学资格被顶替权利受到侵害的，可以请求恢复其入学资格。

第七十八条　【收取受教育者费用问题的法律责任】学校及其他教育机构违反国家有关规定向受教育者收取费用的，由教育行政部门或者其他有关行政部门责令退还所收费用；对直接负责的主管人员和其他直接责任人员，依法给予处分。

第七十九条　【考生行为问题的法律责任】考生在国家教育考试中有下列行为之一的，由组织考试的教育考试机构工作人员在考试现场采取必要措施予以制止并终止其继续参加考试；组织考试的教育考试机构可以取消其相关考试资格或者考试成绩；情节严重的，由教育行政部门责令停止参加相关国家教育考试一年以上三年以下；构成违反治安管理行为的，由公安机关依法给予治安管理处罚；构成犯罪的，依法追究刑事责任：

（一）非法获取考试试题或者答案的；

（二）携带或者使用考试作弊器材、资料的；

（三）抄袭他人答案的；

（四）让他人代替自己参加考试的；

（五）其他以不正当手段获得考试成绩的作弊行为。

典型例题　1.（2024上·判断）考生在国家教育考试中抄袭他人答案的行为，不会被追究刑事责任。

（　　）

【答案】×。

2.（2024上·单选）根据我国教育法，对盗用、冒用他人身份，顶替他人取得入学资格的人员的处理规定，下列说法错误的是（　　）。

A. 由教育行政部门或者其他有关行政部门责令撤销入学资格

B. 责令停止参加相关国家教育考试二年以上五年以下

C. 已经成为公职人员的，依法给予开除处理

D. 学历证书需要重新更名后颁发

【答案】D。

第八十条　【考试行为问题的法律责任】任何组织或者个人在国家教育考试中有下列行为之一，有违法所得的，由公安机关没收违法所得，并处违法所得一倍以上五倍以下罚款；情节严重的，处五日以上十五日以下拘留；构成犯罪的，依法追究刑事责任；属于国家机关工作人员的，还应当依法给予处分：

（一）组织作弊的；

（二）通过提供考试作弊器材等方式为作弊提供帮助或者便利的；

（三）代替他人参加考试的；

（四）在考试结束前泄露、传播考试试题或者答案的；

（五）其他扰乱考试秩序的行为。

第八十一条　【教育考试管理问题的法律责任】举办国家教育考试，教育行政部门、教育考试机构疏于管理，造成考场秩序混乱、作弊情况严重的，对直接负责的主管人员和其他直接责任人员，依法给予处分；构成犯罪的，依法追究刑事责任。

第八十二条　【追究制度】学校或者其他教育机构违反本法规定，颁发学位证书、学历证书或者其他学业证书的，由教育行政部门或者其他有关行政部门宣布证书无效，责令收回或者予以没收；有违法所得

的，没收违法所得；情节严重的，责令停止相关招生资格一年以上三年以下，直至撤销招生资格、颁发证书资格；对直接负责的主管人员和其他直接责任人员，依法给予处分。

前款规定以外的任何组织或者个人制造、销售、颁发假冒学位证书、学历证书或者其他学业证书，构成违反治安管理行为的，由公安机关依法给予治安管理处罚；构成犯罪的，依法追究刑事责任。

以作弊、剽窃、抄袭等欺诈行为或者其他不正当手段获得学位证书、学历证书或者其他学业证书的，由颁发机构撤销相关证书。购买、使用假冒学位证书、学历证书或者其他学业证书，构成违反治安管理行为的，由公安机关依法给予治安管理处罚。

`典型例题` （2022上·单选）某高校已毕业两年的学生宋某被人举报学位论文剽窃他人成果，学校调查核实后认为剽窃成立。对宋某的处罚，正确的是（　　　　）。

A. 该校要求宋某重新撰写论文并答辩

B. 公安机关依法给予宋某治安管理处罚

C. 该校撤销宋某的学历证书和学位证书

D. 教育行政部门宣布宋某的学历证书和学位证书无效

【答案】C。

第八十三条　【民事责任】违反本法规定，侵犯教师、受教育者、学校或者其他教育机构的合法权益，造成损失、损害的，应当依法承担民事责任。

第十章　附则

第八十四条　【军事学校、宗教学校】军事学校教育由中央军事委员会根据本法的原则规定。

宗教学校教育由国务院另行规定。

第八十五条　【国际办学】境外的组织和个人在中国境内办学和合作办学的办法，由国务院规定。

第八十六条　【施行时间】本法自1995年9月1日起施行。

第二节　《中华人民共和国义务教育法》（节选）

（1986年4月12日第六届全国人民代表大会第四次会议通过，2006年6月29日第十届全国人民代表大会常务委员会第二十二次会议修订，根据2015年4月24日第十二届全国人民代表大会常务委员会第十四次会议《关于修改〈中华人民共和国义务教育法〉等五部法律的决定》第一次修正，根据2018年12月29日第十三届全国人民代表大会常务委员会第七次会议《关于修改〈中华人民共和国产品质量法〉等五部法律的决定》第二次修正）

第一章　总则

第一条　【立法宗旨】为了保障适龄儿童、少年接受义务教育的权利，保证义务教育的实施，提高全民族素质，根据宪法和教育法，制定本法。

第二条　【制度概说】国家实行九年义务教育制度。

义务教育是国家统一实施的所有适龄儿童、少年必须接受的教育，是国家必须予以保障的公益性事业。

实施义务教育，不收学费、杂费。

国家建立义务教育经费保障机制，保证义务教育制度实施。

第三条　【实施目标】义务教育必须贯彻国家的教育方针，实施素质教育，提高教育质量，使适龄儿童、少年在品德、智力、体质等方面全面发展，为培养有理想、有道德、有文化、有纪律的社会主义建设者和接班人奠定基础。

第四条　【适用对象】凡具有中华人民共和国国籍的适龄儿童、少年，不分性别、民族、种族、家庭财产状况、宗教信仰等，依法享有平等接受义务教育的权利，并履行接受义务教育的义务。

第五条　【政府、家长、学校、社会的义务】各级人民政府及其有关部门应当履行本法规定的各项职责，保障适龄儿童、少年接受义务教育的权利。

适龄儿童、少年的父母或者其他法定监护人应当依法保证其按时入学接受并完成义务教育。

依法实施义务教育的学校应当按照规定标准完成教育教学任务，保证教育教学质量。

社会组织和个人应当为适龄儿童、少年接受义务教育创造良好的环境。

第六条　【保障措施】国务院和县级以上地方人民政府应当合理配置教育资源，促进义务教育均衡发展，改善薄弱学校的办学条件，并采取措施，保障农村地区、民族地区实施义务教育，保障家庭经济困难的和残疾的适龄儿童、少年接受义务教育。

国家组织和鼓励经济发达地区支援经济欠发达地区实施义务教育。

第七条　【管理体制】义务教育实行国务院领导，省、自治区、直辖市人民政府统筹规划实施，县级人民政府为主管理的体制。

县级以上人民政府教育行政部门具体负责义务教育实施工作；县级以上人民政府其他有关部门在各自的职责范围内负责义务教育实施工作。

第九条　【问责制度】任何社会组织或者个人有权对违反本法的行为向有关国家机关提出检举或者控告。

发生违反本法的重大事件，妨碍义务教育实施，造成重大社会影响的，负有领导责任的人民政府或者人民政府教育行政部门负责人应当引咎辞职。

`典型例题`（2023上·多选）根据《中华人民共和国义务教育法》的规定，下列因素中，不影响儿童享有接受义务教育权利的有（　　）。

A. 国籍　　　　　　　B. 种族　　　　　　　C. 年龄　　　　　　　D. 民族

E. 宗教信仰

【答案】BDE。

第二章　学生

第十一条　【入学年龄】凡年满六周岁的儿童，其父母或者其他法定监护人应当送其入学接受并完成义务教育；条件不具备的地区的儿童，可以推迟到七周岁。

适龄儿童、少年因身体状况需要延缓入学或者休学的，其父母或者其他法定监护人应当提出申请，由当地乡镇人民政府或者县级人民政府教育行政部门批准。

第十二条　【免试入学】适龄儿童、少年免试入学。地方各级人民政府应当保障适龄儿童、少年在户籍所在地学校就近入学。

父母或者其他法定监护人在非户籍所在地工作或者居住的适龄儿童、少年，在其父母或者其他法定监护人工作或者居住地接受义务教育的，当地人民政府应当为其提供平等接受义务教育的条件。具体办法由省、自治区、直辖市规定。

县级人民政府教育行政部门对本行政区域内的军人子女接受义务教育予以保障。

第十三条 【保障入学】县级人民政府教育行政部门和乡镇人民政府组织和督促适龄儿童、少年入学，帮助解决适龄儿童、少年接受义务教育的困难，采取措施防止适龄儿童、少年辍学。

居民委员会和村民委员会协助政府做好工作，督促适龄儿童、少年入学。

第十四条 【社会的义务】禁止用人单位招用应当接受义务教育的适龄儿童、少年。

根据国家有关规定经批准招收适龄儿童、少年进行文艺、体育等专业训练的社会组织，应当保证所招收的适龄儿童、少年接受义务教育；自行实施义务教育的，应当经县级人民政府教育行政部门批准。

典型例题 （2020下·单选）林杨是×县×镇人，今年6周岁，因身体发育迟缓需延缓入学，故林杨父母提出了延缓一年入学的申请。下列有权批准该申请的机构是（　　）。

A. 学校
B. 镇人民政府
C. 县级人民政府
D. 市级人民政府教育行政部门

【答案】B。

第三章 学校

第十五条 【学校规划】县级以上地方人民政府根据本行政区域内居住的适龄儿童、少年的数量和分布状况等因素，按照国家有关规定，制定、调整学校设置规划。新建居民区需要设置学校的，应当与居民区的建设同步进行。

第十七条 【寄宿制学校】县级人民政府根据需要设置寄宿制学校，保障居住分散的适龄儿童、少年入学接受义务教育。

第十九条 【特殊教育】县级以上地方人民政府根据需要设置相应的实施特殊教育的学校（班），对视力残疾、听力语言残疾和智力残疾的适龄儿童、少年实施义务教育。特殊教育学校（班）应当具备适应残疾儿童、少年学习、康复、生活特点的场所和设施。

普通学校应当接收具有接受普通教育能力的残疾适龄儿童、少年随班就读，并为其学习、康复提供帮助。

第二十条 【严重不良行为的适龄少年的义务教育】县级以上地方人民政府根据需要，为具有预防未成年人犯罪法规定的严重不良行为的适龄少年设置专门的学校实施义务教育。

第二十一条 【未成年犯的义务教育】对未完成义务教育的未成年犯和被采取强制性教育措施的未成年人应当进行义务教育，所需经费由人民政府予以保障。

第二十二条 【均衡发展】县级以上人民政府及其教育行政部门应当促进学校均衡发展，缩小学校之间办学条件的差距，不得将学校分为重点学校和非重点学校。学校不得分设重点班和非重点班。

县级以上人民政府及其教育行政部门不得以任何名义改变或者变相改变公办学校的性质。

第二十三条 【校园安全】各级人民政府及其有关部门依法维护学校周边秩序，保护学生、教师、学校的合法权益，为学校提供安全保障。

第二十四条 【安全措施】学校应当建立、健全安全制度和应急机制，对学生进行安全教育，加强管理，及时消除隐患，预防发生事故。

县级以上地方人民政府定期对学校校舍安全进行检查；对需要维修、改造的，及时予以维修、改造。

学校不得聘用曾经因故意犯罪被依法剥夺政治权利或者其他不适合从事义务教育工作的人担任工作人员。

第二十五条 【违法获利】学校不得违反国家规定收取费用，不得以向学生推销或者变相推销商品、服务等方式谋取利益。

第二十六条　【校长负责制】学校实行校长负责制。校长应当符合国家规定的任职条件。校长由县级人民政府教育行政部门依法聘任。

第二十七条　【批评教育】对违反学校管理制度的学生，学校应当予以批评教育，不得开除。

典型例题（2023上·单选）学校的下列做法属于违法行为的是（　　）。

A. 学校提醒学生家长自愿为学生购买一份人身意外保险

B. 学校同意教数学的罗老师请假参加数学教科书的编写工作

C. 学校拒绝聘任犯过贪污罪但改过自新、提前释放的高级教师张某

D. 学校拒绝接收 6 岁且具有接受普通教育能力的肢体残疾儿童李某随班就读一年级

【答案】D。

第四章　教师

第二十八条　【教师的权利与义务】教师享有法律规定的权利，履行法律规定的义务，应当为人师表，忠诚于人民的教育事业。

全社会应当尊重教师。

第二十九条　【教师行为】教师在教育教学中应当平等对待学生，关注学生的个体差异，因材施教，促进学生的充分发展。

教师应当尊重学生的人格，不得歧视学生，不得对学生实施体罚、变相体罚或者其他侮辱人格尊严的行为，不得侵犯学生合法权益。

第三十条　【教师资格及职称】教师应当取得国家规定的教师资格。

国家建立统一的义务教育教师职务制度。教师职务分为初级职务、中级职务和高级职务。

第三十一条　【教师待遇】各级人民政府保障教师工资福利和社会保险待遇，改善教师工作和生活条件；完善农村教师工资经费保障机制。

教师的平均工资水平应当不低于当地公务员的平均工资水平。

特殊教育教师享有特殊岗位补助津贴。在民族地区和边远贫困地区工作的教师享有艰苦贫困地区补助津贴。

第三十二条　【教师培养】县级以上人民政府应当加强教师培养工作，采取措施发展教师教育。

县级人民政府教育行政部门应当均衡配置本行政区域内学校师资力量，组织校长、教师的培训和流动，加强对薄弱学校的建设。

第三十三条　【支教工作】国务院和地方各级人民政府鼓励和支持城市学校教师和高等学校毕业生到农村地区、民族地区从事义务教育工作。

国家鼓励高等学校毕业生以志愿者的方式到农村地区、民族地区缺乏教师的学校任教。县级人民政府教育行政部门依法认定其教师资格，其任教时间计入工龄。

典型例题（2024上·单选）关于义务教育阶段的教师，下列说法错误的是（　　）。

A. 特殊教育教师享有特殊岗位补助津贴

B. 教师的平均工资水平应当高于当地公务员的平均工资水平

C. 小学和中学教师职务都分为初级职务、中级职务和高级职务

D. 在民族地区和边远贫困地区工作的教师享有艰苦贫困地区补助津贴

【答案】B。

第五章　教育教学

第三十四条　【教育目标】教育教学工作应当符合教育规律和学生身心发展特点，面向全体学生，教书育人，将德育、智育、体育、美育等有机统一在教育教学活动中，注重培养学生独立思考能力、创新能力和实践能力，促进学生全面发展。

第三十五条　【素质教育】国务院教育行政部门根据适龄儿童、少年身心发展的状况和实际情况，确定教学制度、教育教学内容和课程设置，改革考试制度，并改进高级中等学校招生办法，推进实施素质教育。

学校和教师按照确定的教育教学内容和课程设置开展教育教学活动，保证达到国家规定的基本质量要求。

国家鼓励学校和教师采用启发式教育等教育教学方法，提高教育教学质量。

第三十六条　【德育为先】学校应当把德育放在首位，寓德育于教育教学之中，开展与学生年龄相适应的社会实践活动，形成学校、家庭、社会相互配合的思想道德教育体系，促进学生养成良好的思想品德和行为习惯。

第三十七条　【课外活动】学校应当保证学生的课外活动时间，组织开展文化娱乐等课外活动。社会公共文化体育设施应当为学校开展课外活动提供便利。

第三十八条　【教科书编写】教科书根据国家教育方针和课程标准编写，内容力求精简，精选必备的基础知识、基本技能，经济实用，保证质量。

国家机关工作人员和教科书审查人员，不得参与或者变相参与教科书的编写工作。

第三十九条　【教科书审定制度】国家实行教科书审定制度。教科书的审定办法由国务院教育行政部门规定。

未经审定的教科书，不得出版、选用。

第四十条　【教科书价格】教科书价格由省、自治区、直辖市人民政府价格行政部门会同同级出版主管部门按照微利原则确定。

第四十一条　【教科书循环使用】国家鼓励教科书循环使用。

第六章　经费保障

第四十二条　【经费的行政保障】国家将义务教育全面纳入财政保障范围，义务教育经费由国务院和地方各级人民政府依照本法规定予以保障。

国务院和地方各级人民政府将义务教育经费纳入财政预算，按照教职工编制标准、工资标准和学校建设标准、学生人均公用经费标准等，及时足额拨付义务教育经费，确保学校的正常运转和校舍安全，确保教职工工资按照规定发放。

国务院和地方各级人民政府用于实施义务教育财政拨款的增长比例应当高于财政经常性收入的增长比例，保证按照在校学生人数平均的义务教育费用逐步增长，保证教职工工资和学生人均公用经费逐步增长。

第四十三条　【人均公用经费标准】学校的学生人均公用经费基本标准由国务院财政部门会同教育行政部门制定，并根据经济和社会发展状况适时调整。制定、调整学生人均公用经费基本标准，应当满足教育教学基本需要。

省、自治区、直辖市人民政府可以根据本行政区域的实际情况，制定不低于国家标准的学校学生人均公用经费标准。

特殊教育学校（班）学生人均公用经费标准应当高于普通学校学生人均公用经费标准。

第四十四条　【经费的责任主体】义务教育经费投入实行国务院和地方各级人民政府根据职责共同负担，省、自治区、直辖市人民政府负责统筹落实的体制。农村义务教育所需经费，由各级人民政府根据国务院的规定分项目、按比例分担。

各级人民政府对家庭经济困难的适龄儿童、少年免费提供教科书并补助寄宿生生活费。义务教育经费保障的具体办法由国务院规定。

第四十七条　【专项资金】国务院和县级以上地方人民政府根据实际需要，设立专项资金，扶持农村地区、民族地区实施义务教育。

典型例题　1.（2024上·单选）根据《中华人民共和国义务教育法》的规定，农村义务教育经费负担的原则是（　　）。

A. 以县级人民政府为主，省、自治区、直辖市人民政府负责统筹落实

B. 以地方各级人民政府负担为主，以国务院的转移支付为辅

C. 由各级人民政府根据国务院的规定分项目、按比例分担

D. 由省、自治区、直辖市和县级人民政府共同负担

【答案】C。

2.（2020下·单选）依据《中华人民共和国义务教育法》的规定，国务院和县级以上地方人民政府应当设立专项资金，扶持义务教育实施的地区有（　　）。

①边远贫困地区　　　②农村地区　　　③城市周边地区　　　④民族地区

A. ①②　　　　　　　B. ①④　　　　　　　C. ②④　　　　　　　D. ①③

【答案】C。

第四十九条　【经费的使用】义务教育经费严格按照预算规定用于义务教育；任何组织和个人不得侵占、挪用义务教育经费，不得向学校非法收取或者摊派费用。

第五十条　【经费审计制度】县级以上人民政府建立健全义务教育经费的审计监督和统计公告制度。

第七章　法律责任

第五十一条　【未履行经费保障职责的法律责任】国务院有关部门和地方各级人民政府违反本法第六章的规定，未履行对义务教育经费保障职责的，由国务院或者上级地方人民政府责令限期改正；情节严重的，对直接负责的主管人员和其他直接责任人员依法给予行政处分。

第五十二条　【县级以上地方人民政府的法律责任】县级以上地方人民政府有下列情形之一的，由上级人民政府责令限期改正；情节严重的，对直接负责的主管人员和其他直接责任人员依法给予行政处分：

（一）未按照国家有关规定制定、调整学校的设置规划的；

（二）学校建设不符合国家规定的办学标准、选址要求和建设标准的；

（三）未定期对学校校舍安全进行检查，并及时维修、改造的；

（四）未依照本法规定均衡安排义务教育经费的。

第五十三条　【县级以上人民政府或者其教育行政部门的法律责任】县级以上人民政府或者其教育行政部门有下列情形之一的，由上级人民政府或者其教育行政部门责令限期改正、通报批评；情节严重的，对直接负责的主管人员和其他直接责任人员依法给予行政处分：

（一）将学校分为重点学校和非重点学校的；

（二）改变或者变相改变公办学校性质的。

县级人民政府教育行政部门或者乡镇人民政府未采取措施组织适龄儿童、少年入学或者防止辍学的，依照前款规定追究法律责任。

第五十四条 【侵占、挪用义务教育经费等行为的法律责任】有下列情形之一的，由上级人民政府或者上级人民政府教育行政部门、财政部门、价格行政部门和审计机关根据职责分工责令限期改正；情节严重的，对直接负责的主管人员和其他直接责任人员依法给予处分：

（一）侵占、挪用义务教育经费的；

（二）向学校非法收取或者摊派费用的。

第五十五条 【学校教师的法律责任】学校或者教师在义务教育工作中违反教育法、教师法规定的，依照教育法、教师法的有关规定处罚。

第五十六条 【非法获利的法律责任】学校违反国家规定收取费用的，由县级人民政府教育行政部门责令退还所收费用；对直接负责的主管人员和其他直接责任人员依法给予处分。

学校以向学生推销或者变相推销商品、服务等方式谋取利益的，由县级人民政府教育行政部门给予通报批评；有违法所得的，没收违法所得；对直接负责的主管人员和其他直接责任人员依法给予处分。

国家机关工作人员和教科书审查人员参与或者变相参与教科书编写的，由县级以上人民政府或者其教育行政部门根据职责权限责令限期改正，依法给予行政处分；有违法所得的，没收违法所得。

第五十七条 【学校法律责任】学校有下列情形之一的，由县级人民政府教育行政部门责令限期改正；情节严重的，对直接负责的主管人员和其他直接责任人员依法给予处分：

（一）拒绝接收具有接受普通教育能力的残疾适龄儿童、少年随班就读的；

（二）分设重点班和非重点班的；

（三）违反本法规定开除学生的；

（四）选用未经审定的教科书的。

第五十八条 【监护人的法律责任】适龄儿童、少年的父母或者其他法定监护人无正当理由未依照本法规定送适龄儿童、少年入学接受义务教育的，由当地乡镇人民政府或者县级人民政府教育行政部门给予批评教育，责令限期改正。

第五十九条 【行政法律责任】有下列情形之一的，依照有关法律、行政法规的规定予以处罚：

（一）胁迫或者诱骗应当接受义务教育的适龄儿童、少年失学、辍学的；

（二）非法招用应当接受义务教育的适龄儿童、少年的；

（三）出版未经依法审定的教科书的。

第八章 附则

第六十三条 【施行时间】本法自2006年9月1日起施行。

第三节 《中华人民共和国教师法》（节选）

（1993年10月31日第八届全国人民代表大会常务委员会第四次会议通过，1993年10月31日中华人民共和国主席令第十五号公布，自1994年1月1日起施行，根据2009年8月27日第十一届全国人民代表大会常务委员会第十次会议《关于修改部分法律的决定》修正）

第一章　总则

第一条　【立法目的】为了保障教师的合法权益，建设具有良好思想品德修养和业务素质的教师队伍，促进社会主义教育事业的发展，制定本法。

第二条　【适用对象】本法适用于在各级各类学校和其他教育机构中专门从事教育教学工作的教师。

第三条　【教师职责】教师是履行教育教学职责的专业人员，承担教书育人，培养社会主义事业建设者和接班人、提高民族素质的使命。教师应当忠诚于人民的教育事业。

第四条　【政府职责】各级人民政府应当采取措施，加强教师的思想政治教育和业务培训，改善教师的工作条件和生活条件，保障教师的合法权益，提高教师的社会地位。全社会都应当尊重教师。

第五条　【管理体制】国务院教育行政部门主管全国的教师工作。

国务院有关部门在各自职权范围内负责有关的教师工作。

学校和其他教育机构根据国家规定，自主进行教师管理工作。

第六条　【教师节日】每年九月十日为教师节。

第二章　权利和义务

第七条　【教师权利】教师享有下列权利：

（一）进行教育教学活动，开展教育教学改革和实验；

（二）从事科学研究、学术交流，参加专业的学术团体，在学术活动中充分发表意见；

（三）指导学生的学习和发展，评定学生的品行和学业成绩；

（四）按时获取工资报酬，享受国家规定的福利待遇以及寒暑假期的带薪休假；

（五）对学校教育教学、管理工作和教育行政部门的工作提出意见和建议，通过教职工代表大会或者其他形式，参与学校的民主管理；

（六）参加进修或者其他方式的培训。

第八条　【教师义务】教师应当履行下列义务：

（一）遵守宪法、法律和职业道德，为人师表；

（二）贯彻国家的教育方针，遵守规章制度，执行学校的教学计划，履行教师聘约，完成教育教学工作任务；

（三）对学生进行宪法所确定的基本原则的教育和爱国主义、民族团结的教育，法制教育以及思想品德、文化、科学技术教育，组织、带领学生开展有益的社会活动；

（四）关心、爱护全体学生，尊重学生人格，促进学生在品德、智力、体质等方面全面发展；

（五）制止有害于学生的行为或者其他侵犯学生合法权益的行为，批评和抵制有害于学生健康成长的现象；

（六）不断提高思想政治觉悟和教育教学业务水平。

第九条　【保障机制】为保障教师完成教育教学任务，各级人民政府、教育行政部门、有关部门、学校和其他教育机构应当履行下列职责：

（一）提供符合国家安全标准的教育教学设施和设备；

（二）提供必需的图书、资料及其他教育教学用品；

（三）对教师在教育教学、科学研究中的创造性工作给以鼓励和帮助；

（四）支持教师制止有害于学生的行为或者其他侵犯学生合法权益的行为。

典型例题 1.（2024上·多选）下列属于教师的学生指导权的有（　　）。

A.针对不同的教育教学对象，选择教育教学的形式和方法

B.对学生的思想政治和品德的发展给予客观的评价

C.以学生学习指导为主题发表自己的观点和看法

D.运用适当科学方法方式促使学生的个性发展

E.引导学生，培养学生的法制意识

【答案】BD。解析：A项是教育教学权。B、D两项是学生指导权。C项是科学研究权。E项是教师的义务。

2.（2023上·单选）根据教育相关法律规定，下列不属于教师权利的是（　　）。

A.进行教育教学活动，开展教育教学改革和实验

B.指导学生的学习和发展，评定学生的品行和学业成绩

C.制止有害于学生的行为或者其他侵犯学生合法权益的行为

D.按时获取工资报酬，享受国家规定的福利待遇以及寒暑假期的带薪休假

【答案】C。

第三章　资格和任用

第十条　【教师资格制度】国家实行教师资格制度。

中国公民凡遵守宪法和法律，热爱教育事业，具有良好的思想品德，具备本法规定的学历或者经国家教师资格考试合格，有教育教学能力，经认定合格的，可以取得教师资格。

第十一条　【学历要求】取得教师资格应当具备的相应学历是：

（一）取得幼儿园教师资格，应当具备幼儿师范学校毕业及其以上学历；

（二）取得小学教师资格，应当具备中等师范学校毕业及其以上学历；

（三）取得初级中学教师、初级职业学校文化、专业课教师资格，应当具备高等师范专科学校或者其他大学专科毕业及其以上学历；

（四）取得高级中学教师资格和中等专业学校、技工学校、职业高中文化课、专业课教师资格，应当具备高等师范院校本科或者其他大学本科毕业及其以上学历；取得中等专业学校、技工学校和职业高中学生实习指导教师资格应当具备的学历，由国务院教育行政部门规定；

（五）取得高等学校教师资格，应当具备研究生或者大学本科毕业学历；

（六）取得成人教育教师资格，应当按照成人教育的层次、类别，分别具备高等、中等学校毕业及其以上学历。

不具备本法规定的教师资格学历的公民，申请获取教师资格，必须通过国家教师资格考试。国家教师资格考试制度由国务院规定。

第十三条　【资格认定】中小学教师资格由县级以上地方人民政府教育行政部门认定。中等专业学校、技工学校的教师资格由县级以上地方人民政府教育行政部门组织有关主管部门认定。普通高等学校的教师资格由国务院或者省、自治区、直辖市教育行政部门或者由其委托的学校认定。具备本法规定的学历或者经国家教师资格考试合格的公民，要求有关部门认定其教师资格的，有关部门应当依照本法规定的条件予以认定。取得教师资格的人员首次任教时，应当有试用期。

第十四条　【资格限制】受到剥夺政治权利或者故意犯罪受到有期徒刑以上刑事处罚的，不能取得教师资格；已经取得教师资格的，丧失教师资格。

第十六条　【教师职务制度】国家实行教师职务制度，具体办法由国务院规定。

第十七条　【教师聘任】 学校和其他教育机构应当逐步实行教师聘任制。教师的聘任应当遵循双方地位平等的原则，由学校和教师签订聘任合同，明确规定双方的权利、义务和责任。

实施教师聘任制的步骤、办法由国务院教育行政部门规定。

典型例题 1.（2024 上·判断）取得教师资格的人员首次任教时应当有试用期。（　　）

【答案】√。

2.（2023 下·判断）取得我国教师资格的条件有国籍、品德、学历和业务能力四个方面，缺一不可。
（　　）

【答案】√。

第四章　培养和培训

第十八条　【教师培养】 各级人民政府和有关部门应当办好师范教育，并采取措施，鼓励优秀青年进入各级师范学校学习。各级教师进修学校承担培训中小学教师的任务。非师范学校应当承担培养和培训中小学教师的任务。各级师范学校学生享受专业奖学金。

第五章　考核

第二十二条　【考核内容】 学校或者其他教育机构应当对教师的政治思想、业务水平、工作态度和工作成绩进行考核。教育行政部门对教师的考核工作进行指导、监督。

第二十四条　【考核效用】 教师考核结果是受聘任教、晋升工资、实施奖惩的依据。

第六章　待遇

第二十五条　【教师工资】 教师的平均工资水平应当不低于或者高于国家公务员的平均工资水平，并逐步提高。建立正常晋级增薪制度，具体办法由国务院规定。

第二十九条　【医疗保险】 教师的医疗同当地国家公务员享受同等的待遇；定期对教师进行身体健康检查，并因地制宜安排教师进行休养。医疗机构应当对当地教师的医疗提供方便。

第八章　法律责任

第三十五条　【侮辱、殴打教师行为的法律责任】 侮辱、殴打教师的，根据不同情况，分别给予行政处分或者行政处罚；造成损害的，责令赔偿损失；情节严重，构成犯罪的，依法追究刑事责任。

第三十六条　【打击报复教师行为的法律责任】 对依法提出申诉、控告、检举的教师进行打击报复的，由其所在单位或者上级机关责令改正；情节严重的，可以根据具体情况给予行政处分。

国家工作人员对教师打击报复构成犯罪的，依照刑法有关规定追究刑事责任。

第三十七条　【教师不当行为的处理】 教师有下列情形之一的，由所在学校、其他教育机构或者教育行政部门给予行政处分或者解聘：

（一）故意不完成教育教学任务给教育教学工作造成损失的；

（二）体罚学生，经教育不改的；

（三）品行不良、侮辱学生，影响恶劣的。

教师有前款第（二）项、第（三）项所列情形之一，情节严重，构成犯罪的，依法追究刑事责任。

典型例题（2021 上·判断）教师有故意不完成教育教学任务给教育教学工作造成损失的情形，应由其所在学校或者教育行政部门给予行政处分，但不能解聘。（　　）

【答案】×。

第三十八条 【拖欠工资的法律责任】地方人民政府对违反本法规定，拖欠教师工资或者侵犯教师其他合法权益的，应当责令其限期改正。

违反国家财政制度、财务制度，挪用国家财政用于教育的经费，严重妨碍教育教学工作，拖欠教师工资，损害教师合法权益的，由上级机关责令限期归还被挪用的经费，并对直接责任人员给予行政处分；情节严重，构成犯罪的，依法追究刑事责任。

第三十九条 【教师申诉】教师对学校或者其他教育机构侵犯其合法权益的，或者对学校或者其他教育机构作出的处理不服的，可以向教育行政部门提出申诉，教育行政部门应当在接到申诉的三十日内，作出处理。

教师认为当地人民政府有关行政部门侵犯其根据本法规定享有的权利的，可以向同级人民政府或者上一级人民政府有关部门提出申诉，同级人民政府或者上一级人民政府有关部门应当作出处理。

典型例题（2024上·单选）关于教师申诉制度，下列说法正确的是（　　）。

A. 张老师认为学校对他的处分程序不合法，张老师可以提出申诉

B. 秦老师认为肖同学在网上传播了他的课件，秦老师可以提出申诉

C. 李老师未经王老师同意，擅自使用了王老师的课件进行授课，王老师可以提出申诉

D. 刘老师认为当地教育行政部门侵犯了他的权利，他只能向上一级人民政府有关部门提出申诉

【答案】A。

第四节 《中华人民共和国未成年人保护法》（节选）

（1991年9月4日第七届全国人民代表大会常务委员会第二十一次会议通过，2006年12月29日第十届全国人民代表大会常务委员会第二十五次会议第一次修订，根据2012年10月26日第十一届全国人民代表大会常务委员会第二十九次会议《关于修改〈中华人民共和国未成年人保护法〉的决定》修正，2020年10月17日第十三届全国人民代表大会常务委员会第二十二次会议第二次修订，根据2024年4月26日第十四届全国人民代表大会常务委员会第九次会议《关于修改＜中华人民共和国未成年人保护法＞等3部法律的决定》第二次修正）

第一章　总则

第一条 【立法目的和依据】为了保护未成年人身心健康，保障未成年人合法权益，促进未成年人德智体美劳全面发展，培养有理想、有道德、有文化、有纪律的社会主义建设者和接班人，培养担当民族复兴大任的时代新人，根据宪法，制定本法。

第二条 【未成年人定义】本法所称未成年人是指未满十八周岁的公民。

第三条 【未成年人权利】国家保障未成年人的生存权、发展权、受保护权、参与权等权利。

未成年人依法平等地享有各项权利，不因本人及其父母或者其他监护人的民族、种族、性别、户籍、职业、宗教信仰、教育程度、家庭状况、身心健康状况等受到歧视。

第四条 【保护原则】保护未成年人，应当坚持最有利于未成年人的原则。处理涉及未成年人事项，应当符合下列要求：

（一）给予未成年人特殊、优先保护；

（二）尊重未成年人人格尊严；

（三）保护未成年人隐私权和个人信息；

（四）适应未成年人身心健康发展的规律和特点；

（五）听取未成年人的意见；

（六）保护与教育相结合。

典型例题（2022上·单选）《中华人民共和国未成年人保护法》规定，保护未成年人，应当坚持最有利于未成年人的原则。处理涉及未成年人事项，应当（　　　）。

①尊重未成年人人格尊严　　　　　　　②听取未成年人监护人的意见

③适应未成年人身心健康发展的规律和特点　　④保护与教育相结合

A.①②③　　　　　　B.①③④　　　　　　C.②③④　　　　　　D.①②④

【答案】B。

第五条　【教育内容】国家、社会、学校和家庭应当对未成年人进行理想教育、道德教育、科学教育、文化教育、法治教育、国家安全教育、健康教育、劳动教育，加强爱国主义、集体主义和中国特色社会主义的教育，培养爱祖国、爱人民、爱劳动、爱科学、爱社会主义的公德，抵制资本主义、封建主义和其他腐朽思想的侵蚀，引导未成年人树立和践行社会主义核心价值观。

第六条　【责任主体】保护未成年人，是国家机关、武装力量、政党、人民团体、企业事业单位、社会组织、城乡基层群众性自治组织、未成年人的监护人以及其他成年人的共同责任。

国家、社会、学校和家庭应当教育和帮助未成年人维护自身合法权益，增强自我保护的意识和能力。

第七条　【监护职责】未成年人的父母或者其他监护人依法对未成年人承担监护职责。

国家采取措施指导、支持、帮助和监督未成年人的父母或者其他监护人履行监护职责。

第九条　【协调机构】各级人民政府应当重视和加强未成年人保护工作。县级以上人民政府负责妇女儿童工作的机构，负责未成年人保护工作的组织、协调、指导、督促，有关部门在各自职责范围内做好相关工作。

第十一条　【对侵权的劝阻、制止和报告义务】任何组织或者个人发现不利于未成年人身心健康或者侵犯未成年人合法权益的情形，都有权劝阻、制止或者向公安、民政、教育等有关部门提出检举、控告。

国家机关、居民委员会、村民委员会、密切接触未成年人的单位及其工作人员，在工作中发现未成年人身心健康受到侵害、疑似受到侵害或者面临其他危险情形的，应当立即向公安、民政、教育等有关部门报告。

有关部门接到涉及未成年人的检举、控告或者报告，应当依法及时受理、处置，并以适当方式将处理结果告知相关单位和人员。

第十二条　【科学研究】国家鼓励和支持未成年人保护方面的科学研究，建设相关学科、设置相关专业，加强人才培养。

第十三条　【统计调查制度】国家建立健全未成年人统计调查制度，开展未成年人健康、受教育等状况的统计、调查和分析，发布未成年人保护的有关信息。

第二章　家庭保护

第十五条　【家庭保护的条件】未成年人的父母或者其他监护人应当学习家庭教育知识，接受家庭教育指导，创造良好、和睦、文明的家庭环境。

共同生活的其他成年家庭成员应当协助未成年人的父母或者其他监护人抚养、教育和保护未成年人。

第十六条　【监护人的具体监护职责】未成年人的父母或者其他监护人应当履行下列监护职责：

（一）为未成年人提供生活、健康、安全等方面的保障；

（二）关注未成年人的生理、心理状况和情感需求；

（三）教育和引导未成年人遵纪守法、勤俭节约，养成良好的思想品德和行为习惯；

（四）对未成年人进行安全教育，提高未成年人的自我保护意识和能力；

（五）尊重未成年人受教育的权利，保障适龄未成年人依法接受并完成义务教育；

（六）保障未成年人休息、娱乐和体育锻炼的时间，引导未成年人进行有益身心健康的活动；

（七）妥善管理和保护未成年人的财产；

（八）依法代理未成年人实施民事法律行为；

（九）预防和制止未成年人的不良行为和违法犯罪行为，并进行合理管教；

（十）其他应当履行的监护职责。

第十七条　【监护人的禁令性行为】未成年人的父母或者其他监护人不得实施下列行为：

（一）虐待、遗弃、非法送养未成年人或者对未成年人实施家庭暴力；

（二）放任、教唆或者利用未成年人实施违法犯罪行为；

（三）放任、唆使未成年人参与邪教、迷信活动或者接受恐怖主义、分裂主义、极端主义等侵害；

（四）放任、唆使未成年人吸烟（含电子烟，下同）、饮酒、赌博、流浪乞讨或者欺凌他人；

（五）放任或者迫使应当接受义务教育的未成年人失学、辍学；

（六）放任未成年人沉迷网络，接触危害或者可能影响其身心健康的图书、报刊、电影、广播电视节目、音像制品、电子出版物和网络信息等；

（七）放任未成年人进入营业性娱乐场所、酒吧、互联网上网服务营业场所等不适宜未成年人活动的场所；

（八）允许或者迫使未成年人从事国家规定以外的劳动；

（九）允许、迫使未成年人结婚或者为未成年人订立婚约；

（十）违法处分、侵吞未成年人的财产或者利用未成年人牟取不正当利益；

（十一）其他侵犯未成年人身心健康、财产权益或者不依法履行未成年人保护义务的行为。

第二十一条　【监护人的照护职责】未成年人的父母或者其他监护人不得使未满八周岁或者由于身体、心理原因需要特别照顾的未成年人处于无人看护状态，或者将其交由无民事行为能力、限制民事行为能力、患有严重传染性疾病或者其他不适宜的人员临时照护。

未成年人的父母或者其他监护人不得使未满十六周岁的未成年人脱离监护单独生活。

第三章　学校保护

第二十五条　【学校教育宗旨】学校应当全面贯彻国家教育方针，坚持立德树人，实施素质教育，提高教育质量，注重培养未成年学生认知能力、合作能力、创新能力和实践能力，促进未成年学生全面发展。

学校应当建立未成年学生保护工作制度，健全学生行为规范，培养未成年学生遵纪守法的良好行为习惯。

第二十七条　【保护未成年人的人格尊严】学校、幼儿园的教职员工应当尊重未成年人人格尊严，不得对未成年人实施体罚、变相体罚或者其他侮辱人格尊严的行为。

第二十八条　【学校责任】学校应当保障未成年学生受教育的权利，不得违反国家规定开除、变相开除未成年学生。

学校应当对尚未完成义务教育的辍学未成年学生进行登记并劝返复学；劝返无效的，应当及时向教育行政部门书面报告。

`典型例题` （2020下·单选）15周岁的初二学生张某因多次违纪被学校"勒令退学"。一学期后，张某要求复学，学校不同意。依据《中华人民共和国未成年人保护法》，下列说法正确的是（　　　）。

A. 学校"勒令张某退学"的做法并无不妥

B. 学校作为教育机构，有权不同意该生复学

C. 学校的做法是违法的，侵犯了未成年人的受教育权

D. 学校的做法属于学校内部管理问题，行为不当，但不违法

【答案】C。

第二十九条　【学校对未成年学生的关爱】学校应当关心、爱护未成年学生，不得因家庭、身体、心理、学习能力等情况歧视学生。对家庭困难、身心有障碍的学生，应当提供关爱；对行为异常、学习有困难的学生，应当耐心帮助。

学校应当配合政府有关部门建立留守未成年学生、困境未成年学生的信息档案，开展关爱帮扶工作。

第三十三条　【教育减负】学校应当与未成年学生的父母或者其他监护人互相配合，合理安排未成年学生的学习时间，保障其休息、娱乐和体育锻炼的时间。

学校不得占用国家法定节假日、休息日及寒暑假期，组织义务教育阶段的未成年学生集体补课，加重其学习负担。

幼儿园、校外培训机构不得对学龄前未成年人进行小学课程教育。

第三十九条　【学生欺凌防控工作制度】学校应当建立学生欺凌防控工作制度，对教职员工、学生等开展防治学生欺凌的教育和培训。

学校对学生欺凌行为应当立即制止，通知实施欺凌和被欺凌未成年学生的父母或者其他监护人参与欺凌行为的认定和处理；对相关未成年学生及时给予心理辅导、教育和引导；对相关未成年学生的父母或者其他监护人给予必要的家庭教育指导。

对实施欺凌的未成年学生，学校应当根据欺凌行为的性质和程度，依法加强管教。对严重的欺凌行为，学校不得隐瞒，应当及时向公安机关、教育行政部门报告，并配合相关部门依法处理。

第四章　社会保护

第四十四条　【公共场馆优惠】爱国主义教育基地、图书馆、青少年宫、儿童活动中心、儿童之家应当对未成年人免费开放；博物馆、纪念馆、科技馆、展览馆、美术馆、文化馆、社区公益性互联网上网服务场所以及影剧院、体育场馆、动物园、植物园、公园等场所，应当按照有关规定对未成年人免费或者优惠开放。

国家鼓励爱国主义教育基地、博物馆、科技馆、美术馆等公共场馆开设未成年人专场，为未成年人提供有针对性的服务。

国家鼓励国家机关、企业事业单位、部队等开发自身教育资源，设立未成年人开放日，为未成年人主题教育、社会实践、职业体验等提供支持。

国家鼓励科研机构和科技类社会组织对未成年人开展科学普及活动。

第四十五条　【公共交通优惠】城市公共交通以及公路、铁路、水路、航空客运等应当按照有关规定对未成年人实施免费或者优惠票价。

第四十七条　【便利保障要求】任何组织或者个人不得违反有关规定，限制未成年人应当享有的照顾

或者优惠。

第五十六条 【公共场所安全保护】未成年人集中活动的公共场所应当符合国家或者行业安全标准，并采取相应安全保护措施。对可能存在安全风险的设施，应当定期进行维护，在显著位置设置安全警示标志并标明适龄范围和注意事项；必要时应当安排专门人员看管。

大型的商场、超市、医院、图书馆、博物馆、科技馆、游乐场、车站、码头、机场、旅游景区景点等场所运营单位应当设置搜寻走失未成年人的安全警报系统。场所运营单位接到求助后，应当立即启动安全警报系统，组织人员进行搜寻并向公安机关报告。

公共场所发生突发事件时，应当优先救护未成年人。

第五十八条 【不适宜未成年人活动场所的经营者的职责】学校、幼儿园周边不得设置营业性娱乐场所、酒吧、互联网上网服务营业场所等不适宜未成年人活动的场所。营业性歌舞娱乐场所、酒吧、互联网上网服务营业场所等不适宜未成年人活动场所的经营者，不得允许未成年人进入；游艺娱乐场所设置的电子游戏设备，除国家法定节假日外，不得向未成年人提供。经营者应当在显著位置设置未成年人禁入、限入标志；对难以判明是否是未成年人的，应当要求其出示身份证件。

第五十九条 【烟、酒、彩票经营者的职责】学校、幼儿园周边不得设置烟、酒、彩票销售网点。禁止向未成年人销售烟、酒、彩票或者兑付彩票奖金。烟、酒和彩票经营者应当在显著位置设置不向未成年人销售烟、酒或者彩票的标志；对难以判明是否是未成年人的，应当要求其出示身份证件。

任何人不得在学校、幼儿园和其他未成年人集中活动的公共场所吸烟、饮酒。

第六十一条 【用人单位招用标准】任何组织或者个人不得招用未满十六周岁未成年人，国家另有规定的除外。

营业性娱乐场所、酒吧、互联网上网服务营业场所等不适宜未成年人活动的场所不得招用已满十六周岁的未成年人。

招用已满十六周岁未成年人的单位和个人应当执行国家在工种、劳动时间、劳动强度和保护措施等方面的规定，不得安排其从事过重、有毒、有害等危害未成年人身心健康的劳动或者危险作业。

任何组织或者个人不得组织未成年人进行危害其身心健康的表演等活动。经未成年人的父母或者其他监护人同意，未成年人参与演出、节目制作等活动，活动组织方应当根据国家有关规定，保障未成年人合法权益。

第六十三条 【隐私保护】任何组织或者个人不得隐匿、毁弃、非法删除未成年人的信件、日记、电子邮件或者其他网络通讯内容。

除下列情形外，任何组织或者个人不得开拆、查阅未成年人的信件、日记、电子邮件或者其他网络通讯内容：

（一）无民事行为能力未成年人的父母或者其他监护人代未成年人开拆、查阅；

（二）因国家安全或者追查刑事犯罪依法进行检查；

（三）紧急情况下为了保护未成年人本人的人身安全。

第五章　网络保护

第六十八条 【预防沉迷网络】新闻出版、教育、卫生健康、文化和旅游、网信等部门应当定期开展预防未成年人沉迷网络的宣传教育，监督网络产品和服务提供者履行预防未成年人沉迷网络的义务，指导家庭、学校、社会组织互相配合，采取科学、合理的方式对未成年人沉迷网络进行预防和干预。

任何组织或者个人不得以侵害未成年人身心健康的方式对未成年人沉迷网络进行干预。

第七十条 【学校智能终端产品管理】学校应当合理使用网络开展教学活动。未经学校允许，未成年学生不得将手机等智能终端产品带入课堂，带入学校的应当统一管理。

学校发现未成年学生沉迷网络的，应当及时告知其父母或者其他监护人，共同对未成年学生进行教育和引导，帮助其恢复正常的学习生活。

第七十四条 【网络产品防沉迷】网络产品和服务提供者不得向未成年人提供诱导其沉迷的产品和服务。

网络游戏、网络直播、网络音视频、网络社交等网络服务提供者应当针对未成年人使用其服务设置相应的时间管理、权限管理、消费管理等功能。

以未成年人为服务对象的在线教育网络产品和服务，不得插入网络游戏链接，不得推送广告等与教学无关的信息。

第七十七条 【网络欺凌】任何组织或者个人不得通过网络以文字、图片、音视频等形式，对未成年人实施侮辱、诽谤、威胁或者恶意损害形象等网络欺凌行为。

遭受网络欺凌的未成年人及其父母或者其他监护人有权通知网络服务提供者采取删除、屏蔽、断开链接等措施。网络服务提供者接到通知后，应当及时采取必要的措施制止网络欺凌行为，防止信息扩散。

第六章 政府保护

第八十一条 【政府保护机构】县级以上人民政府承担未成年人保护协调机制具体工作的职能部门应当明确相关内设机构或者专门人员，负责承担未成年人保护工作。

乡镇人民政府和街道办事处应当设立未成年人保护工作站或者指定专门人员，及时办理未成年人相关事务；支持、指导居民委员会、村民委员会设立专人专岗，做好未成年人保护工作。

第八十五条 【发展职业教育】各级人民政府应当发展职业教育，保障未成年人接受职业教育或者职业技能培训，鼓励和支持人民团体、企业事业单位、社会组织为未成年人提供职业技能培训服务。

第八十六条 【对残疾未成年人的教育】各级人民政府应当保障具有接受普通教育能力、能适应校园生活的残疾未成年人就近在普通学校、幼儿园接受教育；保障不具有接受普通教育能力的残疾未成年人在特殊教育学校、幼儿园接受学前教育、义务教育和职业教育。

各级人民政府应当保障特殊教育学校、幼儿园的办学、办园条件，鼓励和支持社会力量举办特殊教育学校、幼儿园。

第八十七条 【校园安全】地方人民政府及其有关部门应当保障校园安全，监督、指导学校、幼儿园等单位落实校园安全责任，建立突发事件的报告、处置和协调机制。

第九十二条 【民政部门临时监护的情形】具有下列情形之一的，民政部门应当依法对未成年人进行临时监护：

（一）未成年人流浪乞讨或者身份不明，暂时查找不到父母或者其他监护人；

（二）监护人下落不明且无其他人可以担任监护人；

（三）监护人因自身客观原因或者因发生自然灾害、事故灾难、公共卫生事件等突发事件不能履行监护职责，导致未成年人监护缺失；

（四）监护人拒绝或者怠于履行监护职责，导致未成年人处于无人照料的状态；

（五）监护人教唆、利用未成年人实施违法犯罪行为，未成年人需要被带离安置；

（六）未成年人遭受监护人严重伤害或者面临人身安全威胁，需要被紧急安置；

（七）法律规定的其他情形。

第七章　司法保护

第一百零三条　【涉案未成年人的保护】公安机关、人民检察院、人民法院、司法行政部门以及其他组织和个人不得披露有关案件中未成年人的姓名、影像、住所、就读学校以及其他可能识别出其身份的信息，但查找失踪、被拐卖未成年人等情形除外。

第一百零八条　【撤销监护人资格】未成年人的父母或者其他监护人不依法履行监护职责或者严重侵犯被监护的未成年人合法权益的，人民法院可以根据有关人员或者单位的申请，依法作出人身安全保护令或者撤销监护人资格。

被撤销监护人资格的父母或者其他监护人应当依法继续负担抚养费用。

第一百一十条　【案件审理对未成年人的保护】公安机关、人民检察院、人民法院讯问未成年犯罪嫌疑人、被告人，询问未成年被害人、证人，应当依法通知其法定代理人或者其成年亲属、所在学校的代表等合适成年人到场，并采取适当方式，在适当场所进行，保障未成年人的名誉权、隐私权和其他合法权益。

人民法院开庭审理涉及未成年人案件，未成年被害人、证人一般不出庭作证；必须出庭的，应当采取保护其隐私的技术手段和心理干预等保护措施。

第一百一十一条　【对未成年受害者的保护措施】公安机关、人民检察院、人民法院应当与其他有关政府部门、人民团体、社会组织互相配合，对遭受性侵害或者暴力伤害的未成年被害人及其家庭实施必要的心理干预、经济救助、法律援助、转学安置等保护措施。

第一百一十三条　【教惩结合的原则】对违法犯罪的未成年人，实行教育、感化、挽救的方针，坚持教育为主、惩罚为辅的原则。

对违法犯罪的未成年人依法处罚后，在升学、就业等方面不得歧视。

第八章　法律责任

第一百一十八条　【监护人的法律责任】未成年人的父母或者其他监护人不依法履行监护职责或者侵犯未成年人合法权益的，由其居住地的居民委员会、村民委员会予以劝诫、制止；情节严重的，居民委员会、村民委员会应当及时向公安机关报告。

公安机关接到报告或者公安机关、人民检察院、人民法院在办理案件过程中发现未成年人的父母或者其他监护人存在上述情形的，应当予以训诫，并可以责令其接受家庭教育指导。

第一百二十条　【未给予未成年人优惠的法律责任】违反本法第四十四条、第四十五条、第四十七条规定，未给予未成年人免费或者优惠待遇的，由市场监督管理、文化和旅游、交通运输等部门按照职责分工责令限期改正，给予警告；拒不改正的，处一万元以上十万元以下罚款。

第一百二十四条　【公共场所吸烟、饮酒的个体的法律责任】违反本法第五十九条第二款规定，在学校、幼儿园和其他未成年人集中活动的公共场所吸烟、饮酒的，由卫生健康、教育、市场监督管理等部门按照职责分工责令改正，给予警告，可以并处五百元以下罚款；场所管理者未及时制止的，由卫生健康、教育、市场监督管理等部门按照职责分工给予警告，并处一万元以下罚款。

第一百二十五条　【用人单位的法律责任】违反本法第六十一条规定的，由文化和旅游、人力资源和社会保障、市场监督管理等部门按照职责分工责令限期改正，给予警告，没收违法所得，可以并处十万元以下罚款；拒不改正或者情节严重的，责令停产停业或者吊销营业执照、吊销相关许可证，并处十万元以上一百万元以下罚款。

第一百二十八条　【国家机关工作人员的法律责任】国家机关工作人员玩忽职守、滥用职权、徇私舞弊，损害未成年人合法权益的，依法给予处分。

第九章　附则

第一百三十一条　【其他适用范围】对中国境内未满十八周岁的外国人、无国籍人，依照本法有关规定予以保护。

第一百三十二条　【施行时间】本法自 2021 年 6 月 1 日起施行。

第五节　《中华人民共和国预防未成年人犯罪法》

（1999 年 6 月 28 日第九届全国人民代表大会常务委员会第十次会议通过，根据 2012 年 10 月 26 日第十一届全国人民代表大会常务委员会第二十九次会议《关于修改〈中华人民共和国预防未成年人犯罪法〉的决定》修正，2020 年 12 月 26 日第十三届全国人民代表大会常务委员会第二十四次会议修订）

第一章　总则

第一条　【立法目的】为了保障未成年人身心健康，培养未成年人良好品行，有效预防未成年人违法犯罪，制定本法。

第二条　【立法原则】预防未成年人犯罪，立足于教育和保护未成年人相结合，坚持预防为主、提前干预，对未成年人的不良行为和严重不良行为及时进行分级预防、干预和矫治。

第三条　【尊重、保护未成年人】开展预防未成年人犯罪工作，应当尊重未成年人人格尊严，保护未成年人的名誉权、隐私权和个人信息等合法权益。

第四条　【综合治理】预防未成年人犯罪，在各级人民政府组织下，实行综合治理。

国家机关、人民团体、社会组织、企业事业单位、居民委员会、村民委员会、学校、家庭等各负其责、相互配合，共同做好预防未成年人犯罪工作，及时消除滋生未成年人违法犯罪行为的各种消极因素，为未成年人身心健康发展创造良好的社会环境。

第五条　【政府职责】各级人民政府在预防未成年人犯罪方面的工作职责是：

（一）制定预防未成年人犯罪工作规划；

（二）组织公安、教育、民政、文化和旅游、市场监督管理、网信、卫生健康、新闻出版、电影、广播电视、司法行政等有关部门开展预防未成年人犯罪工作；

（三）为预防未成年人犯罪工作提供政策支持和经费保障；

（四）对本法的实施情况和工作规划的执行情况进行检查；

（五）组织开展预防未成年人犯罪宣传教育；

（六）其他预防未成年人犯罪工作职责。

第六条　【专门学校建设和专门教育】国家加强专门学校建设，对有严重不良行为的未成年人进行专门教育。专门教育是国民教育体系的组成部分，是对有严重不良行为的未成年人进行教育和矫治的重要保护处分措施。

省级人民政府应当将专门教育发展和专门学校建设纳入经济社会发展规划。县级以上地方人民政府成立专门教育指导委员会，根据需要合理设置专门学校。

专门教育指导委员会由教育、民政、财政、人力资源社会保障、公安、司法行政、人民检察院、人民法院、共产主义青年团、妇女联合会、关心下一代工作委员会、专门学校等单位，以及律师、社会工作者等人员组成，研究确定专门学校教学、管理等相关工作。

专门学校建设和专门教育具体办法，由国务院规定。

第七条 【专业人员】公安机关、人民检察院、人民法院、司法行政部门应当由专门机构或者经过专业培训、熟悉未成年人身心特点的专门人员负责预防未成年人犯罪工作。

第八条 【社会力量支持】共产主义青年团、妇女联合会、工会、残疾人联合会、关心下一代工作委员会、青年联合会、学生联合会、少年先锋队以及有关社会组织，应当协助各级人民政府及其有关部门、人民检察院和人民法院做好预防未成年人犯罪工作，为预防未成年人犯罪培育社会力量，提供支持服务。

第九条 【社会组织参与】国家鼓励、支持和指导社会工作服务机构等社会组织参与预防未成年人犯罪相关工作，并加强监督。

第十条 【禁止教唆、胁迫、引诱】任何组织或者个人不得教唆、胁迫、引诱未成年人实施不良行为或者严重不良行为，以及为未成年人实施上述行为提供条件。

第十一条 【自我防范】未成年人应当遵守法律法规及社会公共道德规范，树立自尊、自律、自强意识，增强辨别是非和自我保护的能力，自觉抵制各种不良行为以及违法犯罪行为的引诱和侵害。

第十二条 【研究重点】预防未成年人犯罪，应当结合未成年人不同年龄的生理、心理特点，加强青春期教育、心理关爱、心理矫治和预防犯罪对策的研究。

第十三条 【鼓励科研】国家鼓励和支持预防未成年人犯罪相关学科建设、专业设置、人才培养及科学研究，开展国际交流与合作。

第十四条 【表彰奖励】国家对预防未成年人犯罪工作有显著成绩的组织和个人，给予表彰和奖励。

第二章 预防犯罪的教育

第十五条 【加强预防犯罪教育】国家、社会、学校和家庭应当对未成年人加强社会主义核心价值观教育，开展预防犯罪教育，增强未成年人的法治观念，使未成年人树立遵纪守法和防范违法犯罪的意识，提高自我管控能力。

第十六条 【监护人职责】未成年人的父母或者其他监护人对未成年人的预防犯罪教育负有直接责任，应当依法履行监护职责，树立优良家风，培养未成年人良好品行；发现未成年人心理或者行为异常的，应当及时了解情况并进行教育、引导和劝诫，不得拒绝或者怠于履行监护职责。

第十七条 【有针对性的预防犯罪教育】教育行政部门、学校应当将预防犯罪教育纳入学校教学计划，指导教职员工结合未成年人的特点，采取多种方式对未成年学生进行有针对性的预防犯罪教育。

第十八条 【学校法治教育】学校应当聘任从事法治教育的专职或者兼职教师，并可以从司法和执法机关、法学教育和法律服务机构等单位聘请法治副校长、校外法治辅导员。

第十九条 【心理健康教育】学校应当配备专职或者兼职的心理健康教育教师，开展心理健康教育。学校可以根据实际情况与专业心理健康机构合作，建立心理健康筛查和早期干预机制，预防和解决学生心理、行为异常问题。

学校应当与未成年学生的父母或者其他监护人加强沟通，共同做好未成年学生心理健康教育；发现未成年学生可能患有精神障碍的，应当立即告知其父母或者其他监护人送相关专业机构诊治。

第二十条 【学生欺凌】教育行政部门应当会同有关部门建立学生欺凌防控制度。学校应当加强日常安全管理，完善学生欺凌发现和处置的工作流程，严格排查并及时消除可能导致学生欺凌行为的各种隐患。

第二十一条　【预防学生欺凌的教育】教育行政部门鼓励和支持学校聘请社会工作者长期或者定期进驻学校，协助开展道德教育、法治教育、生命教育和心理健康教育，参与预防和处理学生欺凌等行为。

第二十二条　【教育方法】教育行政部门、学校应当通过举办讲座、座谈、培训等活动，介绍科学合理的教育方法，指导教职员工、未成年学生的父母或者其他监护人有效预防未成年人犯罪。

学校应当将预防犯罪教育计划告知未成年学生的父母或者其他监护人。未成年学生的父母或者其他监护人应当配合学校对未成年学生进行有针对性的预防犯罪教育。

第二十三条　【纳入考核】教育行政部门应当将预防犯罪教育的工作效果纳入学校年度考核内容。

第二十四条　【宣传教育活动】各级人民政府及其有关部门、人民检察院、人民法院、共产主义青年团、少年先锋队、妇女联合会、残疾人联合会、关心下一代工作委员会等应当结合实际，组织、举办多种形式的预防未成年人犯罪宣传教育活动。有条件的地方可以建立青少年法治教育基地，对未成年人开展法治教育。

第二十五条　【社区教育职责】居民委员会、村民委员会应当积极开展有针对性的预防未成年人犯罪宣传活动，协助公安机关维护学校周围治安，及时掌握本辖区内未成年人的监护、就学和就业情况，组织、引导社区社会组织参与预防未成年人犯罪工作。

第二十六条　【校外教育活动】青少年宫、儿童活动中心等校外活动场所应当把预防犯罪教育作为一项重要的工作内容，开展多种形式的宣传教育活动。

第二十七条　【职业培训】职业培训机构、用人单位在对已满十六周岁准备就业的未成年人进行职业培训时，应当将预防犯罪教育纳入培训内容。

第三章　对不良行为的干预

第二十八条　【不良行为的内容】本法所称不良行为，是指未成年人实施的不利于其健康成长的下列行为：

（一）吸烟、饮酒；

（二）多次旷课、逃学；

（三）无故夜不归宿、离家出走；

（四）沉迷网络；

（五）与社会上具有不良习性的人交往，组织或者参加实施不良行为的团伙；

（六）进入法律法规规定未成年人不宜进入的场所；

（七）参与赌博、变相赌博，或者参加封建迷信、邪教等活动；

（八）阅览、观看或者收听宣扬淫秽、色情、暴力、恐怖、极端等内容的读物、音像制品或者网络信息等；

（九）其他不利于未成年人身心健康成长的不良行为。

第二十九条　【家庭干预】未成年人的父母或者其他监护人发现未成年人有不良行为的，应当及时制止并加强管教。

第三十条　【政府干预】公安机关、居民委员会、村民委员会发现本辖区内未成年人有不良行为的，应当及时制止，并督促其父母或者其他监护人依法履行监护职责。

第三十一条　【学校干预】学校对有不良行为的未成年学生，应当加强管理教育，不得歧视；对拒不改正或者情节严重的，学校可以根据情况予以处分或者采取以下管理教育措施：

（一）予以训导；

（二）要求遵守特定的行为规范；

（三）要求参加特定的专题教育；

（四）要求参加校内服务活动；

（五）要求接受社会工作者或者其他专业人员的心理辅导和行为干预；

（六）其他适当的管理教育措施。

第三十二条　【家校合作】学校和家庭应当加强沟通，建立家校合作机制。学校决定对未成年学生采取管理教育措施的，应当及时告知其父母或者其他监护人；未成年学生的父母或者其他监护人应当支持、配合学校进行管理教育。

第三十三条　【对情节轻微的不良行为的处理】未成年学生偷窃少量财物，或者有殴打、辱骂、恐吓、强行索要财物等学生欺凌行为，情节轻微的，可以由学校依照本法第三十一条规定采取相应的管理教育措施。

第三十四条　【对旷课、逃学的处理】未成年学生旷课、逃学的，学校应当及时联系其父母或者其他监护人，了解有关情况；无正当理由的，学校和未成年学生的父母或者其他监护人应当督促其返校学习。

第三十五条　【对无故夜不归宿、离家出走的处理】未成年人无故夜不归宿、离家出走的，父母或者其他监护人、所在的寄宿制学校应当及时查找，必要时向公安机关报告。

收留夜不归宿、离家出走未成年人的，应当及时联系其父母或者其他监护人、所在学校；无法取得联系的，应当及时向公安机关报告。

第三十六条　【对夜不归宿、离家出走或者流落街头的处理】对夜不归宿、离家出走或者流落街头的未成年人，公安机关、公共场所管理机构等发现或者接到报告后，应当及时采取有效保护措施，并通知其父母或者其他监护人、所在的寄宿制学校，必要时应当护送其返回住所、学校；无法与其父母或者其他监护人、学校取得联系的，应当护送未成年人到救助保护机构接受救助。

第三十七条　【对组织或参加不良团伙的处理】未成年人的父母或者其他监护人、学校发现未成年人组织或者参加实施不良行为的团伙，应当及时制止；发现该团伙有违法犯罪嫌疑的，应当立即向公安机关报告。

第四章　对严重不良行为的矫治

第三十八条　【严重不良行为的内容】本法所称严重不良行为，是指未成年人实施的有刑法规定、因不满法定刑事责任年龄不予刑事处罚的行为，以及严重危害社会的下列行为：

（一）结伙斗殴，追逐、拦截他人，强拿硬要或者任意损毁、占用公私财物等寻衅滋事行为；

（二）非法携带枪支、弹药或者弩、匕首等国家规定的管制器具；

（三）殴打、辱骂、恐吓，或者故意伤害他人身体；

（四）盗窃、哄抢、抢夺或者故意损毁公私财物；

（五）传播淫秽的读物、音像制品或者信息等；

（六）卖淫、嫖娼，或者进行淫秽表演；

（七）吸食、注射毒品，或者向他人提供毒品；

（八）参与赌博赌资较大；

（九）其他严重危害社会的行为。

第三十九条　【报告义务】未成年人的父母或者其他监护人、学校、居民委员会、村民委员会发现有人教唆、胁迫、引诱未成年人实施严重不良行为的，应当立即向公安机关报告。公安机关接到报告或者发现有上述情形的，应当及时依法查处；对人身安全受到威胁的未成年人，应当立即采取有效保护措施。

第四十条　【及时制止】公安机关接到举报或者发现未成年人有严重不良行为的，应当及时制止，依法调查处理，并可以责令其父母或者其他监护人消除或者减轻违法后果，采取措施严加管教。

第四十一条　【公安机关可采取的措施】对有严重不良行为的未成年人，公安机关可以根据具体情况，采取以下矫治教育措施：

（一）予以训诫；

（二）责令赔礼道歉、赔偿损失；

（三）责令具结悔过；

（四）责令定期报告活动情况；

（五）责令遵守特定的行为规范，不得实施特定行为、接触特定人员或者进入特定场所；

（六）责令接受心理辅导、行为矫治；

（七）责令参加社会服务活动；

（八）责令接受社会观护，由社会组织、有关机构在适当场所对未成年人进行教育、监督和管束；

（九）其他适当的矫治教育措施。

第四十二条　【多方配合、共同教育】公安机关在对未成年人进行矫治教育时，可以根据需要邀请学校、居民委员会、村民委员会以及社会工作服务机构等社会组织参与。

未成年人的父母或者其他监护人应当积极配合矫治教育措施的实施，不得妨碍阻挠或者放任不管。

第四十三条　【接受专门教育】对有严重不良行为的未成年人，未成年人的父母或者其他监护人、所在学校无力管教或者管教无效的，可以向教育行政部门提出申请，经专门教育指导委员会评估同意后，由教育行政部门决定送入专门学校接受专门教育。

第四十四条　【应接受专门教育的情况】未成年人有下列情形之一的，经专门教育指导委员会评估同意，教育行政部门会同公安机关可以决定将其送入专门学校接受专门教育：

（一）实施严重危害社会的行为，情节恶劣或者造成严重后果；

（二）多次实施严重危害社会的行为；

（三）拒不接受或者配合本法第四十一条规定的矫治教育措施；

（四）法律、行政法规规定的其他情形。

第四十五条　【对专门教育场所的管理】未成年人实施刑法规定的行为、因不满法定刑事责任年龄不予刑事处罚的，经专门教育指导委员会评估同意，教育行政部门会同公安机关可以决定对其进行专门矫治教育。

省级人民政府应当结合本地的实际情况，至少确定一所专门学校按照分校区、分班级等方式设置专门场所，对前款规定的未成年人进行专门矫治教育。

前款规定的专门场所实行闭环管理，公安机关、司法行政部门负责未成年人的矫治工作，教育行政部门承担未成年人的教育工作。

第四十六条　【专门学校转回普通学校】专门学校应当在每个学期适时提请专门教育指导委员会对接受专门教育的未成年学生的情况进行评估。对经评估适合转回普通学校就读的，专门教育指导委员会应当向原决定机关提出书面建议，由原决定机关决定是否将未成年学生转回普通学校就读。

原决定机关决定将未成年学生转回普通学校的，其原所在学校不得拒绝接收；因特殊情况，不适宜转回原所在学校的，由教育行政部门安排转学。

第四十七条 【专门学校的教育内容及管理】专门学校应当对接受专门教育的未成年人分级分类进行教育和矫治，有针对性地开展道德教育、法治教育、心理健康教育，并根据实际情况进行职业教育；对没有完成义务教育的未成年人，应当保证其继续接受义务教育。

专门学校的未成年学生的学籍保留在原学校，符合毕业条件的，原学校应当颁发毕业证书。

第四十八条 【加强专门学校的家校联系】专门学校应当与接受专门教育的未成年人的父母或者其他监护人加强联系，定期向其反馈未成年人的矫治和教育情况，为父母或者其他监护人、亲属等看望未成年人提供便利。

第四十九条 【行政复议、行政诉讼】未成年人及其父母或者其他监护人对本章规定的行政决定不服的，可以依法提起行政复议或者行政诉讼。

第五章　对重新犯罪的预防

第五十条 【针对性法治教育】公安机关、人民检察院、人民法院办理未成年人刑事案件，应当根据未成年人的生理、心理特点和犯罪的情况，有针对性地进行法治教育。

对涉及刑事案件的未成年人进行教育，其法定代理人以外的成年亲属或者教师、辅导员等参与有利于感化、挽救未成年人的，公安机关、人民检察院、人民法院应当邀请其参加有关活动。

第五十一条 【社会调查和心理测评】公安机关、人民检察院、人民法院办理未成年人刑事案件，可以自行或者委托有关社会组织、机构对未成年犯罪嫌疑人或者被告人的成长经历、犯罪原因、监护、教育等情况进行社会调查；根据实际需要并经未成年犯罪嫌疑人、被告人及其法定代理人同意，可以对未成年犯罪嫌疑人、被告人进行心理测评。

社会调查和心理测评的报告可以作为办理案件和教育未成年人的参考。

第五十二条 【取保候审】公安机关、人民检察院、人民法院对于无固定住所、无法提供保证人的未成年人适用取保候审的，应当指定合适成年人作为保证人，必要时可以安排取保候审的未成年人接受社会观护。

第五十三条 【对服刑未成年人的教育】对被拘留、逮捕以及在未成年犯管教所执行刑罚的未成年人，应当与成年人分别关押、管理和教育。对未成年人的社区矫正，应当与成年人分别进行。

对有上述情形且没有完成义务教育的未成年人，公安机关、人民检察院、人民法院、司法行政部门应当与教育行政部门相互配合，保证其继续接受义务教育。

第五十四条 【社区机构对未成年犯的教育】未成年犯管教所、社区矫正机构应当对未成年犯、未成年社区矫正对象加强法治教育，并根据实际情况对其进行职业教育。

第五十五条 【安置帮教未成年社区矫正对象】社区矫正机构应当告知未成年社区矫正对象安置帮教的有关规定，并配合安置帮教工作部门落实或者解决未成年社区矫正对象的就学、就业等问题。

第五十六条 【安置帮教刑满释放的未成年人】对刑满释放的未成年人，未成年犯管教所应当提前通知其父母或者其他监护人按时接回，并协助落实安置帮教措施。没有父母或者其他监护人、无法查明其父母或者其他监护人的，未成年犯管教所应当提前通知未成年人原户籍所在地或者居住地的司法行政部门安排人员按时接回，由民政部门或者居民委员会、村民委员会依法对其进行监护。

第五十七条 【家庭、学校、社区协助安置帮教】未成年人的父母或者其他监护人和学校、居民委员会、村民委员会对接受社区矫正、刑满释放的未成年人，应当采取有效的帮教措施，协助司法机关以及有关部门做好安置帮教工作。

居民委员会、村民委员会可以聘请思想品德优秀，作风正派，热心未成年人工作的离退休人员、志愿者或其他人员协助做好前款规定的安置帮教工作。

第五十八条　【学习、就业不受歧视】 刑满释放和接受社区矫正的未成年人，在复学、升学、就业等方面依法享有与其他未成年人同等的权利，任何单位和个人不得歧视。

典型例题（2021 上·判断）15 岁的王某非常顽劣，因与校外学生打架致人重伤，被判刑半年。刑满释放后，王某要求回学校继续读完初三，学校有权拒绝王某的就读申请。　　　　　　　　（　　）

【答案】×。

第五十九条　【保护未成年人犯罪记录】 未成年人的犯罪记录依法被封存的，公安机关、人民检察院、人民法院和司法行政部门不得向任何单位或者个人提供，但司法机关因办案需要或者有关单位根据国家有关规定进行查询的除外。依法进行查询的单位和个人应当对相关记录信息予以保密。

未成年人接受专门矫治教育、专门教育的记录，以及被行政处罚、采取刑事强制措施和不起诉的记录，适用前款规定。

第六十条　【依法监督】 人民检察院通过依法行使检察权，对未成年人重新犯罪预防工作等进行监督。

第六章　法律责任

第六十一条　【监护人的法律责任】 公安机关、人民检察院、人民法院在办理案件过程中发现实施严重不良行为的未成年人的父母或者其他监护人不依法履行监护职责的，应当予以训诫，并可以责令其接受家庭教育指导。

第六十二条　【学校的法律责任】 学校及其教职员工违反本法规定，不履行预防未成年人犯罪工作职责，或者虐待、歧视相关未成年人的，由教育行政等部门责令改正，通报批评；情节严重的，对直接负责的主管人员和其他直接责任人员依法给予处分。构成违反治安管理行为的，由公安机关依法予以治安管理处罚。

教职员工教唆、胁迫、引诱未成年人实施不良行为或者严重不良行为，以及品行不良、影响恶劣的，教育行政部门、学校应当依法予以解聘或者辞退。

第六十三条　【歧视相关未成年人的法律责任】 违反本法规定，在复学、升学、就业等方面歧视相关未成年人的，由所在单位或者教育、人力资源社会保障等部门责令改正；拒不改正的，对直接负责的主管人员或者其他直接责任人员依法给予处分。

第六十四条　【虐待、歧视接受社会观护的未成年人的法律责任】 有关社会组织、机构及其工作人员虐待、歧视接受社会观护的未成年人，或者出具虚假社会调查、心理测评报告的，由民政、司法行政等部门对直接负责的主管人员或者其他直接责任人员依法给予处分，构成违反治安管理行为的，由公安机关予以治安管理处罚。

第六十五条　【教唆、胁迫、引诱未成年人的法律责任】 教唆、胁迫、引诱未成年人实施不良行为或者严重不良行为，构成违反治安管理行为的，由公安机关依法予以治安管理处罚。

第六十六条　【滥用职权、玩忽职守、徇私舞弊的法律责任】 国家机关及其工作人员在预防未成年人犯罪工作中滥用职权、玩忽职守、徇私舞弊的，对直接负责的主管人员和其他直接责任人员，依法给予处分。

第六十七条　【刑事责任】 违反本法规定，构成犯罪的，依法追究刑事责任。

第七章　附则

第六十八条　【施行时间】 本法自 2021 年 6 月 1 日起施行。

第六节 《学生伤害事故处理办法》(节选)

(2002 年 6 月 25 日,由中华人民共和国教育部第 12 号令正式颁布,2002 年 9 月 1 日起施行。根据 2010 年 12 月 13 日《教育部关于修改和废止部分规章的决定》修改)

第一章　总则

第一条　【制定目的】 为积极预防、妥善处理在校学生伤害事故,保护学生、学校的合法权益,根据《中华人民共和国教育法》《中华人民共和国未成年人保护法》和其他相关法律、行政法规及有关规定,制定本办法。

第二条　【适用区域】 在学校实施的教育教学活动或者学校组织的校外活动中,以及在学校负有管理责任的校舍、场地、其他教育教学设施、生活设施内发生的,造成在校学生人身损害后果的事故的处理,适用本办法。

第三条　【处理原则】 学生伤害事故应当遵循依法、客观公正、合理适当的原则,及时、妥善地处理。

第五条　【安全教育】 学校应当对在校学生进行必要的安全教育和自护自救教育;应当按照规定,建立健全安全制度,采取相应的管理措施,预防和消除教育教学环境中存在的安全隐患;当发生伤害事故时,应当及时采取措施救助受伤害学生。

学校对学生进行安全教育、管理和保护,应当针对学生年龄、认知能力和法律行为能力的不同,采用相应的内容和预防措施。

第七条　【监护人的责任】 未成年学生的父母或者其他监护人(以下称为监护人)应当依法履行监护职责,配合学校对学生进行安全教育、管理和保护工作。

学校对未成年学生不承担监护职责,但法律有规定的或者学校依法接受委托承担相应监护职责的情形除外。

典型例题 1.(2024 上·单选)作为班主任,如果班上的学生发生伤害事故,首先应该做的是(　　)。

A. 保护现场　　　　B. 救助学生　　　　C. 报告校长　　　　D. 告知家长

【答案】B。

2.(2022 下·单选)下列关于学生伤害事故的说法,错误的是(　　)。

A. 学生伤害事故一般是对在校学生造成的伤害

B. 发生在学校内的事故才能定义为学生伤害事故

C. 学生伤害事故处理结束,学校应当将事故处理结果书面报告主管的教育行政部门

D. 发生学生伤害事故,学校应当及时救助受伤害学生,并应当及时告知未成年学生的监护人

【答案】B。

第二章　事故与责任

第八条　【事故责任】 发生学生伤害事故,造成学生人身损害的,学校应当按照《中华人民共和国侵权责任法》及相关法律、法规的规定,承担相应的事故责任。

注:《中华人民共和国民法典》自 2021 年 1 月 1 日起施行,《中华人民共和国侵权责任法》同时废止。民法典中关于侵权责任的内容与侵权责任法相关内容的基本意思相同。

第九条　【学校承担责任的情形】因下列情形之一造成的学生伤害事故，学校应当依法承担相应的责任：

（一）学校的校舍、场地、其他公共设施，以及学校提供给学生使用的学具、教育教学和生活设施、设备不符合国家规定的标准，或者有明显不安全因素的；

（二）学校的安全保卫、消防、设施设备管理等安全管理制度有明显疏漏，或者管理混乱，存在重大安全隐患，而未及时采取措施的；

（三）学校向学生提供的药品、食品、饮用水等不符合国家或者行业的有关标准、要求的；

（四）学校组织学生参加教育教学活动或者校外活动，未对学生进行相应的安全教育，并未在可预见的范围内采取必要的安全措施的；

（五）学校知道教师或者其他工作人员患有不适宜担任教育教学工作的疾病，但未采取必要措施的；

（六）学校违反有关规定，组织或者安排未成年学生从事不宜未成年人参加的劳动、体育运动或者其他活动的；

（七）学生有特异体质或者特定疾病，不宜参加某种教育教学活动，学校知道或者应当知道，但未予以必要的注意的；

（八）学生在校期间突发疾病或者受到伤害，学校发现，但未根据实际情况及时采取相应措施，导致不良后果加重的；

（九）学校教师或者其他工作人员体罚或者变相体罚学生，或者在履行职责过程中违反工作要求、操作规程、职业道德或者其他有关规定的；

（十）学校教师或者其他工作人员在负有组织、管理未成年学生的职责期间，发现学生行为具有危险性，但未进行必要的管理、告诫或者制止的；

（十一）对未成年学生擅自离校等与学生人身安全直接相关的信息，学校发现或者知道，但未及时告知未成年学生的监护人，导致未成年学生因脱离监护人的保护而发生伤害的；

（十二）学校有未依法履行职责的其他情形的。

第十条　【学生及监护人承担责任的情形】学生或者未成年学生监护人由于过错，有下列情形之一，造成学生伤害事故，应当依法承担相应的责任：

（一）学生违反法律法规的规定，违反社会公共行为准则、学校的规章制度或者纪律，实施按其年龄和认知能力应当知道具有危险或者可能危及他人的行为的；

（二）学生行为具有危险性，学校、教师已经告诫、纠正，但学生不听劝阻、拒不改正的；

（三）学生或者其监护人知道学生有特异体质，或者患有特定疾病，但未告知学校的；

（四）未成年学生的身体状况、行为、情绪等有异常情况，监护人知道或者已被学校告知，但未履行相应监护职责的；

（五）学生或者未成年学生监护人有其他过错的。

第十一条　【过错责任】学校安排学生参加活动，因提供场地、设备、交通工具、食品及其他消费与服务的经营者，或者学校以外的活动组织者的过错造成的学生伤害事故，有过错的当事人应当依法承担相应的责任。

第十二条　【学校不承担责任的情形】因下列情形之一造成的学生伤害事故，学校已履行了相应职责，行为并无不当的，无法律责任：

（一）地震、雷击、台风、洪水等不可抗的自然因素造成的；

（二）来自学校外部的突发性、偶发性侵害造成的；

（三）学生有特异体质、特定疾病或者异常心理状态，学校不知道或者难于知道的；

（四）学生自杀、自伤的；

（五）在对抗性或者具有风险性的体育竞赛活动中发生意外伤害的；

（六）其他意外因素造成的。

第十三条　【学校行为并无不当不承担事故责任的情形】下列情形下发生的造成学生人身损害后果的事故，学校行为并无不当的，不承担事故责任；事故责任应当按有关法律法规或者其他有关规定认定：

（一）在学生自行上学、放学、返校、离校途中发生的；

（二）在学生自行外出或者擅自离校期间发生的；

（三）在放学后、节假日或者假期等学校工作时间以外，学生自行滞留学校或者自行到校发生的；

（四）其他在学校管理职责范围外发生的。

第十四条　【致害人承担责任的情形】因学校教师或者其他工作人员与其职务无关的个人行为，或者因学生、教师及其他个人故意实施的违法犯罪行为，造成学生人身损害的，由致害人依法承担相应的责任。

第三章　事故处理程序

第十五条　【及时救助】发生学生伤害事故，学校应当及时救助受伤学生，并应当及时告知未成年学生的监护人；有条件的，应当采取紧急救援等方式救助。

第十六条　【事故处理报告部门】发生学生伤害事故，情形严重的，学校应当及时向主管教育行政部门及有关部门报告；属于重大伤亡事故的，教育行政部门应当按照有关规定及时向同级人民政府和上一级教育行政部门报告。

第十九条　【事故调解】教育行政部门收到调解申请，认为必要的，可以指定专门人员进行调解，并应当在受理申请之日起 60 日内完成调解。

第四章　事故损害的赔偿

第二十七条　【学校追偿】因学校教师或者其他工作人员在履行职务中的故意或者重大过失造成的学生伤害事故，学校予以赔偿后，可以向有关责任人员追偿。

第二十八条　【监护人赔偿】未成年学生对学生伤害事故负有责任的，由其监护人依法承担相应的赔偿责任。

学生的行为侵害学校教师及其他工作人员以及其他组织、个人的合法权益，造成损失的，成年学生或者未成年学生的监护人应当依法予以赔偿。

典型例题（2023上·单选）五年级（3）班的赵某在上英语课时突感腹痛，向任课教师张老师提出去医务室治疗。张老师认为赵某撒谎，不予应允。赵某因未及时就医导致急性胃出血而住院治疗。在该事件中，对赵某造成的伤害应当（　　）。

A. 由张老师赔偿

B. 由学校和张老师各赔偿一半或协商赔偿

C. 由学校予以赔偿，且学校不能向张老师追偿

D. 由学校予以赔偿，且学校可以向张老师追偿

【答案】D。

第七节　《中小学教育惩戒规则（试行）》（2020 年发布）（节选）

（2020 年 9 月 23 日教育部第 3 次部务会议审议通过，2020 年 12 月 23 日中华人民共和国教育部令第 49 号发布，自 2021 年 3 月 1 日起施行）

第一条　【制定目的和依据】为落实立德树人根本任务，保障和规范学校、教师依法履行教育教学和管理职责，保护学生合法权益，促进学生健康成长、全面发展，根据教育法、教师法、未成年人保护法、预防未成年人犯罪法等法律法规和国家有关规定，制定本规则。

第二条　【适用范围和术语解释】普通中小学校、中等职业学校（以下称学校）及其教师在教育教学和管理过程中对学生实施教育惩戒，适用本规则。

本规则所称教育惩戒，是指学校、教师基于教育目的，对违规违纪学生进行管理、训导或者以规定方式予以矫治，促使学生引以为戒、认识和改正错误的教育行为。

第四条　【实施原则】实施教育惩戒应当符合教育规律，注重育人效果；遵循法治原则，做到客观公正；选择适当措施，与学生过错程度相适应。

第七条　【教育惩戒适用的情形】学生有下列情形之一，学校及其教师应当予以制止并进行批评教育，确有必要的，可以实施教育惩戒：

（一）故意不完成教学任务要求或者不服从教育、管理的；

（二）扰乱课堂秩序、学校教育教学秩序的；

（三）吸烟、饮酒，或者言行失范违反学生守则的；

（四）实施有害自己或者他人身心健康的危险行为的；

（五）打骂同学、老师，欺凌同学或者侵害他人合法权益的；

（六）其他违反校规校纪的行为。

学生实施属于预防未成年人犯罪法规定的不良行为或者严重不良行为的，学校、教师应当予以制止并实施教育惩戒，加强管教；构成违法犯罪的，依法移送公安机关处理。

第八条　【一般教育惩戒措施】教师在课堂教学、日常管理中，对违规违纪情节较为轻微的学生，可以当场实施以下教育惩戒：

（一）点名批评；

（二）责令赔礼道歉、做口头或者书面检讨；

（三）适当增加额外的教学或者班级公益服务任务；

（四）一节课堂教学时间内的教室内站立；

（五）课后教导；

（六）学校校规校纪或者班规、班级公约规定的其他适当措施。

教师对学生实施前款措施后，可以以适当方式告知学生家长。

第九条　【较重教育惩戒措施】学生违反校规校纪，情节较重或者经当场教育惩戒拒不改正的，学校可以实施以下教育惩戒，并应当及时告知家长：

（一）由学校德育工作负责人予以训导；

（二）承担校内公益服务任务；

（三）安排接受专门的校规校纪、行为规则教育；

（四）暂停或者限制学生参加游览、校外集体活动以及其他外出集体活动；

（五）学校校规校纪规定的其他适当措施。

第十条　【严重教育惩戒措施】小学高年级、初中和高中阶段的学生违规违纪情节严重或者影响恶劣的，学校可以实施以下教育惩戒，并应当事先告知家长：

（一）给予不超过一周的停课或者停学，要求家长在家进行教育、管教；

（二）由法治副校长或者法治辅导员予以训诫；

（三）安排专门的课程或者教育场所，由社会工作者或者其他专业人员进行心理辅导、行为干预。

对违规违纪情节严重，或者经多次教育惩戒仍不改正的学生，学校可以给予警告、严重警告、记过或者留校察看的纪律处分。对高中阶段学生，还可以给予开除学籍的纪律处分。

对有严重不良行为的学生，学校可以按照法定程序，配合家长、有关部门将其转入专门学校教育矫治。

典型例题　1.（2023下·单选）小学二年级王同学违反校规校纪，被刘老师点名批评后拒不改正。刘老师可以实施的适当惩戒是（　　）。

A. 增加额外的作业任务　　　　　　　　　B. 承担校内公益服务任务

C. 一节课堂教学时间内的教室内站立　　　D. 由法治副校长或者法治辅导员予以训诫

【答案】B。

2.（2022下·单选）学校应当事先告知家长后才可以实施的教育惩戒是（　　）。

A. 承担校内公益服务任务

B. 由法治副校长或法治辅导员予以训诫

C. 安排接受专门的校规校纪、行为规则教育

D. 暂停或者限制学生参加游览、校外集体活动以及其他外出集体活动

【答案】B。

第十一条　【对潜在危险的预防措施】学生扰乱课堂或者教育教学秩序，影响他人或者可能对自己及他人造成伤害的，教师可以采取必要措施，将学生带离教室或者教学现场，并予以教育管理。

教师、学校发现学生携带、使用违规物品或者行为具有危险性的，应当采取必要措施予以制止；发现学生藏匿违法、危险物品的，应当责令学生交出并可以对可能藏匿物品的课桌、储物柜等进行检查。

教师、学校对学生的违规物品可以予以暂扣并妥善保管，在适当时候交还学生家长；属于违法、危险物品的，应当及时报告公安机关、应急管理部门等有关部门依法处理。

第十二条　【教育惩戒的禁行性行为】教师在教育教学管理、实施教育惩戒过程中，不得有下列行为：

（一）以击打、刺扎等方式直接造成身体痛苦的体罚；

（二）超过正常限度的罚站、反复抄写，强制做不适的动作或者姿势，以及刻意孤立等间接伤害身体、心理的变相体罚；

（三）辱骂或者以歧视性、侮辱性的言行侵犯学生人格尊严；

（四）因个人或者少数人违规违纪行为而惩罚全体学生；

（五）因学业成绩而教育惩戒学生；

（六）因个人情绪、好恶实施或者选择性实施教育惩戒；

（七）指派学生对其他学生实施教育惩戒；

（八）其他侵害学生权利的。

`典型例题` （2024上·单选）学校惩戒学生应该坚持的原则不包括（　　）。

A. 按正当程序实施惩戒

B. 以恰当的方式实施惩戒

C. 结合改造和教育实施惩戒

D. 针对学生的认知错误实施惩戒

【答案】D。解析：只有当学生出现道德不良行为时才能对其进行惩戒。对于非道德方面的错误，如做错作业或认知错误，教师不能进行惩戒。

第十三条　【教育保护工作机制】教师对学生实施教育惩戒后，应当注重与学生的沟通和帮扶，对改正错误的学生及时予以表扬、鼓励。

学校可以根据实际和需要，建立学生教育保护辅导工作机制，由学校分管负责人、德育工作机构负责人、教师以及法治副校长（辅导员）、法律以及心理、社会工作等方面的专业人员组成辅导小组，对有需要的学生进行专门的心理辅导、行为矫治。

第十四条　【实施教育惩戒和纪律处分相关的陈述、听证和解除】学校拟对学生实施本规则第十条所列教育惩戒和纪律处分的，应当听取学生的陈述和申辩。学生或者家长申请听证的，学校应当组织听证。

学生受到教育惩戒或者纪律处分后，能够诚恳认错、积极改正的，可以提前解除教育惩戒或者纪律处分。

第十七条　【教育惩戒异议的申诉】学生及其家长对学校依据本规则第十条实施的教育惩戒或者给予的纪律处分不服的，可以在教育惩戒或者纪律处分作出后15个工作日内向学校提起申诉。

学校应当成立由学校相关负责人、教师、学生以及家长、法治副校长等校外有关方面代表组成的学生申诉委员会，受理申诉申请，组织复查。学校应当明确学生申诉委员会的人员构成、受理范围及处理程序等并向学生及家长公布。

学生申诉委员会应当对学生申诉的事实、理由等进行全面审查，作出维持、变更或者撤销原教育惩戒或者纪律处分的决定。

第十八条　【教育惩戒异议的复核、复议】学生或者家长对学生申诉处理决定不服的，可以向学校主管教育部门申请复核；对复核决定不服的，可以依法提起行政复议或者行政诉讼。

第八节　教师专业标准

一、《中学教师专业标准（试行）》（节选）

1.基本理念

（1）师德为先

热爱中学教育事业，具有职业理想，践行社会主义核心价值体系，履行教师职业道德规范，依法执教。关爱中学生，尊重中学生人格，富有爱心、责任心、耐心和细心；为人师表，教书育人，自尊自律，以人格魅力和学识魅力教育感染中学生，做中学生健康成长的指导者和引路人。

（2）学生为本

尊重中学生权益，以中学生为主体，充分调动和发挥中学生的主动性；遵循中学生身心发展特点和教育教学规律，提供适合的教育，促进中学生生动活泼学习、健康快乐成长，全面而有个性地发展。

（3）能力为重

把学科知识、教育理论与教育实践有机结合，突出教书育人实践能力；研究中学生，遵循中学生成长规律，提升教育教学专业化水平；坚持实践、反思、再实践、再反思，不断提高专业能力。

（4）终身学习

学习先进中学教育理论，了解国内外中学教育改革与发展的经验和做法；优化知识结构，提高文化素养；具有终身学习与持续发展的意识和能力，做终身学习的典范。

2. 基本内容（见表3-8-1）

表3-8-1 《中学教师专业标准（试行）》的基本内容

维度	领域	基本要求
专业理念与师德	（一）职业理解与认识	1. 贯彻党和国家教育方针政策，遵守教育法律法规。 2. 理解中学教育工作的意义，热爱中学教育事业，具有职业理想和敬业精神。 3. 认同中学教师的专业性和独特性，注重自身专业发展。 4. 具有良好职业道德修养，为人师表。 5. 具有团队合作精神，积极开展协作与交流
	（二）对学生的态度与行为	6. 关爱中学生，重视中学生身心健康发展，保护中学生生命安全。 7. 尊重中学生独立人格，维护中学生合法权益，平等对待每一位中学生。不讽刺、挖苦、歧视中学生，不体罚或变相体罚中学生。 8. 尊重个体差异，主动了解和满足中学生的不同需要。 9. 信任中学生，积极创造条件，促进中学生的自主发展
	（三）教育教学的态度与行为	10. 树立育人为本、德育为先的理念，将中学生的知识学习、能力发展与品德养成相结合，重视中学生的全面发展。 11. 尊重教育规律和中学生身心发展规律，为每一位中学生提供适合的教育。 12. 激发中学生的求知欲和好奇心，培养中学生学习兴趣和爱好，营造自由探索、勇于创新的氛围。 13. 引导中学生自主学习、自强自立，培养良好的思维习惯和适应社会的能力。 14. 尊重和发挥好共青团、少先队组织的教育引导作用
	（四）个人修养与行为	15. 富有爱心、责任心、耐心和细心。 16. 乐观向上、热情开朗、有亲和力。 17. 善于自我调节情绪，保持平和心态。 18. 勤于学习，不断进取。 19. 衣着整洁得体，语言规范健康，举止文明礼貌
专业知识	（五）教育知识	20. 掌握中学教育的基本原理和主要方法。 21. 掌握班级、共青团、少先队建设与管理的原则与方法。 22. 掌握教育心理学的基本原理和方法，了解中学生身心发展的一般规律与特点。 23. 了解中学生世界观、人生观、价值观形成的过程及其教育方法。 24. 了解中学生思维能力、创新能力和实践能力发展的过程与特点。 25. 了解中学生群体文化特点与行为方式

（续表）

维度	领域	基本要求
专业知识	（六）学科知识	26. 理解所教学科的知识体系、基本思想与方法。 27. 掌握所教学科内容的基本知识、基本原理与技能。 28. 了解所教学科与其他学科的联系。 29. 了解所教学科与社会实践及共青团、少先队活动的联系
	（七）学科教学知识	30. 掌握所教学科课程标准。 31. 掌握所教学科课程资源开发与校本课程开发的主要方法与策略。 32. 了解中学生在学习具体学科内容时的认知特点。 33. 掌握针对具体学科内容进行教学和研究性学习的方法与策略
	（八）通识性知识	34. 具有相应的自然科学和人文社会科学知识。 35. 了解中国教育基本情况。 36. 具有相应的艺术欣赏与表现知识。 37. 具有适应教育内容、教学手段和方法现代化的信息技术知识
专业能力	（九）教学设计	38. 科学设计教学目标和教学计划。 39. 合理利用教学资源和方法设计教学过程。 40. 引导和帮助中学生设计个性化的学习计划
	（十）教学实施	41. 营造良好的学习环境与氛围，激发与保护中学生的学习兴趣。 42. 通过启发式、探究式、讨论式、参与式等多种方式，有效实施教学。 43. 有效调控教学过程，合理处理课堂偶发事件。 44. 引发中学生独立思考和主动探究，发展学生创新能力。 45. 发挥好共青团、少先队组织生活、集体活动、信息传播等教育功能。 46. 将现代教育技术手段整合应用到教学中
	（十一）班级管理与教育活动	47. 建立良好的师生关系，帮助中学生建立良好的同伴关系。 48. 注重结合学科教学进行育人活动。 49. 根据中学生世界观、人生观、价值观形成的特点，有针对性地组织开展德育活动。 50. 针对中学生青春期生理和心理发展特点，有针对性地组织开展有益身心健康发展的教育活动。 51. 指导学生理想、心理、学业等多方面发展。 52. 有效管理和开展班级、共青团、少先队活动。 53. 妥善应对突发事件
	（十二）教育教学评价	54. 利用评价工具，掌握多元评价方法，多视角、全过程评价学生发展。 55. 引导学生进行自我评价。 56. 自我评价教育教学效果，及时调整和改进教育教学工作
	（十三）沟通与合作	57. 了解中学生，平等地与中学生进行沟通交流。 58. 与同事合作交流，分享经验和资源，共同发展。 59. 与家长进行有效沟通合作，共同促进中学生发展。 60. 协助中学与社区建立合作互助的良好关系

（续表）

维度	领域	基本要求
专业能力	（十四）反思与发展	61. 主动收集分析相关信息，不断进行反思，改进教育教学工作。 62. 针对教育教学工作中的现实需要与问题，进行探索和研究。 63. 制定专业发展规划，积极参加专业培训，不断提高自身专业素质

典型例题　（2024上·单选）下列不属于中学教师"反思与发展"领域要求的是（　　　）。

A. 制定专业发展规划，积极参加专业培训，不断提高自身专业素质

B. 主动收集分析相关信息，不断进行反思，改进教育教学工作

C. 针对教育教学工作中的现实需要与问题，进行探索和研究

D. 与同事合作交流，分享经验和资源，共同发展

【答案】D。

二、《小学教师专业标准（试行）》（节选）

1. 基本理念

（1）师德为先

热爱小学教育事业，具有职业理想，践行社会主义核心价值体系，履行教师职业道德规范，依法执教。关爱小学生，尊重小学生人格，富有爱心、责任心、耐心和细心；为人师表，教书育人，自尊自律，做小学生健康成长的指导者和引路人。

（2）学生为本

尊重小学生权益，以小学生为主体，充分调动和发挥小学生的主动性；遵循小学生身心发展特点和教育教学规律，提供适合的教育，促进小学生生动活泼学习、健康快乐成长。

（3）能力为重

把学科知识、教育理论与教育实践有机结合，突出教书育人实践能力；研究小学生，遵循小学生成长规律，提升教育教学专业化水平；坚持实践、反思、再实践、再反思，不断提高专业能力。

（4）终身学习

学习先进小学教育理论，了解国内外小学教育改革与发展的经验和做法；优化知识结构，提高文化素养；具有终身学习与持续发展的意识和能力，做终身学习的典范。

2. 基本内容（见表3-8-2）

表3-8-2　《小学教师专业标准（试行）》的基本内容

维度	领域	基本要求
专业理念与师德	（一）职业理解与认识	1. 贯彻党和国家教育方针政策，遵守教育法律法规。 2. 理解小学教育工作的意义，热爱小学教育事业，具有职业理想和敬业精神。 3. 认同小学教师的专业性和独特性，注重自身专业发展。 4. 具有良好职业道德修养，为人师表。 5. 具有团队合作精神，积极开展协作与交流

维度	领域	基本要求
专业理念与师德	（二）对小学生的态度与行为	6. 关爱小学生，重视小学生身心健康，将保护小学生生命安全放在首位。 7. 尊重小学生独立人格，维护小学生合法权益，平等对待每一位小学生。不讽刺、挖苦、歧视小学生，不体罚或变相体罚小学生。 8. 信任小学生，尊重个体差异，主动了解和满足有益于小学生身心发展的不同需求。 9. 积极创造条件，让小学生拥有快乐的学校生活
	（三）教育教学的态度与行为	10. 树立育人为本、德育为先的理念，将小学生的知识学习、能力发展与品德养成相结合，重视小学生全面发展。 11. 尊重教育规律和小学生身心发展规律，为每一个小学生提供适合的教育。 12. 引导小学生体验学习乐趣，保护小学生的求知欲和好奇心，培养小学生的广泛兴趣、动手能力和探究精神。 13. 引导小学生学会学习，养成良好学习习惯。 14. 尊重和发挥好少先队组织的教育引导作用
	（四）个人修养与行为	15. 富有爱心、责任心、耐心和细心。 16. 乐观向上、热情开朗、有亲和力。 17. 善于自我调节情绪，保持平和心态。 18. 勤于学习，不断进取。 19. 衣着整洁得体，语言规范健康，举止文明礼貌
专业知识	（五）小学生发展知识	20. 了解关于小学生生存、发展和保护的有关法律法规及政策规定。 21. 了解不同年龄及有特殊需要的小学生身心发展特点和规律，掌握保护和促进小学生身心健康发展的策略与方法。 22. 了解不同年龄小学生学习的特点，掌握小学生良好行为习惯养成的知识。 23. 了解幼小和小初衔接阶段小学生的心理特点，掌握帮助小学生顺利过渡的方法。 24. 了解对小学生进行青春期和性健康教育的知识和方法。 25. 了解小学生安全防护的知识，掌握针对小学生可能出现的各种侵犯与伤害行为的预防与应对方法
	（六）学科知识	26. 适应小学综合性教学的要求，了解多学科知识。 27. 掌握所教学科知识体系、基本思想与方法。 28. 了解所教学科与社会实践、少先队活动的联系，了解与其他学科的联系
	（七）教育教学知识	29. 掌握小学教育教学基本理论。 30. 掌握小学生品行养成的特点和规律。 31. 掌握不同年龄小学生的认知规律和教育心理学的基本原理和方法。 32. 掌握所教学科的课程标准和教学知识
	（八）通识性知识	33. 具有相应的自然科学和人文社会科学知识。 34. 了解中国教育基本情况。 35. 具有相应的艺术欣赏与表现知识。 36. 具有适应教育内容、教学手段和方法现代化的信息技术知识

（续表）

维度	领域	基本要求
专业能力	（九）教育教学设计	37. 合理制定小学生个体与集体的教育教学计划。 38. 合理利用教学资源，科学编写教学方案。 39. 合理设计主题鲜明、丰富多彩的班级和少先队活动
	（十）组织与实施	40. 建立良好的师生关系，帮助小学生建立良好的同伴关系。 41. 创设适宜的教学情境，根据小学生的反应及时调整教学活动。 42. 调动小学生学习积极性，结合小学生已有的知识和经验激发学习兴趣。 43. 发挥小学生主体性，灵活运用启发式、探究式、讨论式、参与式等教学方式。 44. 发挥好少先队组织生活、集体活动、信息传播等教育功能。 45. 将现代教育技术手段整合应用到教学中。 46. 较好使用口头语言、肢体语言与书面语言，使用普通话教学，规范书写钢笔字、粉笔字、毛笔字。 47. 妥善应对突发事件。 48. 鉴别小学生行为和思想动向，用科学的方法防止和有效矫正不良行为
	（十一）激励与评价	49. 对小学生日常表现进行观察与判断，发现和赏识每一位小学生的点滴进步。 50. 灵活使用多元评价方式，给予小学生恰当的评价和指导。 51. 引导小学生进行积极的自我评价。 52. 利用评价结果不断改进教育教学工作
	（十二）沟通与合作	53. 使用符合小学生特点的语言进行教育教学工作。 54. 善于倾听，和蔼可亲，与小学生进行有效沟通。 55. 与同事合作交流，分享经验和资源，共同发展。 56. 与家长进行有效沟通合作，共同促进小学生发展。 57. 协助小学与社区建立合作互助的良好关系
	（十三）反思与发展	58. 主动收集分析相关信息，不断进行反思，改进教育教学工作。 59. 针对教育教学工作中的现实需要与问题，进行探索和研究。 60. 制定专业发展规划，积极参加专业培训，不断提高自身专业素质

第九节 《中国学生发展核心素养》（节选）

[摘要] 中国学生发展核心素养研究以科学性、时代性和民族性为基本原则，以培养"全面发展的人"为核心，充分反映新时期经济社会发展对人才培养的新要求，高度重视中华优秀传统文化的传承与发展，系统落实社会主义核心价值观。

学生发展核心素养，主要指学生应具备的，能够适应终身发展和社会发展需要的必备品格和关键能力。研制中国学生发展核心素养，根本出发点是将党的教育方针具体化、细化，落实立德树人根本任务，培养全面发展的人，提升21世纪国家人才核心竞争力。

一、总体框架

中国学生发展核心素养，以"全面发展的人"为核心，分为文化基础、自主发展、社会参与三个方面，综合表现为人文底蕴、科学精神、学会学习、健康生活、责任担当、实践创新六大素养。针对这一总体框架，可根据学生的年龄特点进一步提出各学段学生的具体表现要求。

二、基本内涵

（一）文化基础

文化是人存在的根和魂。文化基础，重在强调能习得人文、科学等各领域的知识和技能，掌握和运用人类优秀智慧成果，涵养内在精神，追求真善美的统一，发展成为有宽厚文化基础、有更高精神追求的人。

● 人文底蕴

人文底蕴主要是学生在学习、理解、运用人文领域知识和技能等方面所形成的基本能力、情感态度和价值取向。具体包括人文积淀、人文情怀和审美情趣等基本要点。

● 科学精神

科学精神主要是学生在学习、理解、运用科学知识和技能等方面所形成的价值标准、思维方式和行为表现。具体包括理性思维、批判质疑、勇于探究等基本要点。

（二）自主发展

自主性是人作为主体的根本属性。自主发展，重在强调能有效管理自己的学习和生活，认识和发现自我价值，发掘自身潜力，有效应对复杂多变的环境，成就出彩人生，发展成为有明确人生方向、有生活品质的人。

● 学会学习

学会学习主要是学生在学习意识形成、学习方式方法选择、学习进程评估调控等方面的综合表现。具体包括乐学善学、勤于反思、信息意识等基本要点。

● 健康生活

健康生活主要是学生在认识自我、发展身心、规划人生等方面的综合表现。具体包括珍爱生命、健全人格、自我管理等基本要点。

（三）社会参与

社会性是人的本质属性。社会参与，重在强调能处理好自我与社会的关系，养成现代公民所必须遵守和履行的道德准则和行为规范，增强社会责任感，提升创新精神和实践能力，促进个人价值实现，推动社会发展进步，发展成为有理想信念、敢于担当的人。

● 责任担当

责任担当主要是学生在处理与社会、国家、国际等关系方面所形成的情感态度、价值取向和行为方式。具体包括社会责任、国家认同、国际理解等基本要点。

● 实践创新

实践创新主要是学生在日常活动、问题解决、适应挑战等方面所形成的实践能力、创新意识和行为表现。具体包括劳动意识、问题解决、技术应用等基本要点。

第十节　习近平关于教育重要论述的主要内容

一、总论

1. 建设教育强国的进展和成就

习近平总书记在二十届中央政治局第五次集体学习时指出，我国已建成世界上规模最大的教育体系，教育现代化发展总体水平跨入世界中上国家行列。当前，我国教育已由规模扩张阶段转向高质量发展阶段。要坚持把高质量发展作为各级各类教育的生命线，加快建设高质量教育体系，以教育高质量发展赋能经济社会可持续发展。

2. 教育战略：始终把教育摆在优先发展的战略地位

习近平总书记在党的十九大报告中明确指出，优先发展教育事业。在全国教育大会上进一步强调，坚持优先发展教育事业。在党的二十大报告中再次强调坚持教育优先发展。

3. 根本任务：立德树人

习近平总书记多次强调立德树人是教育的根本任务。习近平总书记在学校思想政治理论课教师座谈会上强调，思想政治理论课是落实立德树人根本任务的关键课程。

4. 教育理想：中国特色、世界水平的现代教育

"发展具有中国特色、世界水平的现代教育"是我国教育发展的理想。当前我国基础教育要重点解决的问题是公平和质量。

5. 队伍保障：坚持把教师队伍建设作为基础工作

教育大计，教师为本。习近平总书记在全国教育大会上强调了教师的神圣使命。他指出，教师是人类灵魂的工程师，是人类文明的传承者，承载着传播知识、传播思想、传播真理，塑造灵魂、塑造生命、塑造人的时代重任。并明确指出，坚持把教师队伍建设作为基础工作。

6. 发展动力：坚持文化自信

教育发展的动力是改革创新。习近平总书记在考察北京市八一学校时指出，我们的教育改革要坚持文化自信，好的经验要坚持，不足的要补齐。

典型例题　（2023 下·判断）当前，我国教育已由规模扩张阶段转向高质量发展阶段。　　（　　）

【答案】√。

二、核心内涵（九个坚持）

1. 坚持党对教育事业的全面领导

习近平总书记在党的十九大报告中指出，坚持党对一切工作的领导。在全国教育大会上强调，要坚持党对教育事业的全面领导。在党的二十大报告中再次强调坚持党的领导。

坚持党的领导，要增强"四个意识"（政治意识、大局意识、核心意识、看齐意识），坚定"四个自信"（中国特色社会主义道路自信、理论自信、制度自信、文化自信），做到"两个维护"（坚决维护习近平总书记党中央的核心、全党的核心地位，坚决维护党中央权威和集中统一领导）。

2. 坚持把立德树人作为根本任务

（1）立德树人的含义

①揭示了教育的本质，是对教育本质的最新认识。

②揭示了德育在学校教育中的突出地位，强调促进人的德性成长是教育的首要任务，体现了党对人的全面发展的最新要求。

③揭示了道德发展与人的全面发展的辩证关系，强调了德性成长是人的全面发展的根本保障，体现了党对教育规律的深刻认识。

（2）立德树人是人才成长的根本规律

习近平总书记在北京大学师生座谈会的讲话中强调，人才培养一定是育人和育才相统一的过程，而育人是本。人无德不立，育人的根本在于立德。习近平总书记在尊重教育规律，坚持立德树人，丰富、完善和发展党的教育方针方面提出了一系列新论断：

①强调扣好人生的第一粒扣子，即抓好青年时期的价值观养成。

②强调理想信念教育。没有理想信念，就会导致精神上"缺钙"。

③强调加强社会主义核心价值观教育。

④强调加强中华优秀传统文化教育。文化是一个国家、一个民族的灵魂。文化自信是一个国家、一个民族发展中更基本、更深沉、更持久的力量。

⑤强调加强劳动教育和实践教育。要力行，知行合一，做实干家。

（3）立德树人是人民满意教育的根本要求

立德树人既是人民满意教育的根本要求，也是人民满意教育的根本标准，进一步回答了为谁培养人的重大问题。

（4）立德树人是实施素质教育的根本目的

习近平总书记在考察八一学校时指出，素质教育是教育的核心。在党的十九大报告中，要求发展素质教育。在全国教育大会上指出，坚决克服唯分数、唯升学、唯文凭、唯论文、唯帽子的顽瘴痼疾，从根本上解决教育评价指挥棒问题。在北京大学师生座谈会上的讲话中强调，要把立德树人的成效作为检验学校一切工作的根本标准。

3. 坚持优先发展教育事业

习近平总书记关于优先发展教育事业的思想是建立在对社会主义现代化建设和中华民族伟大复兴的历史进程中教育所具有的先导性、基础性、全局性作用的深刻认识基础上的。

先导性，是指教育的发展对社会主义现代化建设具有引领作用。

基础性，实质上是指人的素质在社会主义现代化建设中的基础性。教育的育人功能，教育对人的个性素质全面发展的促进，既是个人为人处世的基础，也是社会稳定和发展的基础。

全局性，是指教育的发展关乎社会主义现代化建设的方方面面。我们应当全面发挥教育的功能，促进人的全面发展和社会的全面进步。

优先发展教育事业是建设教育强国的必然要求，是立德树人的本质要求，也是改善民生的必然选择。

典型例题（2023下·单选）全面发挥教育的功能，主要体现为促进人的全面发展和（　　　）。

A. 社会的全面进步　　　　　　　　B. 文化的传承与交流

C. 社会个性化　　　　　　　　　　D. 个体的社会化

【答案】A。

4. 坚持社会主义办学方向

（1）把培养德智体美劳全面发展的社会主义建设者和接班人作为根本培养任务。

（2）把"四个服务"作为根本要求。习近平总书记在全国高校思想政治工作会议上强调，教育要"为人民服务，为中国共产党治国理政服务，为巩固和发展中国特色社会主义制度服务，为改革开放和社会主义现代化建设服务"。

（3）把坚持社会主义意识形态作为根本特征。

（4）把教师队伍建设作为根本依靠。

5. 坚持扎根中国大地办教育

习近平总书记在全国教育大会上明确指出，要坚持扎根中国大地办教育。办好中国特色社会主义教育必须牢牢扎根于中国大地，要始终坚持一切从中国实际和中国国情出发，继承而不守旧，借鉴而不照搬，追赶而不追随。

扎根中国大地办好中国特色社会主义教育，应坚持党的领导与遵循教育规律的统一，坚持学校为主体与多方紧密配合的统一，坚定文化自信与教育自信的统一，坚持放眼世界与中国特色的统一。

6. 坚持以人民为中心发展教育

坚持以人民为中心发展教育，办好人民满意的教育，是党"以人民为中心的发展思想"的重要体现，是党执政为民的内在要求，是我国教育改革发展的基本遵循和指南针。

7. 坚持深化教育改革创新

坚持深化教育改革创新是办好我国教育事业的根本要求和动力。

贯彻落实党的十九大精神，积极回应人民群众在新时代对更好教育的强烈期盼，办好人民满意的教育，关键在于全面深化教育领域综合改革。全面深化教育领域综合改革的重点就是要解决人民群众关心的教育热点问题，即促进教育公平和提升教育质量。

8. 坚持把服务中华民族伟大复兴作为教育的重要使命

要将教育使命与中华民族伟大复兴紧密结合在一起，要认清历史方位，审视教育使命；要把握国际坐标，发展教育使命；要立足中国现实，践行教育使命。

9. 坚持把教师队伍建设作为基础工作

（1）教师工作的本质是塑造灵魂、塑造生命、塑造人

习近平总书记在同北京师范大学师生代表座谈时指出，教师重要，就在于教师的工作是塑造灵魂、塑造生命、塑造人的工作。他在全国高校思想政治工作会议上强调，教师是人类灵魂的工程师，承担着神圣使命。

（2）四有好老师

习近平总书记在同北京师范大学师生代表座谈时，就如何做一名好老师提出了四点要求，要有理想信念、有道德情操、有扎实学识、有仁爱之心。

（3）四个引路人

习近平总书记在北京市八一学校与教师座谈时，提出了四个引路人：广大教师要做学生锤炼品格的引路人，做学生学习知识的引路人，做学生创新思维的引路人，做学生奉献祖国的引路人。

（4）三个牢固

习近平总书记向全国广大教师致慰问信时，对全国广大教师提出了殷切希望：希望全国广大教师牢固树立中国特色社会主义理想信念，牢固树立终身学习理念，牢固树立改革创新意识，为发展具有中国特色、世界和平的现代教育作出贡献。

（5）四个相统一

习近平总书记在全国高校政治工作会议上强调，要加强师德师风建设，坚持教书与育人相统一，坚持言传和身教相统一，坚持潜心问道和关注社会相统一，坚持学术自由和学术规范相统一，引导教师以德立身，以德立学，以德施教。

（6）做大先生

习近平总书记在清华大学考察时强调，教师要成为大先生，做学生为学、为事、为人的示范，促进学生成长为全面发展的人。

（7）做"经师"和"人师"的统一者

习近平总书记在中国人民大学考察时强调，培养社会主义建设者和接班人，迫切需要我们的教师既精通专业知识、做好"经师"，又涵养德行、成为"人师"，努力做精于"传道授业解惑"的"经师"和"人师"的统一者。

（8）建立一支宏达的高素质专业化教师队伍

习近平总书记在全国教育大会上指出，要建设一支宏达的高素质专业化教师队伍。他高度重视师德师风建设，指出"评价教师队伍素质的第一标准应该是师德师风"。

典型例题 （2021上·多选）习近平总书记提出教师要做学生的"引路人"，明确要求广大教师（　　）。

A. 要做学生劳动创造的引路人　　B. 要做学生锤炼品格的引路人

C. 要做学生学习知识的引路人　　D. 要做学生创新思维的引路人

E. 要做学生奉献祖国的引路人

【答案】BCDE。

小　结

1.【常考题型】单选、多选

2.【命题角度】

（1）直接考查立德树人的含义及地位。

（2）直接考查四有好老师、四个引路人等具体内容。

第十一节　相关教育政策与热点

一、《中小学生减负措施》（2018年发布）

1. 严控书面作业总量

小学一二年级不布置书面家庭作业，三至六年级家庭作业不超过60分钟，初中家庭作业不超过90分钟，高中也要合理安排作业时间。

2. 科学合理布置作业

作业难度水平不得超过课标要求，教师不得布置重复性和惩罚性作业，不得给家长布置作业或让家长代为评改作业。

3. 坚决控制考试次数

小学一二年级每学期学校可组织1次统一考试，其他年级每学期不超过2次统一考试。不得在小学组织选拔性或与升学挂钩的统一考试。

4. 指导学生实践锻炼

组织学生参加文体活动，培养运动兴趣，确保每天锻炼 1 小时，条件允许的情况下尽量安排在户外。教育学生坐立行读写姿势正确，认真做好广播操和眼保健操。加强劳动生活技能教育，指导学生参与社会实践，乐于科学探索，热心志愿公益服务。

5. 增强孩子身心健康

安排孩子每天进行户外锻炼，鼓励支持孩子参加各种形式体育活动，培育 1—2 项体育运动爱好，引导孩子从小养成良好锻炼习惯。经常关注孩子情绪变化和心理健康，采取措施进行有效疏导。有意识安排力所能及的家务劳动，教育孩子自己的事情自己做、家里的事情帮着做。

6. 引导孩子健康生活

引导孩子合理使用电子产品，上健康网站，不沉迷网络游戏，不用手机刷屏。不让孩子长时间看电视，保证小学生每天睡眠时间不少于 10 个小时，初中生不少于 9 个小时，高中阶段学生不少于 8 个小时。按时作息、不熬夜，少吃零食、不挑食，不攀比吃喝穿戴。

二、《关于进一步减轻义务教育阶段学生作业负担和校外培训负担的意见》（2021 年发布）

"双减"是指减轻义务教育阶段学生的作业负担和校外培训负担。

1. 全面压减作业总量和时长，减轻学生过重作业负担

（1）分类明确作业总量。学校要确保小学一、二年级不布置家庭书面作业，可在校内适当安排巩固练习；小学三至六年级书面作业平均完成时间不超过 60 分钟，初中书面作业平均完成时间不超过 90 分钟。

（2）提高作业设计质量。发挥作业诊断、巩固、学情分析等功能，将作业设计纳入教研体系，系统设计符合年龄特点和学习规律、体现素质教育导向的基础性作业。鼓励布置分层、弹性和个性化作业，坚决克服机械、无效作业，杜绝重复性、惩罚性作业。

2. 提升学校课后服务水平，满足学生多样化需求

（1）保证课后服务时间。课后服务结束时间原则上不早于当地正常下班时间；对有特殊需要的学生，学校应提供延时托管服务；初中学校工作日晚上可开设自习班。学校可统筹安排教师实行"弹性上下班制"。

（2）提高课后服务质量。充分用好课后服务时间，指导学生认真完成作业，对学习有困难的学生进行补习辅导与答疑，为学有余力的学生拓展学习空间，开展丰富多彩的科普、文体、艺术、劳动、阅读、兴趣小组及社团活动。不得利用课后服务时间讲新课。

3. 坚持从严治理，全面规范校外培训行为

（1）坚持从严审批机构。各地不再审批新的面向义务教育阶段学生的学科类校外培训机构，现有学科类培训机构统一登记为非营利性机构。对原备案的线上学科类培训机构，改为审批制。各省（自治区、直辖市）要对已备案的线上学科类培训机构全面排查，并按标准重新办理审批手续。未通过审批的，取消原有备案登记和互联网信息服务业务经营许可证（ICP）。对非学科类培训机构，各地要区分体育、文化艺术、科技等类别，明确相应主管部门，分类制定标准、严格审批。

（2）规范培训服务行为。建立培训内容备案与监督制度，制定出台校外培训机构培训材料管理办法。严禁超标超前培训，严禁非学科类培训机构从事学科类培训，严禁提供境外教育课程。进一步健全常态化排查机制，及时掌握校外培训机构情况及信息，完善"黑白名单"制度。

4. 大力提升教育教学质量，确保学生在校内学足学好

提升课堂教学质量。教育部门要指导学校健全教学管理规程，优化教学方式，强化教学管理，提升学生在校学习效率。学校要开齐开足开好国家规定课程，积极推进幼小科学衔接，帮助学生做好入学准备，严格按课程标准零起点教学，做到应教尽教，确保学生达到国家规定的学业质量标准。学校不得随意增减课时、提高难度、加快进度；降低考试压力，改进考试方法，不得有提前结课备考、违规统考、考题超标、考试排名等行为；考试成绩呈现实行等级制，坚决克服唯分数的倾向。

典型例题　1.（2024上·判断）根据中共中央办公厅、国务院办公厅印发的《关于进一步减轻义务教育阶段学生作业负担和校外培训负担的意见》，学校要确保小学一、二年级不布置家庭书面作业，可在校内适当安排巩固练习。　　　　　　　　　　　　　　　　　　　（　　）

【答案】√。

2.（2023上·判断）根据《关于进一步减轻义务教育阶段学生作业负担和校外培训负担的意见》，教师可根据实际情况利用课后服务时间讲新课。　　　　　　　　　　　　　　　　　（　　）

【答案】×。

三、《关于组织责任督学进行"五项管理"督导的通知》（2021年发布）

《关于组织责任督学进行"五项管理"督导的通知》指出，加强中小学生作业、睡眠、手机、读物、体质管理（简称"五项管理"），关系学生健康成长、全面发展，是深入推进立德树人的重大举措。其中，关于加强义务教育学校作业管理包括以下举措。

（1）把握作业育人功能。在课堂教学提质增效基础上，切实发挥好作业育人功能，布置科学合理有效作业，帮助学生巩固知识、形成能力、培养习惯，帮助教师检测教学效果、精准分析学情、改进教学方法，促进学校完善教学管理、开展科学评价、提高教育质量。

（2）严控书面作业总量。

（3）创新作业类型方式。鼓励布置分层作业、弹性作业和个性化作业，科学设计探究性作业和实践性作业，探索跨学科综合性作业。切实避免机械、无效训练，严禁布置重复性、惩罚性作业。

（4）提高作业设计质量。学校要将作业设计作为校本教研重点，系统化选编、改编、创编符合学习规律、体现素质教育导向的基础性作业。教师要提高自主设计作业能力，针对学生不同情况，精准设计作业，根据实际学情，精选作业内容，合理确定作业数量，作业难度不得超过国家课程标准要求。

（5）加强作业完成指导。教师要充分利用课堂教学时间和课后服务时间加强学生作业指导，培养学生自主学习和时间管理能力，指导小学生基本在校内完成书面作业，初中学生在校内完成大部分书面作业。

（6）认真批改反馈作业。教师要对布置的学生作业全批全改，不得要求学生自批自改，强化作业批改与反馈的育人功能。

（7）不给家长布置作业。严禁给家长布置或变相布置作业，严禁要求家长批改作业。

（8）严禁校外培训作业。

（9）健全作业管理机制。

（10）纳入督导考核评价。各地教育行政部门要将作业管理纳入县域义务教育和学校办学质量评价。

小 结

1.【常考题型】单选、判断

2.【命题角度】

（1）考查双减的含义。

（2）考查不同学段书面作业总量。

（3）考查五项管理具体包括哪五项。

四、课程改革

1.《义务教育课程方案（2022年版）》

（1）培养目标

义务教育要在坚定理想信念、厚植爱国主义情怀、加强品德修养、增长知识见识、培养奋斗精神、增强综合素质上下功夫，使学生有理想、有本领、有担当，培养德智体美劳全面发展的社会主义建设者和接班人。

（2）基本原则

①坚持全面发展，育人为本。②面向全体学生，因材施教。③聚焦核心素养，面向未来。④加强课程综合，注重关联。⑤变革育人方式，突出实践。

特别注意：把握学生身心发展的阶段特征，注重幼儿园、小学、初中、高中各学段之间的衔接，体现不同学段目标要求的层次性。加强课程内容与学生经验、社会生活的联系。加强课程与生产劳动、社会实践的结合，突出学科思想方法和探究方式的学习，加强知行合一、学思结合，倡导"做中学""用中学""创中学"。

（3）课程设置★★★

义务教育课程九年一贯设置，按"六三"学制或"五四"学制安排。

国家课程设置道德与法治、语文、数学、外语（英语、日语、俄语）、历史、地理、科学、物理、化学、生物学、信息科技、体育与健康、艺术、劳动、综合实践活动等。

课程设置的具体改变：小学原品德与生活、品德与社会和初中原思想品德整合为"道德与法治"，艺术课程一至七年级以音乐、美术为主线，融入舞蹈、戏剧、影视等内容，八至九年级分项选择开设。劳动、信息科技从综合实践活动课程中独立出来。科学、综合实践活动起始年级提前至一年级。

有关科目的教学时间具体要求：书法在三至六年级语文中每周安排1课时；劳动、综合实践活动每周均不少于1课时；班团队活动原则上每周不少于1课时。

2.《义务教育课程标准》

2022年3月，教育部修订了义务教育课程16个课程标准。改革重点主要体现在以下三个方面：

（1）强调素养导向。注重培育学生终身发展和适应社会发展所需要的核心素养。

（2）优化课程内容组织形式。按照学生学习逻辑组织呈现课程内容，加强与学生经验、现实生活、社会实践的联系，通过主题、项目、任务等形式整合课程内容，突出主干、去除冗余。

（3）突出实践育人。强化课程与生产劳动、社会实践的结合，强调知行合一，倡导做中学、用中学、创中学。

PART 4

| 考情简报 |

一、内容简介

教师职业道德是全社会对教师行为的基本道德要求。习近平总书记高度重视师德师风建设，指出"评价教师队伍素质的第一标准应该是师德师风"。要成为教师，就必须具备较高的教师职业道德水平，遵守教师职业道德规范。本部分在考试中考查相对较少，但也不能小觑。尤其是教师职业道德规范的内容，以及 2018 年发布的《新时代中小学教师职业行为十项准则》，要重点掌握，并用崇高的教师职业道德精神，指导教育教学实践。

二、考情分析

本部分考题分值相对稳定，占总分值的 3%~6%。第四部分近三年各题型题量及分值如下表所示。

年份＼题型	判断	单选	多选	案例分析
2024 上	2 题（2 分）	2 题（2 分）	1 题（1.5 分）	—
2023 下	2 题（2 分）	1 题（1 分）	—	—
2023 上	1 题（1 分）	1 题（1 分）	1 题（1.5 分）	—
2022 下	2 题（2 分）	3 题（3 分）	—	—
2022 上	—	3 题（3 分）	—	—
2021 下	1 题（1 分）	1 题（1 分）	—	—
2021 上	2 题（2 分）	1 题（1 分）	—	—

三、备考重难点

1. 根据名言警句或具体实例判断其体现的教师职业道德特点。

2. 从教师职业道德的角度评析教师行为。

第一章　教师职业道德概述

| 知识结构 |

第一节　教师职业道德的含义、结构和特点

一、职业道德与教师职业道德

考点1　职业道德的含义及特征

职业道德是社会道德的重要组成部分，是一定社会的道德原则和规范在职业行为和职业关系中的特殊表现，是从业人员在职业活动中应该遵循的道德规范以及应当具备的道德观念、道德品质和道德情操。

职业道德具有以下特征。

（1）在调整对象和范围上具有明显的专业性和特定性。职业道德是同人们的职业生活实践息息相关的，往往只对从事某种特定行业的人起调节作用。如"为人师表"的要求只适用于教师，"救死扶伤"的道德只适用于医生。

（2）在具体内容和结构上具有一定的继承性和稳定性。如"为人师表""以身立教"等道德规范都有较悠久的历史传统，从古至今，都有基本一致的要求。

（3）在规范形式和方法上具有明显的灵活性和多样性。职业道德既有比较正规的规章制度，也有非正式的口号与标语，还有一些不成文的行规、习惯等。

（4）在不良后果的处理上具有一定程度的强制性或处罚性。违反职业道德或职业纪律通常会受到相应的处罚，如批评、警告、撤职、解聘等，严重的还会受到法律制裁。

考点2　教师职业道德的含义

教师职业道德是教师在从事教育劳动时所应遵循的行为规范和必备的品德的总和，是调节教师与他人、与社会等关系时所必须遵守的基本道德规范和行为准则，以及在此基础上所表现出来的道德观念、情操和品质。教师职业道德关注的重点是教师职业工作中的人际关系，包括教师与学生、集体、社会等之间的关系，其中，教师与学生的关系是教师职业道德的核心方面。

教师职业道德是一种由外在纪律向内在纪律的发展，它是在教师职业劳动产生之后逐渐形成的，对教师的行为起着规范和评价的作用。教师职业道德的实践基础是教育劳动，深刻认识和把握教育劳动的性质和特点是理解和领会教师职业道德的前提。

典型例题 （2022 上·单选）下列对教师职业道德理解错误的是（　　）。

A. 教师职业道德更强调教师的内在道德自律

B. 教师职业道德形式上表现为正式的规章制度

C. 教师职业道德是社会道德规范体系的组成部分

D. 教师职业道德关注的重点是教师职业工作中的人际关系

【答案】B。

二、教师职业道德的结构

1. 教师职业理想

教师职业理想是指教师对自己未来职业的选择和向往，也指教师在职业活动中追求的事业成就或奋斗目标。它是形成职业态度的基础，也是实现职业目标的精神动力。

2. 教师职业责任

教师职业责任是教师必须承担的职责和任务。在社会主义条件下，人民教师的根本职责是培养社会主义现代化事业的建设者和接班人。

3. 教师职业态度

教师职业态度是指教师对自身职业劳动的看法和采取的行为。在社会主义社会，教师职业态度的基本要求是树立积极主动的劳动态度，努力培养社会主义新人。

4. 教师职业纪律

教师职业纪律是教师在从事教育劳动过程中应遵守的规章、条例、守则等。教师职业纪律是维持教育活动正常进行的保证，教师必须遵守而不能违反。

5. 教师职业技能

教师职业技能是教师从事教育行业应当具备的技术和能力，是教师实现职业理想，追求高尚职业道德的具体行动内容。教师教书育人活动的效果是教师职业技能的反映。

6. 教师职业良心

教师职业良心是教师在对学生、学生家长、同事，以及社会、学校、职业履行义务的过程中形成的特殊道德责任感和道德自我评价能力。

7. 教师职业作风

教师职业作风是教师在自身职业活动中表现出来的一贯态度和行为。

8. 教师职业荣誉

教师职业荣誉是教师在履行职业义务后，社会所给予的赞扬和肯定，以及教师个人产生的尊严与自豪感。

小　结

1.【常考题型】单选、多选、判断

2.【命题角度】

（1）直接考查教师职业道德的含义。

（2）区分教师职业道德各构成要素的定义及意义。

三、教师职业道德的特点 ★★

考点1　说法一

1. 鲜明的继承性

教师职业道德是教师在长期的教书育人中不断总结提炼出来的，是世世代代教师调整自己与学生、同行、上级、学生家长、社会等关系中最一般关系的经验和结晶。例如，从孔子提出"言传身教，为人师表"到陶行知提出"以教人者教己"，再到2008年师德规范要求"为人师表"等体现了师德中"为人师表"的继承性。

2. 强烈的责任性（意识的自觉性）

教师职业道德具有强烈的责任性是形成教师自觉、积极的职业态度的基础，是教师教育教学和自身发展的重要精神动力，是教师献身教育工作的根本动力。强烈的责任性体现在道德认识上为强烈的社会责任心；体现在道德情感上为对学生充满真挚的感情和热爱；体现在道德信念上为具有坚定的从事教育工作的信念和意志。

3. 独特的示范性（行为的典范性）

教师职业道德具有教育人、感化人的作用。无论是教师个人的道德品质，还是教师的集体风貌，都具有独特的示范性。例如，孔子提出"其身正，不令而行；其身不正，虽令不从"；陶行知所说的"学高为师，身正为范"。

4. 严格的标准性

教师职业道德相较于其他职业道德有更高的标准和要求。教师在工作中，不仅要用自己丰富渊博的学识教人，更重要的是用自己高尚的思想品质育人；不仅要通过语言传授知识，而且要以自己的品格去陶冶学生的品格。

5. 影响的深远性

教育劳动的效果是滞后的、间接的、潜在的，其影响却是长久深远的。教师职业道德影响的"深"，表现在它直接作用于学生的心灵，帮助他们形成一个美好丰富的内心世界；教师职业道德影响的"远"，表现在教师职业道德的影响不只局限于学生在校学习期间，而且影响其终身。

典型例题　（2019上·单选）与其他职业道德相比，下列对教师职业道德的描述不正确的是（　　）。

A. 教师职业道德对人的影响更深、更广　　B. 教师职业道德对人的影响更具示范性

C. 教师职业道德的调节方式更具他律性　　D. 社会各方面对教师职业道德的要求更高

【答案】C。

考点2　说法二

1. 适用的针对性（教育专门性）

教师职业道德是关于教育领域是非、善恶的专门性道德，因为它的一切理论都是围绕教师职业展开的。

2. 要求的双重性

教师职业道德的发展，始终贯穿着教书和育人的双重要求。例如，我国古代《礼记》中就有"师也者，教之以事而喻诸德者也"之说。

3. 内容的全面性

在古今教育发展的长河中，教师职业道德的内容越来越丰富，涉及教师职业劳动的各个方面。教师职

业道德充分体现了教师这一行业所特有的职业理想、职业态度、职业责任、职业技能、职业规范等。

4.功能的多样性

教师职业道德不仅是衡量评价教师职业行为及其水平的重要依据，而且是教师在职业活动中对各种关系和矛盾加以调节或解决的重要依据；教师职业道德不仅能够增强和提高教师对其职业道德的评价能力，而且能增强教师言行示范的自觉性，促进教师职业道德修养及道德水平的不断提高。

5.境界的高层次性

教师职业道德境界的高层次性是指社会和他人对教师职业道德的要求总是在整个社会道德体系中处于较高水平和较高层次。教师职业道德的高层次性是由教师教书育人的目的和任务决定的。

`典型例题`（2017下·单选）"师也者，教之以事而喻诸德者也。"这句话主要体现了教师职业道德要求的特点是（　　）。

A.针对性　　　　　　B.全面性　　　　　　C.双重性　　　　　　D.典范性

【答案】C。

小　结

> **1.【常考题型】**单选、多选、判断
>
> **2.【命题角度】**
>
> （1）考查教师职业道德某一特点的定义及地位。考生应熟记各个特点的关键词。
>
> （2）结合名人名言考查对应的教师职业道德的特点。

第二节　教师职业道德的地位、功能与作用

一、教师职业道德在教师素养中的地位

一方面，教师职业道德对教师来说具有"准法律"的地位。准法律是一种道德规范在法制生活中转化而成的更具有规范性、明确性与可操作性的行为规则，是介于法律规范与道德规范之间的一种行为规范，是类似于法律但又区别于法律的东西，就是我们经常说的"墙上的法律"，具体表现为我们日常生活中的行为规范。例如，教师职业道德规范、小学生行为规范、公务员行为守则、律师职业道德与职业纪律、法官工作守则和公民道德实施纲要等。

另一方面，教师职业道德是一般社会道德在教师职业中的特殊体现，因此教师职业道德是教师职业社会威望形成的基础。

`典型例题` 1.（2021下·判断）教师职业道德对教师来说具有"准法律"的地位。　　　　　　（　　）

【答案】√。

2.（2021上·判断）教师职业道德是教师职业社会威望形成的基础。　　　　　　（　　）

【答案】√。

二、教师职业道德的功能与作用　★★

1.认识功能

教师职业道德的认识功能是指教师能正确认识自己在教育活动过程中对他人、集体、社会应尽的义务

和责任，并在此基础上形成一定的道德观念和道德判断能力。

2.实践功能

教师职业道德的实践功能表现在教育功能、调节功能和促进功能三个方面。

（1）教育功能

教育功能主要表现为教师的人格魅力对学生学业发展、学生情感优化以及学生道德升华等方面所起的作用。

（2）调节功能

调节功能是教师职业道德最基本、最主要的功能。教师职业道德具有纠正人的行为和指导实际活动的作用，不仅指向教育过程，而且指向教师本身。在教育过程中，教师职业道德以"应当怎样"和"不应当怎样"的外在尺度和内部的命令来规范教师的言行，指导教师正确处理各种矛盾，选择正确的教育行为，保证教育活动的正常进行。

（3）促进功能

促进功能体现为通过培养的学生来影响社会和通过教师自身来影响社会以促进社会道德风尚的改变。

典型例题（2015下·单选）教师职业道德具有纠正人的行为和指导实际活动的作用，不仅指向教育过程，而且指向教师本身。这说明教师职业道德具有（　　）。

A.教育功能　　　　　　　　　　B.社会功能

C.调节功能　　　　　　　　　　D.认识功能

【答案】C。

小　结

1.【常考题型】单选、多选、判断

2.【命题角度】

（1）直接考查教师职业道德最基本、最主要的功能——调节功能。

（2）以多选的形式考查哪些属于教师职业道德的功能。

第二章　教师职业道德的范畴

| 知识结构 |

第一节　教师职业道德范畴概述

一、教师职业道德范畴的含义及特点

考点 1　教师职业道德范畴的含义

教师职业道德范畴是指概括和反映教师职业道德的主要特征，体现教师职业道德原则和规范对教师的根本要求，使其成为教师的内心信念，对教师行为发生影响的基本概念，如教师幸福、教师公正、教师义务、教师良心、教师荣誉、教师人格等。

考点 2　教师职业道德范畴的特点

（1）教师职业道德范畴是受教师职业道德原则和规范制约的。

（2）教师职业道德范畴是教师职业道德原则和规范发挥作用的必要条件。

（3）教师职业道德范畴体现了人们对教师职业道德认识发展的阶段。

二、教师职业道德基本原则与教师职业道德规范、范畴的关系

教师职业道德基本原则、规范、范畴三方面相辅相成，共同构成了教师职业道德体系的有机整体。

（1）师德原则是整个师德规范体系的核心和灵魂，师德规范和范畴应以师德原则为依据并体现教师职业道德的基本原则。

（2）师德规范是师德原则的展开和具体化，师德原则总是要通过一系列具体的师德规范才能对教师行为起调节和指导作用，离开了师德规范的师德原则是空洞抽象的。

（3）师德范畴是对师德原则和师德规范不同层次和不同侧面的补充与丰富。广义的教师职业道德范畴包括教师职业道德原则、规范中所有的基本概念，也包括反映教师个体道德品质的基本概念（如"谦虚""朴实""仁爱""乐观"等），还包括教师道德评价、道德修养和道德教育等方面的基本概念（如"善""恶""慎独"等）。狭义的教师职业道德范畴专指可以纳入教师道德规范体系并需要专门研究的基本概念。

典型例题（2015上·判断）乐观朴实属于广义的教师道德范畴。　　　（　　）

【答案】√。

━━ **小　结** ━━

1.【常考题型】单选、判断

2.【命题角度】

（1）直接考查教师职业道德体系包含哪三个部分。

（2）区分教师职业道德基本原则、教师职业道德规范和教师职业道德范畴的地位。

第二节　教师职业道德的主要范畴 ★★★

考点1　教师义务

1.含义

教师义务是人民教师的一种社会属性。教师义务既是社会、教师集体用以调节教师行为的手段，也是从教师个人自身的责任、良心和荣誉的角度出发，调节教师教育行为的手段。教师义务的实质是教师的职责在行为上的体现。《中华人民共和国教师法》以法律的形式，对教师义务作了明确规定。

2.内容

教师义务的核心内容是落实或践行教育公正与教育仁慈。其中，教育仁慈的意义大体可以概括为以下几个方面：①职业自由感；②动机作用；③榜样效应；④心理健康功能。

教师义务的主要内容：①不断提高思想政治觉悟和教育教学业务水平。②尽职尽责，教书育人。教师在履行教育义务的活动中，最主要、最基本的道德责任是教书育人。③创设一个良好的内部教育环境。

考点2　教师良心

1.含义

教师良心是教师个人在自己的教育实践中，对社会向教师提出的一系列道德要求的自觉意识，是教师个人对学生、教师集体和社会自觉履行其职责的道德责任感以及对自己教育行为进行道德控制和道德评价的能力。教师良心是一个教育工作者道德觉悟的综合表现，是教师的道德灵魂。

2.内容

教师良心的主要内容包括恪尽职守、自觉工作、爱护学生、团结执教四个方面。

3.特点

（1）公正性

教师良心的公正性体现在教师对教育事业的正确认识上；对教育教学工作坚持真理、秉公办事上；对学生的一视同仁、赏罚分明上；对同事、领导的开诚布公、团结协作上。

（2）综合性

教师良心，从它的形成来讲，是由教师的知识、以往的生活经历和全部生活方式综合决定的；从它的构成机制和要素来看也具有综合性，教师良心包含着理性因素（占主要位置），又包含着非理性因素。

（3）稳定性

教育良心以道德信念为基础，一旦形成就会成为一种稳定的品质，能够比较深入持久地对人们的行为发挥积极作用。

（4）内隐性

教师良心是一种隐藏在教师内心深处的对教师社会道德责任感、义务感的认识和感情，以及自我评价能力，是一种教师在教育劳动过程中发自"肺腑"的内在的精神力量，也是一定社会的道德原则和规范体现在教师内心深处的认识、情感、意志、信念、理想和行为的有机统一。

（5）广泛性

教师良心一旦形成，其作用的范围是非常广泛的，它作用于教师工作和生活的一切领域中。

教师良心与其他职业良心相比，有以下两个主要特点：①层次性高，它是指由于教师劳动的崇高性质，以及教师本人往往对这一崇高的职业及其要求有较高的自觉，所以教师良心在境界上高于一般的职业良心。②教育性强，它是指教师良心的榜样作用和判断教育良心的最终标准是看良心是否真正符合教育事业的要求。

考点3　教师公正

1. 含义

教师公正是指教师在教育职业活动中，公平合理地对待和评价全体合作者。从外部来看，主要是教师同社会各界的关系；从内部来看，主要是教师个人同领导、同事和学生的关系。教师公正是教师职业道德修养水平的标志。公平合理地评价和对待每个学生，是教师公正最基本也是最核心的内容。

2. 内容

（1）坚持真理

真理是对客观事物及其规律的反映。教师作为真理的传授者、学生思想品德的塑造者、学生心灵的陶冶者，应该是也必须是真理的化身。

（2）秉公办事

秉公办事主要反映在对社会不公平现象的评判和抨击，以及对学生利益的公正处理两个方面。

（3）奖罚分明

奖罚是否能达到预期的目的，关键在于奖罚是否公平合理。教师只有正确运用这个教育手段，使被奖惩者与周围其他人都感到公平合理，才能驱邪扶正，扬善抑恶。教师要从教育目标出发，奖要合理，罚要公正，使学生心悦诚服。

3. 确立的基本因素

从客观因素来说，教师公正的内容和要求，是受一定社会历史条件和社会教育制度、教师职业劳动目的制约的。

从主观因素来说，教师公正的确立取决于教师对教育规律和每个学生情况的认识水平，也取决于教师觉悟的提高。

4. 作用

（1）有利于调动每个学生的学习积极性。

（2）有利于学生形成公正无私的道德品质。

（3）有利于教师威信的形成。

（4）有利于形成良好的教育教学环境。

（5）有利于社会公正的实现。

`典型例题` 1.（2024上·判断）只要能做到对学生公正，就是一名公正的教师。 （　　）

【答案】×。

2.（2022上·单选）孔子的"己所不欲，勿施于人"主要体现了教师职业道德基本范畴中教师的（　　）。

A. 公正　　　　　　　B. 幸福　　　　　　　C. 良心　　　　　　　D. 仁慈

【答案】A。

考点4　教师荣誉

1. 含义

教师荣誉是指社会对教师的道德行为的价值所做出的公认的客观评价和教师对自己行为的价值的自我意识。

2. 内容

教师荣誉主要体现在光荣的角色称号、无私的职业特性和崇高的人格形象三个方面。

3. 作用

（1）教师荣誉是教师道德行为的调节器，对教师道德行为、品质的取向具有导向和制约作用。

（2）教师荣誉是激励和推动教师积极进取，更好地履行教师义务，争取个人道德高尚、人格完善的助推器。

（3）教师荣誉是促进教师自身道德发展和完善，形成良好师德风尚的重要精神条件。

考点5　教师幸福

1. 含义

教师幸福也称教育幸福，是教师在自己的教育工作中自由实现自己的职业理想的一种教育主体生存状态。教师幸福是物质和精神的统一，享受和劳动创造的统一，自我实现和真诚奉献的统一。

2. 特点

（1）精神性

首先，教师幸福的精神性表现为劳动及其报酬的精神性。其次，师生之间在课业授受和道德人生上的精神交流、情感融通都是别的职业难以得到的享受。

（2）关系性

教师幸福的关系性也称给予性和被给予性，这一特点表现为以下两点：①学校教育中教师的使命是给予而非索取。②教师的劳动成果必须建立在交流之上，必须通过对方才能肯定自身，因此教师的幸福是被给予的。

（3）集体性

教育劳动是个体劳动与集体劳动的统一。任何一个学生的学习成果都是教师集体劳动以及学生集体劳动的结果。因此，教师的幸福体验既具有一般幸福所具有的个体性，也具有集体的性质。

（4）无限性

教师幸福的无限性主要表现在时间和空间两个维度上。

在时间维度上，教师对学生在人格与课业上的影响具有终身性质。通过学生，教师的劳动与人类文明联系在一起。因此，教师所收获的幸福是超越时间限制的。

在空间维度上，由于教师的劳动产品与社会网络相联系，因此教师的劳动成果并不会局限于校园之内。

考点6　教师人格

1. 含义

这里的人格主要指道德人格。教师的道德人格是指个体作为教师这一特定社会角色所表现出的道德面貌。教师的道德人格是教师在自己的职业活动中表现出的稳定的道德行为的范式（格式）和道德品质与境界（格位），也是教师之所以成为教师的主体本质。

2. 特点

由于职业的规定性，教师的道德人格与一般道德人格有显著的不同。其主要的特点可以归结为以下两点：①人格与师格的统一；②较高的格位水平。

3. 教师人格修养的问题

教师人格修养有两个问题：一是修养的策略问题，二是修养的尺度问题。

（1）策略上，要采取"取法乎上"策略。"取法乎上"策略就是教师的人格修养以价值和人格理想的确立为前提，从高处着眼进行修养。

（2）尺度上，要确立教师人格修养的审美尺度。按照审美的尺度去修养教师的人格，就是要进行师表美的建设。师表美主要包括：①"表美"，即教师的外在形象之美；②"道美"，即教师的精神之美；③"风格美"，即表美与道美的统一。

考点7　教师威信

1. 意义

（1）教师威信是教师开展教育教学工作的道德基础。

（2）教师威信的高低直接影响教育劳动的效果，表现为影响学生的学习效果、学生思想品德的形成以及学生行为习惯的养成。

（3）教师威信是教师不断自我完善、自我进取的积极精神因素。

2. 教师威信与教师威严的区别

教师威信反映的是教师众所共仰的声望信誉，而教师威严体现得更多的是威势和严厉。前者是使学生感到幸福的精神感召力量，后者是使学生感到望而生畏的威慑力量。两者反映着师生双方不同的心态和意向，反映着不同性质的师生关系。

考点8　教育爱

1. 含义

教育爱即师爱，是指教师在教育过程中表现出来的促进教师与学生相互结合的积极的情感和能力。教育爱的核心内容是教师对学生的爱。

2. 特点

（1）人道性

教育爱的人道性不仅指教育目的上对学生良好人性发展的追求及其制度化的保证，还包括在教育过程中对人的生命及其价值的重视，对人的人格、尊严和应有权利的尊重。

（2）广泛性

教育爱的广泛性特指两方面的问题：一是教育对象的广泛性，即关爱全体学生。二是对教育对象发展的全面关心。

（3）引导性

教育爱的引导性意味着教师对学生的爱要具有教育意义。教育爱之所以不同于其他的爱，就在于它的教育性。

（4）理智性和纯洁性

教育爱的理智性要求教师对学生的爱应该是理性和明智的，而不应是盲目冲动的。盲目冲动的爱可能会出现溺爱和苛刻的爱两种结果。

教育爱的纯洁性是指在教育中，教师对学生的爱应是纯洁的，而不应是褊狭的、庸俗的。

（5）爱与严的结合性

爱与严的结合性要求教师在实践中把握以下两个基本问题：①教师要善于在尊重关爱的基础上对学生提出严格的要求；②教师要善于在严格要求的过程中体现对学生的尊重、关爱，积极为学生达到一定的要求提供及时的帮助和指导。

小 结

1.【考查题型】单选、多选、判断

2.【命题角度】直接考查或结合例子考查某一教师职业道德范畴的含义、地位、内容、特点和作用。例如，教师在教学中出现错误，应采取实事求是的态度，公开向学生说明。这体现了教师公正中的哪一内容？答案：坚持真理。

3.【易错易混】教师良心的特点包括公正性、综合性、稳定性、内隐性和广泛性。但是教师良心与其他职业良心相比，其突出的主要特点是层次性高和教育性强。考生在做题时要注意看清题干的表述。

第三章　教师职业道德规范

| 知识结构 |

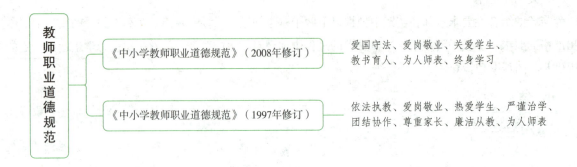

第一节　《中小学教师职业道德规范》（2008年修订）　★★★

2008年9月修订的《中小学教师职业道德规范》的基本内容有六条。"爱"与"责任"是贯穿其中的核心和灵魂。

1. 爱国守法——教师职业的基本要求

热爱祖国，热爱人民，拥护中国共产党领导，拥护社会主义。全面贯彻国家教育方针，自觉遵守教育法律法规，依法履行教师职责权利。不得有违背党和国家方针政策的言行。

【内容解读】

（1）爱国守法是教师处理其与国家社会的关系时应遵循的原则要求。

（2）爱国是教师做好本职工作的支撑，守法要求教师依法执教。

2. 爱岗敬业——教师职业的本质要求

忠诚于人民教育事业，志存高远，勤恳敬业，甘为人梯，乐于奉献。对工作高度负责，认真备课上课，认真批改作业，认真辅导学生。不得敷衍塞责。

【内容解读】

（1）爱岗敬业是教师处理其与教育事业的关系时应遵循的原则要求。

（2）爱岗敬业是教师乐教勤业的动力源泉，是保持教师队伍稳定的基础。

（3）爱岗是对教师职业充满热爱之情；敬业是对教育事业充满强烈的责任感和使命感。"爱岗敬业"就如陶行知所说的"捧着一颗心来，不带半根草去"。

3. 关爱学生——师德的灵魂

关心爱护全体学生，尊重学生人格，平等公正对待学生。对学生严慈相济，做学生良师益友。保护学生安全，关心学生健康，维护学生权益。不讽刺、挖苦、歧视学生，不体罚或变相体罚学生。

【内容解读】

（1）关爱学生是教师处理其与学生的关系时应遵循的原则要求。

（2）关爱学生要求教师要有关心爱护学生、诲人不倦的情感和爱心。亲其师，信其道。没有爱，就没有教育。

（3）关爱学生的关键是做到平等公正对待学生。

4. 教书育人——教师的天职和道德核心

遵循教育规律，实施素质教育。循循善诱，诲人不倦，因材施教。培养学生良好品行，激发学生创新精神，促进学生全面发展。不以分数作为评价学生的唯一标准。

【内容解读】

（1）教书育人是教师处理其与职业劳动的关系时应遵循的原则要求。

（2）教书育人是指学校教师在组织教学活动过程中，以教育内容为载体，强健学生的体质，传授给学生系统的科学文化知识，培养学生正确的审美观和健康向上的人格。

（3）教书育人是教师最核心的职责与任务，是教师职业道德的根本所在。教师职业道德的一切内容都是围绕这一根本问题产生的，都是与这一根本目的相联系的。

（4）教书育人的核心是育人，教书是手段，育人才是目的。

5. 为人师表——教师职业的内在要求

坚守高尚情操，知荣明耻，严于律己，以身作则。衣着得体，语言规范，举止文明。关心集体，团结协作，尊重同事，尊重家长。作风正派，廉洁奉公。自觉抵制有偿家教，不利用职务之便谋取私利。

【内容解读】

（1）为人师表是教师处理其与自己的关系时应遵循的原则要求。

（2）教师要以身作则、为人师表，这是教师职业道德区别于其他职业道德的显著标志。

（3）为人师表是指教师用自己的言行做出榜样，成为学生学习和效法的楷模和表率，即做到"学为人师，行为世范"。为此，教师无论何时何地都必须在思想品德、学识才能、言语习惯、生活方式和举止风度等方面"以身立教"，成为学生的表率。

6. 终身学习——教师职业发展的必然要求和教师专业发展不竭的动力

崇尚科学精神，树立终身学习理念，拓宽知识视野，更新知识结构。潜心钻研业务，勇于探索创新，不断提高专业素养和教育教学水平。

【内容解读】

（1）终身学习是教师处理其与自己发展的关系时应遵循的原则要求。

（2）终身学习强调教师自己的发展。终身学习是时代发展的要求，也是教师职业特点所决定的。

（3）在教育实践中，教师终身学习有以下三条可行的路径：①反思——从自己的教学中学习；②合作——在与同事的对话中成长；③共生——在与学生的互动过程中实现教学相长。

典型例题 1.（2023下·判断）言传身教，身体力行，是教师职业道德区别于其他职业道德的重要标志之一。 （ ）

【答案】√。

2.（2024上·单选）某初中学生不遵守课堂纪律，班主任文老师强令该生家长来校陪读，但因家长要上班无法陪读，文老师就将该生赶出学校。文老师主要违反了《中小学教师职业道德规范》中的哪一项要求？（ ）

A. 教书育人 　　　　B. 为人师表 　　　　C. 爱国守法 　　　　D. 爱岗敬业

【答案】C。

3.（2023下·单选）何老师硕士毕业后入职一所中学教授物理，在做好教学工作的同时，追踪物理学前沿知识，参加学术活动，不断更新知识结构。这说明何老师具有（　　）。

A. 自我反思精神　　　　B. 创新创业激情　　　　C. 终身学习意识　　　　D. 课程开发能力

【答案】C。

4.（2024上·多选）中小学教师职业道德规范中，关于教师"爱国"的基本要求有（　　）。

A. 自觉地学法、懂法和守法

B. 在教育教学中积极实施爱国主义教育

C. 把中国建设成为富强、民主、文明的社会主义国家

D. 在教育教学活动中，严格遵循宪法和教育法律法规，做到依法执教

E. 牢固树立中华民族和国家利益至上的意识，自觉维护祖国的独立、统一和利益

【答案】BCE。解析：A、D两项是"守法"的基本要求。

小 结

1.【常考题型】单选、多选、判断、案例分析

2.【命题角度】

（1）考查某一师德规范与其具体要求的对应关系。

（2）考查某一师德规范的地位及其调节的关系。

（3）题干呈现名人名言、格言、俗语等，考查学生对某一师德规范的理解。

（4）题干呈现教育实例，要求学生用师德规范的知识分析教师的行为。

3.【识记技巧】《中小学教师职业道德规范》（2008年修订）的内容可借助口诀"三爱两人一终身"来记忆。具体对应如下：三爱，即爱国守法、爱岗敬业、关爱学生；两人，即为人师表、教书育人；一终身，即终身学习。

第二节　《中小学教师职业道德规范》（1997年修订）

1. 依法执教

学习和宣传马列主义、毛泽东思想和邓小平同志建设有中国特色社会主义理论，拥护党的基本路线，全面贯彻国家教育方针，自觉遵守《中华人民共和国教师法》等法律法规，在教育教学中同党和国家的方针政策保持一致，不得有违背党和国家方针、政策的言行。

【内容解读】

（1）依法执教是调整教师劳动与法律制度之间关系的道德规范。

（2）依法执教是教师完成本职工作的前提基础，是判断教师行为是非善恶的最根本的道德标准，具有重要的现实意义。

2. 爱岗敬业

热爱教育、热爱学校，尽职尽责、教书育人，注意培养学生具有良好的思想品德。认真备课上课，认真批改作业，不敷衍塞责，不传播有害学生身心健康的思想。

3. 热爱学生

关心爱护全体学生，尊重学生的人格，平等、公正对待学生。对学生严格要求，耐心教导，不讽刺、挖苦、歧视学生，不体罚或变相体罚学生，保护学生合法权益，促进学生全面、主动、健康发展。

4. 严谨治学

树立优良学风，刻苦钻研业务，不断学习新知识，探索教育教学规律，改进教育教学方法，提高教育、教学和科研水平。

【内容解读】

（1）严谨治学是处理教师和业务水平之间相互关系的道德规范。

（2）教学是教师的主要工作，教师对教学劳动的态度如何，直接关系到他是否具备为师从教的条件及其教育质量的好坏。严谨治学是教学工作的内在需要，是教师必须具备的必要的道德规范。

5. 团结协作

谦虚谨慎、尊重同志，相互学习、相互帮助，维护其他教师在学生中的威信。关心集体，维护学校荣誉，共创文明校风。

【内容解读】

团结协作是调节教师与教师、教师与学校领导等教育主体之间相互关系的道德规范。

6. 尊重家长

主动与学生家长联系，认真听取意见和建议，取得支持与配合。积极宣传科学的教育思想和方法，不训斥、指责学生家长。

【内容解读】

（1）尊重家长是处理教师和学生家长之间相互关系的道德规范。

（2）教师在处理与学生家长关系时，必须遵循以下几点：①主动与学生家长联系，谋求共同一致的教育立场；②认真听取家长的意见和建议，取得家长的支持和配合；③尊重学生家长的人格，不训斥，不指责学生家长；④教育学生尊重家长。

7. 廉洁从教

坚守高尚情操，发扬奉献精神，自觉抵制社会不良风气影响。不利用职责之便谋取私利。

【内容解读】

廉洁从教是对教师职业道德情操方面的要求，是调整教师与物欲诱惑之间关系的道德规范。廉洁是教师立身立教的根本。

8. 为人师表

模范遵守社会公德，衣着整洁得体，语言规范健康，举止文明礼貌，严于律己，作风正派，以身作则，注重身教。

小 结

1.【常考题型】单选、多选、判断

2.【命题角度】

（1）考查某一师德规范与其具体要求的对应关系。

（2）题干呈现教育实例，要求学生用师德规范的知识分析教师的行为。此命题角度常考"廉洁从教"和"严谨治学"这两个师德规范。

第四章　教师职业道德养成

| 知识结构 |

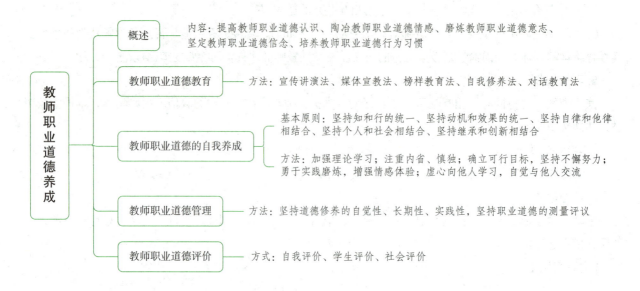

第一节　教师职业道德养成概述

一、教师职业道德养成的含义

教师职业道德修养是指教师为了培养高尚的师德所进行的自我审度、自我教育、自我锻炼和自我完善的活动及其所达到的师德水平和精神境界。教师职业道德修养的实质就是不断地解决道德必然性与个人道德选择能力之间的矛盾。

从内涵上来看，教师职业道德修养包括以下两个方面。

（1）外在意义上的修养：教师在仪表、谈吐、礼仪、气质等方面的学习、体验和反省等心理活动和实践活动。

（2）内在意义上的修养：教师经过长期的努力之后，在思想、品德、情操、知识、技能等方面达到的教师水平和教师道德境界。

`典型例题`（2018上·判断）教师职业道德修养是社会对教师职业道德的要求。　　　（　　）
【答案】×。解析：教师职业道德规范是社会对教师的职业道德的要求。

二、教师职业道德养成的内容 ★★

考点1　提高教师职业道德认识

教师职业道德认识是教师对职业道德知识的理解和掌握。提高教师职业道德认识是教师进行师德养成的起点和前提。认识是行动的先导，教师要形成良好的道德品质，就必须不断学习和掌握教师职业道德知识，深刻理解并努力提高对教师职业道德原则、规范的认识，把道德原则、规范逐步内化为自己从事教育事业的行为准则。

考点 2　陶冶教师职业道德情感

教师职业道德情感是教师根据一定的教师职业道德观念，在处理相互关系、评价某种行为时所产生的内心体验。教师职业道德情感在师德品质的培养中起着重要的催化和调节作用。师德情感既是把教师的师德认识转变成师德意志和师德行为的持续动力，同时也具有评价行为和调节行为的作用。

考点 3　磨炼教师职业道德意志

教师职业道德意志是教师履行教师职业道德原则和规范时所表现出来的自觉克服一切困难和障碍，做出抉择的力量和坚持的精神。它是在教师形成一定的师德认识和师德情感的基础上，调节教师的道德行为的重要精神力量。磨炼坚强的师德意志是教师职业道德养成的必然环节。是否具备坚强的职业道德意志是衡量教师职业道德素质高低的重要标志。

考点 4　坚定教师职业道德信念

教师职业道德信念是教师对职业理想、职业人格、职业原则、职业规范的坚定不移的信仰，是深刻的师德认识、炽热的师德情感和顽强的师德意志的统一，是把师德认识转变为师德行为的媒介和内驱力，并使师德行为表现出明确性和一贯性。培养坚定的师德信念是教师职业道德养成的核心问题。

考点 5　培养教师职业道德行为习惯

教师职业道德行为是教师在职业道德认识、情感、信念的支配下，在教育活动中对他人、集体、社会做出的可以观察到的客观反应及所采取的实际行动。

职业道德行为习惯是道德品质的外部表现，职业道德行为习惯的养成是职业道德品质形成的关键。养成良好的教师职业道德行为习惯是教师职业道德修养的最终目标。

典型例题　（2020 下·判断）提高教师职业道德认识是师德养成的前提。　　　　　（　　）

【答案】√。

三、教师职业道德修养（养成）的意义

教师职业道德修养是培养教师职业道德的首要环节，具有较高的职业道德修养是教师综合素质的核心。

加强教师职业道德修养是教师个体职业道德品质形成和发展的要求，是完成教师崇高职责和历史使命的需要，是实现从应试教育向素质教育转变的需要，是做好教育工作的需要。

第二节　教师职业道德教育

一、教师职业道德教育的内容

教师职业道德教育的内容主要包括政治理论，教育方针、政策，法律法规，教师职业道德规范，教师心理健康教育等。

二、教师职业道德教育的具体方法

1.宣传讲演法

宣传讲演法是利用各种集会的群体形式，讲解教师职业道德规范的具体要求和典型案例。宣传讲演法要形式多样化，如大型师德报告、师德演讲比赛、师德专题讲座等。

2.媒体宣教法

中小学校要广泛利用校园这一载体开展师德教育活动，要丰富校园文化载体，如校内黑板报、校园展板、校园横幅、宣传栏、校园广播、校园电视台、校园网、校刊校报等校园媒介，进行师德宣传教育，同时各地方的教育电视台也要精心编排师德教育节目。教育电视台要大力鼓励和举荐优秀教师录制节目。正如黄蓉生教授所说的，要"大力褒奖人民教师的高尚师德，广泛宣传模范教师的先进事迹"。

3.榜样教育法

教育离不开榜样的作用。在师德教育培训过程中，运用榜样教育法要注意以下几点：①注意中小学教师的职业特点和群体心理习惯，采取教师乐于接受的形式，宣传师德榜样，营造强大的舆论声势，激发广大中小学教师学习师德榜样的积极性和自觉性；②要有明确而具体的学习计划、学习要求和学习步骤；③要第一时间收集广大中小学教师学习的反馈信息，及时予以评价和矫正，巩固和提高榜样教育成果。

4.自我修养法

自我修养法是指教师在师德培训基础上，源于职业理想或师德目标的追求，对自我的职业道德行为进行的自我教育、自我批评、自我陶冶、自我锻炼和自我改造的过程。师德修养关键要做到自我约束和监督制约统一，做到师德认知和践行的和谐统一。师德修养是一个闭合的回路：学习—实践—反思—践行—学习。

自我修养法的具体措施包括以下几点。

（1）向书本学习，向他人学习，向榜样学习。

（2）实践，是师德修养过程中最重要的环节。

（3）反思自己的教育教学行为是否符合师德价值目标，进行自我剖析，发现问题，及时纠正。

反思的具体形式有内省、慎独和写反思日记等。内省是根据师德规范和师德榜样来比照、支撑自己的思想和言行，常思过，常剖析，坚持师德规范，纠正师德失范。慎独要求教师坚定教育服务理念，即使在无任何外来约束监督的情况下，也能坚守教师的"道德底线"。写反思日记是教师分析自己在教育教学过程中的成败得失并以书面形式记录下来。

5.对话教育法

对话教育法是指学校师德建设者针对教师的职业道德表现进行个别对话，针对教师在教育教学过程中出现的情况进行对话。对话不同于谈话，对话是相互了解、提出相互改进的意见。对话教育法的优点如下：①有很强的针对性，具体针对某人某事，针对好的行为起激励作用，针对坏的行为起警示作用；②实际效果好，由于直接面及本人，可触及其思想深处，避免了教育对象的过分宽泛；③教师易于接受，由于是站在关心爱护教师的角度来对话，采取与教师交心的形式，教师又有发言和沟通的机会，容易被教师接受。

典型例题 （2015上·单选）中小学教师对自己的职业道德行为进行自我教育、自我批评、自我陶冶、自我锻炼和自我改造的方法属于（　　）。

A.宣传讲演法　　　　　　　　　　　B.榜样教育法

C.自我修养法　　　　　　　　　　　D.对话教育法

【答案】C。

第三节　教师职业道德的自我养成

一、教师职业道德自我养成的基本原则　★★

1. 坚持知和行的统一

知行统一是要把学习职业道德理论、提高道德认识同自己的实践行动统一起来，使理论与实践相结合，避免道德修养只停留在理论上、书本上。

2. 坚持动机和效果的统一

师德修养的内在动机主要来自教师对师德修养意义和作用的理解。教师必须把内在动机转化为行动，用教师职业道德的基本原则规范自己的言行，并运用于自己的工作和生活的实践，以提高实际效果。

3. 坚持自律和他律相结合

自律是指教师依靠发自内心的信念对自己教育行为的选择和调节。自律是教师职业道德修养的内在基础。教师职业道德修养以自律为主。同时，教师职业道德修养还要有效地运用外部力量的他律形式，强化教师的道德意识，督促其坚持道德行为。

4. 坚持个人和社会相结合

在教师职业道德修养中，个人与社会是相互作用的。教师职业道德修养首先是一种自觉意志的行为过程，是教师个体清楚意识到各种利益关系，遵循一定的道德准则，凭借自觉意志控制感情、处理行为的结果，是教师个人自觉意志的凝结。同时，教师职业道德修养的每一步又都离不开社会，离不开社会舆论的评价和监督。因此，在教师职业道德修养过程中要把个人与社会结合起来，把自我价值与社会价值结合起来。

5. 坚持继承和创新相结合

教师职业道德修养作为社会道德的一个组成部分，属于社会意识形态，具有历史继承性。而中外师德传统中固然有许多精华值得我们借鉴吸收，但当代师德建设更需要时代精神。因此，继承前代教师职业道德的优秀成果并为自身服务，是教师职业道德修养的一个必不可少的条件。

典型例题　1.（2017下·判断）教师职业道德养成主要依靠自律，与外部环境和社会无关。　（　　）
【答案】×。

2.（2014下·判断）师德的内涵不会随着时间的变化而变化。　（　　）
【答案】×。

二、教师职业道德自我养成的方法　★★

1. 加强理论学习

加强理论学习要做到以下几点：①树立正确的世界观和人生观；②深刻理解规范和要求，明辨道德是非，提高自觉性；③学习教育科学理论和科学文化知识，掌握本领。

2. 注重内省、慎独

内省是自觉进行思想约束，内心时时检查、反省自己的言行。教师以师德规范为准则，以品德高尚的人为榜样，时时反省自己，就能少犯错误或不犯错误。例如，"吾日三省吾身""见贤思齐焉，见不贤而内自省也""躬自厚而薄责于人"。

"慎独"是指在无人监督的情况下，也要坚守自己的道德信念，对自己的言行小心谨慎，绝不做任何不道德的事情。这是教师职业道德修养的最高层次。教师要做到"慎独"应着重做到以下几点：①注意把师德规范内化为内心信念，化作行为的品质，并以此来支配自己的行动，即使在独处和无人监督时，依然按照师德规范行事；②要在"隐"和"微"处着手，不管有无监督，都要自重、自爱、自律；③在无人监督时，自觉履行师德规范，养成良好的师德行为习惯。

3. 确立可行目标，坚持不懈努力

崇高的教师职业道德理想是在教师职业道德修养中指导整个修养过程的总目标。每个教师必须从自身的实际情况出发，确立可行的目标，加强修养和锻炼，去努力实现自身师德从无到有、从现有层次向更高层次的攀登。

4. 勇于实践磨炼，增强情感体验

与教育实践活动相结合，按照教师职业道德的规范和要求，不断进行自我教育和自我改造，是教师职业道德修养的根本途径。

在师德建设的实践中，不仅要鼓励教师以积极的方式教书育人、著书立说，而且要鼓励教师以积极的方式去参与生活、战胜困难、解决矛盾，自觉地增强教师自身道德主体精神的塑造、加强道德实践能力和应变能力的培养。

5. 虚心向他人学习，自觉与他人交流

先进教师的教育思想、教育观念和教育方法都是良好师德的具体化，是教师职业道德规范的实践，具有具体、鲜明、生动、形象的特点。因此，加强教师职业道德修养，就要虚心向先进教师学习。

学习先进教师的优秀品质主要有两个途径：一是多读教育界名人的传记和模范教师的先进事迹；二是学习身边的模范教师，自觉与他们进行交流。

6. 正确开展批评和自我批评

正确开展批评和自我批评是促进个人进步的外在推动力和内在动力，是提高教师职业道德修养的根本方法。

第四节　教师职业道德管理

一、教师职业道德管理的含义

教师职业道德管理是学校对教师职业道德状况进行教育、提高、控制的总称。它是学校管理者为使教师具有良好的职业道德，义不容辞地培养下一代的责任感，而有计划、有目的、有组织地对教师进行职业道德教育的过程。教师职业道德管理是学校管理工作的重要组成部分。

二、教师职业道德管理的方法

1. 坚持道德修养的自觉性

要搞好教师的道德修养，关键在于提高修养的自觉性，即使无人监督，也能严格要求自己，谨慎遵守道德原则。

教师要提高道德修养的自觉性，首先，要深刻认识师德修养的必要性；其次，要树立正确的人生观和积极的人生态度；最后，要提高道德修养的自觉性，不断消除各种错误思想的影响。

2. 坚持道德修养的长期性

坚持道德修养的长期性有以下几个方面的原因：①优秀品德的形成是一个积小善为大善的过程。只有长期坚持，持之以恒，才能"建筑人格长城"。教师的道德修养也要有长期锻炼的思想准备。②社会的发

展是永无止境的，教师道德修养也就永无止境。③对教师进行职业道德教育，属于思想教育的范畴，是一个渐进的、长期的过程，在教育过程中，还会时常出现反复。这就要求在对教师进行职业道德教育和管理过程中，坚持常抓不懈。

具体方法如下：①制定师德规范，做到有法可依；②坚持常抓不懈，严格监督，有法必依；③在日常生活中注重职业道德的管理与教育。

3.坚持道德修养的实践性

与社会主义教育实践相结合，按照教师道德的规范和要求，不断进行自我教育和自我改造，是社会主义师德修养的根本方法。

4.坚持职业道德的测量评议

教师职业道德评议是教育活动中教育管理者及教师按照一定的标准对自己或他人行为进行的善恶判断和评论。对教师进行师德评议的标准如下。

（1）评价教师道德的客观标准是实践。凡是适应社会实践的客观要求，对社会发展具有推动作用的道德行为，便是善的；凡违背社会发展，阻碍社会发展的道德行为，便是恶的。

（2）国家颁布的有关教师职业道德规范和一些原则，体现了改革开放新形势下的社会主义教师职业道德。管理者在进行师德评议时，一定要以这些规范和条例为标准，结合本地区、本单位的情况，制定正确的师德评议标准。

（3）坚持正确的师德评议标准，还要不断地抵制错误的舆论。

第五节　教师职业道德评价

一、教师职业道德评价概述

考点1　教师职业道德评价的含义

教师职业道德评价是指生活于现实的各种社会关系中的人们，按照教师教育行为善恶评价的道德行为标准和道德心理标准，运用社会舆论、教育传统习惯和内心信念等形式，对教师个体或集体在教育过程中的行为所做的是非、善恶的价值判断。

考点2　教师职业道德评价的原则

教师职业道德评价的原则是在进行教师职业道德评价的过程中必须遵循的基本要求，主要包括以下几点：①教育性原则。②民主性原则。③方向性原则。社会主义方向性是开展教师职业道德评价的最根本的指导思想和工作原则。④客观性原则。⑤科学性原则。

考点3　教师职业道德评价的标准

教师职业道德评价的标准包括善恶标准、职责标准和素质标准。其中，善恶标准是一个标准系统，教育中一般道德意义上的善恶是教师职业道德评价的一般标准；"人的全面自由发展"是教师职业道德评价的最高标准。

考点4　教师职业道德评价的功能

教师职业道德评价具有评定功能、分析反馈功能、预测功能、导向功能。

小 结

1.【常考题型】单选、多选、判断

2.【命题角度】一般要求判断关于教师职业道德评价的相关说法是否正确，或直接考查教师职业道德评价的原则、标准、功能包括哪些。

二、教师职业道德评价的方式 ★★

考点1　自我评价

自我评价是指教师个人根据教师职业道德规范和教师职业道德评价的标准、原则等一系列评价体系，对自己的道德所进行的一种自我认识、自我判断、自我评价。

自我评价是教师自己对自己的道德进行评价，在这个过程中教师既是评价的主体，又是被评价的客体。教师自我评价的内在动力是教师的内心信念。

考点2　学生评价

学生评价是指教师和学生在教与学的相互作用中，学生依据教师职业道德的原则和规范对教师的行为予以判断的道德评价方式。学生评价实际上是一种社会评价，但它是一种特殊的社会评价，这是由教师与学生的特殊关系决定的。

考点3　社会评价

社会评价是指行为当事人之外的个人或组织，如学校或其他社会方面的人员，根据教师职业道德规范，对教师的道德状况做出评价的方法。社会评价主要是通过社会舆论对教师的道德进行评判。

三、教师职业道德评价的基本要求 ★★

（1）肯定评价与否定评价相结合，以肯定评价为主。

（2）动态评价与静态评价相结合，以动态评价为主。

（3）单项评价与综合评价相结合，以综合评价为主。

（4）定量评价与定性评价相结合，以定性评价为主。

（5）终结性评价与形成性评价相结合，以形成性评价为主。

（6）动机评价与效果评价相结合，以动机评价为主。

（7）他人评价与自我评价相结合，以他人评价为主。

典型例题（2022下·单选）关于教师职业道德评价的基本要求，下列说法正确的是（　　）。

A.肯定评价与否定评价相结合，以否定评价为主

B.动态评价与静态评价相结合，以静态评价为主

C.定量评价与定性评价相结合，以定性评价为主

D.终结性评价与形成性评价相结合，以终结性评价为主

【答案】C。

小 结

1.【常考题型】单选、多选、判断

2.【命题角度】直接考查教师职业道德评价包括哪些方式或道德评价的基本要求。

附录1 《新时代中小学教师职业行为十项准则》（2018 年发布）

教师是人类灵魂的工程师，是人类文明的传承者。长期以来，广大教师贯彻党的教育方针，教书育人，呕心沥血，默默奉献，为国家发展和民族振兴作出了重大贡献。新时代对广大教师落实立德树人根本任务提出新的更高要求，为进一步增强教师的责任感、使命感、荣誉感，规范职业行为，明确师德底线，引导广大教师努力成为有理想信念、有道德情操、有扎实学识、有仁爱之心的好老师，着力培养德智体美劳全面发展的社会主义建设者和接班人，特制定以下准则。

一、坚定政治方向。坚持以习近平新时代中国特色社会主义思想为指导，拥护中国共产党的领导，贯彻党的教育方针；不得在教育教学活动中及其他场合有损害党中央权威、违背党的路线方针政策的言行。

二、自觉爱国守法。忠于祖国，忠于人民，恪守宪法原则，遵守法律法规，依法履行教师职责；不得损害国家利益、社会公共利益，或违背社会公序良俗。

三、传播优秀文化。带头践行社会主义核心价值观，弘扬真善美，传递正能量；不得通过课堂、论坛、讲座、信息网络及其他渠道发表、转发错误观点，或编造散布虚假信息、不良信息。

四、潜心教书育人。落实立德树人根本任务，遵循教育规律和学生成长规律，因材施教，教学相长；不得违反教学纪律，敷衍教学，或擅自从事影响教育教学本职工作的兼职兼薪行为。

五、关心爱护学生。严慈相济，诲人不倦，真心关爱学生，严格要求学生，做学生良师益友；不得歧视、侮辱学生，严禁虐待、伤害学生。

六、加强安全防范。增强安全意识，加强安全教育，保护学生安全，防范事故风险；不得在教育教学活动中遇突发事件、面临危险时，不顾学生安危，擅离职守，自行逃离。

七、坚持言行雅正。为人师表，以身作则，举止文明，作风正派，自重自爱；不得与学生发生任何不正当关系，严禁任何形式的猥亵、性骚扰行为。

八、秉持公平诚信。坚持原则，处事公道，光明磊落，为人正直；不得在招生、考试、推优、保送及绩效考核、岗位聘用、职称评聘、评优评奖等工作中徇私舞弊、弄虚作假。

九、坚守廉洁自律。严于律己，清廉从教；不得索要、收受学生及家长财物或参加由学生及家长付费的宴请、旅游、娱乐休闲等活动，不得向学生推销图书报刊、教辅材料、社会保险或利用家长资源谋取私利。

十、规范从教行为。勤勉敬业，乐于奉献，自觉抵制不良风气；不得组织、参与有偿补课，或为校外培训机构和他人介绍生源、提供相关信息。

典型例题 1.（2024 上·单选）下列关于教师职业行为规范的说法错误的是（　　　）。

A. 中小学教师要言行雅正

B. 中小学教师不得组织、参与有偿补课

C. 在教学活动中突遇危险时教师可以自行离场

D. 师德师风是评价中小学教师队伍素质的第一标准

【答案】C。

2.（2023下·多选）《新时代中小学教师职业行为十项准则》中对教师言行雅正的要求有（   ）。

A.学而不厌   B.作风正派

C.举止文明   D.以身作则

E.为人师表

【答案】BCDE。

3.（2023上·判断）不为校外培训机构和他人介绍生源是规范教师从教行为的要求之一。   （   ）

【答案】√。

附录 2 《中小学教师违反职业道德行为处理办法》（2018 年修订）

1. 处理办法

本办法所称处理包括处分和其他处理。处分包括警告、记过、降低岗位等级或撤职、开除。警告期限为 6 个月，记过期限为 12 个月，降低岗位等级或撤职期限为 24 个月。是中共党员的，同时给予党纪处分。

其他处理包括给予批评教育、诫勉谈话、责令检查、通报批评，以及取消在评奖评优、职务晋升、职称评定、岗位聘用、工资晋级、申报人才计划等方面的资格。取消相关资格的处理执行期限不得少于 24 个月。

教师涉嫌违法犯罪的，及时移送司法机关依法处理。

2. 应予处理的教师违反职业道德行为

（一）在教育教学活动中及其他场合有损害党中央权威、违背党的路线方针政策的言行。

（二）损害国家利益、社会公共利益，或违背社会公序良俗。

（三）通过课堂、论坛、讲座、信息网络及其他渠道发表、转发错误观点，或编造散布虚假信息、不良信息。

（四）违反教学纪律，敷衍教学，或擅自从事影响教育教学本职工作的兼职兼薪行为。

（五）歧视、侮辱学生，虐待、伤害学生。

（六）在教育教学活动中遇突发事件、面临危险时，不顾学生安危，擅离职守，自行逃离。

（七）与学生发生不正当关系，有任何形式的猥亵、性骚扰行为。

（八）在招生、考试、推优、保送及绩效考核、岗位聘用、职称评聘、评优评奖等工作中徇私舞弊、弄虚作假。

（九）索要、收受学生及家长财物或参加由学生及家长付费的宴请、旅游、娱乐休闲等活动，向学生推销图书报刊、教辅材料、社会保险或利用家长资源谋取私利。

（十）组织、参与有偿补课，或为校外培训机构和他人介绍生源、提供相关信息。

（十一）其他违反职业道德的行为。

3. 给予教师处理的要求

给予教师处理，应当坚持公平公正、教育与惩处相结合的原则；应当与其违反职业道德行为的性质、情节、危害程度相适应；应当事实清楚、证据确凿、定性准确、处理恰当、程序合法、手续完备。

典型例题 （2018 下·判断）教育部 2018 年修订的《中小学教师违反职业道德行为处理办法》中，对教师的处分有警告、记过、降低岗位等级或撤职、开除。   （   ）

【答案】√。

第一部分　教育学基础

第一章　教育与教育学

1. 古代学生学习儒家的"四书""五经"，现代学生也会学习《论语》《孟子》等儒家经典篇目。这体现了教育的（　　　）。
   A. 永恒性
   B. 历史性
   C. 继承性
   D. 相对独立性

2. 董仲舒曾向汉武帝建议："古之王者明于此，是故南面而治天下，莫不以教化为大务。"从作用对象看，这体现了教育的（　　　）。
   A. 个体功能
   B. 社会功能
   C. 正向功能
   D. 负向功能

3. 沛西·能认为："教育既无需周密的考虑使它产生，也无需科学予以指导，它是扎根于本能的不可避免的行为。"该观点属于（　　　）。
   A. 生物起源说
   B. 心理起源说
   C. 劳动起源说
   D. 交往起源说

4. 具有与生产劳动相分离特征的教育阶段是（　　　）。
   A. 原始社会教育
   B. 奴隶社会和封建社会教育
   C. 近代教育
   D. 现代教育

5. "既追求让所有人都受到同样的教育，又追求教育的自由化"体现的教育特点是（　　　）。
   A. 教育全民化
   B. 教育终身化
   C. 教育多元化
   D. 教育民主化

6. 关于古代教育的说法错误的是（　　　）。
   A. 古代斯巴达军事体育训练的基本项目是"五项竞技"——赛跑、跳跃、角力、投标枪、掷铁饼
   B. 印度"古儒"学校课程渗透着婆罗门教神学思想
   C. 古代雅典在西方最早形成体育、德育、智育、美育和谐发展的教育
   D. 古代埃及的文士学校的主要目的是培养雄辩家

7. 下列哪项反映的教育理念与"道而弗牵，强而弗抑，开而弗达"相类似？（　　　）
   A. 不愤不启，不悱不发
   B. 染于苍则苍，染于黄则黄
   C. 知之为知之，不知为不知，是知也
   D. 学而时习之，不亦乐乎

8. 提出"把一切事物教给一切人类的全部艺术"思想的著作是（　　　）。
   A.《大教学论》
   B.《教育与文化》
   C.《教育漫话》
   D.《普通教育学》

9. 下面关于我国教育家及其主要思想对应错误的是（　　　　）。

    A. 陈鹤琴——活教育　　　　　　　　B. 梁漱溟——乡村教育

    C. 陶行知——教育即生活　　　　　　D. 杨贤江——全人生教育

10. 主张"教育应当按照儿童自然发展的顺序，培养儿童所固有的观察、思维和感受的能力"的教育思想家是（　　　　）。

    A. 夸美纽斯　　　　　　　　　　　　B. 卢梭

    C. 赫尔巴特　　　　　　　　　　　　D. 杜威

11. 我国最早将"教""育"二字用在一起的思想家是（　　　　）。

    A. 孔子　　　　　　B. 孟子　　　　　　C. 荀子　　　　　　D. 老子

12. 下列现象中，不属于教育现象的是（　　　　）。

    A. 妈妈教孩子洗衣服　　　　　　　　B. 初生婴儿吸奶

    C. 成人学开车　　　　　　　　　　　D. 木匠教徒弟手艺

13. 我国奴隶社会"学在官府"的现象，体现的教育特点是（　　　　）。

    A. 社会性　　　　　　　　　　　　　B. 阶级性

    C. 历史性　　　　　　　　　　　　　D. 永恒性

14. 在教育史上首次提出分班教学，引发班级授课制萌芽的是（　　　　）。

    A. 夸美纽斯　　　　　　　　　　　　B. 柏拉图

    C. 奥古斯丁　　　　　　　　　　　　D. 昆体良

15. 在一定教学条件下寻求合理的教学方案，使教师花最少的时间和精力获得最好的教学效果，促进学生的最佳发展。这指的是（　　　　）。

    A. 掌握学习　　　　　　　　　　　　B. 教学过程最优化

    C. 发展性教学　　　　　　　　　　　D. 有效教学

第二章　教育的基本规律

1. 舒尔茨提出："有技能的人力资源是一切资源中最重要的资源，人力资本投资大于物力资本投资的收益。"这一观点体现了教育的（　　　　）。

    A. 政治功能　　　　　　　　　　　　B. 经济功能

    C. 文化功能　　　　　　　　　　　　D. 享用功能

2. 在 14 世纪以前，学校教育的自然科学课程，一般只有算术、几何、天文等学科，而现代学校教育课程中，纳入了电子计算机、遗传工程等诸多新兴科学技术。这表明（　　　　）。

    A. 生产力的发展制约教育事业发展的速度

    B. 生产力的发展制约教学内容的发展和改革

    C. 社会经济制度制约教育的目的和内容

    D. 社会经济制度制约受教育权

3. "建国君民，教学为先""化民成俗，其必由学"揭示了（　　　　）。

    A. 教育与政治的关系　　　　　　　　B. 教育与经济的关系

    C. 教育与文化的关系　　　　　　　　D. 教育与科技的关系

4. 我国唐朝的"六学二馆"具有等级森严的入学条件。这充分说明政治经济制度决定（　　）。

    A．教育的领导权
        B．受教育权的分配

    C．教育目的
          D．教育性质

5. 我国政府通过在国外设立"孔子学堂"，让更多的外国民众学习汉语，了解中国，喜欢中国。这说明教育可以（　　）。

    A．创造更新文化
        B．传播交流文化

    C．选择提升文化
        D．筛选保存文化

6. 在教育工作中谨记"欲速则不达"的道理，即教育工作要遵循人的身心发展的（　　）。

    A．顺序性
           B．阶段性

    C．不平衡性
         D．互补性

7. 要把儿童当作儿童，而不能当成"小大人"。这说明教育工作应遵循人的身心发展的（　　）。

    A．阶段性
          B．顺序性

    C．不平衡性
        D．个别差异性

8. 孟子说："人性本善良，万物皆备于我心。"这句话反映出个体身心发展的动因是（　　）。

    A．外铄论
          B．内发论

    C．多因素论
        D．内外因交互作用论

9. 王安石的《伤仲永》记述了一个叫方仲永的人，小时聪颖异常，五岁即能写诗，但由于缺乏足够的教育，十二三岁写的诗已大不如前，二十岁左右便"泯然众人矣"。这表明（　　）。

    A．遗传素质的差异是造成个别差异的重要因素

    B．遗传素质的成熟程度制约身心发展的水平及阶段

    C．遗传素质仅仅为人的发展提供物质前提

    D．遗传素质为人的发展提供了可能

10. "当其可之谓时……时过然后学，则勤苦而难成。"这表明教育工作要抓住人的身心发展的（　　）。

    A．关键期
          B．加速期

    C．稳定期
          D．高原期

11. 恩格斯曾说："教育将使年轻人能够很快熟悉整个生产系统，将使他们能够根据社会需要或他们自己的爱好，轮流从一个生产部门转到另一个生产部门。"该观点体现了（　　）。

    A．教育可以改变人的劳动能力的性质与形态

    B．教育的发展有助于劳动力配置结构的改善

    C．教育有助于规范劳动者的劳动行为

    D．教育是人的劳动能力再生产的重要手段

12. 教育不仅直接生产新的文化，如新的作品、新的思想和新的科学技术，还通过培养创造型人才，来从事文化创造活动。这说明教育具有（　　）。

    A．文化传递和保存功能
        B．文化更新和创造功能

    C．文化整理功能
          D．文化传播和交流功能

13. 人类教育赖以存在和发展的决定性力量是（　　　）。
    A．人口环境　　　　　　　　　　B．社会生产
    C．政治制度　　　　　　　　　　D．自然环境
14. 直接制约着教育的性质和发展方向的社会因素是（　　　）。
    A．生产力　　　　　　　　　　　B．政治经济制度
    C．文化　　　　　　　　　　　　D．科学技术
15. 目前各国都非常重视教育对经济的作用，因此提出了"教育先行"的理念。下列关于"教育先行"说法正确的是（　　　）。
    A．教育是进行物质生产的必要条件
    B．教育投资的比例和数额越多越好
    C．教育一定可以带来经济效益
    D．教育从属于生产力

第三章　教育目的

1. 课程目标与几个相关概念正确的层次顺序是（　　　）。
   A．教育目的—培养目标—课程目标—教学目标
   B．培养目标—教育目的—课程目标—教学目标
   C．教育目的—培养目标—教学目标—课程目标
   D．培养目标—教育目的—教学目标—课程目标
2. 教育内容的确定、教育活动形式和教育方法的选择都必须以教育目的为最高准则。这体现了教育目的的（　　　）。
   A．导向功能　　　　　　　　　　B．调控功能
   C．评价功能　　　　　　　　　　D．反馈功能
3. 反映一个国家教育的根本性质、总的指导思想和教育工作总方向的是（　　　）。
   A．教育方针　　　　　　　　　　B．教育目的
   C．教育目标　　　　　　　　　　D．教育标准
4. "教育在于使青年社会化——在我们每一个人之中，造成一个社会的我，这便是教育的目的。"这句话体现的教育目的观是（　　　）。
   A．个人本位论　　　　　　　　　B．文化本位论
   C．社会本位论　　　　　　　　　D．科学本位论
5. "书中自有颜如玉，书中自有黄金屋，书中自有千钟粟"反映的教育目的价值取向是（　　　）。
   A．个人本位论　　　　　　　　　B．社会本位论
   C．国家本位论　　　　　　　　　D．能力本位论
6. 关于素质教育的内涵理解不正确的观点是（　　　）。
   A．素质教育是面向全体学生的教育
   B．素质教育是促进学生特长发展的教育

C. 素质教育是以创新精神和实践能力为重点的教育

D. 素质教育是促进学生个性健康发展的教育

7. 在我国全面发展教育中起保证方向和保持动力作用的是（　　　）。

    A. 德育
                    B. 智育

    C. 体育
                    D. 美育

8. 培养全面发展的社会主义事业的建设者和接班人的根本途径是（　　　）。

    A. 教育与生产劳动相结合
         B. 教育与企业相结合

    C. 教育与政党相结合
         D. 教育与工厂相结合

9. 美育最高层次的任务是（　　　）。

    A. 培养学生健康的审美观

    B. 提高学生感受美的能力

    C. 形成学生创造美的能力

    D. 培养学生鉴赏美的能力

10. 我国制定教育目的的理论基础是马克思的（　　　）。

    A. 剩余价值学说
         B. 资本和商品学说

    C. 劳动价值学说
         D. 人的全面发展学说

第四章　教育制度

1. 世界上很多国家，虽然它们的政治经济体制大不一样，但教育体制在很多方面都有相同特点，如入学年龄，小学、中学、大学阶段的划分等。这是因为教育体制的建立受（　　　）的影响。

    A. 本国教育发展史
         B. 生产力水平

    C. 青少年身心发展规律
         D. 外国教育体制

2. 下列关于义务教育的表述，不正确的是（　　　）。

    A. 德国是最早推行义务教育的国家

    B.《中华人民共和国宪法》首次以法律形式确定在我国普及初等义务教育

    C. 义务教育的本质特征是免费性

    D. 义务教育的教材价格由有关部门按照微利原则确定

3. 英国政府1870年颁布的《初等教育法》，既保持原有的专为资产阶级子女服务的学校系统，又为劳动人民的子女设立国民小学、职业学校。这种学制属于（　　　）。

    A. 分支型学制
         B. 单轨学制

    C. 中间型学制
         D. 双轨学制

4. 以下关于终身教育的说法，不正确的是（　　　）。

    A. 终身教育是学习社会的基本特征

    B. 终身教育从正规学校教育结束时开始

    C. 终身教育涵盖了人的一生，不限于儿童和青少年时期

    D. 终身教育既包括正规教育，也包括非正规教育

5. 清朝末年推行"废科举，兴学校"的举措，开始以日本学制为蓝本建立现代学制。由张百熙起草，国家正式颁布但未实行的现代学制是（　　）。

    A．癸卯学制　　　　　　　　　　　B．壬寅学制

    C．壬子癸丑学制　　　　　　　　　D．壬戌学制

6. 由蔡元培主持制定，实行"男女教育平等，允许初等小学男女同校"的现代学制是（　　）。

    A．壬寅学制　　　　　　　　　　　B．癸卯学制

    C．壬子癸丑学制　　　　　　　　　D．壬戌学制

7. 在我国历史上，以"中学为体，西学为用"为指导思想，以"读经尊孔"为教育宗旨，第一次以法令形式颁布并实施的学制是（　　）。

    A．壬寅学制　　　　　　　　　　　B．癸卯学制

    C．壬子癸丑学制　　　　　　　　　D．壬戌学制

8. 我国学制沿革史上，借鉴美国教育体制，初次确立了"六三三"的学习阶段和年限的学制是（　　）。

    A．壬寅学制　　　　　　　　　　　B．癸卯学制

    C．壬子癸丑学制　　　　　　　　　D．壬戌学制

9. 有利于教育逐级普及的学制是（　　）。

    A．双轨学制　　　　　　　　　　　B．单轨学制

    C．分支型学制　　　　　　　　　　D．多轨学制

10. 从形态上看，我国现行的学校教育制度是（　　）。

    A．单轨学制　　　　　　　　　　　B．双轨学制

    C．分支型学制　　　　　　　　　　D．综合型学制

第五章　学生与教师

1. 学生往往会"度德而师之"，因而要求教师应扮演好（　　）。

    A．研究者角色　　　　　　　　　　B．管理者角色

    C．示范者角色　　　　　　　　　　D．授业解惑者角色

2. 小春学习成绩不好，因此比较自卑，但是李老师并没有忽略她，反而更加关注她、鼓励她。在李老师的帮助下，小春的成绩慢慢地提高，也变得更自信了。李老师在其中的职业角色属于（　　）。

    A．学习者和学者　　　　　　　　　B．知识的传授者

    C．学生的朋友　　　　　　　　　　D．学生心灵的培育者

3. "孩子是由一百组成的，孩子有一百种语言，一百只手，一百个念头，一百种思考方式、游戏方式及说话方式。"这句话反映了教师劳动的（　　）。

    A．复杂性　　　　　　　　　　　　B．示范性

    C．持续性　　　　　　　　　　　　D．长期性

4. 某教师正在讲"对偶"修辞时，发现一个学生在烧废纸，灵机一动，写出："划火柴，烧废纸，影响课堂纪律。"要求学生对下联。学生经过思考写道："掏钢笔，写保证，遵守学校规章。"这种处理问题方式反映教师劳动具有（　　）。

    A．示范性　　　　　　　　　　B．创造性

    C．长期性　　　　　　　　　　D．复杂性

5. 教育活动中，教师负责组织、引导学生沿着正确的方向，采用科学的方法，使其获得良好的发展。这句话的意思是说（　　）。

    A．学生在教育活动中是被动的客体

    B．教师在教育活动中是被动的客体

    C．要充分发挥教师在教育活动中的主导作用

    D．教师在教育活动中不能起到主导作用

6. 从学生自身特点来看，"嫩枝易弯又易直"体现的是学生具有（　　）。

    A．模仿性　　　　　　　　　　B．创造性

    C．可塑性　　　　　　　　　　D．选择性

7. "青出于蓝而胜于蓝，冰水为之而寒于水"反映出师生关系应具备的特点是（　　）。

    A．尊师爱生　　　　　　　　　B．教学相长

    C．民主平等　　　　　　　　　D．密切融洽

8. 教师认为"表扬可能宠坏儿童，所以很少给予儿童表扬"。这种观念下的师生关系模式属于（　　）。

    A．专制型　　　　　　　　　　B．民主型

    C．放任型　　　　　　　　　　D．溺爱型

9. "学高为师""良师必须是学者"强调（　　）对教师专业发展的重要性。

    A．实践性知识　　　　　　　　B．文化知识

    C．本体性知识　　　　　　　　D．条件性知识

10. 教师应该不断了解学生的过去与现状，预测学生的发展与未来，检验教育教学效果，获取教育教学反馈信息，准备新一轮的教育教学活动。这体现了教师劳动的（　　）特点。

    A．长期性　　　　　　　　　　B．连续性

    C．广延性　　　　　　　　　　D．间接性

11. 教师要从过去作为单纯的传输者的角色中解放出来，推动以学习能力为中心的学生整个个性的和谐健康发展。这属于教师角色中的（　　）。

    A．研究者　　　　　　　　　　B．设计者

    C．促进者　　　　　　　　　　D．终身学习者

12. 卢梭说："大自然希望儿童在成人之前就要像儿童的样子。如果我们打乱了这个次序，我们就会造成一些早熟的果实，它们长得既不丰满也不甜美，而且很快就会腐烂；我们将造成一些年纪轻轻的博士和老态龙钟的儿童。"这段话体现了（　　）。

    A．儿童的独特性　　　　　　　B．儿童的生成性

    C．儿童的自主性　　　　　　　D．儿童的整体性

13. 魏巍在《我的老师》一文中写道："我们见了她（蔡老师）不由得就围了上去。即使她写字的时候，我们也默默地看着她，连她握笔的姿势都急于模仿。"这一叙述体现了学生的（　　）特点。

　　A. 可塑性　　　　　　　　　　B. 向师性

　　C. 复杂性　　　　　　　　　　D. 创造性

14. 李老师今天负责将英语一般现在时的语法讲解给学生，学生也做好了预习工作，准备认真听讲。在教育内容上，这种师生关系是（　　）。

　　A. 授受关系　　　　　　　　　B. 平等关系

　　C. 相互促进关系　　　　　　　D. 相互影响关系

第六章　课程

1. 杜威认为"附带学习可能比正式学习来得更根本、更重要"。这句话强调的是哪类课程的重要性？（　　）

　　A. 选修课程　　　　　　　　　B. 地方课程

　　C. 显性课程　　　　　　　　　D. 隐性课程

2. 为适应学生的个性差异而开发的课程类型是（　　）。

　　A. 选修课程　　　　　　　　　B. 必修课程

　　C. 学科课程　　　　　　　　　D. 综合课程

3. 容易使各门知识发生断裂现象，加重学生的学习负担，忽视学生的兴趣，理论和实践相脱离的是（　　）。

　　A. 学科中心主义课程论　　　　B. 存在主义课程论

　　C. 后现代主义课程论　　　　　D. 经验主义课程论

4. 经验课程的主导价值在于（　　）。

　　A. 使学生获得关于现实世界和直接经验的真切感受

　　B. 传承人类文明，让学生掌握人类积累下来的文化遗产

　　C. 使学生获得逻辑严密和条理清晰的文化知识

　　D. 促进学生认知和整体性发展，并形成全面的、解决问题的视野和方法

5. "在一个星期内读完《红楼梦》，讨论时列出让你印象最深刻的三件事情。"这样的教学目标属于（　　）。

　　A. 普遍性目标取向

　　B. 行为性目标取向

　　C. 生成性目标取向

　　D. 表现性目标取向

6. 目前我国基础教育实施"一纲多本"的教材使用原则。这里的"纲"指的是（　　）。

　　A. 课程标准　　　　　　　　　B. 课程计划

　　C. 教学计划　　　　　　　　　D. 教学原则

7. 综合课程打破了学科知识的界限，按照学生身心发展的阶段，以社会和个人最关心的问题为依据将内容组织起来。这种课程组织形式是（　　）。

   A. 垂直组织　　　　　　　　　　B. 横向组织

   C. 纵向组织　　　　　　　　　　D. 序列组织

8. "教师是课程开发者"体现了课程实施的（　　）。

   A. 忠实取向

   B. 相互适应取向

   C. 工具理性取向

   D. 创生取向

9. 课程专家泰勒在《课程与教学的基本原理》专著中提出的关于课程编制的四个问题，被称作泰勒原理。以下不属于泰勒原理的是（　　）。

   A. 学校应该达到哪些教育目标

   B. 提供哪些教育经验才能实现这些目标

   C. 怎样有效地删减这些教育经验

   D. 怎样才能确定这些目标正在得到实现

10. 校本课程的优点有（　　）。

    ①能体现学校的办学特色

    ②有利于通识性知识的学习

    ③能调动教师参与课程建设的积极性

    ④有助于学生掌握系统性知识

    ⑤能根据实际情况，及时修订课程内容

    A. ①②③　　　　　　　　　　B. ②③④

    C. ①③⑤　　　　　　　　　　D. ②④⑤

11. 根据古德莱德的课程分类理论，"有关课程应该如何设计，应该达到什么样的水平和标准的想法"属于（　　）。

    A. 经验课程　　　　　　　　　　B. 理想课程

    C. 理解课程　　　　　　　　　　D. 文件课程

12. 下列哪位教育家最早把"课程"用作一个专门的教育术语？（　　）

    A. 老子　　　　　　　　　　　　B. 斯宾塞

    C. 柏拉图　　　　　　　　　　　D. 杜威

13. 春秋时期的六艺"礼、乐、射、御、书、数"从课程类型来看是（　　）。

    A. 广域课程　　　　　　　　　　B. 综合课程

    C. 活动课程　　　　　　　　　　D. 学科课程

14. 某沿海城市在义务教育阶段的学校全面开设海洋教育课程。这种课程属于（　　）。

    A. 国家课程　　　　　　　　　　B. 地方课程

    C. 校本课程　　　　　　　　　　D. 生本课程

第七章　教学

1. 某小学语文教师在讲授人物描写方法后，让学生写一写自己眼中妈妈的形象。通过写作，学生体会到妈妈温暖的爱和细致的呵护，展现出对母亲的依赖和信任，也更尊重和理解自己的母亲。这体现了教师在教学过程中遵循了（　　　　）。
   A．间接经验与直接经验相结合的规律
   B．教师主导作用与学生主体作用相统一的规律
   C．掌握知识与发展智力相统一的规律
   D．传授知识与思想品德教育相统一的规律

2. 在教《蝉》这一课时，教师考虑到学生对蝉比较熟悉，但了解的又不甚清楚，便向学生提出一系列有趣的问题。同学们纷纷要求回答。这属于教学中的（　　　　）阶段。
   A．感知教材　　　　　　　　　　　B．引起求知欲
   C．巩固知识　　　　　　　　　　　D．运用知识

3. 小学语文的教学往往以字、词、句、段、篇的模式开展。这遵循的是（　　　　）。
   A．直观性原则　　　　　　　　　　B．启发性原则
   C．巩固性原则　　　　　　　　　　D．循序渐进原则

4. 地理老师王老师要在 45 分钟的课堂时间内将全球各个大洲的概况讲解清楚，为了能在短时间内向学生呈现、介绍大量而系统的学习内容，王老师最适宜采用的教学方法是（　　　　）。
   A．实践法　　　　　　　　　　　　B．谈话法
   C．讲授法　　　　　　　　　　　　D．参观法

5. 以问题解决为中心，注重学生独立活动，着眼于创造性思维能力和意志力培养的教学模式为（　　　　）。
   A．传递－接受教学模式
   B．自学－辅导教学模式
   C．引导－发现教学模式
   D．情境－陶冶教学模式

6. 在我国偏僻的山区小学，由于学生数量少、年龄小、不易集中，教师少，教学设备差等客观原因，有不少地方采用（　　　　）的教学组织形式来达到节约师资、完成教学任务的目的。
   A．个别辅导　　　　　　　　　　　B．复式教学
   C．家庭作业　　　　　　　　　　　D．现场教学

7. 对于教师备课，以下表述不正确的是（　　　　）。
   A．做好备教材、备方法、备学生三方面工作
   B．备课是上好课的前提
   C．达到透的阶段，就完全掌握了教材
   D．要写三种工作计划

8. 教学活动的中心环节是（　　　）。

   A．上课　　　　　　　　　　　　B．备课

   C．学业成绩的检查和评定　　　　D．作业的布置

9. 小胡得知期末考试成绩后，他妈妈问他："你这次考试高出你们班级平均分多少？"小胡妈妈做出的评价属于（　　　）。

   A．常模参照评价　　　　　　　　B．标准参照评价

   C．个体内差异评价　　　　　　　D．诊断性评价

10. 关于信度与效度等测验指标，下列说法错误的是（　　　）。

   A．效度是指测验能够准确测出所需要测量的事物的程度

   B．信度是指测验获得的信息的可靠性与一致程度

   C．效度低，信度一定低

   D．信度低，效度一定低

11. 在教学过程中，学生在较短的时间内学习人类积累的科学文化知识和经验，进而认识现实世界。这体现了教学过程的（　　　）。

   A．间接性　　　　　　　　　　　B．发展性

   C．指导性　　　　　　　　　　　D．巩固性

12. 主张教学的主导任务在于传授有用的知识，学生的智力不需要特别训练的教学理论是（　　　）。

   A．传统教育理论　　　　　　　　B．现代教育理论

   C．形式教育论　　　　　　　　　D．实质教育论

13. 列宁指出，"我们需要用基本事实的知识来发展和增进每个学习者的思考力"。这句话阐明了（　　　）。

   A．直接经验与间接经验的关系　　B．教师主导与学生主体的关系

   C．掌握知识与提高能力的关系　　D．智力活动与非智力活动的关系

14. 苏格拉底著名的"产婆术"体现了教学的（　　　）。

   A．直观性原则　　　　　　　　　B．巩固性原则

   C．启发性原则　　　　　　　　　D．循序渐进原则

15. 学生在教师指导下，使用仪器和设备，观察在石灰水中加入高锰酸钾的反应。这种教学方法是（　　　）。

   A．实习作业法　　　　　　　　　B．实验法

   C．演示法　　　　　　　　　　　D．练习法

第八章　学校德育

1. "教学如果没有进行德育教育，只是一种没有目的的手段。"赫尔巴特这一观点说明德育具有（　　　）。

   A．文化性功能　　　　　　　　　B．个体性功能

   C．社会性功能　　　　　　　　　D．教育性功能

2. 现在，我国学校德育包括政治教育、思想教育、道德教育、法制教育和（　　　）。

A．人生观教育 B．价值观教育

C．素质教育 D．心理健康教育

3. 双休日，甲同学为了照顾孤寡老人王大爷，拒绝了其他同学打网络游戏的邀请。这种抵抗外界诱惑的行为说明甲同学具有较强的（　　　）。

A．道德认识 B．道德情感

C．道德意志 D．道德行为

4. 学生自身发展具有很大的不稳定性和可塑性，无论是新的思想品德的形成和发展，还是不良品德行为的改变，都不是一蹴而就的。这表明德育过程是（　　　）。

A．对学生知、情、意、行的培养和提高的过程

B．组织学生的活动和交往，统一多方面教育影响的过程

C．促进学生思想内部矛盾运动的过程

D．长期、反复、不断提高的过程

5. 下列关于德育过程的表述，错误的是（　　　）。

A．德育过程是促进学生思想内部矛盾斗争的发展过程

B．德育过程是一个长期的、反复的、不断变化的过程

C．德育过程的进行顺序是以知为开端，情、意、行依次进行

D．德育过程的基本矛盾是教育者提出的德育要求与受教育者已有品德水平之间的矛盾

6. "5+2=0"的意思是五天的学校教育加上两天的家庭教育等于零教育，这表明应该贯彻的德育原则是（　　　）。

A．发扬积极因素，克服消极因素原则

B．理论联系实际原则

C．教育影响的一致性与连贯性原则

D．正面启发、积极引导原则

7. 德育原则是德育工作中必须遵循的基本要求。下列能反映疏导原则的是（　　　）。

A．要尽量多地要求一个人，也要尽可能地尊重一个人

B．视其所以，观其所由，察其所安

C．君子欲讷于言而敏于行

D．夫子循循然善诱人，博我以文，约我以礼，欲罢不能

8. 化学课上，李老师通过展示学生收集的关于燃料的资料，引导学生辩证思考燃料带给人类的便利和危害，树立环境保护意识。李老师采用的德育途径是（　　　）。

A．班主任工作 B．社会实践活动

C．学科教学 D．课外与校外活动

9. 某学校在期中考试时设立诚信考场，实行无人监考。考前，学生们都要签诚信承诺书，保证自己在考场上人格得一百分。该做法属于（　　　）。

A．自我教育法 B．实践锻炼法

C．说理教育法 D．品德评价法

10. "与人友好相处是人类的基本需要，满足这种需要是教育的首要职责。"这一假定最可能出现在以下哪种道德教育模式中？（　　）

    A．认知模式　　　　　　　　　　B．体谅模式

    C．价值澄清模式　　　　　　　　D．社会行动模式

11. "让学校的一草一木，一砖一瓦都开口说话"运用的德育方法是（　　）。

    A．陶冶教育法　　　　　　　　　B．榜样示范法

    C．实际锻炼法　　　　　　　　　D．品德评价法

12. "身教重于言教"体现的德育方法是（　　）。

    A．说服教育法　　　　　　　　　B．榜样示范法

    C．情境陶冶法　　　　　　　　　D．实践锻炼法

13. 衡量和评价学生品德的重要标志是（　　）。

    A．道德行为　　　　　　　　　　B．道德情感

    C．道德认识　　　　　　　　　　D．道德意志

14. 社会是变化发展的，德育不能仅传授给学生固定的价值观点，还要教会学生如何分析不同的道德价值。这反映的德育模式是（　　）。

    A．体谅模式　　　　　　　　　　B．集体教育模式

    C．社会学习模式　　　　　　　　D．价值澄清模式

第九章　班级管理与班主任工作

1. 在班级组织中，以自我为中心的学生会在同伴的批评下改变自己的自私行为；自控力差的学生能在班集体的监督约束下，逐渐形成自律意识。这体现了班级组织对个体发展的（　　）。

    A．促进发展功能　　　　　　　　B．满足需求功能

    C．认知功能　　　　　　　　　　D．矫正功能

2. 不少中学的班主任请学生轮流当班长，使每个学生都有机会参与班级事务及管理，成为班级的主人。这种班级管理模式是（　　）。

    A．班级常规管理　　　　　　　　B．班级平行管理

    C．班级民主管理　　　　　　　　D．班级目标管理

3. 马卡连柯认为，教师要影响个别学生，首先要去影响这个学生所在的班级，然后通过班集体与教师一起去影响这个学生，这样就会产生巨大的教育力量。这句话体现了班级（　　）管理的内涵。

    A．平行　　　　　　　　　　　　B．常规

    C．民主　　　　　　　　　　　　D．目标

4. 当班主任接到一个教育基础较差的班级时，首先要做好的工作是（　　）。

    A．建立班集体的正常秩序　　　　B．建立班集体的核心队伍

    C．组织多样式的集体活动　　　　D．确定班集体的发展目标

5. 班级依赖班主任组织指挥，一旦班主任要求不严格，班级就变得松弛、涣散。此时班集体发展处于（　　　）。

    A. 组建阶段　　　　　　　　　　B. 初步形成阶段

    C. 发展阶段　　　　　　　　　　D. 成熟阶段

6. 下列关于班主任工作的说法，不正确的是（　　　）。

    A. 班主任是学校中全面负责一个班级的思想、学习、生活等工作的教师

    B. 班主任是班级的组织者、领导者和教育者

    C. 班主任是学校办学思想的贯彻者，是联系任课教师和学生团队的纽带

    D. 班主任承担着学校的全部管理任务，是学校生存发展的关键人物

7. 组织和培养班集体是班主任工作的（　　　）。

    A. 中心任务　　　　　　　　　　B. 首要任务

    C. 基本前提　　　　　　　　　　D. 有效手段

8. 某班级中很多学生学习成绩差，思想品德差，班集体意识差，同学之间几乎没有合作行为，大部分人都不知道该做什么和怎么做。这个班级的班主任所采取的领导方式最可能是（　　　）。

    A. 集权型　　　　　　　　　　　B. 权威型

    C. 放任型　　　　　　　　　　　D. 专断型

9. 做好班主任工作的前提和基础是（　　　）。

    A. 组织和培养班集体　　　　　　B. 全面了解学生

    C. 培养优良的班风　　　　　　　D. 做好后进生转化工作

10. （　　　）是培养学生活动能力的基本途径，是培养优良班集体的重要方法，是班主任进行教育活动的重要手段。

    A. 了解学生　　　　　　　　　　B. 个别教育

    C. 组织和培养班集体　　　　　　D. 班会活动

第二部分　教育心理学

第一章　心理学基础

1. 学生上课思想开小差、心不在焉，教师突然加重语气是为了引起学生的（　　　）。
   A. 知觉　　　　　　　　　　　　B. 想象
   C. 无意注意　　　　　　　　　　D. 有意注意

2. 上课了，小明还沉浸在课间游戏的快乐中。这说明他的（　　　）不够好。
   A. 注意的广度
   B. 注意的分配
   C. 注意的转移
   D. 注意的稳定

3. 看动画片时，虽然屏幕呈现的是一幅幅图片，但是我们却将其知觉为连续的动画。这是因为存在（　　　）。
   A. 错觉　　　　　　　　　　　　B. 幻觉
   C. 感觉记忆　　　　　　　　　　D. 短时记忆

4. 日常生活中，我们经常遇到"舌尖现象"：明明一件事是知道的，但是却不能回忆起来，一旦有了正确的线索，所要的信息就会映入脑海。下列哪一记忆理论能很好地解释这一现象？（　　　）
   A. 记忆消退说　　　　　　　　　B. 记忆干扰说
   C. 提取失败说　　　　　　　　　D. 压抑动机说

5. 对于遗忘发展的进程，德国心理学家艾宾浩斯最早进行了系统的研究。下列关于遗忘的说法正确的有（　　　）个。
   ①遗忘的过程最初进展得很慢，以后逐渐加快
   ②遗忘的发展是均衡的
   ③过了相当的时间后，几乎不再遗忘
   A. 0　　　　　　　　　　　　　　B. 1
   C. 2　　　　　　　　　　　　　　D. 3

6. 考试题型中，选择题主要考查的是学生的（　　　）。
   A. 识记能力　　　　　　　　　　B. 复述能力
   C. 再认能力　　　　　　　　　　D. 回忆能力

7. 医生救死扶伤才能获得最大的满足，音乐家演奏音乐才能获得最大的满足。这类现象体现了人（　　　）的需要。
   A. 归属与爱　　　　　　　　　　B. 尊重
   C. 安全　　　　　　　　　　　　D. 自我实现

8. 人的能力有多种，其中取决于后天的学习，与社会文化关系密切，主要表现为获得语言及数学等知识的能力是（　　　）。

    A．晶体能力　　　　　　　　　　　B．流体能力

    C．认知能力　　　　　　　　　　　D．创造能力

9. 下列有关气质与性格关系的说法错误的是（　　　）。

    A．气质是先天的，性格是后天的

    B．气质没有好坏之分，性格有好坏之分

    C．气质特征表现得早，性格特征表现得晚

    D．气质可塑性强，性格可塑性弱

10. 按照气质的类型分类，《红楼梦》中的王熙凤和林黛玉分别属于（　　　）。

    A．胆汁质和黏液质

    B．胆汁质和抑郁质

    C．多血质和抑郁质

    D．多血质和黏液质

11. 当一个人的外表具有魅力时，他的一些与外表无关的特征也常常被肯定。这种现象被称为（　　　）。

    A．宽大效应　　　　　　　　　　　B．晕轮效应

    C．中心品质　　　　　　　　　　　D．刻板印象

12. 在指导学生面试时，教师非常重视训练学生进入面试考场时的仪态、仪表、眼神、与面试官打招呼等细节，以期给面试官留下好印象。这是充分利用了（　　　）。

    A．前摄抑制　　　　　　　　　　　B．倒摄抑制

    C．首因效应　　　　　　　　　　　D．近因效应

第二章　教育心理学概述

1. 教育心理学研究的核心内容是（　　　）。

    A．学习过程　　　　　　　　　　　B．教学过程

    C．评价过程　　　　　　　　　　　D．反思过程

2. （　　　）是教学内容的载体和表现形式，是师生之间传递信息的工具。

    A．教学工具　　　　　　　　　　　B．教学媒体

    C．教学环境　　　　　　　　　　　D．教学设施

3. 1877 年，（　　　）出版了世界上第一本《教育心理学》。

    A．乌申斯基　　　　　　　　　　　B．夸美纽斯

    C．桑代克　　　　　　　　　　　　D．卡普捷列夫

4. 西方第一本以"教育心理学"命名的专著的作者是（　　　）。

    A．康德　　　　　　　　　　　　　B．桑代克

    C．皮亚杰　　　　　　　　　　　　D．夸美纽斯

5. 1924 年，（　　　）编写了我国第一本《教育心理学》教科书。
   A. 廖世承   B. 房东岳
   C. 杨贤江   D. 潘菽

第三章　心理发展与教育

1. 在正常条件下，虽然个体心理发展的速度可以有个别差异，会加速或减缓，但是心理发展是不可逆的，阶段与阶段之间也是不可逾越的。这种规律现象说明心理发展具有（　　　）。
   A. 差异性   B. 定向性和顺序性
   C. 不平衡性   D. 连续性和阶段性

2. 个体心理发展中，充满着独立性和依赖性、自觉性和幼稚性矛盾的时期是（　　　）。
   A. 童年期   B. 青少年期
   C. 青年初期   D. 青年期

3. "吃一堑，长一智"体现了皮亚杰提出的认知发展理论中的（　　　）概念。
   A. 图式   B. 同化
   C. 平衡   D. 顺应

4. 两小无猜的时代，一根竹子、一张长凳就可以是一匹骏马。这是个体认知发展到（　　　）能做到的事情。
   A. 感知运动阶段   B. 前运算阶段
   C. 具体运算阶段   D. 形式运算阶段

5. 假如一个学生能够回答诸如"王老师比张老师高，张老师比李老师高，王老师和李老师哪个高"的问题，却无法回答诸如"若 A>B，B>C，A 与 C 哪个大"的问题。按照皮亚杰的认知发展理论，该学生处于（　　　）。
   A. 感知运动阶段   B. 前运算阶段
   C. 具体运算阶段   D. 形式运算阶段

6. "跳一跳，摘果子"体现了维果茨基的（　　　）。
   A. 掌握学习理论   B. 先行组织者策略
   C. 最近发展区观点   D. 认知 – 结构学习论

7. 晓阳的母亲在做饭时，晓阳为了帮助母亲便递给其一个碟子，母亲接过晓阳手中的碟子，晓阳很高兴，认为自己帮了母亲一个大忙。根据埃里克森对人的心理发展的阶段划分，此例中的晓阳可能处于（　　　）。
   A. 信任感对怀疑感的阶段   B. 自主感对羞耻感的阶段
   C. 主动感对内疚感的阶段   D. 勤奋感对自卑感的阶段

8. "我好开心，今天我是值日生，老师表扬了我。"这句话反映的是学生自我意识中的（　　　）。
   A. 自我认识   B. 自我监控
   C. 自我调节   D. 自我体验

9. 小贝在学习中，往往更加注重学习环境的社会性，对于具有社会内容的材料更感兴趣，并且非常容易接受周边同学以及老师的暗示。小贝的认知风格最可能属于（　　）。

   A. 场独立型
   B. 场依存型
   C. 冲动型
   D. 沉思型

10. 小红6岁就学会了1 000个汉字，而小华9岁才学会1 000个汉字。这体现了个体智力的（　　）。

    A. 结构差异
    B. 发展目标差异
    C. 发展水平差异
    D. 发展方向差异

11. 研究发现，小鸭会把它出壳时看到的任何活动对象当成母亲，其动作行为被称为"印刻"。这一研究被引入心理学后，成为心理发展研究中的重要概念，即（　　）。

    A. 活动期
    B. 关键期
    C. 效果期
    D. 准备期

12. 儿童先学会了"剥皮吃香蕉"，后又学会了"剥皮吃橘子"。依据皮亚杰的观点，这一学习过程属于（　　）。

    A. 图式
    B. 同化
    C. 顺应
    D. 平衡

13. 根据埃里克森的人格发展阶段理论，当前中学生人格发展的主要任务是（　　）。

    A. 获得勤奋感
    B. 获得信任感
    C. 获得同一感
    D. 获得自主感

14. 在问题解决情境中，有的儿童总是急于给出答案而缺乏思考。这种认知方式属于（　　）。

    A. 具体型
    B. 场独立型
    C. 冲动型
    D. 发散型

15. 学外语时小文喜欢多听多说，不太关心具体单词的拼写和句型结构。由此可知，小文是一个（　　）。

    A. 动觉型学习者
    B. 视觉型学习者
    C. 触觉型学习者
    D. 听觉型学习者

第四章　学前儿童的发展

1. 幼儿对不同几何图形的辨别在难度上有一定的差异。对幼儿来说，下列几何图形中最易辨别的是（　　）。

   A. 圆形
   B. 菱形
   C. 梯形
   D. 八边形

2. 教师面向幼儿领操，要求幼儿举左手时，教师应该（　　）。

   A. 举自己的右手
   B. 转身背对幼儿举自己的右手
   C. 举自己的左手
   D. 请一位幼儿面向大家举起右手

3. 随着年龄增长，幼儿意义记忆和机械记忆效果的差异（　　　）。
   A．不会变化　　　　　　　　　　B．逐渐缩小
   C．逐渐扩大　　　　　　　　　　D．稳步增长

4. 禾禾说："小兰的妈妈是陈老师。"爸爸问："陈老师的女儿是谁？"禾禾摇头说："不知道。"这反映禾禾思维特点的（　　　）。（高频）
   A．经验性　　　　　　　　　　　B．片面性
   C．表面性　　　　　　　　　　　D．不可逆性

5. 幼儿边给自然角的花朵浇水边说："小花啊小花，你一定要快快地长大。"这是一种（　　　）。
   A．内部性语言　　　　　　　　　B．外部性语言
   C．自我中心语言　　　　　　　　D．告知性语言

6. 中班儿童常常"告状"，这是由（　　　）激发的一种行为。
   A．道德感　　　　　　　　　　　B．美感
   C．理智感　　　　　　　　　　　D．责任感

7. 儿童在母亲离开前表现出警惕，母亲离开时表现得抗拒，母亲回来后，立刻接触求抱，但刚被抱又挣扎起来。这是（　　　）依恋类型。
   A．焦虑 – 回避型　　　　　　　　B．安全型
   C．焦虑 – 反抗型　　　　　　　　D．紊乱型

8. 小白很喜欢和小朋友交往，在与同伴的交往中活跃、主动，但他经常被其他小朋友抱怨爱抢玩具和喜欢推打别人，因而常被同伴排斥。按照幼儿不同交往类型的心理特征划分，小白属于（　　　）幼儿。（高频）
   A．被抛弃型　　　　　　　　　　B．被忽略型
   C．被拒绝型　　　　　　　　　　D．受欢迎型

9. 幼儿教师在语言课上只讲故事，音乐课上只能唱歌，体育课上只做游戏的做法，违背了（　　　）教育原则。
   A．启蒙性　　　　　　　　　　　B．发展适宜性
   C．活动性　　　　　　　　　　　D．综合性

10. 下雪了，孩子们开心地用雪堆着各种雪人。这属于（　　　）。
    A．角色游戏　　　　　　　　　　B．结构游戏
    C．表演游戏　　　　　　　　　　D．规则游戏

第五章　学习与学习理论

1. 根据学习的定义，下列选项中属于学习的是（　　　）。
   A．狗熊练习投篮动作　　　　　　B．吃杨梅时唾液分泌增加
   C．入芝兰之室，久而不闻其香　　D．服用兴奋剂后比赛取得好成绩

2. 学习"功 = 力 × 距离"，这种学习属于（　　　）。
   A．信号学习　　　　　　　　　　B．概念学习
   C．辨别学习　　　　　　　　　　D．规则或原理学习

3. 宠物听见主人唤其名字跑过来。这种现象属于哪种反射？（　　）
   A. 第一信号系统的条件反射　　　　B. 无条件反射
   C. 第二信号系统的条件反射　　　　D. 本能条件反射

4. 在实际教学中，让学生先行预习有助于提高学习效率。这符合桑代克所提出的学习规律中的（　　）。
   A. 发现律　　　　　　　　　　　　B. 效果律
   C. 练习律　　　　　　　　　　　　D. 准备律

5. 某教师对于喜欢打小报告的学生采取故意不理会的方式，以后学生打小报告的行为大大减少。这是因为学生的这种行为受到了（　　）。
   A. 正强化　　　　　　　　　　　　B. 负强化
   C. 惩罚　　　　　　　　　　　　　D. 消退

6. 在"圆周率"的教学中，教师不是直接将学习内容告诉学习者，而是营造问题情境，提供有助于发现"圆周率＝圆的周长÷圆的直径"的线索，引导学习者对问题进行探究，并由学习者自己搜索证据，从而有所发现。这一教学顺序安排是根据（　　）理论制定的。
   A. 波斯纳的课程内容结构排序
   B. 加涅的从简单到复杂的学习层级分类
   C. 奥苏伯尔的"先行组织者"
   D. 布鲁纳的发现学习

7. 李老师讲授完"全等三角形"一课后，学生小明虽记住了全等三角形的概念，但在做课后练习时就是不会对全等三角形的相关知识做出判断和求解。这说明小明的学习属于（　　）。
   A. 机械接受学习　　　　　　　　　B. 有意义发现学习
   C. 机械发现学习　　　　　　　　　D. 有意义接受学习

8. 知识不是通过教师传授获得的，而是学习者在一定情境下，利用学习资料生成意义的过程。这符合（　　）。
   A. 行为主义学习观　　　　　　　　B. 人本主义学习观
   C. 新行为主义学习观　　　　　　　D. 建构主义学习观

9. 建立在有感染力的真实事件或真实问题基础上的教学称为（　　）。
   A. 支架式教学　　　　　　　　　　B. 情境性教学
   C. 探究学习　　　　　　　　　　　D. 合作学习

10. 强调情感对学生学习的重要意义，关注学生思维、情感和行为的整合。这种观点属于（　　）。
    A. 人本主义教学理论
    B. 行为主义教学理论
    C. 结构主义教学理论
    D. 认知主义教学理论

11. 学校宣传表扬助人为乐的同学后，S班涌现出多名互帮互助的热心少年。促使S班发生学习现象的强化类型是（　　　）。

    A．负强化   B．直接强化

    C．替代强化   D．自我强化

12. 下列属于第二信号系统条件反射的是（　　　）。

    A．望而生畏   B．谈梅生津

    C．视而不见   D．尝梅生津

13. 离下课还有10分钟，这时候一些学生的注意力开始涣散，老师说："如果大家认真听课，我就免去今天的额外作业。"学生开始认真听课了。老师采取的措施是（　　　）。

    A．正强化   B．负强化

    C．惩罚   D．消退

14. 学生学习加减乘除运算规则后解答老师布置的应用题，按照加涅的学习结果分类，这属于（　　　）学习类型。

    A．动作技能   B．智慧技能

    C．言语信息   D．认知策略

第六章　分类学习理论

1. 知道了"长方形的四个角都是直角"，而正方形是长方形的一个特例，那就很容易理解"正方形的四个角都是直角"。这种学习类型属于（　　　）。

    A．上位学习   B．下位学习

    C．发现学习   D．并列结合学习

2. 小李在体育课上学了一个月武术后，他的武术动作整体趋于连贯，错误动作较少，但动作不能自主流畅完成，熟练性和准确性有待提高。从动作技能的形成阶段来看，小李的武术动作技能最可能处于（　　　）。

    A．操作定向阶段   B．操作模仿阶段

    C．操作精确阶段   D．操作整合阶段

3. 教师要学生列举筷子的用途，某学生在单位时间内列出了很多的答案，但是都在餐饮的范围内，这表明该学生的发散性思维（　　　）。

    A．流畅性好，变通性好

    B．流畅性好，变通性差

    C．流畅性差，变通性好

    D．流畅性差，变通性差

4. 某儿童把规则看作是固定的、不可改变的，并且只根据行为的后果来判断对错。按照皮亚杰的观点，该儿童所处的品德发展阶段是（　　　）。

    A．自我中心阶段   B．权威阶段

    C．可逆性阶段   D．公正阶段

5. 在科尔伯格道德发展阶段理论中，儿童认为海因茨偷药其实不会对药剂师造成任何损失，而且他以后可以再把钱还给药剂师，如果他不想失去他的妻子，他就应该去偷药。儿童这种道德发展水平属于（　　　　）。

A．惩罚与服从定向阶段

B．好孩子定向阶段

C．相对功利主义定向阶段

D．维护法律和社会秩序定向阶段

6. "我们知晓的比我们能说出的多"体现的是（　　　　）。

A．陈述性知识　　　　　　　　　B．条件性知识

C．显性知识　　　　　　　　　　D．隐性知识

7. 在技能练习过程中，往往会出现进步的暂时停顿现象，这就是练习曲线上所谓的"高原现象"。下列帮助学生突破"高原现象"的做法错误的是（　　　　）。

A．分析原因，采取新方法

B．积极鼓励，增强信心

C．增强学习动机，提供充分有效的反馈

D．增强练习强度，用集中练习来代替分散练习

8. 儿童只能用数手指的策略计算 3+8 的结果。该儿童的心智技能处于（　　　　）。

A．物质活动阶段

B．有声言语活动阶段

C．无声的外部言语活动阶段

D．内部言语活动阶段

第七章　学习迁移

1. 孔子说："举一隅不以三隅反，则不复也。"这句话说明的学习现象是（　　　　）。

A．学习定势　　　　　　　　　　B．学习迁移

C．学习兴趣　　　　　　　　　　D．学习习惯

2. 举一反三、闻一知十、触类旁通属于（　　　　）。

A．同化迁移　　　　　　　　　　B．顺应迁移

C．重组迁移　　　　　　　　　　D．逆向迁移

3. 学生在学习过正方体、球体等立体图形后，形成的空间概念和立体思维有利于以后空间几何的学习，这种现象属于（　　　　）。

A．顺向、正迁移　　　　　　　　B．顺向、负迁移

C．逆向、正迁移　　　　　　　　D．逆向、负迁移

4. 学生在物理中学习了"平衡"概念后，就会对以后学习化学平衡、生态平衡、经济平衡、心理平衡产生影响。从迁移的方向看，这属于（　　　　）。

A．正迁移　　　　　　　　　　　B．负迁移

C．顺向迁移　　　　　　　　　　D．逆向迁移

5. 从一种学习中习得的一般原理、方法、策略和态度等迁移到另一种学习中去的迁移属于（　　　）。

A. 一般迁移　　　　　　　　　　　　B. 具体迁移

C. 垂直迁移　　　　　　　　　　　　D. 水平迁移

6. 下列选项中，最能够体现学习的迁移的是（　　　）。

A. 学生 A 的笔记写得很漂亮，说话也很有条理

B. 学生 B 三天就掌握了 100 个单词，但一段时间后就忘掉了

C. 学生 C 学习了 3 年小提琴，轻松入门二胡

D. 学生 D 会跳拉丁舞，也会绘画

7. 贾德认为，迁移发生的主要原因是（　　　）。

A. 在经验中学到的原理、原则

B. 两种学习活动中有共同的成分

C. 心理官能得到训练

D. 对两种学习之间存在关系的突然领悟

8. 奥苏伯尔在有意义学习理论的基础上，提出了学习迁移的认知结构说。他认为，实现学习迁移的最关键因素是（　　　）。

A. 学生原本的个性特征

B. 现有的学习材料

C. 最近一次经验的刺激－反应联结

D. 学生原有的知识结构

9. 迁移的程度取决于两种情境相同要素的多寡，相同要素越多，迁移程度越高；相同要素越少，迁移程度越低。以上观点属于迁移的（　　　）。

A. 形式训练说　　　　　　　　　　　B. 相同要素说

C. 经验类化说　　　　　　　　　　　D. 关系转换说

10. 以下条件会影响学习迁移的是（　　　）。

A. 学习材料的相似性　　　　　　　　B. 学习目标与学习过程的相似性

C. 原有经验水平　　　　　　　　　　D. 以上都是

第八章　学习策略

1. 在飞驰的列车上，在广告墙上看到一个非常有用的电话号码，为了暂时记住这一电话号码，下列策略合适的是（　　　）。

A. 复述策略　　　　　　　　　　　　B. 计划策略

C. 组织策略　　　　　　　　　　　　D. 元认知策略

2. 琳琳在听课时，经常将学习内容要点以画线的方式在书上做标记。这种学习策略属于（　　　）。

A. 复述策略　　　　　　　　　　　　B. 调节策略

C. 监控策略　　　　　　　　　　　　D. 计划策略

3. 中国人一般把 "TOEFL" 称为 "托福"。这里使用的学习策略是（   ）。

    A. 谐音联想法   B. 位置记忆法

    C. 视觉联想法   D. 关键词法

4. 为帮助记忆我国传统的二十四节气，前人将其编成《二十四节气歌》："春雨惊春清谷天，夏满芒夏暑相连，秋处露秋寒霜降，冬雪雪冬小大寒。"这种学习策略属于（   ）。

    A. 复述策略   B. 精细加工策略

    C. 组织策略   D. 元认知策略

5. 李宏同学在暑假期间，将自己感兴趣的语文、英语等学科内容画出了知识联系图，帮助自己掌握这些学科知识。李宏同学使用的学习策略是（   ）。

    A. 组织策略   B. 精细加工策略

    C. 复述策略   D. 计划监控策略

6. 小学低年级学生在教师指导下进行识字学习时，有的按字音归类识字，有的按偏旁结构归类识字。这种学习策略是（   ）。

    A. 组织策略   B. 元认知策略

    C. 精细加工策略   D. 复述策略

7. 阅读时对注意加以跟踪、对材料进行自我提问，考试时监视自己的答题速度和时间。这属于（   ）。

    A. 监控策略   B. 计划策略

    C. 认知策略   D. 调节策略

8. 某学生在测验时跳过某个难题，先做简单的题目。该学生运用的策略是（   ）。

    A. 计划策略   B. 监控策略

    C. 调节策略   D. 时间管理策略

9. 学生小强善于统筹安排学习时间，能够合理利用课后零碎时间进行学习。期末考试结束后，小强在班上名列前茅。小强采用的学习策略是（   ）。

    A. 精细加工策略   B. 计划策略

    C. 监控策略   D. 时间管理策略

10. 在学生的学习策略训练中，策略与动机相结合的最有效的方法是（   ）。

    A. 使学生能陈述策略学习的重要性

    B. 使学生体验到应用策略能提高学习效率

    C. 使学生知道策略应用的适当条件

    D. 让学生开展学习竞赛

第九章　学习动机与归因

1. 抗金英雄岳飞自幼目睹山河破碎，百姓流离失所，便立下了学艺报国的志向。他的学习动机属于（   ）。

    A. 近景性内部动机   B. 近景性外部动机

    C. 远景性外部动机   D. 远景性内部动机

2. 杨艺最近对食物吃到胃里是如何消化、如何转化为身体所需养料并被身体吸收的过程十分感兴趣。因此，她在生物课上十分认真，并受到了生物老师的表扬。此后，杨艺对生物课的学习积极性更高了。根据奥苏伯尔的学习动机分类，杨艺的学习动机属于（　　）。

    A．内部动机、附属内驱力　　　　　　B．认知内驱力、附属内驱力

    C．内部动机、自我提高内驱力　　　　D．认知内驱力、自我提高内驱力

3. 作为学习委员的姗姗为了在班级中取得优秀的成绩和较高的排名而努力学习。她的学习动机属于（　　）。

    A．认知内驱力　　　　　　　　　　　B．对比内驱力

    C．自我提高内驱力　　　　　　　　　D．附属内驱力

4. 下列有关学习动机与学习效果之间关系的描述，正确的是（　　）。

    ①学习难度大，学习动机水平高，学习效果好

    ②学习难度大，学习动机水平低，学习效果好

    ③学习任务容易，学习动机水平高，学习效果好

    ④学习任务容易，学习动机水平低，学习效果好

    A．①②　　　　　　　　　　　　　　B．①④

    C．②③　　　　　　　　　　　　　　D．②④

5. 根据成就动机理论，教师在教育实践中对力求成功的学生应更多地安排（　　）。

    A．非常容易的任务　　　　　　　　　B．没有难度和竞争性不强的任务

    C．非常困难的任务　　　　　　　　　D．有一定难度和竞争性的任务

6. 学生小婷学习非常努力，对自己要求很高，她的目标是考上重点大学，同时也非常害怕失败，觉得如果自己考不上重点大学就会很没面子。根据自我价值理论，小婷属于典型的（　　）型学生。

    A．高趋低避　　　　　　　　　　　　B．低趋高避

    C．低趋低避　　　　　　　　　　　　D．高趋高避

7. 冯某高中毕业后就没有继续升学，而是开始了创业之路，但每次创业都以失败告终。他总是将不成功的原因归于运气不好。冯某的这种归因属于（　　）。

    A．内部、不稳定、不可控的归因

    B．外部、不稳定、不可控的归因

    C．外部、稳定、可控的归因

    D．内部、不稳定、可控的归因

8. 亮亮语文成绩不好，虽几经努力但并无成效，于是语文课上他不听讲，也不做语文作业。这种心理现象属于（　　）。

    A．习得性无助　　　　　　　　　　　B．自我效能感

    C．期望效应　　　　　　　　　　　　D．超习俗水平

9. 班杜拉研究指出，影响自我效能感最主要的因素是（　　）。

    A．替代经验　　　　　　　　　　　　B．言语劝说

    C．情绪唤醒　　　　　　　　　　　　D．个体自我行为的成败经验

10. 下列有关学生学习动机的培养，说法正确的是（　　　）。
    A. 为学生选择的榜样越优秀越好
    B. 给学生的建议不应太具体，越抽象越好
    C. 可以帮助学生把对某一学科的兴趣迁移到另一学科上
    D. 告诉学生失败都是由于外部因素导致的

第十章　学生心理健康教育

1. 心理健康的含义是（　　　）。
    A. 心境良好，反应适度　　　　　B. 社会知识能力的良好状态
    C. 体质好，身体无疾病状态　　　D. 一种持续的、积极的心理状态
2. 刘亮在课堂上注意力难以集中、注意时间短暂，经常出现随意讲话和在教室四处走动的行为，和同学相处也经常发生矛盾，伴有学习困难、品行障碍等问题。这种情况最可能是下列病症中的（　　　）。
    A. 多动症　　　　　　　　　　　B. 强迫症
    C. 焦虑症　　　　　　　　　　　D. 厌学症
3. 小东每次锁门离家后，明知已锁过门，但总是怀疑门没有锁，多次返回检查后才安心。他的这种表现属于（　　　）。
    A. 恐惧症　　　　　B. 焦虑症　　　　　C. 强迫症　　　　　D. 抑郁症
4. 当教师不顺心时，就把火发到学生身上。这种"找替罪羊"的做法属于心理防御机制中的（　　　）。
    A. 转移　　　　　B. 升华　　　　　C. 退行　　　　　D. 幽默
5. 学校心理健康教育的对象是（　　　）。
    A. 低年级学生　　　　　　　　　B. 高年级学生
    C. 有心理问题的学生　　　　　　D. 全体学生
6. 学校心理辅导的目标是（　　　）。
    A. 满足需要，促进健康　　　　　B. 关注生存，促进发展
    C. 学会调适，寻求发展　　　　　D. 身体健康，学会学习
7. 小明是一个非常内向的孩子，不敢跟老师说话，也没有勇气向老师求教。当他一旦敢于主动向老师请教，老师就给予表扬并耐心解答。小明同学渐渐地敢于向老师请教和说话了。这种方法属于（　　　）。
    A. 强化法　　　　　　　　　　　B. 行为塑造法
    C. 代币奖励法　　　　　　　　　D. 示范法
8. 对一个过分害怕猫的学生，为了让他不怕猫，可以先让他看猫的照片、谈论猫、远远观看关在笼中的猫；然后，让他靠近笼中的猫；最后，让他摸猫、抱起猫，消除对猫的惧怕反应。这种行为改变法是（　　　）。
    A. 代币奖励法　　　　　　　　　B. 行为塑造法
    C. 系统脱敏法　　　　　　　　　D. 肯定性训练

9. 小微总认为自己怎么对待朋友，朋友就应该怎么对待自己，因此经常和朋友因为小事产生摩擦。周老师通过改变认知偏差来帮助她克服心理障碍，周老师使用的心理辅导方法是（　　　）。

    A．强化法
            B．合理情绪疗法

    C．系统脱敏法
           D．消退法

10. 罗杰斯在其"以人为中心的治疗"中将"无条件积极关注"看作心理辅导的前提之一。这体现了学校心理辅导的（　　　）。

    A．面向全体学生原则
           B．发展性原则

    C．尊重与理解学生原则
           D．强化性原则

第十一章　课堂管理

1. 在钟老师的课堂上，学生都显得较为紧张、拘谨，对钟老师较为惧怕，不主动回答问题，只有被钟老师点名提问了才勉强作答，反应也较为迟钝。这是一种（　　　）的课堂气氛。

    A．对抗
            B．积极

    C．失控
            D．消极

2. 一个月前，李老师的家庭发生了重大变故。结束事假后，李老师回到学校继续开展教学工作。可是同学们普遍感受到李老师不在状态，课堂气氛比较压抑，课堂学习的效果较差。这一现象体现了（　　　）对课堂气氛的影响。

    A．教师的领导方式
           B．教师的期望

    C．教师的情绪状态
           D．教师的认知风格

3. 李老师课前宣布："今天讲的课非常重要，讲完后当堂进行测验。"随后学生精神抖擞，全神贯注地听课，课堂秩序井然。这种情况下形成的纪律属于（　　　）。

    A．自我促成的纪律
           B．任务促成的纪律

    C．规则促成的纪律
           D．集体促成的纪律

4. 课堂上，有两名学生一直在交头接耳、窃窃私语，教师多次通过眼神暗示，他们依然没有改正。根据课堂纪律管理中的"最小干预"原则，这时教师采取下列哪种处置方式最为恰当？（　　　）

    A．有意忽视
           B．暂时隔离

    C．剥夺奖励或进行惩罚
           D．言语提醒

5. 以下课堂管理技术不合理的是（　　　）。

    A．课堂提问时，先点名叫到某位学生再向他提出问题

    B．观察到某位同学交头接耳时，用目光注视他作为提醒

    C．有学生身体突发不适需要送医，安排课堂练习并交代班长监督

    D．学生表达自己的意见时，询问全体学生是否有不同观点并陈述

第三部分 教育法学

第一章 教育法的基础理论

1. 按照我国教育法规的纵向形式层次划分，《中华人民共和国义务教育法》属于（　　）。
   - A. 教育基本法
   - B. 教育单行法
   - C. 教育行政法规
   - D. 教育行政规章

2. 教师与学生之间的教育法律关系属于（　　）的法律关系。
   - A. 隶属型
   - B. 平权型
   - C. 调整性
   - D. 保护性

3. 从教育法规实施的方式来看，"任何组织和个人不得以营利为目的举办学校及其他教育机构"体现出的是（　　）。
   - A. 禁令的遵守
   - B. 义务的履行
   - C. 权利的享用
   - D. 法规的适用

4. 我国的教育立法程序除教育立法准备、提出立法议案、表决和通过法律草案、公布法律之外，还有（　　）。
   - A. 审议法律草案
   - B. 解释法律条款
   - C. 制定法律规则
   - D. 制定立法程序

5. 下列属于教育法律责任的归责要件的是（　　）。
   ①有损害事实
   ②有违法行为
   ③有追责的受害方
   ④行为人主观上有过错
   ⑤违法行为与损害事实之间有因果关系
   - A. ①②③⑤
   - B. ①②③④
   - C. ②③④⑤
   - D. ①②④⑤

6. 小明今年六周岁，上小学一年级。在课间玩单杠时不小心摔坏了左腿，需住院治疗。学校和家长对谁应该在这次事件中负主要责任争执不下。此案例中的归责应该遵循（　　）。
   - A. 过错推定原则
   - B. 过错责任原则
   - C. 公平责任原则
   - D. 严格责任原则

7. 学生赵某上课玩手机被班主任以代保管名义没收，赵某多次索要未果。对此，赵某可以采取的法律救济途径是（　　）。
   - A. 复议和诉讼
   - B. 申诉和诉讼
   - C. 申诉和仲裁
   - D. 复议和仲裁

8. 学生林某发现自己的钱包不见了，怀疑是他的同桌拿了。于是班主任就把林某的同桌叫到办公室，对其进行搜身。班主任的做法侵犯了学生的（　　　）。

    A．劳动、休息权

    B．人身自由权

    C．监督权

    D．参与权

9. 个别教师不允许班上学习差的学生参加考试，随意占用学生的上课时间，指派学生参加一些与教育教学无关的商业庆典活动。这些行为主要侵犯的是学生的（　　　）。

    A．健康权　　　　　　　　　　　B．名誉权

    C．受教育权　　　　　　　　　　D．隐私权

10. 李老师在班级微信群中公布了学生诗词背诵的分数和排名，并且提醒家长予以督促。该行为侵犯了学生的（　　　）。

    A．身体健康权　　　　　　　　　B．生命权

    C．隐私权　　　　　　　　　　　D．受教育权

第二章　教育法律法规

1. 根据《中华人民共和国教育法》，对在校园内结伙斗殴、寻衅滋事、扰乱学校及其他教育机构教育教学秩序或者破坏校舍、场地及其他财产的，由（　　　）来处罚。

    A．学校　　　　　　　　　　　　B．教育主管部门

    C．家长　　　　　　　　　　　　D．公安机关

2. 根据《中华人民共和国教育法》，下列不属于设立学校及其他教育机构必须具备的基本条件的是（　　　）。

    A．有组织机构和章程

    B．有优秀的教师

    C．有必备的办学资金和稳定的经费来源

    D．有符合规定标准的教学场所及设施、设备

3. 《中华人民共和国义务教育法》规定，凡年满（　　　）周岁的儿童，其父母或者其他法定监护人应当送其入学接受并完成义务教育；条件不具备的地区的儿童，可以推迟到（　　　）周岁。

    A．六；七　　　　　　　　　　　B．七；八

    C．五；六　　　　　　　　　　　D．六；八

4. 《中华人民共和国义务教育法》规定，适龄儿童、少年因身体状况需要延缓入学或休学的，其父母或者其他法定监护人应当提出申请，批准申请的单位是（　　　）。

    A．当地学校、村委会或者居委会

    B．当地乡镇人民政府或者县级人民政府教育行政部门

    C．当地乡镇人民政府或者省级人民政府教育行政部门

    D．当地县级人民政府或者省级人民政府教育行政部门

5. 被学校给予行政处分后，张老师认为学校对自己很不公平。依据《中华人民共和国教师法》，张老师可以（　　）。

   A．向当地党委提出申诉

   B．向当地纪检部门提出申诉

   C．向当地法院提出申诉

   D．向当地教育行政部门提出申诉

6. 曾受到有期徒刑两年刑事处罚的孙某申请获取教师资格证。根据《中华人民共和国教师法》的规定，下列表述中正确的是（　　）。

   A．刑满之后孙某可以取得教师资格

   B．经培训后孙某可以取得教师资格

   C．五年之后孙某方能取得教师资格

   D．依照法律孙某不能取得教师资格

7. 某小学教师邢某每天都要给女儿辅导家庭作业，但经常因为女儿学习中的问题而被气得咬牙切齿，有时还会对女儿拳打脚踢。对于邢某的行为，下列表述中正确的是（　　）。

   A．可由当地人民政府给予行政处罚

   B．可由邢某所在单位给予处分

   C．可由邢某居住地的居民委员会给予劝诫

   D．可由当地人民政府进行行政调解

8. 小明因参与打架斗殴接受社区矫正。社区矫正结束后，小明复学至原来的班级。班主任、任课教师、同学们都刻意疏远他。他们的做法（　　）。

   A．不正确，不应该抵制有不良行为的学生入班

   B．正确，违法就应该受到惩罚

   C．正确，人人都有自由交友的权利

   D．不正确，单位和个人不得歧视接受社区矫正的未成年人

9. 根据《教师资格条例》，参加教师资格考试有作弊行为的，其考试成绩作废，不得再参加教师资格考试的限制年限是（　　）。

   A．1年　　　　　　　　　　　　　B．3年

   C．5年　　　　　　　　　　　　　D．8年

10. 小学生李阳在体育课上摔倒，造成腿部多处软骨组织受伤。根据《学生伤害事故处理办法》的相关规定，对这次事故应承担主要责任的是（　　）。

    A．体育老师　　　　　　　　　　B．李阳

    C．学校　　　　　　　　　　　　D．家长

11. 根据《中华人民共和国未成年人保护法》的规定，对违法犯罪的未成年人应实行（　　）。

    A．教育为主、惩罚为辅

    B．惩罚为主、教育为辅

    C．只能教育，不能惩罚

    D．严厉惩罚，并从学校开除

12. 小王同学经常在课间休息时间吸烟，经班主任多次教育仍拒不改正。面对此情况，学校可以采取的措施是（　　　　）。

A．命令小王回家反省

B．针对小王的情况予以训导

C．对小王处以 100 元罚款

D．要求小王上课时间在楼道罚站

13. 小明该上初中了，但是学校以学习成绩为标准，将学生分入重点班和普通班，小明被分入普通班，这令他很沮丧。该学校的做法（　　　　）。

A．合理，有利于因材施教

B．合理，学校有教学自由

C．不合理，违反了《中华人民共和国义务教育法》的规定

D．不合理，违反了《中华人民共和国教师法》的规定

14.《中华人民共和国教育法》规定，国家建立以（　　　　）的体制，逐步增加对教育的投入，保证国家举办的学校教育经费的稳定来源。

A．社会教育经费为主、财政拨款为辅

B．财政拨款为主、其他多种渠道筹措教育经费为辅

C．校友捐赠的教育经费为主、政府拨款为辅

D．多种渠道筹建教育经费为主、个人捐赠为辅

15. 校长的侄子毛毛平时学习成绩较好，但经常调皮捣蛋。期末，校长与班主任王老师进行谈话，要求将毛毛评选为三好学生。班主任拒绝了校长的要求。对此表述正确的是（　　　　）。

A．合理，班主任应该坚定立场，不应随他人改变态度

B．合理，班主任有权公正评定学生的品行和学业成绩

C．不合理，我国学校实行校长负责制，班主任应该服从校长

D．不合理，毛毛是校长的侄子，班主任应该给校长面子

第四部分　教师职业道德

1. "诚挚的心灵，是孩子情感的钥匙；高尚的师德，是孩子心灵的明镜。"这句话体现出教师职业道德具有（　　　）。
   - A. 对教师工作的促进功能
   - B. 对教育对象的教育功能
   - C. 对社会文明的示范功能
   - D. 对教师修养的引导功能

2. 在职业道德范畴中，体现着一定社会对教师的根本要求，是教师职业道德修养水平重要标志的是（　　　）。
   - A. 教师公正
   - B. 教师良心
   - C. 教师人格
   - D. 教师义务

3. 为了迎接中考，初三班主任胡老师取消了本班的音乐、美术等课程，要求学生周末集体到学校补课，并对大家说："学那些都没有用，分数才是最重要的。"胡老师的做法（　　　）。
   - A. 体现了教书育人的职业道德规范
   - B. 体现了爱岗敬业的职业道德规范
   - C. 违背了关爱学生的职业道德规范
   - D. 违背了教书育人的职业道德规范

4. 小明是老师们眼里的问题学生，为此，班主任一次次与其家长联系，尽管每次家长的态度都很诚恳，但班主任却总是训斥家长没有管好孩子。这一做法违背了教师职业道德（　　　）的要求。
   - A. 为人师表
   - B. 爱国守法
   - C. 爱岗敬业
   - D. 关爱学生

5. 一个学生的数学作业重做了好几遍，有的题还是没做对。何老师一遍遍地给他讲解，直到他完全理解并全部做对。何老师的行为符合教师职业道德规范中的（　　　）的要求。
   - A. 爱岗敬业
   - B. 关爱学生
   - C. 终身学习
   - D. 为人师表

6. 年轻的王老师为了与学生形成良好的师生关系，了解学生的学习、生活状况，经常在课间休息时与学生交谈。有一天，一个学生对他说："老师，我来这个班级这么久了，您是第一个了解和关心我生活的人，谢谢您！"这说明（　　　）是师德的灵魂。
   - A. 教书育人
   - B. 终身学习
   - C. 为人师表
   - D. 关爱学生

7. 作为崇高的教师职业道德境界，（　　　）标志着一个教师的职业道德修养已经达到高度自觉的程度。
   - A. 慎微
   - B. 慎独
   - C. 慎初
   - D. 有耻

8. 伍老师每天问自己："今天我做好了什么？还有什么没有做好？还有哪些可以做得更好？"他运用的师德修养方法是（ 　　 ）。

    A. 慎独　　　　　　　　　　　　　B. 自尊

    C. 克治　　　　　　　　　　　　　D. 自省

9. 开展教师职业道德评价的最根本的指导思想和工作原则是（ 　　 ）。

    A. 社会主义科学性　　　　　　　　B. 社会主义教育性

    C. 社会主义方向性　　　　　　　　D. 社会主义发展性

10. 李老师课后和周末在某机构兼职，导致其在学校的教学工作受到了影响。李老师的做法违背了新时代教师准则中（ 　　 ）的要求。

    A. 潜心教书育人　　　　　　　　　B. 坚持言行雅正

    C. 秉持公平诚信　　　　　　　　　D. 坚持廉洁自律

11. 教师职业道德的功能具有多样性，其中（ 　　 ）是最基本、最主要的功能。

    A. 调节功能　　　　　　　　　　　B. 教育功能

    C. 促进功能　　　　　　　　　　　D. 认识功能

12. 一位诺贝尔奖获得者被问及一生中最重要的东西是在哪所大学、哪个实验室里学到的，白发苍苍的获奖者平静地回答说："在幼儿园，跟我的老师。"这体现了教师职业道德（ 　　 ）。

    A. 行为的典范性　　　　　　　　　B. 影响的深远性

    C. 意识的自觉性　　　　　　　　　D. 境界的高层次性

13. 教师公正是指在教育活动中，对待不同利益关系主体时所表现出来的公平和正义。下列有关教师公正表述错误的是（ 　　 ）。

    A. 表现在教育的各项人际关系中

    B. 教师公正是教育公正的核心内容

    C. 表现在教师对学生的民主和尊重中

    D. 教师公正是一种主体自觉性，并不影响社会公平

14. 以前人们常说："要给学生一杯水，教师要有一桶水。"但现在人们又说："要给学生一杯水，教师要有一眼泉。"这要求教师严格遵守教师职业道德的（ 　　 ）规范。

    A. 关爱学生　　　　　　　　　　　B. 终身学习

    C. 依法执教　　　　　　　　　　　D. 爱岗敬业

参考答案及解析

第一部分　教育学基础

第一章　教育与教育学

1. C　解析：教育的继承性是指每个时代的教育都与以往的教育有着传承与接续的关系。

2. B　解析："是故南面而治天下，莫不以教化为大务"，意思是君王要发挥教化的作用来治理天下，这体现的是教育的社会功能。

3. A　解析：生物起源说认为教育起源于动物界的生存本能。沛西·能是生物起源说的代表人物。

4. B　解析：奴隶社会和封建社会的教育内容丰富，与生产劳动相分离。

5. D　解析：民主化是对等级化、特权化和专制化的否定。一方面，它追求让所有人都受到同样的教育；另一方面，它追求教育的自由化。

6. D　解析：古代埃及的文士学校主要用于培养候补官吏，主要教授书写和计算。

7. A　解析：题干强调启发。A项强调启发。B项强调环境影响。C项强调承认认识的有限，虚心学习。D项强调复习。

8. A　解析：夸美纽斯在《大教学论》中提出"泛智"教育，探讨"把一切事物教给一切人类的全部艺术"。

9. C　解析："生活即教育"是陶行知的主要思想。"教育即生活"是杜威的主要观点。

10. B　解析：题干中的话是卢梭的观点。卢梭提倡自然主义教育思想，认为教育应该使儿童"归于自然"。

11. B　解析："教"与"育"二字用在一起，始见于《孟子·尽心上》："得天下英才而教育之，三乐也。"

12. B　解析：教育是一种有目的地培养人的社会活动。初生婴儿吸奶是本能，不属于教育现象。

13. B　解析："学在官府"是西周教育的显著特点，体现了教育的阶级性特点。

14. D　解析：昆体良在教学组织形式方面，首次提出分班教学，这是班级授课制思想的萌芽。

15. B　解析：巴班斯基为了克服学生普遍留级和学习成绩不佳的现象，提出要对学校进行整体优化。教学过程最优化是指在一定教学条件下寻求合理的教学方案，使教师花最少的时间和精力获得最好的教学效果，促进学生的最佳发展。

第二章　教育的基本规律

1. B　解析：舒尔茨的人力资本理论强调教育通过促进人力资源的发展对经济发展做出贡献。

2. B　解析：题干所述表明随着生产力的发展，教学内容变得更加丰富。

3. A　解析：题干中的两句话都强调治理国家、教化人民，要先从教育入手，揭示了教育和政治的关系。

4. B　解析：政治经济制度决定着受教育权，决定谁有享受学校教育的权利，谁有受什么样的教育的权利。

5. B　解析：建立"孔子学堂"，把中国的文化传播到国外。这种横向的文化交流，体现了教育的文化传播、交流功能。

6. A 解析：顺序性要求按照身心发展的顺序施教，循序渐进。"欲速则不达"的意思是过于性急反而不能达到目的，这启示教育工作要遵循顺序性。

7. A 解析：阶段性是指人在不同的年龄阶段表现出身心发展的不同特征，面临着不同的发展任务。儿童和成人具有不同的身心发展特点和发展任务，因此要把儿童当作儿童。

8. B 解析：内发论认为个体的心理发展完全是由个体内部所固有的自然因素预先决定的。孟子是中国古代内发论的代表人物。

9. C 解析：遗传素质是人发展的物质前提，但是对人的发展不起决定作用。仲永小时聪颖异常，却由于缺乏教育，没有把发展的可能性转化为现实性。

10. A 解析：题干强调抓住教育的时机。关键是发展学生相应的能力效果最佳的时期；过了关键期，即使勤奋下苦功，学习效果也不会很好。

11. B 解析：题干所述表明教育使劳动者根据社会需要或个人爱好产生部门间的流转，体现了教育的发展有助于劳动力配置结构的改善。

12. B 解析：教育对于文化的更新和创造功能主要表现在以下三点：①提供大量具有创造活力的人才；②选择文化并将选择后的文化确定为教育内容；③文化交流。

13. B 解析：人类教育赖以存在和发展的决定性力量是社会生产。

14. B 解析：政治经济制度直接制约教育的性质和发展方向，体现在政治经济制度决定着教育的领导权、决定着受教育的权利等方面。

15. A 解析：教育是进行物质生产的必要条件。教育承担着培养劳动者的任务，如果教育不在生产活动之前培养好所需要的劳动力，即使有了生产所需的设备和原材料，生产活动也是无法进行的。

第三章 教育目的

1. A 解析：教育目的的层次结构：国家的教育目的—各级各类学校的培养目标—课程目标—教师的教学目标。

2. A 解析：导向功能是指教育活动的方向。教育制度的建立、教育内容的确定、教育活动形式及教育方法的选择等都必须以教育目的为最高准则。

3. A 解析：教育方针是教育目的的政策性表达，反映一个国家教育的根本性质、总的指导思想和教育工作的总方向等要素。

4. C 解析：社会本位论主张教育目的应以社会需要为根本或出发点。题干强调使受教育者社会化，体现了社会本位论。

5. A 解析：题干所述强调教育为个人带来了各种利益，属于个人本位论的价值取向。

6. B 解析：素质教育是促进学生全面发展的教育，对学生的要求是合格加特长。

7. A 解析：德育在教育发展中起到保证方向和保持动力的作用。

8. A 解析：培养全面发展的社会主义事业的建设者和接班人的根本途径是教育与生产劳动相结合。

9. C 解析：美育是培养学生正确的审美观，发展他们鉴赏美、创造美的能力，培养他们的高尚情操和文明素质的教育。形成学生创造美的能力是美育的最高层次的任务。

10. D 解析：我国制定教育目的的理论基础是马克思的人的全面发展学说。

第四章 教育制度

1. C 解析：尽管各国的政治经济体制不同，但教育体制的建立受青少年的身心发展规律的直接影响，这使得各国在入学年龄、修业年限等方面有相同特点。

2. C 解析：义务教育具有强制性、普遍性和免费性等基本特性。其中，强制性是义务教育最本质的特征。

3. D 解析：双轨学制将学校系统分为两轨：一轨是为资产阶级子女设立，具有较强的学术性；另一轨为劳动人民子女设立，为培养劳动者服务。

4. B 解析：终身教育并不是传统学校教育的简单延伸，而是指人们在一生当中都应当和需要受到各种教育培养。

5. B 解析：壬寅学制是我国教育史上正式颁布但未实行的第一个学制，以日本学制为蓝本，由管学大臣张百熙拟订。

6. C 解析：蔡元培主持制定的壬子癸丑学制第一次规定男女教育平等，允许初等小学男女同校，废除读经，充实了自然科学的内容，并将学堂改为学校。

7. B 解析：癸卯学制是我国实施的第一个现代学制。该学制明文规定教育目的是"忠君、尊孔、尚公、尚武、尚实"，反映了"中学为体，西学为用"的思想。

8. D 解析：壬戌学制又称六三三学制，规定小学六年、初中三年、高中三年。

9. B 解析：单轨学制是由小学—中学—大学衔接而成的学制，有利于逐级普及教育。

10. C 解析：从形态上看，我国现行学制是从单轨学制发展而来的分支型学制。

第五章 学生与教师

1. C 解析："度德而师之"意为凡德行高尚者便可尊其为师。这要求教师德行高尚，为学生做示范。

2. D 解析："学生心灵的培育者"要求教师激发学生的学习热情，调整学生的不良情绪和心态；培养学生良好的学习心理品质。

3. A 解析：题干说明教师的劳动对象是千差万别的人，体现了教师劳动的复杂性。

4. B 解析：题干中，该教师能根据学生的意外情况，随机应变地采取及时、恰当而有效的教育措施，反映其教育机智，体现了教师劳动的创造性。

5. C 解析：教师在教育活动中处于主导地位。学生在教育活动中处于主体地位，具有能动性。

6. C 解析：学生具有可塑性、依赖性和向师性。可塑性是指学生处于身心发展的形成时期，各方面尚未成熟，具有很大的潜力。

7. B 解析：题干说明在教育过程中，教师与学生各有所长，相互促进，反映了师生关系中教学相长的特点。

8. A 解析：专制型教师对学生严加监视，认为表扬可能宠坏学生，所以很少给予学生表扬。

9. C 解析：本体性知识是指教师所具有的特定的学科知识。"学高为师""良师必须是学者"强调教师必须具备专业学科知识。

10. B 解析：教师劳动的连续性，一方面是由于教师工作量比较重，没有固定的工作时间长度；另一方面是由于教师要在教学和生活中不断了解学生的过去与现状，预测学生的发展与未来，检验教育教学效果，获取教育教学反馈信息，准备新一轮的教育教学活动。

11. C 解析：促进者是指教师要从过去作为单纯的传授者的角色中解放出来，促进以学习能力为中心的学生整个个性的和谐健康发展。

12. A 解析：儿童的独特性包括儿童是完整的人、每个儿童都有其自身的独特性、儿童与成人之间存在着巨大的差异。题干中卢梭的话说明了儿童与成人之间存在巨大的差异，我们要遵照儿童发展的特点来对待他们。

13. B 解析：学生的向师性是指学生有模仿、接近、趋向于教师的自然倾向。

14. A 解析：师生在教育内容上是授受关系；在人格上是平等关系；在社会道德上是相互促进关系。

第六章 课程

1. D 解析：隐性课程以内隐的方式呈现。杜威将伴随具体知识学习的，对所学内容及学习本身产生的情感、态度称为"附带学习"。附带学习即隐性课程的萌芽。

2. A 解析：选修课程是指依据不同学生的特点与发展方向，允许个人选择的课程，是为了适应学生的个性差异而开发的课程。

3. A 解析：题干描述的是学科中心主义课程论的缺点。

4. A 解析：A项是经验课程的主导价值。B项是学科课程的主导价值。C项是分科课程的主导价值。D项是综合课程的主导价值。

5. D 解析：表现性目标是指学生在具体的教育情境和教育活动中的个性化表现，其价值取向在于提供具体的情境，让学生从中获得个人的意义和体验。

6. A 解析："一纲多本"指的是由教育部制定、颁发统一的课程标准，然后各地区遵照课程标准，开发经审定的多样化的教材。

7. B 解析：横向组织是指打破学科的知识界限和传统的知识体系，按照学生发展的阶段，以学生发展阶段需要探索的社会和个人最关心的问题为依据，组织课程内容，构成一个个相对独立的内容专题。综合课程是横向组织的典范。

8. D 解析：创生取向认为，课程实施本质上是在具体教育情境中创生新的教育经验的过程。课程开发符合创生取向。

9. C 解析：确定教育目标、选择教育经验、组织教育经验、评价教育计划，这四个基本问题构成了著名的"泰勒原理"。

10. C 解析：校本课程是由学生所在学校的教师编制、实施和评价的课程，其主导价值在于通过课程展示学校的办学宗旨和特色，①③⑤正确。通识性知识的学习属于基础型课程的任务。"有助于学生掌握系统性知识"属于学科课程的优点。

11. B 解析：理想课程是由研究机构、学术团体与课程专家提出的应该开设的课程。课程专家按照课程理论和当时社会发展及儿童发展的需要确定有关课程应该如何设计、应该达到什么样的水平和标准。

12. B 解析：英国教育家斯宾塞最早把"课程"用作教育科学的专门术语。

13. D 解析：学科课程是以文化知识为基础，按照一定的价值标准，从不同的知识领域或学术领域选择一定的内容，根据知识的逻辑体系，将所选出的知识组织为学科的课程。春秋时期的六艺就是学科课程。

14. B 解析：地方课程是地方教育主管部门以国家课程标准为基础，在一定的教育思想和课程观念的指导下，根据地方经济、政治和文化发展水平等实际情况而设计的课程。沿海城市开设的海洋教育课程属于地方课程。

第七章 教学

1. D 解析：传授知识与思想品德教育相统一的规律要求寓德育于教学之中。语文老师借写作课引导学生感受母爱体现了这一规律。

2. B 解析：教学过程的基本阶段：①激发求知欲；②领会知识，包括感知和理解教材；③巩固知识；④运用知识；⑤检查知识。题干中，教师通过提问激发学生兴趣。

3. D 解析：循序渐进原则强调按照科学知识的内在逻辑体系和学生认识能力发展的顺序进行教学，

由浅入深、由易到难。

4. C 解析：讲授法的优点是教师容易控制教学进程，能够使学生在较短时间内获得大量系统的科学知识。

5. C 解析：引导 – 发现教学模式是指以问题解决为中心，注重学生独立活动，着眼于创造性思维能力和意志力培养的教学模式。

6. B 解析：复式教学是把两个或两个以上不同年级的学生编在一个教室里，由一位教师分别用不同的教材，在一节课里对不同年级的学生进行教学的一种特殊组织形式。它适用于学生少、教师少、校舍和教学设备较差的农村以及偏远地区。

7. C 解析：教师钻研教材有一个深化的过程，一般需经过懂、透、化三个阶段。

8. A 解析：上课是整个教学活动的中心环节。

9. A 解析：常模参照评价是在被评价对象的群体中建立基准（通常以该群体的平均水平作为这一基准），然后把该群体的各个对象逐一与基准进行比较，以判断该群体中每个对象的相对优劣。

10. C 解析：信度高是效度高的必要而非充分条件，效度高的测验，信度一定高，反之，信度高的测验，效度不一定高；效度受信度制约。

11. A 解析：教学过程的间接性是指教学过程主要以让学生掌握人类长期积累起来的科学文化知识和经验为目的，使其间接地认识现实世界。

12. D 解析：实质教育论认为学校教育的任务在于向学生传授实用知识，认为知识的传授过程包含了官能的训练，学生的智力不需要特别训练。

13. C 解析：列宁的话强调了知识与学习者思考力的联系，阐明了掌握知识与提高能力的关系。

14. C 解析：苏格拉底善于用启发式对话来激发和引导学生自己去寻找正确答案，认为教师在引导学生探求知识的过程中起着"助产"的作用。

15. B 解析：实验法是指学生在教师的指导下，使用一定的仪器和设备，在一定条件下使某些事物和现象产生变化，进行观察和分析，以获得知识和技能的方法。

第八章 学校德育

1. D 解析：教育性功能一是指德育的教育价值属性；二是指德育作为教育子系统对平行系统的作用。

2. D 解析：我国学校德育的内容：政治教育、思想教育、道德教育、法制（法纪）教育和心理健康教育。

3. C 解析：道德意志是人们为实现一定的道德行为做出的自觉而顽强的努力，对道德行为起着维持作用。抵抗诱惑体现的是道德意志。

4. D 解析：学生自身发展具有不稳定性和可塑性，所以老师要反复强调，长期进行德育。这表明德育过程是长期、反复、不断提高的过程。

5. C 解析：德育过程有多端性，根据学生品德发展的具体情况，或从导之以行开始，或从动之以情开始，或从锻炼品德意志开始，最后使学生品德达到知、情、意、行的和谐发展。

6. C 解析：题干中的话表明家庭教育与学校教育不一致可能使教育失去效果，因此应当贯彻教育影响的一致性与连贯性原则。

7. D 解析：A项体现尊重学生与严格要求学生相结合原则。B项体现因材施教原则。C项体现知行统一原则。D项体现疏导原则。

8. C 解析：题干中，李老师发掘化学教学内容的德育因素，寓德育于教学。

9. A　解析：自我教育法是指在教师的指导下，学生主动地为自己提出目标，采取措施，实现思想转化和进行行为控制，从而使自己形成良好品德的方法。

10. B　解析：体谅模式把道德情感的培养置于中心地位。该模式假定与人友好相处是人类的基本需要，帮助学生满足这种需要是教育的职责。

11. A　解析："让学校的一草一木，一砖一瓦都开口说话"运用了环境陶冶。

12. B　解析："身教重于言教"表明教师的道德行为对学生的影响，强调了榜样的力量，体现了榜样示范法。

13. A　解析：道德行为是衡量和评价学生品德的重要标志。

14. D　解析：价值澄清模式认为社会是变化发展着的，教师不能仅传授某种固定的价值观，更重要的是教会学生如何分析不同的道德价值，使他们能在复杂的社会情境中做出明智的选择。

第九章　班级管理与班主任工作

1. D　解析：矫正功能是指班级组织通过各种活动和集体舆论，有针对性地让学生扮演一定的角色、承担一定的责任，以形成学生的能力、责任感、自信心及合作意识。

2. C　解析：班级民主管理的实质是在班级管理的全过程中，调动学生自我教育的力量，使人人都积极主动地参与班级事务。

3. A　解析：班级平行管理是指班主任既通过对集体的管理去间接影响个人，又通过对个人的直接管理去影响集体，从而把对集体和个人的管理结合起来的管理方式。

4. A　解析：教师在班集体的组建阶段，就应着手班集体的正常秩序的建立工作，特别是当接到一个教育基础较差的班级时，首先就要做好这项工作。

5. A　解析：班集体的形成包括组建、初步形成、成熟三个阶段。其中，处于组建阶段的班集体对班主任有很大的依赖性，不能离开班主任的监督而独立地工作。

6. D　解析：班主任承担着学校的部分管理任务，负责本班级的管理任务。

7. B　解析：班主任工作的首要任务和中心环节是组织和培养班集体，班主任工作的中心任务是促进班集体全体成员的全面发展。

8. C　解析：放任型班主任对学生疏于管理，纵容放任，这会导致学生之间没有合作行为，大部分人不知道该做什么和怎么做，学生的成绩、品德水平、班集体意识等都不高。

9. B　解析：班主任工作的前提和基础是全面了解学生。

10. D　解析：班会活动是班主任进行教育活动的重要手段，是培养优良班集体的重要方法，也是培养学生活动能力的基本途径。

第二部分　教育心理学

第一章　心理学基础

1. C　解析：无意注意是没有预定目的、不需要意志努力、不由自主地对一定事物发生的注意。教师突然加重语气是为了增强刺激物的强度以引起开小差的学生的无意注意。

2. C　解析：小明不能主动将注意从课间游戏转移到课堂上，说明他注意的转移不够好。

3. C　解析：感觉记忆是指当客观刺激停止作用后，它的印象在人脑中只保留一瞬间的记忆。图片快速闪过留下瞬间的记忆，连起来就形成了动态的画面。

4．C　解析：提取失败说认为，遗忘是一时难以提取出要求的信息，一旦有了正确的线索，经过搜索，那么所要的信息就能被提取出来。

5．B　解析：遗忘曲线表明，遗忘在学习之后立即开始，而且遗忘的过程最初进展得很快，以后逐渐缓慢；过了一段时间后，几乎不再遗忘。也可以说，遗忘的发展是不均衡的。

6．C　解析：选择题主要考查学生的辨别能力和再认能力。

7．D　解析：自我实现是充分发挥个人潜能和才能的心理需要，也是创造力和自我价值得到体现的需要。

8．A　解析：晶体能力与社会文化关系密切，取决于后天的学习。流体能力是在信息加工和问题解决过程中所表现出的能力，取决于个人的遗传素质。

9．D　解析：气质是先天的，可塑性弱。性格是后天的，可塑性强。

10．C　解析：多血质以反应迅速、有朝气、活泼好动、动作敏捷、情绪不稳定、粗枝大叶为特征。抑郁质的人以多愁善感、体验深刻、胆小孤僻、扭怩、行动缓慢为特征。

11．B　解析：晕轮效应是指当人们认为某人具有某种特征时，就会对其具有的其他特征做相似判断。晕轮效应是一种以偏概全的现象。

12．C　解析：首因效应是指在总体印象形成上，最初获得的信息比后来获得的信息影响更大的现象。因此人们往往重视面试中的"第一印象"。

第二章　教育心理学概述

1．A　解析：学习过程是指学生在教学情境中通过与教师、同学以及教学信息的相互作用获得知识、技能和态度的过程，是教育心理学研究的核心内容。

2．B　解析：教学媒体是教学内容的载体和表现形式，是师生之间传递信息的工具。

3．D　解析：1877年，卡普捷列夫出版的《教育心理学》是世界上第一本正式以"教育心理学"命名的著作。

4．B　解析：1903年，美国心理学家桑代克出版了《教育心理学》一书，这是西方第一本以"教育心理学"命名的专著。

5．A　解析：廖世承编写了我国第一本《教育心理学》教科书。

第三章　心理发展与教育

1．B　解析：在正常条件下，个体的心理发展总是具有一定的方向性和顺序性。尽管发展的速度可以有个别差异，会加速或减缓，但发展是不可逆的，阶段与阶段之间不可逾越。

2．B　解析：个体心理发展的青少年期充满着独立性和依赖性、自觉性和幼稚性矛盾。

3．D　解析："吃一堑，长一智"的意思是受到一次挫折（打破原有认知结构），增长一分才智，这是顺应的体现。

4．B　解析：处于前运算阶段的儿童开始运用语言或较为抽象的符号来代表他们经历过的事物。这一阶段，儿童能从事很多象征性游戏。

5．C　解析：处于具体运算阶段的儿童解决问题时必须与他们熟悉的物体或场景相联系，还不能进行抽象思维。题干中，学生脱离实物就不能进行抽象思维，说明该学生处于具体运算阶段。

6．C　解析："跳一跳，摘果子"即教学应着眼于学生的最近发展区，把潜在的发展水平变成现实的发展水平，并创造新的最近发展区。

7．C　解析：根据埃里克森的观点，学前期的儿童面临的危机冲突是主动感对内疚感。在这一阶段，儿童开始主动参与一些活动，他们想象自己正在扮演成年人的角色，并因为能从事成年人的活动和胜任这些活动而体验到一种愉快的情绪。

8．D　解析：自我体验是自我意识在情感方面的表现。题干中，学生因为值日受到老师表扬而开心，反映的是自我体验。

9．B　解析：认知风格为场依存型的学生，对物体的知觉倾向于以外部参照作为信息加工的依据。他们的态度和自我知觉更易受周围人们，特别是权威人士的影响和干扰，善于察言观色，注意并记忆言语信息中的社会内容。

10．C　解析：智力发展水平的差异是指个体与同龄团体智商稳定的平均数相比较所表现出的差异。

11．B　解析：奥地利动物习性学家劳伦兹在研究小鸭和小鹅的习性时发现，它们通常将出生后第一眼看到的对象当作自己的母亲，并对其产生偏好和追随反应。这种现象叫作"印刻"。心理学家将"印刻"发生的时期称为动物认母的关键期。

12．B　解析：同化是主体把新的刺激整合到原有图式中，使原有图式丰富和扩大的过程。题干中，儿童将"剥皮吃橘子"的认识纳入自身已有的图式中的过程属于同化。

13．C　解析：中学生主要处于心理发展的"同一性对角色混乱"阶段，他们的任务是获得同一感，防止角色混乱。

14．C　解析：认知方式为冲动型的学习者倾向于很快地检验假设，根据问题的部分信息或未对问题做透彻的分析就仓促做出决定，反应速度较快，但容易发生错误。

15．D　解析：听觉型的学习者对听觉刺激敏感，在学习时甚至喜欢戴着耳机听音乐，在学习语言时，他们喜欢的方式是多听多说，他们不太关心具体单词的拼写和句型结构。

第四章　学前儿童的发展

1．A　解析：幼儿对不同几何图形辨别的难度有所不同，其中，最容易辨别的图形是圆形。

2．A　解析：幼儿园的幼儿只能辨别以自身为中心的左右方位，所以幼儿园教师面向幼儿做示范动作时要以幼儿的左右为基准，即做"镜面示范"。因此，教师面向幼儿领操，要求幼儿举左手时，教师应该举自己的右手。

3．B　解析：研究表明，在整个学前期，无论是机械记忆还是意义记忆，其效果都随着幼儿年龄的增长而有所提高。随着年龄的增长，机械记忆中加入了越来越多的理解成分，这些理解成分使机械记忆的效果有所提高，使得两种记忆的区别越来越小。

4．D　解析：思维的不可逆性是指不能反过来考虑问题，不能转换思维的角度。题干所述现象说明禾禾的思维具有不可逆性。

5．C　解析：幼儿在活动或游戏过程中，发出的似乎并不在意是否能达到与别人沟通的目的的自言自语或公开的说话，被称作幼儿的自我中心语言。

6．A　解析：道德感是由自己或别人的举止行为是否符合社会道德标准而引起的情感。中班儿童比较明显地掌握了一些概括化的道德标准。他们不但关心自己的行为是否符合道德标准，而且开始关心别人的行为是否符合道德标准，由此产生相应的情感。中班儿童常常"告状"，这是由道德感激发的一种行为。

7．C　解析：焦虑－反抗型依恋的儿童当母亲要离开前显得很警惕，当母亲离开时表现得非常苦恼、极度反抗，任何一次短暂的分离都会引起大喊大叫。但是，当母亲回来时，其对母亲的态度又是矛盾的，既寻求与母亲的接触，又反抗与母亲的接触。题干所述为焦虑－反抗型依恋。

8．C　解析：被拒绝型幼儿喜欢交往，在交往中活跃、主动，但常常由于缺乏适宜的社交技能和社交策略，多采用一些不友好的方式，攻击性行为较多，友好行为较少，因而被大多数同伴排斥、拒绝。

9．D 解析：综合性教育原则是指将幼儿教育看作一个完整的系统，保证幼儿身心整体、健全、和谐地发展，综合化地整合课程的各要素，实施教育。题干中，幼儿教师在语言课上只讲故事，音乐课上只能唱歌，体育课上只做游戏的做法，违背了综合性教育原则。

10．B 解析：结构游戏是指儿童运用积木、积塑、金属、泥、沙、雪等各种材料进行建构或创造，从而创造性地反映现实生活的游戏。题干所述属于结构游戏。

第五章　学习与学习理论

1．A 解析：A项属于动物的学习。B项属于生理反应，C项属于感觉适应，D项属于药物引起的行为改变，都不属于学习。

2．D 解析：规则或原理学习指学习两个或两个以上概念之间的关系。题干中，学习"功""力""距离"三个概念之间的关系，这种学习属于规则或原理学习。

3．A 解析：第一信号系统的条件反射是指一切刺激物（如声、光、电等）作为非条件的刺激信号所引起的条件反射，这种条件反射是人和动物共有的。题干中，主人唤名字对宠物来说只是一种声音刺激，是一种非条件的刺激信号。第二信号系统的条件反射是人所独有的。

4．D 解析：准备律是指联结的加强或削弱取决于学习者的心理准备和心理调节状态。

5．D 解析：教师对学生打小报告的行为采取故意不理会的方式，就是一种通过无强化的过程来减少其打小报告的行为，是消退过程。

6．D 解析：发现学习是指学生通过自身的学习活动发现有关概念或抽象原理的一种教学策略。它一般要经过四个阶段：①创设问题情境，提出问题；②提出假设；③检验假设；④引出结论。

7．A 解析：小明获得概念的方式是教师讲授，没有发现的过程，属于接受学习。小明只能记住概念但不能运用，说明其只是死记硬背，没有深入理解，属于机械学习。

8．D 解析：建构主义学习观认为，知识不是通过教师传授获得的，而是学习者在一定情境下，利用学习资料生成意义的过程。

9．B 解析：情境性教学也称抛锚式教学，要求教学建立在有感染力的真实事件或真实问题的基础上，其理论基础是建构主义学习理论。

10．A 解析：人本主义教学理论主张激发和满足学生的自我实现和自我拥有，认为教育要符合学生人性发展的实际需求；强调情感对学生学习的重要意义，强调思维、情感和行动整合的必要性。题干所述为人本主义教学理论的观点。

11．C 解析：替代强化是学习者因看到榜样受强化而间接受到的强化。题干中，S班的学生（学习者）看到助人为乐的同学（榜样）被表扬后表现出类似的行为，这是由于受到了替代强化。

12．B 解析：第二信号系统是以语言和文字为条件刺激而建立起来的条件作用系统。"谈梅生津"需要语言为条件刺激，因此属于第二信号系统条件反射。"望而生畏""视而不见""尝梅生津"都需要直接感官刺激，属于第一信号系统条件反射。

13．B 解析：负强化是指个体在做出某种反应之后，令其摆脱厌恶刺激，从而提高其类似行为出现的概率。题干中的教师承诺如果学生认真听课就免去额外的作业（令学生摆脱厌恶刺激），教师采取的措施属于负强化。

14．B 解析：智慧技能的学习，要解决"怎么做"的问题，以处理外界的符号和信息。智慧技能中的原理与规则是指运用单一原理或规则办事的能力。题干中，学生用加减乘除运算规则解答教师的应用题，这属于智慧技能学习类型。

第六章　分类学习理论

1．B　解析：后学习的正方形是长方形的一个特例，包摄性低于长方形，故这种学习类型属于下位学习。

2．D　解析：冯忠良把动作技能的形成分为操作定向、操作模仿、操作整合、操作熟练四个阶段。其中，操作整合阶段的特点是动作的各个成分趋于分化、精确，整体动作趋于协调、连贯，各动作成分间的相互干扰减少，多余动作减少；有意识地根据要求将部分动作重新组合而产生新的整体，但有时会出现连接得不熟练的状况。

3．B　解析：流畅性是指个人面对问题情境时，在规定的时间内产生不同观念的数量的多少。变通性是指个人面对问题情境时，不墨守成规，不钻牛角尖，能随机应变、触类旁通。

4．B　解析：皮亚杰将儿童道德发展分为自我中心、权威、可逆性和公正四个阶段。处于权威阶段的儿童服从外部规则，接受权威指定的规范，把人们规定的准则看作是固定的、不可改变的，而且只根据行为后果来判断对错，而不会考虑行为的动机。

5．C　解析：处于相对功利主义定向阶段的儿童，其道德价值来自对自己需要的满足，他们不再把规则看成是绝对的、固定不变的，评定行为的好坏主要看是否符合自己的利益。题干中，儿童从自身利益判断海因茨偷药行为，说明儿童的道德发展水平属于相对功利主义定向阶段。

6．D　解析：隐性知识是指尚未被言语或其他形式表述的知识，是"尚未言明""难以言传"的知识。

7．D　解析：增强练习强度，进行集中练习，有可能使学生产生疲劳、厌烦，不利于突破高原现象。

8．A　解析：物质活动阶段指借助实物进行活动的过程。这一阶段的主要任务是引导学生通过从事物质活动或物质化活动，掌握活动的真实内容。

第七章　学习迁移

1．B　解析：孔子所说的话的意思是给他指出一个方面，如果他不能由此推知其他三个方面，就不再教他了。学习迁移指一种学习对另一种学习的影响，或习得的经验对完成其他活动的影响。孔子的话说明了学习迁移的现象。

2．A　解析：同化迁移是指不改变原有的认知结构，直接将原有的认知经验应用到本质特征相同的一类事物中。原有认知结构在迁移过程中不发生实质性的改变，只是得到某种充实。例如，举一反三、闻一知十、触类旁通。

3．A　解析：题干中，学生在先学习的立体图形中形成的空间概念和立体思维对以后学习空间几何有帮助，这是先前学习对后继学习产生的积极作用，属于顺向、正迁移。

4．C　解析：学生先学习的物理中的"平衡"概念对后学习的化学平衡、生态平衡、经济平衡、心理平衡产生影响，这属于顺向迁移。

5．A　解析：一般迁移是指一种学习中习得的一般原理、方法、策略和态度对另一种学习的影响，即将原理、策略和态度具体化，运用到具体的事例中去。题干所述为一般迁移。

6．C　解析：学习迁移指一种学习对另一种学习的影响，或习得的经验对完成其他活动的影响。学生C学习过小提琴的经验对其学习二胡产生了积极影响，体现了学习的迁移。

7．A　解析：美国心理学家贾德于1908年做了水下击靶实验，提出了概括化理论。该理论认为，迁移产生的关键是学习者在两种活动中通过概括形成了能够泛化的共同原理。

8．D　解析：奥苏伯尔的认知结构迁移理论认为，一切意义的学习都是在原有认知结构的基础上产生的，不受原有认知结构影响的有意义学习是不存在的。

9．B 解析：相同要素说认为只有在原先的学习情境与新的学习情境有相同要素时，原先的学习才有可能迁移到新的学习中去。迁移的程度取决于这两种情境相同要素的多寡。

10．D 解析：影响学习迁移的主要因素包括以下几点：①学习材料之间的相似性、学习目标与学习过程的相似性、学习情境的相似性；②原有认知结构，包括学习者的背景知识、原有知识经验的概括水平、学习策略的水平；③学习的心向与定势。

第八章　学习策略

1．A 解析：复述策略是在工作记忆中为了保持信息，运用内部语言在大脑中重现学习材料或刺激，以便将注意力维持在学习材料上的策略。在学习中，复述是一种主要的记忆手段，许多新信息，如人名、外语单词等，只有经过多次复述后，才能在短时间内记住并长期保持。因此，为了暂时记住这个非常有用的电话号码，最适宜采取的策略是复述策略。

2．A 解析：常用的复述策略包括利用无意识记和有意识记、排除相互干扰、整体识记和分段识记、多种感官参与、复习形式多样化、画线等。题干所述的学习策略属于复述策略中的画线。

3．A 解析：谐音联想法是利用相似的声音线索帮助记忆的方法。中国人一般把"TOEFL"称为"托福"，使用的学习策略即谐音联想法。

4．B 解析：常用的精细加工策略有以下几种：①记忆术，主要有位置记忆法、缩简和编歌诀、谐音联想法（限定词法）、关键词法、视觉联想；②做笔记；③提问；④生成性学习；⑤利用背景知识，联系实际。题干中，将我国传统的二十四节气编成《二十四节气歌》，运用的是编歌诀法，属于精细加工策略。

5．A 解析：组织策略具体包括归类策略和纲要策略。李宏通过画知识联系图来帮助自己掌握语文、英语等学科知识，使用的学习策略是组织策略中的纲要策略。

6．A 解析：常用的组织策略有归类策略和纲要策略。题干所述为归类策略。

7．A 解析：监控策略包括阅读时应注意加以跟踪、对材料进行自我提问、考试时监视自己的答题速度和时间。题干所述为元认知策略中的监控策略。

8．C 解析：元认知策略包括计划策略、监控策略和调节策略。其中，调节策略是根据对认知活动结果的检查，如发现问题，则采取相应的补救措施，根据对认知策略的效果的检查，及时修正、调整策略。题干中，某学生在测验中跳过某个难题，先做简单的题目，其所运用的策略属于元认知策略中的调节策略。

9．D 解析：时间管理策略是指在学习过程中合理安排学习时间的策略，包括统筹安排时间、高效利用最佳时间、灵活利用零碎时间等。题干中，小强可以统筹安排学习时间，利用零碎时间学习，采用的学习策略是时间管理策略。

10．B 解析：策略与动机相结合的意思是学生有主动使用策略的动机。根据桑代克的效果律，如果学生执行策略并得到满意结果（学习效率提高），则学生以后还倾向于继续采用这一策略。让学生体验到应用策略能提高学习效率，学生就会有继续使用这一策略的动机。

第九章　学习动机与归因

1．C 解析：题干中，岳飞的学习动机是由外部诱因引起的，且与长远目标相联系，因此他的学习动机属于远景性外部动机。

2．B 解析：认知内驱力是指学生渴望认知、理解和掌握知识，以及陈述和解决问题的倾向。附属内驱力是指个人为了获得长者或权威的赞许或认可，而表现出来的把学习或工作做好的需要。题干中，杨艺渴望掌握相关生物知识，这种学习动机属于认知内驱力；她因受到生物老师的表扬而更加努力学习，这种学习动机属于附属内驱力。

3. C 解析：自我提高内驱力是指通过自身努力，胜任一定的工作，取得一定的成就，从而赢得一定的社会地位的需要。

4. C 解析：根据耶克斯－多德森定律可知，任务较容易，最佳动机水平较高；任务难度中等，最佳动机水平适中；任务越困难，最佳动机水平越低。

5. D 解析：力求成功者喜欢选择中等难度的任务，所以教师应该安排一定难度和竞争性的任务。

6. D 解析：高趋高避者又称过度努力者。他们兼具了成功定向者和避免失败者的特点。一方面他们对自我能力的评价较高，另一方面这一评价又不稳定，极易受到失败经历的动摇。他们往往有完美主义的倾向，给了自己太大压力，处在持续恐惧之中。题干中，小婷非常渴望成功，同时又非常害怕失败，属于典型的高趋高避型学生。

7. B 解析：冯某总是将不成功的原因归于运气不好，根据韦纳的成败归因理论，运气是一种外部、不稳定、不可控的归因。

8. A 解析：习得性无助是指由于连续的失败体验而导致个体产生的对行为结果感到无力控制、无能为力的心理状态。亮亮几经努力但成绩并没有提高，觉得语文成绩与自己的努力无关，自己也无能为力，因此就放弃学习。这种心理现象属于习得性无助。

9. D 解析：班杜拉认为，影响自我效能感的因素包括替代经验、言语劝说、个体自我行为的成败经验和情绪唤醒。其中，个体自我行为的成败经验是影响自我效能感最主要的因素。

10. C 解析：为学生选择的榜样不一定越优秀越好，A 项错误。给学生的建议最好要具体，抽象不利于理解，B 项错误。应引导学生把失败归为内部、可控的因素，以加大努力程度，D 项错误。

第十章 学生心理健康教育

1. D 解析：心理健康是一种良好的、持续的心理状态与过程，表现为个人具有生命的活力、积极的内心体验、良好的社会适应能力，能够有效地发挥个人的身心潜力以及作为社会一员的积极的社会功能。

2. A 解析：多动症的常见表现主要包括注意力不集中和注意时间短暂、活动过多和行为冲动等，常伴有学习困难、品行障碍和适应不良等问题。

3. C 解析：强迫症包括强迫观念和强迫行为。强迫行为指当事人反复去做他不希望执行的动作，如果不这样做，他就会感到极端焦虑。如强迫洗手、反复检查等。

4. A 解析：转移是指当一个人因受理智或社会的制约，将对某一对象的情绪、欲望或态度，在潜意识中转移到另一个可替代的对象身上，即"迁怒于人"。

5. D 解析：学校心理健康教育的对象是全体学生。

6. C 解析：学校心理辅导的一般目标包括两个方面：第一是学会调适，包括调节与适应；第二是寻求发展。

7. A 解析：小明一旦主动向老师请教（行为），老师就给予表扬并耐心解答（强化刺激），小明渐渐地敢于向老师请教和说话了，这种方法属于强化法。

8. C 解析：让学生看猫的图片—谈论猫—远看笼中的猫—靠近猫—触摸猫，这是一个逐渐提高刺激强度的过程，可以逐渐降低学生对猫的恐惧。题干所述属于系统脱敏法。

9. B 解析：合理情绪疗法认为情绪不是由某一诱发性事件本身所引起的，而是由经历了这一事件的个体对这一事件的解释和评价所引起的。合理情绪疗法是通过改变认知偏差进而改变情绪的方法。

10. C 解析：罗杰斯提出的"无条件积极关注"要求把来访者作为一个完整的人来接纳，传达对他的接纳、理解、尊重、珍视。这体现了尊重与理解学生原则。

第十一章　课堂管理

1. D　解析：消极的课堂气氛常常以学生的紧张拘谨、心不在焉、反应迟钝为基本特征。在课堂学习过程中，学生情绪压抑、无精打采、注意力分散、小动作多，有的甚至打瞌睡。对教师的要求，学生一般采取应付的态度，很少主动发言。有时，学生害怕上课或者上课时紧张、焦虑。

2. C　解析："不在状态"强调了教师的情绪状态，体现了教师的情绪状态对课堂气氛的影响。

3. B　解析：任务促成的纪律即某一具体任务对学生行为提出的具体要求。题干中，因为要进行当堂测验，所以学生全神贯注地听课。这属于任务促成的纪律。

4. D　解析："最小干预"原则是指先采用最简单、最小值的干预，再酌情逐步增加干预值。当非言语暗示不起作用时，教师应该采取言语提醒的方式。

5. A　解析：课堂提问要面向全体学生发问，让所有学生都能积极思考教师提出的问题，然后再指定学生回答。A项不合理。

第三部分　教育法学

第一章　教育法的基础理论

1. B　解析：教育单行法一般是由全国人民代表大会常务委员会制定，规定教育领域某一方面具体问题的规范性文件，其效力低于《中华人民共和国宪法》和教育基本法。《中华人民共和国义务教育法》《中华人民共和国教师法》都是教育单行法。

2. B　解析：平权型教育法律关系是两个具有平等法律地位的教育关系主体之间产生的教育法律关系，通常被视为教育民事法律关系。

3. A　解析：禁令的遵守是指教育法规的若干规范中，规定了一些义务人必须抑制的行为，即要求义务人不做出某种行为。

4. A　解析：教育立法一般分为教育立法准备、提出立法议案、审议法律草案、表决和通过法律草案、公布法律五个步骤。

5. D　解析：教育法律责任的归责要件：①有损害事实；②有违法行为；③行为人主观上有过错；④违法行为与损害事实之间有因果关系。

6. A　解析：过错推定原则指如果原告能证明其所受的损害是由被告所致，而被告不能证明自己没有过错，则应推定被告有过错并应承担民事责任。在学生伤害事故中，受害人为无民事行为能力人（8周岁以下），适用过错推定原则。

7. B　解析：根据《中华人民共和国教育法》（2021年修正）第四十三条的规定，受教育者享有"对学校给予的处分不服向有关部门提出申诉，对学校、教师侵犯其人身权、财产权等合法权益，提出申诉或者依法提起诉讼"的权利。

8. B　解析：人身自由权指未成年学生有支配自己人身自由和行动的自由，非经法定程序，不受非法拘禁、搜查和逮捕。

9. C　解析：根据《中华人民共和国教育法》（2021年修正）第四十三条第一项的规定，受教育者享有"参加教育教学计划安排的各种活动"的权利。个别教师不让学生参加考试、上课，侵犯了学生的受教育权。

10. C　解析：隐私权是指未成年学生有不愿或不便让他人干涉的、与公共利益无关的信息或生活领域不被他人所知的权利。成绩和排名属于学生隐私。

第二章　教育法律法规

1. D　解析：《中华人民共和国教育法》第七十二条第一款规定，"结伙斗殴、寻衅滋事，扰乱学校及其他教育机构教育教学秩序或者破坏校舍、场地及其他财产的，由公安机关给予治安管理处罚；构成犯罪的，依法追究刑事责任"。

2. B　解析：《中华人民共和国教育法》第二十七条规定，"设立学校及其他教育机构，必须具备下列基本条件：（一）有组织机构和章程；（二）有合格的教师；（三）有符合规定标准的教学场所及设施、设备等；（四）有必备的办学资金和稳定的经费来源"。

3. A　解析：《中华人民共和国义务教育法》第十一条第一款规定，"凡年满六周岁的儿童，其父母或者其他法定监护人应当送其入学接受并完成义务教育；条件不具备的地区的儿童，可以推迟到七周岁"。

4. B　解析：《中华人民共和国义务教育法》第十一条第二款规定，"适龄儿童、少年因身体状况需要延缓入学或者休学的，其父母或者其他法定监护人应当提出申请，由当地乡镇人民政府或者县级人民政府教育行政部门批准"。

5. D　解析：《中华人民共和国教师法》第三十九条第一款规定，"教师对学校或者其他教育机构侵犯其合法权益的，或者对学校或者其他教育机构作出的处理不服的，可以向教育行政部门提出申诉，教育行政部门应当在接到申诉的三十日内，作出处理"。

6. D　解析：《中华人民共和国教师法》第十四条规定，"受到剥夺政治权利或者故意犯罪受到有期徒刑以上刑事处罚的，不能取得教师资格；已经取得教师资格的，丧失教师资格"。

7. C　解析：《中华人民共和国未成年人保护法》第一百一十八条规定，"未成年人的父母或者其他监护人不依法履行监护职责或者侵犯未成年人合法权益的，由其居住地的居民委员会、村民委员会予以劝诫、制止"。

8. D　解析：《中华人民共和国预防未成年人犯罪法》第五十八条规定，"刑满释放和接受社区矫正的未成年人，在复学、升学、就业等方面依法享有与其他未成年人同等的权利，任何单位和个人不得歧视"。

9. B　解析：《教师资格条例》第二十条规定，"参加教师资格考试有作弊行为的，其考试成绩作废，3年内不得再次参加教师资格考试"。

10. C　解析：《学生伤害事故处理办法》第九条第四项规定，因"学校组织学生参加教育教学活动或者校外活动，未对学生进行相应的安全教育，并未在可预见的范围内采取必要的安全措施的"情形造成的学生伤害事故，学校应当依法承担相应的责任。学生在体育课上摔伤，体育老师未尽到教育管理职责，应由学校承担相应责任。

11. A　解析：《中华人民共和国未成年人保护法》第一百一十三条第一款规定，"对违法犯罪的未成年人，实行教育、感化、挽救的方针，坚持教育为主、惩罚为辅的原则"。

12. B　解析：题干中，小王多次在学校吸烟，属于不良行为。《中华人民共和国预防未成年人犯罪法》第三十一条规定，"学校对有不良行为的未成年学生，应当加强管理教育，不得歧视；对拒不改正或者情节严重的，学校可以根据情况予以处分或者采取以下管理教育措施：（一）予以训导；（二）要求遵守特定的行为规范；（三）要求参加特定的专题教育；（四）要求参加校内服务活动；（五）要求接受社会工作者或者其他专业人员的心理辅导和行为干预；（六）其他适当的管理教育措施"。

13. C　解析：《中华人民共和国义务教育法》第二十二条第一款规定，"县级以上人民政府及其教育行政部门应当促进学校均衡发展，缩小学校之间办学条件的差距，不得将学校分为重点学校和非重点学校。学校不得分设重点班和非重点班"。

14. B 解析：《中华人民共和国教育法》第五十四条第一款规定，"国家建立以财政拨款为主、其他多种渠道筹措教育经费为辅的体制，逐步增加对教育的投入，保证国家举办的学校教育经费的稳定来源"。

15. B 解析：《中华人民共和国教师法》第七条第三项规定，教师享有"指导学生的学习和发展，评定学生的品行和学业成绩"的权利。题干中强调的是教师的权利，故 B 项正确。

第四部分　教师职业道德

1. B 解析："高尚的师德，是孩子心灵的明镜"说明教师良好的职业道德行为和品质对学生具有很大的教育作用。

2. A 解析：教师公正是教师职业道德修养水平的重要标志，体现着一定社会对教师的根本要求。

3. D 解析：题干中，胡老师以分数作为评价学生唯一标准的做法违背了"教书育人"的教师职业道德规范。

4. A 解析：通过题干中"尽管每次家长的态度都很诚恳，但班主任却总是训斥家长没有管好孩子"可知，班主任没有尊重家长，违背了"为人师表"这一要求。

5. A 解析：题干中，何老师耐心为学生讲解问题，直到学生理解的行为符合"爱岗敬业"的教师职业道德规范。

6. D 解析："关爱学生"是师德的灵魂。题干中，王老师关心学生生活，努力与学生建立良好的师生关系的做法体现了"关爱学生"的教师职业道德规范。

7. B 解析：慎独是指在无人监督的情况下，也要坚守自己的道德信念，对自己的言行小心谨慎，绝不做任何不道德的事情。慎独是教师师德修养达到的一种最高的精神境界，它标志着教师的道德修养已经达到了高度自觉的程度。

8. D 解析：自省就是自觉进行思想约束，时时检查、反省自己的言行。题干中，伍老师时时反省自己，使自己少犯错误或不犯错误，他运用的师德修养方法是自省。

9. C 解析：社会主义方向性原则是指教师职业道德评价要体现社会主义的性质，坚持社会主义方向。社会主义方向性是开展教师职业道德评价的最根本的指导思想和工作原则。

10. A 解析：《新时代中小学教师职业行为十项准则》中的"潜心教书育人"要求教师"落实立德树人根本任务，遵循教育规律和学生成长规律，因材施教，教学相长；不得违反教学纪律，敷衍教学，或擅自从事影响教育教学本职工作的兼职兼薪行为"。

11. A 解析：调节功能是教师职业道德最基本、最主要的功能。

12. B 解析：影响的深远性是指教师的道德品质和行为将给学生留下深刻久远的印象，它不会因学生的毕业而结束，还将延续到毕业之后，甚至伴随学生的一生。

13. D 解析：教师公正有利于教育公平。教育公平是社会公平的基础，是社会整体公平的起点。因此教师公正影响社会公平。

14. B 解析：题干所述要求教师严格遵守教师职业道德的"终身学习"规范。